# COURS
## DE
# PHILOSOPHIE

TYPOGRAPHIE OBERTHUR, A RENNES

# COURS

## DE

# PHILOSOPHIE

RÉDIGÉ CONFORMÉMENT AU PROGRAMME OFFICIEL

DU BACCALAURÉAT ÈS LETTRES

ET SUIVI D'UN PRÉCIS D'HISTOIRE DE LA PHILOSOPHIE

PAR

## E. GILLE

Prêtre de l'Immaculée-Conception, supérieur de l'institution Saint-Vincent
de Rennes, ancien professeur de philosophie.

### QUATRIÈME ÉDITION

*Entièrement refondue et conforme au programme de 1885.*

**PARIS**

VICTOR LECOFFRE, LIBRAIRE-ÉDITEUR

90, RUE BONAPARTE, 90

1888

# LETTRES APPROBATIVES

*Rennes, le 21 novembre 1876.*

Mon très cher abbé,

Votre *Cours de Philosophie* est excellent, et je vous prie d'en recevoir mes plus sincères félicitations. Vous avez su, en effet, condenser heureusement, dans ce seul volume, toute la philosophie et son histoire. La sobriété des détails ne nuit pas à la beauté des développements, et l'on ne pouvait être à la fois plus complet, plus substantiel et plus court.

Dans un style aussi pur que concis, vous exposez avec clarté et méthode les principes; votre discussion des systèmes des différentes écoles, fortement raisonnée, mène à des conclusions toujours satisfaisantes. C'est dire assez que votre doctrine n'est point isolée du dogme chrétien, dont elle porte partout l'admirable empreinte.

De plus, votre expérience de l'enseignement, mon cher abbé, vous a donné la facilité d'adoucir et de rendre accessibles à tous les plus grandes aspérités de cette science.

Votre livre offrira aux élèves, pour les travaux les plus difficiles, de précieux canevas, et en même temps à ceux qui s'occupent des hautes questions philosophiques, des solutions aussi simples que sûres.

Vous aurez donc fait un bon livre, et qui plus est, une bonne œuvre à laquelle je souhaite et je prédis le plus heureux succès.

Recevez encore une fois, très cher abbé, l'assurance de ma plus tendre estime en N.-S.

† G., Card. Saint-Marc, Arch. de Rennes.

*Angers, le 11 février 1877.*

Monsieur l'Abbé,

Je ne voulais pas vous remercier de m'avoir envoyé votre *Cours de Philosophie*, avant d'avoir pu le lire et l'examiner moi-même. Or, vous savez si nos occupations nous laissent beaucoup de loisir pour prendre connaissance des ouvrages qui paraissent. A cet égard, je ne puis m'empêcher de me reporter quelquefois vers le temps où de pareilles études faisaient mon bonheur, comme elles étaient d'ailleurs mon principal devoir. Toujours est-il que la lecture de livres tels que le vôtre est restée pour moi une jouissance que je voudrais pouvoir m'accorder plus souvent.

Vous vous êtes proposé de rédiger votre *Cours de Philosophie* conformément au programme officiel du baccalauréat ès lettres. A ce point de vue votre Manuel est le meilleur que je connaisse, tant pour le fond que pour la forme. La doctrine en est excellente; en vous rattachant aux grandes traditions de l'École, vous marchez sur un terrain ferme, et le seul où l'esprit de système ne conduise pas à des exagérations dans un sens ou dans l'autre. J'ai tout particulièrement remarqué et apprécié votre critique des différentes théories relatives à l'origine des idées : si la philosophie scolastique laisse subsister des difficultés dans un ordre de choses où elles sont inévitables, elle présente du moins la meilleure de toutes les solutions apportées jusqu'ici au problème de la connaissance. Les sciences naturelles et physiques ont fait, de nos jours, des progrès incontestables, et il importe beaucoup d'en tenir compte pour mieux élucider certaines questions particulières : mais ce sont là des points de détail qui ne compromettent en rien l'ensemble des doctrines philosophiques, telles que nous les tenons des Pères de l'Église et des grands Docteurs du moyen âge. Tout en rendant justice au talent des philosophes modernes, vous ne leur faites grâce d'aucune des erreurs trop nombreuses, hélas! qu'ils ont répandues dans le monde, et dont nous avons tant de peine à délivrer l'esprit de nos contemporains.

Je ne saurais non plus trop louer le style de votre ouvrage, qui est d'une clarté et d'une correction remarquables. Étant donné que dans plusieurs de nos établissements publics il faille enseigner la philosophie en français, ce qui est à nos yeux un signe de défaillance plutôt que de progrès, l'on ne saurait porter dans l'exposition de ces difficiles matières une plus grande sûreté de forme. Vous avez su profiter de toutes les ressources de la langue française, si admirable d'ailleurs de netteté et de précision, pour mettre les vérités philosophiques à la portée des intelligences les plus communes. Tous ceux qui estiment avant tout, dans les ouvrages destinés à la jeunesse, une méthode rigoureuse, un style simple et facile, vous sauront gré de ces qualités si rares et pourtant si désirables.

C'est donc de tout cœur que je vous félicite, Monsieur l'Abbé, de nous avoir donné, comme fruit d'un long et brillant enseignement, un ouvrage qui, je l'espère, deviendra classique, et que je voudrais voir entre les mains de tous ceux qui s'occupent de philosophie, professeurs et élèves. Aussi je ne manquerai pas de le recommander vivement dans tous les établissements de mon diocèse, et je vous remercie d'avance de tout le bien que vous y ferez par vos savantes leçons.

Agréez, Monsieur l'Abbé, l'assurance de mes sentiments affectueux et bien dévoués.

† CH.-ÉMILE, Év. d'Angers.

N. B. — Depuis que ce *Cours de Philosophie* a paru pour la première fois, en novembre 1876, un ouvrage du même genre qui nous fait, sans jamais nous citer, de très notables emprunts, a paru en 1877 à la librairie Haton. Nous tenons à constater ici la priorité de notre travail, et nous réservons tous nos droits.

E. G.

## ERRATA

P. 15, ligne 6, au lieu de *déductive*, lisez : *inductive*.
— — 19, — raisonnement *déductif*, lisez : raisonnement *inductif*.

# INTRODUCTION.

## I.

### Définition de la Philosophie.

**Étymologie.** — Philosophie, de φίλος et σοφία, veut dire amour de la sagesse, c'est-à-dire amour de la science. Les Grecs avaient d'abord appelés sages ceux qui se distinguaient par leur science; mais ce nom fastueux ne convenait guère à l'homme, dont l'intelligence bornée ne peut s'élever à la sagesse proprement dite ou science parfaite. Dieu seul possède cette science; quant à l'homme, il peut seulement y tendre par de constants efforts : l'amour du vrai, le zèle pour la sagesse, l'aspiration à la science, voilà ce qui lui convient. Pythagore le comprit et substitua au nom de sage celui plus modeste de philosophe, qui depuis lors a été adopté.

Quant à la philosophie elle-même, les définitions nombreuses et en apparence assez diverses qu'on en a données sembleraient d'abord prouver, ainsi que le veulent ses détracteurs, que son idée est encore mal fixée et son objet peu défini. Il n'en est rien : l'objet qu'elle étudie, le point de vue auquel elle se place, le but qu'elle se propose, en un mot, les éléments de sa définition sont déterminés depuis longtemps. Avant de donner cette définition et pour la mieux préparer, nous dirons ce qu'est la science en général et nous jetterons un coup d'œil sur l'ensemble des sciences humaines. Cela nous permettra de déterminer d'une façon plus précise et plus claire l'objet de la philosophie.

**La science.** — Toute connaissance n'est pas scientifique. La science est une façon supérieure de connaître, une connaissance achevée, qui satisfait l'esprit en lui révélant les *causes* ou les *raisons* des faits qu'il a constatés. La connaissance des causes, voilà le vrai savoir : « *Vere scire est per causas scire*, » a dit Bacon. C'est aussi le besoin de notre esprit : les faits l'intéressent, mais à peine les a-t-il entrevus, qu'il veut en savoir la raison. Tout est mouvement autour de nous : les êtres animés nous présentent les transformations incessantes de la vie, la matière brute elle-même est le théâtre des phénomènes les plus variés. *Pourquoi* tous ces changements? *Comment* se produisent-ils? Sous l'action de quels agents? D'après quelles lois? Donner réponse à ces questions, interpréter la nature et la rendre intelligible, telle est la noble mission de la science.

Les réalités concrètes, êtres ou faits, ne sont pas les seules qui doivent être expliquées. Les vérités abstraites, celles de la géométrie ou de la morale, par exemple, ne se comprennent qu'autant qu'on les rattache à des principes généraux d'où elles tirent leur évidence. Ces *principes* sont leurs *raisons*, que les sciences abstraites s'appliquent à connaître.

Embrassez dans un même corps de doctrine les causes, les lois, les principes qui concernent une même classe d'êtres, un même ordre de faits ou de vérités abstraites, et vous avez une *science*. On peut donc définir la science : « Un système de connaissances certaines et générales par lesquelles on rend raison de tout un ordre de faits ou de vérités particulières. » Nous avons dit certaines, parce que les explications probables par lesquelles une science débute ou cherche à s'étendre, ne sont que des essais qui ne lui appartiennent pas en propre. Nous avons ajouté générales, toute cause, tout principe ayant évidemment ce caractère, d'où l'ancien axiome : « *Non datur scientia de singularibus.* »

**Les sciences. Leur classification.** — Avec le temps,

l'esprit de l'homme, toujours curieux des causes, a multiplié les explications des phénomènes de l'univers. Au regard de Dieu, qui a fait l'ordre admirable du monde et qui en saisit l'unité, les causes et les lois qui expliquent toutes choses s'enchaînent en un seul et même système, ou plutôt sont l'objet d'une intuition unique. Mais pour la vue bornée de l'homme, les explications scientifiques de l'univers, n'ont pû se multiplier qu'à la condition de former des sciences diverses et de plus en plus nombreuses, dont le lien logique ne se laisse pas apercevoir. Il n'est pas sans intérêt cependant de les rapprocher dans une classification générale. Si l'unité ainsi produite est un peu factice, elle permet du moins de mieux apprécier les vastes proportions du domaine de la vérité et de déterminer d'une façon plus précise l'objet et la dignité de la philosophie.

Diverses classifications générales des sciences ont été proposées; nous ne mentionnerons que les plus célèbres.

CLASSIFICATION DE BACON. — Bacon tire sa classification des sciences des facultés de l'âme qui servent à les acquérir. Il distingue : les sciences historiques (histoire civile, histoire naturelle), qui se rapportent à la *mémoire*, les sciences poétiques (poésie, beaux-arts), qui appartiennent à l'*imagination*, et enfin les sciences philosophiques, œuvre de la *raison*, qui d'après lui se subdivisent en physique, mathématiques et métaphysique. — Il y a dans cette classification des rapprochements qui étonnent et semblent bien arbitraires. De plus, la règle choisie par Bacon est très contestable : c'est par leur objet, bien plus que par les facultés de l'esprit qui servent à les acquérir, que les sciences se distinguent ou se rapprochent les unes des autres.

D'Alembert et Diderot ont reproduit en substance cette classification dans leur Encyclopédie.

CLASSIFICATION D'AUGUSTE COMTE. — Auguste Comte distingue les sciences d'après leur objet, mais il part d'un principe erroné et se place à un faux point de vue. Dans sa pensée, le plus ou moins de complexité est la seule différence que présentent les choses : formées des mêmes premiers éléments, elles les comprennent seulement dans des proportions diverses. Il suit de là qu'en échelonnant les sciences dans la mesure exacte de la complexité de leur objet, on indiquera l'ordre dans lequel il convient de les étudier et on reproduira en même temps le véritable système de l'univers. Partant de ce principe, Comte place en tête de sa classification les sciences *mathématiques* (algèbre, arithmétique, géométrie, mécanique), qui présentent les notions les plus générales et les plus simples, puis viennent par ordre d'objets de plus en plus complexes : l'*astronomie*, la *physique*, la *chimie*, la *biologie* (science de la vie) et la *sociologie* (science de la société humaine). Pour lui la philosophie n'existe pas, ou bien son rôle se borne à coordonner les résultats généraux obtenus par les autres sciences.

Supprimer la philosophie, ramener toutes choses à des combinaisons de nombres et la science universelle aux mathématiques, tel est le double défaut de cette classification.

CLASSIFICATION D'AMPÈRE. — Il y a mieux à faire en prenant le point de départ de la classification des sciences dans la nature de leurs objets, c'est d'envisager ceux-ci en eux-mêmes et dans leurs propriétés essentielles. Ampère a suivi cette méthode. Voici les principales lignes de son travail.

En dernière analyse les objets de notre connaissance sont de deux sortes, la matière et l'esprit, d'où un premier partage des sciences en deux classes, les *sciences cosmologiques* ou sciences de la nature et les *sciences noologiques* ou sciences morales.

*Sciences cosmologiques.* — Quand on étudie les corps, on peut d'abord envisager d'une manière abstraite leurs différentes qualités, par exemple : leur étendue ou leur forme *(géométrie)* ou bien leur quantité, qui se calcule par des nombres *(arithmétique)* ou mieux encore par des lettres tenant la place des nombres *(algèbre)*. La géométrie, l'arithmétique et l'algèbre sont des *sciences cosmologiques abstraites*.

Rendant à la matière quelques-unes seulement de ses propriétés, à savoir, l'impénétrabilité et le mouvement, qui permettent de concevoir l'action réciproque des corps les uns sur les autres, on obtient la *mécanique* et l'*astronomie, sciences cosmologiques mixtes.*

Enfin considérant les corps tels que la nature les présente, avec toutes leurs propriétés, on trouve les *sciences cosmologiques concrètes.* Parmi ces sciences, les unes, appelées *sciences physiques* (physique, chimie, géologie, minéralogie), étudient la matière non organisée; les autres, qui portent le nom de *sciences naturelles* ou *biologiques* (anatomie et physiologie animales, anatomie et physiologie végétales, paléontologie), s'appliquent à la connaissance de la matière organisée.

*Sciences noologiques.* — L'homme et l'animal lui-même dans une certaine mesure sont l'objet des sciences noologiques.

Considéré individuellement, l'homme parle. Le langage est l'objet des *sciences philologiques.*

Réunis en sociétés, les hommes ont une vie commune ou sociale, dont les conditions font l'objet des *sciences sociales* et *politiques* (politique, droit, économie politique, droit des gens).

La vie sociale des peuples a, comme celle des individus, ses alternatives de progrès ou de décadence; les *sciences historiques* (philosophie de l'histoire, histoire civile et politique, histoire des lettres, des sciences et des arts, histoire des religions) en marquent les différentes phases.

**Objet de la philosophie.** — Cette vue d'ensemble des sciences humaines permet de déterminer l'objet de la philosophie, de lui assigner son rang vis-à-vis des autres branches du savoir humain et d'apprécier son importance.

L'homme qui posséderait toutes les sciences que nous venons d'énumérer, si surtout chacune d'elles était arrivée au degré de perfection qu'elle comporte, aurait assurément un vaste savoir. Sa science cependant ne serait pas complète; elle n'embrasserait point les *dernières raisons* de ce qui est, c'est-à-dire les dernières causes et les premiers principes des choses.

*Dernières causes.* — Les sciences de la matière, qu'elles soient concrètes ou abstraites, s'arrêtent aux qualités, aux phénomènes, ou, si elles s'occupent de la substance, elles ne remontent pas au delà de certains éléments que l'analyse ne peut décomposer. Ainsi, la physiologie étudie les phénomènes vitaux, la chimie recherche les composants simples ou supposés tels, la mécanique détermine les lois du mouvement; mais l'élément premier des corps, la force motrice, le principe de la vie végétative, que sont-ils? En d'autres termes, qu'est-ce que la matière? Qu'est-ce que la substance corporelle? Il reste à le dire ou tout au moins à le rechercher, après quoi la cause dernière dans l'ordre matériel sera connue.

Les sciences morales ou zoologiques prennent pour objet la vie intellectuelle et morale de l'homme, mais elles l'envisagent dans ses manifestations extérieures et non dans ses phénomènes propres et dans son principe. La philologie, qui découvre les lois générales du langage, la philosophie de l'histoire, qui recherche les causes profondes du mouvement général des événements humains dans le monde, nous révèlent en partie la nature et les lois de la force spirituelle; mais, pour la bien connaître, il faut l'étudier en elle-même, examiner les phénomènes si variés par lesquels elle se manifeste, et rechercher ensuite ce qu'elle est, esprit ou corps, immortelle ou périssable. L'âme humaine, voilà la cause dernière en ce monde des phénomènes moraux.

Les substances matérielles ou spirituelles, dont l'activité explique l'univers, ne s'expliquent pas elles-mêmes. Pourquoi, comment existent-elles? Il y a au-dessus d'elles, c'est-à-dire en dehors de ce monde, un Être supérieur, sans la sagesse et la puissance de qui rien ne serait intelligible, Dieu, raison absolument dernière de toutes choses, cause suprême de tout ce qui est.

La substance matérielle, l'âme humaine dans sa vie et dans sa substance, Dieu sont l'objet exclusif de la philosophie, science des dernières causes, couronnement de toutes les autres sciences.

*Premiers principes.* — Dans l'ordre des vérités abstraites les vérités particulières trouvent leur raison dans des vérités plus hautes ou principes d'où elles découlent. Ces principes se rattachent à leur tour à d'autres principes, et forment ainsi dans chaque science une hiérarchie de vérités subordonnées les unes aux autres. Or, quand on fait l'analyse de l'entendement humain on découvre certains principes, certaines idées, qui n'appartiennent à aucune science déterminée, mais qui les dominent toutes. Ce sont les lois suprêmes de toute activité intellectuelle, les premiers principes du connaître.

Ces premiers principes, partie intégrante de la science de l'âme humaine, sont l'objet de la philosophie.

**Définition de la philosophie.** — Connaissant l'objet de la philosophie, nous pouvons maintenant la définir. « La philosophie est la science des dernières causes et des premiers principes, ou d'un seul mot, la science des dernières raisons des choses. » Cette définition n'est autre que celle d'Aristote reproduite par Descartes. « La philosophie, disait Aristote, est la science des premiers principes. » Il faut entendre ici par premiers principes : les principes de l'être ou premières causes et les principes du connaître ou vérités premières.

**Quelques autres définitions.** — Pour Bossuet, « la philosophie est la connaissance de Dieu et de soi-même. » Les Stoïciens et Cicéron disaient aussi : « La science des choses divines et humaines. » Définition vraie, mais qui laisse de côté la métaphysique de la nature.

D'autres regardent la philosophie comme un ensemble de sciences plutôt que comme une science unique; ils la définissent : « L'ensemble des sciences psychologiques et métaphysiques. » Au fond, c'est sous un nouvel aspect la définition que nous avons adoptée.

« La philosophie, dit Platon, est la science des réalités intelligibles, que la raison seule peut atteindre et qui ne tombent pas sous les sens. » On a dit plus brièvement : « La science du supra-sensible. »

« La philosophie est la science de Dieu, de l'homme et de la société, » *de Bonald*. « La science de l'homme intellectuel et moral dans ses rapports avec Dieu et avec le monde, » *Jouffroy*. Ces dernières définitions étendent trop l'objet de la philosophie ou ne marquent pas suffisamment son esprit et son but.

## II.

### Rapports de la Philosophie avec les autres sciences.

La philosophie a des rapports plus ou moins étroits avec toutes les sciences. Sans se confondre avec elles, sans empiéter en rien sur leur domaine propre, ni entrer dans la discussion des questions dont elles s'occupent, elle doit les diriger, leur fournissant leurs *principes*, déterminant leur *méthode*, contrôlant leurs *résultats*, et les faisant ainsi concourir toutes ensemble à la destinée de l'homme, à sa grandeur morale. Chose étrange! Il n'est pas une seule science qui à peine sortie de l'enfance, à peine affermie sur ses bases, ne se fasse agressive et ne tourne ses forces naissantes contre la vérité morale. Non seulement les sciences sociales qui ont l'homme pour objet, mais encore celles-là mêmes qui en apparence n'ont aucun rapport avec l'ordre moral, se mettent au service de la passion irréligieuse. C'est à la philosophie qu'il appartient de les rendre à leur véritable rôle; nous allons prouver son droit.

**Sciences morales.** — Les sciences morales sont celles qui ont pour objet l'homme moral, soit individuel, soit collectif. Ainsi, la *rhétorique* a pour but d'émouvoir l'homme et de le persuader; la *grammaire générale* détermine les lois universelles du langage; l'*histoire* suit dans leurs développements les sociétés humaines; la *politique* les organise; l'*économie sociale* cherche à augmenter leur prospérité matérielle sans perdre de vue leur fin morale; enfin la *jurisprudence* traite des droits et des devoirs de leurs membres. — 1. Toutes ces sciences empruntent leurs principes à la philosophie. L'histoire n'est pas une science quand elle raconte des faits individuels ou sociaux, quand elle décrit les institutions d'un peuple ou nous initie à ses coutumes; elle le devient seulement quand elle pénètre jusqu'aux causes qui ont produit les faits, lorsqu'elle éclaire les institutions par les premiers principes de la morale et du droit, et qu'elle découvre les lois générales qui président à l'élévation ou à l'abaissement des peuples. Le droit positif est une connaissance tout empirique, s'il se borne à faire le dépouillement d'un Code pour en classer les prescriptions; il ne revêt le caractère scientifique qu'autant qu'il sait rattacher les lois changeantes de l'homme aux dispositions immuables du droit naturel. « *Penitus ex intima philosophia hauriendam juris disciplinam putes,* » dit Cicéron. Pas de grammaire générale pour qui ne connaît pas les lois essentielles de la pensée. Enfin, si un économiste ne s'inspire pas des vues élevées du spiritualisme, il prépare la ruine plutôt que la prospérité du peuple qui l'écoute. C'est donc la philosophie qui fournit aux sciences morales les principes sur lesquels elles reposent, et la science de l'esprit humain est, comme le dit fort bien Thomas Reid, leur racine commune et le tronc qui les nourrit. — 2. C'est elle aussi qui, par la logique, détermine leur méthode et démontre la légitimité des procédés généraux qu'elles doivent employer. — 3. Elle a donc le droit de contrôler leurs résultats et de réclamer quand elles s'égarent et sortent de leur voie.

**Sciences physiques.** — Les sciences physiques et naturelles étudient le monde matériel dans sa nature concrète; les unes, comme la *chimie* et la *physique,* recherchent les éléments qui composent les corps et les lois des changements qui se produisent dans la nature inorganique; les autres, comme l'*histoire naturelle* et la *physiologie,* étudient dans la nature vivante les manifestations et les lois de la vie. Comme les précédentes, ces sciences reçoivent de la philosophie leurs principes et leur méthode et doivent lui soumettre leurs résultats. — 1. Leurs principes. Tout système physique repose sur un système philosophique, et le physicien qui en suit un sans le connaître est d'autant plus exposé à l'erreur qu'il ne peut se rendre compte de l'esprit qui l'inspire. Dynamiste ou mécaniste, la physique interprète ses principes dans le sens du rationalisme ou du sensualisme, du spiritualisme ou du matérialisme. De même la physiologie ne peut expliquer les phénomènes de la vie en dehors des théories mécanistes, vitalistes ou animistes. La philosophie est donc à leur base. — 2. Leur méthode. Comme toutes les autres sciences, elles suivent leur méthode sans en discuter l'opportunité ni la légitimité. De plus, l'induction qu'elles emploient principalement suppose le principe rationnel de l'universalité et la constance des lois de la nature, et les hypothèses qui leur sont d'un si grand secours s'appuient sur les principes métaphysiques de la finalité et de l'ordre. — 3. Les sciences naturelles sont faites pour l'homme : elles doivent l'éclairer sur sa nature et l'aider à accomplir sa destinée en lui montrant partout Dieu qui est sa fin. Tout autre sera le but qu'elles atteindront si une saine philosophie n'interprète pas leurs résultats : matérialistes, elles dégraderont l'homme, lui persuadant qu'il n'a d'autre fin que les plaisirs des sens.

**Sciences mathématiques.** — Les sciences mathématiques, *arithmétique, algèbre, géométrie, mécanique*, ont également pour objet le monde physique, qu'elles considèrent d'une manière abstraite. — 1. Fondées sur des notions premières et sur des principes d'autant plus rigoureux qu'ils ne dépendent aucunement de l'expérience, elles ont un caractère éminemment spéculatif qui attire à elles les esprits les plus pénétrants. Cette partie supérieure des sciences mathématiques est toute philosophique. Que sont ces idées de nombre, de grandeur, d'ordre, d'étendue, de situation, de figure sur lesquels elles reposent? Quelle est leur valeur objective? Se ramènent-elles aux deux idées irréductibles de grandeur et d'ordre, comme l'a pensé Descartes, ou bien à l'idée d'ordre toute seule, comme permettait de le croire le système de Leibnitz sur l'étendue? La philosophie pénètre donc au cœur même de ces sciences pour traiter leurs questions les plus élevées, et c'est avec raison qu'on la leur a de tout temps associée. *Sophiæ germana Mathesis.* —

2. Avec leurs principes, les mathématiques empruntent à la philosophie leur méthode. Quand seront-elles analytiques et quand synthétiques? Quelle différence sépare ces procédés? A quel genre de questions et dans quel but convient-il de les appliquer? Nouveau côté philosophique de ces sciences. — 3. Puisqu'elle détermine la méthode des sciences mathématiques, la philosophie a le droit d'examiner les résultats qu'elles présentent pour voir s'ils en sont bien le fruit légitime.

Ainsi la philosophie a des rapports étroits avec toutes les sciences, et ces rapports sont tels qu'ils consacrent son droit de contrôle et de direction.

## III.

## Utilité de la Philosophie.

L'utilité de la philosophie est incontestable, qu'on l'envisage au point de vue spéculatif ou au point de vue pratique.

**Utilité spéculative.** — Le caractère propre de la science est de connaître par les causes, de rattacher à leurs principes les vérités de détail, et l'esprit qui remonte le plus loin dans la série des principes, et diminue, comme on l'a dit quelquefois, le nombre des vérités qu'il connaît en élargissant la portée de chacune d'elles, est réputé à bon droit le plus puissant et le plus profond. Or, nous l'avons montré dans l'article précédent, c'est la philosophie qui remonte aux principes premiers de toutes les sciences, saisit les rapports qui les relient entre elles et donne au savoir humain l'unité dont il est susceptible. L'expérience prouve de son côté que le savant doit être philosophe pour faire quelqu'une de ces grandes découvertes, deviner quelqu'une de ces lois fécondes qui ouvrent à la science de nouveaux horizons.

**Utilité pratique.** — 1. La satisfaction d'un besoin impérieux de notre esprit, telle est la première utilité pratique de la philosophie. Justement soucieux de notre origine et de notre destinée, nous voulons avant toute chose en éclaircir le mystère ; et, bien que la Révélation nous prodigue sur ce point toutes les lumières désirables, arrivés à l'âge de la réflexion, nous éprouvons une satisfaction intime à confirmer ses enseignements par le témoignage plein d'évidence de notre raison.

2. La philosophie est encore nécessaire pour donner à l'esprit toute la vigueur dont il est capable, former son jugement, développer sa pénétration, exercer sa critique, en un mot le préparer à une action forte et utile. Le philosophe pense par lui-même, ne se contente pas de raisons futiles et ne donne son assentiment qu'à la condition d'y voir clair. S'il sait résister à ses propres caprices, il ne s'abandonne pas non plus inconsidérément à l'autorité. Cependant il ne la méprise pas, et quand il a vérifié ses titres il l'écoute volontiers dans les choses qui sont de son domaine. Rien ne remplace cette formation puissante de l'esprit par la philosophie ; elle seule lui donne la virilité.

3. A la formation intellectuelle ajoutons l'influence morale. La supériorité de l'homme sur tout ce que lui montrent ses sens, les idées et les principes immuables qui éclairent son esprit, les sentiments généreux qui animent son cœur, les nobles aspirations qui l'élèvent au-dessus de ce qui passe et le poussent vers l'Être infiniment parfait dans lequel sa raison lui fait placer son principe et sa fin, l'ordre moral en un mot avec toutes ses consolations et ses espérances, voilà l'utile contrepoids que la philosophie oppose à l'influence matérialiste des sciences physiques. Aujourd'hui plus que jamais ce contrepoids est nécessaire : toutes les sciences parlent à l'homme de son corps, l'industrie multiplie ses inventions pour procurer son bien-être ; il est bon que la philosophie élève la voix pour lui parler de son âme, de la vérité et de l'erreur, de la vertu et du vice, et lui rappeler les devoirs qui s'imposent à lui s'il veut atteindre sa fin dernière.

# IV.

## Méthode générale de la Philosophie.

L'objet de la philosophie est étendu et complexe. Dieu, l'âme humaine envisagée dans sa substance, l'être matériel, la vie intime de l'âme humaine et les lois logiques et morales qui doivent la régir : voilà des objets bien divers. Quel ordre convient-il de suivre dans leur étude? Quels procédés de l'esprit faut-il y employer? En d'autres termes, quelle doit-être la méthode générale de la philosophie? Cette question de méthode est d'une grande importance, faute de l'avoir convenablement résolue, des esprits supérieurs se sont épuisés en vains efforts et n'ont enfanté que des systèmes erronés.

**Méthode rationnelle.** — Deux méthodes sont possibles. L'une propose d'étudier les choses dans l'ordre même où elles ont commencé d'être. Dieu est le premier principe. De lui, comme de leur cause suprême, procèdent tous les autres êtres. Les idées par lesquelles nous le concevons sont aussi les idées supérieures de notre raison. Il faut commencer par lui, partir du premier principe, de la substance infinie, de l'absolu, et descendre peu à peu tous les degrés de l'existence jusqu'aux phénomènes de la vie psychologique de l'homme. On descend ainsi de la métaphysique à la psychologie en déduisant la connaissance de l'homme de celle de sa cause première.

Cette méthode porte différents noms. On l'appelle méthode *ontologique*, parce qu'elle part de la notion générale et indéterminée d'être; méthode *rationnelle*, parce qu'elle commence par les premiers principes qui sont dus à la raison; méthode *a priori*, parce qu'elle raisonne avant toute observation, antérieurement à toute expérience. Ces trois noms marquent également, quoique à des points de vue divers, l'ordre adopté par la méthode rationnelle dans l'étude des différentes parties de la philosophie.

Un quatrième nom, celui de méthode *déductive*, indique le procédé dont elle fait usage, la déduction.

Dès les temps anciens cette méthode fut suivie par quelques génies trop spéculatifs. Dans les temps modernes, les philosophes allemands surtout, qui se plaisent à la spéculation abstraite, ont préféré suivre cette voie. Ils ont élevé ce qu'ils appellent des *constructions a priori*, constructions dont on peut admirer les belles proportions et la rigoureuse unité, mais dont le caractère hypothétique frappe aussi tout d'abord l'esprit et le met justement en défiance. Le moyen de découvrir la nature de choses réelles et existantes ne saurait être de prendre son point de départ dans l'idéal et l'abstrait. De fait, à quelque époque de l'histoire qu'ils appartiennent, les partisans de cette méthode sont tombés dans l'idéalisme et le panthéisme : ils ont nié le monde réel ou l'ont absorbé dans l'infini.

**Méthode expérimentale.** — La seconde méthode est l'opposé de la première. Elle part des effets pour remonter aux causes, des conséquences pour s'élever aux principes. Γνῶθι σεαυτόν. Connais-toi d'abord toi-même, disait Socrate. En effet, nous sommes mis par la conscience en présence immédiate de faits qui appartiennent à l'objet de la philosophie. Ces faits, que l'on appelle faits psychologiques, sont tout à la fois la plus incontestable des réalités et la plus facile à connaître. A vrai dire, c'est la seule que nous connaissons directement et sans intermédiaires, les choses extérieures ne se manifestant à nous que par nos propres impressions. C'est donc sur le terrain solide de la psychologie qu'il faut tout d'abord s'établir. Des phénomènes psychologiques nous passerons naturellement à la force qui les produit, à l'être réel en qui ils se passent, puis à l'être matériel, dont l'action sur nous donne lieu aux représentations du monde extérieur, pour terminer par l'être infini, réalité suprême dont les esprits et les corps ne sont que les effets. L'étude des réalités substantielles ou métaphysiques reposant ainsi sur la psychologie, y trouve une garantie de certitude qu'elle ne pourrait rencontrer ailleurs.

Cette seconde méthode porte différents noms opposés à ceux de la méthode rationnelle. On l'appelle méthode *psychologique* parce qu'elle débute par l'étude de l'âme, méthode *expérimentale* parce que son point de départ est pris dans l'expérience ou l'observation des faits, méthode *a posteriori* parce qu'elle ne raisonne que postérieurement à l'expérience, méthode *déductive* parce que le premier genre de raisonnement qu'elle emploie est l'induction et que dans sa marche générale elle va de l'homme, qui est l'effet, à Dieu, qui est la cause. C'est la méthode préférée des philosophes français de notre époque.

**Méthode empirique.** — Le peu de valeur des systèmes hypothétiques enfantés par la méthode rationnelle a jeté certains philosophes dans l'excès opposé. Préoccupés avant tout de s'établir au cœur même de la réalité pour y trouver un fondement solide, ils se sont renfermés dans l'expérience sans oser en sortir. Il semble qu'à leurs yeux tout principe rationnel soit hasardeux et tout raisonnement déductif un danger; ils se bornent donc à observer les faits psychologiques et à remonter à leurs lois par le raisonnement déductif, mais ils s'interdisent toute considération spéculative sur les réalités métaphysiques. C'est la méthode empirique beaucoup trop pratiquée par les fondateurs de l'école écossaise, méthode insuffisante puisqu'elle ne permet pas d'atteindre les causes dernières des choses.

La véritable méthode expérimentale ne connaît pas ces timidités. Après avoir usé de l'observation et de l'induction elle recourt aux principes rationnels et à la déduction pour aborder la partie métaphysique de la philosophie. A des effets réels il faut des causes de même nature et le raisonnement qui s'élève des uns aux autres ne peut tromper et conduire à des chimères. Il ne faut donc pas confondre la méthode expérimentale avec la méthode empirique; elles diffèrent notablement l'une de l'autre, ou plutôt la seconde n'est que la première arrêtée à mi-chemin et renonçant à atteindre son but.

## V.

## Division de la Philosophie.

La division de la philosophie a déjà été indiquée implicitement dans les articles qui précèdent. Elle se partage d'abord en deux grandes parties, peut-être dirait-on mieux en deux groupes de sciences : les sciences psychologiques et les sciences métaphysiques.

*Sciences psychologiques.* — Les sciences psychologiques ont pour objet les *phénomènes* de l'âme. Ces sciences sont la psychologie expérimentale, la logique et la morale. La psychologie expérimentale ou psychologie proprement dite étudie les faits psychologiques en eux-mêmes et dans leur nature. La logique formule les lois auxquelles la pensée doit se conformer pour atteindre la vérité, qui est son objet. La morale établit les lois qui s'imposent aux actes libres pour qu'ils soient en conformité avec le bien, qui est leur but.

*Sciences métaphysiques.* — Les sciences métaphysiques ont pour objet les réalités substantielles ou les *êtres*, causes et sujets des phénomènes dont s'occupent toutes les autres sciences. Elles traitent de l'être matériel, de l'être spirituel ou de l'âme, de l'être infini ou de Dieu. De là trois parties de la métaphysique : la métaphysique de la nature ou cosmologie rationnelle, la métaphysique de l'esprit ou psychologie rationnelle, la métaphysique de l'absolu ou théologie rationnelle. Ces trois sciences supposent quelques notions préliminaires sur l'*être* considéré en général, qui sont l'objet de la métaphysique générale ou ontologie.

Quant à l'ordre dans lequel il convient d'étudier ces différentes parties, nous avons dit en parlant de la méthode que les sciences psychologiques doivent en général précéder les sciences métaphysiques, et que parmi ces dernières la théologie naturelle ou théodicée doit venir en dernier lieu. Ajoutons ici qu'il convient de détacher la morale des autres sciences psychologiques et de la placer après la théodicée. L'existence d'une loi morale strictement obligatoire n'a à nos yeux qu'un seul principe possible, la volonté de Dieu, maître souverain de ses créatures. Il faut donc logiquement connaître Dieu et ses droits à notre obéissance, avant d'établir l'existence de la loi par laquelle il gouverne les êtres libres.

Il reste à déterminer la place de la logique. Plusieurs veulent qu'on la mette avant la psychologie et qu'on commence par elle l'étude de la philosophie. Ils en donnent plusieurs raisons : — 1. Les questions qu'elle traite sont, disent-ils, les premières en soi et les plus fondamentales. Quelle science édifier avant de connaître les lois du raisonnement et les règles des méthodes ? — 2. La logique donne de plus à l'esprit l'instrument de la science, en l'habituant aux définitions précises, en l'exerçant au raisonnement, en lui faisant pénétrer toutes les subtilités par lesquelles l'erreur cherche à se dissimuler. — 3. Enfin la logique est une science indépendante qui ne relève d'aucune autre : c'est en se basant sur des définitions et des axiomes qu'elle édifie tout cet ensemble de règles qui forment la législation de l'esprit humain, science immuable comme toutes les sciences *a priori*, parce qu'elle a le même caractère. — Ces raisons ne sont pas sans valeur, et l'on ne peut s'étonner que pendant longtemps on ait dans toutes les écoles commencé par la logique l'étude de la philosophie, et qu'on le fasse aujourd'hui encore dans un grand nombre.

Cependant la psychologie l'emporte généralement de nos jours, et l'on s'accorde à la reconnaître comme la science maîtresse et régulatrice que toutes les autres présupposent. La logique a changé de caractère. Pendant longtemps, science analytique des formes élémentaires de la pensée et par là même beaucoup plus spéculative que pratique, elle pouvait à la rigueur être regardée comme indépendante de la psychologie, bien qu'elle reçût de cette dernière la notion des opérations dont elle expliquait les lois formelles. Aujourd'hui, augmentée des questions de méthode, elle est devenue une science appliquée, une science pratique, qui doit tenir compte de la constitution intellectuelle de l'homme et ne peut précéder l'étude de l'instrument dont elle règle l'emploi. Donc la logique doit suivre et non précéder a psychologie.

Les considérations qui ont valu longtemps le premier rang à la logique commandent de la placer immédiatement après la psychologie.

L'ordre que nous adoptons sera donc le suivant : Psychologie expérimentale, Logique, Métaphysique générale, Métaphysique de la nature ou Cosmologie, Métaphysique de l'esprit ou Psychologie rationnelle, Théodicée, Morale.

# PSYCHOLOGIE.

## PARTIE PRÉLIMINAIRE.

## CHAPITRE I.

### Objet et méthode de la Psychologie.

**I. — *Définition de la Psychologie, son objet.***

**Définition et raison d'être de la psychologie.** — La psychologie (ψυχή, λόγος) est la science de la vie de l'âme humaine ; la vie du corps humain est l'objet d'une autre science, la physiologie. La distinction de ces deux sciences, en d'autres termes la raison d'être de la psychologie, a été attaquée par les matérialistes, qui ne reconnaissent pas la double nature spirituelle et corporelle de l'homme. La vie humaine, disent-ils, ne présente que des faits de même espèce ; la différence qui de prime abord les sépare en plusieurs groupes opposés est toute à la surface, au fond les phénomènes humains sont toujours des fonctions organiques, et ce qu'on appelle activité intellectuelle et morale est en réalité une activité corporelle. Il n'y a donc pas lieu de dédoubler la science de l'homme; la physiologie poussée à ses dernières limites nous dira un jour le dernier mot de la nature humaine, et ce ne serait qu'en empiétant sur son domaine que la psychologie pourrait trouver un objet. — Il s'agit donc, tout d'abord, de prouver la légitimité de la psychologie en constatant qu'elle a un objet propre et parfaitement distinct de celui de la physiologie. C'est ce que nous allons faire en démontrant qu'il y a dans l'homme deux ordres de phénomènes, deux vies parfaitement distinctes quoique intimement unies, en sorte que la physiologie qui par ses procédés et sa méthode ne peut étudier que l'une de ces deux vies, observer qu'une seule de ces deux classes de phénomènes, ne nous fait pas connaître tout l'homme, et appelle nécessairement après elle une autre science qui vienne la compléter.

**Objet de la psychologie.** — La vie humaine nous présente deux classes de faits très distinctes : les caractères de ces faits, leur destination, la manière dont nous les connaissons, tout marque entre eux une profonde différence.

1. Il y a dans l'homme toute une classe de faits que l'on nomme faits physiologiques, ce sont les phénomènes de la vie organique : la *digestion*, la *respiration*, la *circulation du sang*, etc. Tous ces faits sont de même espèce que ceux que nous saisissons dans le monde extérieur; ils se rapportent à la matière, s'accomplissent dans l'étendue et consistent dans des mouvements ou déplacements de molécules. A côté de ces faits il en est d'autres, appelés faits psychologiques, qui constituent la vie intellectuelle et morale, ce sont : les *pensées*, les *plaisirs* et les *peines*, les *déterminations* de la volonté. Loin d'éveiller comme les précédents l'idée de forme ou d'étendue, ces faits l'excluent au contraire formellement, et si nous parlons quelquefois de l'élévation des pensées ou de la profondeur des vues, personne ne se méprend à ces métaphores. Ces faits échappent donc aux conditions et aux lois auxquelles sont soumis les corps, et ils diffèrent essentiellement par leurs caractères des faits physiologiques.

2. La destination de ces deux classes de faits établit de nouveau leur différence. Les phénomènes de la vie organique, tout en se rapportant indirectement à la vie intellectuelle et morale, qui ne dépasse la vie animale qu'en s'appuyant sur elle, ont pour fin immédiate d'organiser, de conserver et de reproduire les différentes parties du corps. Qui oserait ne donner à l'intelligence d'autre mission que de veiller à notre bien-être? Ne serait-ce pas la rabaisser au niveau de l'instinct? L'homme dont toutes les pensées convergeraient vers son corps nous paraîtrait méprisable, tandis que notre admiration est acquise à celui qui sait sacrifier généreusement sa vie aux exigences de l'ordre moral. Les faits physiologiques et les faits psychologiques n'ont donc pas plus la même destination qu'ils n'ont la même nature.

3. Des objets si divers ne peuvent être connus par la même voie, car le moyen de connaissance doit être approprié à son objet. De fait, les phénomènes physiologiques ne nous sont connus que par les sens extérieurs, ils ont existé bien avant qu'on les soupçonnât, l'étude en a été longue et laborieuse, et, ne pouvant se faire qu'au détriment des organes qui en sont le siège, elle a dû être indirecte et s'effectuer sur les animaux, pour conclure de là par induction et analogie à ce qui se passe dans l'homme. Tout autre est le procédé qui nous révèle les phénomènes psychologiques : ils sont manifestés clairement par la conscience qui en est un élément intégrant, il répugne qu'ils existent sans être connus et leur observation ne comporte aucun intermédiaire. — Ces deux observations si diverses ont chacune leur sphère spéciale, leur champ précis. Vainement les sens extérieurs, aidés des instruments les plus perfectionnés, fouilleraient les parties intimes du cerveau, ils ne sauraient y trouver ce qui s'appelle pensée, émotion, volition; ils n'ont même pu, jusqu'à ce jour, découvrir le changement physique qui accompagne ces phénomènes sans les constituer. D'autre part, la conscience, dont le témoignage est si clair pour tout fait psychologique, se tait complètement sur ce qui concerne les organes. Les limites précises des sens et de la conscience attestent une

fois de plus, la différence profonde qui sépare les deux ordres de phénomènes dans lesquels se dédouble la vie humaine, et servent de ligne de démarcation entre la physiologie et la psychologie. La première a pour objet ce qui en soi est accessible aux sens, la seconde revendique ce qui ne se découvre qu'à la conscience.

La psychologie a donc un objet propre, qui motive et légitime son existence, puisqu'il demeurerait inconnu si la physiologie seule existait. Mais en disant que la psychologie est distincte de la physiologie, nous ne prétendons nullement qu'on doive les isoler l'une de l'autre. Le corps et l'âme ne forment qu'un même être ; ils ne sont pas simplement juxtaposés, mais étroitement unis, et ils concourent ensemble aux mêmes actes. La pensée la plus immatérielle dépend de certaines conditions organiques, et les actes de la vie animale s'accomplissent sous l'influence de l'âme. Ce ne sera donc pas seulement dans un chapitre particulier que nous traiterons des rapports du corps et de l'âme, c'est dans tout le cours de la psychologie que nous retrouverons ces deux éléments associés, et si nous évitons avec soin de confondre dans l'homme la vie spirituelle avec la vie animale, nous constaterons cependant que la première s'appuie, comme nous l'avons déjà dit, sur la seconde pour la dépasser.

## II. — *Méthode de la Psychologie.*

**La méthode psychologique est la méthode inductive.** — La psychologie expérimentale étant une science de faits doit avoir recours à la méthode inductive, dont les procédés sont : l'observation, l'expérimentation et l'induction. L'observation fait connaître les faits, l'expérimentation les isole et les varie pour arriver à discerner leurs lois, l'induction généralise ces lois et permet de les exprimer en formules scientifiques. Tels seront les procédés de la méthode psychologique avec les nuances que commande et dans la mesure que comporte l'objet particulier de cette science.

### 1° *L'observation en psychologie.*

Deux méthodes se présentent au psychologue qui cherche à connaître les faits psychologiques : il peut les contempler en lui-même ou les étudier dans les manifestations de la vie spirituelle de ses semblables. La première de ces méthodes (*méthode subjective*) est évidemment la plus directe et la plus sûre, la seconde (*méthode objective*) peut cependant compléter utilement la première.

**Observation initiale de soi par la conscience.** — La conscience, au sens où nous la prenons ici, est cette faculté qu'a notre âme d'être immédiatement informée de tout ce qui se passe en elle. Je pense, je sens, je veux, et du même coup je sais que je pense, que je sens, que je veux. Je le sais, non par un acte différent de ceux-ci, mais parce que ces actes se manifestent eux-mêmes en même temps qu'ils sont produits.

Ici le sujet qui connaît et l'objet connu sont absolument identiques; ils ne font qu'un. Cette simple remarque suffit à nous faire comprendre la sûreté des informations de la conscience. La connaissance qu'elle nous donne est *immédiate* et *absolue*, et à ce double titre elle l'emporte en valeur sur la connaissance *indirecte* et *relative* que nous avons des corps. La nature interne des êtres matériels nous échappe. Nous ne savons guère de leurs propriétés qu'une seule chose, c'est qu'elles leur permettent de produire sur nous telle ou telle impression. C'est donc indirectement par nos propres modifications et comme causes de ces modifications, c'est-à-dire relativement à elles, que nous connaissons les propriétés des corps. Dans la conscience, au contraire, l'objet connu se révèle lui-même, et se manifeste tel qu'il est en soi au sujet connaissant, qui ne fait qu'un avec lui.

D'autre part la conscience a ses imperfections. Elle est une connaissance, mais une connaissance vague, superficielle, indistincte. Les nombreux phénomènes qui se produisent parfois simultanément dans l'âme y forment un chaos que la conscience est impuissante à débrouiller. Témoin fidèle de ce qui est, elle doit même les livrer dans le pêle-mêle où ils se produisent. De plus, par la conscience le moi se saisit dans un acte concret et personnel; le résultat de cette manifestation ne saurait être la connaissance abstraite que veut la science. Enfin la conscience n'a souvent, comme l'acte dont elle fait partie et auquel elle ne peut survivre, qu'une durée imperceptible. Cette première observation en appelle donc après elle une seconde qui vienne l'éclairer et la compléter, c'est la réflexion.

**Observation définitive de soi par la réflexion.** — *Nature de la réflexion.* — La réflexion, que l'on appelle aussi conscience réflexe par opposition à la conscience proprement dite, qui porte alors le nom de conscience directe, est une observation intérieure par laquelle l'esprit faisant, pour ainsi dire, retour sur lui-même, s'applique à la connaissance méthodique de ses propres modifications, soit au moment où la conscience les accuse, soit dans le souvenir plus durable et plus calme que la mémoire en conserve.

Dans la réflexion c'est toujours le moi qui s'observe, il y a identité substantielle du connaissant et du connu, mais cette identité est moins parfaite que dans la conscience directe. On trouve ici deux actes distincts l'un de l'autre, le phénomène observé et l'acte de l'observation. Je réfléchis à une détermination que je prends ou que j'ai prise : autre est l'acte de volonté que j'observe, autre l'acte d'intelligence par lequel je l'examine. Il en résulte que l'erreur, impossible dans la conscience, le devient dans la réflexion, celle-ci pouvant, par suite de précipitation ou d'idée préconçue, voir son objet autre qu'il est. Mais ce qu'elles perdent de ce côté, les données de la réflexion le gagnent d'autre part en devenant abstraites et précises, c'est-à-dire en revêtant les caractères d'une connaissance vraiment intellectuelle et scientifique.

*Possibilité de la réflexion.* — Certains auteurs se sont plu à attaquer la possibilité de l'observation interne. Le psychologue qui veut s'observer lui-même ressemble, disent-ils, à l'acteur qui, voulant contempler son jeu, quitte la scène et vient s'asseoir parmi les spectateurs. Il en est, disent-ils encore, de la conscience comme de l'œil, qui voit tout, mais ne peut se voir lui-même. Nous répondrons que l'observation interne se fait chaque jour et par chacun, qu'on ne peut dès lors révoquer en doute une réalité ainsi constatée. Les métaphores alléguées sont trompeuses : un organe corporel, composé de parties, ne peut être tout entier présent à tout lui-même, tandis que la simplicité de l'âme le lui permet. De même la dualité nécessaire de l'acteur et du spectateur, ou mieux du sujet et de l'objet, se rencontre suffisamment dans les deux actes que suppose l'observation interne.

*Difficultés de la réflexion.* — Mais si elle est possible, il est vrai que l'observation interne présente des difficultés. Les phénomènes de l'âme sont parfois de si courte durée, ils se produisent en si grand nombre à la fois et s'entremêlent de telle sorte, qu'ils semblent défier l'analyse et rendre impossible une observation vraiment scientifique. La difficulté s'augmente encore de notre peu d'attrait pour ce genre d'étude, notre attention se portant bien plus aisément au dehors. Volontiers les adversaires de la psychologie concluent de là à l'inutilité de la réflexion. L'observation externe qu'ils préconisent et les sciences physiques qu'ils exaltent n'ont-elles donc pas, elles aussi, des obstacles à surmonter? La difficulté d'atteindre l'objet de l'observation, l'extrême petitesse et la délicatesse des organes, le trouble (vivisections) apporté dans les fonctions que l'on veut connaître sont autant d'entraves apportées à la science. Si la patience et l'habileté de l'observation en viennent à bout, il en est de même pour l'observation interne. Ici, comme ailleurs, il se rencontre des aptitudes spéciales, l'habileté s'accroît avec l'exercice, l'attention et une grande sévérité de méthode font le reste. Ainsi dirigée, la conscience réflexe est le grand moyen d'information du psychologue dans la connaissance des faits psychologiques.

**Observation indirecte des faits psychologiques d'autrui.** — A la connaissance du moi personnel il est bon d'ajouter l'observation des autres âmes humaines. Le psychologue ne peut, il est vrai, y pénétrer et y lire comme dans la sienne, puisque la conscience de chaque homme ne parle qu'à lui seul et demeure absolument fermée à tout regard étranger, mais il peut contempler tout autour de lui les manifestations nombreuses et variées de la vie spirituelle de ses semblables.

*Principaux procédés de l'observation indirecte.* — L'observation sociale est un excellent moyen de connaître l'âme humaine. Par soi-même ou bien en recourant aux récits des explorateurs qui ont visité les peuples les plus isolés, ou aux travaux des spécialistes qui décrivent les états pathologiques dont l'homme peut avoir à souffrir, on parvient à voir naître et se développer dans toutes les conditions possibles les phénomènes de la vie psychologique. De la sorte, les hommes de toutes les civilisations, les hommes sauvages mêmes, les enfants et les vieillards, ceux qui jouissent de toutes leurs facultés et ceux qui sont privés d'une ou de plusieurs d'entre elles, viennent révéler à l'observateur par le rapprochement et la comparaison des situations les plus diverses les lois invariables de leur nature morale.

L'histoire n'est que l'observation sociale étendue aux siècles passés. Qu'elle soit civile, politique, religieuse, littéraire, philosophique, qu'elle nous fasse contempler la vie générale des peuples, ou qu'elle nous initie dans les mémoires, les autobiographies, etc., aux détails de certaines vies privées, elle est au même titre que l'observation des contemporains une source abondante d'informations sur les faits de l'âme.

Les langues sont à leur tour un miroir où se reflète fidèlement la vie intellectuelle et morale des peuples qui les parlent. Non seulement elles nous révèlent leurs idées morales et religieuses, mais leurs formes de plus en plus analytiques nous aident à faire la décomposition des opérations si complexes de la pensée, dont les lois immuables sont également manifestées par la partie invariable de la grammaire générale.

La psychologie comparée elle-même n'est pas sans fournir quelque utilité. Si distante qu'elle soit de l'âme humaine, l'âme des bêtes offre avec cette dernière certains traits de ressemblance : sa sensibilité, ses instincts, voire même ce qu'on appelle son intelligence peuvent confirmer sur plus d'un point les données de l'observation psychologique.

Aux manifestations de la vie intellectuelle et morale de nos semblables, nous pouvons enfin joindre l'étude de ses conditions psychologiques. L'étroite union du corps et de l'âme et la dépendance dans laquelle les opérations les plus abstraites de l'esprit sont vis-à-vis de l'organisme rendent souvent utiles au psychologue la connaissance de la merveilleuse structure des organes de nos sens.

*Double utilité de ces procédés.* — Tous ces procédés indirects d'observation ont une même utilité. Ils permettent de contrôler et de généraliser les données de la conscience réflexe. Nous y trouvons d'abord un moyen de contrôle. La nature humaine, en tant qu'objet de science, est rigoureusement identique dans tous les hommes; nous devons donc retrouver dans nos semblables ce que nous avons observé en nous-mêmes. Dans le cas contraire, nous avons été victimes d'une illusion, et nous devons recommencer notre étude. On y trouve en second lieu un moyen de généralisation. Le psychologue, quand il s'observe lui-même par la réflexion, n'a pas pour but de donner au public ses propres mémoires et de lui livrer le secret de son âme; c'est une science qu'il veut édifier, c'est l'âme humaine dans sa nature générale et commune qu'il prétend faire connaître. Il faut donc qu'il discerne soigneusement les éléments constitutifs de sa nature, qui sont nécessairement les mêmes chez tous les hommes, de ce qu'il doit à son individualité propre, à son éducation, au milieu social ou religieux dans lequel il a vécu. Il est vrai qu'avec un peu de perspicacité il pourra rigoureusement faire ce partage au moyen de la seule observation interne; il demeure vrai cependant que les sources d'informations indirectes de la méthode dite objective lui apporteront à ce point de vue un utile secours.

*Ils sont insuffisants à eux seuls et supposent l'observation interne.* — Quoi qu'il en soit, l'observation directe de la conscience réflexe demeure le procédé principal de la psychologie expérimentale. Sans elle les autres moyens seraient inutiles. La vie sociale de nos semblables, l'histoire, etc., sont des signes extérieurs qui demandent à être interprétés pour avoir une signification. Que diraient-ils à celui qui n'aurait pas observé préalablement en lui-même les phénomènes dont ils sont la manifestation? Ils seraient lettre morte et n'auraient pas plus de sens que les noms des couleurs pour un aveugle de naissance. Ce sont donc des moyens complémentaires dont il est bon d'user, mais auxquels il ne convient pas de donner le premier rang. Il y aurait même là un danger, car la psychologie expérimentale doit s'étendre à *tous* les phénomènes de l'âme, elle doit en faire une *analyse* rigoureuse, une *classification* méthodique, et sous tous ces rapports l'observation interne est la seule voie qui mène au but.

### 2° *L'expérimentation en psychologie.*

**Utilité de l'expérimentation en psychologie.** — La logique établit, en traitant de la méthode inductive, de quelle importance est l'expérimentation dans les sciences de faits. Constater un phénomène, le décrire avec exactitude, l'analyser même avec finesse ne suffit pas à la science : il faut de plus découvrir sa loi, c'est-à-dire démêler au milieu des circonstances, peut-être nombreuses, dans lesquelles on l'a vu se produire celles qui sont véritablement nécessaires à sa production. On peut alors généraliser par induction le résultat obtenu et dire : il faut et il suffit, pour que telle cause produise tel effet, qu'elle soit placée dans telle circonstance. C'est ce qu'on appelle une loi de la nature.

Puisque la nécessité de l'expérimentation vient de la complexité des faits, elle doit être fort utile en psychologie où les phénomènes de la vie morale se compliquent de circonstances très nombreuses. Toutefois il est bon de remarquer que la variation cherchée ailleurs au moyen de l'expérimentation se produit ici naturellement dans une large mesure. Les conditions d'action de l'être moral varient beaucoup plus que celles des agents physiques, d'abord parce que ces facultés ont un champ d'action beaucoup plus vaste, ensuite parce que la liberté influe notablement sur toute l'activité humaine. Il en résulte que les faits de même nature se produisent chaque jour dans des conditions infiniment diverses et par là même très favorables à la découverte de leurs lois. Néanmoins il n'est pas douteux que l'expérimentation puisse être utile en psychologie. Y est-elle possible?

**Possibilité de l'expérimentation en psychologie.** — Précisons d'abord ce que l'on entend par expérimentation. Observer, c'est examiner un phénomène que la nature produit d'elle-même et sans intervention de l'observateur. Expérimenter, c'est produire *artificiellement* le fait qu'on veut observer. Expliquons ce mot artificiellement. Un phénomène, quel qu'il soit, n'est jamais produit que par sa cause naturelle, mais : 1° on peut provoquer cette cause à agir, alors qu'elle n'y serait pas déterminée sans cette intervention, 2° surtout on peut placer cette cause dans des conditions variées, afin de constater dans quel cas elle agit, et dans quel autre elle n'agit pas, c'est-à-dire quelles sont les circonstances nécessaires à son action, quelle est sa loi. La question est donc celle-ci. Peut-on à son gré faire produire à son âme ou aux autres âmes humaines tel acte qu'on désire observer? Peut-on surtout changer à son gré les conditions de cette action pour en découvrir sûrement la loi?

L'expérimentation se fait journellement sur soi-même et sur les autres en ce qui concerne la conduite morale, les forces de la volonté humaine, les difficultés qu'elle peut vaincre, celles auxquelles elle succombe. L'initiative personnelle permet à chacun de faire l'épreuve de ses forces morales dans des conditions très diverses et d'en induire certaines règles de prudence pour l'avenir. La même expérience répétée sur ses semblables pendant de longues années donne à l'homme intelligent et observateur une science de l'âme humaine qui peut lui être fort utile à mesure qu'il avance en âge. L'éducateur, le législateur, l'homme d'État doivent y avoir recours sous peine de sacrifier l'intérêt public à de vaines utopies. Dans tous ces cas, il y a expérimentation véritable et connaissance de lois. Disons cependant que ces lois restent vagues et que, si elles sont vraies dans leur généralité, elles ne sont plus que probables quand il s'agit d'en faire l'application aux cas particuliers, parce que la liberté humaine exclut toute loi inéluctable ou nécessaire. L'expérimentation dont nous venons de parler n'a donc pas un caractère vraiment scientifique.

Les opérations de l'âme sont, à cause de son union avec le corps, soumises à des conditions organiques qui doivent avoir leurs lois. Déterminer les conditions cérébrales du sentiment ou de la pensée semble bien chose à jamais interdite au philosophe, cependant toute expérimentation sur les conditions organiques des faits psychologiques n'est pas impossible. Les opérations chirurgicales en ont permis d'intéressantes; tout récemment encore de curieux essais ont démontré que l'intensité de la sensation et celle de l'excitation nerveuse n'augmentent pas dans la même proportion.

Il serait assurément intéressant de pouvoir isoler complètement tous les faits de l'âme et de les obtenir un à un et séparément. C'est chose impossible. En l'essayant dans son hypothèse de la statue, Condillac a fait une œuvre idéale absolument étrangère à la réalité. On peut même dire que plus on veut spécifier l'expérimentation, plus on tente de descendre dans le détail des opérations et des lois, et plus on voit se multiplier les impossibilités; mais il en va autrement si on se contente de rechercher les lois générales qui s'appliquent à telle ou telle grande classe de phénomènes. N'est-ce donc pas expérimenter que de varier l'objet de la pensée pour saisir ses éléments essentiels et ses formes nécessaires? N'arriverons-nous de la sorte à connaître aucune loi précise sur la sensation, le sentiment et même sur la volonté libre? Donc, sans pouvoir y être universelle, l'expérimentation se fait en psychologie.

### 3° *L'induction en psychologie.*

L'induction est un simple procédé de généralisation. Elle ne découvre rien, n'ajoute aucun élément de connaissance, aucun degré de certitude à ce qui a été constaté par l'observation ou l'expérimentation; elle étend seulement à tous les faits de même espèce ce qui a été constaté dans quelques-uns d'entre eux. L'induction ne peut donc en psychologie conduire à aucune loi proprement dite en ce qui concerne les variétés de détail de nos phénomènes spirituels, surtout ceux de la volonté libre, mais elle s'applique légitimement à un certain nombre de lois générales de nos principaux groupes de phénomènes. C'est dans ces limites restreintes que la psychologie expérimentale est une science véritable.

# CHAPITRE II.

## Théorie des facultés de l'ame.

### I. — *Ce que c'est qu'une faculté.*

Par *faculté* on entend un pouvoir d'agir avec conscience et libre disposition de ses actes. Sous ce nom on comprend aussi par extension l'aptitude à subir une modification.

La faculté est un pouvoir d'agir : tout phénomène, tout changement qui se produit dans un être suppose une cause, et celle-ci n'explique la modification intervenue qu'autant qu'on lui attribue une énergie ou une puissance capable de la produire. Ce pouvoir d'agir préexiste à son effet et lui survit; il est permanent de sa nature, même quand il est accidentel et amissible. Par exemple pour qu'un corps émette un son, il faut qu'il en ait le pouvoir, c'est-à-dire qu'il soit sonore, et il ne perd point sa sonorité en cessant de se faire entendre.

Pour qu'un pouvoir d'agir soit une faculté, il faut que l'être qui le possède en ait la libre direction, au moins dans une certaine mesure, et dès lors aussi une certaine conscience. Un pouvoir d'agir ou de pâtir dont on ne dispose pas est une *capacité*, une *propriété*, une *fonction*, mais non une faculté. Les corps inanimés et les plantes ont des propriétés, l'animal a des fonctions, l'homme seul a des facultés; encore sont-elles primitivement des capacités, puisque avant d'en disposer il doit les exercer involontairement pour savoir qu'il les possède. Nous n'écoutons volontairement qu'autant que nous avons entendu une première fois sans le vouloir; nous ne cherchons une récréation dans la rêverie qu'après une première expérience de ce pouvoir enchanteur, et ainsi du reste. Il s'écoule d'ailleurs peu de temps avant que l'occasion se soit naturellement présentée de déployer notre activité dans toutes les directions possibles, et du moment que par la conscience réfléchie nous avons pris possession de nous-mêmes, toutes nos capacités se transforment en facultés.

## II. — *Multiplicité des facultés.*

Pourquoi rapporter immédiatement les phénomènes à des facultés plutôt qu'à l'âme elle-même? N'est-ce pas créer à plaisir des abstractions qui ne répondent à rien de réel et donner sujet aux ignorants, comme le dit Descartes, d'imaginer autant de diverses petites *entités* en notre âme que nous lui accordons de facultés? — Nullement. La distinction des pouvoirs de l'âme a un fondement très réel; mais cette distinction n'est pas substantielle et ne nuit en rien à la simplicité de l'âme.

La distinction des facultés dans une même âme a un fondement réel. Tout être est une force, un centre d'activité, mais ces forces qui constituent les êtres ne sont pas identiques; les unes produisent des effets qui dépassent la capacité des autres et c'est même par cette diversité de leurs effets qu'elles se séparent en genres et en espèces. Or d'où vient cette causalité différente des êtres finis? Comment expliquer autrement que par des aptitudes diverses que certains effets produits par les uns demeurent en dehors du pouvoir de beaucoup d'autres? A ne considérer qu'un être en particulier, la même aptitude, le même pouvoir peut-il rendre raison de deux actes de nature toute différente ou même opposée, par exemple du violent désir que j'ai d'une jouissance et de la volonté par laquelle je m'en abstiens? Il y a donc lieu de distinguer dans l'âme des facultés multiples.

La distinction des facultés n'affecte point la substance de l'âme et ne lui enlève pas sa simplicité. Les facultés sont de simples pouvoirs identiques à l'être qui les possède et qui ne soutiennent pas entre eux le même rapport que les parties d'un tout ou les organes d'un même corps vivant; leur attribuer une réalité substantielle distincte de l'âme, ce serait réaliser des abstractions et créer les *entités* que redoutait Descartes. Les facultés sont donc l'âme elle-même, en tant qu'elle est capable de tel ou tel ordre d'effets. « La mémoire n'est autre chose que l'âme en tant qu'elle retient et se ressouvient; la volonté n'est autre chose que l'âme en tant qu'elle veut et qu'elle choisit... Toutes les facultés ne sont au fond que la même âme qui reçoit divers noms, à cause de ses différentes opérations » (Bossuet, *Connaissance de Dieu et de soi-même*, 1, § 20). Ainsi s'explique la multiplicité des facultés dans une même substance simple.

### III. — *Méthode pour déterminer le nombre des facultés.*

La méthode à suivre pour déterminer le nombre des facultés nous est indiquée par ce qui précède. Nous n'admettons plusieurs facultés que pour expliquer par des aptitudes diverses les phénomènes si variés dont le *moi* est le théâtre et le principe. C'est donc sur un classement des faits psychologiques en groupe bien tranchés et irréductibles que doit s'appuyer la détermination des facultés. L'exactitude de ce travail est d'une grande importance : une classification dans laquelle ne trouveraient pas place tous les faits de conscience conduirait à un nombre de facultés trop restreint et pécherait par défaut; celle dont les subdivisions ne seraient pas suffisamment distinctes introduirait des facultés superflues et pécherait par excès; seule une classification bien faite peut donner le nombre exact de nos facultés sans lacune ni redondance.

Quelle base assigner à cette classification? Les uns proposent l'*indépendance des phénomènes* : il faut ranger dans les classes différentes deux phénomènes qui se produisent quelquefois l'un sans l'autre, ou dont l'intensité ne croît pas dans la même proportion quand ils sont simultanés. Ainsi le plaisir et la peine se faisant sentir en dehors de toute volonté de les éprouver et diminuant souvent l'intensité alors que la connaissance qui les accompagne devient plus nette et plus vive, les faits affectifs de la sensibilité formeront une classe distincte des faits volontaires et des faits cognitifs. — D'autres préfèrent l'*opposition des caractères* : il faut former autant de groupes qu'il y a de faits de conscience à présenter des caractères opposés. Ainsi le plaisir est subjectif, la connaissance est objective; la volition est personnelle, la connaissance de la raison est impersonnelle; il faudra distinguer les faits affectifs des faits cognitifs et ceux-ci des faits volontaires. — La première base, qui repose sur l'expérience, nous semble inférieure à la seconde qui recourt à l'analyse psychologique; celle-ci est en effet un procédé plus scientifique que la plus simple observation. Ce sera donc, autant que possible, en analysant les caractères des faits psychologiques que nous procéderons à leur classification et que nous déterminerons le nombre des facultés.

## IV. — *Nombre des facultés.*

Les facultés de l'âme humaine sont nombreuses et la classification complète en est peu aisée; nous ne cherchons en ce moment que ses facultés primitives ou les formes essentielles de son activité. Indiquons d'abord quelques classifications inadmissibles et les motifs qui nous les font rejeter.

**Classifications défectueuses.** — 1° La classification la plus ancienne et la plus commune est celle qui partageait les facultés de l'âme en deux grandes classes, sous ces deux dénominations, *sens* et *raison*. Socrate et Platon dans l'antiquité, les scolastiques au moyen âge, Descartes dans les temps modernes, l'ont adoptée avec quelques variantes dans les subdivisions. Elle est motivée par l'intervention du corps dans une partie des actes de l'âme; les sens sont les facultés qui agissent par l'intermédiaire d'un organe corporel, la raison marque les facultés indépendantes de tout organe. Les sens comprennent les perceptions externes et les appétits relatifs à la conservation du corps; la raison, les perceptions de pure intelligence et l'appétit rationnel ou volonté. — Cette division a l'inconvénient de rapprocher dans une même classe générale des opérations aussi disparates que penser et vouloir; mais surtout elle a le grave défaut de confondre l'appétit rationnel ou désir avec la volonté, et même chez quelques-uns de ses partisans la volonté avec l'intelligence. Elle n'est donc pas admissible.

2º Condillac ramène toutes les opérations de l'âme à la sensation. Celle-ci donne naissance par ses transformations à une double série de phénomènes, les uns représentatifs, les autres affectifs. Les premiers : attention, comparaison, jugement, raisonnement, mémoire, imagination, répondent à l'intelligence; les seconds : plaisir et douleur, désir, préférence, volonté, répondent à la volonté. — Cette classification est la plus défectueuse de toutes; elle prétend tout expliquer au moyen d'un seul pouvoir ou plutôt d'un seul fait originel; de plus elle rapproche, en les faisant procéder les unes des autres, des opérations de caractères entièrement opposés, comme la volonté et la passion.

3º Jouffroy, qui suit en cela les traces de Thomas Reid, tombe dans l'excès opposé au système de Condillac en admettant six facultés primitives : 1º la faculté personnelle ou volonté; 2º les penchants primitifs; 3º la faculté motrice; 4º la faculté expressive ou langage; 5º la sensibilité; 6º les facultés intellectuelles. — Cette division sépare de la sensibilité les penchants primitifs qui en sont le fondement, et elle fait du langage une faculté simple et distincte, tandis qu'il faut y voir un phénomène composé, dont les éléments sont revendiqués par plusieurs autres facultés générales. La force motrice par exemple explique les mouvements corporels qui servent de signes à nos pensées; l'instinct qui nous pousse à les produire est une inclination primitive de la nature, et le libre emploi que nous en faisons est du ressort de la volonté.

4° Une division généralement adoptée aujourd'hui donne à l'âme trois facultés : la sensibilité, l'intelligence et la volonté ou activité. Ces facultés sont assurément primitives et irréductibles, mais elles sont insuffisantes, car elles ne rendent pas compte des phénomènes d'impulsion motrice.

**Notre classification.** — Nous adopterons la classification précédente avec la correction qui vient d'être indiquée, et nous reconnaîtrons quatre facultés : l'intelligence, la sensibilité, la volonté et la faculté motrice. Les quatre classes de faits auxquelles correspondent ces facultés sont irréductibles à cause de l'opposition de leurs caractères, et d'autre part elles comprennent tous les phénomènes dont l'âme est le siège; donc cette division est légitime.

Faits cognitifs. — Nous prenons possession de nous-mêmes et nous entrons en rapport avec les êtres distincts de nous par les faits cognitifs, tels que la conscience de soi, la perception des sens, les notions et les principes rationnels. Ces faits sont caractérisés par l'*objectivité* et la *fatalité*. Ils sont objectifs : toute pensée implique *deux* termes parfaitement distincts, ce qui connaît et ce qui est connu, le sujet et l'objet. Il ne saurait y avoir connaissance s'il n'y a connaissance de quelque chose, que ce quelque chose soit réel ou simplement possible, et cette qualité est si essentielle au phénomène cognitif qu'elle persiste quand nous nous prenons nous-mêmes pour objet de notre pensée, le *moi* pensant se distingue alors du *moi* pensé. La connaissance n'est donc pas seulement une modification, un état de notre âme; elle nous met en présence d'un objet, elle nous le révèle. — Ils sont fatals : la vérité se manifeste à nous indépendamment de notre volonté, et, quand nous sommes en sa présence, nous ne pouvons, quels que soient nos efforts, rejeter l'évidence et refuser de la voir.

**Faits affectifs.** — Les faits affectifs, tendances, plaisirs ou douleurs, forment un second groupe de faits psychologiques. Leurs caractères sont la *subjectivité* et la *passivité*. Ils sont subjectifs, c'est-à-dire qu'ils sont de purs états du *moi*, de simples manières d'être du sujet qui les éprouve, et rien de plus. Je souffre, je jouis, c'est mon état présent, ma manière d'être du moment et pas autre chose. Cette souffrance, cette jouissance ont une cause sans doute, mais elles n'ont pas d'objet; elles ne me disent rien, ne me manifestent rien. — Ils sont passifs; je les subis plus que je ne les produis, et si ma volonté a sur eux un certain empire, sans quoi ils ne procéderaient pas d'une faculté, cet empire est bien indirect et bien limité.

**Faits volontaires.** — Les faits volontaires, les plus importants par rapport à notre fin, ont pour caractères la *liberté* et la *personnalité*. Ils sont libres, c'est-à-dire qu'ils ne sont l'œuvre d'aucune influence étrangère et qu'ils procèdent uniquement de notre bon plaisir. Ils sont personnels pour la même raison; nos actes libres sont nos œuvres par excellence; aussi ne sommes-nous directement responsables que d'eux seuls.

**Faits d'impulsion motrice.** — Une dernière classe de faits psychologiques comprend les efforts moteurs par lesquels l'âme agit sur les organes du corps pour l'exécution de ses desseins. Ces faits sont *sui generis* et parfaitement distincts des trois groupes précédents, même des faits volontaires, avec lesquels on les a souvent confondus. Autre chose est de vouloir, c'est-à-dire choisir, se déterminer, autre chose et d'imprimer un mouvement à notre corps. La détermination libre commence et s'achève dans l'âme; c'est un acte *immanent* (de *manere*, demeurer, et *in*, dedans) qui trouve son terme dans l'être même qui le produit. L'action motrice, au contraire, engendrée par l'âme et résidant en elle, comme dans son sujet, semble en sortir pour s'appliquer à un terme étranger qui est le corps; il n'y a d'action motrice qu'autant que l'impulsion partie de l'âme est communiquée aux membres, ce qui constitue une action *transitoire*. De là, un caractère nouveau qui distingue les faits moteurs des trois autres classes de faits psychologiques.

Il suffit de comparer les quatre classes de phénomènes que nous venons d'énumérer, pour voir qu'elles sont absolument irréductibles. D'autre part on ne trouve pas un seul fait psychologique simple ou composé qui reste en dehors de cette classification. Donc elle est exacte et l'âme possède quatre facultés primitives : l'intelligence, la sensibilité, la volonté et la faculté motrice. Notons cependant que la volonté et la faculté motrice expriment l'une et l'autre un pouvoir unique de l'âme, tandis que l'intelligence et la sensibilité désignent toutes les deux un groupe de facultés qui portent le même nom parce qu'elles ont les mêmes caractères généraux.

## V. — *Harmonie des facultés.*

**Dans la constitution de la nature humaine.** — Il ne suffit pas de connaître les différents pouvoirs dont dispose notre âme; il faut de plus les expliquer, déterminer leur but, préciser leur raison finale, et montrer comment ils s'unissent harmonieusement pour faire de la nature humaine quelque chose de complet et d'achevé. Pour cela rapprochons-les de la fin de l'homme, seule raison d'être de leur existence.

Rôle de l'intelligence. — Tandis que les plantes et les animaux vont fatalement à leur but sans le connaître, Dieu a voulu que l'homme eût son sort entre ses mains, fût l'arbitre de sa propre destinée et l'artisan de son bonheur futur. Pour cela il fallait avant tout qu'il connût sa fin suprême avec son caractère obligatoire, les nombreuses fins subordonnées, corporelles ou spirituelles, individuelles ou sociales, dont la fin dernière suppose l'accomplissement, les secours et aussi les obstacles que le monde externe peut lui présenter; il devait surtout se connaître lui-même, afin que s'acheminant vers son terme sous sa responsabilité personnelle, il pût y tendre par les efforts combinés de toutes ses puissances. Tel est le rôle des diverses facultés comprises sous le nom commun d'intelligence. La conscience place l'homme en face de lui-même, ne lui permettant pas d'agir moralement à son insu. La perception des sens, seule ou aidée de facultés plus hautes, lui découvre avec le monde matériel les objets nécessaires à l'entretien et à la préservation de ses organes, des êtres semblables à lui dont l'action doit se combiner avec la sienne, des moyens de prolonger son influence en ce monde au delà des limites de la vie présente, et de faire servir à son perfectionnement moral même les événements des siècles futurs. Les idées de la raison l'élèvent enfin jusqu'à Dieu, cause première et finale de qui il procède, et vers lequel il retourne, Providence vigilante qui le guide par sa loi à l'aide de ses secours.

Rôle de la sensibilité. — Mis en présence de ses fins dernières ou subordonnées, l'homme se sent attiré vers elles par autant de penchants primitifs. Il peut se créer par l'habitude des besoins factices, ou recevoir accidentellement d'autrui une constitution viciée, mais les penchants qui se retrouvent les mêmes chez tous les hommes ont pour mission de le rapprocher de sa fin, et sont l'attraction naturelle qu'exerce sur lui le bien pour lequel il est fait. C'est ce qui le rend capable de jouissances ou de souffrances, passagères ou plus ou moins vives s'il s'agit d'une fin intermédiaire qui peut se suppléer, intenses et presque sans mesure quand il est question de la fin dernière, dans laquelle toutes les tendances sont satisfaites et en dehors de laquelle elles sont toutes contrariées.

La souffrance et la jouissance sont la sanction nécessaire de toute vie morale et la condition de la vie organique elle-même dans l'être intelligent. En l'absence de ces penchants innés, de ces inclinations primitives qui nous avertissent à toute heure du but à poursuivre, l'intelligence accablée par la multiplicité des soins serait impuissante à remplir sa mission. Sans le malaise qui accompagne le besoin, sans la joie qui lui succède, la volonté paresseuse manquerait d'énergie. Le rôle de la senbilité est donc d'imprimer à l'âme une vive impulsion vers son but, et de la rendre capable de jouir de sa fin après qu'elle l'aura atteinte.

Rôle de la volonté. — Nos penchants naturels nous poussent fatalement vers notre bien organique ou spirituel, sans discernement des modifications apportées par les circonstances à la valeur morale de nos actes. La sensibilité ne distingue pas entre le licite et l'illicite, elle ne compare ni ne calcule, souvent elle s'exalte et franchit la limite non seulement du convenable, mais encore de l'utile. L'ordre moral admet d'ailleurs le sacrifice des plus légitimes jouissances et la compression des penchants les plus innocents du cœur. La faculté par excellence, la volonté, a été donnée à l'homme pour développer, arrêter, modérer, en un mot diriger l'activité spontanée des penchants et la rendre personnelle. Libre et autonome par essence, ne trouvant que dans son bon plaisir la raison dernière de ses déterminations, elle assume la responsabilité de tout ce qu'elle permet ou favorise. Par elle l'homme devient son propre maître, s'empare de tous ses pouvoirs, de toutes ses capacités, et en use pour ou contre sa fin dans la plénitude de sa liberté et de sa responsabilité.

Rôle de la faculté motrice. — Dieu ayant voulu que notre âme fût unie à des organes et mise par eux en rapport avec un monde matériel, il devait lui donner le pouvoir d'user des instruments qu'il lui adjoignait. Ce pouvoir est la faculté motrice, au moyen de laquelle l'homme exécute au dehors les déterminations de sa volonté libre.

Avec ces quatre facultés rien ne manque plus à l'homme pour le conduire à sa fin, sa nature est complète et par l'harmonie de ses éléments nous paraît l'œuvre achevée de la sagesse divine.

**Dans le développement de la vie intellectuelle.** — Les différentes facultés de l'âme, faites pour se compléter, doivent agir simultanément. Les sensations, les affections, les idées, les déterminations libres, les actes corporels se combinent, se pénètrent et s'entremêlent sans se confondre dans le même instant et dans le même fait. « L'homme, dit Malebranche, est un, quoiqu'il soit composé de plusieurs parties. Et l'union de ces parties est si étroite qu'on ne peut le toucher en un endroit sans le remuer tout entier. Toutes ses facultés se tiennent, et souvent sont tellement subordonnées qu'il est impossible d'en bien expliquer quelqu'une sans dire quelque chose des autres. » Je contemple attentivement un magnifique paysage qui se déroule devant moi. La faculté motrice dirige mon regard ; mes sens en action perçoivent l'immense étendue de cette campagne, les tons variés de ses différentes parties, les parfums qu'elle m'envoie, les mille bruits qui s'en échappent ; l'entendement y mêle ses idées, la mémoire y joint ses souvenirs, l'imagination y ajoute de nouvelles beautés, la sensibilité est tout entière à la jouissance, et toutes ces puissances sont enchaînées à leur objet par la volonté qui leur commande de s'y arrêter. Ainsi en est-il de notre vie morale à tous ses instants ; nos facultés concourent toutes ensemble à en former la trame. Elles sont donc unies et solidaires dans leur exercice.

## VI. — *Ordre à suivre dans l'étude des facultés.* — *Division de la psychologie.*

Quel ordre adopter dans l'analyse de nos facultés? L'ordre chronologique de leur développement, sauf la volonté libre qui reste d'abord inactive, ne semble pas devoir différer de l'ordre logique que nous venons d'indiquer. Nous suivrons donc ce dernier et nous étudierons : 1° l'intelligence, qui nous dirige par la connaissance de nos fins suprême et secondaires; 2° la sensibilité, qui nous incline vers nos fins naturelles et nous rend capables de jouissance ou de souffrance suivant que nous nous en approchons ou que nous nous en éloignons; 3° la volonté, par laquelle nous acquiesçons aux sollicitations de la sensibilité ou nous les repoussons; 4° la faculté motrice, qui exécute au dehors les déterminations de la volonté. Ce sera le partage de la psychologie. Dans une partie complémentaire nous traiterons quelques questions subsidiaires qui se rattachent à l'étude des faits psychologiques.

# PREMIÈRE PARTIE.

## INTELLIGENCE.

**Multiplicité des facultés intellectuelles.** — L'intelligence est la faculté de connaître.

Tous les faits intellectuels ont un *objet*, et c'est ce caractère commun qui les fait attribuer à une même faculté, à une même énergie générale de l'âme; mais d'autre part il y a entre les divers objets de nos connaissances, et dès lors entre nos connaissances elles-mêmes, de telles différences qu'il est nécessaire de subdiviser la faculté générale de connaître en autant de facultés spéciales qu'il y a de groupes différents d'objets.

**Classification de ces facultés.** — Les objets que nous connaissons se partagent en deux grandes classes : le contingent et le nécessaire, et à un autre point de vue, le particulier et l'universel. Les facultés qui atteignent le contingent et le particulier s'appellent facultés expérimentales; elles sont au nombre de deux : la *perception des sens*, par laquelle nous connaissons la réalité contingente externe, et la *conscience*, par laquelle nous connaissons la réalité contingente interne. Le pouvoir de connaître l'universel et le nécessaire s'appelle entendement ou *raison*. — C'est à ces trois sources que nous puisons tous les éléments de nos connaissances; aussi les regarde-t-on comme les plus importantes de nos facultés intellectuelles. On les désigne quelquefois sous le nom de facultés de première acquisition.

Trois facultés secondaires s'y ajoutent : le raisonnement, la mémoire et l'imagination. — 1. En possession de ses connaissances élémentaires, l'esprit se livre sur elles à tout un travail de fécondation, par lequel il les sépare, les rapproche, les combine et en fait sortir d'innombrables conséquences. Plusieurs opérations servent à cette élaboration des connaissances primitives et forment toutes ensemble la *faculté discursive* ou le *raisonnement*, faculté secondaire si on la compare à la connaissance intuitive qui est moins laborieuse et d'une nature plus parfaite, mais faculté bien précieuse, puisque c'est à elle que nous devons la majeure partie de nos connaissances. — 2. La *mémoire* conserve les données des autres facultés, les rappelle à l'occasion et nous met à même d'en user. — 3. Enfin, les créations de l'*imagination* mettent au service de l'industrie et des beaux-arts les trésors accumulés par la mémoire.

La faculté générale de connaître se subdivise donc en six facultés spéciales : la perception des sens, la conscience, l'entendement ou raison, le raisonnement, la mémoire et l'imagination.

# CHAPITRE III.

### Connaissance des corps. — Perception externe.

Deux ordres de facultés concourent à la connaissance que nous avons du monde corporel, les sens et l'entendement, et nous devons distinguer avec soin leurs données respectives. Nous parlerons d'abord des opérations propres des sens, que l'on appelle toucher, voir, odorer, etc., et de la connaissance sensible qui en résulte, connaissance bien imparfaite sans doute, si on la compare à la connaissance intellectuelle, mais qui en est toutefois la base nécessaire. Nous dirons ensuite par quelles opérations de l'entendement commence, se développe et s'achève notre connaissance intellectuelle des corps.

### ART. I. — Part des sens dans la connaissance des corps.

#### I. — *Définitions et notions préliminaires.*

**Les sens.** — Les sens sont des facultés par lesquelles une âme étroitement unie à des organes subit l'action des corps, et par ce moyen arrive à les connaître. Expliquons cette définition.

Les sens sont des facultés ou aptitudes de l'âme, qu'il faut bien se garder de confondre avec les organes ou parties du corps qui leur servent d'instruments : c'est l'âme et non le corps, qui a la faculté de goûter, de voir, d'entendre. — Toutefois, les sens ont ce caractère très spécial qu'ils ont besoin pour s'exercer d'un instrument corporel. Toutes les facultés de l'âme humaine réclament d'une façon prochaine ou éloignée le concours du corps; mais les sens en ont directement et tout spécialement besoin; l'âme qui les possède est une âme *incorporée*, qui agit avec et par un corps. Notre âme ne voit qu'avec l'œil et par l'œil; elle n'entend qu'avec l'oreille et par l'oreille, etc. — Par les sens l'âme entre en rapport avec les corps; ces rapports consistent : 1° à être modifiée, à changer d'état sous l'action de ces corps; 2° à trouver dans cette modification même quelque information sur la nature de la cause qui la produit. Je vois la façade d'un monument : cette vue est une modification que l'objet extérieur fait subir à mon âme, un changement que son action introduit dans mon état psychologique actuel; mais en même temps cette modification qui m'affecte, m'instruit, en la représentant, de la réalité étrangère qui agit sur moi. De là, le double caractère qui se retrouve plus ou moins dans tout acte des sens, à savoir : d'être *affectif* et *représentatif*. Afin de mieux marquer cette distinction, nous appellerons l'acte des sens *sensation* ou *perception*, suivant que nous le considérerons comme affection de l'âme ou comme connaissance du monde extérieur.

**Nombre des sens.** — Les sens sont au nombre de cinq : le *tact*, la *vue*, l'*ouïe*, l'*odorat*, et le *goût*. Leurs objets sont si divers et l'action de chacun d'eux si indépendante qu'ils forment en réalité cinq facultés différentes; le tact pourrait peut-être même se subdiviser en plusieurs facultés, à cause des objets très disparates (impénétrabilité, calorique) qu'il nous fait connaître. Cependant, comme tous les sens doivent s'exercer sur un même objet et réunir leurs données pour en former la connaissance totale, on a coutume de les considérer comme une faculté unique.

Quelques philosophes ont proposé d'admettre, sous le nom de *sens vital*, un sixième sens, dont la mission serait de nous informer des modifications de notre organisme. Ce serait par ce sens que nous éprouverions les sensations provoquées par les battements du cœur, par le travail de la digestion, par les accidents de la circulation, par la respiration, par la fatigue ou les maladies. Cette introduction d'un sens nouveau ne nous semble pas justifiée : d'une part les sensations en question ne semblent pas avoir d'autre organe que celui du tact, les nerfs tactiles répandus dans tout l'organisme; d'autre part, en les analysant on n'y trouve aucun élément original, mais seulement les sensations de froid ou de chaud et les nombreuses formes de la sensation d'attouchement. Les sensations organiques relèvent donc du toucher et n'appartiennent point à un sixième sens.

**Organes des sens.** — Les sens ont besoin d'instruments corporels; ce sont ces instruments que l'on appelle leurs *organes*. Ils se composent en réalité de deux parties, l'une charnue, l'autre nerveuse, bien que souvent on réserve le nom d'organe à la partie charnue toute seule. Cette dernière, mise immédiatement en contact avec les corps étrangers, reçoit leur action et la transmet, tantôt adoucie, tantôt concentrée, à la partie nerveuse. L'étude détaillée des organes des sens appartient à l'anatomie et ne peut entrer dans notre cadre; nous nous bornerons aux points les plus essentiels.

*Partie nerveuse ou intime des organes.* — Le système nerveux se compose de deux sortes d'éléments anatomiquement distincts : les *cellules* et les *tubes*. — Les cellules, éléments caractéristiques des parties centrales, sont de petites poches remplies d'une matière granuleuse dans laquelle se trouve un noyau pourvu d'un ou de plusieurs nucléoles. Les tubes qui, par leur réunion, composent les cordons nerveux, sont formés : 1º d'une enveloppe excessivement mince, 2º d'une substance demi-liquide appelée *moelle nerveuse*, 3º d'un filament central très ténu appelé *cylindraxe*. L'enveloppe et la moelle sont des parties protectrices, le cylindraxe est la partie essentielle du nerf : à son extrémité centrale, il pénètre dans une cellule ou plutôt il sort de cette cellule qui lui donne naissance; à son extrémité périphérique, il se prolonge au delà de l'enveloppe et de la moelle et se termine par une intumescence ou appareil nerveux spécial. C'est à leurs terminaisons variées que les différents nerfs doivent leur spécialité; le fil nerveux n'est par ailleurs qu'un conducteur qui met l'appareil terminal en relation avec les centres. — Les tubes et les cellules se divisent en deux classes : tubes sensitifs et cellules sensitives, tubes moteurs et cellules motrices, suivant qu'ils servent d'instruments aux sens ou à la faculté motrice. — Dans les centres les cellules sensitives et les cellules motrices communiquent par des filaments, qui leur permettent de réagir les unes sur les autres.

*Partie extérieure des organes.* — A leur extrémité libre, les nerfs sensitifs viennent s'insérer dans la partie extérieure de l'organe, œil, oreille, muqueuse du nez, etc. Nous ne ferons point la description de ces divers instruments de nos sens; mais nous croyons devoir appeler l'attention sur leur structure admirable et leur extrême complication. Les cônes et les bâtonnets qui forment la plage rétinienne, comme des pointes d'aiguilles juxtaposées formeraient une mosaïque, sont en nombre incalculable; à la pulpe des doigts on compte jusqu'à cent corpuscules du tact par ligne carrée; enfin, les organes de Corti sont au nombre de trois mille le long de la rampe du limaçon. Tous ces organes sont donc constitués de manière à recevoir dans leurs moindres détails et avec leurs nuances les plus délicates l'action des corps étrangers.

## II. — *Antécédents physiques et physiologiques de la sensation.*

Ce n'est pas en vain que les sens ont été munis d'organes si compliqués; c'est du dehors, en effet, et par l'intermédiaire de ces merveilleux appareils que leur vient l'excitation dont ils ont besoin pour entrer en exercice. De là deux sortes de phénomènes, les uns physiques, les autres physiologiques, qui sont les antécédents ou les conditions ordinaires de la sensation et de la perception.

**Conditions physiques.** — Le plus souvent, les nerfs affectés au service des sens ne sont ébranlés que par l'action physique de quelque corps étranger. Un corps lumineux envoie sa lumière dans l'espace; cette lumière se propage, est réfléchie par différentes surfaces et vient au fond de mon œil agir sur le nerf optique. En même temps qu'il envoie de la lumière, ce corps émet de la chaleur, et cette chaleur rayonnant jusqu'à moi agit au travers de ma peau sur les corpuscules du tact. D'autres fois, ce sont des ondes sonores qui, par l'intermédiaire des membranes de l'oreille, modifient le nerf auditif, des effluves odorantes qui impressionnent le nerf olfactif, des particules sapides qui excitent le nerf du goût. Dans tous ces cas et autres semblables il y a mouvement de la matière, contact d'un corps étranger avec un organe des sens, c'est-à-dire des phénomènes tout physiques que régissent les lois de la nature inorganique.

**Conditions physiologiques.** — A l'action physique que nous venons de décrire succède un autre phénomène matériel aussi, mais d'un ordre différent, l'impression organique. Le système nerveux présente, avons-nous dit, des parties centrales caractérisées par la présence de cellules et des cordons nerveux qui d'une part communiquent avec les centres et d'autre part se terminent par une plaque ou intumescence spéciale. On appelle impression organique le changement nerveux que l'action des corps détermine dans l'appareil terminal du nerf, dans le nerf lui-même et dans les cellules centrales avec lesquelles ce nerf communique.

Bien des hypothèses ont été faites sur la nature de cette modification, les principales sont celle des esprits animaux (Galien, Descartes), celle des vibrations (Briggs, Newton), celle du fluide électrique ou d'un fluide nerveux spécial; aucune d'elles n'explique suffisamment les faits. Quoi qu'il en soit de l'agent qui opère dans ce cas, l'impression nerveuse reste certaine, de nombreuses expériences l'ont attestée.

Un problème cependant resterait encore à résoudre : laissant de côté le nerf proprement dit, qui n'est évidemment qu'un organe de transmission, on peut décomposer l'impression organique en deux parties, celle des cellules centrales et celle de l'épanouissement périphérique du nerf; à laquelle de ces deux impressions convient-il d'attribuer la plus grande importance? Les uns, considérant que les centres doivent naturellement être les parties maîtresses, et qu'il n'y a sensation qu'autant que l'impression leur a été communiquée, regardent la modification cérébrale comme la seule importante, le reste n'en étant que la préparation. D'autres, frappés de la merveilleuse structure de l'appareil nerveux qui s'insère dans les organes, structure qui le rend si apte à prendre, pour ainsi dire, l'empreinte des corps extérieurs, lui attribuent le rôle principal dans l'impression. Pour les premiers, l'âme voit, entend, flaire, goûte, sent la résistance et la température des corps, en tant qu'elle anime le cerveau; pour les seconds, l'âme voit dans l'œil, entend dans l'oreille, goûte dans la langue, etc., c'est-à-dire en tant qu'elle anime ces organes. C'est vers cette seconde opinion que nous inclinons.

En résumé, un état nerveux spécial, voilà le dernier antécédent de la sensation, et en même temps le phénomène corporel en présence duquel l'âme unie au corps se trouve immédiatement placée.

## III. — *La sensation.*

**Sa nature.** — *Elle diffère de l'impression organique.* — Du moment que les organes ont rempli leur mission, les sens entrent en exercice, l'âme voit, touche, entend, etc.; voir, toucher, entendre, c'est là ce que nous appelons sentir, phénomène étroitement lié à l'impression organique, puisqu'il commence, croît, décroît et finit avec elle, mais qui néanmoins s'en distingue nettement.

L'impression est un phénomène étendu qui commence à tel point de la périphérie, suit tel parcours déterminé et aboutit à tel groupe de cellules; c'est un phénomène multiple qui affecte à la fois un grand nombre d'organes élémentaires; c'est un phénomène qui relève de l'observation externe, et si l'on n'a pas pu jusqu'à ce jour suivre sa marche, comme on fait de celle d'un courant électrique, il est évident que de soi il rentre dans le domaine des sens extérieurs. En un mot, c'est un fait tout corporel.

La sensation a ses caractères opposés. Elle n'a pas d'étendue : on ne mesure pas une sensation d'odeur, de saveur, ni même une sensation de couleur étendue ; ce sont des états de l'âme, simples et indivisibles comme leur sujet. Elle ne relève que de l'observation interne ; c'est un fait de conscience qu'aucun sens extérieur ne saurait atteindre. En un mot, la sensation est un fait spirituel.

*Elle diffère des qualités des corps.* — Les sensations portent les mêmes noms que les qualités des corps auxquelles elles correspondent. Elles s'appellent odeurs, saveurs, sons, etc., et cette communauté de noms pourrait amener une confusion d'idées qu'il importe de prévenir. L'odeur, qualité des corps, existe dans le corps et là seulement ; c'est une réalité *objective*, étrangère à l'âme. L'odeur, sensation, n'existe que dans l'âme ; c'est une réalité *subjective* étrangère au monde des corps.

*Sa définition.* — La sensation peut se définir : une modification produite dans l'âme à la suite de l'action d'un corps sur les organes des sens.

**Ses différentes espèces.** — Première division. Les sensations varient avec les sens qui les produisent ; on les partage à ce point de vue en six espèces différentes.

1º Les *odeurs*, sensations de l'odorat, qui forment autant d'espèces qu'il y a d'espèces de corps odorants. Les classifications qu'on a tenté d'en faire n'ont aucune valeur scientifique.

2º Les *saveurs*, sensations du goût, aussi rebelles à l'analyse et la classification que les précédentes.

3º Les *sons*, sensations de l'ouïe, dans lesquels on distingue l'intensité, la tonalité et le timbre. L'intensité dépend de l'amplitude des vibrations ; la tonalité, de leur nombre ; le timbre, du nombre des harmoniques qui accompagnent le son principal.

4° Les *couleurs*, sensations de la vue, qui présentent des différences d'intensité, de saturation et de tonalité. L'intensité dépend de la quantité de lumière ; la saturation, de la pureté de la couleur, que l'on trouve à son plus haut degré dans les couleurs du spectre ; la tonalité, de la position dans la gamme des couleurs spectrales : rouge, orangé, jaune, vert, bleu, indigo, violet.

5° La *chaleur* et le *froid*, sensations du toucher.

6° La *résistance* ou l'*attouchement*, sensation du toucher qui, suivant le degré ou la succession des effets, devient sensation de contact, de pression, de traction, de choc, de tiraillement, de froissement.

*Étendue et succession.* — Parmi les données primitives de nos sens nous devons encore ranger l'*étendue* et la *succession*, sans en faire cependant des sensations proprement dites. Ce sont plutôt, comme le dit Kant, les formes communes des sensations, ou au moins de plusieurs d'entre elles.

L'étendue consiste essentiellement dans la distinction et la juxtaposition des parties, d'où naissent la forme, la dimension, les relations de présence et de distance.

La succession c'est comme l'étendue, la pluralité, mais sans la simultanéité, la pluralité avec *avant* et *après*, une chose commençant d'être alors qu'une autre chose qui a existé n'est plus. La durée, c'est l'existence d'une même chose prolongée pendant que d'autres choses se succèdent ou pourraient se succéder. De la succession vient la notion de temps.

Ce n'est pas en tant que notions abstraites que l'étendue et la succession sont impliquées dans nos sensations, mais en tant que représentations concrètes.

Deux espèces de sensations se présentent sous forme étendue, les sensations de couleur et celles de l'attouchement : de là, l'étendue optique et l'étendue tactile.

Toutes les espèces de sensations se présentent sous forme successive. A vrai dire cette forme n'appartient pas exclusivement aux sensations, elle est commune à tous les faits de conscience.

**Deuxième division.** *Sensations affectives et représentatives.* Toutes nos sensations ont plus ou moins ce double caractère d'être affectives ou représentatives. D'un côté, elles nous apportent plaisir ou douleur; de l'autre elles nous manifestent les objets corporels. Cependant ces deux qualités sont en elles dans un rapport inverse. 1° Plusieurs de nos sensations sont presque exclusivement affectives, ainsi les sensations des organes internes. Quand nous sommes en parfaite santé, nous éprouvons une sensation générale de bien-être, qui représente la somme de toutes ces sensations intérieures. Si au contraire quelque fonction vitale est entravée, une douleur plus ou moins vive nous en avertit. Dans les deux cas ces sensations nous laissent dans l'ignorance de la nature du mal; elles sont plaisir ou douleur, à peu près rien de plus. 2° Les sensations du goût et de l'odorat, très affectives aussi, sont déjà des moyens d'information sur la nature des corps. Les sciences en font quelque usage. 3° Les sensations de l'ouïe, de la vue et du toucher sont, dans l'ordre même où nous venons de les nommer, les plus représentatives. Là encore il y a parfois émotion agréable ou pénible, lorsqu'il s'agit de sons musicaux et non de bruits, de certaines nuances, de certains contacts, mais le plus souvent c'est l'intelligence que ces sensations excitent et servent, et c'est en tant que révélatrices d'un monde extérieur qu'elles attirent notre attention. Cela vient de ce que les sensations optiques et tactiles impliquent l'étendue, or l'étendue est l'objet scientifique par excellence, le seul dont s'inquiètent plusieurs sciences importantes et le principal pour toutes les autres.

## IV. — *Rapports de la sensation avec le monde extérieur. — Perception.*

**Le problème.** — L'esprit humain trouve dans ses sensations une source d'informations précieuses sur la nature de leurs causes; c'est par elles qu'il entre en rapport avec le monde des corps et qu'il apprend à le connaître. Mais que lui en disent-elles? Connaissons-nous les corps tels qu'ils sont en eux-mêmes? Les sensations de couleur, d'odeur, de son sont-elles à proprement parler des représentations, des *images* de la couleur, de l'odeur, de la sonorité des objets extérieurs? Les faits de l'âme ressemblent-ils aux qualités corporelles? Ou bien les sensations, privées de toute similitude avec les corps et leurs qualités, sont-elles de simples *signes,* qui en tiennent la place dans notre esprit, de même que les lettres que je vois dans un livre sont les signes de sons articulés, qui eux-mêmes sont les signes de pensées? Enfin, si cette dernière hypothèse est la vraie, comment au moyen de ces signes tout subjectifs atteignons-nous les corps?

Ce problème de la connaissance des corps s'est de tout temps présenté à l'esprit des philosophes. L'esprit ne sort pas de lui-même, pas plus qu'aucune de ses facultés; le sens de la vue ne s'élance pas dans l'espace pour aller saisir à des milliers de lieues l'étoile qui scintille au firmament, pas plus qu'il ne se déplace de quelques centimètres pour prendre possession de la page du livre que je lis. Cependant la connaissance a un objet, elle me révèle la nature des réalités qui sont hors de moi; comment cette nature est-elle devenue pour moi objet de connaissance? Nous allons indiquer les principales réponses faites à cette question par les philosophes.

**Les simulacres de Démocrite et d'Épicure.** — Démocrite et Épicure qui composent tous les êtres d'atomes infiniment petits, supposent que les corps émettent continuellement et dans toutes les directions des particules très subtiles qui, détachées de tous les points de leur surface, en reproduisent exactement la forme. Ces *simulacres* ou images matérielles rencontrent les organes des sens, pénètrent par eux jusqu'à l'âme qui, comme tout le reste, est un simple composé d'atomes, et produisent en elle par leur contact la sensation, dont la similitude avec l'objet est évidente et d'explication facile. Cette grossière théorie se réfute d'elle-même.

**Les espèces impresses et expressés d'Aristote et des scolastiques.** — Grâce à l'union substantielle qui fait de l'âme et du corps un seul composé, l'âme ne fait avec les organes des sens qu'un seul et même principe d'action, c'est l'organe vivant qui perçoit le monde corporel. — Ainsi unis à leurs organes, les sens n'agissent qu'autant qu'ils y sont sollicités par les objets extérieurs, autrement ils demeurent en repos ou en simple puissance. Quand un corps agit sur l'organe animé, il le façonne pour ainsi dire à son image, il y laisse, non quelque partie de sa matière, mais sa forme, de même qu'un cachet appliqué sur de la cire molle y laisse son empreinte, et par cette modification qu'il lui fait subir *(espèce impresse,* c'est-à-dire *image imprimée)* il le détermine à agir, et à agir d'une façon précise, déterminée. Pour que la vue, par exemple, passe de la simple capacité ou puissance de voir à l'acte de voir, il faut que l'œil soit sollicité par la couleur d'un objet, qui le modifie, le façonne à sa ressemblance et le met en état de voir et de voir telle couleur plutôt que telle autre. — Sentir n'est pas un état passif de l'âme, c'est un acte vital. En conséquence, les sens modifiés par leurs objets deviennent actifs et produisent l'acte de la perception *(espèce expresse,* c'est-à-dire *image exprimée)* par lequel ils connaissent l'objet extérieur. Il faut bien remarquer en effet que les espèces impresse et expresse ne sont point l'objet mais le moyen seulement de la connaissance.

Dans cette théorie, qui eut Aristote pour auteur et qui fut admise par les philosophes du moyen âge, l'âme n'est pas isolée de la réalité externe dont elle prend connaissance. Substantiellement unie aux organes, elle est mise par eux en *contact* avec les objets, et l'acte par lequel elle connaît ces derniers exprime leur ressemblance. Ici la sensation est strictement une représentation, une perception. — La nature subjective des sensations qui va bientôt être démontrée rend cette théorie inadmissible dans sa généralité.

**Les idées-images de Locke.** — Locke, renonçant à la ridicule théorie de l'émission de Démocrite et spiritualisant l'image, admit sous le nom d'*idées* ou *impressions* un intermédiaire entre les corps et l'esprit dans le phénomène de la connaissance. Ce ne sont pas les corps eux-mêmes que nous percevons par les sens, ce sont leurs *idées*, formes immatérielles produites dans l'âme, soit par l'activité de l'âme elle-même, soit par l'action immédiate de Dieu sur nous.

La conséquence logique de cette opinion, c'est le scepticisme. Qui nous dira que l'idée intermédiaire est une fidèle image des corps, ou même plus radicalement, que quelque réalité externe correspond à nos idées? C'est en s'appuyant sur cette objection insoluble que Berkeley et Hume ont nié le monde extérieur.

**La conception accompagnée de croyance de Reid.** — Thomas Reid, adversaire ardent de la théorie des idées-images, distingua avec soin dans nos rapports avec le monde des corps trois faits inséparables quoique de nature très diverse : l'impression, la sensation et la perception. L'impression, modification du système nerveux, est un fait tout organique. La sensation qui lui succède est un phénomène spirituel, mais purement subjectif, une simple modification de l'âme, qui ne nous dit rien du monde extérieur. Enfin à la sensation succède un troisième phénomène : l'esprit acquiert immédiatement et sans raisonnement la notion de l'objet, et guidé par un instinct infaillible, il croit irrésistiblement à la réalité de cet objet. La perception proprement dite est donc une conception accompagnée de croyance. « La perception d'un objet renferme deux éléments : la conception de sa figure et la croyance à son existence présente. » Reid.

La théorie de Reid a le défaut grave de confondre la perception avec la conception. Elle rend ainsi très difficile, sinon impossible, la distinction du rêve et de la veille et mène au scepticisme. La perception est l'acte par lequel l'âme prend immédiatement connaissance d'un objet présent, et la conception l'acte par lequel elle se le représente en son absence. Le premier caractérise l'état de veille, l'autre, le rêve, l'hallucination. Les confondre l'un avec l'autre, c'est effacer toute distinction entre le réel et l'imaginaire et légitimer toutes les objections de l'idéalisme. Il est vrai que Reid ajoute à la conception la croyance à l'existence de l'objet, mais cette croyance fait-elle donc défaut aux représentations subjectives du rêve et aux extravagances du délire? Ajoutons que la conception suppose des perceptions antérieures, auxquelles elle emprunte ses éléments. C'est avec les fragments de nos perceptions que nous formons les combinaisons imaginaires qui portent le nom de conceptions. Reid intervertit donc l'ordre de ces opérations.

On peut rapprocher de la définition de Reid et condamner pour la même raison cette autre définition de la perception extérieure donnée par M. Taine : « La perception est une hallucination vraie, » c'est-à-dire une hallucination qui se trouve répondre à l'existence d'un objet réel.

**Les sensations, signes subjectifs des réalités corporelles.** — 1° *Les sensations sont des faits subjectifs.* Longtemps on a cru que les qualités des corps existaient en eux telles que nos sensations les représentent : que cet éclat, ce brillant que nous appelons la lumière et que nous admirons quand le soleil luit ou que nous entrons dans une salle richement éclairée, que cet éclat, disons-nous, existe indépendamment de tout œil placé là pour le voir; que le doux parfum des fleurs embaume nos jardins quand aucune narine n'est là pour le sentir, et ainsi du reste. Ce fut l'opinion des anciens et des philosophes scolastiques; c'est encore aujourd'hui l'opinion du peuple, qui ne soupçonne même pas qu'il puisse en être autrement. Cependant le progrès des sciences physiques a depuis longtemps condamné cette illusion et prouvé que ce que nous admirons le plus dans le monde ce sont les richesses de notre âme, dont nous nous dépouillons généreusement pour en doter les corps. La beauté des couleurs, la douceur des parfums, l'harmonie des sons, tout cela n'existe qu'en nous; au dehors il n'y a que des mouvements de fluides, des combinaisons chimiques de substances, le tout accompli dans le silence et la nuit.

Prenons d'abord les sensations de couleurs. Quelle est leur cause immédiate? Nous le savons aujourd'hui à n'en pas douter, c'est la lumière, qui, tombant sur les corps, nous est renvoyée par eux après avoir subi des modifications très diverses. Les corps translucides la laissent passer, les corps opaques la réfléchissent, mais les uns et les autres, suivant leur propre constitution atomique, brisent le faisceau des rayons élémentaires dont se compose la lumière blanche et donnent lieu à des phénomènes très variés de réfraction, de diffraction, de réflexion, d'où résultent des combinaisons innombrables de rayons lumineux. Il s'ensuit que la propriété des corps que nous appelons couleur, consiste dans une disposition spéciale de leurs molécules, laquelle n'influe pas directement sur nos organes et n'a aucun rapport de similitude avec la sensation de couleur. Mais la lumière elle-même, qu'est-elle? Un fluide, le même pour toutes les couleurs, l'éther. Les corps lumineux impriment à ce fluide un mouvement ou plutôt des mouvements vibratoires, dont la différence fait celle des couleurs. On a pu compter et mesurer les ondes lumineuses qui les constituent et déterminer par des chiffres précis la différence, par exemple, du rouge au vert ou du vert au violet. On a pu constater de même que quand il cesse de vibrer, l'éther n'est plus lumineux, c'est-à-dire n'excite plus aucune sensation de lumière. Hors de nous, la lumière n'est donc qu'un mouvement, c'est-à-dire rien qui ressemble à nos sensations, et il faut voir dans ces dernières un état tout subjectif de l'âme. Après cela comment s'étonner qu'un aveugle-né puisse étudier l'optique aussi bien que celui qui jouit du sens de la vue?

Pas plus que les couleurs, les sensations de l'ouïe ou les sons ne ressemblent à leurs causes extérieures. Une cloche est mise en branle, le battant qui frappe ses parois leur imprime un mouvement vibratoire qui se communique à l'air ambiant et par l'air, même à une grande distance, à l'organe de l'ouïe. Hors de nous il n'y a encore que du mouvement, et ce mouvement explique toutes les qualités du son : l'intensité, la hauteur et jusqu'au timbre, qui semblerait de prime abord appartenir davantage aux objets. Les expériences de Helmholtz ont prouvé que le timbre provenait du nombre des sons harmoniques ajoutés au son fondamental. La récente invention du téléphone est la confirmation éclatante de cette théorie du son. Donc les sensations du son, comme celles de couleur, sont des états purement subjectifs de l'âme. Aussi n'est-il pas besoin de jouir de l'usage de l'ouïe pour pouvoir apprendre l'acoustique.

La chaleur, considérée dans les corps, est un mouvement moléculaire, ce qui explique, d'une part, les changements d'état qu'ils peuvent subir ou leur passage de l'état solide à l'état liquide ou gazeux, et, d'autre part, l'équilibre de température qui tend à s'établir entre plusieurs corps mis en présence les uns des autres. L'action du chaud ou du froid sur nos organes se réduit à un travail mécanique consistant en des chocs plus ou moins multipliés, qui modifient le mouvement moléculaire de notre propre corps. Qu'y a-t-il de commun entre cette action mécanique de la chaleur, ces mouvements moléculaires des corps et les sensations du froid et du chaud? Celles-ci sont encore des états subjectifs de l'âme.

Les substances sapides introduites dans la bouche s'y combinent chimiquement avec la salive. Sans cette combinaison il n'y a pas de sensation de saveur; cette dernière a conséquemment pour cause une combinaison chimique, c'est-à-dire le résultat de déplacements moléculaires prodigieusement petits et rapides. Il en est de même, du moins probablement, des sensations de l'odorat. Les effluves odorantes qui s'échappent des corps exercent une action chimique sur la membrane pituitaire et déterminent par là les sensations de saveurs. Les odeurs, les saveurs ne ressemblent donc en rien à leurs causes, ce sont des états subjectifs de l'âme.

Nous en dirons autant de la sensation de résistance. Cette sensation, toute relative, varie avec les sujets qui l'éprouvent sans qu'il y ait changement d'objet. Donc elle est elle aussi un état subjectif.

Reste l'étendue, qui, sans être une sensation au même titre que les autres sensations, est la forme inévitable de plusieurs, et donne à celles-là une importance cognitive particulière. Que penser des représentations d'étendue impliquées dans les sensations de la vue et du toucher? Plusieurs objectent que l'étendue n'est pas telle qu'elle nous apparaît, puisque des instruments grossissants nous permettent de constater des pores et des aspérités là où il y avait apparence de poli et de continuité. Ils veulent donc que la représentation sensible de l'étendue soit subjective comme toutes les autres données des sens et qu'elle n'ait aucun rapport de similitude avec la réalité extérieure. Ainsi ces formes, que le vulgaire croit si bien appartenir aux objets, n'existent qu'en nous. La géométrie du monde n'est qu'un phénomène interne. Nous ne savons des corps qu'une seule chose, c'est qu'ils sont les causes de nos sensations.

2° *Les sensations sont les signes des réalités externes.* — Quoique subjectives, les sensations ne sont pas étrangères aux objets qui les excitent en nous. Elles leur sont unies par un rapport constant et déterminé de causalité; elles sont leurs effets naturels, nécessaires même, étant donné l'état actuel des choses; par conséquent elles en sont les *signes*, elles les manifestent en quelque manière. De plus, ces signes sont le point de départ des opérations de l'entendement par lesquelles nous nous formons l'idée des corps, et c'est à eux que ces opérations se réfèrent constamment. A ce double titre de signes des corps et de point de départ de la connaissance extérieure, les données des sens appartiennent à l'ordre des faits cognitifs.

Conséquemment à cette théorie la perception des sens peut se définir « l'ensemble des signes subjectifs que détermine dans l'âme l'action des corps sur les organes des sens et qui servent de point de départ aux opérations intellectuelles par lesquelles nous connaissons la réalité matérielle. »

Nous ne pouvons partager cette doctrine en ce qui concerne

l'étendue. L'objection soulevée, que l'étendue n'est pas en réalité telle qu'elle nous paraît, ne nous semble pas décisive. Nous savons que l'imperfection des sens rend cette représentation inexacte dans ses détails, mais cela ne l'attaque point dans son essence, l'existence de parties distinctes et juxtaposées. Tous les raisonnements des sciences exactes supposent cette vérité, tant de celles qui ont pour objet l'étendue, que de celles qui s'occupent du mouvement. Comment réduire ces sciences à n'avoir pour objet que des apparences subjectives? Il nous est impossible de sacrifier ainsi la géométrie du monde et la mécanique universelle. C'est pourquoi nous croyons à l'objectivité des représentations de l'étendue. Nos sensations optiques et tactiles, en tant qu'elles impliquent l'étendue, sont à notre sens représentatives du monde extérieur et de véritables perceptions. Sur ce point, le plus important de la perception externe, et en l'accommodant quant aux termes à l'état actuel de la science, la doctrine scolastique nous paraît présenter la vraie solution du problème de la connaissance des corps (1).

## V. — *Groupement des données sensibles. — Éducation des sens.*

**Réunion des données des sens dans une connaissance totale. — Sensorium commune.** — Les anciens admettaient, en plus des cinq sens extérieurs, plusieurs sens internes parmi lesquels figurait le sens commun, *sensorium commune*. Son rôle était de réunir toutes les données des sens pour les comparer et connaître, par exemple, que l'odeur diffère

---

(1) Certains philosophes, distinguant en deux classes les qualités des corps, ont appelé qualités *primaires* celles qu'ils regardaient comme essentielles à la matière et dont ils pensaient avoir la connaissance absolue, et *secondaires* les qualités sans lesquelles on peut à la rigueur se représenter la matière et dont on ne possède qu'une connaissance relative. Pour Descartes, l'étendue seule était qualité primaire; Reid y joignait la solidité à l'impénétrabilité.

de la couleur, que la saveur est plus ou moins agréable que le son. « Il faut, dit Aristote, que ces différents objets soient sensibles à quelque chose qui ait de l'unité et qui juge les deux objets en même temps. » Et ce philosophe fait si bien du sens commun un sens différent des cinq autres qu'il lui donne un organe à part. — Cette faculté nouvelle n'est nullement nécessaire au but qu'on se propose. N'est-ce pas la même âme qui voit, entend et goûte, et l'unité de sa conscience ne suffit-elle pas à réunir les perceptions de tous les sens et à rendre leur comparaison possible?

Une autre opinion, qui a beaucoup de rapport avec cette première, et qui est même confondue assez souvent avec elle, exige une faculté à part pour réunir dans une même connaissance totale les qualités d'un même objet perçues isolément par les différents sens. Je suis auprès du feu : je perçois par la vue l'éclat de sa flamme, par le toucher sa chaleur, par l'ouïe le pétillement qu'il produit, par l'odorat les senteurs qui s'en exhalent; comment se fait la synthèse de toutes ces perceptions partielles pour former la perception totale de ce feu? Kant répond que c'est par l'entendement; mais, s'il en est ainsi, comment nous assurer que cette unité n'est pas une création de notre esprit, sans réalité objective? Il faut donc attribuer cette synthèse aux sens eux-mêmes qui constatent que leurs objets occupent un même lieu et se meuvent ensemble. Or cette unité de lieu et de situation est la seule qui convienne au corps; donc les sens peuvent constater leur unité. Ceci n'empêche nullement que la substance des corps ne soit pas sentie et qu'elle soit connue seulement par l'entendement.

**Association des données sensibles. — Éducation des sens.** — Après que nos sens se sont exercés simultanément sur un même objet, nous associons ensemble les qualités perçues, et dans la suite il nous suffit de percevoir dans un objet nouveau quelqu'une d'entre elles pour conclure par induction à la présence des autres. Par exemple : ayant associé l'affaiblissement des couleurs, la confusion des détails, la diminution de la grandeur avec l'éloignement, ou bien encore telle distribution spéciale de la lumière sur l'étendue visible avec telle forme solide, je me prononce sur l'éloignement ou la forme réelle d'un objet nouveau, en me basant uniquement sur la vivacité de sa couleur ou sur les ombres que présente son étendue visible. Cette opération, que nous répétons si fréquemment et qui en économise tant d'autres, a reçu des Écossais le nom très impropre de *perception acquise*, par opposition aux véritables perceptions des sens, qu'ils appellent *perceptions naturelles*. En réalité c'est une induction fondée sur une association de perceptions.

## VI. — *Importance relative des différents sens.*

La classification des sens relativement à leur importance peut se faire à différents points de vue :

**Vie matérielle.** — Au point de vue de l'entretien du corps, l'odorat et le goût occupent la première place; ce sont eux en effet qui, par l'attrait ou la répugnance que leur causent leurs objets nous indiquent les aliments qui nous conviennent. En second lieu vient le toucher, sens protecteur dont la délicatesse est proportionnée à la fragilité des organes qu'il doit garantir de tout contact dangereux. La vue n'obtient que la troisième place, car on y supplée plus facilement qu'au toucher. L'ouïe vient en dernier lieu.

**Vie sociale.** — Dans nos rapports avec nos semblables, l'ouïe, sens du langage, a une importance supérieure; l'aveugle est moins isolé que le sourd de la société des autres hommes, la vue est un moyen de communication bien plus parfait que le toucher, qui sous ce rapport a fort peu de valeur. L'odorat et le goût sont nuls.

**Sciences.** — Dans l'acquisition personnelle des sciences, le toucher a la prééminence : les sciences naturelles appuient sur ses données leurs classifications les plus importantes, et les idées fondamentales des mathématiques elles-mêmes naissent dans notre esprit à l'occasion de l'étendue et de la forme tangible des corps. La vue vient en seconde ligne; les autres sens en dernier lieu.

**Beaux-arts.** — Au point de vue esthétique, la vue est le plus noble de nos sens. La plupart des œuvres d'art ne nous sont connues que par elle; c'est évident pour l'architecture, la peinture, la sculpture, et quant aux poètes et aux orateurs, ils empruntent presque toutes leurs images aux sites de la nature et aux traits de la figure humaine. L'ouïe, sens de la musique, vient en seconde ligne. Le toucher est ici d'un bien faible secours; l'odorat et le goût n'en offrent aucun.

**Ordre chronologique du développement.** — Chronologiquement, c'est le tact qui se manifeste le premier; il est suivi de près par le goût, dont la nécessité se fait sentir bientôt après la naissance; viennent ensuite l'odorat et la vue, et en dernier lieu l'ouïe.

### ART. II. — Part de l'entendement dans la connaissance des corps.

En même temps que les sens nous fournissent des représentations sensibles des corps, une faculté supérieure, l'entendement discursif, aidé de la raison elle-même, s'exerce sur ces premières données pour élaborer une connaissance intellectuelle et proprement dite des réalités matérielles. La conscience fournit certains éléments qui lui sont propres. Enfin l'imagination prête son concours aux sens, dont elle accompagne l'exercice et conserve les résultats. Indiquons le rôle de ces différentes facultés.

L'imagination accompagne toujours l'action des sens; c'est une vérité dont un peu de réflexion suffit à nous convaincre. Non seulement l'imagination conserve les données sensibles, mais souvent elle y ajoute et les rectifie, comme il arrive spécialement pour les représentations de l'étendue. Les formes indécises, imparfaites que fournit la vue ou le toucher prennent, grâce à l'imagination, la régularité et la correction qui leur faisaient défaut. L'hallucination n'est autre chose que cette intervention de l'imagination, mais dans un degré anormal, ce qui fait qu'alors la perception est reléguée au second plan.

L'image fournie par les sens et conservée dans l'imagination devient pour les fonctions discursives de l'entendement une sorte de matière dont elles s'emparent aussitôt. Ainsi l'étendue, espèce de sensible commun aux représentations de la vue et du toucher, devient l'objet d'une abstraction, qui permet de s'en former une notion précise. Pour apprécier la grandeur de cette même étendue dans les différentes perceptions, il faut comparer et raisonner. Les mêmes opérations appliquées aux différentes qualités des corps révélées par les sensations nous fournissent des notions générales au moyen desquelles nous distinguons les espèces et les genres et procédons à des classifications régulières.

Les corps ne sont pas seulement des groupes de qualités. Nous les concevons comme des substances et des forces, des substances dans lesquelles les qualités résident, des forces capables de se modifier les unes les autres par une action réciproque. Cependant ce ne sont pas les représentations sensibles qui nous suggèrent ces notions. Les couleurs, les saveurs, les odeurs sont des signes de qualités, de propriétés; elles manifestent si peu par elles-mêmes la force substantielle dans laquelle elles résident que les philosophes sensualistes ont été amenés à la nier. C'est à la conscience que nous empruntons ces notions. Nous les puisons dans le sentiment de notre identité et de notre activité propres, et nous les appliquons au monde extérieur grâce à l'intervention d'une nouvelle faculté, la raison.

C'est en nous appuyant sur le principe rationnel de causalité et en raisonnant par analogie que nous peuplons le monde de forces substantielles semblables ou analogues à la nôtre. Mon activité interne, l'effort moteur surtout, est accompagnée de modifications de mon corps qui en sont les signes. Ces signes, je les aperçois dans d'autres apparences sensibles semblables à celles de mon propre organisme, j'en conclus qu'il y a hors de moi des forces semblables à moi. Étendant ensuite successivement aux animaux, aux plantes, aux molécules mêmes de la matière brute ce raisonnement par analogie, avec les restrictions que comporte la nature de ces différents êtres, j'en fais des forces et des substances plus ou moins analogues à ma force substantielle. Enfin, dans une vue plus haute encore, la raison envisage les corps en tant que réalités contingentes et finies, ce qui permet de les considérer dans leur dépendance vis-à-vis de la cause nécessaire et parfaite, et de les rattacher à Dieu comme à leur cause suprême. Ainsi se forme et s'achève la connaissance que nous avons des corps.

# CHAPITRE IV.

Connaissance de nous-mêmes. — Perception interne.

---

Nous avons de notre âme une double connaissance : nous percevons d'abord notre existence concrète et individuelle par la conscience; puis après l'avoir éclaircie par la réflexion, nous nous élevons par le raisonnement à la connaissance générale et scientifique de notre nature spirituelle.

ART. I. — Conscience ou perception interne.

---

## I. — *Nature de la conscience.*

**Définition de la conscience.** — La conscience est la faculté que possède notre âme de prendre immédiatement connaissance de ses modifications actuelles et par elles du principe qui les produit : je ne puis penser, sentir, vouloir sans le savoir; ces actes sont aperçus de mon âme à l'instant même où elle les produit : j'appelle conscience cette faculté que je possède d'être informé de ce qui se passe en moi.

**Ses perceptions; leurs caractères.** — C'est bien une connaissance que me donne ainsi la conscience. Elle me manifeste, me révèle à moi-même; c'est par elle que j'apprends tout ce que je sais de moi. Cette connaissance est une perception, c'est-à-dire la connaissance directe, immédiate de la réalité qui en est l'objet. Il n'y a ici, de l'aveu de tous les philosophes, aucun intermédiaire entre l'âme et l'objet connu. Les connaissances de la conscience sont même, au jugement de plusieurs, les seules qui méritent, à proprement parler, le nom de perceptions, l'objet de nos autres facultés n'étant jamais saisi directement et en lui-même : les corps ne nous sont connus qu'au moyen de nos sensations; les idées et les vérités rationnelles sont objet de conception plutôt que de perception.

Les perceptions de la conscience ne se distinguent pas des actes qu'elles manifestent. Quand je veux, je sais ce que je veux, mais mon acte de vouloir et la connaissance que m'en donne la conscience sont un seul et même acte. On dit quelquefois que la conscience est un témoin de notre vie intime, un œil ouvert sur nous-mêmes; soit, mais à la condition de ne faire aucun dédoublement et d'identifier le témoin et l'œil avec l'objet aperçu.

**Est-elle une faculté spéciale.** — Mais si la conscience est si étroitement liée à tous les faits psychologiques, doit-elle s'en distinguer? Vient-elle se surajouter à ces phénomènes, les accompagnant toujours sans appartenir à leur essence? Ou bien en est-elle un élément intégrant, essentiel? En d'autres termes, la conscience est-elle une faculté spéciale ou n'est-elle que la forme commune de tous les faits de l'âme? Il est peu de questions qui aient autant partagé les philosophes. Les deux opinions ont de nombreux partisans; nous allons donner les principales raisons sur lesquelles elles s'appuient.

*Première opinion : elle n'est pas une faculté spéciale.* — Bacon a posé deux règles pour juger de la distinction des causes, ces règles sont : la séparation et la variation indépendante des phénomènes. Deux faits peuvent avoir des causes différentes quand ils se produisent l'un sans l'autre et quand ils varient indépendamment l'un de l'autre, l'un par exemple gagnant en force quand l'autre reste le même ou diminue d'intensité. Dans le cas contraire, c'est-à-dire quand il n'y a ni séparation, ni disproportion dans les phénomènes il n'y a pas lieu, pour les expliquer, de multiplier les causes. Ces règles sont appliquées à la conscience par ceux qui ne veulent pas voir en elle une faculté spéciale.

1° Il n'y a aucune séparation, ni réelle, ni possible entre les faits psychologiques et la conscience.

Jamais on ne les trouve séparés. La conscience accompagne constamment toutes nos autres facultés. Elle admet, il est vrai, de nombreux degrés : tantôt elle est vive et distincte, tantôt elle est sourde et confuse, comme dans les prétendus phénomènes inconscients, mais alors même elle ne fait pas défaut. Réciproquement la conscience n'a pas d'actes qui lui appartiennent exclusivement. On n'a pas conscience purement et simplement; on a conscience de quelque chose, d'une pensée, d'un désir ou de tout autre phénomène. Donc l'action de la conscience n'est jamais isolée de celle des autres facultés.

Il y a plus : cette séparation n'est pas possible; elle implique contradiction. Quelle idée peut-on se faire d'une douleur, d'une idée, d'une détermination libre, dont on n'aurait pas conscience? Se porter librement vers un but, avoir un objet présent à l'esprit, s'attrister, se réjouir et ignorer tout cela, n'est-ce pas un non-sens? N'en est-il pas ainsi de la supposition inverse, avoir conscience purement et simplement, sans avoir conscience de quelque chose? N'est-ce pas savoir quelque chose de sa vie intérieure et en même temps n'en rien savoir? Donc la séparation de la conscience et de nos autres facultés, qui n'existe pas en fait, est de plus impossible.

2º Les faits psychologiques et la conscience ne varient point d'une façon indépendante et dans des proportions diverses. Une vive douleur, un désir véhément, une perception claire ne sont jamais accompagnés d'une conscience vague et confuse. La supposition même de cette disproportion serait contradictoire. Ce que l'intensité de certains phénomènes de sensibilité ou de passion empêche, c'est la conscience réflexe qui suppose le calme et la possession de soi, mais la réflexion n'est pas la conscience spontanée de laquelle seule il est question en ce moment.

Donc, concluent les partisans de cette opinion, la conscience est la forme commune de toutes nos facultés; on pourrait même dire selon Bouillier qu'elle est le fonds et comme l'étoffe commune dont elles sont toutes composées; mais elle n'est pas une faculté spéciale.

*Deuxième opinion : elle est une faculté spéciale.* — Il est vrai, répondent les partisans de la deuxième opinion, que les règles baconiennes de la séparation et de la variation indépendantes des phénomènes ne sont pas applicables à la conscience, mais il y a d'autres moyens de constater la multiplicité des facultés. La conscience a un domaine propre; elle produit des actes d'une nature particulière : cela suffit pour qu'elle soit une faculté spéciale.

1° La conscience a un domaine propre : les faits psychologiques et le moi substantiel qui en est le sujet. Toutes nos autres facultés opèrent, au moins immédiatement, sur un objet étranger à l'âme : dans la perception externe, c'est le monde des corps; par la pensée pure, c'est le monde intelligible; dans le désir, c'est une réalité quelconque étrangère à l'âme; dans la mémoire, c'est médiatement au moins l'objet dont nous nous souvenons. La conscience, au contraire, prend pour objet les actes même de l'âme : l'acte de percevoir, l'acte de désirer, l'acte de se souvenir; elle est la seule faculté qui nous les fasse connaître. — A travers les actes, sous les phénomènes spirituels la conscience saisit la force substantielle qui les produit, nouvel objet qui lui est exclusivement propre.

2° La conscience produit des actes d'une nature particulière. Les connaissances qu'elle fournit sont expérimentales, donc elles ne peuvent se confondre avec celles de la raison. D'autre part elles ont le moi pour objet, donc elles se distinguent également de l'expérience externe, qui a pour objet le monde des corps. C'est ainsi que les données de la conscience forment un groupe à part.

Il faut donc reconnaître dans la conscience une faculté spéciale, distincte de toutes les autres.

La première de ces deux opinions nous semble la mieux motivée. C'est par abstraction seulement qu'on donne à la conscience un domaine et des actes propres. En réalité la conscience ne produit aucun acte qui lui appartienne exclusivement, donc elle n'est pas une faculté véritable, une force originale; elle est seulement une qualité ou une forme commune à toutes les facultés, que l'on peut abstraire et considérer isolément à cause de sa grande importance.

## II. — *Objet de la conscience.*

Nous l'avons déjà dit dans l'article précédent, la conscience a un double objet : les phénomènes de la vie intellectuelle et morale et la substance même de l'âme.

**Les phénomènes de l'âme.** — La conscience a pour objet premier et incontestable les modifications de la vie intellectuelle et morale. Tous les philosophes sont d'accord sur ce point. Mais la conscience s'étend-elle à la totalité de ces phénomènes, ou bien n'y en a-t-il pas un certain nombre qui lui échappent et demeurent *inconscients,* ignorés de l'âme dans laquelle ils se passent? Leibnitz le premier a affirmé l'existence des *perceptions inconscientes;* sa théorie a trouvé faveur auprès de plusieurs philosophes. Voici les principales raisons sur lesquelles on l'appuie.

Chaque perception dont nous avons conscience est un total de perceptions élémentaires. Il faut un nombre minimum de ces perceptions pour éveiller la conscience; au-dessous de ce nombre elle se tait et les perceptions restent inaperçues. Pour entendre le bruit de la mer il faut bien qu'on entende les parties qui composent ce tout, c'est-à-dire le bruit de chaque vague; cependant chacun de ces petits bruits ne serait pas remarqué, si la vague qui le produit était seule. De même vous entendez le bruissement des feuilles agitées par le vent, sans avoir conscience du bruit de chacune d'elles, et vous voyez à distance la couleur verte d'une forêt, alors que la vue d'une seule feuille ne vous frapperait pas malgré toute votre attention. — Ces exemples et beaucoup d'autres du même genre appliquent à tort à la sensation ce qui n'appartient qu'à sa cause. Les causes sont multiples, soit au dehors dans les ondes sonores, les vibrations lumineuses, etc., soit au dedans de nous dans l'impression organique. Elles doivent atteindre un minimum d'intensité ou de nombre, au-dessous duquel elles ne déterminent *aucune* sensation, mais quand cette dernière est provoquée, elle est unique, quoique venant de causes plus ou moins nombreuses.

L'attention, ajoute-t-on, constate en nous l'existence de phénomènes inconscients. Le malade imaginaire trop attentif à ce qui se passe en lui, découvre mille sensations qui restent inconscientes dans les autres hommes. Par contre, en se portant vivement vers quelque autre objet, l'attention rend inconscients des phénomènes d'une plus ou moins grande intensité : ainsi l'application à un travail intellectuel vous rend étranger au bruit de la rue, et le vif attrait d'un jeu absorbant a pu faire oublier jusqu'aux douleurs de la goutte. — Qui nous dira que l'inquiétude du malade imaginaire ne fait pas naître en lui des sensations qui n'existent pas chez les autres? Par ailleurs le calme de l'homme d'étude et du joueur s'explique suffisamment par un amoindrissement très notable du bruit ou de la douleur, tant que leur esprit demeure absorbé dans ce travail intellectuel.

Non seulement les preuves alléguées en faveur des perceptions inconscientes ne sont pas démonstratives, mais de telles perceptions impliquent contradiction, ainsi que nous l'avons dit plus haut. La vérité, c'est que la conscience a des degrés infiniment nombreux et qu'elle peut devenir tellement vague et faible, qu'il faut une grande attention et un grand calme pour la remarquer.

**La substance de l'âme.** — Quelques philosophes, Kant et Reid entre autres, assimilant de tout point l'observation interne à l'observation externe, prétendent que la conscience s'arrête aux phénomènes et que nous ne connaissons la substance de notre âme que par un raisonnement appuyé sur le principe de substance. C'est une erreur grave, dont la réfutation est du reste aisée.

La conscience saisit du même coup et le phénomène et la force subsistante qui en est le principe et le sujet. Ce qu'elle perçoit en effet n'est pas une abstraction, mais une réalité individuelle et concrète. Or dans la réalité la substance de l'âme et sa modification ne font qu'un; en soi la pensée, la sensation, la volition ne sont autre chose que l'âme pensant, l'âme souffrant ou jouissant, l'âme se déterminant; ce n'est que par abstraction que notre pensée isole la modification de la substance, et la séparation de deux choses n'est possible qu'autant qu'elles nous sont préalablement données dans un état d'union. — On veut que des modifications nous concluions la substance par un raisonnement. Mais de deux choses l'une : ou bien la conscience connaît comme *nôtres* les phénomènes qui servent de base au raisonnement, et cela ne peut être qu'autant qu'elle perçoit en même temps leur sujet; ou bien elle ne les connaît pas comme *nôtres*, et dans ce cas l'esprit ne peut en conclure que l'existence d'un sujet en général, et nullement le *moi* individuel et concret que nous sommes. — Enfin, si l'âme ne se sentait, quel lien possible existerait entre nos états successifs, et sur quels fondements appuierions-nous notre identité ? La conscience a donc pour objet la substance de l'âme.

## III. — *Idées qui ont leur fondement dans la conscience.*

Parmi nos idées les plus fondamentales et les plus fécondes, il en est qui n'ont d'autre fondement que la conscience, parce que leur objet propre ne se trouve que dans le *moi*. Ce sont les idées d'unité, de cause, de substance et de fin.

**Idée d'unité.** — L'unité véritable n'est pas seulement l'état d'indivision actuelle, elle consiste plutôt dans l'impossibilité de toute division. Cette idée qui entre dans tous nos concepts, puisque aucune chose n'existe pour nous qu'autant qu'elle se distingue de toutes les autres, qu'elle est et demeure elle-même, c'est-à-dire qu'elle est une, nous est suggérée par l'unité de notre conscience. En même temps en effet que nous percevons l'étonnante variété et la prodigieuse multiplicité des phénomènes psychologiques, nous les rapportons à un même principe, à un même sujet, *je*, *moi*. Nous disons : *je* perçois, *je* conçois, *je* jouis, *je* souffre, *je* veux. Ce sujet, toujours le même dans toutes les phrases par lesquelles nous exprimons nos états intérieurs, marque que nous saisissons dans notre âme quelque chose qui se distingue des phénomènes multiples, quelque chose d'un. Cette unité du *moi*, c'est l'unité véritable, le type dont les autres ne font qu'approcher. Je donne l'unité au bloc de pierre, à la plante, à l'animal dont les molécules sont maintenues en présence par la force de cohésion ou la force vitale; je la donne à une famille, à une corporation, à un peuple, parce que c'est une facilité pour ma pensée d'embrasser dans une même idée générale des êtres qui ont entre eux certains rapports, certaines similitudes; mais toutes ces unités se laissent résoudre en parties et ne méritent qu'imparfaitement leur nom. Seul, le *moi* résiste à toute décomposition, l'amoindrissement du corps qui lui est uni le laisse tout entier, et nous repoussons comme absurde tout fractionnement de cette force concrète et vivante que nous sommes, tant est vive la conscience que nous avons de son unité. Voilà la source où nous puisons cette idée, et c'est en les rapportant à ce type que notre esprit conçoit toutes les autres unités, chimique, organique, logique, mathématique, qu'il applique aux divers objets de sa pensée. A cette idée d'unité se rattache celle d'*identité*, qui n'en est que l'extension dans la durée.

**Idée de cause.** — La cause est un être qui influe sur un autre pour déterminer en lui un changement. La causalité est tout entière dans cette influence exercée par un objet sur un autre objet, influence qui établit entre eux un rapport de dépendance nécessaire. Or les sens sont impuissants à nous la montrer. Je suis devant une cloche, le battant s'approche des bords, les touche et j'entends un son; les yeux voient le contact du battant et de la cloche, l'oreille entend le son; ces deux impressions sont consécutives; voilà tout ce que me disent mes sens. Ni l'œil ni l'oreille, qui agissent ici, n'aperçoivent l'influence du choc du battant sur la production du son. Si, au contraire, je rentre en moi par la conscience, l'influence du *moi* sur les phénomènes dont il est affecté est de la dernière évidence. L'effort moteur proportionné à la résistance que lui opposent les membres ou les objets extérieurs, l'action de la volonté sur l'intelligence pour la fixer sur un objet déterminé, la production de la volition elle-même nous donnent avec le spectacle permanent d'une cause agissante l'idée claire de la causalité. Cette notion, je l'applique ensuite au monde extérieur et la preuve que c'est bien en moi que je la puise, c'est que je façonne à mon image toutes les causes dont je peuple l'univers, leur prêtant au besoin l'intelligence, l'intention, la poursuite d'une fin; je l'applique à Dieu lui-même, la cause par excellence, car je ne conçois sa puissance qu'en pensant à la mienne et en supprimant toutes ses limites. C'est donc par leur analogie avec notre propre causalité que nous nous formons l'idée de toutes les causes étrangères.

**Idée de substance.** — L'idée de substance n'est guère que la réunion des deux précédentes. La substance, c'est le sujet un et permanent qui sert de lien aux phénomènes multiples et successifs. Les actes vitaux de cette force une et identique dont nous avons conscience n'étant que les différents états de leur principe, résident en lui, il en est le sujet, le *substratum*, comme on disait dans l'école, autrement la substance. C'est encore parce que je me sens comme force subsistante que j'admets dans les êtres corporels, en plus de la collection de leurs qualités, un support ou sujet dans lequel ces dernières résident, que j'appelle la *matière*, et dont aucun de mes sens ne me révèle l'existence.

**Idée de fin.** — L'analyse des faits volontaires nous conduit à l'idée de fin. Tout acte de la volonté implique un motif, et la finalité est le mode d'action qui caractérise l'être intelligent. Cette idée si féconde dans les sciences morales ou physiques a donc aussi son fondement dans la conscience.

## ART. II. — Connaissance générale et scientifique de l'âme.

La conscience a pour objet notre âme dans son être propre et concret ; elle est de plus inattentive et indistincte comme toute connaissance spontanée. Cette connaissance vague et insuffisante en appelle une autre qui vienne y introduire la clarté, la précision, la distinction voulue pour servir de base à la science de l'âme. Ce nouveau degré de la connaissance de nous-mêmes s'obtient par la réflexion.

Nous savons déjà ce qu'il faut entendre par réflexion ou conscience réflexe ; nous l'avons décrite en parlant de la méthode psychologique. Notons ici en quoi elle diffère de la conscience. On les appelle du même nom conscience (*conscire sibi*), parce que toutes les deux donnent la connaissance de soi, mais elles diffèrent grandement l'une de l'autre. La conscience est un élément intégrant de tous nos phénomènes spirituels, elle les accompagne nécessairement et se produit comme eux spontanément et sans effort. La réflexion est un acte distinct des phénomènes auxquels elle s'applique, elle peut s'en séparer, elle est due ordinairement à un acte de la volonté. La conscience n'est jamais interrompue tant que dure la vie morale. La réflexion n'existe que rarement et ne se prolonge pas longtemps. La conscience précède la mémoire : nous ne pouvons nous rappeler que les phénomènes dont nous avons eu conscience. La réflexion suppose la mémoire ; elle s'exerce plus fréquemment sur nos souvenirs que sur les données directes de la conscience.

Avec la réflexion la lumière pénètre dans la conscience. Ce qui était obscur et confus devient clair et distinct. Les phénomènes sont isolés les uns des autres, leurs caractères sont notés avec soin, une classification méthodique permet de remonter aux facultés et celles-ci sont rattachées au moi dont l'unité, l'identité, la force subsistante apparaît clairement au regard. Les caractères individuels et personnels de notre âme, clairement aperçus, sont aussitôt éliminés pour ne retenir que la nature générale et commune de l'âme, telle qu'elle existe dans tous les hommes. Nous savons alors quel genre d'activité doit posséder un être pour mériter le nom d'âme humaine. S'appuyant ensuite sur cette activité connue on en déduit la simplicité de l'âme, son union substantielle avec le corps, son immortalité, et la science de l'âme est achevée.

# CHAPITRE V.

### Entendement pur ou raison.

ART. I. — Objet de la raison.

Dans la connaissance intellectuelle que nous avons des corps et de notre âme, intervient un groupe de notions et de vérités que des caractères spéciaux et un rôle prépondérant signalent à notre attention. Ces notions et ces vérités, élément supérieur de nos connaissances, sont comme la lumière de notre esprit; c'est par elles que nous sommes intelligents et que le monde nous devient intelligible; elles sont donc l'objet propre de notre faculté supérieure de connaître, de l'entendement ou, comme l'on dit aujourd'hui, de la raison. Nous allons en traiter sous le nom de notions et de vérités premières.

## I. — *Notions premières.*

**Nature et caractères des notions premières.** — Parmi les notions que nous nous formons des divers objets de notre connaissance, il en est qui désignent, soit leurs propriétés, soit leur espèce ou leur genre qui ne sont eux-mêmes que des collections de propriétés ou d'attributs. Telles sont les idées de couleur, d'odeur, de dureté, d'étendue, d'intelligence, de bonté, de courage; d'or, d'argent, de chêne, de cèdre, de cheval, d'homme, etc. Ces idées sont dites *générales*, parce qu'elles conviennent à un certain nombre d'êtres; *contingentes*, parce que leur objet pourrait ne pas exister; *expérimentales*, parce qu'elles dépendent de l'expérience. — En pénétrant plus à fond notre connaissance des choses, nous y rencontrons d'autres idées qui rendent les idées d'attributs intelligibles et leur servent, pour ainsi dire de base et de support. Ces idées n'expriment plus la nature phénoménale et extérieure des êtres, elles pénètrent jusqu'à leur réalité intime et la saisissent sous ses aspects les plus fondamentaux et les plus profonds. Telles sont les idées de temps, d'espace, d'infini et de fini, de parfait et d'imparfait, de nécessaire et de contingent, d'absolu et de relatif, de cause et d'effet, etc. On les appelle *universelles,* parce qu'elles s'appliquent non seulement à plusieurs objets, mais à tous, sans exception ; *nécessaires,* parce qu'elles expriment les modes inévitables des choses existantes ou possibles ; *rationnelles,* parce qu'elles constituent le fond même de la raison, et que c'est leur présence qui fait un être intelligent ; enfin, *premières,* parce qu'elles servent logiquement de base à nos autres idées et forment l'élément principal de toutes nos conceptions. Expliquons en peu de mots les plus importantes :

**Principales notions premières.** — Idée de l'absolu. — L'absolu c'est l'être. Ce n'est pas l'idée générale d'être, simple abstraction, qui exprime seulement l'existence ; c'est l'être dans le sens de réalité ou de perfection. L'absolu se conçoit comme n'étant soumis à aucune condition, à aucune dépendance et n'impliquant aucune relation ; on lui oppose ce qui est conditionnel, dépendant, relatif. L'être contingent, par exemple, n'existe qu'à la condition d'avoir une cause de laquelle il dépend. De plus, il est ceci et non pas cela, homme et non pas plante, chêne et non pas roseau ; il est sous tel rapport, il n'est pas sous tel autre : son être est relatif. L'absolu, c'est l'être sans condition, sans dépendance, sans détermination. Toutefois ce n'est pas l'être indéterminé au sens de Schelling, qui ramène presque l'absolu au néant, sous prétexte qu'il n'a aucune nature particulière. L'être absolu a plus de réalité que tous les êtres d'espèce déterminée pris ensemble ; il est la réalité dans sa plénitude. Par cela même que l'absolu est l'être sans condition et sans dépendance, il ne peut avoir de cause, il est *nécessaire,* tandis que les autres êtres sont *contingents.*

Idée de l'infini. — L'infini est un être dont la perfection n'est limitée en aucune manière. Cette limite, dont l'exclusion caractérise l'infini, n'est point celle de l'étendue ou de la durée; une ligne, un nombre infinis sont chose contradictoire. L'infini exclut toute idée de grandeur; il ne s'applique qu'à la puissance, à l'activité, et s'identifie avec la perfection; un être parfait est celui dont les pouvoirs, modes d'actions ou propriétés, ne sont soumis à aucune limitation, un être infini est une force parfaite. Donc sous sa forme négative cette idée représente la plus positive de toutes les choses, la plénitude de la perfection; c'est l'absolu sous un nouvel aspect. — Le fini est un être dont la perfection est limitée, c'est-à-dire un être dont l'activité est restreinte sous quelque rapport. — L'indéfini est une puissance d'augmenter ou de diminuer qui ne connaît point de limites. « Ainsi, parce que nous ne saurions imaginer une étendue si grande que nous ne concevions en même temps qu'il y en peut avoir une plus grande, nous dirons que l'étendue des choses possible est indéfinie; et parce qu'on ne saurait diviser un corps en des parties si petites que chacune de ces parties ne puisse être divisée en d'autres plus petites, nous penserons que la quantité peut être divisée en des parties dont le nombre est indéfini » (Descartes, *Principes*).

Idée de cause absolue. — La cause, telle que nous l'observons par la conscience, est une force qui par son action détermine soit en elle-même, soit dans un autre être, un changement d'état. Je me modifie moi-même en prenant une détermination, je modifie l'état de mon corps en lui imprimant un mouvement, je suis cause de la volition et du déplacement produits; le feu modifie la cire qu'il liquéfie, le froid l'eau qu'il congèle; ils sont causes de la fusion de la cire et de la congélation de l'eau. La causalité des créatures ne va pas plus loin; elle modifie, elle transforme des choses préexistantes. Mais il y a une causalité supérieure assez puissante pour faire passer une substance du non-être à l'être, c'est-à-dire de l'état de pure possibilité à celui d'existence actuelle, c'est la causalité parfaite de la force infinie.

Dieu est donc cause; cette notion lui convient même absolument et dans toute son étendue, tandis que la causalité des êtres créés est très imparfaite et toute relative. C'est pour marquer cette différence que nous appelons Dieu cause première et ses créatures causes secondes.

Idée de substance absolue. — La substance désigne ce qui dans chaque chose est permanent et identique. La réalité substantielle subsiste en elle-même sans avoir besoin d'un sujet qui la contienne et la supporte; la manière d'être, au contraire, ne se conçoit que dans un sujet; la pensée, par exemple, ne se comprend que dans un sujet pensant. La perfection de la substance consiste donc dans son indépendance vis-à-vis de tout sujet. Or cette indépendance, quoique très réelle dans la créature, qui ne pourrait sans grave erreur être considérée comme un mode vis-à-vis de Dieu, est néanmoins imparfaite en ce que, tout en subsistant en soi, elle subsiste par l'action d'un autre être. Dieu, au contraire, subsistant en soi et par soi, subsiste absolument et nécessairement et réalise dans toute sa perfection la notion de substance.

Idée de vrai absolu. — Le vrai se prend dans deux acceptions principales, logiquement et métaphysiquement. Logiquement, le vrai est toute connaissance conforme à son objet; sous ce rapport, le type du vrai est la connaissance divine, pleinement conforme à son objet, parce qu'elle lui est identique. Métaphysiquement, le vrai c'est l'être, et à ce nouveau point de vue la vérité absolue et parfaite est encore l'Être infini.

Idée de bien absolu. — Le bien, c'est la fin des êtres. Chaque être a sa fin particulière qui est son bien individuel; mais toutes les fins particulières se subordonnent les unes aux autres et aboutissent, en s'échelonnant ainsi, à une fin suprême qui est le bien en soi, absolu et parfait. Cette fin dernière est Dieu, le *souverain bien*.

Idée de beau absolu. — Le beau se comprend mieux qu'il ne se définit : *Facilius intelligi quam explanari potest*, dit Cicéron. Platon le définit la splendeur du vrai et du bien; saint Augustin, l'unité dans la variété; Bossuet, l'ordre visible. Ce qui résulte de ces définitions, c'est que le beau s'adresse à la fois aux sens et à la raison : ce n'est ni une conception pure, ni une simple perception; c'est le symbole sensible d'une chose spirituelle et invisible. Cette dernière nous semble être la nature intellectuelle et morale élevée à une certaine perfection. Toute pensée profonde, toute théorie qui éclaircit un mystère des choses a une beauté qui nous ravit; il en est de même de l'ordre complexe dont l'ordonnance suppose une portée intellectuelle peu commune. L'ordre moral est à son tour une source féconde de beautés et nous présente à des degrés divers la sublimité de l'héroïsme, la beauté des vertus mâles et énergiques, la grâce des qualités aimables du caractère. Comme les précédentes cette idée du beau nous conduit à Dieu. En lui le vrai et le bien n'ont point de bornes; la perfection intellectuelle et morale s'élève à l'infini; il est donc le type même de la beauté, et rien ne doit égaler le ravissement de l'âme admise à le contempler.

Idée d'espace et de temps. — Nous rapprochons des idées précédentes celles d'espace et de temps, à cause de l'analogie de leurs caractères, mais du moment qu'elles ne doivent pas être confondues avec les idées d'immensité et d'éternité divines, elles ne sont pas un véritable absolu.

Idée d'espace. — L'idée d'espace est l'idée d'une étendue immense en tous sens, en longueur, en largeur, en profondeur, dans laquelle est contenu l'univers entier et qui pourrait recevoir encore indéfiniment d'autres mondes. Cette étendue est antérieure à l'existence des corps et continuerait de subsister s'ils venaient à être détruits; elle existerait même encore, s'il n'y avait aucun esprit créé pour la concevoir; indépendante des objets qu'elle contient et des esprits qui la connaissent, elle est absolue. Elle est de plus immobile, immuable, continue, indivisible, nécessaire. — Par tous ces caractères, l'idée d'espace se distingue de l'idée de corps, avec laquelle Locke et les empiristes veulent la confondre. Il ne faut pas davantage l'identifier avec l'immensité de Dieu qui est infinie, tandis que l'espace est seulement indéfini.

Idée de temps. — L'idée de temps a beaucoup d'analogie avec l'idée d'espace. Nous concevons le temps comme une durée qui sert de mesure à tous les êtres. De même que l'espace, cette durée est sans limites; elle a précédé les corps et les esprits auxquels elle s'applique, et leur disparition ne lui porterait aucune atteinte; l'esprit ne la crée pas en pensant à elle; elle subsisterait en l'absence de toute intelligence finie; elle est donc absolue, c'est-à-dire indépendante de son contenu et de l'esprit qui la conçoit; elle est également immobile, immuable, continue, indivisible, nécessaire. Cependant le temps diffère de l'espace en quelques points : les parties de l'espace existent simultanément, celles du temps sont successives; l'espace ne renferme que les corps, et le temps s'applique à toute créature, même aux esprits. — Le temps ne diffère pas moins des successions réelles d'êtres ou de phénomènes que l'espace ne diffère des corps. Il n'est pas davantage l'éternité divine qui est infinie, tandis que le temps est seulement indéfini.

**Les notions premières et Dieu.** — Toutes les notions premières de la raison nous élèvent à Dieu et nous éclairent sur les rapports qui l'unissent à ses créatures. Tantôt ces notions vont deux à deux et expriment par leur corrélation les contrastes que présentent les êtres créés comparés à leur cause première : Ils sont finis, Dieu est infini; ils sont imparfaits, Dieu est parfait; ils sont contingents, Dieu est nécessaire; en eux tout est relatif, en Dieu tout est absolu. Tantôt indépendantes les unes des autres comme les idées du vrai, du beau, du bien, ces notions conviennent absolument et pleinement à Dieu, imparfaitement aux natures créées qu'elles nous présentent comme de pâles reflets et des imitations lointaines de la réalité infinie. Dans l'un et l'autre cas, elles rendent intelligibles les réalités finies en les saisissant sous des aspects qui ont leurs correspondants en Dieu. De là le problème des rapports de la raison humaine avec la raison divine, problème que nous discuterons en traitant de l'origine de nos idées.

## II. — *Vérités premières ou principes directeurs de la connaissance.*

**Caractères et nature des vérités premières.** — De même que les notions, les vérités ou principes peuvent se diviser en deux grandes classes. Les unes ont pour objet la nature soit corporelle, soit spirituelle, et en expriment les lois ; par exemple : les corps tombent dans le vide avec la même vitesse, — l'attraction se produit en raison directe des masses et en raison inverse du carré des distances, etc. Ces lois expriment ce qui est, non ce qui doit être ; elles ne sont connues qu'après des expériences plus ou moins réitérées ; on les appelle *générales, contingentes, expérimentales* dans le même sens et pour les mêmes raisons que les notions qui portent les mêmes noms.

Il y a d'autres vérités de caractères bien différents ; elles expriment non plus ce qui est, mais ce qui doit être, et indiquent non les lois actuelles et contingentes de l'univers, mais les conditions nécessaires de toute existence et comme la législation suprême de la connaissance dont elles sont les *principes directeurs*. En voici quelques-unes : Tout changement implique une cause. — Rien n'arrive sans qu'il y ait une raison pourquoi cela est ainsi plutôt qu'autrement. — Tout être a une fin. Ces vérités ne présupposent pas des expériences multiples ; il suffit, par exemple, que je conçoive les notions de changement et de cause pour saisir aussitôt dans son universalité et sa nécessité le rapport qui les unit. On dit qu'elles sont *universelles, nécessaires, rationnelles, premières* dans le même sens et pour les mêmes raisons que les notions du même nom.

**Principales vérités premières.** — Principes d'identité, de contradiction et d'alternative. — Nous rapprochons ces trois axiomes parce que, en réalité, ils n'en font qu'un ; en voici la formule :

*Axiome d'identité.* « Ce qui est, est. »

*Axiome de contradiction.* « Il est impossible que la même chose soit et ne soit pas dans le même temps et dans les mêmes conditions. »

*Axiome de l'alternative ou de l'exclusion du milieu.* « Une chose est ou n'est pas; il n'y a pas de milieu. »

Ces axiomes, expressions à peine différentes d'une même vérité, ne sont point, comme l'a pensé Locke, des propositions frivoles, de vaines et inutiles *tautologies*. Il est vrai qu'ils ne nous instruisent de rien, mais ils expriment la loi fondamentale de notre intelligence qui est de ne pas se contredire, et aussi la loi métaphysique de l'opposition objective de l'être et du non-être, de la réalité et du néant. Pierre de touche de tous les raisonnements, critérium de tous les systèmes, ils ne peuvent être méprisés ou méconnus sans que la raison perde du même coup ses titres à notre créance, sans que le scepticisme le plus absolu envahisse l'esprit. Toute attaque dirigée contre eux se tourne aussitôt contre la raison, ainsi que l'ont prouvé dans ces derniers temps les doctrines hégéliennes sur l'identité de l'être et du néant.

Les *axiomes mathématiques*, par exemple : deux quantités égales à une troisième sont égales entre elles; si à des quantités égales on ajoute des quantités égales, ces quantités restent égales, etc., se ramènent au principe d'identité et de contradiction. L'égalité mathématique n'est autre chose, en effet, que l'identité de grandeur.

PRINCIPE DE RAISON SUFFISANTE. — Leibnitz exprime ce principe comme il suit : « Rien n'arrive sans qu'il y ait une raison pourquoi cela est ainsi plutôt qu'autrement. » La *raison* d'une chose, c'est tout ce qui la rend intelligible, tout ce qui explique sa possibilité ou sa réalité, par exemple : la cause efficiente d'un être explique pourquoi il existe; sa substance, pourquoi tous ses modes appartiennent à un seul et même être; sa fin, pourquoi il possède telles propriétés; sa loi, pourquoi il produit tels et tels phénomènes. Ce principe résume donc à lui seul les principes suivants; il en est la formule générale, et ces principes ne sont en réalité que les aspects variés de ce principe unique.

Principe de causalité. — Les notions corrélatives de cause et d'effet s'unissent par un rapport que sa nécessité rend absolument universel : « Tout effet suppose une cause; seulement, cette proposition, beaucoup trop identique, nous éclaire fort peu sur le rapport qu'elle exprime; elle ne dit pas quelles choses ont le caractère d'effets, et dès lors il nous importe peu de savoir que tout effet a une cause. La formule suivante évite ce défaut : Tout ce qui commence d'être a une cause; » l'effet, c'est ce qui commence, ce qui se passe du non-être à l'être, une telle chose ne se doit point à elle-même son origine, elle la reçoit de l'action d'une force étrangère ou d'une cause. — Non seulement nous croyons qu'il en est ainsi, mais notre esprit n'admet pas qu'il puisse en être autrement, et il se refuse à admettre une seule exception. De plus, cette vérité est tellement évidente qu'elle s'impose à tous les hommes, même aux enfants, même à l'idiot, pourvu qu'il ne le soit pas complètement. Elle a donc les caractères d'une vérité première. — L'expérience la vérifie constamment : la conscience ne relève aucun phénomène nouveau dans notre âme que nous ne nous sentions le produire, et nous inférons de là à bon droit que lorsque dans le monde physique un phénomène n'arrive jamais qu'après un autre, c'est qu'il y a influence causative du premier sur le second. Néanmoins ce n'est pas l'expérience qui m'instruit de la vérité de ce principe; elle me dit ce qui est, non ce qui doit être; si donc, lorsque j'expérimente ma propre causalité je m'élève aussitôt au principe nécessaire, je dois l'attribuer à l'analyse et à la comparaison des notions qui le composent et à la perception rationnelle de leur rapport.

Principe de substance. — Les notions de substance et de mode ou propriété donnent lieu au principe de substance, « tout phénomène, toute qualité, toute manière d'être suppose une substance. » Ce principe diffère peu de celui de causalité : l'idée de substance n'est que l'idée de force ou de cause à laquelle s'ajoute l'identité; la substance c'est la force permanente, et ses propriétés ou modifications ne sont que les effets par lesquels elle se manifeste au dehors. Donc, dire que les manières d'être supposent une substance, c'est encore affirmer que ce qui commence d'être suppose une cause. Le point de vue seul change un peu : au lieu de prendre la force comme principe de ses effets, on la considère comme leur servant de sujet. — Les caractères de ce principe et son origine sont les mêmes que ceux du principe de causalité.

Principe de finalité. — « Tout être a une fin; » tel est le principe des causes finales et en même temps l'une des croyances les plus fondamentales de notre esprit. Ce n'est pas un fait que nous constatons, car la fin des choses se dérobe plus souvent qu'elle ne se révèle à nous; c'est une nécessité que nous concevons, fondée sur ce que la cause première étant souverainement intelligente, elle a dû dans toutes ses œuvres, sans aucune exception, se proposer une fin.

Principe de l'ordre ou des lois. — Il y a entre l'ordre et la fin un rapport très étroit : l'ordre, dit Buffier, est la disposition mise entre différentes parties d'un tout, en vue d'atteindre à la fin qu'une intelligence s'est proposée. L'idée d'ordre n'est donc qu'une conséquence naturelle et inévitable de l'idée de fin. Croyant à une fin particulière pour chaque être et à une fin totale du monde obtenue par le concours harmonieux de toutes les fins individuelles, nous croyons au mouvement régulier de chaque être vers sa fin particulière et au mouvement régulier de toutes choses vers leur but commun. Dans l'ordre physique cela nous conduit au principe d'induction : « La nature est régie par des lois constantes et universelles. » En morale l'ordre devient la source de l'obligation. L'ordre immuable, nécessaire, fondé sur la nature des choses, s'impose à Dieu lui-même qui ne peut vouloir le désordre; Dieu l'impose donc nécessairement à ses créatures, et voilà la source de la loi morale : « Il faut faire le bien et éviter le mal. »

### ART. II. — Théorie de la raison. — Origine des idées.

**Importance de la théorie de la raison.** — Les notions et vérités premières dont il vient d'être question sont l'élément principal de la connaissance, la lumière qui illumine et rend intelligibles tous les objets de l'expérience. Elles correspondent aux aspects les plus fondamentaux des êtres créés, elles expriment les conditions nécessaires de leur existence et les présentent sous un jour qui permet de saisir leurs rapports avec Dieu; enfin c'est par elles que l'esprit humain s'élève jusqu'à Dieu lui-même et se forme quelque idée de sa nature infinie. En essayer l'explication, en rechercher la nature, ou ce qui revient au même, en déterminer l'origine, c'est donc tenter d'éclaircir le mystère de la raison humaine et de déterminer ses rapports avec l'intelligence divine dont elle est le véritable quoique bien pâle reflet. Ce difficile problème a tenté les génies philosophiques de tous les temps et, sous des formes quelque peu diverses, a fourni aux écoles rivales le champ le plus habituel de leurs luttes et les caractères par lesquels elles se distinguent entre elles. C'est de ce point culminant qu'il faut contempler tous les systèmes psychologiques pour s'en faire une idée exacte et apprécier leur valeur; c'est avec cette théorie que doivent concorder toutes les opinions que l'on embrasse dans le reste de la philosophie; elle a donc une importance exceptionnelle.

**État de la question.** — Rechercher l'origine des idées, ce n'est point préciser la *date* de leur apparition dans l'esprit, c'est discuter la *manière* dont elles y pénètrent. Est-ce l'expérience qui les produit toutes, ou bien quelques-unes viennent-elles d'une source supérieure qu'on appellera raison? — Si la raison existe, quels sont ses rapports avec l'expérience? En est-elle pleinement indépendante; sinon, dans quelle mesure s'y rattache-t-elle? — Quels sont les rapports de cette même raison avec l'intelligence divine? En quel sens en est-elle une *participation* ou un *reflet?* — On le voit, traiter cette question de l'origine des idées, c'est discuter l'existence et la nature de la raison elle-même.

La difficulté que présente ce problème vient de l'opposition flagrante qui éclate entre les idées ou principes de la raison et les objets de l'expérience. Nous concevons l'absolu, l'infini, le parfait, et cependant l'expérience ne nous offre de toutes parts, au dedans comme au dehors de nous, que des objets finis, contingents et temporaires; nous connaissons des principes nécessaires et universels et nous ne percevons que l'individuel et le particulier. Comment expliquer cette anomalie?

Trois systèmes principaux ont essayé de le faire : le sensualisme ou empirisme, le rationalisme et le système péripatéticien et scolastique; les deux premiers opposés l'un à l'autre, le troisième cherchant à les concilier. Nous y ajouterons le traditionalisme, doctrine d'origine récente qui, sans se rattacher positivement à l'une des trois premières, se rapproche par divers traits du sensualisme.

## I. — *Solution de l'empirisme.*

**Notion générale de l'empirisme.** — L'empirisme (ἐμπειρία, *expérience*) est le système qui prétend expliquer par l'expérience seule toutes nos connaissances; même les idées et les vérités premières. Nous avons deux facultés expérimentales de connaître, les sens et la conscience; elles suffisent à rendre raison de tout ce que notre esprit connaît, et il n'est point nécessaire de recourir pour cela à une troisième faculté, la raison.

**Principales formes de l'empirisme.** — L'empirisme a pris successivement différentes formes pour mieux échapper aux attaques de ses adversaires; on en compte trois principales : l'empirisme pur de Locke et de Condillac qui ne fait appel qu'à l'expérience, l'empirisme de Stuart Mill qui unit à l'expérience la loi d'association des idées, et l'empirisme de Herbert Spencer qui recourt à la loi d'hérédité pour venir en aide à l'expérience et à l'association des idées.

*Empirisme pur.* — L'empirisme pur est le système de Locke et de Condillac. Celui-ci n'assigne qu'une seule source à nos idées, les sens ; toutes nos connaissances ne sont que des transformations de nos sensations. Locke reconnaît que les données de la conscience ne peuvent se confondre avec celles des sens, mais ces deux facultés sont d'après lui les seules qui nous fournissent nos idées élémentaires. Pour ces deux philosophes l'âme est à l'origine et avant toute expérience comme une tablette de cire *(tabula rasa)* sur laquelle aucun caractère n'a encore été tracé. L'expérience seule y marque divers traits, qui en se combinant, expliquent toutes nos idées. Cette comparaison a valu à l'empirisme pur le nom de système de la *table rase* (1).

*L'association jointe à l'expérience.* — L'insuffisance de cette première forme de l'empirisme a conduit d'autres partisans de ce système, comme David Hume et Stuart Mill, à faire appel à un nouveau principe, la loi d'association des idées.

C'est un fait, disent-ils, que notre esprit a une tendance à associer deux perceptions qui se sont trouvées une ou plusieurs fois à se produire simultanément ou à se suivre immédiatement. Cette association plusieurs fois répétée devient une *habitude* et même après un nombre de répétitions suffisant une *habitude invincible*. Or de ce que nous ne pouvons plus séparer deux perceptions, nous concluons qu'il y a entre leurs objets un rapport nécessaire. Voilà toute la genèse dans notre esprit des vérités nécessaires. Soit, par exemple, le principe de causalité : « Ce qui commence d'être suppose une cause. » Nous avons constaté, non pas une fois, mais des milliers de fois, qu'un phénomène que nous voyions se reproduire avait été précédé d'un autre phénomène du même ordre. Appelant *cause* le phénomène *antécédent* et *effet* le phénomène *subséquent*, nous avons pris l'habitude d'associer la cause à l'effet, de manière à attendre

---

(1) Voir le détail de ces systèmes dans l'histoire de la philosophie.

toujours le second après le premier et à supposer le premier quand nous avons vu le second, et cette habitude est devenue tellement invincible que nous avons transporté la nécessité dans les choses elles-mêmes. Ne pouvant plus penser un effet sans penser une cause, nous avons dit : « Tout effet suppose une cause. » La nécessité d'une vérité explique son universalité: c'est parce qu'elle est nécessaire, qu'elle s'applique à tous les cas semblables sans exception. Ainsi la loi d'association rend compte des deux caractères des vérités rationnelles, la nécessité et l'universalité.

*L'hérédité jointe à l'association.* — L'empirisme n'échappant pas, même avec l'association, à des difficultés insolubles, Herbert Spencer a imaginé la nouvelle théorie de l'hérédité. Ce n'est plus par l'expérience personnelle et au moyen d'associations faites par chacun de nous qu'il faut expliquer la présence dans notre esprit des principes rationnels, c'est par une expérience qui remonte jusque dans la nuit des temps, et par des associations qui se sont formées dans les premiers âges de l'humanité ou même, selon Spencer, alors que l'esprit humain croissait et se développait dans les êtres conscients qui ont précédé et préparé l'homme. Ces associations, unies à des relations nerveuses, ont été transmises héréditairement avec la vie elle-même. Maintenant elles sont innées en chaque homme et agissent en lui à la façon d'instincts qui tiennent à sa constitution, de là l'impossibilité de s'y soustraire et leur caractère de nécessité.

Ce système est un mélange d'innéisme et d'empirisme, mais en dernière analyse il est empirique. Si les vérités premières, reçues par l'hérédité sont innées dans chaque individu, elles sont dues à l'expérience de l'espèce humaine.

**La raison pour les empiristes.** — Quelle que soit la forme adoptée par l'empirisme, la raison, dans ce système, n'est plus une faculté proprement dite; ce n'est plus qu'un mot dont on se sert pour désigner un groupe d'idées ou de vérités qui, par suite de diverses modifications, présentent certains caractères spéciaux, mais qui sont en réalité de même nature que toutes les autres connaissances expérimentales.

**Réfutation de l'empirisme.** — L'empirisme ne suffit pas à expliquer les idées et les principes rationnels; de plus, c'est un système dangereux par ses conséquences logiques.

*L'expérience seule n'explique pas les idées et les vérités rationnelles.* — L'expérience interne ou externe ne saisit que le contingent, le fini, l'imparfait. Quelque variée et multipliée qu'elle soit, elle ne fera jamais qu'ajouter le fini au fini, le contingent au contingent, l'imparfait à l'imparfait, et l'absolu est autre chose qu'un total d'éléments finis, contingents, imparfaits. Même en appliquant aux données de l'expérience l'activité inférieure de la faculté discursive, l'abstraction, la comparaison, la généralisation, comme le demandait Locke, on ne change pas leurs caractères essentiels, on ne fait qu'envisager à des points de vue différents la même réalité.

L'expérience constate ce qui *est*, jamais ce qui *doit être*. Les faits sont son unique domaine; la nécessité d'une vérité n'est pas un fait. Qu'un effet ne puisse jamais être explicable que par une cause, ce n'est pas un fait; ni les sens, ni la conscience ne peuvent percevoir cela. En second lieu, et par cela même que l'expérience n'a d'autre objet que des faits, tout ce qu'elle connaît est *particulier*, individuel.

Elle ne suffit même pas à connaître une loi de la nature, dont la généralité embrasse une classe de faits seulement; il lui faut pour cela le concours d'un principe rationnel. A plus forte raison ne peut-elle fournir des principes dont l'*universalité* s'étend à tous les ordres de faits possibles.

*L'association des idées n'explique pas la nécessité et l'universalité des vérités rationnelles.* — L'association est une loi certaine de notre intelligence, et même une loi féconde, cependant on ne peut lui demander l'explication des vérités premières.

Tout d'abord l'expérience peut-elle produire les *associations indissolubles* que suppose le système? Ne faudrait-il pas pour cela que les expériences favorables à l'association ne fussent jamais combattues par des expériences contraires? Si les expériences se contredisent et que les unes dissocient ce que les autres associent, l'association invincible ne pourra avoir lieu. C'est cependant ce qui arrive fréquemment, notamment pour le principe de causalité. Les causes de certains phénomènes, on dirait plus exactement leurs antécédents déterminés et toujours les mêmes, car les sens ne perçoivent que cela, sont souvent connus par l'expérience, mais dans combien d'autres cas la cause ne se dérobe-t-elle pas à nos recherches? Les causes inconnues sont les plus nombreuses, malgré les efforts des sciences qui ont mission de les découvrir. Donc on ne s'explique pas que les notions de cause et d'effet puissent s'associer indissolublement dans l'esprit en vertu de l'expérience seule.

Supposons cependant qu'elles arrivent à se former. Pourquoi ne les constatons-nous pas chez les animaux, ils ont les mêmes facultés expérimentales que l'homme, les mêmes perceptions qu'ils associent tout comme l'homme, ainsi que le prouvent des faits nombreux. Si l'expérience jointe à l'association suffit à rendre raison des vérités premières, ces vérités doivent luire dans l'âme de la brute. Elles n'y sont pas cependant, donc l'association n'a pas la vertu que l'empirisme lui suppose.

Retournons chez l'homme. Si les vérités premières sont des habitudes d'association, elles doivent, comme toutes les habitudes, se former progressivement; faibles et peu tenaces dans les premières années de la vie intellectuelle, elles se fortifieront avec l'âge et atteindront dans l'âge mûr ou dans la vieillesse leur maximum de puissance. Il n'en est rien. Les premiers principes font leur apparition dans l'esprit humain dès le premier jour où il s'exerce, sous la forme de connaissances directes que l'enfant ne pourrait formuler, mais d'une façon indiscutable et avec la même force irrésistible qu'ils auront plus tard. Donc ce ne sont pas des habitudes.

Enfin, si elles n'avaient que l'expérience pour cause, les associations resteraient multiples et particulières; l'esprit unirait telle cause à tel effet, puis telle autre cause à tel autre effet. Mais entre ces associations limitées et le principe universel que tout effet, quel qu'il puisse être, suppose une cause, il y a un abîme que l'empirisme franchit trop aisément. Ce sont des vérités d'un caractère absolument différent, auxquelles on ne peut assigner une même origine. L'animal fait de ces associations particulières, mais il ne va pas plus loin, parce qu'il faut la raison pour monter plus haut.

*L'hérédité n'explique pas la présence dans l'esprit des vérités rationnelles.* — L'hérédité de Spencer se rattache à deux autres systèmes, celui de l'évolution et le matérialisme. Les habitudes intellectuelles ne sont que des habitudes ou relations cérébrales. voilà pour le matérialisme. Les phénomènes intellectuels sont le plus parfait résultat du progrès lent et continu de la vie, qui avant de se développer dans l'humanité a compté des phases nombreuses dans la pure animalité et même remonte plus haut encore. En dehors de ces systèmes, l'hérédité invoquée par Spencer est une simple hypothèse contredite par les faits. L'hérédité est une loi physiologique qui s'applique à l'organisme et se comprend avec lui, mais transportée à l'ordre intellectuel, elle cesse d'être intelligible et les faits la démentent. Où voit-on l'hérédité intellectuelle dans les familles. L'organisme influe sur l'intelligence, dont il est une condition nécessaire, mais cette influence est générale, jamais elle ne descend à une vérité déterminée. La transmission de certaines idées ou opinions ne s'explique que par l'éducation.

Fût-elle une vérité, l'hérédité intellectuelle n'expliquerait que la transmission de ce qui aurait existé chez les ancêtres, et nous avons prouvé que l'expérience, même fortifiée par la loi d'association, n'aurait pu y produire les vérités premières ; donc, sous cette dernière forme, comme sous les deux précédentes, l'empirisme est un système insuffisant.

*L'empirisme est un système dangereux.* — Théoriquement insoutenable, l'empirisme est de plus une erreur pernicieuse par les conséquences auxquelles elle conduit. — Ce système, qui détruit en les dénaturant les idées rationnelles, rend du même coup impossibles les sciences *a priori* fondées sur ces idées :

les mathématiques qui établissent des rapports indépendants de l'expérience, la métaphysique, dont l'objet avoué est le suprasensible, la morale enfin qui, s'élevant au-dessus de l'agréable et de l'utile connus par les sens, considère le bien qui leur est inaccessible. Bien plus, les sciences expérimentales elles-mêmes sombrent avec les précédentes, puisqu'elles dépendent des principes nécessaires d'ordre et de loi. La première conséquence de l'empirisme est donc la destruction de toutes les sciences, y compris la morale. — La seconde est l'athéisme. Bien que Dieu soit présent à toutes ses œuvres, il ne fait partie ni du monde extérieur ni de nous-mêmes; les sens et la conscience ne peuvent donc le percevoir, et s'ils sont nos seuls moyens de connaître, il faut le nier. Enfin le sensualisme, sinon l'empirisme, mène au matérialisme. Du moment que toutes nos idées viennent des sens, il s'ensuit que les corps seuls existent, du moins pour nous qui n'avons aucun moyen de constater d'autres existences. Être sensualiste et ne pas aller jusque-là, c'est défaut de logique ou de courage. De fait, après Condillac nous avons eu Helvétius, d'Holbach et Cabanis.

Nous nous bornons, faute d'espace, à cette réfutation générale de l'empirisme : il est d'ailleurs facile de relever dans les théories particulières les erreurs spéciales qui s'y ajoutent aux principes essentiels du système.

## II. — *Solution du traditionalisme.*

**Idée générale du traditionalisme.** — Le traditionalisme a été imaginé par de Bonald au commencement de ce siècle, en vue d'établir la nécessité absolue de la révélation et de ruiner radicalement le rationalisme religieux; plusieurs catholiques éminents l'ont adopté dans le même but. L'idée fondamentale du système est la nécessité de l'intervention d'une intelligence étrangère pour éveiller l'esprit de chaque homme à la connaissance des idées rationnelles, et dès lors l'intervention de Dieu pour y élever le premier homme.

**Systèmes traditionalistes.** — Le traditionalisme s'est produit sous plusieurs formes de plus en plus atténuées.

Pour de Bonald, la raison est incapable de produire par elle-même aucune idée universelle au moins réflexe ; elle doit les recevoir passivement d'une autre intelligence au moyen du langage.

Bonetty restreint cette impuissance de la raison aux idées morales et religieuses, et lui reconnaît le pouvoir de produire celles de l'ordre purement métaphysique.

Le P. Ventura ne fait de réserve que pour les idées de Dieu, de spiritualité et d'immortalité de l'âme, et pour la connaissance claire et distincte des devoirs moraux.

D'autres enfin admettent dans l'âme une activité intellectuelle capable de produire toutes les idées, et demandent seulement qu'elle y soit excitée par son commerce avec une autre intelligence.

**La raison pour les traditionalistes.** — Les traditionalistes ne nient pas l'existence dans l'âme d'une faculté supérieure aux sens ; ils ne refusent même pas de la faire active ; mais pour la plupart d'entre eux, cette activité n'entre en exercice qu'après l'acquisition des idées rationnelles que l'esprit reçoit passivement en totalité ou en partie d'une autre intelligence au moyen du langage. La raison ne produit donc pas la meilleure partie de ses connaissances, et si elle n'est pas détruite, elle est au moins singulièrement amoindrie.

**Réfutation du traditionalisme.** — Le langage présuppose logiquement la pensée ; donc il ne peut l'introduire dans l'esprit. — 1. Sans la pensée la parole n'est qu'un son, capable tout au plus de devenir le signe d'une représentation sensible. — 2. Les mots sont le plus ordinairement arbitraires et indifférents à exprimer telle ou telle idée ; à l'esprit seul appartient de déterminer celle qu'ils signifieront. Quant aux mots imitatifs, ils n'expriment que ce qu'il y a de sensible dans l'objet. — 3. Si les mots portaient avec eux leur idée, il n'y aurait point de langues étrangères, du moins les comprendrait-on à première audition. — 4. Faire du mot la cause efficiente de l'idée, c'est tomber dans un grossier sensualisme. Le traditionalisme de de Bonald se rapproche du reste de ce dernier système par le rôle très effacé qu'il assigne à l'activité intellectuelle.

## III. — *Solution du rationalisme. — Ontologisme.*

A l'opposé de l'empirisme se trouvent deux systèmes, l'ontologisme et l'innéisme, qui s'accordent à refuser à l'expérience une part effective dans la formation de nos idées premières; la raison seule en est selon eux la cause efficiente. Comme ils exaltent l'un et l'autre les forces de la raison, nous les comprenons sous le nom commun de rationalisme.

**Idée générale de l'ontologisme.** — L'ontologisme consiste à admettre une connaissance directe et immédiate, autrement dit, une intuition de Dieu par l'esprit humain, et à expliquer par elle les idées et les vérités nécessaires qui nous font intelligents. Les philosophes catholiques qui ont admis ce système distinguent cette intuition rationnelle de la vision béatifique dont les bienheureux jouissent dans le ciel; elle n'a pas pour objet Dieu tel qu'il est en lui-même, mais seulement Dieu comme infini et archétype de toutes les choses créées; de plus elle est directe et imparfaite, en sorte qu'elle doit être perfectionnée pendant cette vie par la connaissance des créatures.

Voici les principales raisons apportées à l'appui de cette thèse :
1° Les sens sont impuissants à nous faire connaître l'universel et le nécessaire. La vérité est absolue et indépendante des existences contingentes que les sens nous manifestent, et nous n'y arrivons qu'en considérant les choses mobiles et variables à la lumière de l'éternel et de l'immuable; or que peut être cette lumière, sinon l'idée de l'être pur et absolu, archétype éternel et immuable de tout ce qui est ou peut être ? — 2° L'ordre idéal doit reproduire exactement l'ordre réel. Or

le fini n'existe qu'après l'infini et avec dépendance essentielle de lui ; c'est donc par lui que nous devons le connaître. Le fini n'est tel que parce qu'il manque quelque chose à son être, et une privation ne peut être conçue sans l'idée préalable de ce qui manque ou fait défaut ; il faut donc connaître l'être absolu auquel rien ne manque pour pouvoir apprécier la limite des autres êtres. Les créatures ne sont vraies, bonnes, justes, etc., qu'autant qu'elles participent à la vérité, à la bonté, à la justice absolues ; donc elles ne peuvent être appréciées que par comparaison avec l'être qui possède absolument ces perfections.

Cette doctrine de l'intuition de Dieu a quelque chose d'élevé et de poétique qui a séduit plus d'une intelligence d'élite, et elle se trouve au fond de plusieurs systèmes fort différents par ailleurs.

**Systèmes ontologistes.** — 1° Platon peut être regardé comme le premier partisan de la vision en Dieu, bien qu'il fût loin de la concevoir sous sa forme moderne. En dehors des choses que nous voyons et qui composent le monde, existent les types éternels et parfaits de ces choses : le beau en soi, le bien en soi, l'homme en soi, le cheval en soi, etc., types que Platon appelait idées, et dont il faisait ou un monde distinct de Dieu et objet de ses contemplations, ou les idées divines elles-mêmes. Les âmes humaines ont, avant leur union avec le corps, contemplé ces idées, et leurs connaissances intellectuelles ne sont actuellement encore qu'un souvenir de cette ancienne contemplation.

2° Malebranche, développant certains points de la doctrine de Descartes, soutint expressément la nécessité de l'intuition intellectuelle. C'est dans la vue directe de Dieu que nous puisons toutes nos idées, même celles que nous nous formons des corps, et le seul rôle de l'expérience est d'exciter l'esprit à se tourner vers l'infini.

3° L'intuition de l'absolu, que les philosophes allemands, Fichte, Schelling et Hégel, placent au début du développement intellectuel, s'inspire de la même idée, bien que leur absolu ne soit pas l'infini véritable, Dieu.

4° Tous les philosophes, qui actuellement assignent l'infini comme objet *propre* aux idées et aux principes nécessaires, sont logiquement condamnés, croyons-nous, à invoquer l'intuition directe de Dieu pour expliquer leur présence dans l'esprit; plusieurs d'entre eux, du reste, n'y répugnent aucunement.

5° Les catholiques reculent maintenant devant l'improbation formelle récemment infligée à ce système par le Saint-Siège. Plusieurs cependant ne s'en éloignent qu'à regret et le moins qu'ils peuvent. Ne pouvant plus admettre la vue immédiate et directe, ils recourent à une vue médiate et réfléchie : nous ne voyons pas Dieu lui-même, disent-ils, mais nous voyons les vérités premières dans la lumière divine, sans laquelle elles ne seraient pas plus intelligibles que les corps ne seraient visibles sans la lumière du soleil. Cette métaphore est trompeuse : la lumière de Dieu, c'est Dieu lui-même; voir en elle la vérité, c'est la voir en Dieu, c'est voir Dieu.

**La raison pour les ontologistes.** — Pour les ontologistes nos idées premières ne sont que les différents aspects sous lesquels l'infini, non l'infini abstrait ou attribut, mais l'infini concret, Dieu, présent à l'intelligence, se manifeste à elle; et la raison et le pouvoir éminent qu'a l'âme humaine d'entrer en rapport direct avec Dieu et de contempler dans leur source même les essences et les lois éternelles des choses.

**Réfutation de l'ontologisme.** — L'intuition de Dieu ou de l'absolu, de quelque nom qu'on la déguise, quelque tempérament qu'on y apporte, est absolument inadmissible dans l'état actuel de notre intelligence.

1° Une première raison de la repousser, c'est que rien ne la démontre; la conscience, seul moyen que nous avons de constater les faits internes, garde en effet sur elle un silence absolu. En vain allègue-t-on pour expliquer ce silence l'infinité de l'objet, la constance de l'intuition, l'emploi du langage qui la circonscrit et la limite, et dont la réflexion ne peut se passer, aucune de ces raisons n'est acceptable. Comment l'infinité de Dieu, qui n'est pas un obstacle à l'intuition, le serait-elle à la réflexion? Cela se comprend d'autant moins que la réflexion n'aurait pas pour objet l'infini, mais l'acte intuitif fini comme son sujet. La prolongation de nos perceptions les rend, il est vrai, inconscientes, mais cela tient à l'irritabilité émoussée de l'organe, raison que l'on ne peut apporter quand il s'agit d'un acte purement spirituel. Enfin, si les mots dont use toujours la connaissance réflexe circonscrivent et limitent l'intuition, l'idée concrète de l'infini ne peut devenir réflexe et servir à faire connaître le fini. Donc le silence de la conscience, inexplicable dans l'hypothèse de l'intuition de Dieu, prouve que cette intuition n'existe pas.

2° La nature de la connaissance que nous avons de Dieu démontre également qu'elle n'est pas intuitive. Cette connaissance toute relative est le résultat d'un double procédé d'*élimination* et d'*analogie*. Pour connaître quelque chose de la nature de Dieu, nous recourons aux êtres finis, nous leur empruntons les perfections qu'ils possèdent, et les dégageant des imperfections dont elles sont mêlées, nous les élevons au plus haut degré possible. Les attributs ainsi obtenus ne sont point l'objet de concepts propres; ils se réfèrent toujours aux perfections limitées qui servent à les former et qui seules sont conçues en elles-mêmes. Qu'est-ce bien, par exemple, qu'une intelligence qui ne se souvient pas, ne prévoit pas, ne raisonne pas, ne connaît pas successivement, mais embrasse toute vérité d'un seul regard? Il m'est impossible de m'en former une idée propre et spéciale; pour la concevoir, il me faut absolument penser aux imperfections de mon intelligence et les exclure de cette intelligence parfaite, idée toute négative, obscure et analogique. Si j'avais l'intuition directe de Dieu, en serais-je réduit à ne former de ses attributs que des notions aussi indirectes et aussi imparfaites?

3° L'intuition de Dieu procure une connaissance béatifique exempte d'erreur et d'une acquisition facile; tout autre est celle que nous en avons : loin de nous apporter le bonheur, elle est souvent accompagnée d'ennui et de dégoût, le doute et l'erreur s'y mêlent dans une large mesure, et nous ne l'obtenons qu'avec effort.

4° La connaissance est un acte vital de l'âme et non une simple modification passive produite en elle par Dieu. Or le propre de l'activité vitale est de procéder de son sujet; c'est donc de son propre fond, et non d'un être étranger, que notre esprit doit tirer la lumière qui l'éclaire.

Donc l'ontologisme est inadmissible.

## IV. — Solution du rationalisme. — Innéisme.

**Idée générale de l'innéisme.** — Le rationalisme proprement dit est l'innéisme. Expliquons d'abord ce mot : « Ce qui est inné, dit Balmès, n'a pas de commencement dans l'intelligence : l'esprit le possède, non par un travail qui lui soit propre, non en vertu d'impressions venues du dehors, mais par un don immédiat du Créateur » (*Philos. fondam.*). L'inéisme consiste donc à rendre compte de nos idées par la seule constitution de notre esprit.

**Deux sortes d'innéisme.** — Ce principe général donne lieu à deux interprétations différentes : 1° avant toute expérience, avant tout exercice de notre activité intellectuelle et en vertu de notre constitution telle que Dieu l'a faite, nous possédons des idées proprement dites, des concepts déterminés et distincts les uns aux autres; 2° ce qui est inné, ce ne sont pas les idées elles-mêmes, mais la faculté de les produire. De là deux innéismes, l'innéisme des idées et l'innéisme de la faculté.

INNÉISME DES IDÉES. — Les principaux partisans de l'innéisme des idées ont été Platon, les cartésiens, Kant et Rosmini. — 1° Platon, que nous avons rangé parmi les partisans de la vision en Dieu, est regardé souvent comme innéiste; le fait est qu'il allie les deux systèmes et que s'il attribue à l'âme humaine la contemplation des idées, il donne comme moyen de cette intuition certaines formes intellectuelles, mises en elle par l'Esprit suprême. — 2° La plupart des cartésiens, en cela fidèles à ce qui semble avoir été la première pensée de leur maître, reconnaissent aussi l'existence de formes représentatives inhérentes à l'esprit humain, parmi lesquelles ils citent en première ligne l'idée de Dieu. — 3° Kant distingue deux éléments dans nos connaissances : un élément accidentel, variable, contingent, qui vient de l'expérience, et un élément nécessaire, universel, invariable, qui vient de l'esprit lui-même. Cet élément *subjectif* et *a priori* consiste en certaines formes intellectuelles dont l'intelligence revêt tout ce qu'elle conçoit. Ces formes innées se divisent en trois classes : les deux *formes* de la sensibilité, le temps et l'espace; les douze *catégories* de l'entendement, unité, pluralité, totalité, etc. ; enfin les trois *idées* de la raison, le moi, le monde et Dieu. Un esprit jeté dans un autre moule verrait les choses différemment; pour nous, notre loi est de les concevoir au moyen de ces divers concepts. — 4° Rosmini n'admet qu'une seule idée innée, celle de l'être en général.

INNÉISME DE LA FACULTÉ. — 1° Descartes admit d'abord les idées innées, ou bien les expressions dont il usa trahirent sa pensée; il divisa en effet nos idées en adventices, factices et innées, venant les unes de l'expérience, les autres de l'activité de notre esprit, et les dernières de notre constitution intellectuelle. Plus tard, pressé par ses adversaires, il prétendit n'avoir jamais ni écrit ni admis que l'âme eût besoin d'idées innées distinctes de la faculté de penser, ajoutant que par le mot *inné* il avait voulu simplement indiquer que certaines de nos idées viennent exclusivement de la raison. — 2° Leibnitz insista sur cette dernière théorie de Descartes et la compléta. Il corrigea dans ce sens le célèbre principe sensualiste : *Nihil est in intellectu quod non prius fuerit in sensu,* auquel il ajouta ces mots : *Excipe nisi ipse intellectus.* Puis développant sa pensée, il expliqua ce qu'était selon lui cet entendement inné. Ce n'est pas une simple puissance d'agir, sans action déterminée : « Les pures puissances de l'école ne sont que des fictions que la nature ne connaît point et qu'on n'obtient qu'en faisant des abstractions. » C'est plutôt un germe qui tend à se développer; ce sont des inclinations, des dispositions, des habitudes ou des *vir-*

*tualités* naturelles, qui n'attendent que l'occasion de l'expérience pour se manifester en se déterminant. Ainsi dans un bloc de marbre les veines peuvent figurer naturellement un objet, la figure d'Hercule, par exemple, et cependant cette figure n'apparaîtra qu'autant que le ciseau du sculpteur aura complété l'œuvre ébauchée par la nature.

**La raison pour les innéistes.** — L'innéisme rend à la raison tous ses droits, il les exagère même. Dans ce système la raison est essentiellement distincte des sens; elle ne consiste pas dans une simple capacité d'être impressionnée passivement par l'action de Dieu, mais dans une activité proprement dite, en sorte que les idées qu'elle produit sont des actes vitaux; cette activité intellectuelle ne se borne pas à généraliser les données de la sensation, elle produit une connaissance supérieure qui atteint l'essence absolue des choses; enfin, et c'est ici que l'innéisme exagère les prérogatives de la raison, l'activité intellectuelle est indépendante des données des sens, qui, n'étant que de simples *occasions*, n'interviennent point en réalité dans la production des idées.

**Réfutation de l'innéisme.** — 1° L'innéisme des idées repose sur une pure hypothèse qu'aucune preuve n'étaye, qu'aucune nécessité ne légitime. La conscience se tait sur ces formes intellectuelles distinctes et déterminées qui préexisteraient à toute expérience; on dit bien qu'elles demeurent latentes jusqu'à ce que l'expérience les fasse apercevoir, mais c'est là une affirmation purement gratuite qu'un système ne peut prendre pour base. — Il est légitime de supposer une cause que l'expérience ne constate pas, lorsque c'est le seul moyen d'expliquer un phénomène dont aucune autre cause ne peut rendre raison; mais ici la présence des idées dans l'esprit, et surtout leur apparition successive, s'explique beaucoup mieux par une activité capable de les produire que par les concepts en question; cette hypothèse n'est donc nullement nécessaire, et par suite elle est sans valeur. Enfin l'innéisme des idées, non moins que celui de la faculté, conduit au scepticisme.

2° Le seul, mais grave reproche que nous ayons à adresser à l'innéisme de la faculté, c'est qu'il conduit au scepticisme. Si nos concepts premiers sont le fruit de notre seule constitution intellectuelle, nous imposons aux choses les formes de notre esprit, et rien ne nous assure qu'elles leur soient conformes. Kant était logique lorsque, ayant admis l'innéisme, il déclarait la raison pure incapable de certitude. Il faut donc nécessairement, sous peine de construire un édifice sans fondement, prendre un point d'appui dans la réalité externe, et ne pouvant, ainsi que nous l'avons démontré, le prendre en Dieu, il est indispensable de recourir à la réalité finie, objet de l'expérience, et de la faire intervenir effectivement dans la formation des idées. L'innéisme de la faculté ne voit dans l'expérience que l'*occasion* du développement de la raison, et c'est en cela qu'il est défectueux.

## V. — *Solution scolastique.*

**Idée générale du système scolastique.** — Les docteurs catholiques du moyen âge, amendant et complétant la doctrine aristotélicienne, ont proposé une explication de l'origine de nos idées qui tient le milieu entre l'empirisme et le pur rationalisme.

Les empiristes confondent la raison avec les sens; les rationalistes séparent et isolent la raison des sens; les scolastiques distinguent la raison des sens, mais ils supposent entre eux une communication étroite, et ne croient pouvoir résoudre le problème de la connaissance que par cette action combinée des deux ordres de facultés.

Ils commencent par établir nettement la différence qui sépare l'ordre intellectuel de l'ordre sensible, ou, comme nous l'avons dit ailleurs, l'idée de l'image. Nos facultés cognitives sont de deux sortes : les sens et l'intellect; ce dernier possède une activité propre innée, infiniment supérieure aux facultés de l'ordre sensible, et la connaissance qu'il produit se distingue également par son objet et par sa forme de celle que fournissent les sens.

Bien que sources de connaissances essentiellement diverses, les sens et l'intellect sont étroitement unis dans la nature humaine ; on peut même dire que toute connaissance vient des sens, parce que les représentations sensibles sont le *point de départ* (et non le *principe*, comme le veulent les sensualistes) de l'activité intellectuelle et la matière obligée sur laquelle elle opère pour former ses concepts. De là les deux grandes théories de l'*analogie* et de l'*abstraction*, qui résument à peu près à elles seules le système scolastique.

Dans l'état actuel de notre intelligence, nous ne pouvons nous former d'idées propres et directes que des choses matérielles ; ce sont elles que nous saisissons les premières, et c'est en nous reportant à la connaissance que nous en obtenons (*per conversionem ad phantasmata*), que nous parvenons à concevoir les choses de l'ordre purement spirituel. Nous ne connaissons donc ce dernier que par ses *analogies* avec le monde sensible, et toutes nos idées pures sont analogiques.

La formation de la connaissance intellectuelle avec l'expérience pour point d'appui est due à l'*abstraction;* c'est par elle que l'intellect appliqué aux représentations sensibles les rend intelligibles (*illuminat phantasmata*). Voici en quoi consiste cette opération si souvent travestie par les adversaires de la scolastique : les sens perçoivent dans l'objet ce qui l'individualise : sa couleur spéciale, sa forme particulière, sa position dans l'espace ; l'intellect, mis en présence de cette représentation tout extérieure et superficielle, pénètre en vertu de l'activité qui lui est propre, jusqu'à l'essence cachée sous les propriétés et les phénomènes, et saisit ce que l'objet perçu a de commun avec d'autres individus, à savoir l'être, la substance, etc. — L'entendement ne transforme donc point en idée la représentation sensible, il ne se borne pas davantage à généraliser les propriétés perçues par les sens ; il connaît *autre chose* que ce que ceux-ci perçoivent, puisqu'il conçoit la substance et l'essence immuable qui leur sont inaccessibles. — Cette opération est une abstraction, non encore parce qu'elle isolerait un des éléments perçus par les sens, mais parce qu'elle ne considère dans chaque être qu'une partie de ce qu'il renferme, à savoir, ce qu'il a de commun avec d'autres êtres. — La connaissance ainsi formée est universelle et nécessaire : universelle, parce que le concept ainsi formé est de soi applicable à plusieurs objets; nécessaire, parce qu'elle exprime les essences métaphysiques ou les types éternels et immuables que reproduisent temporairement les êtres contingents.

Un mot résumera ce système : l'esprit en vertu d'un pouvoir qui lui est propre et qui le distingue entièrement des sens forme lui-même ses idées universelles et nécessaires en opérant sur les représentations sensibles.

**La raison pour les scolastiques.** — L'homme n'est intelligent que parce qu'il est fait à l'image de Dieu et qu'il participe à la raison incréée. La plus haute intelligence de l'antiquité, Platon, avait signalé ce rapport de l'intelligence humaine avec l'intelligence divine, et parlé d'un point central et d'une racine de l'âme par laquelle Dieu la tient suspendue à lui. Les Pères de l'Église et les docteurs du moyen âge se sont plu à considérer la raison sous ce rapport. Elle est, disent-ils souvent, une lumière, et cette lumière est une irradiation en nous de la lumière divine : « Ipsum enim lumen intellectuale, quod est in nobis, nihil aliud est quam quædam participata similitudo luminis increati, in quo continentur rationes æternæ » (S. Thomas, *Summa theologica*, I, q. 84, a. 5). Cette lumière intellectuelle de la raison, qui nous rend tout intelligible, n'est pas la lumière même de Dieu, sous l'action de laquelle nous resterions passifs; elle appartient à la substance de notre âme comme toutes nos autres forces (S. Thomas, I, q. 79, a. 4, ad 5). C'est donc en nous faisant intelligents que Dieu nous éclaire, c'est-à-dire en nous faisant capables de *produire nous-mêmes* nos pensées, et en coopérant comme cause première à leur production, sans que cette production cesse d'être nôtre, et notre raison est un reflet de la lumière divine, en ce sens que les lois de notre intelligence correspondent aux vérités éternelles que Dieu connaît. Telle est la doctrine de l'interprète le plus autorisé de la scolastique, saint Thomas d'Aquin.

**Appréciation du système scolastique.** — Ce système, si injustement décrié par des philosophes qui le connaissaient fort mal, nous semble être dans ses parties fondamentales, la meilleure de toutes les solutions apportées jusqu'ici au problème de la connaissance. Il tient le milieu entre deux excès, l'empirisme et le pur rationalisme, et il cadre parfaitement avec la double nature spirituelle et corporelle de l'homme.

1° La réfutation glorieuse que le rationalisme oppose à l'empirisme, et d'autre part la ténacité avec laquelle ce dernier système reparaît à chaque époque philosophique ainsi que la faveur qu'il parvient à y reconquérir, nous semblent indiquer qu'il y a des deux côtés une part de vérité à recueillir. L'examen attentif de nos connaissances confirme ce sentiment : s'il est vrai, comme nous l'avons dit en réfutant l'empirisme, que les principales notions et vérités de l'intelligence sont irréductibles à l'expérience, il faut aussi reconnaître que cette dernière a dans nos opérations intellectuelles une très large part. — 1. L'entendement n'entre jamais en exercice qu'après une perception des sens, et chaque idée qu'il produit est dépendante d'une représentation sensible spéciale. « L'expérience, dit Leibnitz, est nécessaire, je l'avoue, afin que l'âme soit déterminée à *telles* ou *telles* pensées, et afin qu'elle prenne garde aux idées qui sont en nous. » — 2. Après qu'ils ont éveillé l'entendement, les sens l'accompagnent dans ses productions les plus immatérielles et associent leurs images aux idées qu'il conçoit. — 3. Enfin, les idées de l'entendement ne sont pas seulement accompagnées d'images ; elles se forment d'analogies empruntées aux représentations sensibles. L'esprit le plus cultivé recourt aux métaphores et aux images pour mieux saisir les théories abstraites. — Tout cela ne prouve-t-il point que l'expérience n'est point la simple *occasion* de notre développement intellectuel, et que la formation de nos idées ne s'explique que par le concours des données sensibles avec une force cognitive supérieure aux sens ?

2° N'est-ce pas d'ailleurs ce que semble exiger notre double nature corporelle et spirituelle ? Notre corps n'est pas une prison où l'âme retenue captive serait privée de sa liberté, il n'est pas davantage une entrave jetée à l'action de nos plus belles facultés ; la sagesse et la bonté de Dieu nous commandent de voir en lui un instrument mis au service de l'âme, qui tout en lui étant supérieure ne peut agir qu'en s'appuyant sur lui. La vérité est du domaine de toute intelligence, mais il est convenable qu'un esprit uni à un corps ne la saisisse qu'à travers les choses sensibles. Le système scolastique cadre donc mieux que tout autre avec notre nature.

## VI. — *Conclusion.*

Résumons-nous et voyons ce qui résulte de notre critique des différents systèmes sur l'origine des idées.

Les idées et vérités premières, véritable lumière de l'entendement, nous permettent de comprendre les données de l'expérience ; il suffit donc d'expliquer leur présence dans l'esprit pour rendre raison du développement entier de nos connaissances. Or, expliquer leur origine, c'est préciser la source à laquelle nous les puisons, et justifier le caractère de nécessité avec lequel elle se présente à notre esprit.

Les idées premières ne nous viennent ni des sens, ni de la conscience, ainsi que le prétendent les empiristes, l'expérience ne pouvant jamais revêtir les caractères d'universalité et de nécessité qui leur sont propres. Notre esprit ne les reçoit pas non plus passivement d'un autre intelligence, créée suivant l'hypothèse traditionaliste, le langage ne pouvant transmettre en réalité aucune idée. Nous ne les obtenons pas davantage directement de Dieu, soit par une intuition de son être divin, soit par une communication de sa propre lumière qu'il répandrait dans notre âme, comme l'ont pensé les ontologistes; cette communication étroite de l'homme avec Dieu ne repose sur aucun fondement, conduit aisément au panthéisme, et si glorieuse qu'elle semble devoir être à l'âme humaine, elle lui refuse la plus élevée de ses prérogatives, celle de produire elle-même ses idées. Enfin nos idées nécessaires n'existent pas toutes formées dans notre esprit dès son origine, ainsi que le voudraient certains innéistes. D'où viennent-elles donc? De notre esprit lui-même, qui, participant à l'intelligence divine, en ce sens qu'il a été créé à l'image de Dieu et fait intelligent comme lui, a reçu le sublime pouvoir de connaître la vérité immuable et nécessaire, et d'en engendrer en lui-même la connaissance. Voilà la source de nos idées premières : une force intellectuelle toute différente des sens, force substantielle qui constitue l'esprit et lui appartient en propre.

Les idées ainsi formées sont nécessaires, non comme expression de réalités absolues, sauf celles qui ont Dieu pour objet, mais en tant qu'expression des conditions de possibilité et d'existence éternellement fixées aux êtres finis par l'essence divine elle-même.

La raison humaine ne produit pas ses idées en vertu de sa seule constitution; elle a besoin pour agir de prendre son point d'appui dans l'expérience, ce qui assure à ses productions une valeur objective; et la preuve de cette intervention des représensations sensibles dans la formation même de nos idées, c'est que ces dernières sont toutes tirées d'analogies empruntées au monde des corps.

La théorie que nous venons de résumer est un système sans doute; du moins nous semble-t-il aussi explicatif et aussi fondé en preuves que le peut permettre la difficulté de la question à résoudre.

# CHAPITRE VI.

### Faculté discursive. — Raisonnement.

## I. — *Théorie des opérations intellectuelles.*

Les facultés de perception, les sens, la conscience, la raison, sont les seules sources auxquelles nous puisons nos connaissances élémentaires; mais les données qu'elles nous fournissent nous seraient d'une médiocre utilité, si notre esprit ne pouvait les mettre en œuvre en se livrant sur elles à un travail de décomposition, de combinaison et de transformation. C'est ce qu'il fait au moyen des opérations de la faculté discursive, dont nous avons actuellement à expliquer le mécanisme.

Trop faible pour embrasser à la fois plusieurs objets, l'intelligence humaine a besoin de concentrer tour à tour sur un seul toute sa puissance, au moyen de l'*attention*, pour en obtenir une connaissance distincte. Souvent même il lui faut envisager successivement une même chose sous différents aspects, isolant en elle des éléments en réalité inséparables; l'attention devient alors *abstraction*. En possession d'idées claires et nettement circonscrites, l'esprit les approche les unes des autres par la *comparaison*; il saisit leurs ressemblances et leurs différences, et les réduit par la *généralisation* à un nombre relativement restreint de genres et d'espèces. Après que l'abstraction a isolé dans chaque être les éléments dont il se compose, le *jugement* les énonce tour à tour du sujet auquel ils appartiennent, et rapprochant ce dernier des nombreuses idées de genres et d'espèces formées par la généralisation, il l'exclut d'un grand nombre, l'enferme sous quelques autres et détermine ainsi sa nature et sa place parmi les êtres. Enfin le *raisonnement*, opérant sur les jugements comme le jugement sur de simples notions, les rapproche, les combine et en fait sortir des séries nombreuses de jugements nouveaux par lesquels se développe et se perfectionne la connaissance première.

Toutes ces opérations secondaires de l'entendement s'appellent les unes les autres et se complètent mutuellement; c'est pourquoi nous les considérons comme formant dans leur ensemble une faculté spéciale que nous nommons *entendement inférieur, faculté discursive, raisonnement*.

Cette faculté, redisons-le, est tout à la fois le cachet de notre faiblesse et le secret de notre force intellectuelle. Elle est une marque de faiblesse, car elle n'atteint son objet qu'indirectement et par détour; la vue immédiate et directe de la vérité lui est donc incontestablement supérieure. Mais, d'autre part, elle est le secret de notre force intellectuelle; c'est grâce à elle que des connaissances particulières nous nous élevons à des connaissances générales de plus haute portée, et que nous faisons sortir d'un principe les conséquences plus ou moins nombreuses qu'il renferme et que nous n'apercevions pas d'abord. En un mot, nous raisonnons parce que nous sommes des intelligences bornées; mais, parce que nous raisonnons, nous sommes à même de reculer sans cesse les limites de notre savoir.

La psychologie s'occupe seulement de déterminer la nature des opérations intellectuelles et leur rôle dans la formation de nos connaissances; elle laisse à la logique les soins d'étudier les lois auxquelles ces opérations sont soumises.

## II. — *Attention.*

**Définition et nature de l'attention.** — L'attention (*tendere ad*) est la concentration des forces de l'esprit sur un même objet, dans le but de le mieux connaître. L'activité qu'on y déploie, l'effort qu'elle implique a porté plusieurs auteurs à la confondre avec la volonté. Il est vrai que cette dernière faculté exerce un grand empire sur l'attention, que d'ordinaire nous en disposons librement, la donnant ou la refusant à notre gré, et qu'elle ne devient forte et constante qu'autant qu'elle s'associe à une volonté énergique. Cependant, quelle que soit sa dépendance de la volonté, elle s'en distingue. Souvent, en effet, elle se produit sans son concours ou même en dépit de ses ordres réitérés : un objet attrayant ou nouveau nous captive dès le premier instant qu'il se présente à nous, et souvent une lutte opiniâtre ne suffit pas à éloigner notre esprit d'un objet qui l'obsède. D'ailleurs, quand il est question de connaître, quelle autre énergie déployer que celle de l'intelligence? C'est donc cette faculté elle-même, qui rassemble toutes ses forces pour les concentrer sur l'objet dont la volonté lui commande de pénétrer la nature, et l'attention est une opération vraiment intellectuelle.

**Importance de l'attention.** — L'importance de l'attention est considérable. Effort vigoureux de l'intelligence, elle en augmente la puissance et lui fait produire des idées claires et distinctes, tandis que sans elle l'esprit le plus pénétrant est réduit à de vagues aperçus, à des notions confuses. Quelle différence entre l'esprit volage qui ne sait se fixer sur rien, que le moindre assujettissement fatigue, et l'intelligence disciplinée qui se laisse gouverner et appliquer à un même objet aussi longtemps qu'il le faut pour obtenir l'évidence! Le premier, incapable de rien produire, est condamné à la plus humiliante stérilité; la seconde s'enrichit de connaissances variées et parvient souvent à de merveilleux résultats. — Les résultats de l'attention sur la sensibilité sont également remarquables : nos plaisirs et nos peines acquièrent par elle une grande intensité, tandis qu'en son absence, ils diminuent et quelquefois même disparaissent complètement. Reid cite un joueur d'échecs que son jeu absorbait assez pour l'empêcher de sentir les douleurs de la goutte.

Il ne faut pas cependant exagérer la vertu de l'attention. Elle n'est pas le principe de nos connaissances, ainsi que l'a prétendu Laromiguière; ce n'est pas l'attention qui nous fait intelligents; souvent la vérité se montre à nous sans que nous la cherchions, et d'autres fois elle se cache obstinément, résistant à tous nos efforts. Il ne faut pas davantage voir en elle l'unique cause de l'inégale puissance des esprits, et admettre avec Buffon que le génie ne soit qu'une longue patience. L'attention ne donne pas le talent, elle ne fait qu'en tirer parti.

**Obstacles à l'attention.** — Deux obstacles s'opposent à l'attention : la distraction et la préoccupation. La distraction (*distrahere, séparer*) est tout ce qui détourne l'esprit de l'objet qu'il considérait. Elle devient dissipation quand elle tourne en habitude. La préoccupation (*præ occupare, occuper d'avance*) est une pensée qui s'impose à l'esprit et l'empêche de donner son attention à un autre objet.

### III. — *Abstraction.*

**Définition de l'abstraction.** — Abstraire, c'est isoler une chose d'une autre. Dans le sens le plus large de ce terme, on appelle abstraite toute connaissance qui ne prend pour objet que la partie d'un tout. Ainsi l'œil qui ne perçoit que la couleur des corps, l'ouïe qui n'en connaît que le son, et tous les autres sens dont chacun ne connaît qu'une ou deux qualités de la matière, agissent par abstraction. C'est dans le même sens que les scolastiques appelaient de ce nom l'acte de l'entendement, qui, laissant de côté ce que les sens nous présentent d'individuel dans les objets, ne perçoit que ce qui leur est commun, c'est-à-dire leur essence métaphysique. — On donne ordinairement dans le langage philosophique un sens plus restreint au mot *abstraction*, et l'on entend par là : une opération par laquelle l'esprit sépare mentalement une propriété de la substance dans laquelle elle réside. Si, par exemple, je considère la blancheur, la bonté, la justice indépendamment de l'être blanc, bon ou juste, ou réciproquement la substance indépendamment de ses différentes manières d'être, je fais une abstraction proprement dite.

**L'abstraction procédé scientifique.** — L'abstraction n'est guère qu'un mode de l'attention, une attention de plus en plus exclusive. Elle est comme cette dernière la condition des idées claires et distinctes, et à ce titre elle est pratiquée dans toutes les sciences. Le naturaliste abstrait quand il étudie la forme des différents organes d'un animal ou d'une plante; le physiologiste, quand il formule les lois de la vie physique; le psychologue, quand il distingue les facultés de l'âme et en analyse les phénomènes; le grammairien, quand il constate les lois générales du langage; le moraliste, quand il traite du devoir, de la bonté ou de la malice des actions humaines; le métaphysicien, quand il distingue en Dieu des attributs multiples, etc. Toutefois, certaines sciences portent plus spécialement le nom d'abstraites, parce que plus que toutes les autres elles s'éloignent des données concrètes de l'expérience; ce sont les mathématiques. Les autres sciences en effet, rattachent à des objets concrets les considérations abstraites auxquelles elles se livrent; l'optique, par exemple, après avoir déterminé d'une manière abstraite la direction suivie par le rayon lumineux dans les phénomènes de réflexion ou de réfraction, applique immédiatement cette notion à la lumière qui est concrète. Les mathématiques, au contraire, s'exercent exclusivement sur des abstractions, sans en faire nécessairement l'application à l'ordre réel.

**L'abstraction opération usuelle.** — Bien qu'elle soit un procédé très scientifique, l'abstraction est journellement pratiquée par les moins savants, auxquels elle est tout aussi familière que la simple attention. Le langage lui-même l'implique, puisqu'il se compose presque exclusivement de termes généraux.

**Clarté des idées abstraites.** — Comment justifier après cela le préjugé vulgaire qui attribue l'obscurité aux idées abstraites? Instrument de clarté et de précision, l'abstraction ne peut introduire d'obscurité dans l'esprit, elle apporte plutôt la lumière dans toute intelligence façonnée à ce genre de travail. Seuls, les esprits adonnés par attrait ou par nécessité d'occupation à la considération habituelle des choses sensibles, peuvent reprocher l'obscurité à des idées qui, pour s'éloigner des sens, n'en sont pas moins les plus claires de toutes nos idées.

**Dangers de l'abstraction.** — Malgré sa grande utilité, l'abstraction offre certains dangers. Il faut tout d'abord éviter d'attribuer une existence substantielle et distincte à des qualités ou à des rapports qui n'existent isolément que dans l'esprit. Convertir des phénomènes en êtres, autrement réaliser des abstractions, ce serait donner dans le travers des *entités* et des *qualités occultes* de la physique ancienne. — Un autre danger de l'abstraction trop assidûment pratiquée, c'est de rendre inhabile aux choses de la vie, et d'habituer à régler sa conduite sur des principes sans tenir compte des conditions variables que font à l'agent les événements et les choses.

**L'abstraction et l'analyse.** — L'abstraction poursuivie méthodiquement s'appelle analyse. Analyser, c'est abstraire les unes après les autres toutes les parties d'un objet, pour les examiner séparément.

## IV. — *Comparaison.*

**Définition de la comparaison.** — La comparaison est une opération par laquelle l'esprit dirige successivement son attention sur plusieurs objets, considérant tantôt l'un, tantôt l'autre, afin de découvrir leurs rapports. La comparaison n'est pas la perception même de ces rapports, elle n'en est que la préparation : on peut comparer longuement et attentivement deux objets sans aboutir à aucun résultat, mais on ne peut percevoir un rapport qu'après comparaison de ses deux termes.

**Importance de la comparaison.** — La connaissance parfaite d'un être comprend tout autant ses rapports avec les autres êtres que sa nature propre. Bien plus, notre intelligence, impuissante à pénétrer le fond même des choses, est souvent condamnée à ne connaître que les rapports qu'elles ont entre elles. Enfin tout le mouvement discursif de la pensée repose sur des relations d'idées ou de propositions, sans lesquelles nos connaissances premières seraient autant de matériaux sans emploi destinés à demeurer épars. Donc, sans la comparaison, non seulement la science deviendrait impossible, mais encore tout développement de l'intelligence serait arrêté, et la parole elle-même, réduite à des mots détachés, serait un don sans portée.

## V. — *Généralisation.*

**Définition de la généralisation.** — La généralisation est le procédé par lequel l'esprit se forme de plusieurs propriétés semblables, observées dans divers objets, une notion unique qu'il applique à tous ces objets.

**Deux espèces d'idées générales.** — Les idées générales sont de deux sortes : 1° les idées d'attributs ou de propriétés, qui représentent une qualité unique, comme les idées de couleur, d'odeur, d'étendue, etc.; 2° les idées de genres et d'espèces, formées par la réunion de plusieurs attributs, comme les idées de plante, d'animal, d'homme, etc., qui représentent à la fois l'ensemble des propriétés communes à toute une classe d'individus.

**Divers procédés de généralisation.** — Le travail de généralisation s'opère de différentes manières :

1° Le premier procédé consiste à reconnaître comme possible dans plusieurs objets une propriété que l'on a observée dans un seul. J'examine, par exemple, dans un animal la propriété qu'il a d'être vertébré, et je remarque que cette propriété ne lui convient pas exclusivement, mais qu'elle est de nature à pouvoir se retrouver dans beaucoup d'autres animaux. Je forme ainsi la notion d'animal vertébré, notion vraiment générale, bien que je ne sache pas encore si elle est, de fait, applicable à plusieurs individus. C'est même là l'universel tel que le concevait Aristote, quand il le définissait : *Unum aptum inesse multis.*

2° D'autres fois l'esprit opère sur plusieurs propriétés abstraites, et négligeant les différences qui les séparent pour ne tenir compte que des ressemblances qui les rapprochent, il identifie toutes ces propriétés en une seule, ou du moins les conçoit par une notion unique qu'il applique aux divers sujets des propriétés primitivement observées. Par exemple, après avoir abstrait de différentes substances, chaux, marbre, farine, neige, etc., leur couleur blanche, je néglige les différences offertes par toutes ces propriétés individuelles, et ne considérant que ce qu'elles ont de semblable, je les conçois sous la notion unique de blancheur, et je dis de chacune des substances observées qu'on y trouve la blancheur, comme s'il n'y avait qu'une même blancheur dans toutes les substances blanches.

3° L'entendement qui contient à la fois plusieurs conceptions générales, peut remarquer encore qu'elles s'appliquent en commun à un certain nombre d'objets individuels. Il les assemble de nouveau, exprime par un seul mot le total ainsi formé, et cette somme d'idées générales réunies sous un même nom devient l'idée d'un genre ou d'une espèce. Ayant constaté par exemple, dans plusieurs animaux, des vertèbres, des mamelles, des molaires garnies de lames tranchantes, des pieds conformés de manière à marcher sur les extrémités des doigts, des ongles rétractiles, une crinière, etc., je fais le total de toutes ces propriétés, je le désigne par le mot *lion*, et je forme ainsi l'idée d'une espèce, l'espèce lion. En diminuant successivement ce total de la dernière des propriétés qui le composent, j'obtiendrais différents genres subordonnés les uns aux autres et qui comprennent tous l'espèce lion.

**Importance de la généralisation.** — « Ce simple procédé de généralisation, que quelques lignes suffisent à décrire, a une immense portée. Le monde de l'expérience est indéfiniment multiple et divers; il est composé d'individus en nombre presque infini, et qui se perdent dans une variété sans limites. La généralisation met à la place un monde composé d'un nombre relativement petit de genres et d'espèces; elle condense l'objet de notre connaissance, abrège ses proportions et l'adapte à la faiblesse de notre intelligence et à l'incapacité de notre mémoire. — Elle est aussi la condition du langage, et par conséquent celle de la science et du progrès. Peu d'hommes connaissent en commun les mêmes objets individuels, mais la pensée de tous se rencontre dans la conception uniforme de ces types généraux qui résument la multiplicité des êtres particuliers. Aussi n'est-ce guère qu'en termes généraux que les hommes se parlent; ceux-là font seuls vraiment partie du vocabulaire des langues; les noms propres ne sont qu'un appendice de dictionnaire local » (A. Jacques).

## VI. — *Jugement.*

**Définition et analyse du jugement.** — Le jugement est l'opération par laquelle l'esprit affirme une chose d'une autre. L'affirmation ou l'adhésion en est l'élément distinctif. L'analyse appliquée au jugement y découvre trois éléments essentiels : une idée de laquelle on affirme quelque chose, une seconde idée qui est affirmée de la première, et enfin l'acte même de l'affirmation.

**Nature du jugement.** — La nature du jugement a donné lieu à deux controverses principales. A quelle faculté appartient-il? Porte-t-il toujours sur un rapport perçu par comparaison?

LE JUGEMENT ET LA VOLONTÉ. — Descartes et Malebranche font du jugement un acte de volonté. Le rôle de l'entendement, disent-ils, est de percevoir; celui de la volonté est d'adhérer ou non aux choses perçues par l'entendement. C'est donc à tort que l'on distingue communément entre l'assentiment, *assensus,* de l'intelligence et le consentement, *consensus,* de la volonté. Descartes tire de cette doctrine une double conséquence :

1. L'erreur vient d'une disproportion entre la volonté et l'intelligence; la volonté est plus ample et plus étendue que l'entendement, ce qui fait que nous pouvons l'appliquer par l'affirmation ou la négation aux choses que nous n'entendons pas. 2. Les vérités nécessaires dépendent de la volonté libre de Dieu, car en Dieu, comme dans l'homme, c'est la volonté qui juge, et la volonté divine n'est pas moins libre que la volonté humaine.

Bossuet et Leibnitz se sont opposés avec raison à cette théorie. En effet, si la volonté intervient dans les préliminaires du jugement, si elle peut prolonger l'attention qui le prépare, mettre un terme à l'examen ou le faire renouveler, ce n'est pas elle qui acquiesce à la vérité perçue. L'expérience le prouve. L'adhésion de l'esprit n'est rien moins que libre; l'évidence s'impose souvent en dépit des répugnances de la volonté, et d'autres fois le plus vif désir de sortir du doute ne suffit pas à y mettre un terme. L'analyse le démontre également. La simple conception d'une idée est un acte incomplet, l'acte parfait, la conception réelle de la vérité, c'est l'adhésion ferme et inébranlable ou certitude. Or comment attribuer à la volonté la perfection de l'acte propre de l'intelligence? Ne serait-ce pas en faire une autre intelligence plus parfaite que la première? Ces raisons sont décisives.

JUGEMENTS COMPARATIFS ET NON COMPARATIFS. — Un second débat, récemment soulevé par Reid et Cousin, porte sur l'objet du jugement et sur son rapport avec la conception.

D'après Aristote, les scolastiques, les logiciens de Port-Royal, Locke et beaucoup d'autres modernes, les opérations intellectuelles peuvent se réduire à trois principales : *concevoir, juger* et *raisonner*. Voici, d'après ces mêmes auteurs, leur nature et leurs rapports. La conception, ou *simple appréhension*, nous donne la notion des objets sans affirmation expresse ou implicite de leur existence. Ne présentant qu'une essence possible, une nature réalisable, elle est toujours vraie. Le jugement rapproche deux appréhensions, soit pour affirmer qu'elles se conviennent, soit pour déclarer qu'elles sont incompatibles;

c'est par lui que l'erreur entre dans l'esprit. Enfin le raisonnement rapproche trois idées, se servant de l'une d'entre elles pour faire ressortir les rapports des deux autres. C'est invariablement dans cet ordre que l'esprit procède, s'élevant progressivement de l'opération la plus simple aux plus complexes : il conçoit tout d'abord ses idées une à une, puis il les assemble en jugements, après quoi il assemble les jugements en raisonnements.

— La nature du jugement prouve que telle est bien la marche de la nature. Comment pourrait-il affirmer une chose d'une autre, si l'esprit n'avait préalablement distingué et comparé ces deux choses ? Est-ce qu'un composé ne suppose pas des composants ?

Reid et Cousin se sont inscrits en faux contre cette marche rigoureusement progressive de l'esprit dans les opérations intellectuelles, et spécialement contre les rapports établis jusqu'à eux entre le jugement et la conception. Les premiers actes de l'entendement ne sont, disent-ils, ni les plus simples ni les plus complexes, et l'idée nous est donnée par le jugement, loin de servir elle-même à le former.

L'esprit débute par le jugement : mis en présence de la réalité, soit interne, soit externe, il en saisit et en affirme du même coup la nature et l'existence ; le premier acte de la pensée est un jugement. L'objet du jugement primitif est complexe : nos sens nous révèlent simultanément plusieurs qualités de l'objet qu'ils perçoivent, et la conscience plusieurs phénomènes appartenant à l'état actuel du moi ; mais au premier abord, l'esprit embrasse ce tout, sans distinguer les éléments dont il se compose. La réflexion survenant, l'intelligence analyse cet ensemble, isole les unes des autres toutes les propriétés, toutes les manières d'être, les conçoit même indépendamment de leur existence actuelle, et se forme ainsi ce que les anciens appelaient de simples appréhensions. Après quoi l'intelligence en fait la matière de combinaisons nouvelles, de rapprochements nombreux et de jugements comparatifs, par lesquels elle forme les notions scientifiques des choses, c'est-à-dire des synthèses beaucoup plus riches que celles qui ont servi d'objet à ses premiers jugements. Il y a donc deux sortes de jugements : les uns primitifs, par lesquels se fait la première acquisition de nos connaissances; les autres réfléchis et appartenant au développement ultérieur de nos idées. Entre ces deux classes de jugements se placent les simples conceptions, tirées par abstraction des jugements primitifs et destinées à servir d'éléments aux jugements comparatifs.

Les raisons que Cousin apporte de son opinion sont : 1° que des idées qui présentent leur objet indépendamment de son existence sont des abstractions, et que des idées abstraites ne peuvent conduire l'esprit à la connaissance de ce qui existe; 2° que l'esprit commence par le concret et non par l'abstrait; 3° qu'il y a des jugements où l'on ne peut trouver qu'un seul terme, ce qui rend toute comparaison impossible.

L'opinion ancienne, qui tient tout jugement pour comparatif, nous semble la plus fondée. En tous cas, il n'y a que les jugements appelés ultérieurs par Cousin et reconnus par lui comme comparatifs qui puissent faire partie de la faculté discursive.

## VII. — *Raisonnement.*

Le raisonnement est une opération par laquelle l'esprit se prononce sur le rapport de deux idées après les avoir comparées successivement à une troisième idée. Le raisonnement diffère du jugement en ce que celui-ci ne renferme que deux termes dont le rapport est immédiatement perçu, tandis que celui-là en renferme trois, dont l'un est indispensable pour faire ressortir le rapport qui unit les deux autres. L'introduction de ce moyen terme est ce qui caractérise le raisonnement.

Nous ferons en logique une étude détaillée de cette opération sous sa double forme, la déduction et l'induction.

# CHAPITRE VII.

Mémoire. — Association des idées.

---

### ART. I. — Mémoire.

## I. — *Nature de la mémoire.*

**Définition de la mémoire.** — La mémoire peut se définir : la faculté qu'a l'âme humaine de conserver, de rappeler et de reconnaître ses connaissances passées.

**Objet de la mémoire.** — D'après cette définition, la mémoire a exclusivement pour objet les modifications passées de l'âme, conformément à ce mot souvent cité de Royer-Collard : « A vrai dire, nous ne nous souvenons que de nous-mêmes. » Encore ne comprend-elle parmi nos modifications passées que nos seules connaissances. Le souvenir d'une douleur, d'une lutte énergique de la volonté, ne renouvelle que la connaissance que nous en avons eue, et non ces phénomènes eux-mêmes.

**Diverses formes de la mémoire.** — La mémoire présente plusieurs variétés, suivant son mode d'exercice, son degré de perfection ou l'attrait auquel elle obéit.

Mémoire spontanée et volontaire. — Quelquefois elle agit spontanément, nos souvenirs s'offrant d'eux-mêmes nets et précis, sans que nous les ayons provoqués. D'autres fois une vague réminiscence nous reporte vers un point de notre vie passée que nous voudrions ressaisir et qui nous échappe. La reproduction du souvenir devient alors un véritable travail; elle exige des efforts, des tentatives nombreuses dans lesquelles l'esprit se présente successivement à lui-même, par le raisonnement, tout ce qui peut avoir du rapport avec l'objet désiré. Ce travail, d'abord conscient, persévère même à notre insu en cas d'insuccès et explique ces souvenirs fortuits qui semblent se présenter d'eux-mêmes, après qu'on a renoncé à des efforts infructueux.

Réminiscence et souvenir. — La mémoire ne donne pas toujours à son acte la perfection dont il est capable. Parfois elle s'arrête en chemin et reproduit sans la reconnaître une connaissance ancienne. Poëte, orateur, écrivain, je vis en grande partie d'emprunts que je prends pour des productions originales, et je puise dans mes lectures passées des images, des mouvements, des tours dont je m'attribue de bonne foi le mérite. Ma mémoire s'arrête en ce cas à la *réminiscence;* elle deviendra le *souvenir* lorsqu'elle me montrera dans l'acte présent la reproduction d'un acte passé, et sa perfection atteindra sa dernière limite si elle m'indique le jour, l'heure, le lieu, les circonstances les plus minimes de sa première production.

Mémoires spéciales. — Enfin la mémoire a ses préférences qui reflètent les tendances habituelles de l'esprit. Facile sur certains points, ingrate en tout le reste, elle ne retiendra chez les uns que les conceptions abstraites, tandis que chez d'autres elle conservera profondément gravés les moindres détails des formes et des couleurs; tantôt elle retiendra des mots sans liaison, se jouant des nomenclatures les plus compliquées, des langues les plus diverses; tantôt elle ne reproduira que des connaissances rigoureusement enchaînées. La diversité des goûts qui nous font accorder ou refuser notre attention à différents objets explique ces caprices apparents.

**Qualités de la mémoire.** — Les qualités de la mémoire sont : la facilité, la ténacité, la fidélité et la promptitude. Rarement elles sont réunies.

## II. — *Éléments du souvenir*.

Tout souvenir proprement dit comprend deux éléments : 1° la reproduction actuelle d'une connaissance passée; 2° l'affirmation que cette connaissance ne se produit pas pour la première fois. Cette affirmation implique elle-même : 1° le sentiment d'un temps passé dans lequel nous avons déjà produit la connaissance en question; 2° la conscience de notre identité personnelle, autrement la conviction que c'est bien le même *moi* qui la produisit autrefois et qui la reproduit actuellement.

D'abord il est bien évident que pour qu'il y ait souvenir il faut que l'esprit conçoive actuellement quelque objet, et que cette conception soit la reproduction d'une connaissance antérieure. Il faut en second lieu que l'esprit reconnaisse le phénomène reproduit, c'est-à-dire qu'il le ressaisisse dans sa vie passée, distinguant d'une manière plus ou moins précise la place qu'il y a déjà occupée. Pour cela il faut et l'idée d'un temps passé, et la conscience de sa propre identité. Sans la première le passé qui contient la première apparition du phénomène n'existerait plus pour l'esprit; il se confondrait avec le présent, et les apparitions successives d'une même connaissance dans l'esprit s'identifieraient en une seule; de même sans la seconde tout lien serait brisé entre les diverses phases de notre vie, et la comparaison de plusieurs d'entre elles deviendrait impossible. La reconnaissance suppose donc la conscience de notre durée successive et notre identité.

## III. — *Lois ou conditions du souvenir*.

Les conditions auxquelles est soumis l'exercice de la mémoire peuvent se diviser en deux classes, suivant qu'elles sont physiologiques ou psychologiques.

**Conditions physiologiques.** — La mémoire est soumise à des conditions organiques aussi certaines que peu connues. L'âge, la santé ou la maladie, le sommeil ou la veille, le régime exercent sur elle une influence considérable, par les modifications qu'ils apportent à l'état du cerveau. Cet organe est donc son instrument nécessaire ; aussi toute altération légère ou profonde qu'il vient à subir détermine-t-elle un trouble faible ou notable dans la production des souvenirs.

**Conditions psychologiques.** — Les conditions psychologiques du souvenir sont : 1° l'oubli momentané ; on ne se souvient à proprement parler que de ce qui a été oublié, et c'est avec raison que Locke distingue du souvenir la contemplation qui retient l'objet plus ou moins longtemps en présence de l'esprit. — 2° L'attention. Que de perceptions et d'idées qui se succèdent en nous sans laisser la moindre trace ! C'est que nous n'y avons pas été attentifs. Le souvenir est d'autant plus net et plus tenace que l'attention a été plus vive et plus prolongée. — 3° La répétition, même séparée d'une attention soutenue. Ce qu'on a vu ou entendu à diverses reprises se grave insensiblement dans la mémoire ; les mémoires les plus rebelles gardent à jamais ce qu'elles sont parvenues à s'approprier par des répétitions multipliées. — 4° L'ordre. Un objet isolé, sans lien avec aucun autre, est vite oublié, tandis qu'en vertu de l'association des idées, le grand nombre de nos connaissances rend leur rappel plus facile, pour peu qu'elles soient logiquement enchaînées.

## IV. — *Théories de la mémoire.*

Les nombreux travaux dont la mémoire a été l'objet n'ont abouti jusqu'ici à aucune explication valable de ce phénomène mystérieux ; il est même fort douteux que la nature doive jamais livrer son secret. Mentionnons cependant les principales hypothèses : les unes cherchent dans l'organisme la raison du souvenir, ce sont les explications physiologiques; les autres invoquent dans le même but la nature spirituelle de l'âme, ce sont les explications psychologiques.

**Explications physiologiques.** — Les explications physiologiques les plus célèbres sont celles de Descartes, de Malebranche et de Hartley :

1° Descartes et Gassendi expliquent le souvenir au moyen de certains plis formés dans le cerveau. « Les vestiges du cerveau le rendent propre à mouvoir l'âme, en la même façon qu'il l'avait mue auparavant, et aussi à la faire souvenir de quelque chose, tout de même que les plis qui sont dans un morceau de papier ou dans un linge font qu'il est plus propre à être plié derechef comme il a été auparavant, que s'il n'avait jamais été ainsi plié » (Descartes, *Lettres*).

2° Malebranche substitue aux plis de Descartes des *traces* ou petits sillons. Quand plusieurs traces sont unies les unes aux autres, les esprits animaux, en pénétrant dans l'une d'elles, trouvent la voie ouverte pour se rendre dans toutes les autres et y continuent leur chemin, parce qu'ils y passent plus facilement que par les autres endroits du cerveau. « La cause de cette liaison de plusieurs traces est l'identité du temps de leur impression dans le cerveau. Ainsi s'explique l'association des idées, et par elle la mémoire. »

3° Hartley et Bonnet invoquent le jeu des fibres cérébrales. A chaque pensée correspond un mouvement du cerveau; ces mouvements continuent de se produire après les perceptions qu'ils ont accompagnées, et c'est par leur moyen que les idées peuvent être reproduites.

*Remarques.* — Aucune de ces hypothèses n'explique le souvenir. Les traces de Malebranche, imaginées pour la circulation des esprits animaux, ne peuvent survivre à ces derniers dans la physiologie. Les mouvements cérébraux de Hartley, qui se multiplient indéfiniment et continuent d'exister sans se confondre, sont peu intelligibles. Enfin les plis de Descartes, à part le mérite réel de faire intervenir l'habitude dans la mémoire, n'ont aucune valeur scientifique. D'ailleurs, fussent-elles acceptables, ces explications rendraient tout au plus compte de la conservation et de la reproduction des connaissances ; elles ne nous diraient pas, ce qui cependant est capital dans le fait de mémoire, comment nous reconnaissons notre passé. Les explications purement physiologiques doivent donc être abandonnées.

**Explications psychologiques.** — Damiron croit expliquer par les lois mêmes de l'esprit les trois fonctions de la mémoire : la rétention, la reproduction et la reconnaissance du passé.

1° Le premier phénomène, celui de la conservation ou de la rétention des connaissances passées, est très naturel, selon lui, quand on le rattache à l'énergie propre de l'esprit. L'âme conserve en elle-même les connaissances qu'elle acquiert. Ceci doit être considéré comme certain, puisque autrement les souvenirs ne seraient plus des idées renouvelées, mais des idées nouvelles, de simples notions. Voici comment il se fait qu'elles ne sont pas toujours remarquées, bien que présentes en nous. L'âme ne pouvant dépenser à la fois qu'une certaine somme d'activité et d'énergie, se porte tantôt vers un objet et tantôt vers un autre, en sorte que beaucoup de ses impressions perdent de leur vivacité au profit de quelque autre, et rentrent dans le nombre de ces actes obscurs, de ces perceptions latentes auxquelles l'esprit se livre sans le savoir ; mais si elles sont voilées elles ne sont pas éteintes, et le *moi* les porte toujours en lui, quoique cachées dans ses profondeurs.

2° Reproduire dans ce cas, c'est reprendre conscience des impressions demeurées à l'état latent ;

3° La perception dont nous avons de nouveau conscience n'étant pas réellement reproduite, et cette perception retrouvant sa vivacité en l'absence de l'objet auquel elle répond, on comprend qu'elle ne nous semble pas une acquisition nouvelle et que nous la reconnaissons comme obtenue déjà antérieurement.

*Remarques.* — Cette explication renferme encore bien des hypothèses et bien des lacunes. Qu'est-ce qui prouve que les actes de l'âme soient de nature à persévérer indéfiniment? Qu'est-ce qui ramène sur eux l'attention, quand malgré tous nos efforts nous n'avons pu les retrouver? Comment se fait-il que nous reconnaissions, non seulement leur existence passée, mais encore leur place précise dans notre vie? En quoi consiste le rôle, très incontestable cependant, du cerveau dans le phénomène du souvenir? Autant de questions qui demeurent sans réponse dans l'explication de Damiron.

Nous pouvons donc conclure qu'il n'existe aucune théorie complète de la mémoire.

## V. — *Importance et culture de la mémoire.*

**Importance de la mémoire.** — La mémoire ne le cède en importance à aucune autre faculté; sans elle c'en serait fait de notre vie intellectuelle. Les opérations de la faculté discursive, toutes plus ou moins complexes impliquent une certaine durée et nécessitent la mémoire. Les facultés de perception ne peuvent pas plus s'en passer : les perceptions des sens n'ont d'utilité qu'autant qu'une attention soutenue leur donne de la netteté, et qu'elles se coordonnent et s'enchaînent par les comparaisons et les rapprochements ; le *moi* ne se distingue de ses actes successifs qu'en se les rappelant ; la raison elle-même ne juge sainement de ses idées et de ses principes que lorsqu'elle en saisit le lien et l'unité. Sans mémoire point de sensibilité : nos joies et nos peines réduites à l'indivisible présent, évanouies aussitôt que ressenties, n'auraient aucune valeur morale. Sans mémoire point d'actes libres, puisque aucune délibération ne pourrait avoir lieu. Sans mémoire pas de langage, puisque nous ne lions deux mots ensemble qu'à la condition de nous souvenir du premier quand nous proférons le second. Sans mémoire enfin l'immortalité elle-même serait dérisoire, puisque chaque être se décomposerait en autant de personnes étrangères les unes aux autres qu'il y aurait d'instants dans sa durée. —

Avec la mémoire, au contraire, tout change de face : le *moi* reparaît, les facultés reprennent leur activité, la vie morale et sa sanction redeviennent possibles, et l'esprit observateur et studieux accumule des trésors d'expérience et de savoir.

**Culture de la mémoire.** — La mémoire se développe par la culture, et l'on peut employer pour la perfectionner deux sortes de moyens, les uns naturels, les autres artificiels. Les moyens naturels sont tirés des conditions mêmes du souvenir; ce sont : l'attention, la méthode et l'exercice. Les moyens artificiels consistent en certaines formules mnémoniques, associations de mots plus ou moins bizarres, destinées à frapper l'esprit par leur singularité. Les premiers, de beaucoup les meilleurs, ont l'avantage de développer simultanément les autres facultés; les seconds, qui produisent quelquefois d'heureux résultats, étant tout mécaniques, laissent le jugement inactif, et peuvent amuser les esprits frivoles au lieu de les instruire.

---

### ART. II. — Association des idées.

## I. — *Nature et cause de l'association des idées.*

**Nature de l'association des idées.** — On appelle association des idées cette tendance qu'ont tous nos actes internes à s'exciter mutuellement. Cette expression consacrée par l'usage est cependant doublement impropre. D'abord le mot *association* n'est pas toujours exact : si, par exemple, une perception actuelle évoque en moi un souvenir, c'est une suggestion plutôt qu'une association. En second lieu le mot *idée* doit prendre ici un sens beaucoup plus étendu que ne le comporte l'usage de la langue, et signifier tous les actes internes, excepté ceux des sens.

Quoi qu'il en soit du nom, le phénomène qu'il désigne est incontestable : toutes les opérations de l'esprit, non seulement se suivent, mais se lient les unes aux autres, et forment une chaîne ou plutôt une trame compliquée dont chaque fil s'enlace dans une multitude d'autres. De là ce qu'on appelle le *cours* de nos pensées. A peine une perception a-t-elle attiré notre attention sur quelque objet que notre esprit rattache aussitôt à cet objet toute une série d'idées, d'impressions, de sentiments, de volitions, et cette série continue jusqu'à ce qu'une perception nouvelle vienne l'interrompre et servir à son tour de point de départ à une autre série, et ainsi de suite, les perceptions venant toujours interrompre le cours de nos pensées et changer sa direction sans toutefois l'arrêter.

**Cause de l'association des idées.** — Cette association des phénomènes psychologiques est due aux rapports qui les unissent et qui sont artificiels ou naturels.

Les rapports artificiels ou arbitraires sont ceux que l'esprit institue lui-même entre les choses, par exemple les rapports qui unissent les mots d'une langue aux objets qu'ils signifient.

Les rapports naturels sont ceux qui existent entre les choses indépendamment de l'esprit qui les conçoit, par exemple : les rapports de situation dans l'espace décrits par la géographie et la cosmographie, les rapports de succession dans le temps déterminés par l'histoire, les rapports de principe à conséquence que démontrent les sciences rationnelles, les rapports de cause à effet que constatent les sciences physiques, les rapports d'analogie qui servent à établir les classifications naturelles, les rapports de contraste qui conduisent d'un contraire à un autre, etc. Parmi ces rapports les uns tiennent à l'essence même des deux termes, et les accompagnent dans quelque situation que l'on imagine : telles sont les relations de cause à effet, de principe à conséquence ; les autres, accidentels comme les qualités ou états dont ils dépendent, peuvent disparaître avec ces qualités ou ces états, sans modifier essentiellement la nature des choses : tels sont les rapports de temps et d'espace.

## II. — *Principales formes de l'association des idées.*

L'association des idées se produit dans des conditions et sous des formes différentes; les principales sont la rêverie, le rêve et la méditation.

**Rêverie**. — La rêverie peut être spontanée ou volontaire. Quelquefois l'esprit vivement frappé par une pensée s'y absorbe tout entier, au point de perdre plus ou moins le sentiment de la réalité. Mais loin de demeurer inactif dans sa contemplation, il quitte bientôt son point de départ et se met à errer d'objet en objet sans autre guide que les rapports qui lui sont familiers; et quand une perception plus vive que les autres vient mettre fin à sa rêverie, il s'étonne souvent du chemin qu'il a parcouru. — D'autres fois la rêverie est volontaire et l'enchaînement des idées se fait avec réflexion. L'esprit se fait alors l'architecte de mille combinaisons riantes; il bâtit, comme on dit, des châteaux en Espagne, imaginant pour lui-même ou pour d'autres d'agréables situations, d'heureux événements. C'est *Perrette et le Pot au lait*.

**Rêve**. — Le rêve ne diffère de la rêverie spontanée que par une plus grande bizarrerie d'associations due à l'inaction à peu près complète de la volonté, et par la réalisation des images à laquelle conduit l'absence d'un terme de comparaison pris dans les perceptions actuelles.

**Méditation**. — La méditation consiste à approfondir une pensée en la rapprochant successivement de toutes celles qui lui sont étroitement associées. Elle se distingue de la rêverie volontaire par son but sérieux et utile, et par la contrainte que l'esprit doit s'y imposer pour rejeter toute pensée étrangère à son dessein.

## III. — *Importance de l'association des idées.*

**Rôle important de l'association des idées**. — Le phénomène de l'association des idées joue un très grand rôle dans notre développement intellectuel et moral. La différence des esprits consiste principalement dans la différence des rapports auxquels ils donnent leur attention, et dans les diverses manières dont ils groupent ou associent leurs idées. Deux poètes, deux orateurs, deux artistes ne conçoivent pas de la même manière un même sujet. Dans un esprit léger le cours des pensées est habituellement frivole et superficiel; chez les esprits réfléchis il est grave et profond. L'esprit porté à la mélancolie associe à toutes ces conceptions des idées tristes et lugubres; l'esprit gai et enjoué voit toutes choses sous de riantes couleurs. Le caractère des peuples, la tournure d'esprit qui les distingue, leurs mœurs, leurs coutumes, leurs superstitions, s'expliquent comme chez les individus par des associations spéciales. C'est donc un phénomène qu'il faut rigoureusement surveiller si l'on veut faire prendre à son esprit et à son cœur une heureuse et saine direction.

# CHAPITRE VIII.

## Imagination.

L'imagination se prend dans deux sens différents, suivant qu'on la considère comme simplement reproductrice ou comme créatrice.

### I. — *Imagination reproductrice.*

**Sa définition.** — L'imagination reproductrice, que l'on appelle aussi mémoire imaginative, est la faculté que nous avons de nous représenter intérieurement des objets qui ne frappent actuellement aucun de nos sens. J'ai visité par le passé quelque grande ville, et je vois encore en esprit ses places, ses monuments, ses jardins ornés de statues; j'y fus témoin de l'entrée triomphale du souverain, et je me représente de nouveau le brillant cortège qui l'accompagnait, j'entends les joyeuses fanfares qui retentissaient dans les airs; tout cela est l'œuvre de l'imagination reproductrice.

**Son objet.** — L'étymologie du mot *imagination* pourrait induire en erreur sur l'étendue de son objet. Ce dernier ne comprend pas seulement les qualités visibles des corps, il embrasse toutes les qualités sensibles sans exception : les saveurs, les sens, les odeurs, le froid et le chaud, non moins que les étendues colorées.

**En quoi elle diffère de la mémoire.** — A ce premier degré, l'imagination a beaucoup de rapport avec la mémoire; toutefois elle en diffère sous deux rapports : elle n'a pour objet que les corps, et elle en reproduit subjectivement la perception, abstraction faite de toute notion de temps; la mémoire, elle, s'étend à toute connaissance passée, sensible ou intellectuelle, et implique essentiellement la notion d'un temps passé.

**Son explication.** — On a proposé diverses explications de la reproduction imaginative de nos perceptions ; voici celle qui nous semble plus probable :

L'influence du cerveau sur les actes d'imagination est rendue manifeste par l'expérience ; d'autre part il est certain qu'une modification du même organe est indispensable à la perception proprement dite. Il est donc probable que c'est la même action cérébrale qui détermine la perception et sa reproduction imaginative. Dans le premier cas le cerveau est excité par l'action d'un corps étranger sur un organe des sens ; reste à savoir ce qui l'excite en l'absence de ce corps dans le phénomène d'imagination. Il est probable que ce sont les mouvements plus ou moins précipités du sang ou encore les vapeurs qui montent de l'estomac à la tête. Ces différentes causes venant à produire sur le cerveau une action analogue à celle des corps extérieurs, cet organe subit une impression semblable et détermine la même représentation sensible. Cette hypothèse est confirmée par les rapports des reproductions imaginatives avec l'état sain ou maladif de l'organisme : c'est surtout dans la maladie que l'imagination est le plus désordonnée ; c'est alors aussi que le mouvement du sang est le plus irrégulier et les vapeurs plus abondantes.

L'association des idées nous offre une seconde cause de l'exercice de l'imagination. Toute idée suscite dans l'imagination une représentation sensible ; par suite une succession d'idées amène avec elle une succession d'images.

## II. — *Imagination créatrice.*

**Sa définition.** — L'imagination créatrice est la faculté que nous avons de former avec les données des autres facultés des combinaisons auxquelles ne répond aucune réalité.

**Ses différents degrés.** — A son degré inférieur, l'imagination créatrice est commune à tous les hommes : l'esprit le moins inventif est capable d'assembler autrement qu'il ne les a perçues dans la nature les formes des corps et leurs diverses propriétés, soit pour en tirer quelque utilité pratique, soit pour en composer les agréables chimères de la rêverie.

IMAGINATION ARTISTIQUE. — A son degré supérieur, elle enfante les beaux-arts et devient le partage de quelques natures privilégiées. Ses œuvres comprennent dans ce cas quatre éléments : l'idéal, l'expression, le goût et l'inspiration.

L'idéal est un type de beauté morale conçu par la raison : une idée élevée, un généreux sentiment, une résolution magnanime, en un mot, l'acte d'un grand esprit ou d'un noble cœur. C'est l'élément supérieur de la création artistique : sans idéal, l'œuvre d'art perd avec son symbolisme ce qui fait son mérite principal; elle n'est plus qu'une forme froide et vide, incapable de parler à l'âme et d'exciter en elle une généreuse émotion. L'art qui cultive la forme pour elle-même renonce à sa mission qui est d'élever les âmes, perd sa noblesse et tombe dans un honteux sensualisme.

Le beau ne se présentant à l'entendement que par les sens, il faut que l'idéal revête une forme sensible et prenne corps dans une expression symbolique. Cette forme varie avec l'art qui l'emploie : l'architecture et la sculpture usent des formes variées de l'étendue, lignes, contours, profils, reliefs; la peinture y ajoute les couleurs; la musique emploie les sons; la poésie combine la cadence des vers avec l'heureux choix des mots et la délicatesse et la forme des images, etc.

Le goût préside à cette combinaison de l'idéal et de sa forme, pour en ménager le parfait accord; il donne à l'œuvre artistique la régularité et l'harmonie.

Enfin, l'inspiration y ajoute le mouvement et la vie; c'est elle qui fait le véritable artiste et qui crée le chef-d'œuvre. Elle se présente spontanément, et offre du même coup à l'esprit l'idée et la forme. C'est pour cela que dans toute œuvre inspirée, ces deux éléments se fondent si harmonieusement et forment un tout d'une unité si parfaite que l'idée pénètre pour ainsi dire la forme et lui communique sa vie.

**Est-elle créatrice ?** — Les philosophes sont partagés sur le pouvoir créateur de l'imagination.

Les uns le lui refusent. Elle forme bien, disent-ils, des associations nouvelles, mais elle en recueille les éléments dans la mémoire, sans en produire elle-même aucun. Or combiner des éléments préexistants, ce n'est pas créer.

D'autres accordent à l'art un pouvoir créateur. Il prend, il est vrai, dans la nature les éléments sur lesquels il travaille, mais il ne se borne pas à les reproduire tels que la nature les lui fournit. Tout ce qui est réel est imparfait. L'artiste fait donc quelque chose de mieux que de combiner des éléments empruntés à ses perceptions passées, il dégage des imperfections qui les accompagnent dans la nature les formes sensibles qu'il emploie, et les rend ainsi plus aptes à exprimer l'idéal que son esprit s'est formé. Son travail n'est pas une copie servile ; il a une originalité dont il faut tenir compte et que l'on ne peut mieux marquer que par le mot de *création*.

### III. — *Utilité et dangers de l'imagination.*

**Avantages de l'imagination.** — A mesure que l'on passe en revue les facultés de l'esprit humain, on admire l'à-propos de chacune d'elles, et même son indispensable nécessité pour compléter notre nature. Ainsi en est-il en particulier de l'imagination, qui vient si heureusement répondre aux nécessités de la vie matérielle par les inventions de l'industrie et qui, par les nobles plaisirs des arts, embellit le temps de notre épreuve et nous aide à la supporter courageusement. Ses illusions mêmes sont souvent un bienfait, car en poétisant et en élevant tout ce qu'elle touche, elle motive des jouissances que ne procurerait pas l'exacte appréciation de la réalité. Simplement reproductrice, elle prolonge les joies que nous avons éprouvées, et trompe notre douleur en faisant revivre les personnes et les choses que nous aimions et que nous avons perdues. Cette faculté nous procure donc d'inestimables avantages.

**Dangers de l'imagination.** — Il faut ainsi reconnaître dans l'imagination une faculté dangereuse, qui ne peut être utile qu'à la condition d'être sévèrement gouvernée. Par le terrible pouvoir qu'elle a de changer les véritables proportions des choses et de les exagérer, elle peut nous rendre à la fois malheureux et insensés. Elle se repaît de chimères, peuple l'esprit de vains fantômes, engendre les folles joies, les vaines terreurs, les appréhensions ridicules, et bouleverse toute l'économie de l'esprit dans lequel elle parvient à dominer. Il faut donc que de bonne heure la raison la soumette à son empire.

# DEUXIÈME PARTIE.

## SENSIBILITÉ.

# CHAPITRE IX.

### DE LA SENSIBILITÉ ET DE SES ESPÈCES.

ART. I. — DE LA SENSIBILITÉ EN GÉNÉRAL.

### I. — *Notion et mécanisme de la sensibilité.*

**Sensibilité et intelligence.** — Par l'intelligence Dieu illumine notre âme, et nous révèle avec notre fin dernière, toutes les fins transitoires et intermédiaires qui doivent nous y conduire. Par la sensibilité il nous imprime une vive impulsion vers toutes ces fins, et nous fait capables de jouir de leur possession et de souffrir de leur éloignement. Ce nouveau côté de la nature humaine n'est pas moins intéressant que le premier : si l'intelligence lui donne plus de noblesse, la sensibilité l'entoure de plus de charmes. N'a-t-elle pas d'ailleurs, elle aussi, son élévation, et n'accompagne-t-elle pas de ses élans les vues les plus sublimes de l'esprit? Une étude de l'homme qui négligerait ses amours et ses haines, ses joies et ses douleurs, serait donc très incomplète; et si le philosophe doit abandonner à d'autres l'émouvante description de ces phénomènes, il convient du moins qu'il en scrute la nature et en recherche les causes.

**Définition de la sensibilité.** — La sensibilité est le plus ordinairement définie aujourd'hui : la faculté de jouir ou de souffrir. Ces derniers mots doivent se prendre dans un sens très général et abstraction faite de toute espèce déterminée de plaisirs et de peines. S'ils comprennent les émotions agréables ou pénibles qui viennent des sens et des modifications organiques, ils s'appliquent aussi à des jouissances et à des souffrances de nature et d'origine toutes spirituelles. La sensibilité peut donc, contrairement à son étymologie, se rencontrer dans de purs esprits non moins que dans des âmes unies à des corps; elle existe même en Dieu, puisque le souverain bonheur est un des éléments intégrants de sa nature infinie.

Cette définition a l'avantage de faire ressortir ce que les phénomènes affectifs ont de plus apparent, la souffrance et la jouissance; mais elle dissimule leur nature intime et leur racine profonde, c'est-à-dire le mouvement instinctif d'attrait ou de répulsion qui se trouve au fond de chacun d'eux. Plusieurs définissent en conséquence la sensibilité : la faculté d'aimer et par conséquent de jouir ou de souffrir. La première définition, plus simple, suffisamment caractéristique et renfermant implicitement ce qu'y ajoute la seconde, nous semble pouvoir être maintenue.

**Phénomènes affectifs.** — Le langage consacre aux phénomènes affectifs les noms les plus variés, il les appelle : appétits, besoins, désirs, inclinations, penchants, affections, plaisirs, douleurs, joies, tristesses, sensations, sentiments, passions, et sous chacun de ces noms généraux il renferme encore d'innombrables nuances. Cependant, bien qu'ils soient en réalité très multiples, les faits affectifs peuvent se réduire à deux grandes classes : les *émotions*, autrement dit les plaisirs et les douleurs, et les *tendances*, c'est-à-dire les attraits et les répulsions.

**Théorie générale de la sensibilité.** — Dans quels rapports sont entre eux ces différents phénomènes? Sont-ils exclusivement principes ou effets, ou bien exercent-ils les uns sur les autres une influence mutuelle et réciproque? — Logiquement et même chronologiquement les penchants ou inclinations se produisent les premiers ; ils donnent naissance au plaisir et à la douleur ; ceux-ci réagissent à leur tour sur l'activité qui les a engendrés, lui communiquent une intensité nouvelle, marquée dans le langage par les noms d'amour ou de haine, et l'amènent parfois à ces violents excès qu'on appelle passions. Expliquons en quelques mots cette genèse réciproque des faits affectifs.

Inclinations primitives. — Les inclinations primitives sont des penchants innés qui nous inclinent à rechercher les biens de l'ordre corporel ou spirituel nécessaires à la conservation et au perfectionnement de notre nature. Dieu a, en effet, si merveilleusement proportionné la nature des êtres à la fin qu'il leur destine, et en eux chaque organe, chaque faculté à sa fin spéciale, qu'aucun être ne peut se trouver en présence de l'une de ses fins subordonnées ou dernières, sans se sentir aussitôt attiré vers elle comme vers son bien. Il cherche en elle ce qui lui manque, le complément de son être, sans savoir encore qu'il y trouvera la jouissance ; ainsi l'enfant qui vient de naître prend d'instinct sa nourriture, avant d'en avoir expérimenté la douceur. Ces penchants, œuvre de la nature, ne dépendent pas de notre volonté libre ; nous pouvons en comprimer l'essor, non les empêcher de se produire ; aussi la morale ne les impute-t-elle pas à la personne responsable, bien plus passive qu'active en ce qui les concerne. C'est dans ce sens que nous avons donné la passivité comme caractère distinctif des phénomènes affectifs. — Les inclinations primitives sont générales ou particulières. Les inclinations générales viennent des lois essentielles de chaque espèce et sont communes à tous les individus qui la composent : tels sont les instincts de société, de curiosité, de crédulité, etc., dans l'espèce humaine. Les inclinations particulières résultent de modifications apportées accidentellement à la nature commune par la race, la famille, ou certaines circonstances fortuites : de ce nombre sont les goûts intellectuels, les vocations innées pour tel ou tel genre de travail, que l'on doit souvent attribuer à une organisation spéciale plutôt qu'aux influences de milieu, d'éducation ou autres causes extérieures.

Plaisir et douleur. — Expliquer à qui ne les aurait jamais éprouvés le plaisir et la douleur est chose impossible; on ne peut qu'indiquer le principe d'où procèdent ces phénomènes si connus, c'est-à-dire en donner une définition causale. La jouissance et la souffrance viennent des inclinations primitives : c'est parce qu'il est doué d'une activité coordonnée à un but, en d'autres termes parce qu'il possède des tendances innées, qu'un être quelconque jouit ou souffre; celui qu'aucun attrait ne porterait vers un objet ne pourrait ni souffrir de son éloignement, ni jouir de sa présence; son indifférence le rendrait insensible. Les élans instinctifs de notre nature vers ce qui favorise son développement, sont donc la cause de ce qu'on appelle plaisir et douleur, ou plutôt ces derniers phénomènes ne sont que les différents états de penchants satisfaits ou contrariés. L'expérience le prouve en toute rencontre : il n'est pas un seul mode de notre activité, soit intellectuelle et morale, soit simplement motrice et vitale, qui ne soit accompagné de jouissance s'il s'exerce librement et dans la limite de ses forces, et de souffrance si son action est entravée ou prolongée outre mesure.

Amour et haine, passions. — Lorsque nous avons expérimenté dans un objet la jouissance ou la souffrance, notre inclination pour lui change de caractère; elle se propose non plus seulement l'objet utile ou nécessaire au développement de notre être, mais aussi le plaisir déjà goûté; il arrive même souvent qu'elle se propose exclusivement ce dernier et qu'elle recherche la jouissance au plus grand détriment de la nature. L'inclination prend le nom d'amour ou de haine quand elle nous incline vers la cause du plaisir ou qu'elle nous fait repousser la cause de la douleur; elle s'appelle passion lorsque l'attrait du plaisir lui fait franchir les bornes posées par la raison. L'appétit de la nourriture, inclination primitive, nous porte à prendre les aliments dont le corps a besoin; il devient désir ou amour et s'accentue davantage après que la nourriture a flatté le sens du goût, et ce désir, corrompu et devenu excessif, peut, sous le nom de gourmandise, ruiner les forces des organes qu'il avait pour mission d'entretenir.

Comme nos inclinations ne peuvent s'exercer sans jouissance, elles prennent promptement la forme de l'amour et de la haine, et se présentent ordinairement à nous comme des mouvements réactifs provoqués par le plaisir ou la douleur. Le rapprochement que nous venons de faire des phénomènes affectifs et l'étude de leurs rapports nous ont démontré que les inclinations sont les principes des émotions avant d'en devenir les effets, et qu'il faut voir en elles les faits premiers et fondamentaux de la sensibilité.

## II. — *La sensibilité est-elle une faculté ?*

Longtemps les faits affectifs ont été confondus, soit avec les faits intellectuels, soit avec les faits volontaires; prouvons qu'ils en sont distincts, et que le pouvoir qui les produit, soumis à une certaine direction de la volonté libre, est une véritable faculté.

**Les faits affectifs et les faits intellectuels.** — La langue usuelle et même la langue philosophique ont d'abord, par une double confusion, ramené toutes les émotions aux plaisirs et aux douleurs physiques, et identifié ces derniers avec la connaissance que nous fournissent les sens. Les mots *sensibilité, sensible*, rappelant par leur étymologie les sens et leurs organes, semblaient, en effet, devoir exiger un corps dans l'être auquel ils s'appliquent. La large place que les plaisirs et les douleurs physiques occupent dans notre existence, le charme ou la terreur qu'ils nous inspirent, l'ardeur avec laquelle on les poursuit ou on les évite, ajoutaient à l'équivoque et tendaient à faire oublier les plaisirs de l'esprit, possibles dans une âme séparée de tout corps, réels en Dieu lui-même. D'autre part les mots *sentir, sensation*, exprimant dans les langues grecque, latine, française, la perception proprement dite des sens et l'émotion agréable ou pénible dont elle est accompagnée, les anciens et même plusieurs modernes ont de nouveau confondu ces deux choses. De là une grande obscurité dans les théories qui concernent les sens et leurs actes.

Cependant les différences qui séparent les faits affectifs des faits intellectuels sont nombreuses et importantes. Les premiers sont subjectifs, variables, incompatibles dans un même sujet quand ils ont, comme la joie et la tristesse, des caractères opposés, ils sont de plus faciles à émousser par la prolongation ou l'habitude. Les seconds sont objectifs, fixes, compatibles dans le même esprit malgré l'opposition de leurs objets, et ils reçoivent de l'habitude un accroissement de netteté et d'évidence. Il ne faut donc pas attribuer à un même pouvoir les faits de ces deux classes.

**Les faits affectifs et les faits volontaires.** — D'autre part le désir a été confondu avec la volonté. Pour Aristote et en général pour les anciens, nos facultés se divisaient en cognitives et appétitives, et à la double connaissance par les sens et par l'entendement correspondait une double classe de tendances, l'appétit sensitif et l'appétit rationnel ou volonté.

Plusieurs modernes sont tombés dans le même défaut. Malebranche définit la volonté « la faculté de recevoir des inclinations ou le mouvement naturel qui nous porte vers le bien en général. » Condillac ne voit de même en elle « qu'un désir absolu, déterminé par l'idée d'une chose qui est en notre pouvoir. » Ici, comme il arrive souvent, des esprits même puissants, mais trop étrangers à l'analyse psychologique, ne voient dans deux phénomènes étroitement unis qu'un seul et même phénomène. La volonté suit de près le désir; ce dernier la stimule vivement et quelquefois même, excité par l'imagination, il s'impose, pour ainsi dire, à elle et amoindrit notablement sa liberté. Mais quels que soient leurs rapports, le désir et la volonté restent divers, puisque l'un est fatal et l'autre libre.

**Unité de la sensibilité.** — D'autres philosophes ont enlevé son unité à la sensibilité, en isolant le plaisir et la douleur des tendances d'où ils procèdent. Ces deux ordres de faits doivent être rapprochés comme éléments intégrants d'un même tout ; encore une fois on ne souffre ou l'on ne jouit que parce qu'on désire et qu'on aime ; la joie ou la peine n'est qu'une tendance satisfaite ou contrariée, et l'on ne doit pas séparer d'un phénomène ce qui n'en est que le mode. Il faut donc attribuer à un même pouvoir les deux classes générales des faits affectifs.

**La sensibilité faculté proprement dite.** — Ajoutons que ce pouvoir, quoique imparfaitement soumis à l'empire de la volonté, accepte cependant sa direction dans une mesure suffisante pour être plus qu'une simple capacité. La sensibilité comporte en effet une certaine culture, et il dépend de nous de modifier sa direction. A force de réprimer telle ou telle tendance, nous parvenons à l'affaiblir et à la maîtriser au moment même où elle essaye de reparaître ; par contre nous rendons plus fréquente et plus intense l'action du penchant que nous favorisons. Grâce à l'attention dont elle dispose, la volonté rend pénible au sybarite le moindre pli de rose, tandis que dans une âme énergique elle impose silence à de vives douleurs. N'est-il pas possible enfin de modifier ses sentiments à l'égard des personnes et des choses et de parvenir par plus ou moins d'efforts à changer ses craintes en espérances et ses haines en amours? Donc nous disposons dans quelque mesure de notre sensibilité, et nous devons reconnaître en elle une véritable faculté.

## III. — *Diverses espèces de sensibilité.*

Les penchants de la nature humaine se dédoublent avec les deux éléments qui la composent, le corps et l'âme ; il en est de même de ses jouissances et de ses souffrances. De là deux espèces de sensibilité, la sensibilité physique et la sensibilité intellectuelle ou morale.

### ART. II. — Sensibilité physique.

La sensibilité physique ou corporelle est celle qui est coordonnée à l'entretien et au développement de la vie animale. Les faits sensibles, tendances et émotions qui s'y rapportent, prennent les noms d'appétits et de sensations.

## I. — *Appétits*.

**Définition de l'appétit.** — L'appétit physique ou appétit proprement dit est un penchant qui se rapporte à l'entretien des organes. Ce sont des appétits qui portent l'animal à se nourrir, à réparer ses forces par le sommeil, à entretenir par le mouvement, la souplesse de ses muscles, le jeu facile de ses articulations. On donne à ces tendances le nom de corporelles et de physiques, non parce qu'elles appartiennent en propre à la matière, puisque ce sont des faits de conscience, mais parce qu'elles sauvegardent l'entretien du corps et aussi parce que l'âme les éprouve dans quelque organe où elle les localise.

**Siège de l'appétit.** — A vrai dire, l'appétit n'est pas plus une tendance de l'âme toute seule qu'une attraction purement moléculaire, et ce n'est pas marquer suffisamment sa nature que d'en faire le penchant d'une âme destinée à vivre dans un corps. Il faut y voir un penchant animal dans toute la force du terme, une tendance véritablement organique en même temps que spirituelle, un phénomène mixte qui appartient tout à la fois au corps et à l'âme substantiellement unis. En parlant de la connaissance que nous obtenons par les sens, des actes que l'on appelle voir, goûter, flairer, nous avons exposé et approuvé la doctrine scolastique qui en fait les actions du composé humain. Nous continuons ici la même théorie en faisant correspondre à la connaissance mixte obtenue par les sens des impulsions et des jouissances de même ordre. Ainsi se complète cette vie inférieure de l'homme qui permet de lui donner le nom d'animal, et qui en lui sert de base et de point d'appui à la vie intellectuelle par laquelle il est aussi un être raisonnable.

**Classification des appétits.** — Les appétits se divisent en périodiques et accidentels, et les appétits périodiques sont eux-mêmes naturels ou factices. — Les appétits périodiques sont ceux qui reviennent à intervalles à peu près égaux, comme l'appétit de la faim ou du sommeil. Les appétits accidentels n'offrent rien de régulier : telles sont les tendances de nos sens extérieurs à s'exercer, de nos membres à prendre une position commode. — Les appétits naturels sont ceux qui résultent de la constitution native de notre corps. Les appétits factices sont surajoutés aux premiers par les habitudes, et souvent ils nuisent à l'organisme au lieu de le protéger : tel est l'appétit des liqueurs fortes.

## II. — *Sensation*.

**Définition de la sensation.** — Pour éviter toute équivoque fâcheuse, nous faisons de la sensation un phénomène purement affectif, et nous la définissons : l'émotion agréable ou pénible que produit l'exercice des sens.

**Siège de la sensation.** — La sensation provenant d'une tendance organique, et n'étant même qu'un mode de cette tendance, doit avoir le même siège et la même nature qu'elle; c'est dire qu'elle est un fait mixte. Elle se sépare des phénomènes purement organiques, puisque la conscience seule nous la révèle; cependant « elle dépend tellement de nos organes qu'elle paraît se confondre avec eux et tenir de la matière autant que de l'esprit. Elle n'est à proprement dire ni spirituelle ni matérielle; elle est un fait *animal*, et comme l'a observé un grand naturaliste, elle marque le point précis qui sépare l'animal de la plante. *Vegetalia vivunt; animalia* *vivunt et sentiunt* » (Franck, *Dict. des sc. phil.*, art. *Sensation*). La grande différence qui sépare la sensation du sentiment ne vient-elle pas de ce que la première affecte les organes autant que l'âme, tandis que le second est purement spirituel? Enfin le langage et l'opinion commune des hommes confirment cette nature inférieure de la sensation, soit en distinguant expressément les plaisirs du corps des plaisirs de l'esprit, soit en flétrissant l'épicuréisme comme une doctrine avilissante.

**Conditions de la sensation.** — Puisqu'elle accompagne l'exercice des sens, la sensation est soumise aux mêmes conditions physiques et physiologiques que ces derniers (Cf. *supra*, p. 48).

**Diverses espèces de sensations.** — Les sensations se divisent : 1° en externes et internes ; 2° en agréables et désagréables, auxquelles plusieurs ajoutent des sensations indifférentes.

SENSATIONS EXTERNES ET INTERNES. — On appelle sensations externes celles qui sont déterminées par une action des corps étrangers sur les organes extérieurs de nos sens. Elles se subdivisent en autant de classes qu'il y a de sens : autres sont les plaisirs ou les souffrances du goût, autres sont ceux de l'odorat ou de l'ouïe ; chacune de ces classes renferme même d'innombrables variétés. — Les sensations internes sont celles que provoquent les modifications intérieures de l'organisme : telle est la sensation de bien-être, soit générale, soit locale, que nous éprouvons lorsque l'ensemble de nos organes ou quelqu'un d'entre eux fonctionne régulièrement ; telles sont aussi les sensations pénibles si nombreuses et si variées qui, comme la faim, la soif, la fièvre, la goutte, la lassitude, révèlent un besoin normal ou un trouble accidentel.

SENSATIONS AGRÉABLES, DÉSAGRÉABLES, INDIFFÉRENTES. — Parmi les sensations il y en a incontestablement d'agréables et de pénibles, mais y en a-t-il d'indifférentes? Question très controversée à cause de l'équivoque des termes. Faisons tout d'abord disparaître cette équivoque en précisant la signification du mot *sensation*. L'entend-on, ainsi que nous l'avons fait, d'une émotion agréable ou pénible, d'un plaisir ou d'une douleur? La question est vidée par cette seule définition, il n'y a pas de sensation indifférente. Mais un grand nombre de philosophes n'ont pas donné à ce mot une signification aussi précise : ils ont appelé ainsi l'acte des sens, qu'il soit représentatif et affectif tout ensemble, ou simplement représentatif ou simplement affectif. Dans ce cas la question, pour être claire, doit se poser comme il suit : Nos sens s'exercent-ils quelquefois sans nous apporter ni plaisir ni douleur, en d'autres termes y a-t-il des perceptions que n'accompagne aucune émotion?

Nous croyons plus probable que tout acte des sens est en soi de nature à engendrer plaisir ou douleur, et que si nous n'éprouvons pas toujours ces émotions, cela vient de l'habitude ou de la distraction. Toute faculté renferme une tendance à se compléter et à se perfectionner par son acte, d'où il suit qu'elle doit jouir de l'objet qui lui convient, souffrir de celui qui ne lui convient pas. Une grande habitude survenant, le plaisir ou la douleur, surtout s'ils sont très faibles, tendent à disparaître : que de souffrances du toucher s'effacent de la sorte! Joignons à cela que dans un grand nombre de cas notre attention, attirée par l'objet que nous présentent les sens, s'éloigne de l'impression que cet objet nous cause, ce qui nous la dissimule.

En fait, il faut reconnaître que nos sens s'exercent souvent sans qu'il nous soit possible d'y trouver trace de plaisir ou de peine. Dans ce cas, dirons-nous, il y a perception, il n'y a pas sensation, ou si l'on préfère il y a sensation indifférente. Dieu l'a ainsi voulu afin de ne pas entraver les opérations intellectuelles dont ces perceptions sont le point de départ.

## ART. III. — Sensibilité intellectuelle.

De même que la sensibilité physique a pour mission de protéger le corps de l'animal, la sensibilité intellectuelle a pour but de provoquer le développement intellectuel et moral de l'être raisonnable. Les tendances qui s'y rapportent s'appellent désirs ou passions, suivant qu'elles restent ou non dans les bornes voulues, et les émotions auxquelles elles donnent lieu prennent le nom de sentiments. Les passions naissant du plaisir et le prenant pour terme de leurs efforts, nous en traiterons en dernier lieu.

## I. — *Désirs, affections.*

**Définition du désir.** — Les penchants déterminés par une connaissance intellectuelle s'appellent en général des désirs, et quand ils ont pour objet les personnes, ils prennent plus spécialement le nom d'affections. Le désir peut donc se définir : l'attrait que l'âme éprouve pour un bien intellectuellement connu.

**Désir et appétit.** — Le désir diffère de l'appétit sous plusieurs rapports : 1° l'appétit est provoqué par la simple perception des sens; le désir suppose une connaissance intellectuelle; 2° l'appétit est localisé dans un organe; le désir est un acte tout spirituel qui n'est jamais localisé, bien qu'il ait souvent un retentissement marqué dans le corps; 3° l'appétit est transitoire, il cesse de se faire sentir sitôt qu'il est assouvi; le désir est permanent, et loin de disparaître il ne fait que s'accroître par la possession de son objet.

**Classification des désirs.** — L'objet auquel conduit une tendance est ce qui la caractérise et la distingue de toute autre; c'est donc de leurs objets que doit se tirer la classification des désirs. Or ces objets forment quatre classes bien tranchées : le moi, nos semblables, Dieu et les objets de certaines idées métaphysiques. De là les inclinations personnelles, sociales, religieuses et métaphysiques.

Inclinations personnelles. — Nous appelons de ce nom toutes les inclinations qui ont pour objet notre bien propre, soit physique, soit moral. Malebranche les réduit avec raison au double amour de l'être et du bien-être. Les principales sont : l'amour de l'existence, celui du bien-être corporel ou des satisfactions de l'appétit, de la possession, de la supériorité, du pouvoir, de la louange, etc.

Inclinations sociales. — Les inclinations sociales sont les tendances que nous éprouvons à l'égard de nos semblables; elles sont bienveillantes comme les affections de famille, l'amitié, l'esprit de corps, le patriotisme, la philanthropie, la pitié, ou malveillantes comme la jalousie, le mépris, le dédain. Leur source commune est l'instinct de société qui nous rapproche comme malgré nous de nos semblables.

Inclinations métaphysiques. — On peut comprendre sous ce titre les attraits qui ont pour objet le vrai, le beau et le bien. — *Amour du vrai*. Nous sommes avides de connaître toutes choses, non seulement les lois de la nature, les propriétés utiles des minéraux et des végétaux, les événements instructifs recueillis par l'histoire, mais encore les faits les plus insignifiants, les propos les plus oiseux. A ce désir de connaître, peut se rattacher l'amour du merveilleux qui se plaît aux légendes, aux contes fantastiques, à toute intervention même la moins justifiée des êtres surnaturels dans les choses humaines. — *Amour du beau*. La beauté sensible ou intellectuelle est pleine de charmes pour nous, et cette inclination est la source féconde des nobles jouissances que nous offrent les arts. Elle n'est pas étrangère non plus à l'instinct de pudeur, dans lequel elle se combine avec certaines tendances morales. — *Amour du bien*. L'amour du bien moral occupe une place élevée parmi nos inclinations; c'est lui qui nous fait accorder à la vertu héroïque notre admiration enthousiaste, et poursuivre le crime de notre indignation la plus profonde; appliqué à nos propres actes, il produit les pures délices de la bonne conscience et les tortures déchirantes du remords.

INCLINATIONS RELIGIEUSES. — Les inclinations religieuses ont Dieu pour objet ; elles s'adressent à tous les rapports qui le rattachent à sa créature, à tous les attributs par lesquels se manifeste sa perfection infinie. Il n'en est pas de plus vivaces au cœur de l'homme, et en effet l'amour de notre fin dernière doit l'emporter en énergie sur celui de toute autre fin subordonnée, et survivre comme dernier remède et suprême espérance à toutes les déviations possibles de la nature.

## II. — *Sentiments.*

**Définition du sentiment.** — Le sentiment est l'émotion agréable ou pénible qui accompagne l'exercice de l'activité intellectuelle et morale.

**Le sentiment et la sensation.** — Le sentiment diffère de la sensation par sa cause, par sa nature et par le siège que lui assigne le sens intime.

La sensation a pour cause immédiate une modification organique et pour cause éloignée les conditions et les besoins de la vie corporelle. Aussi le développement de la sensibilité physique est-il indépendant de celui de l'intelligence : les sensations de l'enfant seront plus tard celles de l'homme fait et du vieillard, et elles sont à peu de chose près celles de l'animal. Le sentiment, au contraire, tire son origine des idées de l'intelligence et se rattache aux conditions de notre vie morale. C'est pourquoi il croît et varie avec elle : toute modification dans nos idées entraîne une modification analogue dans nos sentiments. Les sentiments moraux, par exemple, qui présupposent l'idée du bien et sa distinction d'avec le mal, gagnent en vivacité et en profondeur, à mesure que la loi morale mieux appréciée s'impose à nous avec plus d'autorité. De même les affections des hommes pour leurs semblables varient singulièrement avec l'opinion qu'ils se font les uns des autres.

Mais c'est surtout par leur nature intime que le sentiment et la sensation diffèrent l'un de l'autre ; et bien que le langage soit impuissant à rendre cette différence, elle n'en est pas moins connue de tous. Personne n'est tenté de confondre la jouissance que lui procure la vérité connue ou le bien accompli avec celle qu'il éprouve en écoutant une agréable harmonie ou en respirant un doux parfum. Pour les distinguer en quelque manière, Bossuet conseille de réserver aux jouissances et aux peines du sentiment les noms de *joies* et de *tristesses*, et d'appeler *plaisirs* et *douleurs* les jouissances et les souffrances de la sensation.

Une troisième différence entre le sentiment et la sensation consiste en ce que nous localisons cette dernière, tandis que nous ne le faisons jamais pour le sentiment. C'est dans mon corps et dans telle partie du corps que j'éprouve le plaisir et la souffrance, c'est dans mon âme seule que je ressens la joie et la tristesse.

**Classification des sentiments.** — Les émotions du sentiment varient avec les causes qui les font naître, c'est-à-dire avec les divers penchants intellectuels. Les nuances qui les séparent intéressant peu la science, nous nous contenterons de dire qu'il y a autant d'espèces de sentiments qu'il y a d'espèces de désirs.

## III. — *Passions.*

**Définition de la passion.** — Le mot *passion* a souvent reçu dans la langue philosophique une acception plus étendue que celle que l'usage lui a de tout temps assignée dans le langage commun. L'école cartésienne entre autres le prend comme synonyme de désir ou de penchant intellectuel, et l'oppose à l'appétit. Il nous semble préférable de nous conformer à l'usage général et de donner à ce mot une signification beaucoup plus restreinte. Nous définirons donc la passion : une inclination devenue violente et exclusive, qui tend à entraîner l'âme sans réserve à la poursuite d'un plaisir imaginaire.

**Caractères de la passion.** — Les caractères de la passion ressortent de la définition qui vient d'en être donnée. — 1° La passion est violente; qui ne connaît ses emportements et ses excès? Torrent dévastateur, elle emporte dans son cours tumultueux les richesses accumulées pendant de longues années de laborieux efforts et d'activité sagement réglée, pour ne laisser après elle que désolation et ruines. — 2° Exclusive et jalouse, elle ne peut supporter de rivale et prétend régner seule; c'est pourquoi elle fait taire ou se subordonne toutes les autres inclinations, et se sacrifie impitoyablement les intérêts les plus chers et les joies jusque-là les plus goûtées de celui qui s'est fait son esclave. — 3° Elle est toute relative au plaisir : née de lui, elle ne convoite que lui seul, ne se nourrit que de son espérance, ne s'échauffe et ne s'enflamme qu'en s'exagérant ses attraits. Elle est donc profondément égoïste. — 4° Enfin elle est durable : quand une fois elle s'est implantée dans une âme, elle y jette des racines si profondes qu'il devient presque impossible de l'en extirper.

**Formation progressive de la passion.** — Toute passion a son origine dans une inclination naturelle dont elle n'est que l'exagération ou la déviation, et voici dans quelles circonstances et par quel concours de nos facultés s'opère cette transformation regrettable.

SES CAUSES ÉLOIGNÉES. — Il faut d'abord que certaines conditions physiques, intellectuelles et morales préparent, pour ainsi dire, à la passion le sol où elle germera et l'atmosphère propre à la nourrir. Ces diverses circonstances, que l'on peut appeler les causes éloignées de la passion, ne la produisent pas, mais elles y prédisposent ou bien elles rendent au contraire son développement plus difficile. Les principales sont : la constitution physique et tout ce qui la modifie, comme l'âge, le régime, le climat; la sensibilité plus ou moins vive; l'imagination plus ou moins ardente; les habitudes, surtout celles d'éducation; le milieu intellectuel et moral qui résulte des exemples quotidiens, des conversations habituelles, des lectures préférées; la profession, etc. De ces causes, les unes dépendent de la volonté qui peut les prévenir ou les écarter; les autres sont imposées à chacun par la nature, sans qu'il puisse faire autre chose que de les affaiblir par une lutte persévérante.

Ses causes prochaines. — Les causes prochaines de la passion se trouvent dans notre coopération personnelle; nos passions sont notre œuvre, et c'est par la réflexion, l'habitude et l'imagination que nous les formons.

*Réflexion.* — Après que nous avons expérimenté le plaisir dans l'exercice de l'un des modes de notre activité, si nous faisons de ce plaisir l'objet fréquent de notre pensée, nous concevons de plus en plus vivement son agrément et sa douceur et notre désir s'en accroît d'autant.

*Habitude.* — Cédons-nous à ce désir, nous procurons-nous à plusieurs reprises la jouissance qu'il convoite? Une habitude ne tarde pas à se former et, avec elle, un besoin impérieux succède au simple désir.

*Imagination.* — Enfin l'imagination vient ajouter ses vives couleurs à cet objet déjà trop séduisant. A ces charmes réels elle en ajoute de fictifs : elle exagère ses qualités, nous voile ses défauts et le fait tellement grandir dans notre pensée, qu'elle nous présente sa possession comme la condition indispensable et d'ailleurs suffisante de notre bonheur parfait. De là les ardeurs fébriles, les espérances enthousiastes, les désespoirs insensés et toutes les émotions poignantes qui accompagnent la passion ; de là les sacrifices inouïs qu'elle s'imposera au besoin pour obtenir ce bonheur chimérique, objet de ses rêves, et qui, croit-elle, doit à lui seul lui tenir lieu de tout.

C'est ainsi que nourri par l'habitude, accru par une préoccupation constante, exalté par l'imagination, le désir se transforme en passion et conduit l'homme aux plus honteux et aux plus funestes excès.

**Classification des passions.** — Les plus célèbres classifications des passions sont celle des anciens reproduite par Bossuet, celle de Descartes et celle de Spinoza.

**Classification de Bossuet.** — Bossuet compte onze passions principales : six qu'il rapporte à l'appétit concupiscible, et qui sont l'amour et la haine, le désir et l'aversion, la joie et la tristesse ; et cinq qu'il comprend sous le nom d'appétit irascible, à savoir : le courage et la crainte, l'espérance et le désespoir, et enfin la colère. Les premières supposent seulement pour s'éveiller la présence ou l'absence de leur objet ; les secondes y ajoutent la difficulté. Toutes se ramènent finalement à l'amour. — Cette classification présente plutôt une analyse des caractères généraux de la passion qu'une classification des passions elles-mêmes. Il n'est pas une seule passion qui n'ait ses amours, ses haines, ses désirs, ses joies et ses tristesses, pas une qui ne puisse provoquer des actes audacieux, des mouvements de colère ou de désespoir. Ce ne sont donc pas là des passions particulières, ce sont plutôt les émotions qui accompagnent toute passion et la manifestent au dehors. Un second défaut de cette classification est de confondre l'inclination naturelle avec la passion : l'amour, le désir sont en soi de simples inclinations qui peuvent n'avoir rien de passionné. Mais il est parfaitement vrai, comme le marque Bossuet, que l'amour est la racine de toutes les passions, ou mieux encore la faculté d'en avoir.

**Classification de Descartes.** — Descartes n'admet que sept passions principales : l'admiration, l'amour, la haine, le désir, l'aversion, la joie et la tristesse. — Cette classification est sujette aux mêmes reproches que celle de Bossuet ; elle donne comme des passions de simples émotions, l'étonnement, la joie et la tristesse, ou des inclinations premières et très générales, l'amour, le désir et leurs contraires. De plus elle a le tort de mettre en première ligne l'admiration ou l'étonnement, que ne présupposent point nécessairement la jouissance et la souffrance, ni par conséquent l'amour et la haine. Descartes se fonde sur ce qu'un objet peut nous causer de l'admiration, avant que nous sachions s'il nous est convenable ou non, et dès lors s'il nous sera agréable ou pénible ; la réciproque n'est pas moins vraie : souvent un objet nous cause plaisir ou souffrance sans que nous ayons eu lieu de l'admirer; ainsi en est-il de l'enfant qui savoure le lait dont il se nourrit.

**Classification de Spinoza.** — Spinoza réduit encore le nombre des passions primitives; il n'en compte que trois : le désir qui est une tendance de l'âme à demeurer dans son état, la joie et la tristesse qui résulte d'un accroissement ou d'une diminution de la perfection du corps. — Encore une fois le désir est le nom générique des inclinations, la joie et la tristesse sont des émotions, et ni les unes ni les autres ne sont à confondre avec les passions. De plus, loin de tendre au repos, le désir est un principe de mouvement et d'action. Enfin la joie et la tristesse sont relatives à l'âme et non au corps.

**Notre classification.** — Il nous semble plus naturel d'adopter pour les passions la même classification que pour les inclinations ou désirs. Toute inclination primitive sans exception peut en effet devenir violente, c'est-à-dire passionnée : le désir des aliments dégénère en gourmandise; l'instinct de la propriété, en avarice; l'amour des honneurs, en ambition, et ainsi des autres tendances de notre nature. Il y a donc autant de passions spéciales que d'inclinations, et il convient de les grouper de la même façon que ces dernières (Cf. *supra*, p. 150).

**Appréciation morale des passions.** — La valeur morale des passions et la conduite qu'il convient de tenir à leur égard ont été l'objet d'ardents débats chez les philosophes anciens. Les stoïciens les proscrivaient comme contraires à la nature et à la raison, et du même coup ils excluaient les inclinations naturelles d'où elles procèdent. Plus d'attraits ni de répugnances, plus d'émotions agréables ou pénibles; la froide raison toute seule guidant la volonté libre avec un calme que rien ne vient altérer, tel était leur idéal de la nature humaine et le but impossible qu'ils proposaient aux efforts du sage. — Les épicuriens, dont le plaisir était le but avoué, légitimaient non seulement les tendances innées, mais les passions elles-mêmes. — Les péripatéticiens cherchaient à garder une juste mesure entre ces deux opinions extrêmes; il admettaient l'usage modéré des passions et en rejetaient l'abus.

Toutes ces écoles oubliaient de distinguer les penchants primitifs de la nature des passions ou déviations de ces tendances naturelles. Les premiers ne nous sont pas imputables puisqu'ils ne dépendent pas de notre volonté; d'ailleurs ils sont tous bons puisqu'ils nous sont donnés en vue de notre développement physique, intellectuel et moral. Les secondes, qui se vicient en changeant de direction, qui bouleversent l'ordre voulu par le Créateur en prenant pour *terme* le plaisir, ne sauraient être louées ou acceptées à aucun degré. Ce sont de véritables maladies de l'âme avec lesquelles on ne peut faire la paix, et qu'il faut à tout prix extirper ou empêcher de naître.

# TROISIÈME PARTIE.

## VOLONTÉ.

---

## CHAPITRE X.

### Activité, volonté, liberté.

---

ART. I. — De l'activité et de ses modes.

### I. — *Définitions*.

**Activité.** — Agir, c'est être cause; et comme un être purement passif et dépourvu de toute causalité est impossible, l'activité est une propriété commune à tous les êtres. Ce n'est même pas à proprement parler une propriété, c'est plutôt l'être lui-même : la force en effet ou causalité s'identifie avec l'être; tout être est une force et il est être dans la mesure même où il est force. Ainsi en est-il spécialement de l'âme : la conscience nous la présente comme une force qui se déploie en divers sens, comme une cause douée d'aptitudes variées et produisant par suite différents ordres d'effets, en sorte que toutes ses facultés ne sont que les aspects multiples de sa causalité ou de son activité. On a donc tort de prendre, comme on le fait quelquefois, le mot *activité* comme synonyme de volonté, et d'en faire une faculté spéciale au même titre que l'intelligence et que la sensibilité. La volonté est bien la faculté qui mérite le mieux le nom de puissance active, parce que seule elle agit d'elle-même et dirige à son gré son action; mais toutes les autres facultés sont actives aussi, quoique d'une manière moins parfaite.

**Ses modes.** — Notre activité se produit sous trois formes distinctes : elle est instinctive, habituelle ou libre. Chacune de ces formes mérite une étude spéciale.

## II. — *Instinct.*

**Définition de l'instinct.** — L'instinct (ἐν, *dans* — στίζειν, *piquer*) est une excitation intérieure à produire certains actes, sans connaissance du but auquel ils conduisent ni des motifs qui les recommandent.

**Ses caractères.** — Étudions d'abord ses caractères, ils nous aideront à reconnaître sa nature et son principe. L'impulsion instinctive se montre constamment à nous comme irréfléchie, innée, impersonnelle, irrésistible, infaillible, spéciale.

IRRÉFLEXION. — Les actes que l'instinct provoque ont sans aucun doute un but très précis auquel ils sont rigoureusement proportionnés, mais l'animal les exécute sans se rendre compte ni du but qu'il va atteindre, ni de la valeur des moyens qu'il emploie. Est-ce que l'abeille s'est tracé d'avance le plan de l'alvéole qu'elle construit, et la fourmi a-t-elle prévu l'hiver quand elle amasse ses réserves ? L'oiseau captif qui trouve à sa portée quelques matériaux insuffisants, n'ébauche-t-il pas un nid informe auprès de la chaude demeure préparée à ses petits par une main prévoyante, et le castor ne construit-il pas ses digues alors même qu'il est mis à l'abri de tout besoin ?

INNÉITÉ, IMPERSONNALITÉ, NÉCESSITÉ. — L'instinct est inné : l'animal ne s'essaye pas à l'action, il ne s'y forme pas progressivement, et ses travaux ont dès le premier jour une perfection qui n'a rien à attendre du temps ni de l'expérience. C'est pour cela qu'il est aussi impersonnel et irrésistible. Élément nécessaire de telle constitution, de telle nature qui ne pourrait se conserver sans lui, il se retrouve parfaitement identique chez tous les individus de la même espèce, et les pousse irrésistiblement à une action rigoureusement uniforme. Les descriptions d'Aristote et de Pline n'ont en vieillissant rien perdu de leur vérité, et se vérifient exactement sur les mœurs des animaux de notre temps.

INFAILLIBILITÉ. — La sûreté de l'instinct ne laisse rien à désirer; il atteint son but avec une précision que l'art le plus consommé pourrait lui envier.

SPÉCIALITÉ. — Enfin, l'instinct n'est pas une faculté générale commune à tous les animaux; les instincts sont innombrables, ils varient avec les espèces et les conduisent à des fins très spéciales. Chaque espèce d'oiseaux a son nid particulier, différent de tous les autres par sa forme, ses matériaux, sa position et quelquefois son orientation; les frelons et les abeilles ne construisent pas leurs rayons sur un même modèle, et chaque gîte, chaque terrier, révèle par sa disposition spéciale la nature de son habitant.

**Sa nature.** — Recherchons maintenant en quoi consiste et d'où procède cette impulsion mystérieuse qui s'appelle instinct. Les avis sont assez partagés :

1° Montaigne l'identifie avec l'intelligence et plusieurs modernes partagent son opinion, du moins en ce qui concerne les instincts de l'homme. La seule différence qu'ils aperçoivent entre ces deux facultés consiste dans la rapidité plus ou moins grande avec laquelle l'acte est accompli. L'instinct, disent-ils, est une raison qui vole, et la raison, un instinct qui se traîne. En d'autres termes, si la délibération qui accompagne tout acte de l'être intelligent est instantanée, on appelle cet acte instinctif; si elle est assez longue pour se laisser apercevoir, on attribue le même acte à l'intelligence. — Cette opinion est insoutenable, l'intelligence ayant des caractères diamétralement opposés à ceux de l'instinct. L'instinct, avons-nous dit, est irréfléchi, invariable, infaillible, spécial. Or, le propre de l'être intelligent est d'agir avec finalité et choix de moyens; son activité essentiellement progressive se perfectionne avec le temps, sans jamais parvenir à la précision de l'acte instinctif, mais il trouve une large compensation dans l'emploi varié de son entendement, qui se plie aux œuvres les plus diverses et n'exclut aucun genre de travail.

2° Descartes s'appuie avec raison sur la grande perfection des actes de l'instinct pour le distinguer de l'intelligence ; autrement, dit-il, les animaux seraient plus intelligents que l'homme. Mais il en conclut à tort qu'il faut l'attribuer à l'organisme et n'y voir qu'une force purement mécanique. — Ce sentiment n'est pas plus admissible que l'automatisme des bêtes, qui en est la conséquence rigoureuse.

3° Locke et Condillac expliquent l'instinct par une habitude contractée lentement et au besoin par plusieurs générations successives. C'est un fait d'expérience, disent-ils, que la réflexion préside d'abord à la naissance des habitudes, et que peu à peu elle s'amoindrit et finit par disparaître complètement. Tout acte fait sans réflexion est donc un acte habituel. — La disparition progressive de la réflexion dans l'acte habituel est incontestable ; mais d'autre part, l'innéité et l'invariabilité de l'instinct contrastent trop avec la formation successive et la variabilité de l'habitude pour qu'on puisse ramener le premier à la seconde.

4° D'autres philosophes font de l'instinct une faculté originale et lui donnent pour objet exclusif certains actes de la vie organique, par exemple, chez l'homme la succion, la déglutition, etc. — Le sens usuel et philosophique du mot *instinct* ne permet pas de le restreindre aussi notablement.

5° Enfin plusieurs regardent l'instinct comme un des modes généraux de l'activité, particulièrement visible par les actes de l'activité motrice, mais non moins réel dans les autres facultés. Toutes nos capacités, dit Jouffroy, ont deux modes de développement : ou bien elles se développent en vertu des lois fatales de la nature humaine, comme il arrive à l'origine et toutes les fois que la volonté cesse de les gouverner, ou bien elles se développent sous la direction du pouvoir personnel, qui s'en empare comme un ouvrier de ses instruments. Le premier mode spontané et fatal de notre activité, sous toutes ses formes et dans toutes ses directions, est ce qu'on appelle instinct. L'instinct ou plutôt les instincts ne diffèrent pas dans ce cas des tendances primitives, fondement de la sensibilité. Nous nous rangeons à cette dernière opinion, qui nous semble suffisamment explicative de tous les faits instinctifs.

**Son but.** — L'instinct a pour but de suppléer l'intelligence ; c'est pourquoi il semble toujours être en raison inverse de cette dernière. Dieu, par exemple, en refusant l'intelligence à l'animal, a multiplié en lui les tendances naturelles qui devaient pourvoir à sa conservation. Il en a au contraire diminué le nombre dans l'homme, parce qu'il lui a donné avec l'intelligence un instrument général capable à lui seul d'atteindre les fins multiples de nombreux instincts. Dans l'espèce humaine les instincts ne peuvent varier en nombre, puisque les tendances primitives sont les mêmes chez tous les individus. L'enfant n'a donc pas plus d'instincts que l'adulte ni le sauvage plus que l'homme civilisé ; mais, comme toutes les fois que l'intelligence se repose ou s'obscurcit l'action fatale des penchants reprend son indépendance, et en se produisant seule, se manifeste plus clairement, l'instinct semble encore croître et décroître en raison inverse du développement intellectuel.

## III. — *Habitude.*

**Définition de l'habitude.** — Étymologiquement le mot *habitude* (*habitudo, habere*; ἕξις, ἔχειν) signifie une prise de possession, un acte par lequel on s'approprie quelque chose, et telle est en effet sa nature. Elle se définit : une disposition ou manière d'être qui naît de la répétition des mêmes actes ou d'une situation prolongée. Cette disposition consiste dans une tendance et une facilité plus grandes à reproduire l'acte devenu habituel.

**Ses caractères.** — L'habitude est acquise : fruit de notre propre activité et non de notre constitution, elle est notre œuvre, tandis que l'instinct est celle de la nature. — Elle est ordinairement réfléchie à son origine, ce qui la rend susceptible de valeur morale. — Elle est variable : d'abord faible et aisée à détruire, elle se fortifie peu à peu, se transforme, pour ainsi dire, en une seconde nature et devient extrêmement difficile à extirper. — Cependant, quelque enracinée qu'elle soit, elle cède toujours à des efforts suffisamment énergiques et peut même faire place à une habitude contraire. Par tous ces caractères elle se distingue de l'instinct.

**Ses lois.** — Les habitudes peuvent se diviser en deux grandes classes, les habitudes passives et les habitudes actives. Les premières sont relatives aux émotions de la sensibilité, les secondes aux actes des autres facultés ; les unes et les autres ont des lois différentes.

Appliquée à la sensibilité, l'habitude en affaiblit les émotions : elle émousse nos plaisirs et nos souffrances, nos joies et nos douleurs. C'est elle, sous le nom de temps, qui allège nos chagrins les plus cuisants, et qui finit même par nous rendre aimable et presque nécessaire ce qui de prime abord nous avait été antipathique : *Subit quippe etiam ipsius inertiæ dulcedo ; et invisa primo desidia, postremo amatur* (Tacite). C'est elle aussi qui introduit la satiété dans toutes nos jouissances et qui nous oblige à varier nos plaisirs. Cependant, quand l'activité qui produit le plaisir est périodique au lieu d'être continue, l'habitude augmente la jouissance et contribue puissamment à former la passion.

Quant aux puissances actives, l'habitude les développe toujours au lieu de les amoindrir. Ses effets sont alors la facilité, la perfection, la propension et l'irréflexion. Qu'elle soit intellectuelle et morale ou purement physique, notre activité acquiert par l'exercice une perfection et une rapidité étonnantes. En même temps que l'aptitude, naît une propension à reproduire ce que l'on exécute facilement et bien. Enfin ces mêmes actes qui ne coûtent presque plus aucun effort, n'exigeant plus une surveillance attentive de l'intelligence, deviennent bientôt spontanés et irréfléchis et se rapprochent des actes instinctifs.

**Son utilité et ses dangers.** — Les avantages de l'habitude sont immenses. Sans elle nos facultés toujours novices ne se développeraient pas : nos sens réduits à leurs perceptions naturelles ne s'enrichiraient point de ces innombrables associations que l'on appelle perceptions acquises ; l'observation interne, toujours pénible et combattue par les impressions extérieures, ne nous livrerait pas le secret de notre âme ; les abstractions de la métaphysique, des mathématiques, de la morale elle-même, demeureraient inaccessibles à la raison ; la mémoire resterait sans souvenirs, et nos organes, instruments indociles, ne se prêteraient ni à la parole ni au travail. Puisque c'est par elle que l'homme se développe, c'est par elle aussi qu'il perfectionne ses semblables au moyen de l'éducation ; celle-ci n'a d'autre but que de façonner l'enfant à de bonnes habitudes physiques, intellectuelles et morales. L'industrie exploite l'habitude par la division du travail, et l'artiste lui demande l'habileté de main et de coup d'œil dont il a besoin pour faire prendre corps à son idée. Enfin les peuples et les individus lui doivent leurs bonnes coutumes et leurs vertus.

Malheureusement l'habitude n'est pas moins puissante pour le mal que pour le bien. Si elle engendre les vertus, elle produit aussi les vices et elle augmente la puissance de notre activité naturelle, même quand nous lui donnons une direction funeste. De plus en facilitant l'action, elle introduit la routine et efface la personnalité. C'est donc une arme à deux tranchants servant à double fin, et dont il importe de n'user qu'à bon escient ; c'est un auxiliaire non moins dangereux qu'utile qu'il faut surveiller sévèrement.

## ART. II. — Volonté et liberté.

### I. — *Définitions*.

**Volonté.** — La volonté est la faculté que nous avons de nous déterminer avec réflexion à la poursuite de ce que nous regardons comme notre bien. On pourrait également dire quelle est la faculté d'acquiescer ou non à nos désirs. L'intelligence nous montre ce qui à différents titres est notre bien ; aussitôt nos désirs s'y portent, entraînant plus ou moins après eux nos autres puissances ; alors survient la volonté qui ratifie le désir, et s'emparant des autres principes d'actions, les applique autant qu'il dépend d'elle à le réaliser, ou bien elle le rejette et tient dans la réserve les autres facultés. La volonté est donc en nous la puissance maîtresse qui gouverne tout le reste et qui donne à chaque individu son véritable caractère. Forte et puissante, elle utilise les moindres ressources et sait en tirer un merveilleux parti ; faible et sans énergie, elle laisse s'engourdir les facultés les mieux douées et dépérir les plus beaux dons. Les actes des autres puissances ne concourent à la fin de l'homme qu'autant que la volonté se les approprie en les agréant ; repoussés par elles, ils demeurent non avenus et perdent toute leur valeur morale. Les actes de la volonté sont donc les seuls qui directement et par eux-mêmes approchent l'homme de sa fin ou l'en éloignent ; eux seuls composent sa véritable vie, sa vie morale, et à ce titre réclament du psychologue non moins que du moraliste une étude attentive.

**Son objet.** — La volonté a pour objet exclusif nos propres actes dans la mesure où ils sont soumis à son empire. Elle diffère en cela du désir, ainsi que Reid l'a fort bien remarqué. Le désir, dit-il, peut avoir pour objet soit un chose ou un évènement, soit l'action d'autrui, soit des actes personnels qui ne sont pas en notre pouvoir. Je puis désirer un aliment, une boisson, désirer que le temps soit beau et les récoltes abondantes, qu'un ami s'illustre au barreau ou à la guerre, que la visite de la lune ou toute autre planète me soit possible; je ne puis raisonnablement vouloir aucune de ces choses.

**Son caractère, liberté.** — Le caractère distinctif de la volonté est la liberté, c'est-à-dire que la volonté a elle-même l'initiative et le choix de ses déterminations. Cette prérogative lui est tellement essentielle que la lui refuser serait la détruire et la confondre soit avec l'intelligence, soit avec l'inclination. En effet, si ce sont les motifs qui déterminent fatalement la volonté, pourquoi n'exerceraient-ils pas directement sur les autres facultés l'action efficace qu'on leur suppose vis-à-vis de la volonté? Cette dernière n'est donc plus qu'un intermédiaire superflu, que rien n'autorise à introduire dans l'âme; les motifs qui commandent l'acte et les facultés qui l'exécutent, voilà tout ce qui reste légitimement; la volonté a disparu et l'intelligence a pris sa place. Si c'est au désir que l'on accorde cette influence nécessitante, une conséquence analogue s'impose avec plus d'évidence encore. Une volonté sans liberté ne diffère en rien du désir; pourquoi donc exiger le concours de ce double principe dans la production de nos actes? Si, par exemple, le désir que j'ai de parler détermine fatalement ma volonté à le vouloir, le désir et la faculté motrice ne suffiront-ils pas à expliquer ma parole, sans que la volonté vienne s'intercaler entre l'acte de parler et le désir que j'ai de le produire? Il sera donc logique de supprimer la volonté ou d'en faire avec Condillac un simple mode du désir, « un désir absolu, déterminé par l'idée qu'une chose est en notre pouvoir. » La volonté est donc libre ou bien elle n'existe pas.

**Différentes sortes de libertés.** — Avant de prouver que la volonté est libre, nous devons distinguer plusieurs sortes de libertés et indiquer celle qui lui convient. On compte trois libertés principales : la liberté physique ou d'action, la liberté civile et politique, et la liberté morale ou libre arbitre.

La liberté physique est le pouvoir d'agir et de se mouvoir sans obstacle et sans contrainte. Un agent étranger se saisit de mon bras et le meut malgré la résistance de ma force motrice, ou bien neutralise l'effort que je fais pour le mouvoir; son action est une contrainte qui me prive de la liberté physique. Cette liberté ne concerne donc que l'exécution extérieure d'un acte commandé par la volonté; elle ne s'applique pas à la volonté elle-même.

La liberté civile est la faculté que possède l'homme d'exercer certains droits inhérents à sa nature. Tout homme, par exemple, est naturellement maître de sa personne et de ses biens; père de famille, il a également des droits imprescriptibles sur ses enfants. L'ordre et le bien public peuvent exiger la réglementation par l'État de ces différents droits, mais une législation qui les restreindrait au delà des limites strictement exigées par l'utilité commune serait injuste et oppressive.

La liberté politique est la faculté d'exercer certains droits concédés aux citoyens par la constitution politique de la société à laquelle ils appartiennent : droit de régler et de contrôler l'emploi des fonds communs, droit d'intervenir dans les conventions commerciales passées avec les sociétés étrangères, et par là même, droit de déléguer des représentants pour agir au nom de tous. Les droits de cette nature qu'il convient d'accorder aux membres d'une société politique varient avec les circonstances, mais on ne pourrait considérer comme normal un ordre de choses où ils leur seraient complètement refusés.

Enfin la liberté morale ou libre arbitre est la faculté que possède la volonté de *se* déterminer elle-même sans être soumise à aucune nécessité. Pour que cette liberté existe il faut que la volonté soit vraiment la cause de ses déterminations, qu'elle s'y porte d'elle-même et qu'elle ait le pouvoir très réel de résister aux sollicitations les plus pressantes des désirs de la sensibilité, des motifs plus élevés de l'intelligence, et enfin de la grâce divine elle-même. Ainsi, ne dépendre que de soi dans la production de ses actes, voilà ce que nous appelons liberté morale ou libre arbitre, et c'est cette liberté que nous attribuons à la volonté.

## II. — *Analyse de l'acte libre.*

**Éléments de l'acte libre.** — Quand on parle d'analyser l'acte libre, il ne saurait être question de l'acte propre de la volonté ou de la détermination qui, éminemment simple, est absolument indécomposable. On entend alors sous le nom d'acte libre un ensemble complexe formé des antécédents obligés de la détermination, de la détermination elle-même et de son conséquent immédiat, toutes choses qui s'unissent en effet si étroitement les unes aux autres qu'elles forment en réalité une même opération. Ainsi envisagé, l'acte libre comprend quatre éléments : la conception, la délibération, la détermination et l'exécution.

**Conception.** — La conception a pour objet le *but* et les *moyens*. L'activité volontaire se distingue surtout de l'activité instinctive en ce qu'elle est précédée d'une vue plus ou moins claire du but auquel elle tend. A la conception du but se joint celle des moyens qui pour être efficaces doivent lui être strictement coordonnés. Le premier antécédent de la détermination est donc la connaissance d'un but à poursuivre et de moyens propres à le faire atteindre, et c'est là ce que l'on appelle conception.

**Délibération.** — A ce moment interviennent les *motifs*, c'est-à-dire les raisons d'agir ou de ne pas agir. Quelque claire en effet que soit la conception d'un but, quelque réalisables que paraissent les moyens de l'atteindre, ils ne provoquent aucune détermination si les motifs font défaut.

Ces motifs sont de deux ordres : les désirs de la sensibilité et les conceptions de la raison, en d'autres termes, l'attrait du plaisir ou de l'intérêt et les conseils ou les ordres de la conscience auxquels se joint aussi toujours un certain attrait du bien. L'esprit les accueille ou même les recherche, il les compare en cas d'opposition, apprécie leur valeur relative et porte finalement ce jugement pratique : J'ai ou je n'ai pas une raison suffisante d'agir et de préférer tel parti à tel autre. La perception des motifs et leur appréciation comparative constituent la délibération, deuxième antécédent de la détermination.

**Détermination.** — Ces préliminaires étant posés, la volonté peut à son gré se déterminer ou suspendre sa résolution; mais si elle se détermine, c'est à ce moment qu'elle le fait en disant : Je veux ou je ne veux pas.

**Exécution.** — Après quoi, soit immédiatement soit à tout autre moment jugé plus opportun, elle commande aux autres facultés l'exécution de ce qu'elle a résolu. Ainsi s'achève l'acte libre.

**Nécessité de tous ces éléments.** — Les quatre éléments que nous venons de signaler sont faciles à apercevoir dans les actes libres ordinaires; ils sont moins évidents dans ceux que l'enthousiasme ou une sorte d'inspiration soudaine fait accomplir. La délibération est alors si rapide qu'elle semble ne pas avoir lieu; aussi plusieurs philosophes nient-ils dans ce cas son existence. Cousin est de ce nombre.

Théorie de Cousin. — Cousin distingue deux libertés : une liberté réfléchie, qui est propre à la *volonté* et qu'il appelle libre arbitre, ou une liberté sans délibération qui est propre à la *spontanéité* et qu'il nomme liberté. Le libre arbitre, c'est la volonté qui délibère entre plusieurs partis possibles et qui se détermine pour l'un d'eux avec conscience de pouvoir embrasser le parti contraire. La liberté est un élan rapide qui s'échappe à lui-même et laisse à peine une trace dans les profondeurs de la conscience. Cependant cet élan est libre; il constitue même la liberté la plus parfaite, la seule qui convienne à Dieu et aux actes les plus parfaits de l'homme. « Il est, dit-il, de rares et sublimes moments où la liberté est d'autant plus grande qu'elle paraît moins aux yeux d'une observation superficielle. J'ai cité souvent l'exemple de d'Assas. D'Assas n'a pas délibéré, et pour cela d'Assas était-il moins libre et n'a-t-il pas agi avec une entière liberté? Le saint qui, après un long et douloureux exercice de la vertu, en est arrivé à pratiquer comme naturels les actes de renoncement à soi-même qui répugnent le plus à la faiblesse humaine; le saint, pour être sorti des contradictions et des angoisses de cette forme de la liberté qu'on appelle la volonté, est-il donc tombé au-dessous, au lieu de s'être élevé au-dessus, et n'est-il plus qu'un instrument aveugle et passif de la grâce, comme l'ont voulu mal à propos, par une interprétation excessive de la doctrine augustinienne, et Luther et Calvin? Non, il reste libre encore; loin de s'être évanouie, sa liberté en s'épurant s'est élevée et agrandie; de la forme humaine de la volonté elle a passé à la forme presque divine de la spontanéité » (Cousin, *Fragm. de phil. contemp.*).

Réfutation. — Cette théorie de Cousin est de tout point inacceptable : elle confond les nations les plus opposées, elle enlève leur mérite aux actes les plus sublimes, elle donne comme spontanés des actes qui sont délibérés, enfin elle n'est pas plus applicable à Dieu qu'à l'homme.

L'acte spontané est irréfléchi et fatal. Cousin le reconnaît, « il s'échappe à lui-même et laisse à peine une trace dans les profondeurs de la conscience. » Or l'acte libre implique réflexion et possibilité de le poser ou de s'en abstenir. Comment donner au même acte des caractères si opposés? — Si le héros ne voit pas avec le but qu'il poursuit, les raisons de convenance morale qui le lui recommandent et celles d'intérêt qui l'en détournent, que devient son sacrifice? Où se trouvent son héroïsme et son mérite? — L'exemple des saints qui font sans hésitation les actes les plus répugnants à la nature ne prouve pas la thèse. Les saints se sont habitués à céder aux ordres du devoir, aux conseils de la vertu, et voilà pourquoi ils obéissent à ces motifs sitôt que ceux-ci se présentent à eux; leurs actions demeurent donc délibérées après qu'ils se sont rendus maîtres des soulèvements de la nature. — Enfin, si les hésitations de la délibération n'existent pas en Dieu, ses actes sont toujours éclairés par la connaissance parfaite des motifs qui le font agir. Donc l'appréciation des motifs ou la délibération est un antécédent obligé de tout acte libre.

**A quels principes ils se rapportent.** — Toutes les facultés de l'âme concourent à l'acte libre tel que nous l'avons décrit, et il importe d'attribuer exactement à chacune d'elles ce qu'elle fournit, pour savoir au juste où se trouve la liberté et ne pas s'exposer à la nier parce qu'on ne la voit pas là où en effet elle ne peut pas être. L'intelligence revendique à elle seule la conception et la délibération; il est vrai que les désirs, qui forment le plus grand nombre des motifs, procèdent de la sensibilité; mais c'est l'intelligence qui les compare avec les motifs rationnels du devoir et qui se prononce par un jugement sur leur valeur relative. L'exécution dépend ordinairement de la faculté motrice ou de quelque autre faculté de l'âme différente de la volonté. Reste la détermination ou résolution qui est l'acte propre de cette dernière faculté.

**Lequel comporte la liberté.** — La liberté, étant le caractère distinctif de la volonté, ne peut appartenir qu'aux actes volontaires; il en résulte que ce n'est ni dans la conception, ni dans la délibération, ni dans l'exécution qu'il faut la chercher, et que de tous les éléments de l'acte libre, la détermination en est seule susceptible. Prouvons maintenant qu'elle la possède en effet.

### III. — *Démonstration de la liberté.*

Les déterminations ou résolutions de la volonté humaine sont libres. Deux sortes de preuves, l'une *directe*, les autres *indirectes*, démontrent cette vérité.

**Preuve directe.** — Sommes-nous *libres?* Pouvons-nous, à notre gré, prendre telle ou telle décision, y renoncer, la reprendre sans qu'aucune force intérieure et extérieure nous y contraigne, sans qu'on puisse lui assigner d'autre raison prochaine et déterminante que notre bon plaisir? — L'existence d'un tel pouvoir est du ressort de la conscience; elle seule est capable de le constater, et son témoignage est l'unique preuve directe qu'il soit possible d'en apporter. Ce témoignage, elle le donne avec toute la clarté désirable : « Que chacun de nous, dit » Bossuet, s'écoute et se consulte soi-même ; il sentira qu'il est » libre, comme il sentira qu'il est raisonnable. » Et de fait, si je me recueille en moi-même au moment où des désirs opposés et des considérations multiples me sollicitent en sens divers au sujet d'une action possible, je sens intimement que ma résolution reste tout entière en mon pouvoir, et que je fais acte de plein domaine en donnant ma préférence à tel parti plutôt qu'à tel autre. Dire avec Spinoza que ce témoignage de la conscience n'est qu'une illusion et que nous prenons pour un mouvement propre de la volonté une impulsion reçue d'une cause étrangère à cette faculté, c'est ruiner toute certitude et condamner l'homme au scepticisme le plus extravagant, celui qui met en doute l'existence personnelle elle-même, car le sens intime ne mérite pas plus notre confiance sur le fait de notre existence que sur celui de notre liberté. — Cette preuve devrait dispenser de toute autre; cependant à ceux que des préjugés aveugleraient au point de leur dérober le fait si évident de leur liberté, nous opposerons les contradictions nombreuses où les jette leur étrange négation.

**Preuves indirectes.** — Les preuves indirectes d'une vérité consistent à montrer l'absurdité ou les contradictions de l'opinion contraire. Or celui qui méconnaît le témoignage rendu par sa conscience à sa liberté se met en contradiction avec sa conduite journalière, avec les idées fondamentales de sa raison et les sentiments les plus élevés de son cœur, avec l'ordre moral, avec le consentement universel des hommes.

1. — Notre conduite journalière nous fournit une première preuve indirecte de notre liberté. Avant toute détermination de quelque importance nous réfléchissons, non contents de nos propres lumières nous demandons au besoin celles d'autrui et nous pesons ensuite attentivement les motifs ainsi recueillis. Après l'action nous nous applaudissons de la résolution prise ou nous la regrettons, et nous nous promettons suivant le cas de

continuer ou de modifier à l'avenir notre ligne de conduite. Dans nos rapports avec nos semblables, nous nous lions par des promesses et par des contrats, engageant d'avance notre action future; nous acceptons de leur part les mêmes garanties, leur accordant une valeur proportionnée à l'estime que nous inspirent leur droiture et leur loyauté. Agir de la sorte et n'être pas convaincu de sa propre liberté et de celle d'autrui, n'est-ce pas tomber dans une contradiction flagrante?

2. — Au nombre des idées les plus importantes de la raison se trouvent celles de bien et de mal, d'obligation morale, de responsabilité, de mérite et de démérite, etc. De ces idées découlent tous les jugements que nous portons sur nos propres actes et ceux de nos semblables; d'elles aussi proviennent nos plus généreux sentiments de satisfaction morale ou de remords, d'admiration, de respect, de confiance, de honte, d'indignation. Or toutes ces idées demeurent sans objet et tous ces sentiments restent sans cause si la liberté doit être niée; l'intelligence et la sensibilité ne s'harmonisent plus avec la volonté, et la nature humaine ne nous offre plus qu'un tissu de misérables contradictions.

3. — L'ordre moral possède, en dehors de notre esprit qui le contemple, de notre sensibilité qui y puise ses meilleures jouissances, une réalité objective, base et sauvegarde de toute société. S'il n'y a en réalité aucune obligation morale, aucune loi imposée à la volonté, la vertu et le vice disparaissent, et dès lors les récompenses deviennent ridicules et les répressions révoltantes. La jouissance est dans ce cas l'unique but de l'activité humaine, la lutte acharnée des intérêts opposés devient l'état normal de la société, la force s'y substitue au droit, et les horreurs de l'anarchie remplacent les heureuses et fécondes productions des activités individuelles sagement groupées et coordonnées. Or sans liberté l'ordre moral est une utopie admirable sans doute, mais qui ne peut sans absurdité être transportée dans l'ordre des faits. La négation de la liberté entraîne donc logiquement la destruction de tout ordre social.

**4.** — Le genre humain tout entier, on peut le dire, a constamment admis le libre arbitre, car si à certaines époques de l'histoire le fatalisme a envahi quelques peuples, il y est resté à l'état de préjugé théorique démenti par la conduite générale. De là l'universalité des institutions publiques qui témoignent de la croyance au libre arbitre chez ceux-là mêmes qui prétendent s'y soustraire. Il n'est pas un peuple qui n'ait eu sa législation criminelle, ses dispositions pénales, ses tribunaux; pas un peuple qui n'ait pratiqué les contrats et les engagements d'honneur; pas un peuple qui, tout en se trompant dans les applications de détail, n'ait honoré la vertu et méprisé le vice. On ne peut donc être fataliste sans rompre avec la tradition du genre humain. Telles sont les principales contradictions auxquelles se condamne celui qui refuse d'écouter le témoignage rendu par sa conscience à l'existence de sa liberté.

### ART. III. — Objections a la liberté, fatalisme.

Le fatalisme est en général la doctrine qui refuse de reconnaître le libre arbitre et qui introduit la nécessité dans les déterminations de la volonté. Cette nécessité, on la fait venir tantôt des lois de notre nature spirituelle, tantôt de notre constitution physique et des agents corporels qui peuvent la modifier, tantôt enfin des lois supérieures qui rattachent la créature à Dieu. De là trois sortes de fatalismes : le fatalisme psychologique ou déterminisme, le fatalisme physiologique et le fatalisme théologique.

### I. — *Fatalisme psychologique ou déterminisme.*

**Exposition du déterminisme.** — Le déterminisme prétend trouver dans l'âme elle-même les influences nécessitantes qui déterminent fatalement la volonté. Ce serait une loi de notre esprit de ne jamais vouloir sans motifs, de les suivre s'ils nous inclinent du même côté, et quand ils sont opposés les uns aux autres, d'agir dans le sens du plus fort.

Leibnitz a été le principal défenseur de ce système; il le démontre par le principe de raison suffisante, et par la loi de continuité. Dans l'ordre moral aussi bien que dans l'ordre physique rien n'arrive sans raison suffisante, et l'on ne peut en trouver d'autre à nos déterminations que leurs motifs. Il faut donc reconnaître que la volonté est soumise à la nécessité morale de suivre toujours l'*inclination prévalente* ou, ce qui revient au même, le plus grand bien. Semblable à une balance, elle attend pour se déterminer que l'intelligence ait chargé les plateaux de manière à rompre l'équilibre en faveur de l'un des côtés. La loi de continuité, non moins universelle que le principe de raison suffisante et applicable comme lui à l'ordre moral, conduit au même résultat. Tout est certain et déterminé par avance chez l'homme comme partout ailleurs, et l'âme humaine est une espèce d'*automate spirituel* dans lequel tous les phénomènes s'enchaînent étroitement et fatalement les uns aux autres.

Les autres partisans du déterminisme font valoir des preuves moins systématiques que celles de Leibnitz et qui ne laissent pas d'être spécieuses. Pourquoi les motifs devraient-ils précéder nécessairement la détermination, si ce n'étaient pas eux qui la produisent! Du reste, leur influence efficace apparaît journellement : un motif qui nous impressionne vivement est toujours écouté; si nous voulons nous y soustraire il nous faut appeler à notre aide un motif différent; nous ébranlons de même peu à peu la volonté de nos semblables en leur présentant des raisons capables de les éclairer ou de les émouvoir et, si nous parvenons à donner aux unes assez d'évidence, aux autres assez de force, nous sommes sûrs d'obtenir le consentement désiré. L'influence déterminante des motifs est donc indéniable.

**Le déterminisme et la liberté.** — Plusieurs philosophes, Leibnitz le premier, ont cru possible la conciliation du déterminisme avec la liberté.

Trois choses, dit Leibnitz, constituent la liberté : dans l'agent la connaissance et la spontanéité ou absence de contrainte, et dans l'acte la contingence. Je fais en connaissance de cause et en vertu d'une inclination naturelle une action qui n'est pas nécessaire en soi ou absolument ; cette action est libre. Or ces trois choses sont possibles malgré l'action déterminante des motifs. Donc le déterminisme ne nuit pas à la liberté. — Les trois conditions marquées par Leibnitz sont indispensables à tout acte libre, mais ne lui suffisent pas. La contrainte ne s'oppose qu'à la liberté d'action, elle ne concerne pas la liberté de volition. Si l'inclination naturelle suffisait à la liberté, tous nos désirs seraient libres ou plutôt la volonté ne se distinguerait plus du désir. Sans la connaissance il y aurait nécessité physique et aveugle ; mais la nécessité morale que comporte la raison et qu'admet Leibnitz n'en est pas moins une nécessité véritable, incompatible avec la liberté. Il en est de même de la nécessité relative qui se concilie avec la contingence absolue de l'action. Qu'importe que mon action ne soit pas nécessaire absolument et en soi, si elle l'est par rapport à ma volonté ? Dans ce cas comme dans l'autre c'en est fait de ma liberté, à moins de changer complètement le sens reçu des termes.

M. Ravaison propose une autre solution : « Ce sont, dit-il, » *mes* motifs qui *me* déterminent. En leur obéissant, c'est à » moi que j'obéis, et la liberté consiste précisément à ne dé- » pendre que de soi. » — Jugements ou désirs, mes motifs sont fatals, je les subis bien plus que je ne les produis ; donc bien que résidant en *moi*, ils ne sont pas *moi*. Ils me sont même si peu personnels que je n'en réponds pas moralement : donc, si ce sont eux qui me déterminent, je dépends d'autre chose que de moi.

Concluons : le déterminisme est un véritable fatalisme.

**Réfutation du déterminisme.** — Première réfutation. — *Liberté d'indifférence.* — Les motifs, dit Thomas Reid, sont si peu la cause de nos déterminations que souvent nous nous décidons sans aucun motif. Ainsi en est-il dans les actions insignifiantes que nous faisons chaque jour en grand nombre et auxquelles nous serions bien embarrassés d'assigner une raison ; ainsi en est-il encore dans le choix que nous faisons souvent entre des moyens également propres à nous conduire au même but, par exemple, dans le choix d'une pièce de monnaie entre plusieurs autres parfaitement semblables. — Ce pouvoir de se déterminer sans aucun motif existe-t-il? Il est assez difficile de le dire. Remarquons cependant que l'examen attentif d'un grand nombre d'actions insignifiantes y découvre un motif d'abord inaperçu ; qu'on peut avoir eu conscience d'un motif au moment de l'action et de ne pas s'en souvenir ensuite ; que des motifs très réels peuvent être assez faibles pour échapper à la conscience réfléchie, comme il arrive dans beaucoup de mouvements de corps provoqués par des impressions imperceptibles. Ne pourrait-on pas au moyen d'une induction légitime conclure de tout cela à l'existence des motifs même dans les cas où l'expérience ne les constate point? Nous sommes portés à le croire ; mais, quoi qu'il en soit, si la liberté d'indifférence existe, elle ne s'applique qu'aux actes insignifiants, et restant étrangère à toute la vie morale, elle ne peut servir à réfuter le déterminisme.

DEUXIÈME RÉFUTATION. — Le déterminisme dénature l'influence des motifs et prend pour la *cause* elle-même les *conditions* de son action. La cause efficiente de la détermination n'est autre que la volonté, puissance autonome, maîtresse de son activité et n'en disposant qu'autant qu'il lui plaît. Mais, pour devenir moral, l'acte de la volonté doit être éclairé, et pour être méritoire il faut qu'il soit généreux ; de là la nécessité des motifs. D'un côté la raison propose le devoir : l'action sera bonne ou mauvaise, elle est permise ou défendue ; à ce motif rationnel se joint l'inclination naturelle que nous avons pour le bien moral. En face de ces premiers motifs se pose l'attrait ordinairement si vif du plaisir immédiat ou futur. Cette lutte des motifs prépare l'action morale, elle en pose les préliminaires ou les conditions ; la volonté éclairée et plus ou moins sollicitée est mise en demeure de se prononcer, mais là s'arrête le rôle des motifs; la volonté agit ensuite, elle se prononce d'elle-même, *motu proprio*, elle est l'unique cause de sa détermination et c'est pourquoi elle en porte toute la responsabilité. Si donc, quand la volonté est hésitante, nous cherchons à nous pénétrer plus vivement de quelque motif, c'est uniquement pour faire contre-poids à un motif opposé, et en les neutralisant l'un par l'autre, diminuer l'effort de la volonté avec le sacrifice qui lui est demandé. Ainsi le déterminisme confond la *cause* avec les *conditions* de son action.

Il s'appuie en outre sur une notion impossible à préciser. Qu'est-ce que le motif le plus fort? Celui qui nous émeut davantage? Alors c'est le plaisir. Celui que la raison préfère? Dans ce cas c'est le devoir. En appelle-t-on à l'expérience pour trancher le débat? Elle nous répond que si le devoir est souvent sacrifié au plaisir, le plaisir le cède souvent au devoir. Il est donc impossible, soit *a priori*, soit après expérience, d'établir une gradation objective et absolue des motifs, ce qui cependant serait indispensable pour constater qu'en cas de lutte c'est le plus fort qui l'emporte toujours. Dire que le motif le plus fort est celui auquel la volonté acquiesce, c'est supposer comme principe ce qui est en question. Donc l'inclination prévalente est impossible à déterminer.

Le déterminisme est contredit par l'expérience. Si l'action est toujours déterminée par le motif le plus fort, comment expliquer le violent effort que la volonté doit parfois se faire pour prendre une détermination?

Donc le déterminisme est une erreur, et la comparaison de la balance est doublement fausse : d'abord parce qu'elle fait la volonté inerte, ensuite parce qu'elle dénature l'action des motifs.

## II. — *Fatalisme physiologique.*

Le fatalisme physiologique puise dans le corps et dans les agents physiques qui agissent sur le corps les causes déterminantes de nos résolutions. Le tempérament et par lui l'âge, le climat, le régime ou toute autre cause extérieure qui modifie l'état de notre corps, s'imposent fatalement à la volonté. Ce fatalisme est susceptible de deux interprétations : ou bien le corps s'impose à la volonté par les penchants ou désirs auxquels ils donnent naissance; ou bien le corps est l'homme tout entier, et les faits volontaires, phénomènes purement physiologiques, procèdent directement des organes conformément aux lois nécessaires qui régissent les corps. Dans le premier cas le fatalisme physiologique invoque finalement les motifs comme le déterminisme et se confond avec lui; dans le second cas il devient le matérialisme. Il n'y a donc pas lieu de lui opposer une réfutation spéciale.

### III. — *Fatalisme théologique.*

Le fatalisme théologique appuie sur les attributs de Dieu sa négation de la liberté humaine. Si l'homme est libre, Dieu n'est plus parfait; sa science peut être mise en défaut et son domaine n'est ni absolu, ni universel. Entre ces deux alternatives le choix s'impose : il vaut mieux dépouiller l'homme qu'amoindrir Dieu.

**La liberté et la prescience divine.** — On objecte tout d'abord la prescience divine. Dieu, dont la science est infinie, prévoit éternellement tout ce qui arrivera dans l'ordre physique ou dans l'ordre moral; autrement sa science croîtrait avec le temps et ne serait pas parfaite. La même raison exige que sa prévision soit infaillible; en d'autres termes, il est impossible que ce qu'il a prévu n'arrive pas. Voilà donc notre vie réglée d'avance dans ses moindres détails par la science divine, sans que nous puissions y rien changer, et par conséquent notre libre arbitre n'est qu'une illusion.

Cette objection repose sur une fausse notion de la science divine, dont elle fait à tort une prescience. Dieu ne prévoit pas, car il n'est pas en rapport de temps avec ses créatures : il n'y a pour lui ni passé dont il se souvienne, ni futur qu'il puisse prévoir; tout lui est présent. Le temps est un mode des choses créées, une relation dont elles seules sont capables parce que seules elles sont successives. La science de Dieu est donc une vue, non une prévision. Or, tout infinie qu'elle soit, l'intuition divine ne fait pas son objet, elle le suppose; nos déterminations n'existent pas parce que Dieu les voit; mais il les voit parce que nous les produisons. Témoin de mes actes, il ne les rend pas plus nécessaires que moi les actes de mon semblable en le regardant agir. Un mystère reste, nous le reconnaissons, à savoir que pour Dieu rien n'est futur; mais si elle est et doit demeurer mystérieuse pour notre intelligence, cette vérité n'en est pas moins certaine comme l'infini dont elle est un aspect; et du moment qu'on l'admet toute difficulté cesse du côté de la liberté.

**La liberté et le domaine divin.** — On objecte en second lieu le souverain domaine que Dieu doit conserver sur son œuvre. En créant il s'est proposé un but; si ce but n'est pas atteint, le monde perd sa raison d'être; comment pourrait-il concéder à l'homme le pouvoir exorbitant de rendre son œuvre inutile? Il faut donc que Dieu réalise infailliblement le plan qu'il s'est tracé, et dirige chaque créature de façon à lui faire exécuter la partie de ce plan qu'il lui a réservée. Ainsi Dieu tient les rênes de toutes les volontés et les conduit à ses fins, sans qu'elles puissent jamais y mettre obstacle. D'ailleurs, si l'homme pouvait agir contrairement à la volonté de Dieu, il serait indépendant, ce qui ne convient ni à sa nature ni à celle de Dieu. Donc la liberté est impossible.

Dieu a son plan, c'est incontestable, et il ne peut être au pouvoir de l'homme d'en empêcher la réalisation dernière. Faut-il pour cela nier la liberté? Aucunement. L'homme agit journellement sur ses semblables par une influence morale qui ne nuit en rien à leur liberté; rien n'empêche que Dieu exerce sur toutes ses créatures intelligentes une influence du même genre et même beaucoup plus efficace, que sur leur nombre il n'en trouve d'assez dociles pour correspondre à ses vues, et que par elles il n'arrive à contre-balancer l'action, fort restreinte d'ailleurs, des volontés rebelles. Celles-ci ne s'affranchissent pas de son domaine parce qu'il peut, quand bon lui semble, mettre par la mort un terme à leur action, et qu'il les fait rentrer à jamais dans l'ordre par les châtiments de la vie future. Donc la liberté humaine ne rend pas impossible le souverain domaine de Dieu.

Rappelons-nous, du reste, qu'on ne doit jamais abandonner les vérités bien démontrées, quelque difficulté qui survienne quand on veut les concilier, mais qu'il faut, comme dit Bossuet, tenir fortement les deux bouts de la chaîne, quoiqu'on ne voie pas toujours le milieu par où l'enchaînement se continue. Or, si les attributs divins de science infinie et de domaine souverain sont rigoureusement démontrés, la liberté humaine n'est pas moins bien prouvée; donc il faut accorder à l'une et à l'autre de ces vérités une égale autorité.

# QUATRIÈME PARTIE.

## CHAPITRE XI.

### Faculté motrice.

La faculté motrice est le pouvoir qu'a l'âme de mouvoir son corps et par lui les autres corps. Lorsque la volonté a résolu une action extérieure, elle en commande l'exécution à la faculté motrice qui met elle-même en jeu les organes intéressés dans cette action. Cette théorie que nous avons adoptée lors de la division des facultés de l'âme suppose : 1° que l'âme est le principe des mouvements du corps ; 2° que la faculté par laquelle elle produit ses mouvements se distingue de la volonté. Ce sont ces deux propositions que nous allons démontrer.

I. — *C'est l'âme qui meut le corps.*

Tous les philosophes jusqu'à Descartes se sont accordés à reconnaître que l'âme est bien réellement la cause des mouvements du corps. « Ton âme, dit Socrate à Aristodème, est la maîtresse de ton corps, et elle le manie comme elle veut » (Xénophon, *Mémoires*, liv. I, ch. IV). Platon en tire même une preuve de l'existence de l'âme : « Celui qui se sert d'une chose, dit-il, se distingue de cette chose; le cordonnier ne se confond pas avec son alène, il se sert aussi de ses mains et de ses yeux. L'homme est donc autre chose que son corps dont il se sert. Qu'est-ce donc que l'homme? Ce qui se sert du corps. Or ce qui se sert du corps, c'est l'âme » (Platon, I*er* *Alcibiade*).

Cette opinion, reproduite par toute la scolastique, a rencontré dans Descartes un adversaire déclaré, et a été rejetée après lui par un grand nombre de philosophes modernes. Descartes explique mécaniquement tous les mouvements de la brute et de l'homme lui-même. Pourquoi, par exemple, la brebis fuit-elle à la vue du loup? C'est que la « lumière réfléchie du corps d'un loup dans les yeux d'une brebis cause quelque changement dans son cerveau, qui fait passer les esprits animaux dans les nerfs et détermine le mouvement de la fuite. » Les mêmes causes mécaniques existent dans l'homme, et le principe de ses mouvements corporels est matériel. Le sang successivement échauffé et refroidi produit les battements du cœur; celui-ci lance les esprits animaux vers le cerveau, d'où ils sont dirigés vers les muscles conformément à nos inclinations; enfin en affluant dans les muscles les esprits animaux les font se contracter et déterminent les mouvements extérieurs.

L'explication de Descartes présentait une grave lacune : les esprits animaux produisent le mouvement en affluant dans tel ou tel organe conformément à l'inclination de l'âme; mais si l'âme n'a aucune action sur eux, comment se produit cet accord des tendances de l'âme et des mouvements des esprits? Malebranche comble cette lacune en recourant à l'intervention divine. De là le système de l'*assistance* ou des *causes occasionnelles*; l'âme veut, et à l'occasion de sa volition, Dieu lui-même meut directement le corps.

Leibnitz trouve à son tour le système de l'assistance inconvenant; il ne sied point à la majesté divine d'être ainsi perpétuellement aux ordres de sa créature. Toutefois, estimant impossible l'action d'une substance créée sur une autre, il ne rend pas à l'âme son action sur le corps. Les deux principes de notre être se meuvent harmonieusement, mais indépendamment l'un de l'autre, semblables à deux horloges parfaitement réglées qui sonnent ensemble la même heure tout en obéissant à des ressorts différents. C'est le système de l'*harmonie préétablie*.

Nous ne pouvons admettre sous aucune de ses formes l'opinion qui enlève à l'âme la direction du corps; la conscience nous semble la contredire trop ouvertement. L'effort moteur n'est pas un mot vide de sens; c'est une réalité psychologique. L'âme le produit, et elle se sent le produire non seulement quand elle applique à un corps étranger les organes auxquels elle est unie, mais encore quand elle meut simplement ces organes eux-mêmes. Dans les deux cas nous avons conscience de déployer une énergie plus ou moins grande pour vaincre une résistance qui nous est opposée. Ce sentiment de l'effort moteur, que l'esprit de système peut seul dérober à la conscience, est reconnu aujourd'hui par un bon nombre de psychologues. Plusieurs même y voient le fait primitif du sens intime et la base de la connaissance du *moi*: ce serait en appliquant au corps sa force motrice et en sentant la résistance qui lui est opposée, que le *moi* se distinguerait des organes et prendrait connaissance de lui-même. L'expérience réfléchie se produit trop tardivement dans notre existence pour que nous puissions constater la vérité de cette dernière assertion; mais quoi qu'il en soit, nous avons dans la conscience une preuve irrécusable que l'âme est bien la cause directe des mouvements du corps.

## II. — *La faculté de mouvoir le corps est distincte de la volonté.*

Plusieurs de ceux qui reconnaissent à l'âme une force motrice la confondent soit avec l'inclination, soit avec la volonté. On doit cependant en faire une faculté spéciale, distincte de toutes les autres.

Suivant Aristote, ce n'est pas l'inclination toute seule qui détermine les mouvements du corps, car nous voyons les hommes tempérants résister à leurs appétits et à leurs désirs pour obéir à la raison. Mais si l'on joint à l'inclination la conception représentative ou imagination, on a dans ces deux facultés réunies le principe suffisant de la locomotion. — Le désir exerce, il est vrai, une notable influence sur les mouvements corporels et souvent il les provoque par lui-même en dehors de tout concours de la volonté; mais il n'en est pas pour cela le principe. Ne provoque-t-il pas également des actes d'intelligence, d'imagination, de mémoire, sans que personne songe à le regarder comme la cause efficiente de ces différents actes? Pourquoi lui attribuer davantage la locomotion? Aristote d'ailleurs a pris soin de se réfuter lui-même en citant l'exemple des hommes tempérants qui savent résister à leurs désirs. Ils conçoivent sans doute le but auquel les pousse l'inclination en même temps qu'ils éprouvent cette dernière, et cependant ils y résistent; donc l'inclination, même unie à la conception, n'est pas le principe de la locomotion.

La faculté motrice se distingue aussi de la volonté avec laquelle on la confond plus ordinairement. La volonté implique la réflexion en dehors de laquelle la force motrice agit bien souvent. L'enfant l'exerce dès le premier moment de son existence, alors qu'il est manifestement incapable d'action réfléchie, et dans l'adulte mille mouvements instinctifs ou habituels se produisent journellement sans réflexion aucune. — La volonté ne s'applique qu'aux actes dont nous nous savons capables et que nous avons d'abord instinctivement produits. Il faut donc que nous ayons exercé une première fois involontairement notre force motrice, pour que notre volonté essaye de la soumettre à son empire, et par conséquent ce n'est pas la volonté elle-même qui meut le corps. Donc la force motrice se distingue de la volonté non moins que de l'inclination et elle constitue une faculté à part.

## III. — *Appareil organique du mouvement.*

L'âme détermine les mouvements du corps au moyen d'organes qui s'unissent aux organes des sens (Cf. *supra*, p. 47) pour compléter l'appareil *sensitivo-moteur*. L'organe du mouvement comprend un élément nerveux et un élément contractile ou musculaire.

L'élément nerveux se compose essentiellement d'une cellule motrice et d'un tube moteur. Le *cylindraxe* du tube prend naissance dans la cellule et se termine à la périphérie par une intumescence particulière, qui varie avec la disposition des fibrilles musculaires dans lesquelles elle doit s'insérer.

L'élément musculaire, composé de fibres contractiles réunies en faisceau, est annexé à une foule de mécanismes divers : os, vaisseau sanguin, conduit excréteur, appareil glandulaire, organes des sens, etc., en sorte que le système nerveux moteur peut exercer son influence sur tous les mécanismes vitaux.

L'élément nerveux moteur, dont l'unique fonction est d'agir sur le muscle, est physiologiquement subordonné à l'élément sensitif. Celui-ci reçoit les impressions qui viennent du milieu extérieur ou du milieu intérieur organique et les transmet au centre sensitif. Ces impressions déterminent dans l'âme des sensations et des désirs en vertu desquels une excitation motrice, imprimée au centre moteur et communiquée par lui à la fibre motrice, est portée par cette dernière jusque dans les muscles qui par leurs contractions exécutent le mouvement.

Quelquefois, l'excitation sensitive produit automatiquement l'excitation motrice sans l'intervention d'aucun phénomène psychologique; on a alors un *mouvement réflexe*, qui demeure inconscient.

PARTIE COMPLÉMENTAIRE

# CHAPITRE XII.

## Du langage.

### I. — *Du langage en général et de ses différentes espèces.*

**Définition du langage.** — Le langage est un ensemble de *signes* au moyen desquels l'homme entre en communication avec ses semblables et leur manifeste ses différents états psychologiques. Les faits de conscience, ainsi que leur nom l'indique, ne se laissent en effet apercevoir que de celui qui les produit, et se dérobent par leur nature à tout regard étranger; aucun échange d'idées, aucune communication de sentiments, aucune société proprement dite n'est donc possible entre les hommes qu'à la condition de manifester par des actes extérieurs les phénomènes de l'âme. De là l'emploi des signes.

Un signe est un fait accessible aux sens, qui représente un objet absent ou imperceptible. « Le signe, dit la *Logique de Port-Royal*, enferme deux idées, l'une de la chose qu'il représente, l'autre de la chose représentée, et sa nature consiste à exciter la seconde par la première. » Dans ce sens général, il n'est pas un seul objet ou un seul fait extérieur qui ne puisse devenir un signe, puisque rien ne s'oppose à ce qu'on en fasse un symbole. C'est ainsi que la balance est devenue le signe de la justice, l'olivier celui de la paix, etc. Nous ne considérerons présentement que les signes dont l'homme se sert pour communiquer avec ses semblables ou pour s'entretenir avec lui-même, car sa pensée réfléchie est un véritable discours intérieur soumis aux mêmes conditions et aux mêmes lois que le langage extérieur.

On distingue quatre espèces de langage : le langage d'action, qui comprend les gestes, le jeu de la physionomie, les attitudes et les mouvements du corps; le langage des sons inarticulés, auquel appartiennent les cris et les différentes inflexions de la voix; le langage de la parole ou des sons articulés, et enfin l'écriture. Le plus ordinairement, on désigne les deux premiers sous le nom de langage *naturel*, et les deux autres sous celui de langage *artificiel*.

**Langage naturel.** — En vertu des lois qui régissent l'union de l'âme et du corps, les différents états de la première déterminent dans le second certaines modifications, gestes ou cris, qui en deviennent la manifestation extérieure. Cette expression par le corps des phénomènes de l'âme est tellement naturelle qu'elle se produit instinctivement sans réflexion aucune et quelquefois en dépit de la volonté la plus énergique. L'enfant témoigne par ses cris de son état de bien-être ou de malaise, avant d'avoir expérimenté qu'il s'attire par là les soins des personnes qui l'entourent, et le malade en proie à une vive douleur trouve dans ses gémissements plaintifs une sorte de soulagement, alors même qu'ils ne sont entendus d'aucune oreille compatissante. Ces effets corporels des situations de l'âme en deviennent très aisément les signes, et de même que chacun les produit instinctivement, il les interprète aussi sans étude ou tout au plus après une courte et facile expérience; le langage des gestes et des cris mérite donc à ces différents titres le nom de *naturel*. — Il est de plus et pour la même raison *universel* et *invariable*. Les mêmes causes placées dans les mêmes circonstances doivent nécessairement produire les mêmes effets; donc puisqu'il est instinctif et spontané, le langage d'action doit être uniforme chez tous les individus de l'espèce humaine. C'est en effet ce qui arrive : partout et toujours une même émotion, un même sentiment se traduit par un même geste, par un même cri; ici l'époque, le climat, l'état de civilisation n'apportent aucun changement. — Le langage naturel est *synthétique* : il exprime dans son entier la situation actuelle de l'âme; un geste, un cri valent quelquefois à eux seuls tout un long discours. — Enfin il est *expressif* ou *pathétique*, c'est-à-dire qu'il ne manifeste guère que les émotions de la sensibilité et qu'il s'adresse tout spécialement à cette faculté; c'est pourquoi on doit y avoir recours toutes les fois qu'il s'agit d'émouvoir en même temps ou plutôt que d'éclairer. L'orateur en fait dans ce but un large emploi, et l'artiste doit savoir l'imiter habilement dans ses œuvres, s'il veut exciter l'admiration et l'enthousiasme. En revanche le langage naturel ne parle pas à l'intelligence et ne se prête nullement à rendre les abstractions de la pensée.

**Langage artificiel.** — Au langage naturel des gestes et des sons inarticulés se joint et s'oppose celui des sons articulés ou de la parole; on appelle sons articulés ceux qui sont modifiés par les différentes parties de la bouche et du gosier. La parole est appelée langage *artificiel,* parce que les signes dont elle se compose ne sont unis aux objets qu'ils représentent que par un rapport de convention, ce qui fait qu'on ne peut les employer et les interpréter qu'après les avoir appris d'autrui. — Ce langage est *variable* et *mobile* : non seulement il change avec les pays et les peuples, mais il subit encore dans chaque peuple des transformations analogues à celles de la vie intellectuelle dont il est l'expression, ce qui n'empêche pas que comme signe de la pensée humaine il ne soit partout et toujours soumis à quelques lois générales fixes et immuables comme l'intelligence elle-même. — La parole est essentiellement *analytique* : elle décompose le fait de conscience qu'elle manifeste, exprime à part le sujet de ses modifications, marque dans le sujet la distinction des nombres et des sexes, l'état actif, passif ou réfléchi, et indique en fait de modifications, le temps, l'intensité et mille nuances délicates qu'une réflexion soutenue peut seule apercevoir. — Aussi la parole est-elle principalement le langage de la pensée et impose-t-elle la forme intellectuelle d'une proposition aux faits de sensibilité ou de volonté. Elle exprime cependant directement ces derniers par les interjections, par certains modes des verbes, comme l'impératif ou l'optatif, et aussi par les inversions de construction.

**Écriture.** — L'écriture est un signe permanent qui s'adresse à la vue et qui exprime directement, soit une idée, soit un mot. De là deux sortes d'écriture : l'écriture *idéographique*, qui représente directement les idées, et l'écriture *phonétique*, qui exprime directement des mots.

L'écriture idéographique se présente sous trois formes différentes : quelquefois elle peint plus ou moins fidèlement l'objet lui-même, comme font une grande partie des hiéroglyphes égyptiens; d'autres fois elle consiste dans des images symboliques, comme dans un certain nombre d'hiéroglyphes et dans l'ancienne écriture chinoise; enfin ces symboles, en s'altérant et en s'abrégeant, se changent en caractères cursifs, comme dans l'écriture chinoise actuelle. Dans ce dernier cas, aussi bien que dans les deux précédents, l'écriture idéographique exprime toujours non le mot, mais l'idée.

L'écriture phonétique est de son côté *syllabique* ou *alphabétique*, suivant que les signes dont elle se compose représentent des syllabes entières ou bien les sons élémentaires et les différentes articulations. L'écriture japonaise est un exemple de la première; la seconde est celle de la plupart des langues connues.

Expression directe des idées, les mots-signes des écritures idéographiques forment de véritables langues au même titre que la parole articulée. L'écriture phonétique au contraire, représentant des signes et non des idées, est un simple auxiliaire des langues, et non une langue proprement dite.

## II. — *Rapports de la pensée avec le langage.*

La pensée et son signe s'unissent si étroitement qu'ils exercent l'un sur l'autre une mutuelle et notable influence. L'étude de leurs rapports, en reproduisant sous un nouveau jour l'importante question des relations de l'entendement et des sens, du moral et du physique, ne peut manquer d'offrir un très grand intérêt.

**Influence de la pensée sur le langage.** — Expression de la pensée, le langage la reflète fidèlement, non seulement dans ses lois essentielles et immuables, mais encore dans les transformations multiples que lui imposent soit le caractère des différents peuples et les phases successives de progrès ou de décadence de leur vie intellectuelle, soit la marche générale de l'esprit humain.

Tout d'abord le langage reproduit les formes nécessaires et les éléments essentiels de la pensée. Ainsi l'acte fondamental de l'intelligence, c'est le jugement qui rapproche les idées, les groupe et en affirme les rapports; sans cette opération il n'y aurait dans l'esprit que des matériaux épars et inutiles, entre lesquels aucun ordre et aucune cohésion ne pourraient être établis. Au jugement correspond dans le langage la proposition, véritable élément du discours, en dehors de laquelle toute énonciation disparaît pour ne laisser plus que des mots sans suite. Le jugement se compose de trois éléments : une idée de laquelle on en affirme une autre, celle qui en est affirmée, et enfin l'affirmation elle-même; la proposition se compose également d'un sujet, d'un attribut et d'un verbe. Les idées qui entrent dans le jugement sont ou des idées de substances ou des idées de propriétés; les termes du langage sont de leur côté des noms substantifs ou des noms adjectifs. La pensée sépare quelquefois pour les mieux concevoir les qualités de leur substance, après quoi elle les leur restitue; le langage a, lui aussi, ses termes abstraits et ses termes concrets pour exprimer ces diverses vues de l'intelligence. Enfin les prépositions et les conjonctions marquent dans la parole les rapports de substance à substance, de qualité à qualité, de jugement à jugement, que la pensée saisit toutes les fois qu'elle s'exerce. Donc les lois nécessaires de la pensée deviennent par là même celles du langage et se retrouvent sans exception dans toutes les langues pour y former cette législation commune qui s'appelle la *grammaire générale*. C'est même ce fonds commun de règles immuables qui permet à deux hommes étrangers l'un à l'autre par leur langage, d'arriver à se comprendre mutuellement et à échanger avec leurs idées les signes par lesquels ils les traduisent au dehors.

Tout en restant fidèle à ses lois invariables, la pensée revêt des formes accidentelles nombreuses et variées, qui tiennent à l'état physique, intellectuel et moral des peuples et des générations. Non moins que les individus, les nations se développent diversement au point de vue de l'intelligence : les unes brillent par l'imagination, les autres se distinguent par la puissance du raisonnement; les premières conçoivent tout sous des formes imagées et concrètes, les secondes se plaisent à l'analyse et aux abstractions; chez les unes les passions sont vives et l'appétit du plaisir très ardent; chez les autres les esprits sont calmes et froids. Le langage réfléchit toutes ces nuances : ainsi les langues orientales, d'une incomparable richesse d'images, d'une grande puissance d'expression, se prêtent parfaitement à la poésie, tandis que celles de l'Occident, supérieures en logique et en clarté, sont l'instrument propre de la métaphysique. Chaque langue se transforme également avec le peuple qui la parle : imparfaite lorsqu'il est lui-même à ses débuts, elle brille de tout son éclat au moment où il parvient à l'apogée de son influence et de sa gloire, pour décliner ensuite avec lui quand il vient à tomber en décadence. Enfin la marche générale de l'esprit humain qui en vieillissant perd de sa naïveté, devient plus curieux des causes, plus amateur de la science, plus avide d'explications et d'évidence, est marquée par le caractère de plus en plus analytique des langues. Nos langues modernes expriment le sujet, le verbe, l'attribut avec les diverses relations de temps, de modes, de voix, par autant de mots différents, tandis que les langues anciennes, moins philosophiques, accumulent souvent tout cela dans un même mot, au moyen d'une flexion. La pensée exerce donc une grande influence sur le langage; l'esprit fait lui-même sa langue, la façonne pour ainsi dire à son image, et dévoile par elle ses habitudes et sa direction.

**Influence du langage sur la pensée.** — Réciproquement, le langage influe sur la pensée, soit pour la transmettre, soit pour aider à la former.

D'abord le langage sert à transmettre la pensée; c'est même là sa fonction la plus évidente, et il serait superflu d'en faire ressortir la haute importance au double point de vue du commerce social et de la formation individuelle. Or dans cette transmission les mots gênent la pensée ou la servent merveilleusement, suivant le plus ou moins d'habileté de celui qui les emploie. Tout est entrave dans le langage pour qui ne parvient pas à s'en rendre maître, et sa pensée emprisonnée dans des formules qu'il ne sait varier ou assouplir, ne se livre qu'à demi et devient souvent méconnaissable sous ce vêtement grossier qui la comprime et la défigure. Tout est moyen au contraire dans une langue habilement maniée; en revêtant une forme élégante et choisie, les sentiments semblent gagner en délicatesse ou en élévation, les conceptions paraissent plus ingénieuses et les jugements plus exacts et plus profonds.

A cette première fonction le langage en ajoute une seconde plus importante encore; il n'exprime pas seulement la pensée, il sert à la former. Dans quelle mesure? C'est ce qu'il importe de préciser autant que cela est possible dans une question si délicate. Il est incontestable que sans l'usage des signes et surtout de la parole, l'homme ne pourrait atteindre son complet développement. Fugitives et insaisissables par elles-mêmes, nos idées ne se fixent et ne se prêtent à une étude réfléchie qu'en prenant corps dans un mot. Combien de pensées se présentent à nous dans la méditation, qui nous échappent sans retour parce que nous n'avons pas pris garde de les formuler! Combien d'autres, dans la multitude de celles que la prodigieuse activité de notre esprit enfante à tout instant, demeurent vagues et confuses pour la même raison! Ainsi en serait-il sans le langage de toutes nos idées : semblables à ces éclairs qui éblouissent un instant la vue pour la laisser ensuite dans une nuit plus obscure, ou qui en se croisant en tous sens défient l'œil qui voudrait suivre leur direction, elles formeraient dans notre esprit un pêle-mêle insaisissable, un véritable chaos. Et cependant sans idées claires et distinctes pas de jugements, pas de raisonnements, c'est-à-dire impossibilité de tout développement intellectuel. Tout au plus la présence des objets corporels, en fixant notre attention ou en nous permettant de la renouveler, nous ferait-elle arriver à quelques idées un peu plus distinctes des choses matérielles; mais du moment que le secours des sens ferait défaut, comme il arrive dans les choses purement spirituelles, aucune opération tant soit peu complexe ne serait réalisable.

Faut-il étendre plus loin l'importance du langage et en faire avec de Bonald, la condition *sine qua non* de la pensée, ou bien absorber cette dernière en lui avec Condillac? Ce sont là, croyons-nous, deux exagérations également condamnables. L'enseignement social au moyen de la parole ou de tout autre langage artificiel est extrêmement utile pour hâter le fonctionnement de l'intelligence, le stimuler et le guider ; mais il est faux que le mot puisse apporter l'idée et la transmettre dans le sens rigoureux dans ce terme ; il se borne à en provoquer la formation dans l'esprit de l'auditeur. Un mot ne cesse d'être un son et ne devient un signe qu'autant que celui qui l'écoute conçoit en même temps une idée et la lui associe, et si un esprit pouvait par impossible être inerte et ne rien concevoir par lui-même, il serait dans l'impuissance radicale de comprendre un seul mot. Donc le mot suppose l'idée produite en dehors et indépendamment de lui, et par conséquent il est possible de penser sans le langage. — Condillac exagère dans un autre sens l'importance du langage : il absorbe l'idée dans le mot qui la représente, réduit toutes les opérations de l'entendement à des combinaisons de mots et substitue aux lois de l'esprit celles de la grammaire. A l'entendre, les idées générales ne sont que des mots, les seules définitions sont des définitions de mots, les langues sont des méthodes d'analyse, l'art de raisonner se réduit à l'art de bien parler; enfin la science elle-même est tout entière dans la langue et une science *n'est qu'une langue bien faite.* Parler ainsi, c'est confondre la pensée avec son vêtement et jusqu'à un certain point l'idée avec la sensation; c'est prendre l'effet pour la cause et renverser le rapport qui unit le signe à la pensée. L'art de bien parler est la conséquence et non la cause de l'art de bien penser; c'est sur l'idée que le signe se corrige et se rectifie, et la langue n'arrive à devenir parfaite qu'autant que les opérations dont elle est le signe sont elles-mêmes régulières.

Après avoir reconnu l'utilité du langage, il convient d'en signaler aussi les inconvénients, car il en a de très réels. Intermédiaire entre l'esprit et son objet, il détourne souvent à son profit l'attention due à ce dernier : celui qui parle donne alors tous ses soins à la forme, se préoccupant beaucoup plus de la faire élégante et harmonieuse que d'exprimer par elle des choses utiles et vraies ; et celui qui écoute, tout entier aux charmes du discours, accepte sous le couvert d'une diction brillante des jugements hasardés, des raisonnements peu solides et quelquefois de dangereuses erreurs. — Que de préjugés nous nous formons en acceptant d'autrui dans la jeunesse et même dans l'âge mûr des formules toutes faites que nous retenons et employons à notre tour sans les avoir contrôlées ! — Que de pièges tendus aux esprits irréfléchis dans les métaphores, les analogies, les synonymes, les équivoques! Impossible d'échapper à tous ces dangers si l'on ne se forme pas à une pensée prudente et réfléchie et à un sérieux esprit d'examen.

**Conditions d'une langue bien faite.** — Destinée à manifester la vie de l'âme humaine, une langue sera d'autant plus parfaite qu'elle se prêtera davantage à en exprimer les innombrables éléments avec les mille rapports qui les unissent en une trame serrée et continue. — 1° La première qualité sera la *précision*, chacun de ses mots ayant un objet parfaitement déterminé. — 2° A la précision elle devra unir la *richesse*; il faut que tous les objets de la pensée, toutes les conceptions de l'imagination, tous les désirs et les sentiments du cœur, toutes les résolutions de la volonté puissent se faire jour dans le langage en conservant leurs nuances les plus délicates. — 3° Comme il y a entre les opérations de l'âme certains rapports de similitude ou bien une sorte de filiation qui les fait dépendre les unes des autres, le langage n'en sera l'expression fidèle qu'autant qu'il reproduira par l'*analogie* des radicaux, des désinences, etc., la parenté des idées et la ressemblance des opérations mentales. — 4° Enfin l'esprit humain unissant à la vue calme de la vérité et à l'enchaînement logique des idées l'exaltation et les libres allures du sentiment, une langue bien faite devra abonder en expressions figurées non moins qu'en locutions abstraites, et permettre, selon l'occurrence, soit les *constructions naturelles* que réclame la raison, soit les *constructions inversives* qui seules conviennent aux mouvements de la sensibilité et de la passion.

L'énumération de ces caractères souvent peu compatibles les uns avec les autres prouve l'impossibilité de cette langue parfaite et universelle dont Bacon, Descartes, Pascal et surtout Leibnitz ont rêvé la réalisation. En ce qui concerne spécialement Leibnitz, sa *Caractéristique universelle*, qui devait représenter chaque idée simple par un signe ou par un numéro d'ordre et combiner ensuite ces signes comme on fait de ceux du calcul pour exprimer les idées complexes, avait le double tort de n'exprimer que des idées et de supposer que celles-ci se produisent chez tous les hommes à un même degré de clarté et d'abstraction philosophique. C'était donc une tentative chimérique, et il faut savoir se résigner à la variété et à l'imperfection des langues.

## III. — *Origine du langage.*

L'origine du langage donne lieu à deux questions fort différentes : l'une de fait, l'autre de possibilité. L'homme a-t-il inventé le langage ou l'a-t-il reçu de Dieu par révélation ? C'est là une question de fait qui relève de l'histoire et du témoignage. L'homme serait-il capable en dehors de toute révélation d'inventer une langue proprement dite ? C'est là une question qui concerne les forces natives de l'intelligence humaine et qui est du ressort de la philosophie.

La question de fait est résolue avec une pleine certitude par le témoignage du livre de Moïse, que confirment les traditions de tous les peuples. Moïse, dont le livre est le plus autorisé des livres historiques, raconte que le premier homme, à peine sorti des mains de son Créateur, s'entretenait avec lui dans ce jardin de délices qui fut son premier séjour; et les plus vieilles traditions du genre humain, d'accord avec ce récit, placent au commencement des temps un âge d'or pendant lequel la Divinité venait converser familièrement avec les hommes et les instruire des choses indispensables à la vie. Il est donc faux que l'homme ait vécu quelque temps à la manière des bêtes, privé de toute parole, *mutum pecus*, et que la langue qu'il parla plus tard ait été l'œuvre de sa propre industrie.

La question philosophique de la possibilité de l'invention du langage offre de plus grandes difficultés. Il s'agit en effet de préciser les forces de l'intelligence humaine en dehors du secours qu'elle tire du langage; or la parole intérieure étant la condition nécessaire de la pensée réfléchie, il nous est impossible de nous placer dans l'état que nous voudrions observer, et nous sommes réduits à des conjectures plus ou moins fondées. Ceux qui rejettent la possibilité de l'invention du langage font valoir les raisons suivantes : sans le langage l'homme ne peut penser, ou du moins il ne peut arriver à la pensée réflexe, nécessaire cependant pour toute invention et surtout pour celle d'une langue ; aucune intelligence ne pourrait suffire à la construction d'un système complet de signes artificiels ; par là même qu'ils seraient artificiels, leur inventeur ne pourrait les faire comprendre de ses semblables ; l'histoire nous présente quelques individus qui, ayant grandi en dehors de tout commerce avec leurs semblables, sont arrivés à l'âge adulte sans posséder la moindre notion morale. — Ces arguments ne nous semblent pas démonstratifs. Écartons tout d'abord le dernier qui ne peut satisfaire une saine critique. Les faits allégués n'ont pas l'authenticité voulue ; comment d'ailleurs les hommes dont il s'agit auraient-ils pu avant toute instruction observer l'état psychologique de leur âme, de manière surtout à fournir une base suffisante à une théorie des forces de la raison humaine ? L'impossibilité de penser sans le langage n'a pas plus de valeur : l'idée, nous l'avons vu, est antérieure au signe et indépendante de lui dans sa première formation. L'état de réflexion voulu pour une invention aussi ardue que celle d'une langue, la conception de tous les signes qui composent la langue la plus pauvre, la transmission de ces signes aux autres hommes, sont, on ne peut le nier, des difficultés très sérieuses ; mais difficulté n'est pas impossibilité, et nous ne voyons aucune contradiction à supposer la difficulté vaincue graduellement et par le travail combiné d'un grand nombre de générations. Répétons du reste que cette solution est toute conjecturale, et en rejetant comme non démontrée l'impossibilité de l'invention du langage, nous ne donnons nullement comme évidente et certaine sa possibilité. *Adhuc sub judice lis est.*

## CHAPITRE XIII.

### Le beau et l'art.

### 1° *Le beau en général.*

Qu'est-ce que le beau? Nous appelons belles les choses les plus diverses; par quel côté se ressemblent-elles pour mériter ce qualificatif commun? Les nombreux systèmes par lesquels on a tenté de répondre à cette question montrent assez qu'elle est difficile. Devant être court, nous nous bornerons à quelques notions simples et précises, que toutes ces discussions sur le beau nous semblent avoir définitivement dégagées.

Définir une chose, c'est la distinguer de tout ce qui n'est pas elle. Commençons donc par distinguer l'idée du beau de celles qui s'en rapprochent le plus, nous arriverons ainsi plus sûrement à une définition acceptable.

**Le beau et l'agréable.** — L'agréable et le beau ne sont pas une même chose. S'ils étaient identiques, on ne pourrait les séparer, cependant bien des choses sont agréables qui ne sont nullement belles. Une odeur, une saveur, une impression du tact ne sont pas susceptibles de beauté, malgré cela l'agrément qu'elles procurent est parfois très vif. L'analyse de leurs caractères ne les sépare pas moins. L'agréable se trouve dans la satisfaction donnée à toute tendance de notre nature, qu'elle soit élevée ou purement animale, droite ou viciée, naturelle ou factice; le beau ne se rencontre que dans un objet perçu, il renferme toujours en soi quelque chose de noble et d'élevé. La vue du beau est toujours accompagnée d'agrément, mais celui-ci n'est que l'effet, c'est le beau qui est la cause. Encore cette jouissance du beau a-t-elle un caractère spécial : l'agréable est égoïste, il a quelque chose de personnel; la jouissance du beau est désintéressée, de là vient sa noblesse. Enfin, l'agréable est essentiellement variable; le beau, malgré bien des divergences d'appréciation, présente quelque chose d'absolu et d'universel.

**Le beau et l'utile.** — Le beau ne diffère pas moins de l'utile. Ils sont souvent séparés l'un de l'autre : que de choses utiles, ustensiles de toute sorte, aliments, remèdes, démarches, contestations, qui sont sans beauté! Il y a plus! Ces deux qualités s'excluent souvent l'une de l'autre, les objets les plus beaux sont rarement utiles, sinon de cette utilité supérieure qui sert à satisfaire les tendances élevées de notre nature morale.

Leurs caractères ne diffèrent pas moins. L'utile, c'est ce qui sert à atteindre une fin. Pour l'apprécier il faut connaître la fin dont il est le moyen et son rapport plus ou moins étroit avec elle. Le but atteint, le moyen cesse d'être utile, il peut même devenir nuisible, ainsi la nourriture une fois la faim assouvie. Un moyen peut perdre son utilité par la création de moyens plus puissants : que de machines et instruments fort utiles autrefois et qu'il y aurait perte à employer aujourd'hui! L'utile varie avec les personnes bien qu'il s'agisse de la poursuite d'un même but. Le beau est tel en soi, sans aucune relation avec un autre être; sa beauté est immuable; elle est la même pour tous en ce sens qu'elle est pour tous et en tout temps digne de la même appréciation.

**Le beau et le vrai.** — Le beau se rapprocherait-il davantage du vrai? Oui, sans doute, mais ils diffèrent encore l'un de l'autre. Le vrai est objet de la conception, le beau d'intuition. Le premier est abstrait, c'est la loi, l'essence dans leur généralité; le second est concret, il se présente nécessairement sous forme individuelle et c'est ce qui le fait aimer. Le vrai est au fond du beau, mais tant qu'il n'est que le vrai, il lui manque cette splendeur dont parle Platon et qui caractérise toute beauté. C'est que le vrai ne parle qu'à l'esprit, tandis que le beau s'adresse en même temps aux sens.

**Le beau et le bien.** — Platon les fait identiques; la morale et l'art seraient-ils donc une même chose? Évidemment non, et quelque rapport que ces notions aient entre elles, il y a plus que des nuances à les séparer. Comme l'utile, le bien est relatif à une fin. Ici, il est vrai, la fin est essentielle et dernière, ce qui met une double différence entre le bien et l'utile : le bien est absolu et immuable comme la fin à laquelle il conduit, il revêt un caractère obligatoire qui s'impose à la volonté libre. Quoi qu'il en soit de ces différences, le bien se rapproche de l'utile par ces deux côtés, qu'il est relatif à une fin et que son appréciation suppose la distinction et la comparaison préalable de deux termes, le moyen et la fin. Tout autre est le beau. La loi, l'idée, l'essence s'y rencontrent en même temps que des moyens ou symboles propres à les exprimer, mais le tout s'offre à la contemplation dans une harmonieuse unité, et c'est leur fusion intime, leur compénétration mutuelle qui est le cachet de la beauté. Le bien seul, comme le vrai seul, est une abstraction; le beau est essentiellement concret. Ajoutons qu'il n'a rien d'obligatoire.

**Les caractères du beau.** — Le beau est objectif, il appartient aux objets dont il est une qualité réelle. Le plaisir qu'il cause est désintéressé, ainsi que l'amour qu'il provoque, quand ce sentiment est pur. L'esprit le connaît par intuition, il le contemple en lui-même sans se reporter à aucune fin ou destination quelconque. Il est immuable, absolu, universel, mais il n'a aucun caractère obligatoire.

Deux éléments le composent, l'un spirituel, invisible, idéal, l'autre physique, saisissable aux sens et à l'imagination. Toutefois dans le beau ces deux éléments ne se présentent pas à l'état d'abstractions et isolés l'un de l'autre; leur alliance harmonieuse, leur fusion intime dans une individualité concrète est la principale condition de la beauté.

**Définition du beau.** — Après tout ce que nous venons de dire, la définition du beau reste encore difficile. Hégel, qui fait autorité en cette matière, définit le beau : « La manifestation sensible de l'idée; » Jouffroy : « L'invisible manifesté par le visible. » Platon disait : « La splendeur du vrai. » Au fond tout cela est identique et tout cela est vrai. Le beau c'est la loi, la perfection de l'intelligence et du cœur, entrevue dans sa grandeur idéale par l'intelligence et retrouvée vivante dans un symbole sensible, qui la livre et la cache tout à la fois. De là ce vaste champ ouvert à l'imagination par la contemplation du beau, et l'activité que sa vue provoque dans tout esprit fait pour le comprendre et le goûter.

**Le sublime.** — On a longtemps regardé le sublime comme le degré supérieur du beau; Kant veut y voir une beauté d'un *genre* à part. Ses caractères sont très tranchés. En soi, ce qui fait le sublime, c'est l'absence de mesure et de forme. Quant à l'impression qu'il produit sur nos facultés, il a ceci de propre qu'il semble en désaccord avec leurs règles ordinaires, et qu'il mêle je ne sais quoi de grave et d'accablant à la jouissance qu'il nous procure.

Il y a sublime de grandeur et sublime de puissance. Le sublime dans la grandeur supprime les limites, c'est le ciel étoilé avec sa profondeur sans bornes, l'océan sans rivages. Il est une douleur pour l'imagination qui se sent impuissante, et un plaisir pour la raison au regard de laquelle il symbolise l'infini, l'absolu. Le sublime dans la puissance, c'est la force d'âme élevée à ce point qu'elle semble supérieure à toute résistance.

Nous créons le sublime, dit Kant, il n'existe pas dans la nature, c'est notre esprit qui le produit.

**Le laid, le ridicule.** — Le laid est l'opposé du beau, c'est ce qui est en opposition avec l'idée, la loi; c'est dans l'ordre physique le défaut de proportion, d'harmonie.

La notion du ridicule demande un peu plus d'explication. On peut dire qu'il y a ridicule toutes les fois qu'un résultat cherché est manqué, et cela en vertu d'une erreur grossière qu'une clairvoyance ordinaire eût fait apercevoir. Il en serait encore de même si le résultat cherché était obtenu, mais par des moyens tellement disproportionnés qu'ils choquent le bon sens. Géronte se laisse grossièrement duper et donne une somme d'argent pour racheter son fils emmené sur une prétendue galère; M. Jourdain récompense des qualifications qu'il prend pour des marques de considération et qui ne sont que des railleries de son tailleur; l'un et l'autre sont ridicules. Un nain s'avance gravement avec la prétention de soulever un rocher que n'eût pas remué Hercule lui-même; un important, trop semblable à la mouche du coche, s'attribue le succès d'entreprises qu'il aurait plutôt fait échouer par ses maladresses; voilà autant de ridicules. Prétentions non justifiées, contrastes désavantageux, maladresses, le tout venant d'un travers réel ou apparent, telles sont les sources de ce sentiment vengeur. Le ridicule provoque le rire moqueur, son expression par l'art s'appelle le *comique*.

## 2° *Les beaux-arts.*

**L'art et les beaux-arts.** — En général un art est un ensemble de règles ou de moyens par lesquels on peut arriver à réaliser certains effets. Parmi les arts, il en est qui se proposent de produire le beau, à l'imitation de la nature, et en essayant même de la dépasser, ils portent le nom de beaux-arts. Bien que le beau soit leur unique objet, les arts s'appliquent parfois à reproduire le laid à titre de contraste et pour mieux faire ressortir la beauté qu'on lui oppose.

**Classification des beaux-arts.** — Les uns poursuivent la réalisation des formes visibles, ce sont les arts plastiques ou du dessin : architecture, peinture, sculpture. D'autres s'adressent à l'ouïe, ce sont la musique et la poésie. Enfin la danse, qui exprime l'ordre par des mouvements rythmiques, s'adresse à la vue comme les arts plastiques, mais elle a une durée successive que ne comportent pas les œuvres de ces derniers.

**L'idéal et l'expression.** — Le beau renferme, avons-nous déjà dit, deux éléments, l'idéal et le symbole sensible qui l'exprime.

On peut définir l'idéal « le type de perfection que la raison nous présente pour chaque chose. » Ce n'est pas la nature qui nous le présente, car bien que Dieu y ait semé les beautés à profusion, aucune n'est parfaite. Nous concevons mieux que tout cela, cette conception du mieux, c'est l'idéal. Mais notre conception elle-même est loin d'atteindre la perfection absolue, c'est pourquoi l'idéal est encore chose relative, il grandit avec notre pensée, et l'artiste qui a enfanté des chefs-d'œuvre peut espérer qu'il fera encore mieux dans l'avenir. C'est donc au dedans, non au dehors, que l'idéal s'aperçoit; il est le fruit silencieux d'une attention recueillie.

L'expression ou symbole, qui servira de vêtement à l'idéal, n'est pas non plus fournie par la nature, du moins dans son entier. C'est évidemment dans la nature que l'artiste cherchera les formes sensibles qu'il veut employer, il n'en créera pas de toutes pièces; l'observation attentive et le vif sentiment des beautés qu'elle recèle lui sont indispensables, il doit même se faire la main en l'imitant. Mais une fois en possession de son talent, il ne copiera plus servilement, il imaginera, c'est-à-dire que des profondeurs de cette faculté merveilleuse qui donne corps et forme aux idées, jaillira à l'heure de l'inspiration une expression digne de l'idéal conçu, ou plutôt les deux facultés qui produisent le beau, agissant par un même effort, enfanteront une œuvre commune, réalité idéalisée, idéal réalisé, dont les éléments harmonieusement fondus ne se distingueront plus l'un de l'autre.

**L'idéal et la fiction.** — L'idéal n'est pas le réel, la fiction non plus. Il faut bien se garder cependant de confondre l'un avec l'autre. L'idéal n'est pas réel, mais il est, si l'on peut dire, plus réel que la réalité, puisqu'il contient une perfection plus haute; il serait à souhaiter qu'il passât de l'ordre des conceptions dans l'ordre des faits, tout le monde y gagnerait. Il en est autrement de la fiction. Pure création de l'esprit qui l'invente, et dont elle fait ressortir les qualités secondaires, elle est arbitraire, capricieuse, souvent bizarre; son principal mérite est la grâce ingénieuse. La fable est son domaine en poésie, bien que les autres genres l'emploient comme épisodes; les arts décoratifs en font un grand usage, les chapiteaux et les frises de nos cathédrales gothiques en présentent de curieux spécimens. Elle amuse et charme, quelquefois même elle instruit; jamais elle n'élève à de grandes hauteurs. Elle peut devenir nuisible. Que de mal ont fait ces romans qui promènent le lecteur dans un monde fictif, propre à le dégoûter du monde réel sans le consoler par aucune idée saine, par aucun sentiment généreux!

**École idéaliste. École réaliste.** — La prédominance de l'un des deux éléments constitutifs de l'art sur l'autre a donné lieu à deux écoles, l'*école idéaliste* et l'*école réaliste*. La première voit surtout l'idéal. Pour ne pas le voiler, elle simplifie les symboles, s'étudiant à les rendre clairs et intelligibles. Jusque-là elle a raison. L'écrivain intelligent ne tend-il pas, lui aussi, tout en visant à l'élégance, à ne point compliquer les formes du langage, alors même qu'elles y gagneraient en nombre et en harmonie? Certains idéalistes vont à l'excès, ils appauvrissent l'expression au point d'effacer le symbole : l'œuvre d'art disparaît. La simplicité de Raphaël est de l'idéalisme bien compris.

L'école réaliste se préoccupe avant tout de la forme, elle ne croit même pas à l'idéal. Pour les uns, il n'y a en dehors de ce qui se voit qu'illusion et chimère. Pour les autres, nous ne pouvons rien concevoir qui surpasse la nature. De ces principes différents sort une même conclusion : imiter la nature c'est toute la mission de l'art. La nature c'est l'individuel, le particulier, de là les peintures et les descriptions de détail qui exploitent la face extérieure des choses. La nature c'est surtout le contemporain, les choses anciennes étant plus ou moins idéalisées par la légende, poétisées par l'action du temps, de là l'abandon de l'antiquité. Assurément l'imitation fidèle a ses difficultés, mais le mérite de les vaincre peut-il se comparer au génie qui crée d'inspiration? Le coup d'œil et la main ont là tout le mérite; ici, les hautes facultés, le *mens divinior* ont dû intervenir. Non, l'école réaliste ne prévaudra pas, ce serait l'abaissement de l'art.

# CHAPITRE XIV.

### Rapports du physique et du moral.

Nous avons distingué avec soin les faits psychologiques des faits physiologiques ; mais, si ces deux classes de faits présentent des différences profondes, ils ont aussi dans l'homme des relations étroites et nombreuses. Loin de former deux vies indépendantes et étrangères l'une à l'autre, ils s'unissent intimement dans une vie unique. Réservant pour la métaphysique de l'âme l'explication de ces rapports, nous nous bornerons ici à constater leur existence, soit d'une manière générale, soit par l'examen de certains faits spéciaux.

### ART. I. — Faits généraux.

L'expérience constate journellement par des faits nombreux et variés l'influence réciproque du physique sur le moral et du moral sur le physique.

**Influence du physique sur le moral.** — Parmi les différentes facultés de notre âme, il en est plusieurs qui semblent dépendre directement et par elles-mêmes de conditions organiques, et comme ces puissances inférieures interviennent dans l'exercice de nos pouvoirs les plus élevés, il en résulte que toute l'activité spirituelle de l'âme subit l'influence des organes.

Les facultés directement dépendantes du corps sont : la perception des sens, la mémoire des choses corporelles, l'imagination et la sensibilité physique, c'est-à-dire les appétits et les sensations. Les perceptions proprement dites n'ont jamais lieu qu'autant qu'une impression a été déterminée dans les organes et le système nerveux par les objets extérieurs ; il en est de même des perceptions *subjectives* du rêve et de l'hallucination qui impliquent toujours une modification organique. C'est parce que la mémoire des choses corporelles et l'imagination sont dans une étroite dépendance du cerveau, que l'âge ou les maladies, surtout celles qui attaquent les centres nerveux, les modifient si profondément. Enfin les tendances animales connues sous le nom d'appétits et les sensations du même ordre auxquelles elles donnent lieu présentent dans divers individus des différences analogues à celles du tempérament.

Au-dessus de ces facultés se trouvent l'entendement, la mémoire des idées ou connaissances suprasensibles et la volonté. Par eux-mêmes ces pouvoirs supérieurs sont indépendants du corps. « C'est sans organe qu'on pense, » a dit Aristote, et de fait, nous ne concevons pas que le cerveau puisse être l'instrument de la pensée ou de la volition ; ces phénomènes éminemment spirituels ne doivent relever que de l'âme toute seule. Mais d'autre part c'est une loi de notre nature que dans la production de ses pensées les plus abstraites notre esprit soit toujours dépendant des représentations des sens, en sorte que l'entendement subit indirectement l'influence des organes et celle-ci s'étend à toutes les puissances de l'âme.

**Empire du moral sur le physique.** — Réciproquement l'action de l'âme sur le corps est incontestable. — Pour qui admet la doctrine de l'animisme les puissances végétatives appartiennent à l'âme raisonnable, et cette dernière fait réellement son corps, bien que son action doive s'accommoder à certaines conditions que lui impose l'organisme auquel elle vient s'unir et qu'elle trouve ébauché par une force étrangère. — Dans tout le cours de leur union elle continue, si l'on peut dire, de marquer en lui son empreinte, soit momentanément, soit d'une façon durable. Toute émotion qui agite l'âme a son contre-coup dans le corps : les battements de cœur plus lents ou plus rapides, plus faibles ou plus violents, la respiration large ou entrecoupée, le sang qui afflue au visage ou se retire au cœur, le calme ou l'agitation des traits, des mouvements que la volonté n'arrive point à maîtriser, le son particulier de la voix, et surtout l'expression des yeux, ce miroir de l'âme, sont autant de signes par lesquels le corps atteste le sentiment auquel l'âme est en proie. — En se répétant fréquemment les divers états psychologiques finissent par donner aux parties mobiles du visage une expression durable qui permet de lire dans les traits les qualités ou les défauts du caractère, et quelquefois, d'une manière générale du moins, les vertus et les vices. — Bien plus, les habitudes intellectuelles et morales peuvent modifier à ce point les organes qu'elles altèrent peu à peu le type de l'espèce ou le ramènent à sa noblesse première. La dégradation physique des peuples sauvages est le résultat séculaire de leur dépravation morale, et le retour de ces peuples à la vie intellectuelle et chrétienne est bientôt suivi d'une amélioration physique qui deviendrait avec le temps une véritable régénération. — La sensibilité morale est la faculté qui exerce la plus grande influence sur le corps, mais elle n'est pas la seule. L'imagination de quelque objet détermine souvent les mêmes effets physiologiques qu'il provoquerait lui-même : ainsi la représentation par cette faculté d'une saveur âcre est suivie d'une sécrétion plus abondante de salive. La réflexion profonde et prolongée amoindrit d'ordinaire la nutrition. Une volonté résolue lutte parfois avec succès contre la maladie et en ralentit le cours, tandis que l'inquiétude en accélère les progrès. Enfin la faculté motrice n'est pas autre chose que l'empire dévolu à l'âme sur les organes des fonctions de relation.

## ART. II. — Faits spéciaux.

**Le sommeil.** — *Sa définition.* — Le sommeil est une cessation périodique des fonctions de la vie de relation ou vie animale, qui entraîne un amoindrissement notable de la vie intellectuelle et morale. Le sommeil est un phénomène de la vie animale, c'est le corps qu'il affecte directement; l'âme n'est atteinte qu'indirectement et par contre-coup, sa vie propre dépendant de certaines conditions physiologiques.

*Ses caractères, ses effets.* — Le sommeil produit quatre effets principaux qui en même temps le caractérisent.

1. Son premier effet est de suspendre la vie de relation, c'est-à-dire d'arrêter les mouvements de locomotion et l'exercice des sens. La vue disparaît la première, puis le goût et l'odorat, en troisième lieu l'ouïe et enfin le toucher. Cependant les perceptions de l'ouïe et du toucher ne disparaissent peut-être jamais complètement, même pas dans un sommeil très profond, comme le prouvent les cauchemars, dans lesquels les sensations d'une digestion difficile ou d'une fausse position du corps provoquent les combinaisons pénibles du rêve.

2. Le sommeil diminue l'énergie de toutes nos facultés. Les fonctions animales de la respiration, de la circulation du sang des sécrétions se ralentissent. Pour ce qui est de la vie morale, la conscience réflexe et la liberté sont suspendues; il n'y a plus de responsabilité morale. Le gouvernement des facultés échappe à la volonté, qui continue cependant, mais en vain, de commander. Tous nos autres pouvoirs spirituels, sauf l'imagination, sont réduits à un minimum d'action, sans disparaître toutefois complètement.

3. L'imagination et l'association des idées s'exercent en toute indépendance, pendant le sommeil, sans aucune direction des facultés supérieures. Pendant que les autres phénomènes s'affaiblissent, ceux de l'imagination prennent un relief extraor-

dinaire, dû probablement à l'absence des perceptions extérieures. De là l'objectivité que nous leur accordons : dans le rêve nous croyons à la réalité objective de toutes les représentations subjectives de l'imagination.

4. L'incohérence dans les associations d'idées est un des effets les plus caractéristiques du sommeil. Elle vient de ce que l'imagination s'exerçant à peu près seule, il n'y a aucun contrôle des autres facultés.

*Ses causes.* — La cause prochaine et directe du sommeil doit être l'affaiblissement des forces des organes cérébraux. Quelle que soit la nature du travail cérébral, il est certain qu'il ne peut se produire indéfiniment avec une égale intensité. En se prolongeant il affaiblit peu à peu et finit par épuiser l'activité des centres nerveux; la fatigue naît, grandit et devient l'impuissance. La durée possible du travail cérébral varie avec les tempéraments et les états accidentels de santé, mais dans les conditions les meilleures elle a un terme; il faut une réfection des forces perdues. Alors survient le sommeil, c'est-à-dire le repos relatif des organes cérébraux.

Tout ce qui provoque ou favorise le travail cérébral est contraire au sommeil : réciproquement tout ce qui l'entrave et le diminue amène le sommeil. Les perceptions extérieures intéressantes ou variées, les émotions vives, les préoccupations, la surexcitation intellectuelle produite par une étude applicante et prolongée provoquent ou entretiennent l'innervation et chassent le sommeil. Au contraire, si nous désirons trouver le repos, nous cherchons le silence, l'obscurité et le vague de la pensée, et en dehors de toute volonté spéciale, la monotonie des impressions, un froid vif ou une douce chaleur, l'ingestion de substances soporifiques, certains états morbides contrarient le travail cérébral et causent le sommeil.

**Somnambulisme.** — Le somnambulisme (*somno ambulare*, se promener en dormant) est un état mixte dans lequel le sommeil s'unit à certaines fonctions de la vie de relation. Il est naturel ou magnétique.

*Somnambulisme naturel.* — Le rêve somnambulique diffère du rêve ordinaire sous plusieurs rapports.

1. Dans le rêve ordinaire toutes les fonctions de la vie de relation sont suspendues. Dans le somnambulisme au contraire, les mouvements de locomotion s'opèrent d'une manière à peu près normale. Il arrive même que le somnambule, n'étant plus effrayé par son imagination, exécute avec la plus grande aisance des mouvements qui dans l'état de veille ne seraient pas sans danger.

2. Nous conservons le plus souvent un souvenir assez précis de nos rêves. Le somnambule n'en garde aucun des actes qu'il a accomplis.

3. Cette absence de souvenir est d'autant plus remarquable que les actes du somnambule présentent un enchaînement logique qui fait défaut au rêve. Or l'enchaînement logique est une des lois du souvenir.

4. L'exercice des sens, suspendu dans le rêve, reparaît dans le sommeil somnambulique, et parfois avec une intensité extraordinaire. On parle de somnambules qui voyaient et lisaient dans l'obscurité.

*Somnambulisme magnétique.* — Le somnambulisme magnétique ou artificiel est dû à l'intervention de quelque agent libre doué, dit-on, d'une aptitude particulière, et qui le produit au moyen de *passes magnétiques*, c'est-à-dire au moyen d'attouchements légers pratiqués sur la tête et le longs des bras. La vue prolongée et fixe d'un objet brillant placé à hauteur du front et à petite distance peut également la déterminer.

Si l'on en croit le récit de nombreuses expériences faites par les magnétiseurs, les effets du sommeil magnétique seraient encore plus remarquables que ceux du somnambulisme naturel. Le magnétisé devient insensible et supporte sans douleur des piqûres profondes; les sens perceptifs se développent d'une façon extraordinaire ainsi que la mémoire et la force motrice; les sens changeraient même de siège et trouveraient dans le corps d'autres instruments que leurs organes accoutumés.

Même en faisant une large part aux supercheries du charlatanisme, il est difficile de récuser tous les phénomènes du somnambulisme artificiel. Il ne l'est pas moins de leur assigner une cause physiologique. Cette cause se trouve évidemment dans un état anormal des organes cérébraux, dont l'action complexe et mystérieuse donne lieu à tant de surprises. L'intervention d'une cause morale n'est pas moins certaine. Dans le somnambulisme naturel aussi bien que dans le sommeil magnétique, une même idée préoccupe l'esprit et absorbe toute son activité. Concentrées sur un même point et considérablement accrues par la surexcitation nerveuse, les forces perceptives ou motrices deviennent capables d'effets surprenants. De là les phénomènes d'hyperesthésie et d'hyperdynamie qui surprennent à première vue. De là aussi les phénomènes d'anesthésie, le somnambule naturel ou magnétisé devenant insensible pour tout ce qui est étranger à l'objet de sa préoccupation.

**Hallucination.** — L'hallucination consiste à objectiver une représentation imaginative à laquelle ne correspond aucune réalité extérieure. Ce phénomène se produit dans l'état de veille, et c'est en quoi il diffère du rêve. L'halluciné jouit de l'usage de tous ses sens, il en compare les perceptions avec l'image trompeuse que produit son activité interne, et ne saisissant entre elles aucune différence, il leur attribue également une cause extérieure. Tous les sens sont sujets à hallucination : ce n'est pas la vue seulement qui peut voir ce qui n'existe pas, c'est encore l'ouïe qui peut entendre des sons imaginaires, l'odorat et le goût qui peuvent sentir des odeurs et des saveurs fictives, le toucher lui-même, dans ses phénomènes passifs, qui peut éprouver des impressions trompeuses. Souvent l'halluciné est persuadé de l'existence des objets imaginaires qu'il croit apercevoir; parfois cependant il connaît son erreur, mais sans pouvoir malgré cela rendre au phénomène objectivé sa vraie nature. L'hallucination peut devenir une obsession et conduire à la folie ou au crime.

D'où vient l'hallucination? De la même cause prochaine que

les perceptions véritables, ainsi que nous l'avons vu en parlant de l'imagination. Il suffit pour cela que l'impression cérébrale qui détermine la sensation soit produite avec la même intensité par une autre cause que l'action des objets extérieurs sur nos sens. Cela peut arriver de différentes manières. Lorsque la vue d'un objet terrifiant nous a profondément émus, ce n'est pas l'âme seule qui a été vivement affectée, le cerveau lui-même garde relativement à l'impression correspondante une impressionnabilité plus vive et une tendance à la reproduire avec la même énergie, si une cause, même indirecte, vient à l'en solliciter. Dans d'autres circonstances la première impulsion vient du moral; qui ne sait qu'une grande frayeur, en agitant le sang et par lui le cerveau, peut faire entendre des bruits ou voir des objets sans réalité?

**Folie.** — La folie est un désordre partiel ou général dans les fonctions psychologiques, un défaut de coordination des pensées. On l'appelle aussi aliénation mentale (*alienus*, étranger), nom aussi juste qu'expressif : l'aliéné ne s'appartient plus, il n'est plus le maître, ni de sa raison, ni de sa liberté.

La cause prochaine de la folie est toujours l'état anormal de quelque organe cérébral. Les causes éloignées sont physiques ou morales. Parmi les premières on peut citer : l'abus de certaines liqueurs, les excès du libertinage; parmi les secondes : les terreurs vives et soudaines, les chagrins profonds et concentrés, des accès violents de colère, les idées fixes et exclusives.

La folie affecte des formes variées, que l'on peut ramener d'après Esquirol aux quatre classes suivantes : 1° la *mélancolie* ou hypocondrie morale, avec idées de suicide; 2° la *monomanie* ou dérangement des idées sur un point déterminé; 3° la *manie* ou folie proprement dite, qui implique un désordre général de la pensée; 4° la *démence* ou affaiblissement notable du cerveau.

**Idiotisme.** — L'idiotisme ou l'imbécillité est un état d'engourdissement plus ou moins complet des facultés intellectuelles et morales. On le confond quelquefois, mais à tort, avec la folie. Dans le fou le cerveau est malade, dans l'idiot il est perclus; dans le fou il y a défaut de coordination des idées, dans l'idiot c'est une impuissance d'en produire; dans le fou l'imagination est exaltée, dans l'idiot elle est nulle; enfin la folie a une cause accidentelle tandis que l'idiotisme commence avec la vie. L'idiotisme vient d'un développement incomplet du cerveau; par suite il est incurable.

# CHAPITRE XV.

### NOTIONS DE PSYCHOLOGIE COMPARÉE.

## I. — *Méthode à suivre dans la comparaison de l'homme et de l'animal.*

L'étude de l'âme humaine se complète naturellement par celle de ses rapports avec l'âme des brutes. Y a-t-il entre les deux une différence essentielle, ou bien l'âme de l'animal, douée au fond des mêmes facultés que celle de l'homme, ne lui est-elle inférieure qu'en degré? Il est nécessaire de répondre à ces questions pour marquer d'une manière précise la place de l'homme parmi les êtres créés et se faire de sa nature une idée complète.

Bossuet a parfaitement tracé la méthode à suivre dans ces recherches de psychologie comparée. « Il n'y a rien de meilleur, dit-il, pour bien juger des animaux, que de s'étudier soi-même auparavant : car encore que nous ayons quelque chose au-dessus de l'animal, nous sommes animaux, et nous avons l'expérience tant de ce que fait en nous l'animal que de ce que fait le raisonnement et la réflexion. » Ne pouvant observer directement dans l'animal les actes internes de sa vie psychologique, nous devons commencer par nous rendre un compte exact de nos propres phénomènes; chercher ensuite à interpréter les signes par lesquels l'animal manifeste les siens; lui attribuer ceux d'entre les nôtres que ces signes supposent nécessairement, sinon dans toute leur perfection, au moins avec leur nature et leurs caractères essentiels; enfin lui refuser ceux qu'il n'exprime par aucun signe ou que ses autres actes démentent formellement. Nous parviendrons ainsi à constater les analogies et les différences qui rapprochent ou séparent l'animal de l'homme.

Ce procédé n'est pas un simple raisonnement par *analogie*, appuyé sur des rapports purement extérieurs et ne conduisant qu'à des hypothèses plus ou moins probables; c'est une véritable *induction*, qui remonte des effets à la cause et mène à la certitude. Les phénomènes extérieurs d'un être ne sont pas sans relation avec ces pouvoirs invisibles; ils en sont au contraire la manifestation naturelle et l'unique preuve. Une faculté qui ne se révèle par aucun signe doit être considérée comme non existante, et l'on ne peut douter de la réalité de celle qui se manifeste par ses effets. La méthode indiquée induit donc la cause de ses effets et les facultés de leurs actes, méthode très légitime et la seule que nous employons pour reconnaître dans les autres hommes une âme semblable à la nôtre. Appliquons-la à la détermination des facultés de l'animal.

## II. — *Similitudes et différences entre l'animal et l'homme au point de vue de l'intelligence.*

**Les erreurs.** — L'esprit de système a conduit Descartes à refuser aux animaux toute vie psychologique et à ne voir en eux que de simples machines, supérieures aux productions de l'industrie humaine en cela seulement qu'elles contiennent le principe de leurs mouvements. C'était se montrer injuste à l'égard de la brute et méconnaître la merveilleuse gradation que Dieu a établie entre les êtres vivants, les échelonnant en degrés variés de la plante à l'homme. D'autres auteurs assez nombreux, tant chez les anciens que chez les modernes, sont tombés dans l'erreur opposée. Sous l'empire d'une préoccupation morale qu'ils s'avouaient probablement plus ou moins à eux-mêmes, ils ont doté l'animal de facultés exclusivement propres à l'homme et n'ont pas hésité à lui donner le raisonnement et la pensée ; quelques-uns même ont prétendu découvrir en lui le sentiment religieux et moral et n'ont pas rougi de vanter sa vertu. Plutarque, Celse, Montaigne ont accumulé à l'appui de cette thèse les traits curieux et les anecdotes piquantes, comme s'il était permis dans une pareille question de substituer les récits aux analyses psychologiques et aux inductions sérieuses. Il s'agit cependant ici d'un point de doctrine de grave conséquence et qui réclame l'emploi d'une méthode sévère. Appliquons-lui celle dont la sûreté a été reconnue dans l'article précédent, et précisons par ce moyen les similitudes qui rapprochent l'animal de l'homme et les différences qui l'en éloignent au point vue de l'intelligence.

**Similitudes entre l'homme et l'animal.** — L'animal possède quelques-unes des facultés cognitives de l'homme. Il connaît par les sens les objets extérieurs : il voit, il entend, il flaire, il goûte, il est sensible au froid et à la chaleur, il perçoit la dureté, le poids, la ténacité des corps. L'existence en lui d'un système nerveux mis en communication avec des organes en tout semblables à ceux de l'homme suffirait à démontrer la réalité de ces différentes perceptions; mais de plus il les manifeste par les signes les moins équivoques dans la recherche de sa nourriture, la poursuite de sa proie, la fuite de son ennemi, etc. Il a même sous ce rapport certains avantages sur l'homme : chez lui la vue est plus perçante, l'ouïe plus délicate, l'odorat plus fin; en revanche, il lui est inférieur dans le goût et surtout dans le tact. L'animal garde le souvenir de ce qu'il a perçu, puisqu'on le voit reconnaître les lieux, les personnes et les choses. — Il se représente en leur absence les objets de ses perceptions, et probablement aussi les modifie et les combine en quelque manière. Le chien de chasse aboie quelquefois dans son sommeil, comme s'il était lancé à la poursuite du gibier. — En vertu d'associations nombreuses et variées il enchaîne les uns aux autres une foule d'objets et de faits, de manière à simuler un raisonnement par induction; toutefois il se borne, ainsi qu'on va le démontrer plus bas, à un simple enchaînement d'impressions. — Il communique avec ses semblables au moyen de cris spéciaux, soit pour les avertir du danger qui les menace, soit pour les appeler à partager la nourriture qu'il a trouvée, soit pour exprimer ses propres états sensibles. — Enfin tous ces actes impliquent le sens intime. L'animal qui les produit en est averti en quelque manière; il en a le sentiment.

En résumé, la conscience directe, la perception des sens, la mémoire des objets corporels, la reproduction imaginative de ces objets, l'association et l'enchaînement des qualités perçues, un langage relatif aux sensations et aux besoins du corps : telles sont les facultés cognitives qu'une induction légitime nous permet et même nous contraint de reconnaître dans l'animal, et les ressemblances qu'il possède avec l'homme. Faut-il aller plus loin et lui reconnaître la pensée, même sous sa forme la plus élémentaire? Nous ne le croyons pas.

**Différence entre l'homme et l'animal.** — L'animal ne pense pas; en vain chercherait-on en lui la manifestation de la moindre idée : du jugement, du raisonnement.

L'animal n'a aucune idée : non seulement les notions nécessaires et supérieures de Dieu, du vrai, du beau, du bien moral, du temps, de l'espace, etc., lui sont complètement étrangères; il ne s'élève même pas jusqu'à la connaissance intellectuelle ou idée des choses corporelles. La preuve en est qu'il ne les exprime pas par la parole. La parole, voilà en effet le véritable signe de l'intelligence et l'expression naturelle de l'idée. Quiconque pense a le pouvoir d'attacher l'idée qu'il s'est formée à un signe par lequel il la manifeste aux autres êtres qui pensent comme lui. Deux hommes parlant exclusivement deux langues différentes ne peuvent vivre longtemps ensemble sans se les communiquer au moyen du langage naturel. Le sourd-muet de naissance trouve des signes arbitraires pour exprimer ses idées à ses semblables et se mettre en rapport avec eux. Si les animaux, au lieu d'un langage purement expressif de leurs états sensibles, avaient une langue proprement dite, les mêmes expressions reviendraient dans les mêmes circonstances pour les mêmes objets et conformément à ces lois générales qui sont identiques dans toutes les langues existantes ou possibles. Il deviendrait dès lors facile d'interpréter les signes qu'ils emploient et d'entrer en rapport avec eux. Le contraire a lieu : entre l'homme et l'animal aucun échange d'idées ne peut s'établir. Comment expliquer, sinon par l'absence de toute pensée, cette impuissance complète d'en exprimer aucune?

L'animal ne juge pas. Juger, c'est affirmer qu'une chose est ou n'est pas; c'est saisir un rapport idéal entre deux termes, c'est-à-dire concevoir une véritable idée, et l'animal, on vient de le voir, en est incapable. Il associe donc simplement deux ou plusieurs perceptions, saisit des rapports purement extérieurs qu'il n'isole pas de leurs objets par une abstraction ou une conception proprement dite.

L'animal ne raisonne pas. « Les bêtes, dit Leibnitz, sont purement empiriques et ne font que se régler sur des exemples, car, autant qu'on peut en juger, elles n'arrivent jamais à former des propositions nécessaires, au lieu que les hommes sont capables de sciences démonstratives, en quoi la faculté que les bêtes ont de faire des conséculions est quelque chose d'inférieur à la raison qui est dans les hommes. » Ces paroles de Leibnitz marquent admirablement la différence qui sépare le raisonnement véritable du semblant d'induction que l'on observe dans les animaux. La brute enchaîne les images qu'elle a perçues plusieurs fois successivement, et en vertu de ce lien elle attend dans une nouvelle rencontre la même succession d'objets; mais ne pénétrant point la raison de cet enchaînement, elle ne peut se garantir de l'erreur dans laquelle la jette nécessairement le changement des circonstances. Combien la véritable induction diffère de cette consécution toute machinale! Elle cherche la raison des connexions que présente l'expérience, afin de savoir faire les exceptions voulues quand elles deviennent nécessaires et de varier suivant le cas les applications du même principe. Elle saisit non la simple succession des faits, mais leur enchaînement logique. Deux différences radicales séparent donc du raisonnement l'induction apparente de l'animal : celle-ci enchaîne des images, celui-là des idées; la seconde s'appuie sur la liaison expérimentale des faits, le premier sur la nécessité des principes.

Répondons maintenant en connaissance de cause à la question : L'animal est-il intelligent? Si par intelligence on entend une faculté quelconque de connaître, il est certain que l'animal est intelligent, car il jouit des sens et des facultés qui s'y rattachent directement. Mais si l'on fait de l'intelligence la faculté de penser ou de connaître par des idées, il faut maintenir que l'animal en est complètement dépourvu. La pensée et ce qui en découle, voilà la différence essentielle qui sépare l'homme de la brute.

### III. — *Similitudes et différences entre l'homme et l'animal au point de vue de la sensibilité.*

**Similitudes entre l'animal et l'homme.** — L'animal est doué de sensibilité; il n'est pas permis d'en douter. Le plaisir et la douleur, l'attrait et la répugnance, l'attachement même et la colère se peignent tellement au naturel dans ses yeux éteints ou brillants, dans ses cris plaintifs ou joyeux, dans son attitude et dans tous ses mouvements, que notre sensibilité à nous-mêmes en est émue. Et dans tout cela nous ne devrions voir que l'expression trompeuse d'émotions qui n'existent pas! Et Dieu, auteur de cette vaine supercherie, permettrait qu'une simple machine obtînt de notre cœur abusé une part de l'affection que nous donnons à nos semblables! Est-ce admissible? L'animal est donc sensible. Mais jusqu'où s'étend en lui la sensibilité? S'arrête-t-elle aux besoins et aux appétits de la vie organique, aux plaisirs et aux souffrances physiques, ou bien s'élève-t-elle jusqu'aux sentiments et aux passions? On parle d'affection, de générosité, d'esprit de vengeance, de jalousie, d'amour de la domination et de la louange, de rivalité et des sentiments correspondants. Tout cela existe sans doute chez l'animal, mais dans l'ordre purement physique et organique ; ce sont des besoins instinctifs, des plaisirs et des douleurs, non des passions et des sentiments. Ces derniers en effet impliquent nécessairement la pensée et l'animal est incapable de la moindre idée. Sa sensibilité est donc comme son intelligence entièrement relative au corps.

**Différences entre l'animal et l'homme.** — De ce qui vient d'être dit découlent les différences qui séparent l'animal de l'homme en fait de sensibilité. — Chez l'homme l'intelligence accompagne l'exercice de la sensibilité physique et la modifie notablement : l'attention avive ses plaisirs et ses douleurs; le souvenir qu'il en garde ou la prévision qu'il en acquiert suscite de nouveaux sentiments de regret, de crainte, d'inquiétude, de désir, d'espérance ; l'imagination les exagère aux dépens de sa tranquillité et de son bonheur. — L'intelligence ne fait pas que modifier et développer la sensibilité physique, elle est de plus la source de tout un ordre de tendances et de sentiments exclusivement propres à l'homme. Les sciences, les arts, la religion et l'ordre moral, la société sous ses différentes formes, famille, associations, nationalité, excitent dans le cœur de l'être doué de raison les tendances les plus variées, les sentiments les plus nobles et les plus doux. Le sourire dont s'illumine la figure de l'homme en est l'expression gracieuse et en marque bien l'origine intellectuelle; aussi a-t-il été refusé à la brute en même temps que le sentiment.

## IV. — *Similitudes et différences entre l'animal et l'homme au point de vue de l'activité.*

L'activité de l'animal revêt deux des formes de l'activité humaine : l'instinct et l'habitude. Dieu en refusant l'intelligence à la brute a multiplié en elle les tendances fatales et infaillibles de l'instinct qui protège son existence et la conduisent à sa fin. Il l'a également rendue susceptible d'habitudes, et ce second mode d'activité est aussi remarquable en elle que le premier. L'homme a même utilisé pour son service et quelquefois aussi pour son amusement cette aptitude de l'animal à contracter des habitudes; il l'a dressé à différents travaux et façonné à des actes tellement compliqués, qu'on serait parfois tenté de transporter dans l'élève l'intelligence du maître.

Quant à la volonté, elle fait nécessairement défaut à l'animal, puisqu'il est dépourvu de réflexion; il n'y a donc en lui ni détermination, ni choix libre. Cependant ici encore certaines de ses actions simulent les actes de l'homme : quelquefois il hésite comme s'il délibérait entre le plaisir immédiat que lui promet un objet perçu et la douleur absente, mais plus grave, qui n'est que dans sa mémoire; après quoi il se prive de l'un pour éviter l'autre, ou bien satisfait son attrait en dépit du châtiment prévu. Cette délibération et ce choix n'approchent pas des éléments correspondants de l'acte libre humain; ils ne concernent jamais que le plaisir et la douleur et suivent des lois rigoureusement uniformes.

# LOGIQUE.

## CHAPITRE I.

### DÉFINITION ET DIVISION DE LA LOGIQUE.

Avant de définir la logique il convient de déterminer son objet avec précision.

**Objet de la logique.** — La logique a pour objet les *opérations de l'esprit*, les procédés de la pensée par lesquels l'homme arrive à découvrir la vérité dans les différents ordres de sciences. Si elle s'inquiète parfois de l'objet connu, ce n'est pas que cet objet l'intéresse directement, mais c'est afin de pouvoir donner à la pensée elle-même la direction qui lui convient. Ainsi les opérations intellectuelles, les procédés de la connaissance, voilà l'objet de la logique. Kant et plusieurs autres philosophes ont voulu réduire cet objet au raisonnement tout seul et même au raisonnement déductif; cette limitation n'est pas justifiée. Le raisonnement déductif, quelle que soit son importance, n'est pas le seul moyen que nous ayons d'arriver au vrai, ni le seul procédé susceptible d'une bonne ou d'une mauvaise direction : il n'est donc pas le seul dont doive s'occuper la logique. Cette science n'est pas uniquement l'art de raisonner, elle est plutôt l'art de penser.

Précisons encore davantage. La psychologie a pour objet, elle aussi, les opérations de la pensée en même temps que tous les autres phénomènes psychologiques, sans faire pour cela double emploi avec la logique. Ces deux sciences se placent à des points de vue différents, ce qui suffit à les distinguer. La psychologie étudie *en eux-mêmes* les phénomènes intellectuels : elle détermine leur nature, les définit et même recherche leurs lois, c'est-à-dire les conditions essentielles dans lesquelles l'intelligence les produit. La logique envisage ces mêmes phénomènes *dans leur application* à la recherche du vrai ; elle s'inquiète du bon ou du mauvais usage (non au point de vue moral, mais au point de vue de la découverte de la vérité) qu'on peut en faire. En d'autres termes, le *travail de l'esprit* est son véritable objet, et son but est d'assigner à ce travail les *règles* auxquelles il doit se conformer pour atteindre son but, la connaissance de la vérité.

**Définition de la logique.** — La logique peut donc se définir : « La science pratique des lois de la pensée. »

**Utilité de la logique.** — La logique est une science. A ce titre, elle nous instruit de ce qui est, elle nous fait connaître dans tous ses détails le travail de l'esprit, nous initie aux différentes formes du mouvement de la pensée. Si elle n'était qu'une science, comme quelques-uns le veulent, son utilité s'arrêterait là et serait purement spéculative. Contrairement à cette opinion, nous croyons que la logique est un *art* en même temps qu'une *science,* qu'elle est même plutôt art que science. Un art est un ensemble de règles pratiques propres à rendre habile dans un certain genre de travail celui qui les emploie. Tel est le but de la logique. Science essentiellement pratique, elle enseigne le légitime usage de nos moyens de connaître. Elle n'invente point les règles qu'elle propose, mais elle les recueille en interrogeant la nature et en analysant les formes de la pensée, elle les formule avec clarté, les dispose avec méthode. Elle ne donne pas la rectitude à l'esprit qui en serait dépourvu et n'enseigne pas à raisonner juste à celui qui en serait incapable, mais elle ajoute aux forces naturelles de l'intelligence en les disciplinant. Ses préceptes, bien compris et assidûment pratiqués, se transforment en habitudes intellectuelles, qui façonnent l'esprit au bon emploi de ses ressources. Il apprend à donner à ses idées plus de clarté et de précision, à ses définitions plus d'exactitude et de justesse, à ses raisonnements plus de rigueur et de suite ; il s'habitue à garder une juste mesure de liberté et de déférence à l'égard du témoignage, etc. De tels résultats sont appréciables et suffisent bien à faire de la logique un art proprement dit. C'est pour cela qu'en la définissant nous l'avons nommée une science pratique.

Les avantages qu'on retire de la logique sont incontestables, mais lui sont-ils tellement spéciaux qu'aucune autre science ne puisse les procurer ? Les sciences de raisonnement en général, les mathématiques surtout, ne pourraient-elles pas la suppléer et faire prendre à l'esprit les mêmes habitudes de clarté, de précision, de rigueur de raisonnement, etc. ? On l'a prétendu, mais c'est une erreur. Les mathématiques ne peuvent, pour plusieurs raisons, suppléer la logique. D'abord elles lui sont inférieures en étendue : elles emploient, il est vrai, le principal procédé de l'esprit, la déduction, mais elles se bornent à lui et demeurent étrangères à tous les autres, à la méthode inductive, aux raisonnements probables, à la méthode d'autorité ; tandis que la logique étudie tous les procédés de l'esprit sans exception. En second lieu les mathématiques n'offrent que des applications des procédés de déduction, elles n'en font point la théorie. Le mathématicien pose des axiomes, donne des définitions, fait des démonstrations directes et indirectes, mais jamais il n'en donne les règles ; le logicien, lui, analyse toutes ces opérations, en étudie la nature, en pénètre l'esprit, et par là se met beaucoup mieux à l'abri des surprises. Enfin les mathématiques, loin d'offrir un modèle général de raisonnement applicable à toutes les sciences et à tous les objets, peuvent au contraire jeter dans une fausse voie l'esprit qui s'inspirerait de leur méthode dans les choses morales, où la multiplicité des principes intéressés, la variété des circonstances qui en modifient l'application réclament toute autre choses que des déductions absolues.

Donc l'utilité qu'on retire de la logique lui est exclusivement propre et aucune science ne peut tenir sa place.

**Division de la logique.** — Les règles que présente la logique sont de deux sortes. Les unes tiennent à la forme des opérations intellectuelles, et comme cette forme ne change pas avec l'objet pensé, qu'un concept est toujours un concept, un jugement toujours un jugement, un raisonnement toujours un raisonnement, ces règles demeurent toujours les mêmes, à quelque science que l'esprit s'applique. Elles dérivent toutes de la loi suprême de l'entendement, du principe d'identité, qui veut que l'esprit reste toujours d'accord avec lui-même, sans jamais se contredire. Cette première catégorie de règles logiques tenant à la forme de la pensée prend le nom de règles formelles, et la partie de la logique qui les expose, celui de *logique formelle*. La logique formelle est une science universelle, elle s'applique à toute pensée, quelle qu'elle soit, aucune pensée ne pouvant se contredire sans se détruire. Elle est de plus une science indépendante et absolument *a priori*, qui ne suppose ni la connaissance des objets, ni même la connaissance de l'âme humaine.

La logique propose d'autres règles qui dépendent de l'objet de la pensée et varient avec lui. Ces règles tiennent également compte de la nature des procédés dont notre esprit dispose; elles répondent à cette question : « Étant donné l'esprit humain, comment doit-il procéder pour arriver au vrai dans tel ou tel ordre de recherches scientifiques? » Il s'agit ici de l'application de l'esprit à chaque genre d'objets qu'il peut embrasser, aussi appelle-t-on cette partie de la logique *logique appliquée*. Elle est moins universelle que la logique formelle, puisqu'elle est spéciale à nos moyens de connaître, elle est aussi moins parfaitement *a priori*, car elle suppose une notion générale de l'objet des sciences et la connaissance de nos moyens de connaître.

A ces deux parties nous en ajouterons une troisième, que nous appellerons *logique critique* et qui traitera du problème de la certitude ou des forces de l'intelligence humaine vis-à-vis de la vérité. L'esprit de l'homme, quand il est bien dirigé, atteint-il la vérité? La logique critique répond à cette question.

# PREMIÈRE PARTIE.

## LOGIQUE FORMELLE.

## CHAPITRE II.

### Le concept. — Le jugement.

**Les trois opérations de l'entendement.** — Trois opérations résument les formes fondamentales et essentielles de la pensée. L'esprit conçoit, juge et raisonne. Il se forme des idées ou concepts, qui expriment la nature des choses. Il rapproche deux concepts, les compare et affirme dans un jugement le rapport qu'il a perçu. Enfin, rapprochant deux jugements, il conclut de l'un à l'autre, soit immédiatement, soit au moyen d'un jugement intermédiaire. La logique formelle traite de ces trois opérations et indique les règles à observer pour que la contradiction ne s'y introduise jamais.

### ART. I. — Le concept.

**Idée ou concept.** — Concevoir est l'opération la plus simple de l'entendement; c'est une simple vue de l'esprit, qui se forme l'idée ou le concept d'une chose, sans en rien affirmer, ni en rien nier. Homme, arbre, bonté, fidélité sont des concepts. Ce qu'ils expriment peut ne pas exister et être simplement possible.

**Compréhension et extension des idées.** — Quelquefois l'idée que nous nous formons d'une chose ne renferme qu'un seul élément, c'est une idée simple, par exemple : être, possible.

Le plus souvent les idées comprennent des éléments multiples, plus ou moins nombreux; ce sont des idées complexes, par exemple, l'idée de plante se compose des idées élémentaires : être, matériel, organisé. Les éléments qui composent ainsi une idée forment ce qu'on appelle sa compréhension. Plus une idée est riche en éléments, plus sa compréhension est grande; moins elle comprend d'éléments, plus sa compréhension est pauvre.

Toute idée s'applique à quelque objet, tantôt à un seul, par exemple, Socrate, Rome, tantôt à plusieurs, par exemple, homme, juste, et ce nombre varie avec chaque idée. On appelle extension d'une idée le nombre des êtres auxquels elle convient. Plus ces êtres sont nombreux, plus l'extension de l'idée est grande: moins ils sont nombreux et plus faible est son extension.

On comprend aisément que la compréhension et l'extension d'une idée sont en raison inverse l'une de l'autre : plus une idée exprime d'attributs, et moins on doit trouver d'objets auxquels elle convienne.

**Idées distinctes ou confuses.** — Lorsqu'une idée est formée de plusieurs éléments, il est possible que chacun d'eux ne soit pas distinctement conçu; l'idée est alors confuse. Dans le cas contraire elle est distincte. Il arrive peu souvent qu'aucun des éléments dont se compose une idée ne soit distinctement connu; dans ce cas même il n'y a plus d'idée, un mot en tient la place et masque le vide de la pensée. Mais il n'est pas moins rare que l'esprit ait une vue distincte de tous éléments d'une idée un peu complexe; aussi les idées confuses sont-elles nombreuses.

Il ne faut pas confondre les idées distinctes avec les idées claires et les idées confuses avec les idées obscures. On appelle idée claire celle qui, présentant distinctement au moins une des qualités spécifiques de son objet, permet de le reconnaître au milieu des autres. L'idée claire peut être confuse. L'idée obscure est celle qui ne fait connaître que les qualités génériques de son objet et qui dès lors ne permet pas de le reconnaître parmi les autres espèces du même genre.

**La contradiction dans les idées.** — C'est grâce à la confusion que la contradiction entre dans les idées. La contradiction est l'affirmation et la négation simultanées d'une même chose. Une idée est donc contradictoire quand elle se compose d'éléments dont les uns nient ce que les autres affirment, par exemple, l'idée d'un Dieu cruel. Dieu, en effet, c'est l'être parfait, la cruauté, c'est l'imperfection; donc, un Dieu cruel est un être qui est parfait et qui ne l'est pas. Jamais l'esprit n'associerait de la sorte des éléments contradictoires, s'il en avait une conception nette; c'est donc parce que certains éléments d'une idée ne sont pas distinctement connus que l'union d'idées élémentaires contradictoires dans un même concept devient possible.

En réalité il n'y a pas d'idée contradictoire, car une idée, c'est ce que l'esprit conçoit, et l'esprit ne peut pas concevoir, non seulement ce qui n'est pas, mais ce qui ne peut même pas être. L'idée contradictoire est donc l'association sous un même nom d'éléments disparates, qui ne peuvent se fondre dans une même conception de l'esprit. Mais, parce qu'il les désigne d'un même mot, l'esprit croit à leur association possible, il se figure les concevoir réunis et cette erreur est le point de départ de plusieurs autres.

**Remède aux idées confuses.** — On remédie à la confusion des idées par l'analyse exacte et complète de leurs éléments. Malheureusement cette analyse, demande tout à la fois trop de perspicacité et de courage pour que les hommes les plus intelligents et les plus réfléchis puissent l'appliquer à toutes leurs idées.

**Terme.** — L'idée s'exprime par un nom, substantif ou adjectif; les logiciens appellent ce nom *terme*, parce qu'il est le dernier élément auquel s'arrête l'analyse de la proposition.

Les termes se divisent, au point de vue logique, en termes *universels* et en termes *particuliers* suivant qu'ils expriment toute l'extension de leur idée ou seulement une partie indéterminée de cette extension. *Tous les hommes*, *Platon* sont des termes universels; *trois hommes, quelques animaux* sont des termes particuliers.

### ART. II. — Le jugement.

**Le jugement.** — *Le jugement rapproche deux concepts.* — Au point de vue logique, le jugement est l'affirmation d'un rapport perçu entre deux concepts. Quand nous jugeons, nous entendons bien affirmer que le rapport perçu existe entre les choses dont nous avons l'idée, mais le logicien ne va pas jusqu'aux réalités objectives, il s'arrête aux concepts qui les représentent. Si je dis, par exemple, l'homme est un animal raisonnable, je ne pense à aucun homme réel, mais à l'idée d'homme dont je rapproche l'idée d'être raisonnable.

*Il affirme leur identité au moins partielle.* — Les rapports qui existent entre les choses, et que nous affirmons dans nos jugements, sont de bien des sortes, mais le logicien, qui envisage les concepts et non les choses, ramène tous ces rapports à un seul, celui d'identité. Juger, c'est affirmer l'identité de deux concepts, non pas toujours, rarement même, leur identité totale, mais du moins et ordinairement leur identité partielle. Alexandre le Grand fut roi de Macédoine. L'idée roi de Macédoine est en partie identique à l'idée Alexandre.

*Ce rapport d'identité revient à un rapport d'inclusion.* — Dire qu'une chose est partiellement identique à une autre, c'est affirmer qu'elle est contenue dans cette autre, comme la partie l'est dans le tout. Le rapport logique d'identité revient donc à un rapport d'inclusion : l'idée de l'attribut est renfermée dans la compréhension du sujet. Dans la compréhension de l'idée Alexandre le Grand se trouve l'idée élémentaire roi de Macédoine.

*L'inclusion de l'attribut dans le sujet.* — On peut envisager les concepts d'un jugement au double point de vue de leur compréhension et de leur extension. Au point de vue de la compréhension, c'est l'attribut qui est renfermé dans le sujet comme élément de sa compréhension. Au point de vue de l'extension, c'est le sujet qui est renfermé dans l'attribut, comme partie de son extension. Ainsi Alexandre le Grand fut un des rois de Macédoine. Mais comme l'individu n'entre dans l'espèce qu'à la condition que la compréhension de l'espèce fasse partie de celle de l'attribut, c'est en dernière analyse l'inclusion de l'attribut dans le sujet qu'affirme le jugement.

*Cette inclusion est essentielle ou accidentelle.* — Quand on affirme un attribut d'un sujet, on peut l'affirmer comme qualité essentiellement renfermée dans le sujet, ou comme qualité accidentelle dont il pourrait être privé, par exemple : Ce fer est chaud.

*La logique pure n'envisage que l'inclusion essentielle.* — La logique pure ne s'occupe que des jugements analytiques, c'est-à-dire des jugements qui affirment l'identité essentielle de leurs termes. Là seulement il peut être question de l'accord de la pensée avec elle-même, car dans les jugements synthétiques, comme : Ce fer est chaud, il n'y a ni accord, ni désaccord de la pensée avec elle-même, puisque les deux concepts sont étrangers l'un à l'autre.

**La contradiction dans le jugement.** — Le jugement analytique est susceptible de contradiction, ce qui a lieu quand il donne comme renfermé dans la compréhension du sujet un attribut contradictoire à la notion de ce sujet, par exemple : L'homme est un être sans raison. Qui dit homme, dit être raisonnable, la proposition précédente affirme donc et nie la même chose ; la pensée n'est plus d'accord avec elle-même.

**Remède à la contradiction.** — L'analyse des concepts est encore le remède à la contradiction dans les jugements. Jamais on ne porterait un jugement analytique contradictoire, si l'idée du sujet avait été suffisamment analysée, car alors on connaîtrait distinctement tous les éléments de sa compréhension et l'esprit ne se porte jamais à une contradiction évidente.

**La proposition; ses éléments.** — La proposition exprimant un jugement se compose de trois éléments : deux termes et le verbe. Ce dernier est toujours le verbe *être* au temps présent; tout ce qui lui est uni dans les verbes attributifs appartient à l'attribut, ainsi que le temps passé ou futur. Les deux termes s'appellent *sujet* et *attribut*; le premier exprime celui des deux concepts dont on affirme l'autre; l'attribut exprime le concept affirmé du sujet. Le verbe est l'expression de l'affirmation elle-même; c'est là son unique rôle dans la proposition. La *Logique de Port-Royal* développe au long cette théorie, et la prouve en montrant que l'affirmation seule suffit à constituer un verbe, tandis qu'il ne peut cesser d'affirmer sans cesser par là même d'être verbe pour devenir simple attribut, comme il arrive dans les infinitifs et les participes. Ce que le verbe affirme, c'est le rapport d'identité entre le sujet et l'attribut.

**Différentes espèces de propositions.** — Les propositions peuvent se diviser au point de vue de leur forme ou qualité, de leur matière et de leur extension ou quantité.

*Au point de vue de la qualité.* — On nomme qualité d'une proposition sa nature d'affirmative ou de négative; il y a donc deux sortes de propositions sous ce rapport. Dans les propositions affirmatives l'attribut n'est pas pris dans toute l'extension dont il est susceptible, mais il est limité à l'extension du sujet, ce qui en fait un terme particulier. Quand je dis par exemple : *Les hommes sont mortels*, j'entends que les hommes sont du nombre des êtres mortels, et non qu'ils sont tous les êtres mortels. Au contraire, dans les propositions négatives l'attribut est pris universellement, parce qu'en niant qu'il convienne au sujet j'affirme que le sujet n'est aucun des objets auxquels il convient : *L'homme n'est pas immortel*, cela veut dire que l'homme n'est aucun des êtres immortels.

*Au point de vue de la quantité.* — On nomme *quantité* d'une proposition sa nature d'universelle ou de particulière. Il y a donc encore sous ce rapport deux espèces de propositions. La quantité ou l'extension d'une proposition se reconnaît à son sujet : elle est universelle ou particulière suivant que son sujet est pris dans toute son extension ou quant à une partie seulement.

Envisagées sous le double rapport de la qualité et de la quantité, les propositions sont donc de quatre sortes : affirmatives universelles ou particulières et négatives universelles ou particulières. Les logiciens les désignent par les lettres *a, e, i, o.*

Asserit A, negat E, verum generaliter ambo;<br>
Asserit I, negat O, sed particulariter ambo.

*Au point de vue de la matière.* — La *matière* d'une proposition consiste dans son sujet et son attribut. Or ces deux termes peuvent être uniques ou multiples; de là une première division des propositions en *simples* et *composées*. — Les propositions simples n'ont qu'un sujet et qu'un attribut, par exemple : *Dieu est bon; la vertu est rare*. La présence d'incidentes dans le sujet ou dans l'attribut ne les empêche pas d'être simples, parce qu'elles servent seulement à en déterminer l'idée; dans ce cas, la proposition est dite *complexe*, par exemple : *Les hommes qui sont pieux sont charitables.* — Les propositions composées sont celles qui ont plusieurs sujets ou plusieurs attributs; elles équivalent à autant de propositions simples que le nombre des attributs multiplié par celui des sujets donne d'unités. Exemple : *D'ici là, le roi, l'âne ou moi, nous mourrons.* Les propositions composées se subdivisent en un certain nombre d'autres, parmi lesquelles on remarque surtout les propositions conditionnelles : *Si Dieu est juste les méchants seront punis;* les propositions disjonctives : *Toute action réfléchie est bonne ou mauvaise;* les propositions causales : *Possunt, quia posse videntur.*

# CHAPITRE III.

## Le raisonnement.

**Le raisonnement.** — Raisonner, c'est conclure d'un jugement à un autre, c'est-à-dire inférer un jugement d'un ou de plusieurs autres jugements.

Il y a deux formes de raisonnement, la déduction et l'induction, mais l'induction ne pouvant, à cause de l'étendue de sa conclusion, être légitimée par le principe d'identité, la déduction seule appartient à la logique formelle.

**Le raisonnement déductif.** — Déduire, c'est tirer un jugement d'un autre dans lequel il est renfermé. La déduction va par conséquent du général au particulier, du principe à la conséquence. Cela se fait de deux manières. Quelquefois on passe d'un jugement à un autre sans intermédiaire, c'est la déduction immédiate; le plus souvent on a recours, pour effectuer ce passage, à un jugement intermédiaire, il y a alors déduction médiate.

### ART. I. — Déduction immédiate.

**Double procédé de déduction immédiate.** — La déduction immédiate peut s'effectuer de deux manières : par l'opposition ou par la conversion des propositions.

**Opposition des propositions.** — Deux propositions qui ont mêmes sujets et mêmes attributs peuvent différer l'une de l'autre par la quantité, par la qualité ou des deux manières à la fois. De là différentes oppositions qu'exprime le tableau suivant :

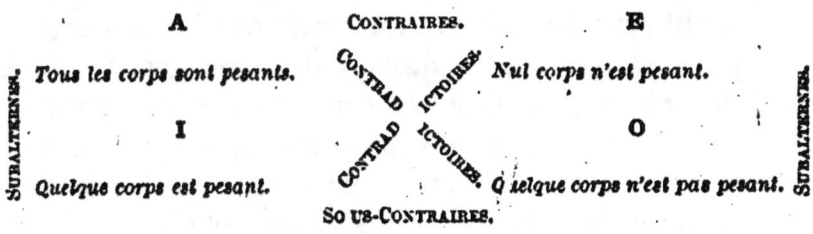

Ces oppositions permettent de faire diverses inférences.

1. Deux propositions *contradictoires* ne peuvent être ni vraies en même temps, ni fausses en même temps, parce qu'entre ces deux propositions il n'y a pas de milieu possible. On peut donc de la vérité de l'une inférer la fausseté de l'autre et réciproquement.

2. Dans les propositions *subalternes* on peut de la vérité de l'universelle inférer la vérité de la particulière, car le tout étant vrai, la partie doit l'être. On peut également de la fausseté de la particulière inférer la fausseté de l'universelle, car si la partie n'est pas vraie, le tout ne peut pas l'être. Les deux conclusions réciproques ne seraient pas légitimes.

3. Les relations de deux *contraires* permettent de conclure de la vérité de l'une à la fausseté de l'autre; mais il n'est pas permis de conclure de la fausseté de l'une à la vérité de l'autre, parce que la vérité peut se trouver entre les deux.

4. Enfin pour les sous-contraires, la fausseté de l'une prouve la vérité de l'autre, mais la vérité de l'une ne prouve rien relativement à l'autre, ni sa vérité, ni sa fausseté.

**Conversion des propositions.** — On appelle *conversion* d'une proposition une transposition de ses deux termes qui n'altère ni sa vérité, ni sa qualité. La possibilité de la conversion vient de ce que toute proposition énonce l'identité (totale ou partielle) du sujet et de l'attribut; or il est clair que l'identité subsiste dans quelque sens qu'elle soit énoncée. La seule règle à suivre est de ne point faire totale dans la proposition convertie une identité qui n'était que partielle dans la proposition à convertir. Cette règle oblige quelquefois à restreindre l'extension de l'un des termes dans la proposition convertie, c'est pourquoi on distingue deux sortes de conversions : la conversion *simple* qui ne change point la quantité des termes, et la conversion *par accident* qui change cette quantité en la restreignant.

1. Les propositions universelles négatives et particulières affirmatives se convertissent *simplement*, parce que les deux termes, universels dans le premier cas et particuliers dans le second;

n'ont point à varier de quantité en changeant de position. Ainsi : Nul homme n'est parfait, nul parfait n'est homme ; quelque homme est juste, quelque juste est homme. Dans les deux cas, de l'une on peut inférer l'autre.

2. Les propositions universelles affirmatives se convertissent par *accident*, parce que, leur attribut étant un terme particulier, elles deviennent particulières d'universelles qu'elles étaient. Par exemple, tout Français est Européen, donc dira-t-on en convertissant, quelque Européen est Français.

3. Quant aux propositions particulières négatives, on ne peut les convertir ni simplement, ni par accident, parce que leur sujet augmenterait d'extension en devenant attribut.

ART. II. — Déduction médiate. — Syllogisme.

## I. — *Définition, éléments, figures et modes du syllogisme.*

**Déduction médiate.** — La déduction médiate peut se définir : une opération par laquelle l'esprit se prononce sur l'identité de deux idées, après avoir comparé successivement chacune d'elles à une troisième idée.

**Définition du syllogisme.** — L'expression de la déduction médiate par le langage s'appelle syllogisme. On définit le syllogisme : un argument composé de trois propositions tellement enchaînées que la troisième résulte nécessairement des deux premières.

**Éléments du syllogisme.** — On peut étudier le syllogisme au point de vue de la *matière* et de la *forme*.

La matière du syllogisme, ce sont les *propositions* dont il est immédiatement formé et les *termes* dont se composent ces propositions. Dans tout syllogisme il y a trois propositions formées de trois termes deux fois répétés. L'attribut de la conclusion se nomme le *grand extrême*, parce que l'attribut a plus d'extension ou est un terme plus général que le sujet; le sujet de la conclusion s'appelle *petit extrême*; et le troisième terme auquel ils sont comparés dans les deux premières propositions s'appelle *moyen terme*, parce qu'il sert à les unir. — Les deux premières propositions s'appellent prémisses, parce qu'elles précèdent la conclusion; celle qui contient le grand extrême s'appelle *majeure*, et celle qui renferme le petit extrême s'appelle *mineure*. La dernière proposition s'appelle *conclusion*. Soit le syllogisme suivant :

*Tout ce qui est bon est aimable;*
*Dieu est bon;*
*Donc Dieu est aimable.*

*Aimable* est le grand extrême. *Dieu* est le petit extrême. *Bon* est le moyen terme. La première proposition, qui compare le grand extrême, *aimable*, au moyen terme est la *majeure*. La seconde qui compare le petit extrême, *Dieu*, au moyen terme est la *mineure*. La troisième, qui unit les deux extrêmes, est la *conclusion*.

La *forme* du syllogisme consiste dans les différentes dispositions que peuvent y prendre les termes et les propositions. La disposition des termes détermine la *figure* et la disposition des propositions détermine le *mode*. Quelques détails sont nécessaires.

**Figures du syllogisme.** — On appelle figures du syllogisme les différentes dispositions que peuvent y avoir les termes. Ces dispositions dépendent de la place occupée par le moyen terme; or il a quatre positions possibles; de là quatre figures. Le moyen terme peut être en effet sujet de la majeure et attribut de la mineure (1<sup>re</sup> fig.), attribut des deux prémisses (2<sup>e</sup> fig.), sujet des deux prémisses (3<sup>e</sup> fig.), attribut de la majeure et sujet de la mineure (4<sup>e</sup> fig.). Les quatre figures sont indiquées dans le vers mnémonique suivant, où les termes *subjectum* et *prædicatum*, qui marquent la position du moyen terme sont mis en abrégé :

Sub-præ, tum præ-præ, tum sub-sub, denique præ-sub.

Aristote n'avait compté que trois figures, regardant la quatrième comme une forme indirecte de la première ; c'est Galien qui en a fait à tort deux figures distinctes.

**Modes du syllogisme.** — Les modes du syllogisme sont les différentes combinaisons légitimes que l'on peut faire des trois propositions qui le composent, eu égard à leur qualité et à leur quantité. Ces combinaisons sont au nombre de dix-neuf, qui sont réparties entre les quatre figures. Voici comment on arrive à ce chiffre :

Envisagées sous le double rapport de leur qualité et de leur quantité, les propositions sont au nombre de quatre : universelle affirmative, universelle négative, particulière affirmative, particulière négative. Les logiciens les désignent par les lettres *a, e, i, o*. Arrangées trois à trois, elles donnent soixante-quatre combinaisons mécaniquement possibles ; mais les règles du syllogisme, dont il est question plus bas, en repoussent cinquante-trois comme illégitimes, et une cinquante-quatrième, *a e o*, est inutile. Il reste donc dix combinaisons valables. Si chacune des quatre figures admettait ces dix combinaisons, cela ferait en tout quarante ; mais les règles particulières des figures en excluent de nouveau vingt et une, ce qui les réduit finalement à dix-neuf. Elles sont groupées par figures dans les vers mnémoniques suivants, composés par les scolastiques et modifiés, quant à la quatrième figure, par le P. Graty, d'après une critique qui nous paraît fondée :

1. Barbara, Celarent, Darii, Ferio. — 4. Bamalipton, Camentes, Dimatis, Fresapno, Fresisonorum. —
2. Cesare, Camestres, Festino, Baroco. — 3. Darapti, Felapton, Disamis, Datisi, Bocardo, Ferison.

Ces dix-neuf modes de syllogisme ne sont en effet que des

modes, c'est-à-dire des formes extérieures qui se réduisent quant aux sens aux quatre formes de la première figure, appelées modes parfaits. L'opération qui ramène à ces quatre types tous les autres modes s'appelle *réduction des syllogismes*; elle consiste dans la conversion simple ou par accident des propositions et dans la transposition des prémisses. Les formules précédentes indiquent : 1° par les trois premières voyelles de chaque mot, la nature des trois propositions et par conséquent le mode du syllogisme qu'elles représentent; 2° par la consonne initiale, le mode de la première figure auquel ceux des autres figures doivent être ramenés; 3° par les lettres *s*, *p*, *m*, *c*, les opérations à effectuer pour opérer la réduction, *s* indiquant la conversion simple, *p* la conversion par accident, *m* la transposition des prémisses et *c* une réduction spéciale dite par l'absurde :

S vult simpliciter verti, P vero per acid.,
M vult transponi, C per impossibile duci.

Appliquons ces règles à un exemple :

DIS *Quelques scélérats sont puissants;*
AM *Tous les scélérats sont malheureux;*
IS *Donc quelques malheureux sont puissants.*

Ce syllogisme est de la troisième figure, sub-sub, le moyen terme *scélérats* étant sujet dans les deux prémisses, et du mode *i a i*, comme l'indiquent la qualité et la quantité de ces propositions. Le D initial indique que c'est au mode *Darii* que ce syllogisme doit être réduit; les *s* qui suivent la première et la troisième voyelle marquent qu'il faut convertir simplement la première et la troisième proposition, et le *m* qui suit la seconde voyelle, qu'il faut transposer les prémisses. Ces opérations effectuées, l'on a un syllogisme en *Darii* :

DA *Tous les scélérats sont malheureux;*
RI *Quelques puissants sont scélérats;*
I *Donc quelques puissants sont malheureux.*

Cette espèce d'algèbre logique est assurément plus remarquable comme analyse du raisonnement qu'utile comme méthode pratique; elle appartient à la science plus qu'à l'art; cependant son étude est bien propre à développer la pénétration de l'esprit et à lui faire découvrir le vice de tout faux argument.

## II. — *Théorie du syllogisme.*

Après avoir étudié les éléments du syllogisme et les diverses formes sous lesquelles ils se groupent, c'est-à-dire le côté extérieur du procédé, il convient de se rendre compte de sa nature intime, de déterminer son principe et de préciser la marche qu'y suit la pensée.

**Mécanisme du syllogisme.** — Le syllogisme, avons-nous dit, peut être considéré comme une proposition continuée ou prolongée, comme l'expression d'un jugement médiat au moyen de deux autres jugements mis en un. En effet la proposition consiste à affirmer l'identité des deux termes qu'elle rapproche : si, par exemple, cette proposition : *Dieu est bon*, est vraie, c'est que ses deux termes, *Dieu* et *quelque être bon*, représentent ici un seul et même être et sont objectivement deux concepts identiques. De même le syllogisme a pour but de manifester l'identité des deux termes; mais comme cette identité ne se laisse pas apercevoir directement et en elle-même, il use de détour, introduit un troisième terme et démontre l'identité des deux premiers en montrant que chacun d'eux est identique à ce terme nouveau. Dans le syllogisme la pensée se porte donc successivement sur trois identités, inférant la troisième des deux premières.

Quelquefois ces trois identités sont totales et le syllogisme se présente sous cette forme : $a = c$, $b = c$, donc $a = b$. Dans ce cas, qui est l'exception, il y a *substitution* d'une égalité à une autre, et non *déduction*; c'est le syllogisme par substitution.

Le plus ordinairement, les trois identités sont seulement partielles, et la formule du syllogisme devient : *b* est une espèce du genre *a*; or l'individu *c* est de l'espèce *b*; donc *c* est du genre *a*. Par exemple :

> *Tout nègre est homme;*
> *Pierre est nègre;*
> *Donc Pierre est homme.*

Dans ce syllogisme les trois termes, identiques par leur compréhension, sont renfermés l'un dans l'autre par leur extension; et en passant de l'une à l'autre de ces trois identités, la pensée voit la conclusion, c'est-à-dire la proposition particulière, renfermée dans la majeure ou le principe général. Or apercevoir ainsi le particulier dans l'universel, c'est ce que l'on appelle *déduire*; le syllogisme est donc ici déductif.

Le rôle des prémisses, c'est-à-dire des deux premières identités, est parfaitement indiqué par les logiciens de Port-Royal : la majeure contient la conclusion, c'est la proposition *contenante*; la mineure le fait voir, c'est la proposition *applicative*. Ainsi dans l'exemple précédent, pour que la conclusion, *Pierre est homme*, soit contenue dans la majeure, *tout nègre est homme*, il suffit que le sujet, *Pierre*, soit contenu dans le sujet *nègre*, car les deux attributs sont identiques ; or c'est précisément ce que dit la mineure, *Pierre est nègre*; elle affirme que Pierre est un des individus de la race nègre.

**Principe du syllogisme.** — Le syllogisme repose sur le principe d'identité, qui pour s'appliquer à lui se dédouble dans les deux principes suivants : « Deux choses identiques à une même troisième sont identiques entre elles. — Deux choses, dont l'une est identique à une troisième et l'autre non, ne sont pas identiques entre elles. »

Lorsque les termes du syllogisme, partiellement identiques, sont contenus les uns dans les autres, le principe d'identité se transforme dans le principe de contenance qu'Euler donne pour base à tous les modes du syllogisme déductif, et dont voici la double formule : « Tout ce qui est dans le contenu se trouve aussi dans le contenant. — Tout ce qui est hors du contenu se trouve aussi hors du contenant. »

## III. — *Règles du syllogisme.*

Le syllogisme admet autant d'espèces qu'il y a de sortes de propositions : il est simple, complexe ou composé, et sous ce dernier rapport il devient conditionnel, disjonctif, etc. Chacune de ces espèces a ses règles particulières; nous nous bornerons à celles du syllogisme simple, qui est le type de tous les autres.

**Règle des anciens.** — Aristote, et après lui tous les anciens ont donné huit règles pour apprécier la légitimité des conclusions syllogistiques. Les voici, exprimées en vers techniques :

1. Terminus esto triplex, medius, majorque, minorque.
2. Latius hunc quam præmissæ conclusio non vult.
3. Aut semel aut iterum medius generaliter esto.
4. Nequaquam medium capiat conclusio fas est.
5. Ambæ affirmantes nequeunt generare negantem.
6. Utraque si præmissa neget, nihil inde sequetur.
7. Pejorem sequitur semper conclusio partem.
8. Nil sequitur geminis ex particularibus unquam.

Expliquons ces huit règles.

I. — *Il faut trois termes : moyen, majeur et mineur.*

Il ne faut que trois termes dans le syllogisme, car s'il y en avait davantage, chaque extrême serait comparé à un moyen différent, et l'on ne pourrait rien conclure. Il est facile de manquer à cette règle en prenant pour moyen un terme équivoque.

II. — *Nul terme ne doit avoir plus d'extension dans la conclusion que dans les prémisses.*

Si l'un des termes de la conclusion avait plus d'extension qu'il n'en a dans les prémisses, il formerait un quatrième terme; de plus la conclusion n'étant pas renfermée dans les prémisses, elle ne pourrait en être déduite.

**III. — Le moyen terme doit être pris universellement au moins une fois.**

Si le moyen terme était deux fois terme particulier, il serait impossible de savoir si dans les deux cas il s'applique à la même partie de son extension et forme bien un seul et même moyen.

**IV. — La conclusion ne doit pas renfermer le moyen terme.**

La conclusion exprime le rapport des deux extrêmes; donc tout autre terme y est superflu.

**V. — Deux prémisses affirmatives ne peuvent donner une conclusion négative.**

Deux prémisses affirmatives montrent l'identité de chacun des extrêmes au moyen terme; or deux choses identiques à une troisième sont identiques entre elles; donc la conclusion doit ici affirmer l'identité de deux extrêmes.

**VI. — Si les deux prémisses sont négatives, il n'y a pas de conclusion.**

En effet, de ce que deux termes ne sont identiques ni l'un ni l'autre à un troisième terme, il ne s'ensuit ni qu'ils sont identiques entre eux, ni qu'ils ne le sont pas.

**VII. — La conclusion suit toujours la partie la plus faible.**

On appelle *plus faible* la prémisse négative relativement à l'affirmative et la prémisse particulière relativement à l'universelle.

Quand l'une des prémisses est négative, l'autre étant affirmative, cela signifie que l'un des extrêmes est identique au moyen terme et que l'autre ne l'est pas; donc ils ne sont pas identiques entre eux, et la conclusion doit être négative.

De même une prémisse particulière n'exprimant que l'identité partielle de l'un des extrêmes au moyen terme, on ne peut conclure que l'identité partielle des extrêmes.

**VIII. — Deux propositions particulières ne conduisent à aucune conclusion.**

Si elles sont négatives toutes les deux, elles ne peuvent conclure en vertu de la VI⁰ règle.

Si elles sont toutes les deux affirmatives, elles ne contiennent aucun terme universel et le moyen est deux fois particulier, ce qui est contraire à la III⁰ règle.

Enfin si elles sont l'une négative, l'autre affirmative, la conclusion doit être négative. Dans une conclusion négative le grand extrême est universel; il doit donc l'être dans les prémisses ainsi que le moyen terme. Or il est impossible d'avoir deux termes universels dans deux prémisses particulières dont l'une est négative. Donc il n'y a pas plus de conclusion dans ce cas que dans les autres.

**Règles des modernes.** — Plusieurs philosophes modernes ont accepté les règles des anciens en en réduisant le nombre : Bossuet, par exemple, admet six règles, il supprime la IV⁰ et la V⁰; Euler n'en admet que quatre, il supprime les cinq premières et dédouble la VII⁰. La *Logique de Port-Royal* commence aussi par réduire les règles anciennes, elle en admet six et supprime la I⁰ et la IV⁰; puis elle propose de leur substituer une règle unique et nouvelle qu'elle formule ainsi : « L'une des prémisses contient la conclusion et l'autre le fait voir. » Cette règle, appelée particulièrement *règle des modernes*, est très exacte et montre parfaitement la nature et l'économie du syllogisme; mais elle n'est pas un moyen pratique d'en vérifier la légitimité. Sous ce rapport les règles des anciens sont encore ce qu'il y a de plus parfait.

Les règles dont il vient d'être question servent à vérifier la *légitimité* des syllogismes, c'est-à-dire l'enchaînement des trois propositions qui les composent; quant à la *vérité* de leurs conclusions, elle dépend de celle des prémisses qu'un jugement sain et droit peut seul apprécier.

## IV. — *Syllogismes irréguliers.*

En dehors du syllogisme parfait, composé de trois propositions, la logique reconnaît divers arguments qui en sont des abréviations ou des développements, ce sont : l'enthymème, l'épichérème, le sorite, le prosyllogisme et le dilemme.

**Enthymème.** — L'enthymème est un syllogisme abrégé dont on a supprimé l'une des prémisses. La prémisse supprimée reste dans l'esprit, ἐν θυμῷ :

> *L'homme a des devoirs,*
> *Donc il a des droits.*

Il arrive quelquefois que l'on renferme en une seule les deux propositions de l'enthymème; c'est ce qu'on appelle sentence enthymématique.

> *Mortel, ne garde pas une haine immortelle.*

**Épichérème.** — L'épichérème est un syllogisme dont les prémisses sont accompagnées de leurs preuves; l'épichérème peut ainsi former un discours tout entier. « On peut réduire toute l'oraison pour Milon à un argument composé, dont la majeure est qu'*il est permis de tuer celui qui nous dresse des embûches*. Les preuves de cette majeure se tirent de la loi naturelle, du droit des gens, des exemples. La mineure est que *Claudius a dressé des embûches à Milon*, et les preuves de la mineure sont l'équipage de Claudius, sa suite, etc. La conclusion est qu'*il a donc été permis à Milon de le tuer* » (Log. de Port-Royal).

**Sorite.** — Le sorite (de σωρός, *tas*) est une suite de propositions enchaînées entre elles, de telle sorte que l'attribut de chacune devienne le sujet de la suivante, jusqu'à ce qu'on réunisse dans une proposition finale le premier sujet et le dernier attribut. C'est pourquoi cet argument s'appelle gradation ou accumulation :

> *Qui prudens est, et temperans est;*
> *Qui temperans est, et constans est;*
> *Qui constans est, et imperturbatus est;*

> *Qui imperturbatus est, sine tristitia est;*
> *Qui sine tristitia est, et beatus est;*
> *Ergo prudens beatus est, et prudentia ad beatam vitam satis est* (Sénèque, epist. 85).

**Prosyllogisme.** — Le prosyllogisme, appelé aussi épisyllogisme ou polysyllogisme, est un raisonnement formé de deux ou plusieurs syllogismes, enchaînés de telle sorte que la conclusion du premier devienne la majeure du second et ainsi de suite :

> *Ce qui est simple ne peut se dissoudre;*
> *Or l'âme est simple;*
> *Donc l'âme ne peut se dissoudre;*
> *Or ce qui ne peut se dissoudre est incorruptible;*
> *Donc l'âme est incorruptible;*
> *Or ce qui est incorruptible ne périt pas avec le corps;*
> *Donc l'âme ne périt pas avec le corps.*

**Dilemme.** — Le dilemme est un argument dans lequel on met l'adversaire au choix entre plusieurs partis, et l'on conclut contre lui, quelque parti qu'il adopte :

> *A d'illustres parents, s'il doit son origine,*
> *La splendeur de son rang doit hâter sa ruine;*
> *Dans le vulgaire obscur, si le sort l'a placé,*
> *Qu'importe qu'au hasard un sang vil soit versé?*
> (Racine, *Athalie*).

Pour qu'un dilemme soit légitime, il faut : 1° que la proposition disjonctive qui lui sert de base soit complète, c'est-à-dire qu'elle contienne toutes les suppositions possibles; 2° que chaque conclusion particulière soit nécessaire; 3° que l'argument ne puisse être rétorqué, c'est-à-dire retourné avec le même avantage contre celui qui l'a fait.

## V. — *Sophismes.*

**Des sophismes en général.** — On appelle, en général,

du nom de sophisme tout faux raisonnement qui, sous une apparence de vérité, peut nous séduire et nous entraîner dans l'erreur. Dans un sens plus restreint, on distingue le sophisme du paralogisme : le premier est dû à la mauvaise foi, le second à une erreur involontaire.

Les sophismes se divisent en sophismes de grammaire ou de mots, et en sophismes de logique ou de raisonnement ; ces derniers sont relatifs à l'induction ou à la déduction.

**Sophismes de mots.** — Un raisonnement devient faux par suite des termes employés, lorsque ces termes sont ambigus ou qu'on les détourne de leur véritable sens, comme il arrive dans les cas suivants :

*Sophismes d'équivoque.* — Ce sophisme consiste à donner successivement et dans le même raisonnement, plusieurs sens différents à un terme équivoque ou mal défini. Le moyen de se garantir de cet artifice, c'est de contraindre l'interlocuteur à définir tout terme tant soit peu obscur.

*Sophisme de composition.* — Ce sophisme consiste à affirmer de plusieurs choses réunies ensemble ce qui ne leur est applicable que quand elles sont isolées. On lit, par exemple, dans l'Évangile : *Les aveugles voient, les boiteux marchent* ; il y aurait sophisme à passer du sens divisé au sens composé, et à soutenir d'après ce texte que les aveugles voyaient tout en demeurant aveugles, et que les sourds entendaient tout en demeurant sourds.

*Sophisme de division.* — Ce sophisme consiste à appliquer isolément à plusieurs choses ce qui ne leur convient qu'autant qu'elles sont réunies : à prétendre, par exemple, que chaque soldat d'une armée victorieuse a mis en fuite toute l'armée vaincue.

**Sophisme d'induction.** — Les principaux sophismes d'induction sont le sophisme de cause, le sophisme d'accident et l'énumération imparfaite.

1° PRENDRE POUR CAUSE CE QUI N'EST PAS CAUSE (*non causa pro causa*). — L'usage si fréquent que nous faisons de la notion de cause nous expose à la mal appliquer et devient pour nous la source d'innombrables erreurs. Nous nous trompons à tout instant sur les principes des événements, les imputant à des causes qui leur sont étrangères, ce qui souvent blesse la justice non moins que la vérité. On tombe dans ce sophisme de bien des manières. — 1. La simple concomitance ou succession de deux événements porte à les faire dépendre l'un de l'autre ; *post hoc, ergo propter hoc.* Tel est le préjugé populaire qui voit dans les comètes des causes de peste, de famine, etc. — 2. D'autres fois on prend pour la cause efficiente d'un phénomène ce qui n'en est que la condition ou l'occasion. Le matérialiste, par exemple, attribue la pensée aux modifications cérébrales dont elle est accompagnée. — 3. Dans l'ignorance où l'on est des causes véritables, on en imagine de purement chimériques comme l'horreur du vide ou l'influence des astres sur les destinées humaines. — 4. Enfin on se paye de mots vides de sens comme le destin, la fortune, les qualités occultes, etc., dont ont fait autant de causes véritables.

2° SOPHISME DE L'ACCIDENT *(fallacia accidentis).* — Il consiste à attribuer à une chose d'une manière absolue ce qui ne lui est qu'accidentel ; à condamner, par exemple, les meilleures choses, à cause de l'abus que l'on en peut faire. C'est par un sophisme de ce genre que certains esprits blâment tout zèle religieux, sous prétexte de repousser le fanatisme.

3° ÉNUMÉRATION IMPARFAITE. — L'énumération imparfaite consiste dans une induction dont la base est trop étroite. On prend alors pour essentiel et commun à toute une espèce ce qui est le propre de quelques individus. C'est ainsi que l'on attribuera à un corps tout entier les fautes de quelques-uns de ses membres : *Ab uno disce omnes.* Rien de plus dangereux que ce sophisme quand il est exploité par la passion.

**Sophismes de déduction.** — Les principaux sophismes de déduction sont l'ignorance du sujet et la pétition de principe ou cercle vicieux :

1° IGNORANCE DU SUJET *(ignorantia elenchi).* — S'écarter

du sujet et prouver autre chose que ce qui est en question, c'est le défaut le plus ordinaire des discussions. Quelquefois, sans aucune intention sophistique, on déserte le terrain de la lutte, faute de l'avoir bien circonscrit ; mais souvent aussi on feint de prendre le change pour combattre l'adversaire avec plus d'avantage. On prouve alors ce qu'il ne nie pas, on réfute ce que lui-même condamne, ou bien, ce qui est pis encore, on dénature ses affirmations pour déverser sur elles l'odieux ou le ridicule. Le moyen d'échapper à ce sophisme est de bien poser la question et de ne jamais la perdre de vue.

2° PÉTITION DE PRINCIPE. CERCLE VICIEUX. — Faire une pétition de principe dans une démonstration, c'est commencer par supposer vraie la proposition qu'il s'agit de démontrer. Le cercle vicieux en diffère peu : il consiste à prouver deux propositions l'une par l'autre. Dans le premier cas on démontre $a$ par $a$ ; dans le second ou prouve $a$ par $b$, et $b$ par $a$, ce qui revient finalement à prouver $a$ par $a$. Ce qui rend possibles de semblables méprises, c'est l'ambiguïté des formules qui permet de croire différentes deux propositions réellement identiques ; le remède se trouve donc dans l'exacte définition des mots.

## VI. — *Utilité et abus du syllogisme.*

**Utilité du syllogisme.** — La science et l'art syllogistiques, après avoir occupé une place si importante dans les études philosophiques au moyen âge, sont tombés, depuis Bacon et Descartes, dans un complet discrédit. Sans doute il y avait eu excès dans le culte de la scolastique pour la logique aristotélicienne, logique trop exclusive, puisqu'elle se bornait à l'étude d'un seul procédé de la raison, logique devenue d'ailleurs minutieuse et puérile par les innombrables détails dont on l'avait surchargée. Mais ici comme toujours, la réaction dépassa le but ; elle détruisit au lieu de réformer, et renonça à l'usage légitime afin d'éviter l'abus. Une raison impartiale doit garder une plus juste mesure, et sans accorder à la syllogistique une importance exagérée, reconnaître son utilité incontestable, soit comme théorie du raisonnement déductif, soit comme instrument de connaissance.

Au point de vue spéculatif, la théorie du syllogisme est une science aussi rigoureuse et aussi parfaite qu'aucune autre, la science des formes abstraites de la pensée et des opérations discursives de l'intelligence. La poursuivre de son dédain, quand on se montre si curieux de la nature des corps et qu'on se fait gloire d'en rechercher au moyen du microscope les plus imperceptibles éléments, n'est-ce pas dire hautement que les choses de l'esprit n'ont aucune importance et que la matière seule mérite notre attention? C'est là en effet le préjugé funeste que les progrès des sciences physiques à notre époque tendent à faire prévaloir et contre lequel on ne saurait trop s'élever. Donc, puisqu'elle est une science et que son objet est digne de notre attention, la syllogistique a une valeur spéculative incontestable.

Sa valeur pratique n'est pas moins réelle, quoi qu'en aient pensé Bacon et Descartes. Le syllogisme, ont-ils dit, est un procédé stérile qui, se bornant à faire ressortir les conséquences d'un principe, ne nous donne aucune connaissance nouvelle. Quant aux règles syllogistiques, elles ne concernent que la forme du raisonnement et même une forme bien peu utile, puisqu'il est impossible d'en soutenir longtemps la sécheresse et l'aridité. Ces reproches sont bien injustes. Les conséquences renfermées dans les principes n'y sont pas aperçues avant que le syllogisme ne les y découvre et sont dès lors véritablement ignorées. Comment soutenir, par exemple, que des sciences de déduction, comme la géométrie et la morale, ne nous apprennent rien de nouveau, et que la simple connaissance des axiomes et des premiers principes en dise autant que toute la série des conséquences qui y sont renfermées? — Questions de forme, ajoute-t-on, et de forme peu pratique. Il est vrai, les règles du syllogisme ne concernent que la forme du raisonnement et n'apprennent point, ce qui cependant est le plus important, à choisir le moyen terme le plus convenable. Mais, si la forme n'est pas tout, n'est-elle rien, et importe-t-il peu qu'elle soit ou non simple et régulière? Dans une étude épineuse, le syllogisme avec sa simplicité et sa rigueur didactique est souvent la seule méthode qui puisse garantir l'esprit de l'erreur et le défendre contre ses propres préjugés. Dans les controverses, il est plus souvent encore l'unique moyen de triompher d'arguments captieux et d'objections spécieuses; il est rare en effet qu'un faux argument résiste à cette épreuve et qu'un esprit broyé à toutes les formes de la syllogistique ne sache forcer l'erreur dans son dernier retranchement.

**Abus du syllogisme.** — Le syllogisme est fort utile, mais on peut en abuser. Son principal danger est le formalisme, c'est-à-dire ce travers qui consiste à se préoccuper exclusivement de la forme au détriment du fond. Faire consister toute sa science logique dans la connaissance des formules mnémoniques, mettre tout son art à opérer rapidement les transformations de modes, ce serait renverser l'ordre des choses et faire de l'accessoire le principal. Dans ce cas, l'esprit détournant à tort son attention des principes ne serait plus à même de juger de leur valeur, et pourrait avec des conclusions habilement et légitiment déduites ne posséder aucune vérité. Tel est le danger; peut-être y tomba-t-on dans les derniers temps de la scolastique, s'amusant à des argumentations subtiles et peu fructueuses; cependant, même alors, l'étude du syllogisme rendit de véritables services et fut la principale cause de cette clarté d'idées et de cette précision de langage dont a hérité la philosophie moderne.

# DEUXIÈME PARTIE.

## LOGIQUE APPLIQUÉE.

## CHAPITRE IV.

### De la méthode en général.

I. — *Notion de la méthode. — Son utilité.*

**Définition de la méthode.** — La méthode (ὁδός, μετά, *route, vers*) est la voie que l'esprit doit suivre, c'est-à-dire les procédés à employer et l'ordre à y mettre pour aller de ce qu'il connaît à ce qu'il ignore.

**Utilité de la méthode.** — Descartes exagère certainement l'importance de la méthode, quand il attribue au choix plus ou moins heureux que l'on fait en ce genre l'inégalité qui se remarque entre les esprits. La méthode la plus parfaite ne crée pas le talent, mais il demeure vrai qu'elle le développe et l'élève au plus haut point où il puisse arriver. Il y a des questions qui ne peuvent être utilement abordées qu'après que d'autres auront été résolues. Dans certains cas il faut recourir à l'expérience, dans d'autres on doit employer le raisonnement, et dans d'autres enfin user des deux moyens réunis. Se tromper de voie, c'est nécessairement s'éloigner du but que l'on se propose, perdre son temps, s'épuiser en vains efforts, en tâtonnements inutiles, tandis qu'en procédant avec ordre et méthode, on utilise toutes ses forces, et si l'on n'arrive pas soi-même à la connaissance de la vérité, on contribue du moins à en rendre l'acquisition plus aisée aux générations suivantes.

**De l'existence d'une méthode générale.** — Les méthodes varient naturellement avec les sciences auxquelles elles doivent s'appliquer; cependant il y a quelques procédés qui s'imposent toujours à l'esprit parce qu'ils ont leur raison d'être dans sa nature qui demeure toujours la même. Ces procédés forment une méthode générale dont l'étude doit servir d'introduction à celles des méthodes particulières, et c'est par eux que nous allons commencer.

## II. — *Procédés généraux de la méthode. — Analyse, synthèse.*

**Définitions.** — Les procédés généraux qui se retrouvent dans toute méthode sont l'analyse et la synthèse.

**Analyse.** — L'analyse est un procédé qui consiste à remonter de l'effet à la cause ou de la conséquence au principe. Elle va de l'inconnu au connu, prenant pour point de départ la question proposée, c'est-à-dire la vérité encore inexpliquée et recherchant la vérité déjà constatée qui en donnera l'explication. On appelle ce procédé analyse (de ἀναλύειν, *délier*), parce que dans le plus grand nombre des cas il décompose un tout en ses parties ou du moins va de ce qui est plus complexe à ce qui l'est moins.

**Synthèse.** — La synthèse est le contraire de l'analyse : elle descend de la cause à l'effet, du principe à la conséquence. Elle va du connu à l'inconnu, partant d'une vérité déjà constatée pour en faire sortir la question proposée et en faire voir ainsi la vérité. On appelle ce procédé synthèse (de συντίθημι, *réunir*) parce qu'il réunit des parties, des éléments pour en faire un tout ou une notion plus complexe.

**Différentes formes de l'analyse et de la synthèse.** — Employées par les sciences les plus diverses, l'analyse et la synthèse prennent nécessairement des formes très variées, sous lesquelles il est même parfois difficile de les reconnaître tout d'abord. Les principales différences qu'elles présentent tiennent à la nature expérimentale ou rationnelle des sciences qui les appliquent.

**Analyse et synthèse expérimentale.** — Dans les sciences expérimentales l'analyse *décompose* un tout en ses parties, et la synthèse, quand elle est possible, *réunit* les parties ainsi séparées et reconstitue le tout primitif. Quelquefois la décomposition est *réelle* : le chimiste, par exemple, sépare les éléments de l'eau qu'il analyse, et l'anatomiste en fait autant des parties du corps organisé qu'il dissèque. Le physicien décompose également le fait dont il veut découvrir la loi, lorsque par l'expérimentation il isole successivement les antécédents de ce fait pour reconnaître ceux qui sont inutiles. D'autres fois la décomposition est *mentale* et consiste, comme dans la psychologie, à distinguer par abstraction les éléments que renferme virtuellement un tout indécomposable, par exemple, les diverses facultés de l'âme. Dans ce cas la synthèse consiste à saisir les rapports et l'action combinées des forces que l'abstraction a envisagées isolément. C'est ainsi que, après avoir distingué les facultés de l'âme, on en considère l'harmonie.

L'analyse expérimentale, qui décompose un tout en ses parties est bien un procédé *régressif (regreditur ad causam)*, un retour de l'effet à la cause. Les parties sont réellement avant le tout qu'elles servent à former, de même que les éléments distingués par une décomposition mentale sont avant le composé qu'ils constituent. Les parties sont la cause du tout, le tout est l'effet produit par l'union des parties.

Pour la même raison la synthèse expérimentale, qui prend les parties ou les éléments pour en composer le tout, va de la cause à l'effet ; elle est un procédé *progressif (progreditur a causa)*.

**Analyse et synthèse rationnelles.** — Dans les sciences

rationnelles, l'analyse et la synthèse prennent un aspect différent : l'analyse *résout* une question ou un problème, la synthèse *démontre* un théorème ou une proposition. Au fond les deux procédés restent les mêmes que dans les sciences expérimentales. Si l'analyse ne décompose plus un tout en ses parties, elle remonte toujours de l'effet à la cause, de la conséquence au principe ; elle va de l'inconnu, question ou problème, au connu, c'est-à-dire au principe qui éclaire la question ou le problème. La synthèse ne réunit plus des parties éparses, mais elle descend toujours de la cause à l'effet, du principe à la conséquence ; elle va du connu, c'est-à-dire d'un principe ou d'une vérité déjà constatée, à l'inconnu, c'est-à-dire à la vérité particulière qu'on explique en la rattachant au principe. De plus l'analyse rationnelle va du plus complexe au moins complexe et la synthèse rationnelle suit la marche opposée.

L'algèbre, par exemple, procède analytiquement. Elle met d'abord en *équation* le problème proposé, puis elle dégage par des simplifications successives la valeur des *inconnues* contenues dans cette équation. Elle va évidemment de ce qui est plus complexe à ce qui l'est moins ; de plus elle remonte du composé à ses éléments, car trouver la valeur d'une inconnue, c'est déterminer un des éléments dont se compose l'équation. L'analyse algébrique remonte donc de l'effet à la cause.

L'analyse géométrique, a le même caractère. Tantôt elle résout un problème, tantôt elle éclaircit une question. — 1. Appliquée à un problème, la méthode analytique consiste à le supposer résolu et partant de la solution ainsi supposée à remonter au principe qui la légitime. C'est bien remonter de la conséquence au principe, du plus complexe (vérité particulière, déterminée) à ce qui l'est moins (vérité générale). Soit l'inscription d'un hexagone régulier dans une circonférence donnée. Je suppose le problème résolu, et je prouve ensuite que le côté de l'hexagone inscrit est égal au rayon. Mon point de départ, c'est l'hexagone, le terme auquel j'aboutis, c'est le côté dont je détermine la mesure par rapport au rayon. Or l'hexagone, c'est le composé, le côté, c'est le composant. L'analyse est donc allée du composé à ses composants, de l'effet à la cause; ajoutons, ce qui n'est pas moins évident, du plus complexe au moins complexe. — 2. Appliquée à une question, l'analyse géométrique part de la question proposée D, cherche une proposition C, dont elle soit la conséquence immédiate, en cherche une autre B, dont C soit la conséquence immédiate, et arrive à une autre A, dont B est la conséquence immédiate et qui est une vérité connue. Ainsi rattachée par différents intermédiaires à la vérité A, la question D se trouve éclaircie ou démontrée. Mais D est conséquence de A; le procédé analytique a donc, comme toujours, remonté de la conséquence au principe.

L'analyse littéraire ne consiste pas seulement à déterminer es différentes parties d'une œuvre, mais surtout à remonter à l'idée mère, à la conception première de l'auteur, d'où est sorti l'ouvrage avec ses développements. Or cette conception est bien la cause qui a produit l'œuvre littéraire. L'analyse a donc remonté de l'effet à la cause et en même temps de ce qui est plus complexe à ce qui l'est moins.

La synthèse rationnelle est un procédé de démonstration, qui part de la cause pour arriver aux effets. Ainsi quand Leibnitz, partant de l'idée de Dieu et de son infinie sagesse, prétend démontrer que la Création était nécessaire, il fait une démonstration synthétique. De même le géomètre qui pour démontrer un théorème commence par poser la vérité plus générale de laquelle ce théorème découle, et de déduction en déduction montre comment la question proposée découle de cette vérité générale, suit une méthode synthétique, puisqu'il passe du principe à la conséquence.

**Rapports de l'analyse et de la synthèse.** — L'analyse et la synthèse se succèdent nécessairement dans tout travail de l'intelligence, et se complètent l'une l'autre dans la formation et l'exposition des sciences. La faiblesse de notre esprit nous impose tout d'abord l'analyse : nous ne pouvons avoir l'idée claire et distincte d'une chose qu'autant que nous dirigeons successivement notre attention sur chacune de ses parties. Mais l'analyse ne suffit pas, et de même que les parties séparées les unes des autres ne sont pas l'objet, de même les idées isolées de ces différentes parties ne constituent pas la connaissance de l'objet. Il faut donc après toute analyse réunir les éléments fournis par elle et saisir leurs rapports, autrement en faire la synthèse. Rassembler *a priori* des éléments que l'analyse n'aurait pas préalablement fournis, ce serait abandonner la réalité pour l'hypothèse et imaginer des combinaisons dépourvues de toute valeur. D'autre part, en rester à l'analyse, ce serait renoncer à la science après en avoir amassé les matériaux, et se priver de la connaissance que l'esprit goûte davantage, celle des rapports et des lois générales.

**Leurs règles générales.** — Pour être fructueuses, l'analyse et la synthèse doivent se conformer aux règles suivantes :

1. L'analyse doit toujours précéder la synthèse, cela ressort évidemment de leur nature. — 2. Elle doit être complète, c'est-à-dire ne rien omettre d'essentiel; autrement la synthèse n'ayant pas à sa disposition les éléments voulus, serait obligée de combler les lacunes par des hypothèses. Ce fut à la suite d'analyses très superficielles que les Ioniens adoptèrent autrefois leurs théories hypothétiques sur les principes des choses. — 3. L'analyse ne doit pas s'arrêter à mi-route, mais s'appliquer à tout ce qui peut être décomposé et pénétrer jusqu'aux éléments simples. — 4. Elle ne doit rien supposer, et ne relever que ce qui se trouve dans son objet; autrement elle n'en préparerait pas la connaissance exacte.

La synthèse, aussi bien que l'analyse et pour les mêmes raisons, ne doit : 1° rien omettre, 2° rien supposer.

# CHAPITRE V.

### Méthode des sciences mathématiques.
### Méthode déductive.

#### ART. I. — Les sciences exactes, nature de leur méthode.

**Objet des sciences exactes.** — Les sciences mathématiques (τὰ μαθήματα, *sciences par excellence*) sont également désignées sous le nom de sciences exactes. Ces deux noms, qui font leur éloge, leur viennent de la rigueur de leurs principes et de leurs conclusions. Rien n'égale l'exactitude de leurs théories et la sûreté de leurs applications. Cela ne vient point d'une supériorité qu'elles auraient sur les autres sciences, mais de la nature particulière de leur objet. Les mathématiques ont pour objet les *nombres* et les *figures*, objet simple et créé par l'esprit lui-même. Les abstractions mathématiques, laissant de côté toutes les propriétés des corps hormis leur quantité et leur étendue, simplifient les choses autant qu'elles peuvent l'être, ce qui est une première condition de netteté et de rigueur. De plus les nombres et les figures sont des créations de l'esprit. L'expérience fournit une simple pluralité, pas autre chose; c'est l'esprit qui construit les nombres, les plus simples qu'emploie l'arithmétique aussi bien que les expressions les plus complexes de l'algèbre. Quant aux figures, l'expérience nous en présente plusieurs, mais celles-là mêmes sont rectifiées par l'esprit qui crée toutes les autres. Cette origine de leur objet est pour les mathématiques une seconde cause de netteté et de précision.

**Nature de leur méthode.** — Par cela même que l'objet des mathématiques est idéal et ne se trouve pas réalisé dans la nature, ces sciences ne peuvent être expérimentales. Il semblerait d'abord qu'il en dût être autrement, puisqu'il s'agit de calcul et de mesure, mais les calculs et les mesures empiriques ne ressemblent en rien à ceux des mathématiques. Les mathématiques calculent et mesurent d'une manière *indirecte* en déterminant les *relations* précises que les quantités ou les grandeurs ont les unes avec les autres, par exemple : « La surface d'un carré s'obtient en multipliant par elle-même la longueur d'un de ses côtés, » et la détermination de ces relations nécessite souvent un long enchaînement d'opérations intellectuelles. Les mathématiques sont donc des sciences de pur raisonnement. Leur méthode est la déduction, procédé qui consiste à *démontrer* une vérité particulière en la faisant découler d'un *principe* antérieurement connu. Nous parlerons donc : 1° des principes mathématiques; 2° de la démonstration mathématique.

ART. II. — Principes des mathématiques.

Les principes auxquels les sciences mathématiques rattachent tous leurs développements sont les définitions et les axiomes.

## I. — *Définitions.*

**Deux sortes de définitions.** — La définition est l'explication du sens d'un mot ou de la nature d'une chose : de là deux sortes de définitions : les définitions de mots et les définitions de choses.

**Définition de mots.** — La définition d'un mot, ou définition nominale, a pour but de déterminer l'objet que ce mot signifie, ce qui peut se faire souvent sans indiquer la nature même de cet objet et par un caractère tout extérieur. Cette définition se fait de différentes manières : soit au moyen du mot correspondant d'une autre langue ou de mots plus connus de la même langue, soit par la définition de la chose exprimée par le mot, soit enfin par la décomposition du mot lui-même ou par son étymologie. Ce dernier mode peut être défectueux, l'usage modifiant souvent la signification primitive des mots.

**Définition de choses.** — La définition de choses, ou définition réelle, a pour but de faire connaître l'essence de l'objet défini. Elle peut, comme la précédente, se faire de différentes manières; les deux principales sont la définition causale et la définition logique. La première se fait par l'indication de la cause ou du mode de production de l'objet défini; la seconde, par l'indication du genre prochain et de la différence spécifique, en d'autres termes par l'énumération sommaire de ses propriétés essentielles.

**Règles des définitions.** — Pascal propose trois règles pour assurer le bon emploi des définitions : « 1° N'entreprendre de définir aucune des choses tellement connues d'elles-mêmes, qu'on n'ait point de termes plus clairs pour les expliquer; 2° ne laisser aucun des termes un peu obscurs ou équivoques sans définition; 3° n'employer dans la définition des termes que des mots parfaitement connus ou déjà expliqués. » La sagesse de ces règles est évidente.

**Définitions mathématiques** (1). — Les vraies définitions mathématiques sont celles que nous avons appelées causales, c'est-à-dire celles qui se font en indiquant le mode de production de la chose définie. Ainsi : $2 = 1 + 1$; la sphère est le volume engendré par le mouvement d'un demi-cercle qui tourne autour de son diamètre. Les définitions ainsi faites ont sur les autres l'avantage de montrer la possibilité de la chose définie et par suite de donner une valeur idéale absolue à toutes les conséquences qui en découlent. De plus, les propriétés essentielles des figures dérivent de leur mode de génération; poser ce dernier en définition, c'est donc suivre l'ordre logique et faire tout dériver de ce qui est réellement la source première et fondamentale. Enfin les définitions causales sont, par leur nature même, définitives et immuables et garanties de toute erreur possible; c'est d'autant plus nécessaire dans les mathématiques que les définitions forment à elles seules le plus grand nombre des principes d'où découlent ces sciences.

(1) Cf. E. Rabier, *Logique.*

**Les définitions mathématiques sont de vrais principes.** — Les principes proprement dits sont des vérités fondamentales qui renferment implicitement d'autres vérités plus ou moins nombreuses, que l'on peut en faire sortir par le raisonnement. En ce sens, les définitions mathématiques sont de véritables principes de raisonnement et peuvent faire partie de syllogismes à titre de majeure. En effet toutes les propriétés des figures découlent de leur propriété essentielle, et celle-ci dépend à son tour du mode de formation de la figure. Donc la définition qui formule cette génération, exprime par là même l'essence et renferme implicitement toutes les autres propriétés.

## II. — *Axiomes.*

**Définition des axiomes.** — Les axiomes sont en général des vérités que l'on accorde sans démonstration. Les axiomes mathématiques sont des théorèmes fondamentaux évidents et indémontrables. — 1. Ce sont des théorèmes et non des définitions, car les définitions, expriment l'essence et les axiomes quelque propriété qui découle de l'essence, par exemple : « La ligne droite est le plus court chemin d'un point à un autre. » Or il en est ainsi des théorèmes en général. — 2. Ce sont des propositions évidentes, c'est-à-dire dont la vérité apparaît de prime abord et sans démonstration. — 3. Il y a plus, il est impossible de les démontrer. Certaines vérités évidentes sont susceptibles de démonstration, comme celle-ci : Dans un triangle un côté est toujours plus petit que la somme des deux autres. Ce théorème, quoique évident, n'est pas un axiome. Ne pouvant être démontrés, les axiomes sont indépendants de toute autre vérité.

**Axiomes communs.** — Parmi les axiomes il y en a qui sont communs à toutes les sciences mathématiques, parce que les propriétés qu'ils énoncent concernent des quantités quelconques. Ceux-ci par exemple : Le tout est plus grand que la partie. Les sommes de quantités égales sont égales.

**Ils sont analytiques.** — Ces axiomes sont analytiques : leur attribut et leur sujet expriment des idées de même ordre, des idées de quantité, et le premier est implicitement renfermé dans la notion du second comme l'analyse peut le constater.

**Sont-ils des principes?** — Sont-ils des principes? Non, si l'on s'en tient à la rigueur des termes. Par cela même qu'ils s'appliquent à des quantités quelconques ils sont trop indéterminés pour renfermer, même implicitement, les propriétés de nombres ou de figures déterminées. On n'y trouve que les idées très générales de tout, de parties, de quantités égales ou inégales, comment en faire sortir une propriété du triangle ou du trapèze? Ce ne sont donc pas des *sources* de conséquences. Locke leur a reproché leur stérilité et Leibnitz dit de son côté : « Il ne sert de rien de ruminer sur les axiomes si on n'a de quoi les appliquer. » Il ne s'ensuit pas qu'ils soient inutiles au raisonnement. Ils sont les *conditions* qui permettent de tirer des conclusions de vérités plus déterminées, et ils peuvent entrer à ce titre dans le syllogisme. Par exemple : Telle et telle quantités sont égales chacune à chacune à telle et telle autre quantité; or les sommes de quantités égales sont égales, donc... Ici l'axiome a été la condition de la déduction, sinon la source de la conclusion.

**Axiomes propres à la géométrie.** — La géométrie use des axiomes communs à toutes les sciences mathématiques, mais elle a de plus des axiomes qui lui sont propres et que nécessite la nature de son objet. Comme toute science de démonstration la géométrie ne peut raisonner à l'infini et remonter de principe en principe sans jamais s'arrêter. Il lui faut des principes fondamentaux d'où elle puisse tirer la série entière de ses conséquences sans les tirer eux-mêmes de quelque vérité supérieure. De plus ces principes doivent exprimer des relations de même nature que les théorèmes qui en découleront. Or la géométrie a pour objet principal les relations de *quantité* des *figures*. Elle unit des rapports de quantité à des rapports de forme ou de position dans l'espace, disant par exemple :

L'aire d'un triangle *(forme, position)* est égale au produit de sa base par la moitié de sa hauteur *(quantité)*. Il faut donc que les axiomes géométriques présentent eux-mêmes des rapports de quantité unis à des rapports de forme, ce qu'on ne trouve pas dans les axiomes communs. En voici quelques-uns : La ligne droite *(forme, position)* est le plus court chemin *(quantité)* d'un point à un autre. La perpendiculaire à une droite *(position)* est la droite qui forme avec la première deux angles adjacents égaux *(quantité)*. Deux parallèles *(position)* sont toujours également distantes *(quantité, équidistance)* si loin qu'on les prolonge.

**Ils sont synthétiques.** — Les axiomes géométriques sont synthétiques. Les idées de quantité et de forme ou de position ne sont pas de même ordre; donc l'attribut des axiomes géométriques, qui est une idée de quantité, ne peut être un élément de la compréhension du sujet, qui est une idée de forme ou de position, et l'analyse ne peut l'en faire sortir. Il faut par conséquent que ces axiomes soient l'objet d'une *intuition* première de l'esprit, qui en s'exerçant sur les concepts formés par lui saisit directement le rapport nécessaire qui les unit.

**Ils sont des principes.** — Les axiomes propres à la géométrie ne sont pas comme les axiomes communs des vérités indéterminées; ils expriment au contraire une propriété essentielle d'une figure déterminée, par exemple, de la ligne droite, de deux parallèles, etc. Or cette propriété étant la source ou la raison de plusieurs autres, les renferme implicitement. Les axiomes géométriques sont donc des sources d'où le raisonnement peut faire découler d'autres vérités; ce sont des principes proprement dits.

**Règles des axiomes.** — Dans l'usage que l'on fait des axiomes, il faut surtout considérer leur évidence, qui doit être incontestable et incontestée, c'est-à-dire reconnue de celui avec qui l'on argumente. Si l'évidence d'un axiome n'est pas incontestable, non seulement ce n'est pas un axiome, mais de plus la conclusion que l'on en tire est dépourvue de valeur; de même, si l'adversaire conteste le principe, à plus forte raison

repoussera-t-il la conclusion. De là les deux règles de Pascal :
« 1° N'émettre aucun des principes nécessaires sans avoir demandé si on l'accorde, quelque clair et évident qu'il puisse être. — 2° Ne demander en axiomes que des choses parfaitement évidentes d'elles-mêmes. »

### ART. III. — Démonstration mathématique.

**Nature de la démonstration en général.** — La démonstration se définit : un argument légitime qui de prémisses certaines tire une conclusion de même nature. Ce qui la distingue de toute autre argumentation, c'est la certitude à laquelle elle aboutit. Il ne suffit pas en effet, pour qu'un syllogisme soit démonstratif, qu'on y ait observé toutes les règles, il faut de plus que ses prémisses aient une certitude qu'elles puissent communiquer à la conclusion qui en est déduite. La certitude venant de l'évidence, les prémisses du syllogisme démonstratif doivent être évidentes, soit immédiatement et par elles-mêmes, soit médiatement par une démonstration; et comme une série infinie de vérités démontrées est contradictoire, il doit nécessairement y avoir des vérités immédiatement évidentes sur lesquelles reposent finalement toutes les autres, en sorte que la démonstration universelle est impossible.

**Différentes espèces de démonstrations.** — On distingue plusieurs sortes de démonstrations : la démonstration *directe*, la démonstration indirecte ou *par l'absurde*, et l'argument *ad hominem*.

Démonstration directe. — La démonstration directe ou proprement dite est celle qui tire ses preuves de la nature même du sujet, c'est-à-dire qui établit la convenance du sujet et de l'attribut de la proposition à démontrer par un moyen terme tiré de l'un d'eux. Le syllogisme suivant en est un exemple :

*La cause première ne dépend d'aucun autre être;*
*Dieu est cause première;*
*Donc Dieu est indépendant de tout autre être.*

J'y démontre en effet l'*indépendance* de Dieu au moyen de la notion de *cause première* qui est renfermée dans le sujet *Dieu*. La démonstration directe a l'avantage de satisfaire pleinement l'esprit, parce qu'en lui imposant une vérité elle lui en fait apercevoir la raison.

DÉMONSTRATION PAR L'ABSURDE. — La démonstration indirecte, autrement dit par l'absurde, consiste à prouver l'absurdité de la proposition contradictoire de celle qu'on veut faire admettre. En effet, deux contradictoires ne pouvant être fausses en même temps, la fausseté de l'une prouve la vérité de l'autre. Je puis, par exemple, m'appuyer sur les conséquences monstrueuses du panthéisme ou du fatalisme pour en conclure l'existence de Dieu et de la liberté humaine. On ne peut de même opposer à celui qui nierait un principe premier d'autre réfutation que les contradictions auxquelles il se condamne. Cette démonstration est aussi rigoureuse que la précédente et donne une égale certitude; mais comme elle ne manifeste point la convenance intrinsèque des termes de la proposition qu'elle impose, elle laisse dans l'esprit une certaine obscurité qui lui pèse, et vaut moins sous ce rapport que la démonstration directe.

ARGUMENT AD HOMINEM. — Les deux démonstrations précédentes ont une valeur absolue, parce que les principes sur lesquels elles s'appuient sont admis de toutes les intelligences. Mais quelquefois il arrive dans le cours d'une discussion, que l'on s'empare d'une proposition émise par l'adversaire, et que, sans s'inquiéter de sa vérité, on en fasse la base d'une argumentation. Cette démonstration, quelle que soit d'ailleurs sa valeur réelle, ne peut être repoussée sans contradiction par celui qui en a soutenu le principe; elle a donc toute valeur contre lui, et c'est pourquoi on l'appelle *argument ad hominem*.

**Démonstration mathématique.** — La démonstration n'a pas la même forme dans toutes les sciences mathématiques. Les raisonnements communs que l'on y emploie sont les mêmes que dans les autres sciences, mais on y distingue de plus la déduction géométrique et la déduction analytique.

La déduction géométrique comporte en plus de la déduction ordinaire : 1° une construction de figure destinée à rendre possible l'application des principes dont on aura besoin dans le cours de la démonstration; 2° l'intuition de l'ensemble figuré qui en résulte. Quant à la déduction elle-même, elle est réellement syllogistique et pourrait en prendre rigoureusement la forme. Il suffit pour s'en convaincre, de remarquer que l'égalité dont il est souvent question en géométrie n'est qu'une identité de grandeur.

La déduction analytique employée par l'arithmétique et l'algèbre comporte deux sortes d'opérations : 1° la mise en équation; 2° les transformations successives de l'équation primitive. La première de ces opérations, la mise en équation, suppose l'emploi de raisonnements de forme ordinaire. Quant aux transformations suivantes, elles consistent toutes en des substitutions, dans lesquelles les membres varient sans nuire à l'*identité du rapport* primitivement exprimé. Ces substitutions pourraient se formuler en syllogismes dont la majeure serait l'axiome : Si l'on substitue des quantités égales, l'égalité demeure.

### ART. IV. — Aperçu général de la méthode déductive ou rationnelle.

Terminons par un coup d'œil d'ensemble l'étude de la méthode déductive que nous avons donnée comme la méthode propre des sciences mathématiques.

**Différents noms de la méthode déductive.** — La méthode déductive, envisagée aux mêmes points de vue que la méthode inductive, se présente constamment comme l'opposé de cette dernière, ainsi que l'indiquent les différents noms qu'elle porte. On l'appelle : 1° *déductive*, parce qu'elle se sert du syllogisme ou procédé de déduction; 2° *rationnelle*, parce qu'elle établit indépendamment de l'expérience, l'enchaînement nécessaire des idées, et qu'elle prend habituellement pour point de départ des principes fournis par la raison ; 3° *a priori*, parce qu'elle va du principe à la conséquence et que le premier est antérieur à la seconde ; 4° *démonstrative*, parce qu'elle s'emploie à appliquer les principes et à montrer les conséquences qu'ils renferment ; 5° *synthétique*, parce que le principe duquel elle part étant plus général que la conséquence à laquelle elle aboutit, elle va du moins complexe au plus complexe ; 6° enfin *descendante* et *progressive*, parce qu'elle part des vérités générales (*progreditur a principiis*) et descend à leurs applications.

**Ordre de ses opérations.** — La méthode rationnelle, bien moins compliquée que la méthode expérimentale, n'emploie, à proprement parler, qu'un seul procédé, la déduction, dont on a étudié plus haut les formes variées en traitant du syllogisme. Poser des principes : axiomes, définitions, lois générales de la nature ; en faire sortir par déduction toutes les conséquences possibles ; établir de la sorte tout un système d'idées et de vérités subordonnées les unes aux autres et rigoureusement enchaînées par une connexion nécessaire, tel est le rôle de la méthode déductive.

**Sciences auxquelles elle s'applique.** — La déduction est l'unique instrument des sciences du raisonnement. Elle est, nous l'avons dit, la seule méthode qui convienne aux mathématiques, qui sont l'étude abstraite des nombres et des figures ; mais elle convient de plus à la métaphysique, qui est l'étude abstraite des causes et des principes premiers et à la morale, c'est-à-dire à l'étude abstraite des lois qui régissent les êtres libres. Voilà le domaine propre de la déduction ; par ailleurs elle intervient dans toutes les autres sciences, non comme méthode principale, mais comme procédé auxiliaire, vérifiant les hypothèses et aidant ainsi à découvrir les lois, dont elle reste ensuite chargée de faire les applications.

**Ses limites.** — La déduction est, d'après ce qui précède, le procédé scientifique par excellence ; cependant il n'est pas l'unique manière de penser, et par conséquent il a ses limites. La déduction suppose des principes préalables dont la connaissance lui échappe : vérités nécessaires que voit la raison, lois générales que fournit l'induction. Sa fonction scientifique n'est pas de faire des découvertes, mais de les faire valoir; l'induction est une méthode d'invention, la déduction n'est qu'une méthode d'application.

# CHAPITRE VI.

## Méthode des sciences physiques et naturelles. Méthode inductive.

**Objet des sciences physiques et naturelles.** — Les sciences physiques et naturelles ont pour objet le monde physique dans sa nature réelle et concrète. Le faire connaître tel qu'il est, avec les *êtres* qui le composent et les phénomènes ou *faits* qui s'y produisent, ou plutôt, comme il n'y a pas de science du particulier, rechercher les *types* ou *essences* communes des êtres, découvrir les *lois* des faits, et présenter le tout dans un vaste système, qui soit autant que possible la *copie* exacte du monde, voilà leur but. Nous avons distingué les faits des êtres; le premier de ces objets est étudié par les sciences physiques et le second par les sciences naturelles.

**Méthode de ces sciences.** — Toutes ces sciences ont une même méthode, la méthode inductive. Il ne saurait être question ici, comme dans les mathématiques de constructions idéales de l'esprit; pour connaître ce qui est, il faut l'observer; ce sera donc du particulier au général, des faits aux lois, des individus aux essences que l'esprit devra s'élever. Puisque les sciences physiques et naturelles ont une même méthode, elles usent des mêmes procédés, cependant l'expérimentation appartient davantage aux sciences physiques, les définitions et les classifications aux sciences naturelles.

### I. — *De l'induction et de ses différentes espèces.*

On appelle méthode inductive celle qui recherche au moyen

de l'*induction* les lois de la nature, afin de prévoir le retour de phénomènes déjà observés.

**Définition de l'induction.** — L'induction peut se définir : un procédé qui transporte (*inducit*) à une classe entière d'objets ou de faits les propriétés ou les lois observées dans un certain nombre d'entre eux. De *quelques-uns* elle conclut à *tous*, étendant à l'espèce les caractères reconnus essentiels dans plusieurs individus, et proclamant universelle la loi qu'elle a vérifiée dans un petit nombre de faits particuliers. Son caractère essentiel est donc de généraliser; cependant tout procédé de généralisation ne mérite pas le nom d'induction; il n'y a que celui qui passe de jugements particuliers à un jugement général.

**Différentes espèces d'inductions.** — L'induction peut se présenter sous trois formes principales : l'induction proprement dite, l'analogie et l'hypothèse. Il y a induction proprement dite, lorsque les jugements particuliers et le jugement général que l'on en induit appartiennent à un même genre de faits ou d'objets. Il y a analogie lorsque l'esprit passe d'observations faites sur un certain genre à un autre genre voisin et semblable. Enfin l'induction prend le nom d'hypothèse lorsque les expériences sur lesquelles on s'appuie sont trop peu nombreuses ou trop imparfaites. On peut également rattacher à l'induction l'argument *ab enumeratione partium*, dans lequel on conclut de toute une classe ce que l'on a préalablement conclu de chacun des individus qu'elle renferme, car bien que ce ne soit pas un véritable procédé de généralisation, on y passe cependant de jugements particuliers à un jugement général. Cet argument porte du reste le nom d'induction aristotélicienne ou d'induction complète.

En dehors des quatre opérations précédentes, qui sont les formes diverses d'un même procédé, l'induction expérimentale, un grand nombre de philosophes reconnaissent encore une autre induction qu'ils appellent induction rationnelle ou platonicienne. Elle consiste dans le procédé dialectique décrit si fréquemment par Platon, c'est-à-dire dans cette opération de la raison qui, à l'occasion de l'imparfait, du fini et du contingent, perçoit le parfait, l'infini et le nécessaire. Mais il n'y a là rien qui ressemble, même de loin à l'induction expérimentale, et c'est un véritable abus de langage d'appeler d'un même nom deux opérations qui n'ont aucun rapport.

## II. — *De l'induction proprement dite.*

L'induction proprement dite est le procédé qui conclut de quelques-uns à tous dans un même genre. Faisons-en l'analyse et indiquons-en les règles.

**Analyse de l'induction.** — *Ses préliminaires, expérience.* — Analyser l'induction, c'est distinguer les actes élémentaires qui la composent et marquer les facultés dont ces actes relèvent. Soit, par exemple, le jugement suivant : Tous les corps privés d'un point d'appui tombent. Pour arriver à formuler ce jugement général, plusieurs opérations préliminaires ont été nécessaires. — 1° Il a fallu tout d'abord observer ou expérimenter un certain nombre de fois le phénomène de la chute des corps. On appelle *observation* l'étude d'un phénomène qui se produit naturellement, et *expérimentation* l'étude d'un phénomène produit artificiellement en totalité ou en partie. Il est bien évident que je n'aurais aucun droit d'affirmer la loi générale, si jamais je n'en avais constaté quelque application particulière. — 2° Il faut ensuite que la mémoire retienne les observations faites et que la comparaison en constate la similitude : des faits disparates, quel que fût leur nombre, ne pourraient conduire à aucune généralisation. — 3° L'induction devant étendre à tout un genre les qualités ou lois observées, l'esprit a besoin pour induire de posséder l'idée de ce genre, ce qui implique l'abstraction et la généralisation.

*Intervention nécessaire d'un principe rationnel.* — A la suite de ces opérations préliminaires s'effectue l'induction proprement dite, c'est-à-dire le procédé de généralisation qui passe de quelques objets ou de quelques faits individuels à la totalité de l'espèce ou de la classe dont ils font partie. J'ai observé dans quelques cas peu nombreux et sur un petit nombre de corps le phénomène de la chute des graves, et à la suite de ces observations, je porte un jugement qui comprend l'universalité des corps et s'étend à tous les cas de chute passés, présents et futurs. Quelle disproportion entre ce jugement et ceux qui l'ont préparé ! Ceux-ci étaient individuels, celui-là est général ; les premiers ne concernaient qu'un nombre infime de faits ou d'objets concentrés sur quelques points imperceptibles de l'espace et du temps ; le dernier embrasse tous les faits ou objets du même genre, en quelque temps et en quelque lieu qu'ils aient existé ou qu'ils doivent se reproduire. Cette disproportion, que l'on retrouve entre tous les jugements induits et les jugements préliminaires, disproportion qui est même leur caractère distinctif, doit être expliquée et légitimée, et l'expérience qui précède la généralisation est impuissante à en rendre compte. Si étendue qu'on la suppose, elle ne donne le droit d'affirmer que ce que l'on a perçu, jamais celui de dépasser d'une seule unité les faits nécessairement peu nombreux auxquels elle s'est appliquée. L'induction n'est donc pas purement expérimentale, et ce doit être à la lumière de quelque principe rationnel qu'elle découvre dans les phénomènes isolés et individuels les lois générales du monde.

*Quel est le principe d'induction ?* — Le principe qui légitime les jugements inductifs est celui d'ordre et de loi . « Tout être est régi par une loi, » principe qui rentre lui-même dans celui de fin : « Tout être a une fin. » Reid, et après lui la plupart des philosophes modernes, le formulent comme il suit pour en faire le principe d'induction : « La nature est régie par des lois constantes et universelles, » ce qui n'est qu'une paraphrase des formes précédentes, puisqu'une loi ne mérite son nom qu'à la condition d'être universelle et constante. — Pas plus qu'aucun autre principe rationnel, le principe d'ordre et de loi ne peut s'expliquer par l'expérience : son universalité et sa nécessité s'y opposent. Nous croyons que tout être, sans exception, est destiné à une fin, et que dès lors il est régi par une loi; et cependant nous sommes loin d'avoir constaté expérimentalement la fin de chaque être et la loi d'après laquelle il s'y dirige. L'universalité de ce principe ne nous satisfait même pas; nous y ajoutons la nécessité, ou plutôt c'est parce que nous le concevons comme nécessaire que nous le faisons universel. Notre raison répugne à admettre des êtres sans loi, parce qu'ils seraient inintelligibles et ne pourraient venir de la cause infiniment intelligente et sage qui a créé le monde. La sagesse de Dieu mettant inévitablement de l'ordre dans toutes ses œuvres, voilà le fondement logique du principe d'induction et la raison dernière de sa nécessité et de son universalité. — Remarquons toutefois que si le principe de loi considéré en lui-même est nécessaire, ses applications à telle ou telle loi spéciale n'ont plus ce caractère. Tout phénomène doit ordinairement arriver d'après une loi, sans quoi il y aurait désordre dans l'œuvre de Dieu; mais la loi spéciale d'après laquelle il arrive est contingente, et son divin auteur, qui en demeure le maître après l'avoir établie, peut y déroger accidentellement quand sa sagesse le juge à propos. Le retour d'un phénomène dans tel cas donné n'est donc qu'une probabilité, puisque un miracle peut rigoureusement l'empêcher de se reproduire; toutefois cette probabilité équivaut pratiquement à la certitude, les miracles n'étant jamais qu'une très rare exception.

De cette analyse il résulte que l'induction est un procédé mixte, expérimental et rationnel tout à la fois, dans lequel les principes *a priori* de la raison viennent étendre et féconder les données de l'observation.

**Règles de l'Induction.** — C'est au principe rationnel sur lequel elle s'appuie que l'induction doit sa fécondité, mais c'est à l'expérience qui lui sert de base qu'elle doit sa sûreté et sa valeur; si cette dernière est mal faite, l'application du principe ne sert qu'à généraliser l'erreur. Les règles pratiques de l'induction doivent donc concerner l'expérience; et c'est Bacon qui, en les précisant et en marquant nettement leur but, a élevé le procédé inductif à la hauteur d'une méthode véritable.

Pour devenir vraiment utiles, l'observation et l'expérimentation doivent être soumises à des règles nombreuses et sévères. L'observation doit, autant que possible, s'aider d'instruments qui augmentent la portée des sens; il faut surtout qu'elle soit attentive, impartiale, complète, méthodique, réitérée. L'expérimentation bien comprise est une véritable chasse qui emploie la ruse et tend des pièges à la nature pour lui arracher ses secrets. Elle doit à cette fin : 1° varier, 2° prolonger, 3° renverser, 4° coordonner ses essais.

Quant au but que doit se proposer le savant qui observe ou expérimente, il consiste à découvrir, par voie d'élimination, les circonstances nécessairement liées à la production d'un phénomène, et à les distinguer de toutes celles dont elles peuvent être accidentellement accompagnées. Tant que ce discernement n'a pas été fait, l'expérimentation demeure insuffisante et doit être prolongée; ce terme une fois atteint, elle ne peut plus rien apprendre et devient superflue. Pour faciliter ce triage si important des circonstances accidentelles et des circonstances nécessaires, Bacon conseille de dresser trois sortes de tables : une *table de présence*, qui contiendra les circonstances dans lesquelles le phénomène se produit; une *table d'absence*, qui contiendra les circonstances dans lesquelles le phénomène ne se produit pas; enfin une *table de degrés*, où seront marquées les circonstances dans lesquelles le phénomène aura été produit avec différentes variations ou modifications.

Entourée de toutes ses précautions, l'induction cesse d'être ce qu'elle fut le plus ordinairement dans les temps anciens, un procédé hypothétique incapable de conduire à la certitude, et elle devient un instrument de science sûr et précieux.

## III. — *De l'analogie.*

**Analogie.** — L'analogie (ἀναλογία, *proportion*) est une

similitude non de caractère ou de propriété, mais de rapports. On en distingue deux sortes : l'analogie d'attribution et l'analogie de proportion.

L'analogie d'attribution existe entre objets qui, ayant divers rapports avec un même objet principal, reçoivent une dénomination qui n'appartient originairement qu'à ce dernier. La santé, par exemple, n'appartient en propre qu'à un corps animé, et cependant on applique le qualificatif *sain* à diverses choses fort différentes les unes des autres, comme la nourriture, le vêtement, l'habitation, le climat, le teint du visage, etc., parce qu'elles sont causes, effets ou signes de la santé. On appelle dans ce cas chef d'analogie, *caput analogiæ*, l'objet principal dont la qualification propre est appliquée aux objets qui lui sont unis par quelque rapport.

L'analogie de proportion, qui est la véritable, consiste dans la similitude des rapports qui unissent deux à deux quatre objets différents, de manière à établir entre eux une proportion. Ici encore cette similitude fait donner le même nom à deux choses fort différentes. C'est par une analogie de proportion que le poète parle du sourire des prés en fleur, *prata rident*, parce que cette parure est en quelque sorte pour eux ce que le sourire est pour la figure humaine; c'est encore par une analogie du même genre que l'on appelle métropole d'une colonie l'État qui l'a fondée et qui semble être par rapport à elle ce qu'une mère est par rapport à son enfant.

**Raisonnement par analogie.** — Le raisonnement par analogie est un procédé qui après avoir constaté le rapport de deux faits dans certains objets conclut de la présence de l'un de ces faits à l'existence de l'autre dans des objets d'un genre différent. On dit encore plus simplement, mais avec moins de précision que le raisonnement par analogie consiste à passer de ressemblances observées dans des objets de genres différents à d'autres ressemblances plus profondes que l'expérience n'a pu constater. Si, par exemple, de ce que la planète Mars est entourée d'une atmosphère semblable à celle de la terre, nous concluons qu'elle est habitée par des êtres vivants, nous raisonnons par analogie.

Ce procédé est au fond de même nature que l'induction, puisqu'il passe de jugements particuliers à un jugement plus général; mais il en diffère aussi sous plusieurs rapports. Au lieu de s'appuyer comme l'induction sur des caractères essentiels aux objets observés, il prend pour point de départ des circonstances accidentelles, des caractères plus ou moins superficiels; au lieu de conclure à une loi, il conclut à un rapport qui n'est point nécessaire; au lieu de se maintenir dans un même genre, il passe d'un genre à un autre, perdant ainsi en sûreté ce qu'il gagne en étendue.

On donne généralement comme principe rationnel de l'analogie la croyance à la simplicité de l'ordonnance du monde, c'est-à-dire au petit nombre des lois qui le régissent. C'est en effet le propre d'une sagesse consommée d'obtenir des effets très variés par un petit nombre de moyens, et Dieu a dû en user de la sorte dans l'univers, régissant par des lois semblables des objets de genres différents. Cette conception de la sagesse divine est sans doute fondée; cependant elle ne donne aucune certitude aux applications de détail qu'en fait le raisonnement par analogie, et ces applications demeurent tout au plus probables.

## IV. — *De l'hypothèse.*

**Définition de l'hypothèse.** — L'hypothèse (ὑπόθεσις, *supposition*) est la supposition que l'on fait d'une cause déterminée pour rendre raison d'un phénomène observé. Les faits ne satisfont point notre intelligence, elle en recherche invariablement les causes, et lorsque ces dernières ne sont accessibles ni à l'observation, ni à la démonstration, elle a recours à des suppositions ou à des hypothèses plus ou moins probables.

**Utilité et dangers de l'hypothèse.** — L'hypothèse est un besoin de l'esprit humain, parce qu'elle est une des conditions nécessaires de son développement. Elle représente la part du raisonnement dans la méthode expérimentale, où les faits sont la base et le fondement indispensable, mais dans laquelle cependant l'observation la plus active ne peut ni s'étendre assez loin, ni avancer assez vite. L'hypothèse venant à sa suite lui fraye de nouvelles voies, et lui indiquant le champ précis de ses recherches, ménage son temps et assure son efficacité. L'histoire de toutes les grandes découvertes modernes vient à l'appui de ce que nous avançons : toutes sont dues à d heureuses hypothèses. Harvey est conduit par une hypothèse à la découverte de la circulation du sang; Képler suppose l'ellipticité des orbites des planètes et arrive par là à ses célèbres *analogies,* la proportionnalité des aires et des temps et celle des temps et des distances; Huyghens imagine autour de Saturne un anneau dont l'observation constate ensuite l'existence; à la vue d'une pomme qui tombe, Newton généralise le phénomène de l'attraction, le suppose appliqué à tous les globes célestes et découvre les lois de la mécanique universelle; Galvani, Volta, et l'on peut ajouter presque tous ceux qui se sont immortalisés par quelque grande découverte en physique, en chimie, en géologie, en philologie, etc., ont soupçonné, avant de les constater, les lois auxquelles ils ont attaché leur nom.

Mais si elle est une puissante ressource, l'hypothèse est aussi un danger : employée sans discernement et à tout propos ou imparfaitement vérifiée, elle substitue les *entités* chimériques à la nature vraie des choses et remplace la science sérieuse par les vaines conceptions d'une imagination mal réglée. Il ne faut donc ni proscrire les hypothèses, comme le voulait Bacon, ni les employer sans discernement, comme l'ont fait trop souvent les anciens, mais en régler l'emploi par des règles prudentes.

**Règles de l'hypothèse.** — L'hypothèse est un trait de lumière qui éclaire l'homme de génie en présence d'une observation insignifiante pour un esprit vulgaire; elle échappe donc à toute règle dans sa conception; mais une fois conçue, elle doit être jugée et vérifiée d'après les règles suivantes : — 1° Pour avoir quelque valeur, une hypothèse ne doit pas être capricieuse et purement gratuite, mais être tirée des faits mêmes auxquels elle sert d'explication. — 2° Elle doit rendre compte de ces faits avec toutes leurs circonstances et de tous les autres faits de même nature que l'expérience fait ensuite découvrir. — 3° Sa valeur dépendant du nombre de ses applications, il faut déduire de sa formule, au moyen du raisonnement ou du calcul, toutes les conséquences possibles et les vérifier ensuite par l'expérience. — 4° Deux hypothèses différentes pouvant quelquefois rendre également raison des mêmes faits, la meilleure garantie pour une hypothèse est l'impossibilité prouvée d'en faire aucune autre. Alors elle cesse d'être une supposition et devient une loi légitimement constatée.

## V. — *Division et classification.*

L'induction et même l'hypothèse, prenant pour point de départ des ressemblances plus ou moins profondes, présupposent souvent des classifications imparfaites et préparent les classifications définitives de la science. La classification suppose elle-même la division. Il convient donc de rapprocher ces deux procédés des autres opérations de la méthode inductive.

**Division.** — La division est le partage d'un tout en ses parties ; ces dernières s'appellent les membres de la division. Il y a deux sortes de divisions : la *partition* et la *division* proprement dite. La première opère le partage effectif de parties intégrantes réellement distinctes, dont la réunion forme le tout appelé en latin *totum* : la séparation des divers organes d'une fleur serait une partition. La seconde sépare mentalement par abstraction les parties subjectives d'une idée générale, et s'adresse au tout que les Latins appelaient *omne* : la division d'un genre en ses espèces est une division proprement dite. Il ne s'agit en logique que de cette dernière.

Pour être légitime, une division doit satisfaire aux quatre règles suivantes : **1°** La première est qu'elle soit *complète*, c'est-à-dire qu'elle ne néglige aucun des éléments dont se compose le tout; autrement elle conduirait à une idée incomplète de l'objet divisé. — 2° La deuxième est qu'elle soit *distincte* ou *opposée*, c'est-à-dire qu'elle ne doit point séparer des membres qui en réalité n'en font qu'un, parce qu'ils rentrent les uns dans les autres. Diviser les opinions en vraies, fausses et probables, serait manquer à cette règle, parce que toute opinion probable est nécessairement vraie ou fausse. — 3° La troisième est qu'elle soit *immédiate*, c'est-à-dire qu'elle passe successivement des parties les plus générales à celles qui le sont moins, sans omettre aucune partie intermédiaire. On se gardera, par exemple, de diviser la France en communes avant de l'avoir divisée en départements et en arrondissements. — 4° La quatrième est qu'elle doit s'arrêter à temps pour ne pas surcharger l'esprit au lieu de le soulager. Poussée à l'excès, la division engendre la confusion par le trop grand nombre des distinctions : *Simile confuso est quidquid usque in pulverem sectum est* (Sénèque).

**Classification.** — On nomme classification un système où les objets sont rangés selon leurs ressemblances et leurs différences en un certain nombre de genres et d'espèces méthodiquement distribués.

Toute classification, même la plus imparfaite, a l'avantage de soulager la mémoire et l'attention, de faciliter les comparaisons, de satisfaire le besoin d'ordre et de symétrie qu'éprouve l'intelligence, de rendre plus aisée la transmission de la science.

Quand elle est vraiment scientifique, la classification ajoute à ces premiers avantages ceux bien plus importants de connaître par le seul rang qu'une chose occupe les propriétés qui composent sa nature, les rapports qu'elle soutient avec tous les autres membres de la classification, et surtout les lois et le plan général que l'Intelligence suprême s'est proposé de suivre dans la création de tous ces êtres.

Toute classification se fonde sur l'observation de caractères communs à un certain nombre d'objets; mais suivant que ces caractères sont extérieurs et accidentels, ou essentiels et profonds, la classification est dite *artificielle* ou *naturelle*. Les classifications artificielles appartiennent au début de la science, dont elles préparent l'édification par les avantages mentionnés plus haut; elles procèdent synthétiquement, établissant d'abord les classes les plus générales au moyen de caractères faciles à distinguer, et descendant ensuite peu à peu jusqu'aux dernières divisions. Les classifications naturelles s'appuient sur le principe de la *subordination des caractères* énoncé et développé par Jussieu. Au lieu de prendre leur base au hasard et dans ce que les objets ont de plus apparent, elles choisissent après une observation profonde des caractères constants, uniformes et vraiment *dominateurs,* c'est-à-dire desquels dépendent tous les autres. Après cela elles groupent les objets dans l'ordre même où leurs caractères se subordonnent les uns aux autres, de telle sorte que la place occupée par l'un d'eux indique, par l'énoncé même des genres auxquels il appartient, les propriétés qu'il possède et leur dépendance réciproque. Ces classifications sont analytiques, car les caractères dominateurs ne peuvent être connus qu'autant que l'on remonte peu à peu des caractères dépendants à ceux dont ils relèvent. Elles marquent l'apogée de la science dont elles sont le dernier résultat.

Les exemples abondent. En botanique : Tournefort, qui partage les végétaux en ligneux et herbacés et tire ensuite toutes ses subdivisions de l'étude de la corolle, et Linné, qui s'appuie sur les organes de reproduction visibles ou invisibles, séparés ou non, etc., donnent des classifications artificielles; tandis que Jussieu, qui prend pour base la structure même de l'embryon, la présence et le nombre des cotylédons qui doivent servir à son développement, donne une classification naturelle. De même en zoologie : Aristote en divisant les animaux d'après la présence ou l'absence du sang, et Linné en prenant pour point de départ des caractères secondaires, comme la forme du cœur, la couleur et la chaleur du sang, etc., font des classifications artificielles;

tandis que Cuvier, appuyant tout son système sur le système nerveux, fait une classification naturelle.

**Comment on distingue les caractères essentiels des caractères accidentels.** — Les classifications naturelles supposent la connaissance des caractères essentiels des êtres. Comment arrive-t-on à les distinguer des caractères accidentels auxquels ils sont unis? Ce ne sera pas rigoureusement par leur universalité, car il se peut qu'un même accident se trouve chez tous les sujets observés. Le véritable critérium se trouve dans l'indépendance ou la dépendance des caractères. Le caractère accidentel est celui qui est indépendant des autres caractères du même être, c'est-à-dire celui dont la disparition ou les variations n'entraînent point de modification importante dans les autres caractères du même sujet. Au contraire, le caractère essentiel est celui qui ne varie jamais sans entraîner une modification plus ou moins profonde dans l'économie de l'être auquel il appartient. « La forme de la dent, dit Cuvier, entraîne la forme du condyle, celle de l'omoplate, celle des ongles, tout comme l'équation d'une courbe entraîne toutes ses propriétés; et de même qu'en prenant chaque propriété séparément pour base d'une équation particulière on retrouverait et l'équation ordinaire, et toutes les autres propriétés quelconques, de même l'ongle, l'omoplate, le condyle, le fémur et tous les autres os pris chacun séparément donnent la dent ou se donnent réciproquement. » Les caractères essentiels sont donc les parties intégrantes d'un tout organique; ils forment un groupe naturel dont le lien est profond et tient à la nature même des choses, en d'autres termes ils constituent un *type* ou une *essence*, qui se retrouve identiquement chez tous les individus d'une même espèce. Les caractères accidentels ou indépendants viennent se grouper en nombre variable autour de l'essence et donner à chaque être son individualité.

**Comment on distingue les caractères dominateurs des autres caractères essentiels.** — Les genres et les espèces, c'est-à-dire les différents groupes d'êtres ne sont pas sans ressemblances et sans rapports. Ils forment un merveilleux ensemble et une vaste hiérarchie, que reproduisent les classifications naturelles. Ces rapports et cette subordination des essences s'établissent par la distinction des caractères dominateurs. Toutes les propriétés constitutives d'une même essence sont dans une dépendance réciproque et influent les unes sur les autres, comme on vient de le dire. Mais cette influence n'est pas la même pour toutes les propriétés, et c'est dans ce mode particulier d'influence que se trouve la marque distinctive des caractères dominateurs. Le caractère dominateur est celui qui influe sur un *groupe* d'attributs de manière à entraîner indifféremment la présence de *l'un quelconque* de ces attributs. Jamais aucun de ceux-ci ne se trouvera dans un être en l'absence du caractère dominateur; l'un deux, mais n'importe lequel, l'accompagnera toujours. Par exemple, l'existence de vertèbres dans un animal entraîne indifféremment trois ou quatre formes diverses d'appareil circulatoire ou respiratoire. Cette nécessité et en même temps cette égale possibilité pour différents caractères d'un même groupe d'accompagner le caractère dominateur font que plusieurs espèces sont possibles dans un même genre; c'est là le principe de la subordination des espèces au genre. Les caractères simplement subordonnés et non dominateurs forment les différences spécifiques, les caractères dominateurs sont le propre des genres. Mais tel caractère qui est dominateur par rapport à plusieurs peut être subordonné relativement à d'autres, c'est ainsi que les genres s'échelonnent hiérarchiquement dans la nature et dans les classifications. Nous renvoyons pour les exemples à l'histoire naturelle.

**Règles de la classification.** — En résumant les remarques qui précèdent, nous dirons qu'une bonne classification doit être : 1° adéquate, 2° irréductible, 3° basée sur des caractères dominateurs, 4° graduée par une subordination progressive et rigoureuse des caractères secondaires.

## VI. — *Définitions empiriques.*

**Définitions empiriques.** — Lorsque les sciences expérimentales sont arrivées par les différents procédés que nous venons de décrire à fixer la notion d'un être, elles en font l'objet d'une définition. Ces *définitions* portent le nom d'*empiriques* parce qu'elles sont basées sur l'expérience. Elles expriment un type ou une essence et se font par l'indication du genre prochain et de la différence spécifique, c'est-à-dire par l'énumération abrégée des caractères dominateurs et des caractères subordonnés. Du même coup elles marquent la nature d'un être et sa place parmi tous les autres; elles sont le résumé de tout ce qu'on sait de lui.

Les définitions empiriques diffèrent sous plusieurs rapports des définitions mathématiques. Les définitions empiriques énumérant les propriétés essentielles sont descriptives; les définitions mathématiques indiquant le mode de génération sont constructives. Les définitions empiriques, basées sur l'expérience, peuvent être modifiées et complétées comme elle, elles sont provisoires; les définitions mathématiques exprimant le mode de production de leur objet sont définitives et immuables. Enfin les définitions empiriques sont le résumé de la science, tandis que les définitions mathématiques sont les principes de la science.

## VII. — *Aperçu général de la méthode inductive ou expérimentale.*

Résumons et complétons l'étude des procédés d'induction par un aperçu général de la méthode à laquelle ils appartiennent.

**Différents noms de la méthode inductive.** — La méthode inductive porte un grand nombre de noms qui, la présentant sous différents aspects, servent à en donner une idée plus complète. On l'appelle donc : 1° *inductive,* parce que, bien qu'elle emploie aussi la déduction, c'est l'induction qui y joue le rôle principal; 2° *expérimentale*, parce qu'elle a pour objet les réalités contingentes qui ne peuvent être connues que par expérience, et que celle-ci est en effet son point d'appui; 3° *a posteriori*, parce que, allant du fait à la loi qui le régit, elle va de ce qui est postérieur à ce qui est antérieur; 4° *inventive*, parce qu'elle a pour mission de découvrir les lois du monde, de trouver les majeures dont la déduction fera sortir les conséquences; 5° *analytique*, parce que dans sa marche générale elle va de ce qui est plus complexe, le fait, à ce qui l'est moins, la loi; 6° enfin *ascendante* et *régressive*, parce qu'elle retourne (*regreditur*) ou remonte des vérités particulières aux principes.

**Ordre général de ses opérations.** — La méthode expérimentale régulièrement suivie procède dans l'ordre suivant :

1° Avant tout elle observe et expérimente, se gardant de supposer la réalité au lieu de la constater;

2° Elle classe provisoirement, c'est-à-dire artificiellement, les résultats de l'observation;

3° A l'occasion des faits observés, elle imagine des hypothèses et pressent des développements ultérieurs;

4° Au moyen de la déduction, dont elle emprunte ici le secours, elle tire de son hypothèse le plus grand nombre possible de conséquences;

5° Elle vérifie ces conséquences par l'expérience, fait à l'occasion de ces nouvelles observations de nouvelles hypothèses qu'elle vérifie de la même manière, et ainsi de suite;

6° Par l'induction, et à son défaut par l'analogie, elle ramène la multiplicité presque infinie des faits individuels à un petit nombre de lois ou de genres;

7° Particulièrement dans les sciences naturelles elle exprime, dans des définitions, les essences des choses et les distribue méthodiquement dans des classifications naturelles;

8° Enfin, par des sciences déductives auxquelles elle donne lieu plutôt que par elle-même, elle déduit des lois qu'elle a découvertes les applications dont elles sont susceptibles.

**Sciences auxquelles elle s'applique.** — La méthode expérimentale ou inductive intervient dans toutes les sciences d'observation, c'est-à-dire dans toutes celles où il est question de découvrir quelque vérité générale touchant les lois, les causes, les éléments, les phénomènes des êtres contingents. Elle s'applique donc, avec les modifications qu'exige la différence des objets, d'une part aux sciences physiques et naturelles, comme la physique, la chimie, la physiologie, la médecine, etc., d'autre part aux sciences morales proprement dites, c'est-à-dire à celles qui étudient d'une manière concrète les choses de l'esprit, comme la psychologie expérimentale, etc.

**Ses limites.** — Quelque féconde que soit la méthode expérimentale, elle ne peut cependant s'appliquer indistinctement à tout ordre de recherches, et elle doit à sa propre gloire de connaître et de respecter les limites que lui marque sa nature.

Prenant l'expérience pour base nécessaire, elle cesse là où l'expérience devient impossible.

Remontant des faits aux lois, c'est-à-dire partant du concret pour arriver à l'abstrait, elle ne peut découvrir aucun être réel ; ce n'est donc pas elle qui dans l'ordre réel nous conduit à Dieu.

Incapable de conduire à la réalité infinie, elle ne peut pas davantage découvrir dans l'ordre intellectuel les lois éternelles de l'intelligence, les vérités premières et les axiomes, qui ne viennent point de l'expérience.

Le contingent, voilà donc son domaine ; le nécessaire lui échappe de toute façon.

# CHAPITRE VII.

### Méthode des sciences morales. Méthode d'autorité.

## I. — *Du témoignage en général.*

Nos moyens personnels de connaître, quelque puissants que Dieu les ait faits, ne nous conduisent par eux-mêmes qu'à de bien faibles résultats, et notre indigence intellectuelle serait grande si nous étions réduits à nos propres ressources. Heureusement il n'en est point ainsi : doués du double instinct de véracité et de crédulité, les hommes se communiquent par le témoignage leurs découvertes personnelles, et par cet heureux échange forment un trésor commun qui devient la richesse de tous. Aux méthodes inductive et déductive que nous employons pour acquérir personnellement la connaissance de la vérité, il faut donc ajouter la méthode d'autorité qui détermine les conditions dans lesquelles la foi au témoignage nous permet de bénéficier de la science d'autrui. Avant d'entrer dans le détail des règles de cette méthode, donnons quelques définitions.

Le *témoignage* est la transmission faite à quelqu'un d'une vérité qu'il ignorait, celui qui fait cette transmission porte le nom de *témoin*, l'assentiment donné à la vérité ainsi transmise s'appelle *foi*, et ce qui fait que l'on ajoute foi à un témoin, c'est son *autorité*. En général l'autorité est le droit d'imposer quelque chose; l'autorité du témoin est le droit qu'il a d'imposer la foi; il le possède quand il peut être considéré comme connaissant et comme transmettant la vérité. Donc l'autorité d'un témoin consiste dans sa *science* et sa *véracité* bien constatées.

On distingue plusieurs sortes de témoignage, soit au point de vue du témoin qui le rend, soit au point de vue de l'objet sur lequel il porte. Eu égard au témoin, le témoignage est divin ou humain; eu égard à l'objet, il est dogmatique ou historique.

Le témoignage dogmatique ou doctrinal est celui qui a pour objet un point de doctrine ou de science, c'est-à-dire une connaissance acquise par le rapprochement des idées et le raisonnement. On s'appuie sur un témoignage de ce genre quand on s'autorise du nom d'un savant pour adopter telle ou telle théorie scientifique, philosophique, littéraire, etc.

Le témoignage historique a pour objet un fait, c'est-à-dire une chose que le témoin a connue par les sens extérieurs ou par le sens intime. Je connais, par un témoignage de ce genre, que tel homme a existé, que tel fleuve arrose tel pays, que tels animaux et telles plantes se rencontrent dans telle contrée, etc. Le témoin est dans ce cas oculaire ou auriculaire, oculaire ou immédiat s'il a connu par lui-même le fait qu'il raconte, auriculaire ou médiat s'il l'a connu lui-même par le témoignage.

## II. — *Autorité du témoignage doctrinal.*

**Témoignage divin.** — Le témoignage de Dieu, qu'il porte sur des doctrines ou sur des faits, possède une autorité digne de notre foi la plus ferme. Dieu en effet est par essence infaillible et véridique; il serait dès lors contradictoire d'admettre qu'il pût tomber dans l'erreur ou nous y induire. Le tout est de connaître avec certitude l'existence et le contenu de la parole divine, ce qui relève le plus ordinairement du témoignage historique.

**Témoignage humain.** — Quant au témoignage de l'homme en matière de doctrine, il faut distinguer le témoignage individuel du témoignage général.

Témoignage individuel. — En fait de science, le témoignage d'un seul ou même de plusieurs ne donne jamais une parfaite certitude, l'illusion étant toujours possible, même dans les plus grands esprits, quand il s'agit de théories abstraites. Il ne faut pas conclure de là que les traditions scientifiques soient à mépriser. L'opinion des savants, surtout quand ils sont unanimes, constitue une probabilité dont il convient de tenir compte. On doit s'y ranger jusqu'à preuve du contraire et ne s'en départir que sur des raisons sérieuses soigneusement et longuement pesées. Mais il ne faut jamais donner à l'autorité doctrinale, si respectable qu'elle soit, la supériorité sur la raison, et rejeter l'évidence personnelle pour demeurer fidèle à la tradition. — Même quand il devient purement individuel, le témoignage doctrinal garde encore une valeur qui se mesure d'après la science et le génie de son auteur; c'est ici surtout qu'il convient d'appliquer aux témoins la règle si connue : *Non numerantur, sed ponderantur*.

CONSENTEMENT GÉNÉRAL. — Souvent on cite en preuve d'une vérité morale le consentement général des hommes. Il est évident que ces opinions universelles du genre humain ont une très grande autorité, surtout lorsqu'elles sont vraiment universelles et s'étendent à tous les siècles; cependant il faut reconnaître qu'elles ne sont pas par elles-mêmes et en toute rencontre un motif infaillible de certitude. Combien de fausses doctrines sur le mouvement du soleil, l'influence des astres, les mauvais présages apportés par les éclipses et les comètes, etc., ont été universellement admises! Les passions, les difficultés que présente la recherche de la vérité, les illusions des sens agissent sur le genre humain aussi bien que sur un seul individu, et rendent l'erreur universelle possible comme l'erreur privée. On ne peut donc attribuer la vérité à une opinion uniquement à cause de son universalité. Il faut constater de plus que son objet est de la compétence de tous et qu'il n'intéresse en rien les passions. Dans ce cas en effet le consentement général est la voix de la raison elle-même, de la vérité de laquelle on ne peut douter sans se condamner à un scepticisme universel. Tel est, par exemple, le consentement général sur les premiers principes et leurs conséquences immédiates, dont l'ensemble forme ce que l'on appelle le sens commun. Ajoutons que si le témoignage du genre humain est infaillible sur ces vérités, ce n'est pas lui qui nous en donne la certitude : elles sont évidentes pour chacun, et c'est parce qu'elles s'imposent à chaque intelligence avec une force irrésistible qu'elles ont ce caractère d'universalité. Néanmoins l'utilité philosophique du consentement général en ces matières est loin d'être nulle, car on peut s'en servir pour confondre les esprits dévoyés qui tendraient à s'en écarter.

### III. — *Autorité du témoignage historique.*

**Critique historique.** — Nous ne nous instruisons pas seulement par le témoignage direct de nos contemporains, mais encore et surtout par celui des générations passées que nous transmettent la tradition, les monuments et l'histoire. La critique historique, qui discute les conditions dans lesquelles le témoignage historique est recevable, doit donc s'occuper et du témoignage considéré en lui-même et de ses moyens de transmission.

**Témoignage historique; sa valeur.** — Considéré en lui-même, le témoignage historique est la relation que fait d'un événement celui qui en a été le témoin. Pour apprécier sa valeur, il faut considérer le *fait* qui en est l'objet et la *personne* de qui nous le recevons.

Conditions requises dans l'objet. — Du côté de l'objet, la seule condition requise est la *possibilité*. L'impossible est ce qui implique contradiction, et la loi fondamentale de notre raison est de ne rien admettre de contradictoire. Nous devons donc rejeter tout récit dont l'objet est manifestement absurde. Il n'est même pas besoin dans ce cas de pousser plus loin la critique et d'examiner la science et la bonne foi des témoins; l'une ou l'autre devant nécessairement donner prise, du moment que l'objet du témoignage est faux. — Mais réciproquement, on ne doit jamais rejeter *a priori* un fait dont l'impossibilité n'est pas manifeste. L'*invraisemblance* ne suffit pas, car elle vient souvent de notre peu de science, et à ce compte les ignorants rejetteraient quantités de faits parfaitement constatés. Le merveilleux dans l'objet du témoignage nous donne seulement le droit d'être plus sévères dans la critique des témoins et d'exiger de leur part toutes les sûretés possibles.

CONDITIONS REQUISES DANS LES TÉMOINS. — De la part des témoins deux conditions sont requises pour que nous puissions ajouter foi à leur déposition : la *science* et la *bonne foi*. Nous ne pouvons les croire si nous ne sommes pas certains qu'ils n'ont pas été induits en erreur en observant le fait qu'ils racontent, et qu'ils ne veulent pas nous tromper en nous le rapportant; mais aussi, du moment qu'il n'y a en eux ni illusion, ni mensonge, leur témoignage devient un motif légitime d'absolue certitude.

Quelquefois ces conditions sont évidemment remplies. L'illusion, par exemple, est impossible dans de nombreux témoins qui ont examiné attentivement un fait accessible aux sens et facile à connaître, et l'importance de l'objet peut nous garantir de leur part cet examen attentif. De même l'impossibilité d'une entente jointe à la concordance parfaite des dépositions enlève toute crainte légitime de supercherie. Or si les témoins sont nombreux, divisés d'intérêts, de préjugés, etc., il n'a pu y avoir entre eux aucune entente. Donc il y a des cas dans lesquels nous pouvons être certains que les témoins ne veulent pas nous tromper et qu'ils ne se trompent pas eux-mêmes; d'où il suit que la certitude sur un objet de témoignage historique est quelquefois possible.

Pour rendre notre conclusion plus certaine, nous avons supposé les témoins nombreux : mais ce grand nombre est-il indispensable? N'est-il même pas possible quelquefois de se contenter d'un seul témoin? *Testis unus, testis nullus*, dit l'adage. C'est vrai en matière juridique; philosophiquement c'est inexact. Non seulement quelques témoins choisis présentent parfois les mêmes garanties qu'une foule nombreuse, mais encore la science et la bonne foi d'un témoin unique peuvent être si évidentes pour ceux qui le connaissent que la déposition ne laisse place à aucun doute sérieux. Dans beaucoup d'autres circonstances, le témoignage historique ne fournit qu'une probabilité qui s'estime toujours d'après le degré de compétence et de fidélité des témoins.

**Moyens de transmission du témoignage; leur valeur.** — La déposition de témoins peut se transmettre aux âges suivants par trois moyens différents : la tradition orale, les monuments et les documents écrits ou l'histoire.

Tradition orale. — La tradition orale est un récit fait de vive voix et transmis de bouche en bouche depuis les témoins oculaires jusqu'aux temps présents. Les qualités que la critique exige en elle sont la constance, l'abondance et l'unanimité. — Elle doit être constante, c'est-à-dire se composer d'une série non interrompue de témoignages, et en effet, si elle s'interrompait à quelque époque, elle ne pourrait plus se renouer. — Elle doit être abondante, c'est-à-dire offrir à tous les moments de sa durée un grand nombre de témoins; plus ceux-ci sont nombreux, plus l'imposture ou l'altération deviennent difficiles. Une tradition conservée par des peuples ennemis ou par des sectes rivales remplit parfaitement cette seconde condition. — Enfin elle doit être unanime, car si les témoins sont en désaccord, on a toute raison de suspecter leur récit.

Même quand elle est revêtue de tous ces caractères, la tradition orale est un moyen de transmission assez imparfait, à cause des inexactitudes que l'imagination populaire, les préjugés nationaux, etc., peuvent aisément y introduire. Il ne faut donc pas la consulter sur des faits de minime importance ou sur des détails accidentels, mais lui demander uniquement les faits principaux de l'histoire.

Monuments. — On appelle monument toute œuvre d'art telle que médaille, statue, arc de triomphe, inscription lapidaire, etc., destinée à perpétuer le souvenir d'un fait accompli. L'*archéologie*, la *numismatique*, la *paléographie*, enseignent à vérifier leur authenticité et leur intégrité, qualités qui leur sont indispensables pour témoigner des faits passés. De même que la tradition orale, les monuments ne peuvent nous renseigner que sur des faits de grande importance.

Histoire. — L'histoire se définit : le récit des faits passés fixé par l'écriture. Pour faire autorité, un livre historique doit être authentique, intègre et vrai.

*Authenticité.* — L'authenticité d'un livre consiste en ce qu'il soit réellement de l'auteur auquel on l'attribue ou tout au moins de l'époque à laquelle on le rapporte. Cette qualité se reconnaît à certaines marques, dont les unes sont *intrinsèques* et les autres *extrinsèques*. — Les marques intrinsèques sont tirées de l'ouvrage lui-même, du style de l'auteur, des faits qu'il raconte. En ce qui concerne l'auteur, son style est-il bien celui de ses autres ouvrages, ou s'il n'en a pas composé d'autres, son langage est-il bien celui de l'époque à laquelle il écrivait? Quant aux faits relatés, comprennent-ils les événements et les hommes contemporains dont il était naturel de parler? — Les marques extrinsèques sont prises en dehors de l'ouvrage. Elles sont de trois sortes : tradition orale qui a constamment rapporté ce livre à l'auteur dont il porte le nom; témoignage des écrivains contemporains ou postérieurs qui lui empruntent des citations ou le mentionnent; inutilité des efforts tentés par d'habiles critiques pour en prouver la supposition.

*Intégrité.* — Un livre est intègre quand il est demeuré tel que l'auteur l'a composé. On distingue deux sortes d'*intégrité* : l'*intégrité absolue* qui exclut tout changement si minime qu'il soit, et l'*intégrité substantielle* qui exclut seulement les changements propres à dénaturer la substance des faits. La première ne peut évidemment se rencontrer dans les ouvrages anciens longtemps reproduits par la copie manuscrite; la seconde d'ailleurs est parfaitement suffisante. Elle a, comme l'authenticité, ses marques *intrinsèques* : parfaite connexion des idées sans contradictions et sans lacunes, unité de style, absence d'anachronismes ou de néologismes, et ses marques *extrinsèques* :

grande diffusion de l'ouvrage, concordance des différents exemplaires, respect religieux dont l'ouvrage est entouré.

*Véracité.* — L'authenticité et l'intégrité d'un livre nous mettent en présence de l'auteur lui-même et de sa parole; nous sommes dès lors vis-à-vis de lui dans la condition de ses contemporains, et nous apprécions sa compétence et sa véracité comme nous le ferions pour tout témoin immédiat qui nous raconterait lui-même ce qu'il a vu et constaté.

Ajoutons qu'on doit soigneusement distinguer dans un ouvrage historique les appréciations auxquelles se livre l'historien de la narration des faits. Cette dernière seule constitue l'histoire et se juge d'après les règles qui viennent d'être données. Quant aux appréciations, elles appartiennent au témoignage doctrinal et leur vérité dépend de tout autres conditions. Une critique sérieuse doit éviter de confondre deux choses si différentes.

**Sciences historiques.** — Il y a des sciences historiques comme il y a des sciences d'induction et de déduction; ce sont toutes celles qui ont pour objet des faits passés ou éloignés, comme l'histoire, la géographie, la jurisprudence, les langues et surtout la théologie. Dans ces sciences le témoignage est évidemment l'unique moyen d'instruction, et la critique historique la seule méthode légitime. Là cependant ne se borne pas l'emploi de cette méthode; elle intervient comme auxiliaire utile dans presque toutes les sciences, qui ne peuvent se passer entièrement de la tradition et de l'autorité. L'astronome, par exemple, le physicien, le naturaliste sont souvent obligés d'accepter du témoignage des faits ou des expériences qu'ils ne peuvent, faute de temps, vérifier par eux-mêmes, et d'admettre de foi des choses qu'ils sembleraient d'abord ne devoir tenir que de l'observation ou du raisonnement.

C'est ainsi que tout en dominant dans un groupe spécial de sciences, chacune des trois grandes méthodes d'induction, de déduction et d'autorité est d'un grand secours pour toutes les autres, et que nos différents moyens de connaître se réunissent pour nous donner la connaissance totale d'un même objet.

# CHAPITRE VIII.

### De l'erreur et de ses causes.

## I. — *Nature de l'erreur.*

Bien que l'homme soit fait pour connaître la vérité et que Dieu l'ait doué dans ce but de facultés nombreuses et sûres, cependant il tombe à tout instant dans l'erreur et abuse tour à tour de chacun de ses moyens de connaître. Il importe d'étudier en lui-même et dans ses causes cet affligeant phénomène, afin sinon de l'empêcher totalement, du moins d'en diminuer la fréquence.

L'erreur est un acte de l'esprit par lequel il attribue à un objet une propriété qui ne lui convient pas ou lui refuse une propriété qui lui convient. Il faut donc que l'esprit affirme quelque chose, et par conséquent qu'il juge, pour qu'il puisse y avoir erreur.

L'objet de l'erreur, c'est le faux, mais le faux revêtu de quelque apparence de vérité. La première partie de cette assertion n'a pas besoin de preuve et la seconde découle de la nature même de l'intelligence. Faite pour la vérité, l'intelligence ne peut adhérer à la fausseté connue comme telle ; et de même que la volonté, dont l'objet est le bien, ne peut vouloir une chose qui n'a pas au moins l'apparence du bien, de même aussi l'intelligence ne peut donner son assentiment qu'à ce qui est quelque peu vraisemblable.

Si elle était laissée à elle-même, l'intelligence ne tomberait jamais dans l'erreur, car l'évidence peut seule l'entraîner, et jamais l'évidence ne se trouve dans la fausseté ; mais elle est soumise à l'empire de la volonté, et celle-ci souvent paresseuse se refuse aux efforts prolongés que demanderait l'acquisition de la vérité, et précipite un jugement que la prudence commanderait de suspendre. Une imperfection de vue dans l'intelligence, qui de sa nature est faible et limitée, et une précipitation de la volonté qui commande l'assentiment avant l'examen suffisant des motifs, voilà donc la double source de l'erreur. Bien qu'elle procède en partie de la volonté libre, elle n'est cependant pas une faute lorsque, comme il arrive souvent, la bonne foi l'accompagne.

## II. — *Classification des erreurs; leurs causes; leurs remèdes.*

On classe les erreurs d'après les causes qui les produisent; mais ces causes sont si nombreuses et si diverses qu'une énumération complète et méthodique en est assez difficile.

Bacon les divise en quatre classes : 1° les erreurs communes à tous les hommes *(idola tribus)*; 2° les erreurs propres à chaque individu *(idola specus)*; 3° les erreurs qui proviennent du langage *(idola fori)*; 4° les erreurs qui proviennent des systèmes *(idola theatri)*. Cette classification n'est ni précise ni distincte : les deux derniers membres rentrent dans les deux premiers, qui eux-mêmes sont beaucoup trop vagues.

Malebranche, suivant en cela la pensée de Descartes, attribue toutes les erreurs à la volonté comme à leur cause unique : c'est parce qu'il y a disproportion entre la volonté et l'intelligence que celle-ci est sujette à l'erreur; quant aux *occasions* qui y donnent lieu, il les rapporte aux cinq facultés suivantes : les sens, l'imagination, l'entendement pur, les inclinations et les passions. Cette division laisse beaucoup à désirer : d'abord il n'est aucune faculté, aucune opération cognitive qui ne soit susceptible d'erreur, l'énumération de Malebranche n'est donc pas complète; en second lieu nommer les facultés qui se trompent, ce n'est pas marquer les causes qui les induisent en erreur.

Aujourd'hui on divise assez généralement en deux classes les causes de nos erreurs : les unes sont *logiques* ou *intellectuelles*, les autres sont *morales*. Les premières agissent directement sur l'intelligence, en donnant au faux l'apparence du vrai ; les secondes agissent directement sur la volonté, pour la porter à commander l'assentiment de l'intelligence.

Les principales causes intellectuelles d'erreur sont : 1° les préjugés ou jugements adoptés sans examen, et dont on se sert comme de principes certains ; ils viennent du caractère, de l'éducation, de certaine manière de voir commune aux membres d'une famille, d'une corporation, d'une nation, etc. ; 2° l'*autorité*, soit dogmatique, soit historique, de témoins trompés ou trompeurs : l'instinct de crédulité nous fait regarder *a priori* comme vraisemblable tout ce qui nous est affirmé par quelque témoin dont nous n'avons aucune raison de suspecter la bonne foi ; 3° le *langage*, qui nous captive aisément par l'éclat de sa forme ou nous illusionne par l'ambiguïté de ses termes, etc. ; 4° enfin l'oubli des règles de la méthode dans l'exercice de nos facultés et de nos opérations intellectuelles, notre confiance en elles nous faisant accepter tout ce que nous croyons venir de leur légitime emploi.

Les causes morales d'erreur sont toutes les inclinations et toutes les passions qui peuvent agir sur la volonté : préventions sympathiques ou antipathiques pour les personnes, attrait ou répulsion pour les choses, vanité, amour-propre, intérêt, paresse, etc. Nicole en a fait une spirituelle description dans le chapitre de la *Logique de Port-Royal*, où il traite des mauvais raisonnements que l'on commet dans la vie civile. Aux causes morales nous devons rattacher les causes physiques dont les premières dépendent en si grande partie : tempérament, âge, sexe, régime, climat.

Nommer les causes d'erreur c'est en indiquer les remèdes : l'amour sincère de la vérité, la prudence, une sage lenteur, et surtout la vertu qui sait résister aux passions.

# TROISIÈME PARTIE.

## LOGIQUE CRITIQUE.

## CHAPITRE IX.

### LÉGITIMITÉ DE LA RAISON.

ART. 1. — Définitions et notions préliminaires.

#### I. — *La vérité et l'erreur*.

**Définition de la vérité.** — La vérité peut s'entendre de différentes manières. Au point de vue logique, la vérité est un attribut de la pensée et se définit : la conformité de la connaissance avec la réalité objective. Une connaissance est vraie à la condition qu'un objet réel lui corresponde et qu'elle ne lui attribue que des qualités qu'il possède ou ne lui refuse que des qualités dont il est dépourvu. Dans le cas contraire elle est fausse ou erronée. — Au point de vue métaphysique, la vérité est l'objet même de la pensée, autrement l'être ou la réalité. C'est en ce sens que l'on parle de l'ignorance ou de la connaissance plus ou moins complète de la vérité : on entend par là la connaissance ou l'ignorance des réalités existantes ou possibles. — Au point de vue moral, la vérité est un attribut du langage et se définit : la conformité du langage avec les états psychologiques qu'il exprime. En résumé, la vérité c'est l'être et, par extension, ce qui en est l'expression fidèle.

## II. — *États de l'âme par rapport à la vérité.*

L'esprit est dans l'*ignorance* des vérités dont il n'a pas la notion. Relativement à celles qui lui sont connues, il est dans l'un de ces trois états : *doute, opinion, certitude*.

**Doute.** — Le doute est un état d'indécision dans lequel l'esprit demeure en suspens entre l'affirmation et la négation, sans pouvoir se résoudre ni à l'un, ni à l'autre, par suite de l'absence de tout motif ou de l'action contradictoire de motifs qui lui paraissent égaux.

**Opinion.** — L'opinion est un état dans lequel l'esprit donne son adhésion à un parti avec la crainte que la vérité ne se trouve dans le parti opposé. Il donne son adhésion parce que les motifs favorables au parti qu'il adopte, assez puissants en soi pour légitimer un assentiment raisonnable, ne sont combattus par aucune raison valable ou ne le sont que par des motifs notablement plus faibles. Cependant il redoute l'erreur, parce que ces mêmes motifs n'établissent pas l'impossibilité du parti qu'il rejette.

On appelle *probabilité* cette valeur imparfaite des motifs sur lesquels s'appuie l'opinion, valeur suffisante pour entraîner l'assentiment et faire sortir du doute, mais insuffisante pour conduire à la certitude. Entre ces deux points extrêmes, la certitude et le doute, il y a place à bien de degrés; aussi la probabilité est-elle relative et admet-elle d'innombrables nuances. Elle varie avec les différentes intelligences qui ne saisissent pas toutes les mêmes motifs ou ne les apprécient pas de la même manière; elle croît ou décroît dans une même intelligence, à mesure que celle-ci s'enrichit de connaissances nouvelles. Parfois elle atteint un tel degré de vraisemblance qu'elle équivaut pratiquement à la certitude, avec laquelle on la confond aisément dans la conduite ordinaire de la vie. Cependant, même alors, elle en diffère essentiellement, parce qu'elle admet toujours la possibilité absolue du parti contraire, et il suffirait qu'un intérêt grave fût en jeu pour que la crainte qui la caractérise reparût aussitôt.

Dans certains cas les degrés de la probabilité se calculent mathématiquement ; d'autres fois ils s'apprécient moralement. Ils se calculent quand les motifs sont des unités numériques, comme les numéros qui doivent servir au tirage d'une loterie, les décès, les naufrages d'après lesquels les compagnies d'assurances établissent leurs tarifs. Dans ce cas la probabilité s'exprime par une fraction ayant pour dénominateur le nombre total des chances et pour numérateur celui des chances favorables. Je mets dix numéros dans une urne, la probabilité de sortie de chacun d'eux est $1/10$ ; si je remplace les numéros par des boules dont sept sont blanches et trois sont noires, la probabilité de sortie d'une boule blanche sera $7/10$ et celle de la sortie d'une boule noire $3/10$. — Lorsque les motifs ne sont plus des unités numériques, événements ou objets, mais qu'ils appartiennent à l'ordre intellectuel ou moral, on les apprécie moralement et on les déclare faiblement probables, assez probables, bien probables, très probables, ou s'il s'agit de probabilités comparées, moins probables, plus probables. Ainsi en est-il des actions libres de nos semblables, dont la probabilité ne peut s'évaluer absolument par le nombre de fois qu'elles se sont déjà produites, puisqu'elles dépendent de dispositions morales qui peuvent parfaitement changer et qui d'ailleurs n'enchaînent pas la liberté ; ainsi en est-il également des opinions spéculatives concernant quelque point de doctrine.

L'appréciation la plus exacte des probabilités ne garantit pas de l'erreur ; le croire serait transformer la probabilité en certitude. L'événement le moins probable peut parfaitement arriver à la place du plus probable, et dans les opinions scientifiques la plus faiblement motivée peut, bien que ce soit plus rare, se trouver la vraie. Cependant le calcul des probabilités est loin d'être inutile : il sert de base à l'action ou à l'adhésion prudentes. L'opinion prudente est celle qui repose sur des motifs graves et qui mesure le degré de son adhésion à la valeur des motifs. L'opinion imprudente est celle qui s'appuie sur des motifs sans valeur, comme le sentiment, l'attrait, la passion, et aussi celle qui n'examine point les motifs opposés au parti qu'elle adopte, ou qui ne tenant aucun compte de leur valeur réelle, quoique inférieure, donne quand même un sentiment ferme et définitif.

**Certitude.** — La certitude est l'adhésion ferme et inébranlable de l'esprit à la vérité sans aucune crainte de se tromper. Deux caractères principaux la distinguent de l'opinion : 1° l'exclusion absolue du doute ; 2° la sécurité parfaite qu'elle apporte à l'esprit.

Bien qu'il n'y ait qu'une seule et même certitude, elle porte cependant différents noms suivant l'objet auquel elle s'applique ou la manière dont elle pénètre dans l'esprit. — Au point de vue de l'objet, la certitude est métaphysique, physique ou morale. La certitude métaphysique est celle qui a pour objet les vérités nécessaires et qui repose sur la connexion intrinsèque des idées : il est métaphysiquement certain que ce qui commence d'être a une cause. Les rapports intrinsèques des idées ne pouvant changer en aucune hypothèse, la certitude métaphysique est absolue et n'admet point d'exception. La certitude physique est celle qui a pour objet les faits ou phénomènes corporels, elle repose sur la constance et l'universalité des lois qui régissent le monde physique : il est physiquement certain que le soleil se lèvera demain. Les lois de la nature physique étant contingentes et pouvant être suspendues par Dieu, la certitude physique suppose qu'il n'y aura pas intervention miraculeuse ; elle est donc hypothétique. La certitude morale a pour objet les phénomènes du monde spirituel et repose sur la constance des lois qui le régissent. Il est moralement certain que les hommes ne trahissent pas la vérité sans intérêt et que leur témoignage est valable en certaines circonstances. Les lois morales souffrant exception comme les lois physiques, la certitude morale est hypothétique dans les cas particuliers. Bien qu'elle ne soit pas absolue, la certitude morale est une véritable certitude et ne doit pas être confondue avec ce haut degré de probabilité que l'on décore du même nom et qui la supplée fréquemment dans la pratique de la vie, lorsqu'elle est impossible ou trop difficile à acquérir. — Au point de vue de son origine, la certitude est *immédiate* ou *médiate*. Elle est immédiate si elle résulte de l'intuition de la vérité, c'est-à-dire de la simple interprétation des termes; elle est médiate si on ne l'obtient que par raisonnement. J'ai la certitude immédiate de ma propre existence et la certitude médiate de l'existence de Dieu. La seconde de ces certitudes suppose la première, car une série indéfinie de vérités médiatement évidentes ou démontrées implique contradiction; il faut donc que toute démonstration s'appuie finalement sur quelque principe que l'on ne démontre pas, c'est-à-dire sur un principe évident par lui-même.

### III. — *Les forces de la raison.* — *État de la question.*

Quelles sont bien les forces de l'esprit humain par rapport à la vérité? Est-il capable de parvenir jusqu'à elle et d'en obtenir une connaissance certaine? En d'autres termes, sommes-nous en possession d'un signe infaillible, d'un *critérium* sûr qui nous permette de distinguer le vrai du faux, le réel de l'apparent? Ou bien encore, les trois états de l'âme dont il vient d'être question, le doute, l'opinion, la certitude, sont-ils tous légitimes? Telles sont les différentes formes sous lesquelles se présente la question de la *légitimité de la raison humaine*. Trois systèmes y ont répondu : le *scepticisme*, le *dogmatisme* et le *probabilisme*. Les sceptiques se défient de la raison : peut-être est-elle trompeuse; le doute est donc le seul état que la prudence permette à l'esprit. Les dogmatiques ont confiance dans la raison et soutiennent que la certitude est quelquefois légitime. Les probabilistes cherchent un moyen terme : la raison, trop faible pour arriver au vrai, peut du moins s'élever au vraisemblable, objet de l'opinion. Ce dernier système n'est qu'un scepticisme adouci, et la question se pose en définitive entre le scepticisme et le dogmatisme. Nous commencerons par réfuter le scepticisme, après quoi nous exposerons les controverses que soutiennent entre eux les dogmatiques sur la théorie de la certitude.

### ART. II. — Scepticisme.

## I. — *Du scepticisme en général.*

**Définition du scepticisme.** — Le scepticisme (σκέπτομαι, *je cherche*) est la doctrine qui met en doute la légitimité de nos connaissances, c'est-à-dire leur réalité objective. Le vrai sceptique ne nie pas, car nier c'est juger, c'est avoir un sentiment, c'est admettre la légitimité des raisons de sa négation, et par suite celle de la faculté qui les fournit. Le sceptique doute; il suspend tout jugement, soit affirmatif, soit négatif; le *Que sais-je?* de Montaigne est sa formule exacte. — Le scepticisme proprement dit est universel; il tient en suspicion tous nos moyens de connaître; cependant il ne s'adresse qu'à l'objectivité de nos connaissances et ne s'applique pas aux données mêmes du sens intime. Pascal refuse à sa raison la certitude de son existence personnelle, de sa pensée, de son doute; mais il l'attribue aussitôt à la foi et reconnaît jusque dans son erreur l'impossibilité où nous sommes de douter de nous-mêmes et de ce qui se passe en nous. Les sceptiques les plus décidés ont, comme lui, respecté cette barrière; ils se demandent seulement si leurs pensées ont un objet réel, si elles en sont la fidèle image, et ils déclarent ne pouvoir résoudre la question. Toute certitude, disent-ils, s'évanouit sitôt qu'on l'examine; l'édifice de la science est majestueux; ses proportions sont grandioses; mais il est ruineux, car il flotte dans le vide et n'a pas de fondements.

**Origine du scepticisme.** — Le scepticisme ne répond pas à une tendance primitive de notre nature et ne se montre pas au début de notre développement intellectuel. La foi illimitée, absolue dans la raison de nos semblables, une confiance même exagérée dans la nôtre sitôt que nous pouvons l'exercer, tel est notre point d'appui dans notre ardente recherche de la vérité. Ce n'est qu'après des déceptions multipliées que nous commençons à douter, soit de la véracité de nos semblables, soit de nos forces personnelles. Cette même loi se vérifie dans l'histoire des systèmes philosophiques : c'est au déclin de toutes les périodes que le scepticisme se manifeste, et seulement après que la raison a été ballottée entre des erreurs contradictoires. L'esprit cherche alors dans le doute un repos qu'il ne peut y trouver; aussi en sort-il avec empressement dès qu'un réformateur de génie ouvre de nouveau à la science le chemin de la certitude. C'est ainsi que les sophistes parurent après les disputes des écoles éléatique et atomistique, les nouveaux sceptiques après la décadence des grandes écoles socratiques, Bayle et Montaigne après la subtilité des derniers temps de la scolastique.

**Théorie du scepticisme.** — Lors de sa première apparition avec les sophistes, au V$^e$ siècle avant Jésus-Christ, le scepticisme n'essaya point de s'établir comme doctrine. Léger et frivole, il se jouait de tous les principes, abusait de tous les procédés de connaissance, amusait le peuple par ses subtilités et ses thèses contradictoires, sans ériger précisément le doute en système. Avec Pyrrhon il changea d'allure et formula nettement ses objections. Telles elles furent à cette époque, telles elles ont été depuis et sont encore aujourd'hui; la forme a varié, au fond rien de nouveau n'a été produit. Ces éternelles difficultés du scepticisme se réduisent au deux suivantes :

Première difficulté. — La raison ne peut se prouver à elle-même sa propre légitimité; donc toute affirmation de la raison est une hypothèse gratuite. — Pour que la raison soit légitime, il faut qu'elle soit en possession d'un critérium sûr, d'un signe infaillible qui lui fasse discerner la vérité de l'erreur. Or il est impossible de s'assurer de l'existence de ce critérium. De deux choses l'une en effet : ou bien nous nous servirons de lui pour apprécier la démonstration que nous aurons donnée de son infaillibilité, et alors nous tournerons dans un cercle vicieux; ou bien nous userons pour cela d'un autre critérium, lequel aura besoin à son tour d'être démontré, et nous voilà lancés dans un progrès à l'infini. D'autre part admettre sans preuve l'infaillibilité du critérium, de l'évidence, par exemple, c'est faire reposer sur un *postulatum* tout l'édifice de nos connaissances. Donc la raison demeure finalement douteuse, et avec elle toute la science humaine.

Deuxième difficulté. — De tout temps la raison s'est contredite, rejetant le lendemain ce qu'elle admettait la veille. — Que de contradictions dans l'opinion des hommes! Quelle perpétuelle mobilité! Tout, jusqu'aux idées premières, jusqu'aux principes fondamentaux de l'intelligence, est objet de controverse. Où trouver deux peuples, deux générations, deux écoles philosophiques qui soient d'accord sur le vrai et le faux, le bien et le mal, le juste et l'injuste? Une époque érige en principe ce qu'une autre a regardé comme un préjugé insoutenable, et telle école voit l'évidence là où telle autre n'aperçoit qu'un sophisme. La vérité n'a donc rien d'absolu; elle change avec les temps et les lieux : « Trois degrés d'élévation du pôle renversent toute la jurisprudence. Un méridien décide la vérité » (Pascal, *Pensées*). Il y a plus, dans le même homme toutes les facultés sont en lutte : les sens sont en désaccord avec la raison, ils se contredisent entre eux, et la raison se combat elle-même en fournissant à deux partis opposés des preuves également concluantes. Donc il nous est impossible de savoir si l'on ne démontrera pas un jour, ou si nous ne découvrirons pas nous-mêmes la fausseté de ce que nous regardons aujourd'hui comme la vérité.

**Réfutation du scepticisme.** — *Réponse à la première objection.* — La première objection du scepticisme est insoluble et les dogmatiques ne doivent pas faire difficulté de le reconnaître. Ils ne peuvent même pas en tenter la réfutation indirecte, puisque l'absurdité ne devient preuve de fausseté qu'autant que l'on admet la légitimité de l'évidence. Il est bon néanmoins d'exposer les contradictions et les impossibilités qu'entraîne la première objection du scepticisme, afin de constater l'étrange situation dans laquelle se place celui qui la formule sérieusement.

1° Il est théoriquement absurde de mettre en doute la légitimité de la raison. — 1. Une intelligence incapable de connaître la vérité est un terme vide de sens : il n'y a pas plus d'esprit sans vérité qu'il ne peut y avoir de vérité sans une intelligence qui l'aperçoive. Ce sont là deux termes corrélatifs qui conservent ou perdent en même temps leur signification. — 2. Ne vouloir reconnaître la légitimité de la raison qu'autant qu'elle aura été démontrée, c'est admettre en principe qu'affirmer sans démonstration, c'est affirmer sans motifs. Rien de plus faux que ce principe. La démonstration universelle est impossible : « Il faut s'arrêter quelque part, » a dit avec raison Aristote; l'évidence de démonstration suppose nécessairement celle d'intuition; ne pas admettre celle-ci, c'est rendre impossible non seulement toute affirmation, mais aussi et pour la même raison toute objection. Les sceptiques se contredisent donc, quand d'une part ils récusent l'évidence intuitive et que d'autre part ils accordent quelque valeur à l'objection qu'ils nous opposent. — 3. Prétendre qu'il n'y a point de vérité, n'est-ce pas dire qu'il est vrai qu'il n'y a point de vérité, qu'il est certain qu'il n'y a rien de certain? — 4. Si, plus conséquents avec eux-mêmes, les sceptiques ne croient pas à leur propre système et poussent le doute jusqu'à s'abstenir rigoureusement de tout jugement, ils renoncent à tout mouvement de la pensée, à toute vie intellectuelle. Ce ne sont plus des êtres intelligents, et suivant le mot énergique de Pascal, « l'homme ici fait la bête. »

2° Il est pratiquement impossible de mettre en doute la légitimité de la raison. — L'intelligence humaine ne peut se contredire sciemment; c'est sa loi; on peut donc mettre les sceptiques au défi d'admettre intérieurement la doctrine qu'ils énoncent et le dur reproche que leur adresse Fénelon n'est que trop mérité. « C'est une secte de menteurs. » Leurs propres aveux les condamnent. Hume disait : « Je me vois absolument et nécessairement forcé de vivre, de parler et de travailler comme les autres hommes dans le train commun de la vie. » Pyrrhon lui-même avait jadis répondu à ceux qui lui reprochaient de ne pas mettre sa conduite en rapport avec ses théories : « Il est difficile de se dépouiller tout à fait de la nature humaine. »

*Réponse à la deuxième objection.* — La deuxième objection du scepticisme, tirée de la mobilité des opinions humaines, est plus sérieuse que la première, mais elle est grandement exagérée. Les connaissances humaines sont en partie variables et changeantes, c'est incontestable; aussi le dogmatisme ne prétend-il point que la raison soit infaillible en toutes choses et qu'elle n'ait jamais lieu de revenir sur ses premières affirmations. Elle se trompe souvent, soit à cause de la difficulté des questions qui surpassent ses forces, car elle a ses limites, soit à cause de sa précipitation, de ses préjugés ou des passions qui l'empêchent d'être suffisamment attentive. Mais il est faux qu'elle se trompe toujours et qu'il n'y ait rien de constant et de fixe dans ses connaissances. Si les applications que l'on fait des idées de vrai et de faux, de bien et de mal, de juste et d'injuste, varient souvent avec les temps et les lieux, ces idées elles-mêmes sont immuables, et il en est ainsi de toutes les idées premières et des principes qui les contiennent. De là ces jugements de sens commun qui se retrouvent les mêmes chez tous les hommes quel que soit leur degré de civilisation, possession inaliénable de toute intelligence, parce qu'ils en sont le produit nécessaire. La philosophie elle-même a sa partie stable et indestructible. Cette philosophie éternelle, *perennis philosophia*, comme l'appelle Leibnitz, s'élève au-dessus des systèmes et de leurs affirmations contradictoires; et si les différentes écoles y mêlent beaucoup d'erreurs, elles la reconnaissent du moins et la placent en dehors de leurs controverses. Quant à la lutte prétendue que se livrent nos diverses facultés de connaître, elle est de pure invention. Nos sens ont des objets différents, leurs relations doivent être diverses, ce qui ne les rend pas contradictoires. L'entendement juge de ce qui est, les sens de ce qui paraît : quoi d'étonnant que les résultats qu'ils nous fournissent marquent la différence de leurs points de vue? Enfin deux raisonnements opposés et de même valeur ne sont évidents ni l'un ni l'autre ; ce sont des probabilités égales qui commandent le doute, et non des démonstrations qui appellent la certitude.

Il est donc faux que la mobilité des opinions humaines légitime le doute universel.

**Dangers et utilité du scepticisme.** — Bien que le scepticisme soit une erreur contre la nature, ou plutôt une affirmation extérieure que la raison dément, il ne laisse pas cependant que d'être un grand danger pour l'intelligence et pour la société. Comme esprit, sinon comme système, il peut, en s'emparant du peuple, d'une génération, y remplacer les fortes convictions par des opinions sans consistance, les actes vigoureux et énergiques par une conduite pleine de lâchetés et de contradictions. Il mine ainsi sourdement les fondements de l'ordre social et le laisse sans défense au jour du danger. Tels sont ses fruits, quand il met en doute la légitimité de la raison. Mais, quand il étale au grand jour ses erreurs et ses faiblesses, il lui rend un véritable service : il l'oblige à se surveiller, à rectifier ses méthodes, à n'avancer qu'avec précaution, à ne point franchir les limites que Dieu lui a posées. Se sachant épiée par cet ennemi jaloux, la raison devient plus vigilante : elle abandonne les hypothèses hasardeuses, les inductions mal fondées, les raisonnements plus ingénieux que solides, et l'attaque qu'elle redoute tourne finalement à l'avantage de la vérité.

## II. — *Des différentes formes du scepticisme.*

Le scepticisme a revêtu aux différentes époques de l'histoire des formes assez nombreuses, gagnant généralement en profondeur ce qu'il perdait en étendue, et abandonnant peu à peu les objections à effet, pour s'appuyer sur l'analyse et la critique de nos facultés de connaître. Parmi ces formes diverses nous remarquons surtout : chez les modernes le scepticisme idéaliste de Berkeley, le scepticisme empirique de Hume, le scepticisme théologique de Pascal et le criticisme de Kant ; chez les anciens le probabilisme de la nouvelle Académie, qui n'est, à vrai dire, qu'un scepticisme mitigé.

**Scepticisme idéaliste de Berkeley et de Fichte.** — Le scepticisme idéaliste nie l'existence du monde corporel et regarde comme purement subjectives les représentations que nous en avons. Mais, comme à défaut des corps il faut assigner une autre cause à ces représentations, les idéalistes les attribuent, les uns à l'action de Dieu, les autres à l'activité propre de l'âme. De là l'idéalisme objectif de Berkeley et l'idéalisme subjectif de Fichte.

Berkeley appuie son système sur la théorie des idées-images de Locke. Nous ne voyons que des images, pourquoi admettre l'existence d'objets ? Descartes et Malebranche ont bien essayé de démontrer leur existence, mais aucune de leurs preuves n'est concluante. Donc les substances corporelles ne sont pas prouvées. Quant aux représentations que nous en avons, c'est Dieu qui les produit directement en nous. — Conséquence d'une théorie erronée, le scepticisme de Berkeley pèche par la base ; de plus l'origine qu'il assigne aux représentations corporelles est inacceptable. Si nous sommes dans l'erreur sur l'existence des corps, il faut admettre que notre erreur est invincible, puisqu'il nous est impossible de la déposer, même pour un instant. Et ce serait Dieu qui en serait l'auteur ! Il prendrait plaisir à nous tromper, et pour mieux dissimuler son artifice, il rendrait les représentations corporelles si constantes et si uniformes qu'elles dussent nous sembler produites par un agent privé de liberté, et il les enchaînerait entre elles de telle sorte que leurs successions invariables parussent tenir à la connexion objective de leurs causes! Enfin comme ces corps auxquels nous croyons nous agitent sans cesse d'émotions diverses, de désirs et de craintes, de joie et de tristesse, il se ferait un jeu des tourments que nous causeraient de vaines chimères! Que deviendraient sa véracité et sa bonté?

Fichte, pour lequel le *moi* est le seul être réel, attribue à son activité la production des représentations corporelles. — Cette nouvelle théorie n'est pas moins fausse que la précédente. Les phénomènes en question dépendent si peu de nous que souvent nous les subissons sans pouvoir les écarter, ou les désirons sans que nous réussissions à les obtenir; ils se succèdent dans un ordre que nous ne pouvons modifier, et qui par sa régularité prouve la fatalité de leurs causes; leur variété, leur beauté, nous le savons, ne sont point notre ouvrage; enfin, comme contre-épreuve, les reproductions qu'en fait notre imagination et dont notre âme est vraiment le principe sont marquées de caractères tout opposés.

Des prétendues erreurs des sens. — Nous rapprochons de l'idéalisme, parce qu'elle s'attaque comme lui à l'autorité de la perception externe, la tendance d'un grand nombre de philosophes à accuser les sens d'erreur. A les entendre, ils ne font que nous tendre des pièges, et la raison est sans cesse occupée à redresser leurs dépositions mensongères. Les couleurs changeantes du cou du pigeon, la tour carrée qui, vue de loin, paraît ronde, le bâton brisé dans l'eau dans laquelle il est plongé, la sphère prise à distance pour un disque, le même objet chaud et froid pour deux personnes différentes, le même vin successivement doux et amer pour la même personne, etc., sont des griefs mille fois reproduits. Les défenseurs des sens eux-mêmes les ont accusés; Aristote et Thomas Reid, tout en les disculpant de la plupart des reproches qui leur sont faits, ont payé, eux aussi, leur tribut au préjugé commun, et ont accordé que dans le cas de maladie des organes, la perception est erronée. Cette concession fâcheuse ruine l'autorité des sens que ces philosophes voulaient cependant établir. En aucun cas les sens ne nous trompent, pas plus quand ils sont malades que quand ils sont sains. La connaissance qu'ils nous fournissent est relative; quand ils changent d'état, ils ne peuvent garder la même relation avec les objets. Il est faux également que la raison les redresse; ce sont eux au contraire qui vérifient les conjectures de la raison. Pourquoi donc cette injustice à leur égard? C'est 1° que l'on oublie le caractère relatif de leurs données et qu'on en fait un témoignage absolu; 2° que l'on confond leurs perceptions propres avec les jugements d'induction dont elles sont toujours accompagnées; 3° que l'on consulte quelquefois un sens sur un objet qui ne relève pas de lui. En se gardant de ces méprises, on constatera que si nos sens laissent à désirer pour l'étendue et la portée, ils sont infaillibles dans les limites de leur puissance.

**Scepticisme empirique de Hume.** — Hume conteste la réalité objective des causes et des substances, et ne reconnaît que les phénomènes ou impressions accusés par le sens intime. Il déduit, lui aussi, son scepticisme de la théorie des idées-images. Puisque nous ne sommes pas en présence des objets extérieurs, rien ne peut nous assurer de leur existence, et nous ne devons affirmer que les phénomènes, *impressions* ou *idées*, qui les représentent. Jusqu'ici Hume est d'accord avec Berkeley, mais il ne se contente pas, comme ce dernier, de détruire les substances corporelles, il s'attaque ensuite aux esprits et au *moi* lui-même. L'existence des substances ne repose selon lui, que sur la notion de cause, et nous ne pouvons en constater la vérité. L'expérience en effet ne nous atteste que la simultanéité ou la succession des divers phénomènes qui se passent en nous, et rien ne nous autorise à croire qu'il y ait entre eux aucun rapport de causalité. Il n'est donc pas légitime de conclure de l'existence des impressions à celle d'une substance spirituelle qui en soit le principe, et le *moi* ne doit être considéré que comme la collection des impressions et des idées dont nous avons conscience. — Ce scepticisme se réfute comme celui de Berkeley et de plus par le témoignage de la conscience, qui constate l'existence d'une cause réelle.

**Scepticisme théologique de Pascal.** — Le scepticisme théologique enlève la certitude à la raison pour l'attribuer à la foi toute seule. Montaigne, Huet, évêque d'Avranches au XVII° siècle, Pascal et Lamennais en ont été les principaux représentants. Montaigne, cité et approuvé en cela par Pascal, déclare que l'homme ne sait point par ses propres lumières s'il a été créé par un Dieu bon, par un démon méchant ou à l'aventure; qu'il n'a par conséquent aucune certitude des axiomes ou des vérités premières de sa raison; il ne sait même pas s'il dort ou s'il veille. Il n'est pas pour cela réduit au doute, parce que la foi lui donne heureusement la certitude que sa raison lui refuse. Lamennais soutient également que nos facultés individuelles : sens intime, sens extérieurs, raisonnement, sont des sources d'erreur et de doute, et fait remonter toute certitude à la révélation divine. Le côté original de son système est de faire intervenir le consentement du genre humain comme expression de la révélation primitive. Ces auteurs, et avec eux toute l'école traditionaliste, en déclarant la raison incapable par elle-même de certitude, se rangent parmi les sceptiques, quoiqu'ils repoussent pratiquement le doute.

La fausseté de cette doctrine est manifeste. D'abord il est impossible d'admettre que nos moyens de connaître soient essentiellement trompeurs. Nous en avons pour preuve le sens commun lui-même. Tous les hommes regardent ces moyens comme absolument sûrs et disent pour expliquer leur certitude : J'ai vu, j'ai touché, cela m'est évident, je ne puis échapper à cette conséquence. Donc le fidéisme a contre lui le sentiment universel qu'il donne comme unique règle de certitude. — On dit qu'il faut admettre le consentement général, parce qu'il est le témoignage même de Dieu; mais comment s'en assurer, bien plus, comment connaître son existence? Ce ne peut être que par nos facultés individuelles. On ne peut donc refuser la certitude à la perception individuelle sans ruiner du même coup la certitude de l'expérience générale. — La conviction à laquelle sont arrivés les traditionalistes de la nécessité de substituer la foi à l'évidence personnelle, n'a de valeur qu'autant qu'elle s'appuie sur des raisons dont ils perçoivent la vérité. Ils ne peuvent faire partager à d'autres cette conviction qu'en exposant leurs motifs et en les faisant adopter, c'est-à-dire en faisant appel à la raison individuelle. Donc ils attribuent forcément la certitude à l'évidence privée en même temps qu'ils la lui refusent. — Enfin ce système qui veut exalter l'autorité, la sape par la base en rendant impossible la vérification de ses titres. Quelle confiance accorder à une autorité dont on ne peut constater la valeur?

**Criticisme de Kant.** — Le scepticisme de Hume s'étant introduit en Allemagne, Kant entreprit de le combattre en déterminant la portée légitime de la raison et la valeur des principes *a priori* ou principes rationnels. Toute la métaphysique repose sur ces principes, en vertu desquels nous avons la prétention d'atteindre la réalité elle-même; nous jugerons donc de la légitimité de nos affirmations sur les réalités objectives, Dieu, l'homme et le monde, en constatant ce qu'ils valent et quels droits ils nous confèrent. Kant se livre dans ce but à la critique de la raison, et en fait l'analyse avec une profondeur et une sagacité dont on a peu d'exemples; malheureusement il aboutit à cette conclusion erronée que les idées et principes *a priori* sont de simples formes subjectives, c'est-à-dire des lois qui tiennent à la constitution de notre esprit. Lors donc que notre esprit veut passer *(transcendere)* de l'ordre des phénomènes à celui des *noumènes* ou des réalités objectives, il est dupe d'une illusion profonde, et attribuant aux objets ce qui lui appartient à lui-même, il tombe dans des contradictions ou *antinomies* inévitables. C'est ce qu'on a appelé le scepticisme transcendantal. Kant cependant n'est pas sceptique, il cherche dans la raison pratique la certitude qu'il a refusée à la raison spéculative, mais il n'y aboutit qu'en se contredisant, et son système demeure, quoi qu'il veuille, une des formes les plus dangereuses du scepticisme.

La question de l'objectivité des idées et des principes *a priori* ne se sépare pas de la question générale de la légitimité de la raison. Le système de Kant a donc les mêmes défauts et se réfute par les mêmes raisons que la première objection du scepticisme contre la légitimité de nos connaissances.

**Probabilisme de la nouvelle Académie.** — Le probabilisme cherche à tenir le milieu entre le dogmatisme et le scepticisme. Il rejette la certitude, sans vouloir descendre jusqu'au doute, et s'arrête à l'opinion ; l'évidence lui paraît chimérique, mais il croit à la probabilité. Ce système fut dans les temps anciens celui des chefs de la nouvelle Académie, Arcésilas et Carnéade ; Cicéron l'adopta également dans la spéculation. Chez les modernes il n'a guère eu d'autre partisan que le mathématicien Laplace.

Théoriquement le probabilisme est aussi insoutenable que le scepticisme, dont il n'est, à vrai dire, qu'une forme mitigée : pratiquement ses conséquences ne sont guère moins funestes. D'abord, il ne peut se formuler, sans se contredire : le jugement probable s'appuie sur des raisons de croire, qui sont nécessairement plus fortes que les raisons de ne pas croire ; il y a donc quelque chose de certain, à savoir la supériorité des raisons qui déterminent la croyance. Si l'on dit que cette supériorité est simplement probable, on rend l'assentiment illégitime, et l'on retombe forcément dans le doute. Il ne peut d'ailleurs en être autrement : le scepticisme nie la légitimité de la raison, le dogmatisme l'affirme ; entre ces deux opinions contradictoires un moyen terme ne peut exister qu'en apparence. — Pratiquement le probabilisme ruine toute science et toute vertu. Qui donc se passionnera pour la science et luttera courageusement toute sa vie contre les difficultés qu'elle présente, si le terme de tant d'efforts doit être une simple probabilité ? A quelle source s'alimentera la vertu si le devoir est seulement vraisemblable, si la vie future avec ses châtiments et ses récompenses n'est pas absolument certaine ?

## ART. III. — Dogmatisme.

### I. — *Du critérium de la vérité.*

La raison est capable de connaître la vérité avec certitude. Telle est la vérité première dont l'affirmation constitue le dogmatisme, vérité que l'on ne peut démontrer parce qu'elle est évidente, vérité que l'on ne peut attaquer sans renoncer à toute pensée, à toute vie intellectuelle. Or la connaissance de la vérité suppose un signe auquel on la reconnaisse sûrement et qui soit le motif irrésistible de l'adhésion absolue qu'elle comporte, c'est ce que l'on appelle le *critérium* de la certitude (κριτήριον, de κρίνω, *je juge*). L'existence de ce critérium et son infaillibilité, sans laquelle il ne servirait à rien, sont donc aussi certaines que la légitimité même de la raison et ne peuvent être révoquées en doute que par des sceptiques. Mais si tout les philosophes dogmatiques admettent un critérium de certitude, ils sont loin de s'accorder sur le principe auquel ce rôle doit être attribué ; de là plusieurs théories de la certitude. Avant de développer celle que nous jugeons la meilleure, nous indiquerons celles qui ne peuvent être acceptées.

## II. — *Faux critériums.*

**Le sens commun.** — Reid donne pour base à la certitude une impulsion aveugle, un instinct non raisonné qui nous fait adhérer fermement à certaines vérités, sans que nous puissions comprendre la raison de cet assentiment. Je crois, par exemple, à l'existence d'un monde extérieur, parce que j'y suis instinctivement et irréductiblement poussé. Cet instinct est d'ailleurs mon seul motif et l'unique fondement de ma certitude. Les vérités que j'admets de la sorte, les mêmes nécessairement chez tous les hommes, forment le patrimoine du sens commun et servent de point d'appui à toutes les autres. — Il est impossible qu'un instinct joue le rôle de critérium, car ou bien l'on démontre que cet instinct est infaillible, et dans ce cas le principe sur lequel s'appuie la démonstration devient à sa place le dernier fondement de la certitude, ou bien l'on suit aveuglément cette impulsion de la nature à laquelle on ne peut se soustraire, et alors l'intelligence cesse d'être éclairée et la certitude devient irrationnelle.

**Le sentiment.** — Les erreurs où la réflexion jette l'intelligence ont porté certains auteurs à se défier du raisonnement et des procédés d'analyse, et à recourir au sentiment comme à une ancre de salut. Ils ne rejettent pas absolument la raison, mais ils la relèguent au second plan; c'est d'après eux le sentiment qui nous fournit les premiers principes, soit métaphysiques, soit moraux; c'est donc lui qui est en dernier compte le fondement de toute certitude. Ce système, qui porte le nom de sentimentalisme, a eu pour principaux partisans Jacobi et Rousseau; on en trouve aussi dans Pascal cette étrange formule : « Nous connaissons la vérité, non seulement par le raisonnement, mais encore par le cœur; c'est de cette dernière sorte que nous connaissons les premiers principes, et c'est en vain que le raisonnement, qui n'y a point de part, essaye de le combattre... et c'est sur ces connaissances du cœur et de l'instinct qu'il faut que la raison s'appuie, et qu'elle y fonde tout son discours. Le cœur sent qu'il y a trois dimensions dans l'espace et que les nombres sont infinis, et la raison démontre ensuite qu'il n'y a point deux nombres carrés dont l'un soit double de l'autre. Les principes se sentent, les propositions se concluent, et le tout avec certitude, quoique par différentes voies » (Pascal, *Pensées*).

Il est bien certain que nous ne sommes pas redevables au raisonnement de la connaissance des premiers principes; mais n'y a-t-il donc en dehors de lui aucune autre faculté intellectuelle? Confondre ainsi la raison avec le raisonnement est une première erreur du sentimentalisme. — Un second défaut plus grave encore, c'est de chercher dans la sensibilité la règle de l'intelligence. D'abord c'est une nouvelle confusion d'idées plus regrettable encore que la première; puis comment accepter pour marque infaillible de la vérité objective, absolue et immuable, un phénomène tout subjectif, relatif et soumis aux mille fluctuations du tempérament, de l'imagination, des préjugés et des passions? N'est-ce pas ouvrir la voie à toutes les illusions et au plus dangereux fanatisme? — Enfin on peut reprocher au sentiment comme au sens commun de Reid de rendre la certitude irrationnelle, ce qui donne gain de cause au scepticisme.

**L'autorité.** — Pour les philosophes de l'école traditionaliste le critérium de certitude doit être pris en dehors de notre nature raisonnable, et il consiste dans l'autorité externe, soit divine, soit humaine, ou plutôt finalement dans l'autorité divine. Voici en effet, malgré le peu de précision de leur langage, quelle paraît être leur véritable pensée : *L'autorité de Dieu*, qui a révélé primitivement à l'homme la vérité, est le dernier *motif* de toute certitude; et le *consentement de tout le genre humain* est la *règle de foi*, c'est-à-dire le moyen que nous avons de savoir ce que Dieu a révélé. — Nous avons réfuté cette théorie sous le nom de scepticisme théologique.

## III. — *Critérium véritable.*

La plupart des philosophes regardent avec Descartes l'évidence comme unique critérium de la certitude.

**Définition et nature de l'évidence.** — L'évidence (de *e, videre*) est la pleine clarté avec laquelle la vérité se présente à l'intelligence, de manière à forcer son assentiment. Les scolastiques l'avaient fort bien définie : *Fulgor veritatis mentis assensum rapiens.*

Généralement on explique les phénomènes intellectuels au moyen de métaphores empruntées de l'ordre sensible et particulièrement des perceptions de la vue, et l'étymologie du mot *évidence* nous invite à employer ce moyen. Or pour qu'un objet soit évident aux yeux, trois conditions sont nécessaires : 1° que cet objet soit réel; 2° qu'il soit suffisamment éclairé; 3° qu'il agisse sur l'organe de la vision. Cela posé, il ne peut se faire qu'il ne soit pas aperçu; il est nécessairement visible. L'évidence intellectuelle implique trois éléments analogues : 1° une proposition vraie; 2° des motifs qui manifestent sa vérité; 3° l'action sur l'intelligence de cette vérité ainsi revêtue de ses motifs. Cela posé, la vérité est nécessairement intelligible; il ne peut pas se faire qu'elle ne soit pas comprise. Ajoutons que les motifs qui manifestent ainsi la vérité à l'esprit sont ceux qui lui révèlent sa nécessité; une vérité n'est évidente qu'autant qu'elle apparaît comme ne pouvant être autre qu'elle est, non en soi et absolument, mais relativement et vu les circonstances. Donc, en dernière analyse, l'évidence est la nécessité de la vérité manifestée à l'esprit.

**Diverses espèces d'évidences.** — L'évidence est une en soi; cependant elle apparaît sous divers aspects, suivant les motifs particuliers qui l'engendrent ou les différentes manières dont elle se laisse apercevoir :

1° On distingue l'évidence immédiate et l'évidence médiate : l'évidence est immédiate ou intuitive quand la simple explication des termes la fait saisir; elle est médiate ou discursive quand on ne la découvre que par un raisonnement. De même, dans l'ordre sensible, certains corps sont visibles parce qu'ils sont lumineux par eux-mêmes, tandis que d'autres ne le deviennent qu'à la condition de recevoir et de réfléchir une lumière étrangère.

2° L'évidence est métaphysique, physique ou morale, suivant la source d'où elle émane : autres en effet sont les conditions de vérité suivant qu'il s'agit d'un principe nécessaire, d'un fait ou d'une loi du monde physique, d'un fait ou d'une loi du monde spirituel.

3° Enfin l'évidence est intrinsèque ou extrinsèque. Elle est intrinsèque quand la vérité se manifeste elle-même, soit immédiatement par intuition, soit médiatement par raisonnement. Elle est extrinsèque quand la vérité n'est connue que par un témoignage digne de foi. Dans ce dernier cas la vérité elle-même n'est pas évidente; il est seulement évident qu'elle doit être crue.

**L'évidence est le véritable critérium.** — L'expérience et l'analyse de la certitude prouvent que nous n'usons d'aucun autre critérium que l'évidence. — Nous tenons pour vraie toute connaissance qui résulte de l'usage légitime de nos facultés, et pour fausse toute proposition contraire. Or d'où nous vient cette confiance en nos facultés, sinon de ce que nous voyons que leur objet ne peut pas être autre qu'elles nous le montrent? C'est donc parce que la vérité se présente à nous comme nécessaire, autrement dit comme évidente, que nous l'admettons. Pourquoi, par exemple, suis-je certain de l'existence d'un monde extérieur? Parce que mes sens me l'attestent. Et pourquoi suis-je assuré de ce que m'attestent mes sens? Parce qu'il ne peut pas se faire que ce qu'ils perçoivent n'existe pas. Ainsi en est-il de toutes nos facultés. — La nature de la certitude le prouve également. La certitude naît de l'exclusion absolue du doute, par laquelle elle se distingue de l'opinion. Or le doute n'est absolument exclu qu'autant que le parti contraire à celui que l'on adopte est impossible, c'est-à-dire qu'autant que la vérité admise est nécessaire. C'est donc bien la nécessité connue d'une proposition, ou son évidence, qui est le motif constant de notre certitude.

**L'évidence est irrésistible.** — L'intelligence agit nécessairement en présence de son objet; aussi ne peut-elle refuser son assentiment à la vérité évidente. Qu'il s'agisse d'intuition ou de raisonnement, de science personnelle ou de témoignage, l'évidence s'impose à l'esprit, sans qu'il soit possible à la volonté la plus énergique de la lui faire rejeter. Mais si la volonté ne peut lutter directement contre elle, elle peut souvent l'empêcher de se produire. Si par exemple l'acquisition de la vérité exige un grand effort d'attention ou des raisonnements longs et compliqués, la volonté qui dirige ces actes sans les produire peut s'y refuser ou même appliquer l'esprit à la considération des raisons sophistiques qui donnent au faux l'apparence du vrai, et le jeter dans l'erreur.

## IV. — *Infaillibilité de la raison.*

Si la raison est capable de certitude, il faut qu'elle soit infaillible. Cette prérogative cependant a semblé exorbitante à plusieurs bons esprits : l'infaillibilité, ont-ils dit, n'appartient qu'à Dieu seul; attribuée à l'intelligence humaine, elle rend la Révélation inutile et consacre l'erreur du rationalisme religieux. Ces difficultés ne sont qu'apparentes.

L'infaillibilité n'appartient pas plus exclusivement à Dieu que l'être, la bonté, la science, la puissance. Ces dernières perfections conviennent à Dieu et aux créatures, non dans le même sens, mais en un sens propre et vrai. Dieu les possède absolument, sans limites et sans mélange d'imperfection; les créatures y participent d'une manière finie et limitée, mais qui n'en est pas moins réelle. Il n'en est pas autrement de l'infaillibilité, qui, à vrai dire, ne se distingue pas de l'intelligence. Dieu est absolument infaillible, c'est-à-dire qu'il ne peut se tromper en rien et connaît toute vérité; l'homme ne peut connaître tout, mais il connaît quelque chose, puisqu'il est intelligent, et il est infaillible dans la mesure même où il peut être certain. Son infaillibilité est donc relative, limitée, et bien peu de nature à exalter son orgueil; combien petit en effet est le nombre des vérités dont il peut se rendre certain! Et encore que d'attention, que d'efforts et de persévérance il est obligé de déployer pour arriver à la certitude!

L'infaillibilité de la raison humaine ne rend point la Révélation inutile. Aucune intelligence créée, quelque parfaite qu'on la suppose, ne peut connaître les vérités de l'ordre surnaturel. La Révélation demeure sous ce rapport *absolument* nécessaire, ce qui suffit parfaitement à montrer son excellence et l'estime que nous devons en faire. — Il y a plus, la Révélation est *moralement* nécessaire à la connaissance des vérités de l'ordre naturel. L'infaillibilité de la raison n'empêche pas les obstacles extérieurs de se produire, et ces obstacles sont nombreux. D'une part le souci des affaires, les nécessités de la vie matérielle empêchent un grand nombre d'hommes de se livrer à l'étude des vérités morales. Plusieurs, qui en auraient le loisir, n'en ont ni le courage, ni la capacité. En tous cas la formation préalable qu'elles exigent ne permet de s'y adonner qu'à un âge avancé. Enfin les préjugés, les passions, mêleraient à la vérité beaucoup d'erreurs, et si quelques esprits d'élite arrivaient à un résultat relativement satisfaisant, ils n'auraient aucune autorité pour instruire les autres hommes. Donc malgré l'infaillibilité que nous attribuons à la raison humaine, la Révélation reste moralement nécessaire à la connaissance des vérités de l'ordre naturel.

# CHAPITRE X.

## Limites de la raison.

### I. — *En quoi consiste le rationalisme.*

Nous avons défendu les droits de la raison contre le scepticisme et le traditionalisme, et revendiqué pour elle le glorieux privilège d'arriver à la connaissance infaillible de la vérité et d'être le point de départ nécessaire de la foi; ou plutôt nous avons combattu pour son existence, car une intelligence dépourvue de toute connaissance certaine est un néant incompréhensible. Mais s'il faut être juste envers la raison et reconnaître ses forces légitimes, il faut d'autre part se garder de les étendre outre mesure, et en effaçant les limites qui lui ont été marquées, de méconnaître sa dépendance vis-à-vis de la Révélation ou de l'enseignement direct de Dieu. C'est le défaut dans lequel sont tombés les rationalistes. A les entendre aucune borne n'aurait été fixée à l'intelligence de l'homme, sa puissance ne serait mesurée que par l'intelligibilité des choses, et il n'y aurait pas une seule vérité qu'elle ne pût un jour atteindre en vertu du progrès indéfini qui est sa loi. Indépendante par nature et ne relevant que d'elle-même, la raison a le droit de se livrer à ses spéculations sans tenir aucun compte de la Révélation; et si parfois elle se trompe, c'est à elle seule qu'il appartient de corriger son erreur. Toute prétention de la théologie de la diriger en contrôlant ses résultats, rappelle le servilisme d'un autre âge et doit être énergiquement repoussée. La philosophie ne reconnaît aucune autorité. — Telle est la doctrine que nous nous proposons de réfuter en déterminant les limites de la raison et ses rapports avec la foi.

## II. — *Il y a des vérités qui surpassent la raison de l'homme.*

L'évidence, même médiate, a en nous ses limites, et il y a des vérités qui, par elles-mêmes et indépendamment des circonstances dépassent les forces de notre raison.

Comment en serait-il autrement? L'intelligence humaine, contingente et perfectible, est certainement finie et ne peut prétendre à la même science que l'intelligence infinie de Dieu.

La distance incommensurable qui les sépare l'une de l'autre demande ici plus qu'une différence de perfection ou de clarté dans la connaissance des mêmes objets; elle exige que le nombre même des objets connus ne soit pas égal pour Dieu et pour l'âme humaine, et que celle-ci soit réduite à s'arrêter devant les vérités inaccessibles à sa faiblesse. S'il en était autrement, la distance de l'homme à l'homme serait quelquefois plus grande que celle de l'homme à Dieu, ce qui n'est pas admissible. Certaines intelligences en effet ne conçoivent pas seulement plus vivement et plus promptement que d'autres; elles ont une portée vraiment supérieure et atteignent plus loin. Donc, à plus forte raison, Dieu doit-il connaître des vérités qu'aucune intelligence créée n'est capable d'entendre.

Nous ne voyons pas l'essence divine ni rien qui soit de même nature qu'elle; la connaissance que nous obtenons de Dieu est donc forcément très incomplète et ne peut se comparer, non seulement en clarté, mais encore en étendue, à celle que l'Être infini a de lui-même.

Enfin n'est-il pas étrange d'entendre certains hommes vanter les forces illimitées de leur raison, quand il y a pour elle tant de mystères dans la nature? Connaissons-nous et pouvons-nous espérer de connaître un jour la nature intime des corps et des forces qui s'y déploient, l'essence de l'étendue et du mouvement, le mystère de la vie végétative et celui plus profond encore de la vie animale? La nature est donc en grande partie pour nous un livre scellé que nous ne pouvons tenter d'ouvrir. Et, si du dehors nous rentrons en nous-mêmes, est-ce que nous sommes capables d'expliquer notre propre nature : les phénomènes de la perception, de l'imagination, de la mémoire, les lois qui président à l'union de l'âme et du corps? Eh quoi! les mystères nous environnent de toutes parts, et nous oserions prétendre que la vue de notre intelligence peut atteindre les limites du monde de la vérité! Non, il y a des vérités qui par elles-mêmes surpassent l'intelligence de l'homme.

### III. — *Ce qui surpasse la raison ne lui est pas contraire.*

Une vérité peut être supérieure à la raison sans lui être contraire. Elle dépasse la portée de la raison, lorsque celle-ci est incapable de saisir dans la proposition qui l'exprime la convenance ou la disconvenance du sujet et de l'attribut; elle lui serait contraire, si l'exclusion du sujet par l'attribut était clairement perçue. La différence est grande, c'est celle qui existe entre voir et ne pas voir; la mauvaise foi seule peut confondre ces deux choses.

Lorsqu'on me dit, par exemple, que les trois Personnes divines sont réunies dans l'unité d'une seule et même substance, je ne vois ni comment cela peut se faire, ni que ce soit impossible, parce que les deux termes substance et personnes me sont trop imparfaitement connus pour qu'il me soit possible de saisir leur relation. Cette proposition n'est donc pour moi ni vraie ni fausse, et je n'ai par moi-même aucune raison ni de la rejeter ni de l'admettre. — Mais si une autorité supérieure, dont la science ne peut être révoquée en doute, m'atteste qu'elle est vraie, je dois l'admettre sans hésitation, ou je suis plus déraisonnable que l'ignorant qui récuserait le témoignage de la science la plus compétente, sous prétexte qu'il est hors d'état d'en vérifier l'exactitude. — Il est même utile à l'homme d'apprendre par un témoignage infaillible les vérités qui dépassent la portée de son esprit. Les mystères ne sont pas des formules inintelligibles, des mots auxquels n'est attachée aucune idée; s'ils ne peuvent être compris, ils se laissent concevoir. « Les mystères, dit Leibnitz, peuvent s'expliquer autant qu'il le faut pour les croire. » Formulés en termes suffisamment intelligibles, ils étendent les connaissances de l'homme sur les objets qui l'intéressent le plus, la nature de Dieu et ses rapports avec lui ; et s'ils ne lui révèlent pas la *raison* des choses, ils l'instruisent au moins sur leur *existence*.

Que l'on m'affirme au contraire la possibilité d'un changement sans aucune cause qui le produise, je saisis aussitôt l'absurdité de cette proposition. Ma raison est blessée, parce que, comprenant parfaitement les deux termes changement et absence de cause, elle perçoit clairement la contradiction qu'ils impliquent. Elle a donc une raison décisive de nier cette proposition, et quelle que soit l'autorité qui lui propose de l'admettre, elle ne peut y acquiescer sans se détruire elle-même.

Donc il y a une différence essentielle entre ce qui est au-dessus de la raison et ce qui lui est contraire.

## IV. — *La raison n'est pas indépendante de la foi.*

La raison n'est pas illimitée ; est-elle du moins indépendante? Étudions pour le savoir ses rapports avec la foi.

Quand on parle des rapports de la raison et de la foi, on entend par le mot *foi* l'enseignement révélé par Dieu et proposé comme tel par l'Église, et par le mot *raison* les connaissances que l'homme obtient par ses propres facultés : sens extérieurs, conscience, raison, et surtout par le raisonnement et l'enchaînement des idées. Constatons d'abord qu'il ne peut jamais y avoir d'opposition réelle entre la raison et la foi, nous rechercherons ensuite si la foi a quelques droits sur la raison et en quoi ils consistent.

Par sa raison, l'homme participe à la raison divine, non en ce sens que quelque chose de Dieu pénètre en lui et que la lumière divine elle-même devienne sa propre lumière, mais en ce sens que l'intelligence humaine est une véritable image de l'intelligence de Dieu. Puisque la raison ne vient pas moins de Dieu que la foi, comment la contredirait-elle? Les opposer l'une à l'autre, ce serait faire combattre Dieu contre Dieu; il doit donc y avoir entre elles une parfaite et constante harmonie. La foi n'a rien à redouter de la raison, dont elle accepte d'avance toutes les découvertes; la raison de son côté ne doit point suspecter la foi et voir en elle une ennemie. Aucun article de science, qu'il s'agisse de la science expérimentale et des lois du monde ou de la science philosophique et des vérités métaphysiques, ne peut contredire la vérité révélée. La foi peut dès lors attendre en toute sécurité le résultat des recherches scientifiques; elle a même intérêt à les provoquer, car il est d'expérience que si un peu de science éloigne souvent de Dieu, beaucoup de science y ramène toujours. D'autre part pourquoi la raison tiendrait-elle en défiance la Révélation, puisque celle-ci ne peut exiger d'elle l'abandon d'aucune de ses conquêtes?

A quelle condition cet accord nécessaire de la foi et de la raison s'établira-t-il? A la condition que la raison reconnaisse la supériorité de la foi et accepte son contrôle. Sans doute c'est la raison qui nous conduit à la foi, en établissant les titres de l'autorité qui nous l'impose; mais lorsque la raison a conduit l'homme à reconnaître comme incontestables l'autorité et l'existence de la Révélation divine et de son interprète humain, qui est l'Église, elle ne peut plus sans se contredire elle-même se mettre en désaccord avec cet enseignement dont elle a démontré l'infaillible vérité. Lors donc que dans ses spéculations et ses systèmes elle aboutit à quelque proposition opposée à l'enseignement révélé, il est certain qu'elle se trompe, puisqu'il ne peut y avoir de vérité contre la vérité, et que la parole de Dieu est nécessairement vraie. De plus, comme une théorie philosophique opposée à un dogme conduit tôt ou tard à la négation de ce dogme, l'Église, qui a mission de conserver intact le dépôt des vérités révélées, a le droit et le devoir de signaler à la raison l'erreur dans laquelle elle est tombée, et d'en exiger d'elle l'abandon. La foi est donc un phare sur lequel la raison doit toujours avoir les yeux fixés, sous peine de s'exposer à faire fausse route; et quand elle prétend à l'indépendance vis-à-vis de cette autorité tutélaire, elle ressemble au pilote imprudent qui jetterait à la mer compas et boussole, pour avoir la satisfaction de ne relever que de lui-même.

Ce droit de contrôle, que nous reconnaissons à la foi sur la raison, n'efface point les limites qui les séparent l'une de l'autre et n'absorbe pas la seconde dans la première. La raison garde le droit de discuter ses méthodes et ses procédés, de choisir le champ de son étude, de régler l'ordre de ses recherches, de spéculer même en toute liberté dans les choses qui sont étrangères à la Révélation. Il n'y a que dans les matières mixtes qu'elle soit obligée de se subordonner à la foi; encore dans ces matières ne cesse-t-elle pas d'être elle-même, puisqu'elle ne s'appuie dans tout le cours de son étude que sur les premiers principes qui sont sa lumière, et qu'elle ne suit d'autre règle que l'évidence qui est sa loi. La théorie des rapports de la raison et de la foi que nous venons d'exposer ne confond donc point l'ordre naturel avec l'ordre surnaturel, et ne conduit pas à l'anéantissement de la raison; elle assigne seulement à cette dernière la place qui lui convient.

Les prétentions du rationalisme ne peuvent donc se justifier, et s'il est incontestable que la raison possède dans l'évidence un critérium infaillible de vérité, il n'est pas moins certain que cette évidence a ses limites et que la Révélation est une autorité supérieure dont la raison ne peut sans crime et sans péril se rendre indépendante.

# MÉTAPHYSIQUE GÉNÉRALE

## I.

Notions préliminaires : définition, légitimité, division de la métaphysique.

**Métaphysique.** — Sa définition. — La métaphysique, appelée par Aristote *philosophie première*, doit le nom qu'elle porte aujourd'hui à la place que Théophraste lui donna dans le recueil des œuvres de son maître (μετὰ φυσικά, après la physique). On peut la définir : « La science des substances et des causes, au moyen des premiers principes. »

Elle est d'abord la science des substances et des causes, *principia essendi*, car l'être ou la réalité est son véritable objet. En cette qualité, elle recherche : 1° les principes intrinsèques qui constituent intimement les êtres; 2° le principe extrinsèque suprême ou cause première, auquel tout doit l'existence. La métaphysique est donc en premier lieu la science la plus élevée et la plus générale de l'être.

Elle est en second lieu la science des premiers principes, *principia cognoscendi*, c'est-à-dire des idées et des principes fondamentaux qui se retrouvent au fond de toutes nos conceptions. Ce second objet est une conséquence du premier : la réalité en effet ne nous est accessible que par nos idées, et ce qu'y a de plus intime dans les êtres ne nous est connu que par ce qu'il y a de plus fondamental dans la connaissance.

La métaphysique étudie simultanément ce double objet en considérant les idées premières de la raison non comme des formes de l'entendement, mais comme l'expression de la nature des êtres et des conditions de leur existence.

Sa division. — Le domaine de la métaphysique a été agrandi dans les temps modernes. Autrefois elle se divisait en deux parties comprenant : l'une les principes intrinsèques des êtres ou leur nature générale en tant qu'êtres, l'autre le principe extrinsèque suprême ou cause première. Ces deux parties correspondaient à ce que nous appelons aujourd'hui *métaphysique générale* et *théodicée*. Les modernes y ont ajouté la *cosmologie* et la *psychologie rationnelle* que les anciens traitaient dans la physique. En conséquence on divise aujourd'hui la métaphysique en métaphysique générale et métaphysique spéciale, celle-ci comprenant la cosmologie, la psychologie rationnelle et la théodicée.

Son caractère. — Quelque part qu'on lui fasse, la métaphysique reste pour les modernes comme pour les anciens la partie la plus abstraite de la philosophie ; c'est là son caractère propre. Son objet est éminemment suprasensible et supérieur à l'expérience externe : ou bien il est immatériel en soi comme Dieu et l'âme humaine, ou bien il le devient par abstraction comme dans l'ontologie et la cosmologie. Mais quoiqu'il soit envisagé d'une manière abstraite, cet objet n'en est pas moins réel.

Ses adversaires. — C'est ce qu'ont refusé de reconnaître un certain nombre de prétendus philosophes, adversaires acharnés de la métaphysique. Tels furent les sensualistes du XVIII° siècle, tels sont aujourd'hui les positivistes.

Pour les sensualistes, l'intelligence ne présente que des phénomènes variables, les sensations ; elle n'offre rien d'absolu. Donc l'absolu n'est pas réel, ou du moins il nous est inaccessible. Partant de ce principe, ils absorbent la métaphysique dans la psychologie expérimentale, et celle-ci dans la question de l'origine des idées ou plutôt dans l'analyse des sensations ; toutes les autres questions sont d'après eux insolubles ou frivoles, et la métaphysique est une science vide et contentieuse. Ainsi parlent Locke, Condillac, d'Alembert, etc.

Les positivistes ont le même dédain pour la métaphysique. « Les faits et les lois, disent-ils, sont l'objet unique de la science; quant à la philosophie, son rôle se borne à faire rentrer les lois particulières dans les lois générales et en former le système. Mais la recherche des causes, les questions relatives à la substance des êtres, à leur origine, à leur fin : Dieu, l'âme, la matière, etc., doivent être bannies de la science. La métaphysique qui agite ces problèmes a fait son temps. L'histoire se divise en trois époques : 1° l'époque religieuse; 2° l'époque métaphysique; 3° l'époque scientifique : l'esprit humain est entré dans la troisième, le règne de la science commence, celui des dogmes et des systèmes touche à sa fin » (Littré).

Sa légitimité. — Ne pouvant réfuter en détail ces attaques, nous nous bornerons à faire remarquer : 1° que la métaphysique répond à un besoin impérieux de l'esprit humain; 2° qu'elle ne peut disparaître sans entraîner dans sa ruine l'édifice entier de nos connaissances. — Les idées et les principes dont s'occupe la métaphysique font partie intégrante de la constitution de l'esprit humain. Non seulement ils sont à la base de toutes nos connaissances, mais plusieurs d'entre eux sont la règle de notre conduite et les motifs de nos actes; comment pourrions-nous ne pas nous poser la question de leur valeur, et cette valeur une fois admise, comment s'abstenir d'étudier en eux la véritable nature des choses? Rien n'est donc plus digne de notre attention et plus conforme aux tendances de notre esprit. — De plus, ou bien la science n'existe pas, ou bien la métaphysique a sa raison d'être. De deux choses l'une en effet : ou bien les principes universels et nécessaires correspondent aux conditions essentielles de la réalité des choses, et dans ce cas la métaphysique a un objet très réel; ou bien ils ne sont que des formes de la pensée et des signes destinés à marquer les différentes classes de nos sensations, et alors le scepticisme absolu est inévitable et toute science est illégitime.

**Métaphysique générale.** — Sa définition. — La métaphysique générale que l'on appelle aussi *ontologie* est « la science de l'être envisagé sous ses aspects les plus fondamentaux. »

Les différents êtres se distinguent les uns des autres par certaines propriétés qui permettent de les classer en genres et en espèces : minéraux, végétaux, animaux, plomb, fer, cèdre, chêne, chat, cheval, etc. Mais si l'on pénètre plus profondément dans leur nature, on les voit se présenter à l'esprit sous certains aspects communs à tous : unité, substance, cause, temps, espace, infini, fini, nécessaire, contingent, possible, etc. Ce sont ces notions abstraites par lesquelles l'esprit conçoit l'être en tant qu'être, indépendamment de son espèce ou de son genre, qui sont l'objet de la métaphysique générale, et comme elles se ramènent toutes à la notion d'*être*, cette partie de la métaphysique a pris le nom d'*ontologie*.

SES RAPPORTS AVEC LA PSYCHOLOGIE ET LA LOGIQUE. — L'ontologie se distingue de la psychologie et de la logique, car si ces dernières s'occupent du même objet, elles l'envisagent à un point de vue différent. Pour la psychologie les idées sont des faits de l'âme, dont elle constate la présence, détermine les caractères et fait l'analyse; la logique les classe au point de vue des opérations discursives de l'esprit et l'ontologie s'occupe de la réalité objective qu'elles représentent.

SA DIVISION. — La métaphysique générale traite : 1° de l'être en général et de ses propriétés transcendantales; 2° des différentes espèces d'êtres; 3° des causes de l'être; 4° de la perfection des êtres.

## II.

### DE L'ÊTRE ET DE SES PROPRIÉTÉS TRANSCENDANTALES.

#### I. — *De l'être en général.*

**L'être.** — L'être ne peut se définir; c'est une notion trop simple et trop élémentaire. On dit quelquefois que l'être c'est ce qui existe, ce qui est réel; mais cela n'ajoute rien à la clarté du mot que l'on prétend expliquer. Mieux vaut s'abstenir d'une définition inutile.

**Le néant.** — Le néant est l'absence de l'être. L'esprit ne peut le concevoir directement, car l'être est seul intelligible; aussi ce mot n'éveille-t-il en lui que l'idée de l'être et de sa négation.

**L'être actuel et l'être possible.** — A proprement parler, l'être est ce qui possède actuellement la réalité; cependant ce mot s'applique par analogie à ce qui, bien que n'étant pas actuellement réel, peut le devenir plus tard, c'est-à-dire aux possibles. Ces derniers sont regardés comme une réalité, parce qu'ils peuvent acquérir un jour l'existence et que le néant seul est dans l'impossibilité de jamais devenir quelque chose. Toutefois les possibles, tant qu'ils demeurent tels, n'ont qu'une réalité idéale, c'est-à-dire n'existent que dans l'intelligence qui les conçoit.

**L'être de raison.** — En dehors de l'être réel, *ens reale*, actuel ou possible, on distingue encore l'être de raison, *ens rationis*, simple abstraction de l'esprit que celui-ci se représente à la manière d'un être, bien qu'elle ne puisse exister que dans l'intelligence qui l'a formée.

## II. — *De l'essence.*

Tout être est une réalité ; mais les réalités ne sont pas toutes égales : chacune a sa nature propre, son degré de perfection. Ce qui donne à un être sa nature déterminée, ce qui le fait ce qu'il est et le rend susceptible de recevoir un nom, c'est son essence.

**Définition de l'essence.** — L'essence peut se définir : l'ensemble des attributs qu'un être doit nécessairement posséder pour appartenir à son espèce. Parmi les qualités que possède un être, il en est en effet sans lesquelles il serait impossible de le concevoir. Ainsi il n'y a pas d'homme sans raison, d'animal sans sensibilité, de plante sans organisation ; tandis que certaines autres propriétés peuvent disparaître de son idée sans la détruire, par exemple : la couleur, la science en ce qui concerne l'homme, etc. Ce sont les premières qualités qui constituent l'essence.

**Elle est physique ou métaphysique.** — Les essences sont physiques ou réelles et métaphysiques ou rationnelles. Cette distinction vient des divers points de vue d'où l'on peut envisager les attributs essentiels d'un être. Si l'on ne voit en eux que ses éléments constitutifs, ils forment autant de parties physiquement distinctes et dès lors réelles, comme quand je dis : L'homme se compose essentiellement d'un corps organisé et d'une âme raisonnable. C'est là l'essence physique ou réelle. Mais si on les considère comme des attributs communs à cet être et à plusieurs autres, on se forme une idée générale d'espèce dont les parties sont elles-mêmes des idées générales, le genre et la différence que sépare seulement une distinction de raison, comme quand je dis : L'homme est un animal raisonnable. C'est là l'essence métaphysique ou rationnelle.

**Connaît-on les essences ?** — Locke prétend que nous ne connaissons point les essences où la vraie nature des choses.

Les essences rationnelles en effet n'ont d'autre valeur que celle des idées générales qui les composent ; or une idée générale est un total de propriétés artificiel ou arbitraire que nous augmentons ou diminuons à notre gré ; donc il dépend de nous de multiplier ou de restreindre le nombre des espèces, et celles-ci dès lors ne correspondent nullement à la réalité des choses.

L'expérience dément cette théorie : les différentes espèces se distinguent les unes des autres par des propriétés fixes et permanentes constituant un type immuable qui se reproduit toujours le même dans tous les individus qui leur appartiennent. Les essences rationnelles expriment ces propriétés par des notions générales ; mais qu'importe ? Généraliser n'est point supposer dans un être ce qui ne s'y trouve pas ; c'est simplement exprimer ce qu'il a de semblable à plusieurs autres êtres ; il n'y a donc rien d'arbitraire dans ce procédé qui s'appuie fidèlement sur l'observation, et les essences ne dépendent nullement de notre caprice.

Il est vrai cependant que nous ne connaissons point ce que sont intimement et en soi les choses. C'est par les sens que nous entrons en rapport avec elles, et la connaissance qu'ils nous en fournissent est extérieure et relative ; or leurs données jointes aux notions générales et indéterminées d'être, de réalité, de cause, de sujet, sont tout ce que nous savons des essences. Par exemple, nous connaissons le corps comme une réalité qui se manifeste par l'extension et la force de résistance, la lumière comme une réalité capable de déterminer en nous telle espèce de sensation, et ainsi de tout le reste. Les sciences viennent bien ensuite perfectionner cette connaissance élémentaire par le raisonnement ; mais, quoi qu'elles ajoutent, la nature intime des êtres nous demeure inconnue, et nous demeurons seulement en présence de leurs manifestations et de leurs effets. Nous n'en possédons par conséquent qu'une connaissance obscure et relative.

**Propriétés des essences.** — Les essences sont indivisibles, immuables et éternelles. Elles sont indivisibles ; impossible d'en retrancher une seule propriété sans les détruire; retranchez la raison de l'essence de l'homme, et vous n'avez plus que l'essence de la brute. Elles sont immuables; si un même être pouvait changer d'essence, il serait et ne serait plus tout à la fois le même être; cela ressort de la définition même de l'essence. Elles sont éternelles; il a toujours été vrai que tel ensemble de propriétés était nécessaire à telle espèce déterminée; cette vérité Dieu l'a toujours connue; donc comme idée divine ou comme possible, toute essence est éternelle.

## III. — *De la possibilité.*

**Notions de la possibilité.** — Existence et possibilité. — L'être réel est actuel ou possible. L'être actuel est celui qui existe. L'existence, pas plus que l'être, ne peut se définir. A s'en tenir à son étymologie (*ex sistere*), ce mot signifierait l'état d'un être qui se trouve hors de sa cause et ne conviendrait qu'aux créatures, ainsi que le veut Gioberti; mais telle n'est pas sa signification usuelle; on le prend comme synonyme d'*actualité* et on l'applique aussi bien à l'infini qu'au fini. — L'être possible est celui qui, sans posséder encore l'existence, est conçu comme pouvant y arriver. La possibilité peut donc se définir : l'aptitude à l'existence. Elle est intrinsèque ou extrinsèque.

Possibilité intrinsèque ou métaphysique. — La possibilité intrinsèque consiste en ce que les éléments dont se compose une essence n'offrent entre eux rien de contradictoire et puissent par conséquent coexister dans un même sujet; elle est absolue et ne dépend d'aucune hypothèse. On lui oppose l'impossibilité intrinsèque qui consiste dans la contradiction des éléments dont on voudrait composer une essence. Une montagne d'or est intrinsèquement possible; un Dieu injuste est intrinsèquement impossible.

Possibilité extrinsèque ou physique. — La possibilité extrinsèque d'un être consiste dans le pouvoir qu'une cause a de le réaliser. Elle est relative au pouvoir des différentes causes, du moins des causes secondes, car Dieu peut réaliser tout ce qui n'est point contradictoire ou métaphysiquement impossible, ce qui est au pouvoir d'une cause créée est dit physiquement possible; ce qui surpasse le pouvoir de toutes les causes de cette nature est dit physiquement impossible.

Possibilité morale. — Quand il s'agit d'agents libres, on distingue encore l'impossibilité et la possibilité morales, désignant par là ce qui surpasse ou non la force morale ordinaire des hommes. Par exemple, une action avantageuse et légèrement pénible est dite moralement possible, parce qu'en général on n'hésitera pas à l'accomplir; tandis qu'une action peu avantageuse et très pénible surpassant le courage du plus grand nombre on la déclare moralement impossible.

**Origine de la possibilité.** — D'où vient la possibilité intrinsèque des choses? Ce doit être de Dieu, car autrement il y aurait quelque chose de réel et d'intelligible indépendamment de lui, quelque chose d'éternel et d'immuable en dehors de lui, ce qui n'est pas soutenable. Mais quels sont les véritables rapports des possibles avec Dieu ?

Descartes prétend à tort que les possibles dépendent de la volonté divine ; c'est une grave erreur. — *Nil volitum nisi præcognitum,* disait-on dans l'école : la volonté ne peut vouloir que ce que l'intelligence a préalablement conçu; or l'esprit ne peut se former l'idée d'un être dont les attributs se nient et se détruisent mutuellement; donc le contradictoire ne peut devenir possible par un effet de la volonté suprême. — Si les choses étaient possibles parce que Dieu le veut, on s'enquerrait de leur possibilité en recherchant quelle a été la volonté de Dieu à leur égard; personne cependant ne suit cette méthode, et l'on se guide toujours sur la compatibilité ou l'incompatibilité de leurs attributs. — Et ce n'est point là, ainsi que le prétend Descartes, limiter la toute-puissance et faire de Dieu un Jupiter ou un Saturne enchaîné par les destinées; car pour être toute-puissante son action n'en est pas moins raisonnable, et d'ailleurs ne pas l'étendre au contradictoire ce n'est pas la borner, puisque le contradictoire est le néant, le rien, l'inconcevable.

C'est de l'intelligence de Dieu ou plutôt de son essence infinie parfaitement connue de son intelligence que dépendent les possibles. En effet une essence est possible quand les attributs dont elle se compose sont compatibles entre eux; elle est impossible dans le cas contraire. Or la compatibilité ou l'incompatibilité de ces attributs vient de leur propre nature; c'est parce que l'intelligence et la volonté libre sont ce qu'elles sont qu'elles peuvent se rencontrer dans un même être, et c'est parce que le cercle et le carré sont ce qu'ils sont qu'un cercle carré est impossible. La possibilité d'un être dépendant de la nature de ses attributs, il reste à se demander quel est le fondement de ces attributs eux-mêmes, c'est-à-dire de tous ces degrés d'être ou de perfection dont se composent les créatures; or ce fondement n'est autre que l'essence infinie de Dieu parfaitement connue de lui. Dieu est infini, c'est-à-dire qu'il possède une perfection souveraine et sans limite; et par cela même que la perfection souveraine existe, elle devient le type et l'exemplaire éternel d'une multitude d'êtres qui peuvent y participer dans des degrés divers et recevoir de cette participation leur intelligibilité et leur être. Dieu qui connaît parfaitement son essence se voit imitable par des êtres finis, et les idées qu'il se forme de ces imitations exécutables par sa puissance sont les essences possibles des choses.

## IV. — *Propriétés transcendantales de l'être.*

Tous les êtres sans exception possèdent trois propriétés appelées transcendantales à cause de leur universalité; ce sont l'unité, la vérité et la bonté.

L'unité est l'état d'indivision en vertu duquel un être est un et non plusieurs; tout être la possède, sans quoi il ne serait pas un, mais plusieurs.

La vérité est ici la conformité d'un être avec l'idée que Dieu s'en forme éternellement. Si quelque être en était dépourvu, Dieu aurait été impuissant à réaliser sa pensée, ce qui est impossible.

Le bien est ce qui convient à quelqu'un; or les perfections que possède un être lui conviennent et sont utiles à d'autres, puisque la sagesse divine ne peut rien faire d'inutile; donc tout être est bon.

## III.

### DES ESPÈCES LES PLUS GÉNÉRALES D'ÊTRES.

Les métaphysiciens traitent ordinairement sous ce titre des catégories : substance, quantité, qualité, relation, etc., qui sont en effet les classes les plus générales dans lesquelles les choses peuvent être distribuées. Nous nous bornerons à la plus importante, qui est la substance.

**Substance et accident.** — La substance se définit : une réalité une, identique et permanente, qui existe en soi *(ens in se)* sans avoir besoin d'aucun sujet d'inhérence. L'accident, au contraire *(ens in alio)* est ce qui a besoin pour exister d'un sujet en qui il réside. C'est une loi de notre intelligence de distinguer dans tout être fini, actuel ou possible, ces deux choses, les accidents ou modes d'être et la substance, et de concevoir entre eux un rapport nécessaire qu'exprime le principe de substance. La psychologie constate la présence dans l'esprit humain de ces idées et de ce principe; elle en étudie les caractères et en recherche l'origine; la métaphysique discute leur valeur objective.

**Erreurs métaphysiques sur la substance.** — Les sensualistes et les positivistes, parmi lesquels nous citerons surtout Locke, Hume, Condillac, Taine, refusent toute objectivité à la notion et au principe de substance. Pour eux, le mot *substance* n'exprime qu'une collection de phénomènes perçus par les sens extérieurs ou par le sens intime; ces phénomènes sont les seules réalités véritables et le sujet que les métaphysiciens leur supposent est un être fictif, une entité verbale, dit Taine, qui dans l'état actuel de la science doit rentrer dans la région des mots. D'ailleurs, au dire de Locke, cette notion est de peu d'usage en philosophie; il va même plus loin, et tombant dans un véritable nominalisme, il soutient que nous employons le mot sans lui attacher aucune idée. — La raison principale que ces auteurs apportent à l'appui de leur théorie, c'est l'impossibilité où nous sommes de percevoir par l'observation autre chose que des phénomènes : au moment où nous éprouvons une émotion, nous ne sommes, disent-ils, rien de plus que cette émotion ; la conscience nous l'atteste, et à cette unique réalité qu'elle constate nous n'avons pas le droit d'en ajouter une autre sur laquelle elle se tait. Locke donne comme seconde raison que nous n'avons aucune idée claire de la substance en général.

**Réalité objective de la notion et du principe de substance.** — Nous ne nous arrêterons pas à démontrer contre Locke l'existence dans notre esprit de l'idée de substance et son importance philosophique ; lui-même en effet avoue, par une contradiction manifeste, que le mot *substance* éveille en nous l'idée d'un sujet d'inhérence que nous supposons gratuitement sous les collections de phénomènes, et il ajoute que nous en faisons un très fréquent usage dans le discours. Or concevoir la substance comme un sujet un et permanent qui sert de lien et de support à des modifications multiples et successives, c'est s'en faire une idée très claire, et l'importance de son rôle est également bien marquée par l'emploi fréquent du mot qui l'exprime. Prouvons donc que la notion et le principe de substance ne sont pas seulement des idées et une loi de notre entendement, mais qu'ils correspondent à une réalité objective et à une loi des choses. Nous invoquerons pour cela l'expérience et le raisonnement.

C'est dans l'observation la plus directe et la plus incontestable, celle de nous-mêmes par la conscience, que nous puisons les notions de substance et de phénomène. Il est faux en effet que la conscience atteigne seulement les modifications ou manières d'être ; elles sont en même temps la force une et permanente qui en est le principe et le sujet. Donc les deux notions de substance et de phénomènes ne sont pas des mots, mais des faits; ce ne sont pas de simples formes de l'esprit, mais des réalités concrètes, et le rapport qui les unit a le même caractère d'objectivité.

Le raisonnement confirme l'observation. On parle de collections de phénomènes; mais qui les fait ces collections? Si la force une et identique que l'on exprime par le mot *substance* n'existe pas pour servir de lien aux phénomènes, qu'est-ce donc qui les réunit pour former l'unité des êtres? Je fais entrer tel phénomène dans telle collection, ne pourrais-je pas avec autant de raison l'attribuer à telle autre, et regarder par exemple comme appartenant à la collection Brutus certaines modifications classées jusqu'ici dans la collection César? Les individualités disparaissent en effet dans ce système pour faire place à des totaux arbitrairement formés. — Comment expliquer d'autre part le souvenir de nos modifications passées et la comparaison que nous établissons entre nos états successifs? Est-ce qu'un fait peut se souvenir d'un autre fait ou reconnaître les différences qui le séparent de lui et les similitudes qui l'en rapprochent? La négation d'une réalité substantielle objective entraîne donc toutes sortes de contradictions et d'impossibilités.

Donc la notion et les principes de substance expriment manifestement une loi des choses.

**Différentes espèces de substances.** — Les substances se divisent en simples et composées, complètes et incomplètes, et les substances complètes se subdivisent elles-mêmes en raisonnables et non raisonnables. La plus parfaite de toutes est la personne, substance complète et raisonnable.

# IV.

## Des causes des êtres.

### I. — *Cause efficiente.*

Dans son sens le plus général le mot *cause* signifie tout ce qui concourt à la production d'un fait ; on distingue alors quatre sortes de causes : la cause matérielle ou substance dont l'objet est fait, la cause formelle ou forme imposée à cette matière, la cause efficiente ou productrice, et enfin la cause finale ou but que l'on se propose. Nous parlerons seulement des deux dernières.

**Définition.** — La cause efficiente ou proprement dite est « un principe qui par son influence fait arriver à l'existence un être qui n'existe pas de lui-même. » L'effet est « ce qui n'arrive à l'existence que par l'influence d'un autre être appelé cause. » La notion et le principe de cause sont une loi fondamentale de notre faculté de connaître, on l'a constaté en psychologie ; la métaphysique se demande s'ils correspondent à une réalité objective et à une loi des choses.

**Erreurs métaphysiques sur la cause.** — L'objectivité de la notion et du principe de causalité a été l'objet de plusieurs théories erronées auxquelles a donné lieu l'opinion psychologique de Locke :

1° Locke et avec lui tous les sensualistes prétendent trouver dans l'expérience l'origine du principe de causalité : on est forcé de l'admettre à la seule vue de l'action des corps les uns sur les autres.

2° Hume n'admet pas l'existence d'un pouvoir causatif, ou du moins il prétend que nous n'en avons aucune idée. Le principe de causalité vient, selon lui, de l'*association* que nous faisons de la *succession* constante de deux événements.

3° Leibnitz, au lieu de supprimer les causes, les multiplie à l'infini : tout être est une force, c'est-à-dire une cause véritable. Mais ces causes, il les isole, leur déniant toute action réciproque les unes sur les autres. Chaque cause ou monade agit solitairement d'après ses propres lois, épuisant dans son sein toute son activité et se coordonnant au reste de l'univers en vertu d'un plan merveilleusement tracé d'avance par le Créateur.

4° Kant ne voit dans la notion de cause et le principe de causalité que des formes de notre entendement ou des conditions toutes subjectives de notre pensée.

5° Maine de Biran lui-même, qui a si bien mis en lumière le témoignage rendu par la conscience à notre propre causalité, attaque sans le vouloir la valeur objective de ce principe quand il cherche à l'expliquer par l'expérience seule, aidée de l'induction. D'après lui en effet nous étendons par induction à tous les faits en général cette dépendance d'un pouvoir causatif que nous expérimentons dans nos faits personnels.

**Réalité objective de la notion et du principe de cause.** — Toutes ces erreurs sont condamnées par l'expérience intime et par le raisonnement. C'est dans l'expérience et au sein même des faits que nous puisons la notion de cause; nous avons conscience de notre vertu causatrice. « Nos actes, dit Cousin, sont jugés par nous et reconnus par tous les hommes comme les effets directs de nos volitions. De là l'imputation morale, l'imputation juridique et les trois quarts de la vie et de la conduite humaine. De même la science de la nature est fondée sur l'hypothèse que les corps extérieurs sont des causes, c'est-à-dire ont des propriétés qui peuvent produire et produisent des effets. » C'est du reste ce qu'exprime le langage universel par les verbes actifs et passifs. Et cette causalité que nous expérimentons n'est pas emprisonnée dans la force qui la possède; l'effort moteur dont nous avons conscience nous dit clairement que l'âme agit sur le corps et que l'isolement des causes imaginé par Leibnitz est complètement chimérique. A l'expérience s'ajoute le raisonnement. L'ordre moral disparaît avec la causalité; si l'on récuse l'influence causatrice de la volonté sur les actions humaines, il n'y a plus de mérite ou de démérite, et les sanctions de la loi morale deviennent d'une criante injustice.

Donc la notion de cause et le principe qui en découle ne sont une loi de notre esprit que parce qu'ils sont tout d'abord une loi objective des choses.

## II. — *Cause finale.*

**Définition.** — La cause finale est « le but qu'on se propose en agissant. » Notre raison prononce que tout être a un but; est-ce bien véritablement une loi des choses?

**Adversaires des causes finales.** — Kant rejette le principe des causes finales comme incompatible avec celui de causalité, celui-ci supposant possible la production des choses matérielles par des lois purement mécaniques, tandis que le premier exige de plus la finalité. Les positivistes et les matérialistes voient dans l'ordre du monde un *résultat* et non la réalisation d'un plan conçu d'avance, il ne saurait donc pour eux être question de causes finales quand il s'agit du monde. Bacon et Descartes, sans rejeter en soi le principe, condamnent l'application que l'on en fait à la physique et aux sciences de la vie : « La recherche des causes finales, dit Bacon, est stérile... La manie de traiter des causes finales dans la physique en a chassé et comme banni la recherche des causes physiques. » Descartes allègue une autre raison : « Il ne semble pas, dit-il, que je puisse sans témérité rechercher et entreprendre de découvrir les fins impénétrables de Dieu. »

**Réalité objective et utilité scientifique des causes finales.** — L'idée de finalité se puise dans la conscience qui constate en même temps que nos actions réfléchies le but en vue duquel elles sont toujours faites. Cette finalité, dont nous percevons en nous-mêmes la réalité, apparaît aussitôt à la raison comme le mode d'action essentiellement propre à toute intelligence; d'où il résulte que la cause suprême a dû se proposer une fin dans la création de toutes ses œuvres. Donc la notion et le principe de fin ont leur fondement dans la réalité des choses, et c'est de là qu'ils passent dans notre intelligence pour en devenir la loi.

Loin d'être opposé au principe de causalité, celui de fin lui vient en aide et le complète. L'existence d'une cause efficiente ou productrice est absolument nécessaire pour rendre intelligibles à la raison les êtres contingents qui n'existent pas par eux-mêmes; mais cette cause ne suffit pas et son action à elle-même ne se comprend que par le but qu'elle se propose. Le but rend intelligible l'action de la cause efficiente, et tous les deux réunis expliquent l'existence des effets produits. Donc le principe de finalité complète plutôt qu'il n'infirme le principe de causalité.

Puisque le principe des causes finales complète l'explication des choses, son application à tous les objets de nos connaissances est éminemment scientifique. Il est vrai qu'on en a parfois abusé, regardant comme des intentions préconçues ce qui n'était que de simples résultats; mais l'abus d'une chose ne doit pas en faire condamner l'usage légitime, et d'ailleurs l'utilité de l'emploi des causes finales, même dans les sciences physiques, est depuis longtemps démontrée par les faits. Les physiologistes n'emploient pas d'autre méthode, et souvent la recherche des causes finales les a conduits à la découverte de phénomènes intéressants; ce fut par exemple en supposant une fin aux valvules qu'il observait dans les vaisseaux sanguins que Harvey parvint à constater la circulation du sang. Newton était, lui aussi, bien éloigné du sentiment de Bacon et de Descartes, quand il faisait des causes finales le principal objet de la philosophie naturelle; enfin tous les métaphysiciens qui démontrent

Dieu par l'ordre de l'univers condamnent également cette manière de voir, puisque l'ordre du monde n'est autre chose que l'existence et la subordination des fins auxquelles tendent les êtres qui le composent. Il ne peut donc être question que de régler et nullement de proscrire, dans quelque science que ce soit, l'usage des causes finales.

## V.

### DE LA PERFECTION DES ÊTRES.

Nous considérerons ici les êtres à trois points de vue : comme finis ou infinis et comme ayant ou non relation avec l'espace et le temps.

### I. — *Du fini et de l'infini.*

**Définitions.** — Le fini, avons-nous dit en psychologie, est « un être dont la perfection est limitée, » et l'infini, « un être dont la perfection n'est limitée en aucune manière. »

**Rapports du fini et de l'infini.** — Les rapports des deux idées de fini et d'infini ont donné lieu à plusieurs controverses :

1° Bien que ces deux idées soient corrélatives et dès lors contemporaines dans notre intelligence, on peut se demander laquelle des deux sert logiquement à former l'autre. — Les cartésiens et la plupart des modernes prétendent que l'antériorité logique appartient à l'idée de l'infini. L'idée de l'infini, disent-ils, est une idée positive, car la négation d'une négation équivaut à une affirmation, et la borne ou limite que l'on exclut de l'infini est une négation ; l'idée du fini, au contraire, s'obtient par la négation de la perfection absolue, elle est donc vraiment négative. Or il faut connaître la perfection absolue ou l'infini avant de pouvoir la nier de quelque être ; donc l'idée d'infini est logiquement antérieure à celle du fini et sert à la former. Écoutons Fénelon : « Qui dit borne dit une négation toute simple ; au contraire, qui nie cette négation affirme quelque chose de très positif. Donc le terme d'infini, quoiqu'il paraisse dans ma langue un terme négatif et qu'il veuille dire non fini, est néanmoins très positif. C'est le mot de *fini* dont le vrai sens est très négatif. » Descartes dit de son côté : « Comment serait-il possible que je pusse connaître que je doute et que je désire, c'est-à-dire qu'il me manque quelque chose et que je ne suis pas tout parfait, si je n'avais en moi aucune idée d'un être plus parfait que le mien, par la comparaison duquel je connaîtrais les défauts de ma nature ? »

Les scolastiques anciens et modernes pensent différemment. Ils distinguent l'idée de l'infini de son objet, reconnaissent que celui-ci est très positif, car la négation d'une imperfection équivaut réellement à l'affirmation d'une perfection plus haute, et néanmoins ils soutiennent que l'idée de l'infini est toute négative. En effet, ne concevant pas l'infini directement et en lui-même, nous ne pouvons nous en former quelque idée qu'en pensant au fini et en excluant de l'infini les imperfections de ce dernier. Or ce procédé d'élimination ne donne évidemment qu'une idée négative. Par contre notre idée du fini est positive, parce que nous le percevons directement et en lui-même. Il en résulte que c'est le fini que nous connaissons logiquement le premier. La puissance des causes secondes peut en effet nous paraître limitée sans aucune idée préalable de l'infini : avons-nous besoin, par exemple, de cette idée pour connaître l'imperfection de notre intelligence ou de notre volonté, comme le prétend Descartes? Non, évidemment. Il nous suffit de comparer nos connaissances douteuses avec nos connaissances certaines, pour comprendre que notre intelligence est moins puissante qu'elle pourrait l'être, c'est-à-dire pour la concevoir comme imparfaite et bornée. C'est cette idée de l'imperfection de la créature qui immédiatement nous suggère celle d'un être absolument parfait. — Cette deuxième opinion nous semble de beaucoup la plus probable.

2° Les philosophes sensualistes, Locke en particulier, ont prétendu qu'entre le fini et l'infini il y avait le rapport du tout à sa partie, en d'autres termes, que l'on arrivait à former l'idée de l'infini en ajoutant successivement le fini au fini. Cette opinion implique de nombreuses contradictions. D'abord si le nombre des réalités finies que l'on ajoute ainsi les unes aux autres est limité, il peut être augmenté, et par suite il ne forme pas un total infini; dire que ce nombre est infini est une nouvelle contradiction, puisque l'infinité répugne à l'essence même du nombre; enfin prétendre que l'infini se forme en ajoutant indéfiniment le fini au fini est un non-sens, puisqu'une addition prolongée indéfiniment ne peut s'achever et donner un résultat. Donc Locke est dans l'erreur, et la distance qui sépare l'infini du fini est incommensurable, c'est-à-dire infinie.

## II. — *Du temps et de l'espace.*

**Quel est l'objet des idées de temps et d'espace?** — Rien de plus discuté en métaphysique que la nature du temps et de l'espace. Nous avons constaté en psychologie la présence en nous de ces idées et les caractères qu'elles revêtent : nécessité, éternité, indivisibilité, immutabilité; la difficulté est de déterminer l'objet qu'elles représentent. Quatre solutions sont données à ce problème : 1° le temps et l'espace ne sont que des lois subjectives de l'esprit; 2° ce sont des substances réelles; 3° ce sont des attributs d'une substance réelle; 4° ce sont de simples relations possibles.

1° Kant fait du temps et de l'espace, comme de toutes les autres idées rationnelles, des lois subjectives de notre constitution intellectuelle. Le temps et l'espace ne sont pas dans les choses qui demeurent identiquement les mêmes, quelque lieu ou quelque époque que nous leur assignions; ils sont entièrement relatifs à notre manière de voir. Nulle étendue n'est par elle-même grande ou petite, nulle durée longue ou courte; ce sont des rapports que nous posons nous-mêmes et qui varient avec les différentes intelligences qui les conçoivent. — Ces considérations apportées par Kant à l'appui de sa thèse ne sont pas concluantes. En effet, quoiqu'ils n'affectent point intrinsèquement les choses et qu'ils soient tout relatifs, le temps et l'espace peuvent néanmoins être quelque chose de réel, à savoir des rapports, des relations véritables des êtres entre eux. Donc ce premier sentiment est inadmissible.

2° Démocrite, Épicure, Gassendi, font de l'espace et du temps des êtres substantiels : l'espace existe hors de nous tel que nous le concevons, c'est un réceptacle immense qui contient toutes choses ; le temps est de même une durée réelle, indépendante des choses qui durent et servant à mesurer la longueur de leur existence. — Ces auteurs, entre autres impossibilités, ne remarquent pas qu'une étendue ou une durée infinie sont contradictoires, et qu'on ne peut admettre en dehors de Dieu aucune substance éternelle et immuable.

3° Newton et Clarke regardent le temps et l'espace comme des attributs divins : l'espace est l'immensité de Dieu et le temps son éternité. — Bien que la substance divine possède certains caractères qui conviennent au temps et à l'espace, on ne peut cependant lui attribuer ces derniers à titre de modes. L'immensité divine, par exemple, ne se distingue pas en réalité de la substance de Dieu et est simple comme elle, l'espace, au contraire, tout en ne se composant pas de parties réelles, se compose de parties possibles. L'immensité de Dieu est infinie ; l'espace n'est qu'un indéfini. Enfin cette opinion ouvre la voie au panthéisme : si l'on peut dire que Dieu est formellement étendu, rien n'empêche d'identifier la substance divine et celle du monde. Les mêmes difficultés s'opposent à ce que l'on confonde le temps avec l'éternité. Mais s'ils se distinguent des attributs de Dieu, le temps et l'espace y trouvent néanmoins leur fondement ou leur raison d'être : c'est parce que Dieu est immense que les corps sont indéfiniment possibles, et c'est parce qu'il est éternel que des êtres réels peuvent se succéder sans fin. Tels sont les véritables rapports du temps et de l'espace avec Dieu.

4° Enfin Leibnitz fait de l'espace et du temps de simples relations : relations de coexistence, c'est-à-dire de présence et de distance, et relations de succession. De plus il envisage ces relations non comme actuelles, puisque dans ce cas elles dépendraient de l'existence du monde et perdraient leurs caractères de nécessité, d'éternité, etc., mais comme possibles, c'est-à-dire comme lois éternelles et nécessaires de l'existence des êtres. Ainsi c'est une loi première de l'existence matérielle que les divers corps et les diverses parties d'un même corps soient extérieurs les uns aux autres; de là des rapports de situation, des intervalles nécessaires entre les corps et leurs parties. C'est également une loi première de l'existence des êtres contingents, qu'ils commencent et finissent; de là des rapports d'antériorité, de simultanéité et de postériorité, en un mot de succession entre les existences créées. Donc point de temps et d'espace en soi, mais nécessité absolue et possibilité illimitée de coexistence des corps et de succession des choses finies. L'espace et le temps ne sont rien autre chose que ces relations nécessaires et indéfiniment possibles, et voilà pourquoi les caractères que nous leur reconnaissons leur sont applicables. C'est à ce sentiment de Leibnitz que nous nous rangeons.

# COSMOLOGIE.

## MÉTAPHYSIQUE DE LA NATURE.

### I.

#### Objet de la cosmologie.

**Objet de la cosmologie.** — Les différentes sciences qui traitent du monde physique, en se plaçant à des points de vue déterminés et spéciaux, laissent de côté certaines questions générales dont la solution renfermerait l'explication dernière de la nature et des êtres qui la composent. Ainsi : qu'est-ce que la substance matérielle considérée en elle-même et indépendamment de ses diverses combinaisons? En quoi consistent les propriétés générales des corps, l'étendue, l'impénétrabilité? Qu'est-ce que la vie? Quels en sont les degrés? Quel en est le principe dans les divers êtres qui la possèdent? Que penser des espèces des êtres vivants; sont-elles immuables et sans passage aucun de l'une à l'autre, ou bien se transmettent-elles la vie comme un héritage qui s'accroît sans cesse d'après les lois d'une évolution indéfiniment progressive? Ces questions et plusieurs autres du même genre appartiennent à la philosophie et sont l'objet de la métaphysique de la nature ou de la cosmologie.

Ne pouvant être complet sans sortir de notre cadre, nous nous bornerons à quelques notions succinctes sur la matière, la vie et la fixité des espèces.

## II.

### Diverses conceptions sur l'essence de la matière.

**Le problème.** — Les corps sont des substances étendues composées de parties multiples, qu'une force appelée *cohésion* retient unies. Une autre force, l'*affinité*, rapproche des substances de natures différentes et les fait se combiner en des substances nouvelles, dont les propriétés ne ressemblent parfois nullement aux propriétés des composants. Ces forces de cohésion et d'affinité peuvent subir des changements nombreux : à ses différents degrés la force de cohésion détermine l'état solide, liquide ou gazeux; combattue ou favorisée, l'affinité donne lieu à des combinaisons innombrables. Mais quelles que soient les transformations chimiques dont les corps sont l'objet, il y a quelque chose en eux qui demeure le même, comme le prouve l'identité de leur masse ou de leur poids. Ce fond permanent, qui demeure toujours le même, malgré les changements de formes et même de propriétés, c'est la substance matérielle. Qu'est-ce bien que cette substance? Elle est divisible, mais jusqu'à quel point l'est-elle? Après la dernière division possible quels sont les éléments qui restent? Sont-ils étendus, ne le sont-ils pas? Sont-ils inertes ou actifs? Comment par leur réunion forment-ils des corps étendus, divisibles, actifs, susceptibles de transformations chimiques. La réponse à ces questions serait évidemment la dernière explication de la matière, mais n'est-ce point là un mystère impénétrable? Les philosophes ont du moins essayé de le sonder et leurs conceptions de la matière ont donné lieu à trois sortes de systèmes : l'atomisme ou mécanisme, le monadisme ou dynamisme et un système intermédiaire qui cherche à concilier les deux précédents, l'atomisme dynamique.

## I. — *Atomisme ou mécanisme.*

**Idée générale de l'atomisme.** — L'atomisme considère les premiers éléments des corps comme des corpuscules infiniment petits, mais doués néanmoins d'une certaine étendue. — L'étendue des atomes est *continue*, c'est-à-dire qu'elle n'offre dans sa masse aucun intervalle, aucun vide; elle n'est même point formée de parties distinctes et juxtaposées; c'est la réalisation de l'étendue géométrique. — Les atomes ne peuvent être divisés par les moyens dont dispose l'homme, c'est pourquoi on leur a donné ce nom d'atomes (α privatif; τέμνω, je coupe), mais en soi ils sont divisibles et le sont même indéfiniment comme l'étendue géométrique. — Enfin les atomes ne possèdent intrinsèquement aucune force ou activité, ce sont des substances inertes. De là vient que les systèmes *atomistes* sont en même temps des systèmes *mécanistes*, c'est-à-dire des théories qui expliquent la formation des corps au moyen de mouvements communiqués mécaniquement aux atomes par une impulsion étrangère.

Les deux principales formes de l'atomisme sont le *mécanisme atomistique* de Démocrite et d'Épicure et le *mécanisme géométrique* de Descartes.

**Atomisme d'Épicure.** — Démocrite et Épicure ont enseigné les premiers que les corps sont composés d'atomes, ces premiers éléments des corps sont tous de même essence et ne diffèrent les uns des autres que par la grandeur, la figure, la situation et le mouvement. Ils tombent dans le vide infini suivant une direction verticale à laquelle Épicure ajoute d'une façon assez obscure une direction oblique, grâce à laquelle ils se rencontrent, s'accrochent, s'agglomèrent et forment des combinaisons innombrables. Parmi ces combinaisons les unes sont éphémères et disparaissent aussitôt, les autres sont durables et forment le monde corporel. D'où vient aux atomes ce mouvement qui les fait tomber dans le vide infini? Épicure ne le dit pas, mais il n'est point intrinsèque aux atomes, dont la première propriété est l'inertie. Tel est dans sa simplicité et avec ses lacunes le premier système atomiste.

**Atomisme de Descartes.** — Avec Descartes l'atomisme prend une forme plus scientifique et plus précise. L'essence de la matière consiste dans l'étendue géométrique : tout corps est étendue et toute étendue est corps. N'étant qu'étendue par essence, la matière est inerte, car dans l'idée d'étendue ne se trouve pas renfermée l'idée de force. Toute étendue étant matérielle, le vide est impossible et n'existe nulle part dans la nature. Le monde n'a pas commencé par les atomes, mais par une masse homogène et continue. Après avoir créé cette masse, Dieu la divisa en parties innombrables, de formes diverses et leur imprima des mouvements variés de rotation (système des tourbillons) qui ont donné naissance aux différents corps inanimés. Cet atomisme est bien un mécanisme géométrique dans lequel l'étendue et les mouvements géométriques jouent le principal rôle.

**Difficultés que soulève l'atomisme.** — L'atomisme accordant l'étendue aux premiers éléments de la matière explique naturellement cette propriété dans les corps eux-mêmes, mais par ailleurs c'est un système plein d'obscurités. Les atomes, dit-on, substances d'une étendue continue et sans parties distinctes sont néanmoins divisibles. Comment une division est-elle possible là où il n'y a pas de parties distinctes et partant point de nombre? La division ne crée pas les parties, elle les suppose.

Non seulement les atomes sont divisibles, mais ils le sont indéfiniment. On conçoit cela de l'étendue géométrique qui est une abstraction : rien ne m'empêche de diviser le mètre en décimètres, ceux-ci en centimètres, etc., etc.; ce n'est point là une division réelle, mais une opération idéale que nous concevons très bien sans terme. Il ne peut en être ainsi d'une division réelle et concrète, qui ne sera indéfiniment possible qu'autant que le nombre des parties sera inépuisable, c'est-à-dire infini. Or un nombre infini répugne.

Comment expliquer avec des atomes inertes les propriétés des corps et leurs transformations chimiques? C'est Dieu, dit Descartes, qui agit à la place de la matière, mais Dieu cause unique, cause immédiate de tout ce qui se passe dans le monde, est une conception qui répugne à la raison. Nous repoussons une telle intervention, dont nous n'apercevons nullement la nécessité.

L'atomisme pur n'explique pas la matière.

## II. — *Monadisme ou dynamisme.*

**Idée générale du monadisme.** — Le monadisme présente une conception de la matière absolument opposée à l'atomisme. Les premiers éléments de la matière sont absolument indivisibles et sans étendue, ce sont des substances simples, des monades (μόνας, unité). Les monades, loin d'être inertes, sont essentiellement des forces. Chaque corps est un groupe ou un système de forces. Le nom de dynamisme convient bien à ce système.

**Monadisme de Leibnitz.** — Leibnitz a été le premier auteur du monadisme. Pour lui toutes les substances sont des monades ou des forces simples, mais il n'y a pas deux monades semblables, car il serait impossible de les concevoir par deux idées distinctes. L'étendue ou l'amplitude de l'activité, différente pour chaque monade, constitue son essence individuelle. Êtres simples, les monades n'occupent point d'espace, si ce n'est peut-être un point géométrique.

Tout d'abord l'activité plus ou moins grande des monades les partage en plusieurs classes. Il y a la monade infinie, Dieu, dont l'activité est sans limite. Viennent ensuite les monades douées de conscience et de raison, qui sont les âmes humaines, puis les âmes des animaux ou monades douées de conscience et de mémoire, et enfin les monades douées seulement de perceptions confuses qui composent le monde des corps.

Les monades corporelles sont faites pour être associées. Elles sont en nombre infini dans chaque corps et même dans chaque partie de chaque corps. Elles se touchent, car il n'y a pas de vide dans le monde. Toute leur activité s'épuise sur elles-mêmes; causes de leurs propres modifications, elles n'exercent les unes sur les autres aucune action réciproque. Cependant elles ne sont pas pour cela isolées : en vertu d'une admirable harmonie, œuvre de la sagesse et de la puissance divine, chaque monade se trouve toujours en parfaite correspondance de situation avec toutes les autres. De la sorte chaque état d'une monade représente l'ensemble de l'univers dont il est un élément harmonique; ce sont ces états représentatifs que Leibnitz appelle les *perceptions* des monades. Le monadisme de Leibnitz est étroitement lié à l'ensemble de son système philosophique.

**Monadisme de Boscowich.** — Boscowich, jésuite autrichien, rejetant l'harmonie préétablie de Leibnitz, reconnaît que les monades doivent agir les unes sur les autres. Elles exercent même, selon lui, cette action à distance par une double force d'attraction et de répulsion, qui les maintient en présence sans qu'il y ait contact.

**Dynamisme de Kant.** — Les Allemands regardent Kant comme l'auteur du véritable dynamisme. Comme Boscowich il admet dans les éléments des corps les deux forces d'attraction et de répulsion pour expliquer comment leurs parties restent unies tout en demeurant cependant les unes en dehors des autres. Mais il y a autre chose dans chaque corps que la multiplicité des parties, on y trouve une forme particulière qui doit se développer d'après les lois et sous l'impulsion d'une *force plastique* spéciale à chaque être. C'est en introduisant cette force plastique dans chaque corps en plus des forces communes à tous les éléments matériels que Kant a complété la théorie dynamiste.

**Difficultés que soulève le dynamisme.** — Le monadisme de Leibnitz étroitement lié à son système général de philosophie est attaquable comme plusieurs des principes généraux de ce système, ainsi qu'on le verra plus tard dans l'histoire de la philosophie. Par ailleurs le monadisme, qui expliquerait suffisamment la divisibilité des corps et les transformations chimiques, nous semble incapable d'expliquer l'étendue que possèdent les corps. Par elle-même et indépendamment de son action sur un objet étendu, une substance simple n'occupe aucune portion de l'espace. Tant que l'âme humaine est unie à un corps et agit sur lui, elle occupe le même espace que ce corps, mais séparée de lui par la mort elle n'a plus de lien. Comment des monades qui n'occupent aucune partie de l'espace peuvent-elles former un corps qui commence ici et finit là? Leibnitz les localise en un point géométrique, mais le point géométrique n'a pas de dimensions, c'est une abstraction. Cette difficulté n'existe pas pour les philosophes qui font de l'étendue une impression purement subjective; rien n'empêche que cette impression soit produite dans l'âme par l'action sur nous de forces inétendues. Il en est autrement pour ceux qui comme nous font de l'étendue une réalité objective; le monadisme ne saurait être à leurs yeux une explication suffisante de la matière.

### III. — *Atomisme dynamique.*

Les doctrines chimiques actuellement en cours semblent appuyer un système mixte d'atomisme dynamique. Des atomes pondérables, indivisibles par l'action des forces créées, égaux en poids, mais de formes différentes, doués d'une force attractive appelée affinité et qui n'est ni semblable ni d'égale intensité dans tous les atomes, se réuniraient en proportions variées sous l'empire de cette force, tout en obéissant à l'action puissante d'une matière impondérable, principal agent des modifications que subit la matière pondérable. Cette explication, qui n'est guère qu'un énoncé des faits constatés par la science, est loin de renfermer le dernier mot de l'explication de la matière.

La question de l'essence de la matière reste donc ouverte et tout porte à croire qu'elle sera longtemps encore insoluble.

## III.

### Les êtres vivants. La vie. — Principe de la vie.

**Caractères généraux des êtres vivants.** — Les êtres vivants se distinguent des êtres inanimés par un certain nombre de caractères très tranchés.

*Origine.* — Les êtres vivants tirent leur origine d'êtres semblables à eux; ils ont des ancêtres et une naissance. Les corps bruts se forment par le rapprochement de molécules élémentaires que l'affinité réunit conformément aux lois physiques et chimiques.

*Accroissement.* — Les êtres vivants ont un accroissement restreint, dont les limites varient avec les espèces d'êtres; cet accroissement s'opère de dedans en dehors par l'assimilation de substances étrangères ou la *nutrition*. Les êtres inorganiques croissent par la *juxtaposition* de parties nouvelles, sans qu'aucune limite soit fixée à leur croissance.

*Durée.* — Les êtres vivants sont également limités dans leur durée. Trois périodes se partagent cette durée : ils croissent ou se développent, l'assimilation étant supérieure à la simple réfection des organes; ils restent, ensuite plus ou moins stationnaires, la nutrition contrebalançant l'usure; enfin ils déclinent, la nutrition ne compensant plus les pertes. — Les corps bruts une fois formés peuvent durer indéfiniment et leur durée ne se décompose pas en périodes de nature différente.

*Forme. Structure.* — Les êtres animés affectent les formes les plus variées, où dominent les lignes et les surfaces courbes. Ils se composent de parties distinctes, formées d'éléments variables, que l'on appelle des *organes* et qui servent à des actes ou *fonctions*. Les minéraux, dans leur état de pureté ou de cristallisation, affectent des formes géométriques à surfaces planes terminées par des arêtes en lignes droites. Leur masse est homogène et la même dans toutes ses parties.

*Composition chimique.* — La composition chimique des êtres vivants est beaucoup plus complexe que celle des êtres inanimés, mais ce qui distingue surtout la matière vivante des corps bruts c'est le peu de fixité de ses combinaisons moléculaires. Tout est mouvement dans l'être vivant, ses organes s'altèrent et se reproduisent sans cesse tant que dure la vie. La stabilité et la fixité sont au contraire les caractères des combinaisons chimiques des êtres inanimés.

Sous une forme plus brève et qui résume ce qui précède, on peut dire que les êtres vivants sont ceux qui naissent, se nourrissent et se reproduisent.

**Nature de la vie.** — Les êtres vivants sont d'espèces bien diverses : les plantes, les animaux, les hommes, Dieu méritent aux yeux de tous, quoique à des titres divers, cette dénomination. Qu'ont-ils donc de commun ? Quel est l'objet de cette simple notion, la vie, dégagée de tout ce qui peut la spécifier dans une espèce d'êtres déterminée ?

La vie est une activité immanente par laquelle un être se dirige lui-même vers la fin que la nature lui a fixée. *Illa proprie sunt viventia, quæ seipsa secundum aliquam speciem motus movent* (S. Thom., 1, q. 18, a. 1). Expliquons en quelques mots cette définition. — 1. Avant tout la vie est une activité en exercice, une série d'opérations : la plante, l'animal, l'homme ne vivent qu'autant qu'ils agissent, et nous les déclarons morts quand nous ne pouvons plus surprendre en eux aucun mouvement, aucune opération. — 2. Mais pour que l'activité soit vitale, il faut qu'elle procède du dedans, qu'elle ait son principe dans l'être mû. Je ne crois pas à la vie de l'animal dont l'électricité agite les membres, j'attends à me prononcer que des mouvements spontanés se produisent en lui, et j'étends au contraire métaphoriquement la vie à des êtres inanimés qui, comme les eaux vives du ruisseau, semblent se mouvoir d'eux-mêmes. — 3. L'activité vitale est immanente : elle a son terme comme son principe dans l'être vivant ; elle procède de lui, elle s'applique à lui pour le développer et le conduire à sa fin. —

4. L'activité qui constitue la vie change par conséquent de nature avec la fin à laquelle l'être vivant est destiné : elle est toute organique dans la plante, toute spirituelle en Dieu, mixte dans l'homme. Mais à quelque degré qu'on l'envisage, qu'elle soit action motrice ou pensée, l'activité vitale est toujours une activité immanente par laquelle l'être vivant se meut, c'est-à-dire se développe lui-même. Cette définition applicable à tous les êtres vivants exprime donc bien la nature commune dans laquelle ils s'unissent et la propriété générale qui les rapproche.

Mentionnons cependant, pour en faire ressortir les défauts, les définitions les plus célèbres de nos physiologistes modernes. « La vie est le résultat des efforts conservatoires de l'âme. » *Stahl*. — « La vie est l'ensemble des phénomènes qui résistent à la mort. » *Bichat*. — « La vie est la correspondance de l'être et de son milieu. » *Herbert Spencer*. — « La vie est une collection de phénomènes qui se succèdent pendant un temps limité dans un corps organisé. » *Richerand*. — Toutes ces définitions ont le défaut commun de ne s'appliquer qu'à la vie organique. De plus celles de Stahl et de Bichat sont négatives, elles définissent la vie par l'idée de la mort. Celle de Spencer confond les conditions de la vie avec la vie elle-même. Enfin celle de Richerand n'indique pas assez clairement que l'action vitale doit procéder d'un principe intrinsèque à l'être vivant.

**Les degrés de la vie.** — La vie se produit à trois degrés différents : elle est végétative, animale et raisonnable. La vie végétative comprend les fonctions de nutrition et de reproduction. Elle se définit : l'activité par laquelle un corps organique se nourrit, se développe et engendre son semblable. C'est en examinant les plantes, dans lesquelles elle existe seule, qu'on peut mieux se faire une juste idée de ses opérations essentielles. — La vie animale se compose des fonctions de relation, c'est-à-dire des perceptions, des appétits, des sensations et des mouvements musculaires. Elle suppose la vie végétative à laquelle elle s'ajoute en la modifiant. C'est dans les animaux où une activité supérieure ne vient pas se combiner avec elle qu'il convient de l'étudier. — La vie raisonnable consiste dans l'activité intellectuelle et volontaire. En Dieu elle est indépendante des deux degrés inférieurs, mais elle s'unit à eux dans l'homme et prend leurs fonctions pour base de son propre développement.

**Le principe de la vie.** — L'activité vitale a nécessairement une cause ; ses actes ne s'expliquent que par une force capable de les produire, et cette force est ce qu'on appelle le principe vital. Mais si l'existence de ce principe est certaine, sa nature donne lieu à bien des controverses. Nous les exposerons dans la métaphysique de l'esprit, en traitant de l'âme humaine. Pour le moment nous nous bornerons à quelques mots sur le principe de la vie dans les végétaux et dans les animaux.

**Le principe vital des plantes.** — Quel est le principe de la vie dans les végétaux ? Descartes répond que ce sont les forces de la matière inorganique ou forces cosmiques. Agissant dans les conditions toutes spéciales que leur fait l'organisme des végétaux, ces forces y produisent des effets spéciaux et distincts de ceux qu'elles produisent dans les minéraux. Cette opinion de Descartes est rejetée par la plupart des philosophes qui ne croient pas pouvoir expliquer la croissance et la reproduction de végétaux d'après des types fixes et invariables au moyen des seules forces cosmiques. A ces agents s'unissent d'après eux d'autres forces exclusivement propres aux êtres vivants et qui varient avec leurs espèces : ces forces vitales n'exigent pas dans les plantes un sujet distinct des organes ; elles résident dans les tissus et leur sont inhérentes.

**Principe vital des animaux, des bêtes.** — Pour des raisons analogues à celles que nous ferons valoir en parlant du principe de la vie dans l'homme, il convient d'attribuer les différents phénomènes vitaux — vie végétative et vie animale — dont l'animal est le théâtre à un principe unique, substantiellement distinct des organes. C'est ce principe que les philosophes, aussi bien que le vulgaire, appellent l'âme des bêtes.

*Nature de l'âme des bêtes.* — Parmi les anciens et les

scolastiques, plusieurs ont regardé l'âme des bêtes comme divisible, quelques-uns même comme étant composée de parties hétérogènes. D'autres, parmi lesquels saint Thomas, distinguaient entre les animaux des espèces supérieures et ceux des espèces infimes; ils accordaient que l'âme de ces derniers était divisible, mais soutenaient que celle des premiers était simple et indivisible. Aujourd'hui on s'accorde généralement à reconnaître que le principe de toute vie animale doit être une substance simple et indivisible. N'avons-nous pas en effet reconnu l'impossibilité de la sensation et de l'appétit dans un sujet composé de parties? Et cette incompatibilité qui tient à la nature de la sensation ne reste-elle pas la même, qu'il s'agisse de l'animal ou de l'homme? L'âme des bêtes est donc simple, mais elle n'est pas un esprit, parce qu'elle n'est pas douée de la faculté de penser, et elle demeure ainsi essentiellement distincte de l'âme humaine.

*Destinée de l'âme des bêtes.* — Simple et par conséquent indécomposable, l'âme des bêtes est indestructible par nature. Elle pourrait donc subsister après la dissolution du corps qui lui est uni. Mais il ne répugne pas non plus que Dieu l'anéantisse, les raisons morales qui demandent la survivance de l'âme de l'homme n'ayant ici aucune application. Le fait-il ou bien les conserve-t-il pour animer de nouveaux corps? C'est une question que la philosophie est impuissante à résoudre.

## IV.

### Fixité des espèces.

Lorsqu'on a distribué dans une classification régulière les innombrables groupes d'êtres vivants, il est impossible de ne pas admirer la gradation suivant laquelle la vie va se développant et se perfectionnant depuis les espèces infimes jusqu'aux plus parfaites. L'adage connu se vérifie : *Natura non facit saltus.* C'est par degrés et comme insensiblement que les espèces s'échelonnent, nous allions dire se préparent. Mais si elles ont des rapports qui les rapprochent, les espèces offrent aussi des différences qui les séparent; chacune d'elles est une essence ou un type qui demeure immuable malgré les variations accidentelles et de surface qui tout d'abord pourraient faire illusion. Tous les êtres vivants viennent d'êtres essentiellement semblables à eux; la même variété d'espèces qui existe maintenant a dû se rencontrer à l'origine et ne s'explique que par l'action créatrice de Dieu. Cette immutabilité des espèces a été niée par plusieurs savants, non peut-être sans une préoccupation d'ordre religieux : on pensait pouvoir par là se passer de Dieu dans l'explication du monde. Les principales tentatives faites en ce sens sont l'hétérogénie, le transformisme et le monisme.

**Les générations spontanées.** — La théorie des générations spontanées suppose que certains êtres vivants, plantes ou animaux, dont l'organisme est très rudimentaire, ont pu sortir directement de la matière inorganique sous la seule influence des forces physiques et chimiques et sans l'intervention d'aucun autre être vivant.

Cette conception des générations hétérogéniques, appliquée à l'organisme très élémentaire de quelques plantes ou de quelques animaux (mais non à l'âme de ces animaux) n'offre en soi rien de contradictoire ou d'intrinsèquement impossible.

Encore faudrait-il admettre l'action créatrice de Dieu pour expliquer et la matière brute et les forces vitales dont elle serait le sujet. C'est dans ce sens que certains docteurs chrétiens ont admis les générations spontanées, alors qu'en l'absence des instruments d'optique que nous possédons aujourd'hui l'apparition de certains animalcules semblait indépendante de germes préexistants.

Si elle n'est pas contradictoire dans les termes, l'hétérogénie est-elle l'expression de la réalité? En fait y a-t-il des générations spontanées? Soutenues par plusieurs savants, ces générations ont été combattues par d'autres. Il nous est impossible de relater ici les observations apportées en preuve dans les deux sens; qu'il nous suffise de dire que les expériences de M. Pasteur semblent avoir été décisives contre l'hétérogénie et que les générations spontanées sont communément rejetées aujourd'hui comme une hypothèse que rien n'autorise et qui est renversée par des faits bien constatés.

**Le transformisme.** — La vie vient donc de la vie. *Omne vivum ex vivo*. Mais si la vie ne peut sortir du simple minéral, ne peut-elle du moins se perfectionner indéfiniment, et montant d'échelon en échelon passer du degré le plus humble au plus élevé? C'est ce qu'affirme le transformisme dont la forme la plus célèbre est due à Darwin.

Darwin cherche à prouver : 1° que les êtres vivants perfectionnent constamment la nature qu'ils ont reçue; 2° que leur constitution peut s'enrichir de nouveaux organes qu'ils transmettent par la génération; 3° que des espèces qui offrent entre elles des différences profondes peuvent avoir néanmoins une même origine.

1° Les espèces vont en se perfectionnant grâce à la double loi de la *concurrence vitale* et de la *sélection naturelle*. Les êtres vivants se disputent une nourriture d'ordinaire insuffisante; dans cette lutte pour la vie, les plus imparfaits, les moins bien armés doivent disparaître. De même les individus les plus parfaits de chaque espèce vivant plus longtemps que les autres contribuent davantage et dans de meilleures conditions à la reproduction du type spécifique.

2° Bien des causes peuvent déterminer la production de nouveaux organes dans un être vivant. L'influence du milieu, des actes répétés qui engendrent des habitudes, des besoins, des instincts, des *variations spontanées* dues à des causes accidentelles et qui sont transmises héréditairement, tout cela explique facilement des modifications organiques. Ces modifications s'accentuent encore par suite des lois de *corrélation* et de *symétrie*. Il y a harmonie entre les organes d'un même corps, si l'un d'eux vient à être modifié, tous les autres tendent à se mettre en corrélation avec lui. Certains organes sont symétriques (ailes, nageoires, etc.), qu'une cause quelconque provoque l'apparition de l'un d'eux, aussitôt l'autre apparaîtra sur la partie symétrique du corps.

3° Enfin la loi de *divergence* explique les différences profondes qui peuvent séparer deux espèces malgré leur commune origine. Plus les espèces d'êtres vivants se rapprochent par leurs caractères et plus semblable est la nourriture dont elles ont besoin. La lutte pour la vie étant plus grande entre elles, les unes ou les autres doivent disparaître, et c'est ainsi que les espèces vont en différant de plus en plus.

Tel est dans ses lignes principales le transformisme de Darwin.

En soi et indépendamment de toute forme particulière le transformisme n'implique pas contradiction, à la condition toutefois d'être limité à un même règne, car vouloir faire sortir l'animal de la plante ou l'homme de la brute est chose intrinsèquement impossible. C'est là un premier tort du darwinisme, qui par ailleurs est un système entièrement hypothétique et démenti par les faits. Les prétendues lois de Darwin sont de simples hypothèses, très insuffisantes d'ailleurs pour expliquer la première apparition de chaque organe nouveau. La physiologie contredit le système en constatant l'immutabilité des espèces depuis les temps les plus reculés. La paléontologie elle-même, tout en nous montrant des espèces disparues, ne nous offre aucun spécimen des espèces intermédiaires entre celles-là et les êtres actuels. Donc le transformisme de Darwin manque de base. Constatons aussi que la vérité de ce système n'entraînerait pas logiquement la négation de Dieu. Dieu serait toujours la seule cause possible des types primitifs dont les développements variés constitueraient la flore et la faune de l'univers.

**Monisme.** — Un dernier système, le monisme, ainsi appelé parce qu'il ne reconnaît qu'un seul principe des choses, enseigne que la matière, dont l'existence est éternelle, est essentiellement douée d'une force dont l'évolution progressive amène successivement à l'existence toutes les formes d'êtres. La matière minérale est ainsi devenue d'abord matière organique, puis matière organisée et successivement êtres vivants de toutes sortes. Hœckel est l'auteur de ce système, qui diffère du transformisme en ce que son évolution provenant d'une force intrinsèque à la matière se produit nécessairement et en dehors de toute cause accidentelle. Plus radical que les systèmes précédents, le monisme est encore plus inacceptable qu'eux, aussi trouve-t-il peu de partisans.

C'est donc sans résultat que la fixité des espèces a été attaquée et jusqu'ici elle s'impose comme un fait scientifique hors de doute.

# PSYCHOLOGIE RATIONNELLE.

## MÉTAPHYSIQUE DE L'ESPRIT.

### CHAPITRE I.

#### Nature de l'ame.

**Objet de la psychologie rationnelle.** — Il ne suffit pas d'analyser et de classer les faits de conscience, il faut encore étudier en elle-même la force substantielle qui est tout à la fois leur principe et leur sujet, c'est-à-dire l'âme, et par des raisonnements basés sur ces mêmes faits, déterminer sa nature, son origine, son mode d'union avec le corps et sa destinée future. Tel est l'objet de la psychologie rationnelle.

**Définition de l'âme humaine.** — L'âme humaine peut se définir : une force substantielle, simple et spirituelle, principe unique de la vie dans l'homme. Que le principe des faits psychologiques soit une force substantielle, c'est de toute évidence, puisque sans cela les faits de conscience seraient des effets sans cause et des modes sans sujet, ce qui répugne absolument à la raison. Seuls, les sensualistes, qui ne voient dans la substance que la collection des propriétés ou des modes, et les positivistes, qui la relèguent parmi les fantômes métaphysiques et les entités verbales, y contredisent, et comme ils sont réfutés, soit dans la question de l'origine des idées, soit dans la métaphysique générale, nous regardons cette première partie de la définition de l'âme comme démontrée, et nous nous contenterons de justifier les deux dernières, à savoir : 1° que l'âme est simple, 2° que d'elle seule procède toute activité vitale dans l'homme.

### ART. I. — Simplicité de l'ame.

#### I. — *Définitions.*

L'être simple ou *immatériel* est celui qui n'est pas composé de parties. L'être *spirituel* ajoute à l'immatérialité l'intelligence et la volonté libre, et par suite il est une force consciente d'elle-même, *vis sui conscia*.

L'âme est-elle un esprit? Il y a dans l'homme un principe d'action doué de conscience, une force intelligente et libre; c'est évident et les adversaires les plus acharnés de la spiritualité de l'âme ne peuvent le nier. Mais ce principe est-il simple? Tel est l'objet du débat entre les spiritualistes et les matérialistes.

On appelle *spiritualisme* la doctrine qui admet dans l'homme, sous le nom d'âme, un principe simple essentiellement distinct du corps, capable par conséquent de lui survivre, auquel se rapportent tous les actes de la vie intellectuelle et morale, et au-dessus de l'homme et de la nature, un principe supérieur, simple aussi, que l'on appelle Dieu, et qui se distingue du monde comme l'âme se distingue du corps. — Le *matérialisme,* du moins le matérialisme moderne, est au contraire la doctrine qui rejette toute distinction substantielle entre l'âme et le corps, et ne voit dans l'homme que de la matière. L'organisation merveilleuse de notre corps constitue d'après lui toute la nature humaine; c'est elle qui par sa perfection rend l'être matériel capable des phénomènes supérieurs de la pensée, — la pensée s'entendant ici de tous les faits de conscience, — et la mort en la détruisant anéantit l'homme tout entier. L'âme, si l'on veut conserver ce mot, est une *abstraction*, l'organisation du corps. De même que la vie intellectuelle et morale est inhérente au corps et s'explique par lui seul sans le concours d'un principe étranger, le monde a aussi en lui-même sa raison d'être, et un Dieu créateur et premier moteur est une *hypothèse* qu'aucune nécessité ne justifie.

Laissant à la théodicée le soin de prouver l'existence de Dieu, nous allons établir la thèse spiritualiste sur l'existence de l'âme et réfuter les objections générales qu'y oppose le matérialisme.

## II. — *Thèse spiritualiste.*

Le corps et l'âme sont deux substances parfaitement distinctes l'une de l'autre.

**Première épreuve, les attributs de l'âme.** — Les attributs essentiels de l'âme sont l'opposé de ceux du corps. L'âme est substantiellement une ou simple, elle est identique et douée d'activité libre. Le corps est composé de parties, sa substance se renouvelle incessamment, il est inerte et soumis à des lois fatales. Or une même substance ne peut présenter des attributs contradictoires. Donc l'âme est distincte du corps.

Les attributs du corps étant évidents et reconnus des matérialistes eux-mêmes, il nous suffira pour établir cette preuve de démontrer l'existence dans l'âme des attributs opposés.

**Unité substantielle ou simplicité de l'âme.** — Notion de l'unité. — L'unité en général c'est l'indivision, c'est-à-dire l'état d'un être qui n'est pas divisé en plusieurs parties. Il y a plusieurs sortes d'unités; deux surtout intéressent la question présente : l'unité substantielle et l'unité organique. L'unité substantielle ou simplicité est la plus parfaite; elle exclut jusqu'à la possibilité d'une division, l'être simple n'étant pas composé de parties. L'unité organique est celle qui convient à un organe vivant, lequel, malgré les parties multiples dont il est composé, agit *per modum unius* et ne forme qu'un seul et même principe d'action.

L'AME EST SUBSTANTIELLEMENT UNE. — L'âme est une, non d'une unité organique, mais d'une unité substantielle; la conscience le constate, et au besoin le raisonnement le démontre.

*Preuve de conscience.* — L'unité du moi est avant tout un fait de conscience. Le principe de la pensée n'est pas un nombre, une collection d'organes, un agrégat de parties distinctes et coordonnées; mais un seul être, un principe unique.

La multiplicité de ses opérations ne le divise pas : il ne sent pas par une de ses parties, ne pense pas par une seconde, ne veut pas par une troisième; c'est le même être qui tout entier est tour à tour émotion, pensée, volition. Son unité ne s'arrête pas à l'indivision actuelle, elle exclut formellement toute possibilité de division future. Quelque application que je mette à me connaître moi-même, je ne puis distinguer en moi aucune partie et le sentiment que j'ai de mon individualité se refuse à tout fractionnement. Un moi divisible en plusieurs éléments répugne absolument à ma conscience, et son unité est si parfaite qu'elle devient pour moi le type duquel je rapproche et par lequel j'apprécie toutes les autres unités. Les matérialistes dénaturent ce témoignage de la conscience; c'est pourquoi bien qu'il soit très suffisant, nous allons le confirmer par la preuve sans réplique que fournit le raisonnement.

*Preuve de raisonnement.* — L'unité de la conscience est absolument impossible dans un sujet composé de parties; donc aucun des phénomènes de la vie intellectuelle et morale ne peut être la fonction d'un corps.

Considérons d'abord la pensée. Si elle appartient à un sujet composé de parties : ou bien chacune des parties de cet organe pensant connaîtra l'objet entier, et alors il y aura plusieurs connaissances totales du même objet, ce qui est contraire à l'expérience; ou bien la pensée se fractionnera dans les différentes parties de l'organe pensant, et alors la connaissance totale et une ne sera nulle part, ce qui est également démenti par les faits; ou bien enfin les éléments épars de la connaissance seront centralisés par une seule partie, et alors, ou bien cette partie centrale est simple et il demeure avéré que le vrai sujet de la pensée est simple, ou bien elle est elle-même composée et les difficultés recommencent.

Le même raisonnement s'applique aux émotions de la sensibilité : si l'émotion appartient à un corps, toutes les parties de ce corps jouissent ou souffrent, et dans ce cas il y a autant d'émotions que de parties distinctes, ce qui est contraire à l'expérience; ou bien l'émotion se partage entre toutes les parties du corps et l'on a des fractions d'émotion, ce qui est absurde; ou bien enfin les émotions partielles se réunissent dans un même centre simple pour former l'émotion totale et une, ce qui rend superflus les fragments d'émotions supposés auparavant.

La simplicité des actes libres est encore plus frappante : il n'y a en nous ni plusieurs volitions simultanées du même acte, ni plusieurs fractions de la même volition, mais une même volition simple qui ne peut émaner que d'un sujet non composé de parties.

Donc le raisonnement, non moins que la conscience démontre que l'unité du principe pensant est l'unité substantielle, la simplicité.

**Identité de l'âme.** — NOTION DE L'IDENTITÉ. — L'identité est la propriété que possède un être de rester le même (*idem ens, eadem entitas*) aux divers instants de sa durée. Elle tient de près à l'unité et n'en est de même qu'un aspect particulier : c'est l'unité considérée dans le temps. Un être qui ne demeurerait pas identique ne serait plus *un* même être, mais *plusieurs* êtres successifs. On distingue l'identité réelle ou de substance et l'identité apparente ou de ressemblance. L'être réellement identique n'éprouve aucun changement dans sa substance ; l'être identique en apparence conserve le même aspect, le même ordre de parties, mais les parties elles-mêmes se renouvellent sans cesse.

L'ame est réellement identique. — L'âme n'est pas identique seulement en apparence ; elle l'est rigoureusement dans sa substance.

*Preuve de conscience.* — La conscience aidée de la mémoire l'atteste tout d'abord. Je sens intimement que je suis actuellement le même que j'étais hier et que j'ai été aux différentes époques de ma vie passée. On me dit que mon corps change perpétuellement et je l'admets sans peine ; mais je me refuse absolument à croire que tout change en moi. Mille variations se produisent dans mon âme elle-même : je n'ai plus mes idées, mes goûts, mes sentiments d'enfant ; néanmoins je demeure convaincu que cette transformation apportée par l'âge s'arrête aux phénomènes, et que le principe qui les produit demeure identique, tout en se manifestant d'une manière différente. La continuité de notre être est donc vivement sentie.

*Preuve du raisonnement.* — Si l'on rejette l'identité substantielle de l'âme, le souvenir devient impossible. Autant vaudrait dire dans ce cas que je puis me rappeler les pensées de l'un de mes semblables, puisque je ne leur suis pas plus étranger que je ne le serais à moi-même aux diverses époques de ma vie. Sans identité la joie de la conscience et le remords ne se comprennent plus : les actes d'autrui peuvent me réjouir ou m'attrister, mais il m'est impossible raisonnablement de m'en féliciter ou de m'en repentir. Enfin dans cette hypothèse, la punition des crimes passés serait souverainement injuste, puisqu'elle atteindrait un autre que le coupable. L'âme est donc bien rigoureusement et substantiellement identique.

**Activité libre de l'âme.** — L'âme est une force, force libre et force motrice ; sous ce double rapport elle se distingue des organes. La matière est partout soumise à des lois nécessaires et le corps humain est également régi par elles dans les phases principales de son développement et de son déclin, aussi bien que dans les plus menus détails de sa vie quotidienne. L'âme au contraire est douée d'activité libre, d'une activité qui ne reçoit son impulsion d'aucune source étrangère, mais qui se meut elle-même, suspend à son gré son mouvement pour le reprendre ensuite, lui donne la direction qu'il lui plaît et le produit dans la mesure qui lui convient. Combien distinctes sont ces deux forces : l'une nécessitée, dépendante d'une loi invariable; l'autre libre, autonome, maîtresse absolue de son action! — Les corps sont inertes; ils ne peuvent entrer d'eux-mêmes en mouvement, ni interrompre celui qui leur est imprimé du dehors. L'âme au contraire possède une force motrice par laquelle elle communique à son corps le mouvement local dont il est naturellement privé. La preuve que cette activité motrice appartient à un principe distinct des organes, c'est que son sujet a conscience de l'effort qu'il déploie et de la résistance qu'il éprouve. L'âme meut, le corps est mû; l'âme commande, le corps obéit : quoi de plus distinct! Et s'il advient, en vertu des lois fatales auxquelles il est soumis, que le corps ne puisse plus servir d'instrument à l'âme, la distinction des deux substances s'accuse plus manifestement que jamais; les actes de l'âme, la volonté, l'effort restent les mêmes, le corps seul a changé.

Donc l'âme a des attributs diamétralement opposés à ceux du corps; donc elle se distingue substantiellement de lui.

**Deuxième preuve : Consentement général.** — On ne peut nier la distinction substantielle de l'âme et du corps, sans se mettre en opposition avec le consentement universel du genre humain. Toutes les langues en effet contiennent des termes différents pour désigner l'âme et le corps ainsi que leurs propriétés respectives; les institutions publiques de tous les peuples, leurs religions, les erreurs mêmes d'un grand nombre d'entre eux impliquent aussi cette distinction. Or comme il s'agit ici d'une vérité morale de la plus haute importance, il faut admettre la compétence du genre humain et reconnaître toute autorité à son témoignage.

**Troisième preuve : Conséquences du matérialisme.**
— Les conséquences logiques et historiques du matérialisme nous fournissent encore une preuve de la spiritualité de l'âme, preuve indirecte, mais tout aussi concluante que les précédentes. Le matérialisme est contraint par son principe même de nier la liberté, le devoir, la vertu, Dieu lui-même, c'est-à-dire ce qui fait la grandeur de l'homme et la sauvegarde de la société. Aussi l'impiété et l'immoralité marquent-elles sa trace dans l'histoire. Ces conséquences se déduisent si aisément de son principe que nous ne nous arrêterons pas à les développer.

Donc l'âme est bien réellement et substantiellement distincte du corps.

## III. — *Objections matérialistes.*

Le matérialisme contemporain affecte des allures scientifiques : il s'appuie sur les découvertes récentes de l'observation physiologique, et donne sa négation de l'âme comme la conséquence rigoureuse de faits nouvellement et scientifiquement constatés. Nous ne le suivrons pas, faute d'espace, dans les détails techniques dont il surcharge sa thèse, et nous réfuterons seulement ses objections générales, auxquelles du reste se réduisent en réalité toutes les autres. Ces objections sont au nombre de trois : la correspondance de la vie morale et de la vie organique, la perfection que l'organisation peut conférer à la matière, les propriétés ignorées de la substance corporelle.

**1° Correspondance de la vie morale et de la vie organique.** — A tous les degrés du règne animal on remarque une correspondance étroite entre le développement psychologique et le développement organique. Aux organismes les plus imparfaits correspondent de vagues sensations, de grossiers besoins ; à mesure que l'organisme se complique, les sens se multiplient, les sensations se précisent, les appétits se distinguent et l'instinct s'approche de l'intelligence, celle-ci, d'abord douteuse, devient bientôt incontestable, puis elle grandit jusqu'à l'homme dans lequel l'organisme atteint aussi son plus parfait développement. Ce parallélisme continue dans l'espèce humaine elle-même : la race, l'âge, la santé, les maladies, le régime, le climat, en un mot tout ce qui influe sur les fonctions du corps, influe dans la même proportion sur les opérations de l'âme. Or entre deux substances différentes la correspondance ne serait pas si exacte ni le parallélisme si parfait. Donc le corps et l'âme ne sont pas deux substances distinctes, mais une seule et même substance.

Admettons pour un instant la réalité d'une concordance rigoureuse entre le développement physique et le développement intellectuel et moral. En résulterait-il nécessairement que le corps et l'âme ne sont pas distincts? Nullement, car l'union étroite de ces deux substances, reconnues des spiritualistes, expliquerait suffisamment la correspondance de leur développement. Mais les faits allégués sont-ils bien réels, et le parallélisme objecté est-il bien constant? Ce point est capital, car une seule exception bien constatée ruine sans retour l'hypothèse matérialiste. Si l'âme et le corps sont identiques, il est métaphysiquement impossible que la première atteigne son développement longtemps avant le second, et que celui-ci, n'offrant guère plus qu'une ruine, l'âme soit encore en possession de toutes ses facultés. Or ce n'est pas une, c'est mille exceptions qui s'offrent de toutes parts. Pour ne parler que de l'homme, combien d'intelligences étroites et bornées sont associées aux corps les plus vigoureux et les plus développés, tandis que dans un corps chétif et grêle se rencontrera un esprit supérieur? Chez quelques enfants l'intelligence précoce devance de beaucoup le développement physique, et de nombreux vieillards conservent, malgré l'affaiblissement de leurs organes, une lucidité et une jeunesse d'esprit remarquables. Enfin la joie et le bonheur n'accompagnent pas toujours la santé du corps, tandis que plus d'un cœur héroïque a pu goûter une joie pure et vive au milieu des souffrances physiques les plus cruelles. Donc la correspondance entre le physique et le moral est une loi générale qu'explique l'union étroite du corps et de l'âme, mais qui admet de nombreuses exceptions, parce que ces deux substances sont distinctes l'une de l'autre et que chacune d'elles a ses lois spéciales.

**2° Perfection apportée par l'organisation.** — Le principal argument spiritualiste tiré de l'unité, de l'identité et de l'activité de l'âme n'a, dit-on, aucune valeur, car si ces attributs font défaut à la matière brute, l'organisation les apporte avec elle. L'organisme est un d'une unité profonde, malgré la complexité et la diversité infinies des ressorts qui le composent. Ce qui le prouve, c'est l'unité de la fin à laquelle coopèrent harmonieusement tous ses mouvements et toutes ses fonctions. Il n'est pas moins identique. Qu'importe en effet que la substance du corps se renouvelle ou non? Cette matière qui s'écoule à toute heure n'est pas le corps lui-même. Le corps, c'est ce qui persiste, car il y a en lui quelque chose qui demeure, une forme qui préordonne et régit son développement, des lois personnelles ou héréditaires qui président à ses fonctions et rendent solidaires les uns des autres tous ses états successifs. Voilà le véritable corps, et ce corps ne change pas; il reste le même et demeure identique. Enfin l'organisme, doué de forces inconnues à la matière brute, devient capable de réaliser les plus étonnantes merveilles. Pourquoi donc, arrivé à un certain degré de perfection et de délicatesse, n'aurait-il pas la vertu de produire les phénomènes qu'on nomme psychologiques? Le cerveau pense comme l'estomac digère et comme les poumons respirent. « La pensée est inhérente à la substance cérébrale, tant que celle-ci se nourrit, comme la contractibilité aux muscles, l'élasticité aux cartilages » (Littré).

Cette objection n'est que spécieuse; reprenons pour le prouver chacun des attributs en question. L'unité du moi est un fait indubitable; toute la question est de savoir si cette unité est une résultante ou un fait indivisible. Mais si l'unité du moi est une résultante, la conscience que nous en avons est une résultante aussi; or comment comprendre que deux parties distinctes puissent avoir une conscience commune? Pour le matérialisme l'homme n'est qu'un automate, infiniment plus compliqué que les automates de l'art humain, mais au fond semblable à eux. Où pourra résider la conscience du moi dans une pareille machine? Accorder avec Diderot que chaque élément de la matière possède un commencement de conscience, une sorte de perception sourde, ce n'est pas avancer la question; car d'abord ces éléments devraient être simples; puis l'addition de ces consciences imparfaites, pour former une conscience unique et individuelle, est de toute impossibilité. L'unité perçue par le dehors peut être le résultat d'une composition; mais elle ne peut plus l'être quand elle se perçoit elle-même au dedans (P. Janet, *le Matérial. contemp.*).

L'explication que le matérialisme donne de l'identité ne s'élève pas au-dessus d'une identité de similitude. La forme est la même, les lois demeurent les mêmes; donc, conclurons-nous, les êtres qui se succèdent sont parfaitement semblables. Mais comment, avec l'écoulement continuel de la substance, expliquer la mémoire ou la responsabilité? La plus parfaite similitude ne peut identifier deux êtres ni rendre l'un responsable des actions de l'autre.

L'activité libre de la matière ne se justifie pas davantage par l'organisation. La juxtaposition des éléments matériels dans un ordre quelconque ne peut ajouter des forces de nature différente aux forces élémentaires d'attraction et de répulsion dont ils sont doués. L'organisme laissé à lui-même ne peut donc produire que des effets diversement complexes de ces forces élémentaires, ce qui ne nous amène même pas aux forces organiques, bien loin de nous conduire à l'activité morale.

Donc l'organisation est impuissante à donner au corps les attributs de l'âme, et les deux substances demeurent distinctes par suite de l'opposition de leurs propriétés.

**3° Propriétés inconnues de la matière.** — Chaque jour la science découvre dans la matière quelque propriété jusque-là ignorée; peut-être y trouvera-t-elle un jour la propriété de penser. Du moins, ainsi que le remarque Locke, ne peut-on refuser à Dieu le pouvoir de la lui donner. Donc il ne faut pas se hâter d'affirmer qu'il y a dans l'homme autre chose que le corps et ses organes.

Il n'est pas nécessaire de connaître toutes les propriétés d'un être pour lui en refuser quelque autre avec certitude; il suffit pour cela que celle qu'on lui refuse soit la contradictoire de celles qu'on lui connaît. Le principe de contradiction s'oppose en effet à ce qu'on réunisse dans un même être des propriétés qui s'excluent mutuellement. Or la pensée et l'étendue sont incompatibles; donc on ne découvrira jamais la première dans le corps qui possède essentiellement la seconde. La toute-puissance de Dieu, malgré son infinité, s'arrête devant l'impossible et l'absurde sans y trouver une limite; donc Dieu lui-même ne pourrait faire penser la matière.

Donc le matérialisme n'objecte rien de sérieux contre la spiritualité de l'âme et l'on serait en droit de s'étonner qu'il ait pu, à diverses époques, se faire de nombreux adeptes si l'on ne savait combien le cœur influe sur la raison pour l'entraîner loin de la vérité, et lui faire rejeter ce que lui-même redoute. La crainte des châtiments de la vie future a fait plus d'un matérialiste.

---

ART. II. — Unité du principe de la vie dans l'homme.

## I. — *Différents systèmes sur le principe vital.*

**Différents systèmes sur le principe vital.** — Quatre systèmes principaux prétendent expliquer la vie; ce sont : le mécanisme, l'organicisme, le vitalisme et l'animisme.

Mécanisme. — Les théories iatromécaniques, iatrophysiques, iatrochimiques suppriment tout principe vital distinct des forces de la matière organique. Les propriétés que l'on appelle vitales ne seraient au fond que des propriétés physiques ou chimiques diversement combinées ; c'est déjà démontré, ajoute-t-on, pour un grand nombre d'entre elles, et la preuve se fera pour les autres le jour où la science de la vie aura atteint son complet développement. Ce n'est même pas le seul fonctionnement de l'organisme, mais sa propre formation qu'il faut expliquer de la sorte. Les éléments qui le constituent s'associent en vertu des mêmes lois que les composés inorganiques, et certaines conditions de chaleur, de lumière, d'électricité, jointes aux affinités chimiques de différentes molécules minérales, suffisent à en déterminer la réunion sous forme d'organe. La vie ne suppose par conséquent ni dans son sujet, ni dans son développement, aucune force spécifiquement distincte des forces cosmiques, c'est-à-dire des forces des minéraux.

ORGANICISME. — L'organicisme distingue la force vitale des forces physiques et chimiques ; il les déclare même opposées les unes aux autres et fait consister la vie dans la lutte qu'elles se livrent. Les forces inorganiques finissent par l'emporter et font alors rentrer dans les lois générales de la matière les éléments que la force vitale avait réussi à leur dérober pendant quelque temps. C'est ce que l'on appelle la mort. Mais après avoir distingué la force vitale de la matière brute, cette école l'identifie avec les organes, et conséquemment la divise avec eux. Pour elle, la force vitale est inhérente aux tissus ; elle résulte de leur organisation même. Une certaine disposition moléculaire donne à la matière la puissance de se développer, de croître, de se reproduire et d'acquérir toutes les qualités que l'on attribue au principe vital. Née de l'organisation des tissus, la force vitale en est absolument inséparable et ne peut former un principe à part. Chaque organe ayant sa disposition spéciale a aussi sa force vitale particulière ; on peut même dire qu'il en est ainsi de chacune des cellules élémentaires qui composent les tissus. Le corps de l'homme est donc formé de milliers d'êtres vivants, qui concourent tous par leur vie propre aux fonctions générales du tout qu'ils composent. Bichat, Broussais, Rostan, ont été les principaux défenseurs de ce système qui est actuellement encore celui de l'École de médecine de Paris.

Vitalisme. — Le vitalisme rapporte tous les phénomènes vitaux à un principe unique, essentiellement et substantiellement distinct de la matière organisée. Ce principe se distingue également de l'âme pensante, en sorte que les phénomènes dont l'homme est le théâtre sont le résultat d'une double activité, le fruit de deux forces différentes. L'une, connue sous le nom d'âme, produit les phénomènes supérieurs que l'on appelle faits de conscience et que l'on étudie dans la psychologie expérimentale. L'autre, désignée sous le nom de principe vital, préside à la formation du corps et aux fonctions nutritives, c'est-à-dire à ces phénomènes inférieurs et organiques dont l'ensemble constitue ce que l'on appelle communément la vie et que l'on étudie en physiologie. Cette théorie *duodynamique*, soutenue par Barthez, Buffon, Jouffroy, est aujourd'hui encore la doctrine de l'École de médecine de Montpellier.

Animisme. — L'animisme admet comme le vitalisme l'unité du principe vital et le distingue comme lui de la matière organisée; mais il l'identifie de plus avec l'âme raisonnable, qui devient le principe unique de tous les phénomènes supérieurs ou inférieurs spirituels ou organiques, qui se passent dans l'homme. Les Pères de l'Église, les docteurs catholiques du moyen âge, le saint-siège, et parmi les philosophes contemporains, Stahl, Bouillier, etc., se sont prononcés pour ce dernier système, et avec raison, car si l'on ne peut au point de vue purement philosophique le regarder comme strictement démontré, il demeure cependant plus vraisemblable que tous les autres systèmes. C'est ce que nous allons établir en réfutant successivement le mécanisme, l'organicisme et le vitalisme.

## II. — *Le principe vital est distinct des propriétés des minéraux.*

On s'appuyait tout récemment encore, pour réfuter les explications physico-chimiques de la vie, sur l'impossibilité d'obtenir par les lois générales de la chimie une substance organique, c'est-à-dire des éléments minéraux combinés dans les proportions que présentent les corps organisés. Les progrès récents de la science ne nous permettent plus de faire valoir en entier cet argument : les chimistes ont enfin réussi à produire quelques substances organiques, et les résultats auxquels ils sont arrivés permettent de supposer qu'ils réaliseront un jour toutes les combinaisons effectuées par la nature. Mais il y a deux choses que les lois physiques ou chimiques n'expliqueront jamais : 1° la réunion des circonstances dans lesquelles se produit la substance organique ; 2° la disposition des éléments de chaque organe dans un ordre rigoureusement déterminé, d'après un plan fixe et en vue d'une fin générale. Or c'est la reconstitution incessante de tous les organes, conformément au même plan et dans l'unité d'une même fin, qui constitue la vie ; donc puisqu'elle n'offre aucune analogie avec les effets physico-chimiques du monde minéral, il faut de toute nécessité l'attribuer à des propriétés d'un nouveau genre, à une force spéciale, que l'on appellera la force vitale. Il y a donc dans les corps organisés d'autres agents que les forces physiques et chimiques.

## III. — *Le principe vital est distinct des organes.*

De nombreuses et puissantes raisons nous portent également à rejeter l'organicisme ; voici les principales :

1° Une résultante ne se conçoit que si elle est de même ordre que ses composants. Les combinaisons chimiques les plus remarquables par leurs propriétés nouvelles confirment ce principe, bien loin de le contredire. La couleur foncée qu'affecte la combinaison de deux gaz incolores, les propriétés vénéneuses de composés formés avec des éléments inoffensifs ou même bienfaisants, sont du même ordre que les propriétés auxquelles elles succèdent, et si l'on ne se rend pas bien compte de la transformation opérée, on la conçoit du moins comme parfaitement possible. Il n'en est pas ainsi de la force vitale vis-à-vis des propriétés physico-chimiques dont l'organicisme la fait venir. Cette force qui engendre et dispose des organes en vue d'une même fin, qui coordonne les fonctions en même temps qu'elle les sépare, n'a aucune analogie avec les affinités moléculaires du monde minéral, donc elle n'en est pas la résultante.

2° Fruit de l'organisation, la force vitale ne peut expliquer la première formation de l'organe auquel on la suppose inhérente. Rendra-t-elle mieux raison de sa réfection continuelle, qui évidemment est de même ordre et demande la même cause que la précédente? Donc la formation première et le renouvellement incessant des différentes parties d'un corps organisé, exigent en lui un principe différent de celui qui peut provenir de l'organisation elle-même.

3° Même en supposant dans un organe le pouvoir peu compréhensible de s'assimiler les molécules étrangères destinées à remplacer les parties usées, comment lui accorder celui de s'adjoindre d'autres organes distincts par leurs formes et par leurs fonctions? Dès lors, comment expliquer la réunion des différentes parties d'un même organisme et la formation à nouveau, dans certains animaux du moins, des parties de leur corps qu'un accident quelconque en a séparées? Il y a donc dans chaque animal un principe vital unique, qui procure dans certaines limites et dans certaines conditions l'intégrité de l'organisme et maintient dans leur état d'union les différentes parties qui le composent.

4° Le principe vital, s'il résulte de la disposition des parties, doit se multiplier avec les organes, et la perte de ces derniers doit entraîner nécessairement celle des fonctions qui leur sont propres. Le contraire cependant se produit assez souvent, et l'on peut voir certaines fonctions subsister dans l'animal après qu'il a perdu les organes correspondants. Dans ce cas un autre organe profitant en partie de la nourriture destinée à la partie détruite, la supplée dans l'économie générale après avoir pris un développement exceptionnel. N'est-ce pas la preuve qu'une même force préside à la vie et emploie à diverses fins les organes qui lui sont soumis, semblable à un bon ouvrier qui sait au besoin remplacer par un autre l'instrument qui lui fait défaut?

Ne voulant rien exagérer, nous ne prétendrons pas que ces raisons soient absolument décisives; nous croyons du moins pouvoir conclure que l'identité du principe vital et des organes est bien moins vraisemblable que leur distinction.

## IV. — *Le principe vital est identique à l'âme raisonnable.*

Distinct des forces inorganiques et aussi des organes, le principe vital n'est pas une seconde âme à placer au-dessous ou à côté de l'âme raisonnable. Celle-ci suffit à elle seule à produire tous les phénomènes de la vie, et elle est l'unique principe vital dans l'homme.

**Thèse animiste.** — 1° La conscience atteste dans l'âme raisonnable une force motrice qui, appliquée aux organes, produit tous les mouvements de la vie de relation; pourquoi ne pas l'identifier avec cette autre énergie motrice qui se manifeste par les fonctions de nutrition? Deux considérations puissantes nous invitent à le faire. 1° Une force ne doit avoir d'autres bornes que le corps auquel elle est unie : l'action de la pesanteur, par exemple, de l'électricité, de la chaleur, en s'appliquant à un corps, s'exerce sur toutes ses molécules sans exception; ainsi doit-il en être de la force motrice de l'âme relativement au corps. 2° L'unité du système nerveux est aujourd'hui reconnue de nos plus habiles physiologistes. Or quoi de plus favorable que cette unité de l'organe de la pensée et de la vie à l'unité de leur principe? Comment admettre que deux forces distinctes usent d'un même instrument?

2° Il ne faut pas multiplier les êtres sans nécessité. Or l'âme douée de force motrice suffit à expliquer la vie organique; pourquoi donc recourir à un second moteur? Parce que, dit-on, une même cause ne peut produire des effets différents. — Rien n'est moins vrai que cette prétendue règle. Les phénomènes dits psychologiques sont forts dissemblables : la pensée, par exemple, ne ressemble guère au sentiment, et cependant on ne fait pas difficulté de les rapporter à un même principe. L'on attribue d'autre part à une force vitale unique des fonctions aussi disparates que la circulation du sang et la sécrétion de la bile. Enfin les sciences physiques elles-mêmes tendent de nos jours à réduire de plus en plus le nombre des causes et à confirmer cet aphorisme de Bichat, que « la nature est avare des causes et prodigue d'effets. » La diversité des effets produits n'est donc pas par elle-même une raison suffisante de distinguer deux principes là où aucune autre raison ne les nécessite.

3° L'unité de la nature humaine est un argument plus décisif encore. Cette unité est un fait que les rapports profonds du physique et du moral rendent incontestable; elle est même si frappante que les matérialistes en ont abusé pour identifier l'âme et le corps. Cependant cette unité disparaît si l'on distingue la force vitale de l'âme pensante. Si l'homme tient l'animalité d'une âme végétative ou sensitive et l'humanité d'une âme raisonnable, il n'est plus un, il est double ou triple. Quelque étroite que soit l'alliance supposée entre ces principes divers, elle n'en fera jamais qu'un agrégat, ne leur donnera qu'une unité collective, semblable à celle d'un édifice ou d'une armée, et non une vraie unité, une individualité comme celle de l'être humain.

4° Le duodynamisme entraîne des difficultés inextricables. Si l'âme pensante est distincte du principe vital, quand vient-elle s'ajouter à lui? Ou bien il se passe une période plus ou moins longue pendant laquelle le principal vital est seul uni au corps, et alors cet être n'est pas humain; ou bien la force vitale plastique et l'âme pensante viennent en même temps dans le corps, et l'on se demande quelle peut être pendant assez longtemps l'action de cette dernière. Cependant une force absolument inactive ne se comprend pas. — Une difficulté analogue se présente à toute intermittence de la conscience. Si la conscience de soi et l'âme ne se séparent pas, celle-ci doit disparaître avec celle-là dans la léthargie, le sommeil profond, etc., sauf à ressusciter avec elle. — Quelle sera la nature de ce principe vital? Le fera-t-on matériel avec Bacon, Gassendi et Buffon? Le regardera-t-on comme un fluide impondérable, ou bien lui donnera-t-on une nature mixte, à la fois spirituelle et corporelle? Et si avec de Maistre, Ahrens, Ubaghs on le déclare immatériel, que faire de deux âmes au sein d'un être unique?

Tels sont les principaux arguments que l'on peut faire valoir en faveur de l'animisme (Cf. Bouillier, *du Principe vital et de l'Âme pensante*).

**Objections vitalistes**. — A ces preuves les vitalistes opposent de nombreuses objections; voici les principales : — 1° Le genre humain tout entier, disent-ils, affirme la dualité de la nature humaine par cette opposition bien connue de l'esprit et de la chair, de la raison et des sens, de l'homme nouveau et du vieil homme. — La lutte existe dans l'homme, il faut en convenir; mais il y a en dehors du double dynamisme deux manières de l'expliquer, il y a la dualité du corps et de l'âme qui se concilie parfaitement avec l'unité de l'homme. Il y a en second lieu la dualité de l'âme en lutte avec elle-même par ses tendances opposées. Mais c'est une dualité purement morale et non une dualité substantielle et métaphysique. C'est un même être qui est à la fois le théâtre et l'acteur de tous ces combats, car c'est dans une seule conscience qu'ils se livrent. L'âme qui pense est donc la même que celle qu'on lui oppose comme siège des appétits sensuels, et l'*homo duplex* se réduit à une lutte de désirs contradictoires qui n'empêche nullement l'unité substantielle de leur principe.

2° La plus forte objection du vitalisme porte sur la conscience. Une force consciente ne peut demeurer étrangère aux effets qu'elle produit. Or la conscience est impuissante, quelque effort que nous fassions, à savoir les phénomènes de la vie, et nous n'en prenons connaissance qu'au moyen des sens extérieurs. Donc ce n'est pas du *moi* conscient que procède la vie.

Nous répondrons que des phénomènes inconscients sont parfaitement possibles, même dans un être doué de conscience. Cette dernière en effet est loin d'être toujours claire et distincte : très confuse dans les êtres organisés les plus infimes, elle devient plus vive à mesure qu'on monte dans l'échelle des êtres, et dans l'homme lui-même elle varie depuis la réflexion la plus profonde jusqu'à la plus vague rêverie, jusqu'aux confins de la veille et du sommeil. C'est donc par des gradations insensibles que la conscience commence et qu'elle finit, ce qui lui permet de tomber au-dessous de toute valeur appréciable. L'étude de la conscience nous conduit donc à reconnaître la possibilité, l'existence probable même dans l'âme de phénomènes inaperçus ; leur existence certaine est prouvée par les faits. Les perceptions, a-t-on remarqué, sont des totaux formés d'éléments qui pris à part seraient demeurés étrangers au *moi*. Un phénomène qui devient continu cesse d'apparaître à la conscience, et l'habitude le lui voile tellement qu'elle ne peut, même avec effort, arriver à le percevoir. Or l'activité vitale, par sa continuité, par la multiplicité et la faiblesse des perceptions qu'elle provoque, et aussi par l'habitude qui y est plus forte que partout ailleurs, est précisément de nature à devenir très promptement inconsciente. Il n'est donc pas étonnant que nous ne puissions en prendre connaissance que par l'observation externe.

**Conclusion.** — Les raisons qui appuient l'animisme nous paraissent beaucoup plus puissantes que celles qui le combattent, et donnent, selon nous, à cette doctrine une probabilité voisine de la certitude. A nous en tenir aux seules lumières de la raison, nous n'oserions aller plus loin et soutenir son absolue certitude; mais cette certitude nous la puisons à une autre source. L'autorité de l'Église s'est prononcée sur cette question : l'enseignement très clair, sinon les définitions de plusieurs de ses Conciles, notamment de celui de Vienne, ont à plusieurs reprises tranché le débat en faveur de l'animisme, et tout récemment le pape Pie IX, dans un bref à l'évêque de Breslau, a déclaré formellement que cette même doctrine était si étroitement liée aux dogmes de l'Église qu'elle ne pouvait être rejetée sans erreur dans la foi. Il est donc philosophiquement très probable et théologiquement certain que l'âme raisonnable est le principe unique de la vie dans l'homme.

## CHAPITRE II.

### Rapports de l'ame avec le corps. — Son origine. Sa destinée.

---

#### ART. I. — Rapports de l'ame avec le corps.

L'homme se compose de deux substances distinctes, l'âme et le corps; mais ces deux substances ne sont pas simplement juxtaposées; elles sont si étroitement unies qu'au rapport du sens intime elles ne forment qu'un seul et même être. Après avoir indiqué les systèmes par lesquels on cherche à l'expliquer, nous terminerons par quelques mots sur la personnalité humaine qui en est le résultat.

#### I. — *Systèmes sur les rapports du corps et de l'âme.*

Les principaux systèmes relatifs aux rapports du corps et de l'âme sont les quatre suivants : les causes occasionnelles, l'harmonie préétablie, l'influx physique et l'union substantielle.

**Les causes occasionnelles.** — Malebranche n'admet pas l'influence réciproque du corps et de l'âme l'un sur l'autre :

entre eux il y a correspondance plutôt qu'union, et c'est Dieu qui l'établit à tout instant par son action ou son *assistance.* A propos des désirs ou des déterminations de l'âme, il imprime au corps des mouvements correspondants, et à propos des diverses impressions organiques il détermine dans l'âme des sensations et des idées. Les phénomènes du corps sont donc *causes occasionnelles* des phénomènes de l'âme et réciproquement. — Ce système de l'assistance : 1° contredit le témoignage de la conscience, 2° détruit l'unité de l'homme, 3° et rend inutile la merveilleuse organisation du corps humain. A quoi bon des organes si parfaits s'ils ne servent en rien à la sensation?

**L'harmonie préétablie.** — Leibnitz repousse en général toute action d'une substance sur une autre substance. Chacune des monades ou substances simples qui composent le monde des esprits et des corps se développe d'après ses propres lois, sans jamais subir la moindre influence du dehors. Ses états successifs s'enchaînent les uns aux autres comme les divers mouvements d'un même mécanisme, en sorte que la connaissance parfaite de l'un d'eux donnerait en même temps celle de tous les autres. Pour chaque individu comme pour le monde entier le présent est plein du passé et gros de l'avenir. Mais tout en demeurant pleinement indépendante l'action de chaque monade s'harmonise avec celle de toutes les autres, Dieu ayant par son infinie sagesse constitué de telle sorte les forces créées qu'en suivant leurs propres lois elles s'accordent toutes ensemble. Ainsi en est-il spécialement du corps et de l'âme : l'un et l'autre agissent à part; mais en vertu de leur constitution même leurs phénomènes se correspondent toujours. Il y a donc entre eux parallélisme ou *harmonie* et cette harmonie est *préétablie,* c'est-à-dire assurée dès le principe par l'acte créateur, sans qu'il soit besoin d'une intervention continuelle de Dieu, au sens de Malebranche. — Ce système : 1° contredit le témoignage de la conscience, 2° il détruit la liberté, en soumettant les déterminations de la volonté à la loi de continuité, c'est-à-dire en les enchaînant fatalement aux actes qui les précèdent, 3° enfin en donnant aux perceptions une cause purement interne il favorise l'idéalisme.

**L'influx physique.** — Le système de l'*influx* consiste à admettre une action réelle et immédiate de l'âme sur le corps et du corps sur l'âme. Cette doctrine n'est pas un système explicatif, elle ne fait guère qu'exprimer le fait des rapports du physique et du moral; cependant elle n'est pas exempte de difficultés. Elle suppose dans l'homme deux principes d'action différents, ce qui est contraire à l'unité de notre nature.

**L'union substantielle ou naturelle.** — D'après Bossuet, qui suit en cela saint Thomas, le corps et l'âme sont étroitement unis de manière à former un tout naturel, un même composé substantiel. Il en est de leur union comme de ces combinaisons chimiques qui réunissent si intimement les éléments qu'elles associent que leurs propriétés particulières disparaissent et font place à des propriétés nouvelles. C'est d'une façon analogue que l'âme s'unit au corps et voilà pourquoi tous les actes de la vie organique et des sens sont véritablement mixtes, appartiennent au corps tout aussi réellement qu'à l'âme et concourent à composer une vie qui mérite le nom d'animale. Les puissances supérieures de l'entendement et de la volonté n'entrent pas dans cette union avec les corps; mais comme elles ne s'exercent qu'avec dépendance des sens elles en subissent indirectement l'influence. — Ce système nous semble parfaitement justifié par la présence dans l'homme de phénomènes qui, comme la perception des sens, l'imagination, le sommeil, la folie, ne s'expliquent ni par l'âme ni par le corps pris isolément et deviennent au contraire très intelligibles dans un composé substantiel de corps et d'âme.

## II. — *Personnalité humaine.* — *Définition de l'homme.*

**Individualité et personnalité.** — La personnalité est le degré supérieur de la vie. Une personne est un être vivant qui peut s'affirmer et dire : *je, moi;* on la définit un individu doué de raison. L'individu est lui-même une substance complète. Expliquons ces différents termes.

La personnalité et même la simple individualité ne s'appliquent qu'aux substances, jamais aux accidents ou manières d'être. Il n'est permis qu'aux arts de personnifier la vertu, le vice ou quelque sentiment, comme la crainte, la honte, la pudeur, etc.

L'individu est une substance complète, c'est-à-dire une substance qui par sa nature a une existence tellement distincte de toute autre qu'elle ne peut devenir la partie d'un tout substantiel plus complet. Un homme, un animal, une plante sont des individus, parce qu'il répugne qu'ils entrent comme parties dans un composé substantiel. La substance incomplète est celle qui se présente comme la partie d'un tout; par exemple : un des organes du corps humain, une branche d'arbre, la corolle d'une fleur.

La personnalité ajoute à l'individualité l'intelligence et la volonté libre. Non seulement la personne est une force essentiellement distincte de toute autre, mais de plus elle se connaît telle et agit avec conscience et plein domaine de ses actes. Les conditions métaphysiques de la pensée, à savoir la simplicité et l'identité deviennent ainsi celles de la personnalité; l'être simple et identique est seul capable d'existence personnelle.

**La personne humaine.** — **Définition de l'homme.** — Il résulte de ces notions et des rapports de l'âme avec le corps, que la personne humaine ou le *moi* n'est pas, à proprement parler, l'âme toute seule, mais le composé du corps et de l'âme. Chacune de ces deux substances en effet, perfectionnée par son union avec l'autre, a réellement le caractère d'un être partiel et incomplet, et l'âme toute supérieure qu'elle soit au corps, a besoin de se l'adjoindre pour parfaire son individualité inachevée. — Il résulte également de là qu'une bonne définition de l'homme doit non seulement faire mention des deux substances qui le composent, mais encore exprimer au moins implicitement ce besoin que l'une a de l'autre et l'union étroite qui en fait un seul et même être. Sous ce rapport la plus parfaite de toutes est l'ancienne définition : « L'homme est un animal raisonnable, » ou cette autre, qui en diffère à peine : « L'homme est une substance composée du corps et de l'âme. »

**Identité de la personne humaine.** — La personne humaine se compose de deux éléments, l'âme et le corps, et s'il est certain que le premier ne subit aucun changement, il ne l'est pas moins que le second se renouvelle totalement en quelques années. De là la difficulté d'expliquer l'identité de la personne humaine. Locke a imaginé pour la résoudre un système resté célèbre. Distinguant l'identité de l'esprit de celle de l'homme et de la personne, il fait consister cette dernière dans la conscience, ou plutôt dans son extension, la mémoire. Il n'y aurait donc identité entre le moi actuel et le moi passé qu'autant que le premier se souviendrait des actes du second.

Cette théorie est inadmissible, ses conséquences le prouvent. L'oubli multiplierait les personnes dans le même homme. L'aliéné et l'homme ivre ne seraient pas les mêmes qu'avant la folie ou l'ivresse. Les actes que nous aurions oubliés échapperaient à notre responsabilité. Enfin comme le souvenir peut se présenter de nouveau après nous avoir fui pendant longtemps, nous pourrions retrouver notre identité après l'avoir perdue. Toutes ces absurdités réfutent suffisamment Locke. La mémoire et la conscience constatent notre identité, elles ne la font pas.

L'identité de l'homme nous semble impliquer trois conditions : 1° l'identité absolue et substantielle de l'âme; 2° l'identité apparente du corps, la seule qui convienne à l'organisme; 3° l'identité des lois individuelles qui régissent l'union de ces deux substances. L'homme en qui se conservent ces trois choses demeure bien réellement le même être.

## ART. II. — Origine de l'ame.

De qui l'âme reçoit-elle l'existence? — De quelle manière et quand y parvient-elle? — Tels sont les trois problèmes que présente la question de son origine.

**De qui procède l'âme humaine?** — Notre âme n'existe pas par elle-même; sans quoi, au lieu d'être limitée sous tous les rapports, elle serait parfaite et infinie. Donc elle a reçu d'un autre être l'existence qu'elle possède. Quel est son auteur? Évidemment Dieu ou les parents. Cette dernière solution plus favorable, semble-t-il, à la transmission de la faute originelle a été adoptée par plusieurs théologiens. Tertullien l'a formellement soutenue, saint Augustin y incline, et c'était au temps de Leibnitz l'enseignement commun des théologiens de la Confession d'Augsbourg. Cependant cette génération d'une âme par une ou plusieurs autres âmes *(per traducem)* est absolument inconcevable, une substance simple ne pouvant rien détacher d'elle-même. C'est donc de Dieu directement, et non des âmes des parents, que viennent les âmes humaines.

**Comment l'âme procède-t-elle de Dieu?** — L'âme peut venir de Dieu par émanation ou par création. La philosophie ancienne s'est prononcée pour le premier de ces deux modes; la philosophie moderne, éclairée par la révélation chrétienne, a pris parti pour le second. Et en effet la substance divine, simple par essence, ne peut tirer de son sein des êtres substantiels distincts d'elle; il faut donc renoncer à la doctrine contradictoire de l'émanation et reconnaître la création comme le seul mode possible de production des âmes par Dieu.

**A quel moment l'âme est-elle créée?** — Pythagore, Socrate, Platon, ne pouvant s'expliquer la lutte des tendances supérieures de l'âme contre les tendances inférieures qu'elle doit à son union avec le corps, ont considéré cette union comme le châtiment de quelque faute antérieurement commise. Ils ont en conséquence imaginé une première vie indépendante de la matière, dans laquelle l'âme a existé à l'état de pur esprit, jusqu'au jour où s'étant rendue coupable elle a été condamnée à s'unir à un corps. Tout son travail dans la vie présente doit être de s'affranchir de ces liens matériels qui la retiennent dans un monde pour lequel elle n'était pas faite, et de mériter par une vie toute spirituelle de retourner à son premier état. L'âme a donc préexisté à son corps, et elle a probablement reçu l'existence dès le commencement des temps.

Leibnitz fait aussi dater du commencement du monde la création de toutes les âmes; mais contrairement à la doctrine platonicienne, il déclare nécessaire l'union de l'âme et du corps, se fondant sur ce que nos pensées les plus abstraites sont accompagnées d'images qui réclament l'action des organes. En conséquence il unit les âmes dès leur premier instant à un corps organisé dont il prétend qu'elles sont inséparables. Ce qu'on appelle génération d'un animal n'est pas la production totale de son corps, ce n'est qu'une transformation et augmentation de cet organisme primitif. Depuis le commencement du monde jusqu'à la formation de son corps actuel, l'âme est seulement sensitive ou animale, douée de perception et de sentiment, mais dépourvue de raison; elle devient raisonnable et vraiment humaine par une opération particulière de Dieu, au moment où son corps se développe en corps d'homme, et c'est alors seulement qu'elle commence sa vie consciente et personnelle.

L'opinion commune est que l'âme n'est créée qu'au moment où le corps exige sa présence, ou devient l'instrument suffisamment parfait de ses fonctions, et c'est la seule opinion admissible. Comment en effet admettre avec les platoniciens une vie antérieure dont nous ne gardons aucun souvenir? Comment voir surtout dans l'union du corps et de l'âme un état violent? N'est-il pas évident au contraire que c'est un état naturel; que notre âme est faite pour le corps, comme celui-ci est fait pour elle, et que tous les deux se complètent l'un l'autre en se prêtant un mutuel secours? Comment expliquer autrement et ce vif désir que nous éprouvons de perpétuer une union qui nous plaît, et ce frémissement que nous cause la seule pensée de la voir cesser? D'autre part la théorie de Leibnitz tout hypothétique renferme de plus des impossibilités, entre autres cette transformation ou plutôt cette *transcréation*, comme il dit lui-même, qui change une âme animale en âme raisonnable lors du développement du corps.

Donc les âmes n'ont pas été créées avant le corps qu'elles animent et Dieu ne les produit qu'au moment où ce corps réclame leur présence.

ART. III. — Destinée de l'ame. — Immortalité.

L'âme est destinée à une récompense ou à des châtiments sans fin dans une vie future, suivant qu'elle aura bien ou mal agi ici-bas. Elle est donc immortelle, c'est-à-dire elle doit survivre au corps et après cette vie en commencer une seconde qui ne finira jamais.

I. — *Existence d'une vie future.*

Trois preuves principales démontrent l'existence d'une vie future pour l'âme humaine : elles sont tirées de la simplicité de sa substance, de ses tendances naturelles et du mérite ou du démérite de ses actions libres ; on appelle la première *preuve métaphysique*, la seconde *preuve psychologique* et la troisième *preuve morale*.

**Preuve métaphysique.** — La preuve métaphysique déduit la vie future de la simplicité de l'âme. La mort, telle qu'elle se présente partout à nous, consiste dans la dissolution des substances soumises à sa loi, c'est-à-dire dans la séparation des parties dont elles sont composées, jamais dans leur annihilation. Nous disons d'un cadavre en putréfaction qu'il *se décompose*, et c'est rigoureusement vrai. Le composé seul cesse d'exister ; quant à ses éléments ils subsistent toujours, et rendus à la liberté, ils rentrent dans le trésor commun de la nature pour servir bientôt à des combinaisons nouvelles. Or en sa qualité de substance simple, l'âme n'est pas soumise à la loi de décomposition ou de mort ; donc la dissolution du corps ne peut lui porter aucune atteinte et elle est immortelle par nature.

*Valeur de cette preuve.* — Cet argument prouverait rigoureusement l'immortalité de l'âme s'il était évident que Dieu ne peut anéantir les substances qu'il a créées. Malebranche prétend qu'il en est ainsi. « Il n'y a point, dit-il, de loi dans la
» nature pour l'anéantissement d'aucun être, parce que le
» néant n'a rien de beau ni de bon, et que l'Auteur de la
» nature aime son ouvrage. » Cette raison toute de convenance n'est point démonstrative, et s'il n'y a aucune probabilité que Dieu anéantisse un jour son œuvre, cela n'est cependant au point de vue purement rationnel, aucunement contradictoire. Il faut donc prouver par d'autres considérations qu'il ne le fera certainement pas. — L'indestructibilité de la substance n'emporte pas non plus celle de la personne. L'âme n'est pas un pur esprit fait pour vivre dans une complète indépendance de la matière ; le corps la complète en réalisant les conditions organiques auxquelles est liée son activité intellectuelle et morale. Ne se pourrait-il pas que la destruction des organes entravât, sans la détruire complètement cette activité supé-

rieure, et rendit impossible la vie consciente et personnelle? Il est donc nécessaire de compléter cette preuve et de démontrer que c'est comme personne et non simplement comme substance, que l'âme doit continuer d'exister après la mort du corps. Donc l'argument métaphysique est doublement incomplet : il prouve la possibilité plutôt que l'existence d'une vie future, et même l'indestructibilité plutôt que l'immortalité de l'âme.

**Preuve psychologique.** — La preuve psychologique s'appuie sur les tendances naturelles de l'âme. Il ne peut y avoir disproportion entre les penchants innés d'un être et sa fin, sans quoi son auteur eût manqué de sagesse. Or la mort va à l'encontre de nos tendances les plus vivaces, elle arrête dans leur développement nos autres puissances et laisse notre destinée manifestement inachevée; donc elle n'est qu'un changement d'état et non la fin de tout notre être, ou bien Dieu en nous créant a fait une œuvre misérable, véritable tissu de contradictions. L'âme humaine tend à l'immortalité; non seulement elle veut vivre toujours, mais elle désire se perpétuer dans la pensée de ses semblables, et l'immortalité qu'elle ambitionne pour elle-même elle veut encore l'étendre aux objets de ses affections, afin de n'avoir point à mettre un terme à son amour. Aucune science ne satisfait sa passion de connaître, aucun bien n'assouvit son besoin d'aimer. N'y aurait-il pas contradiction et cruauté à créer cette activité sans limites, pour la renfermer dans les bornes étroites de la vie présente et des objets périssables de ce monde? Donc l'âme n'est pas l'œuvre d'un Dieu sage et bon, ou bien elle est immortelle.

**Preuve morale.** — La preuve la plus décisive de l'existence d'une vie future est empruntée à l'ordre moral. La justice de Dieu exige absolument que la vertu soit récompensée et le crime châtié. Ils ne le sont pas suffisamment en cette vie. Donc il doit y avoir une vie future.

Les sanctions que la loi morale trouve dans la vie présente sont au nombre de quatre : la sanction naturelle, celle des tribunaux, celle de l'opinion et enfin celle de la conscience.

Chacune d'elles est insuffisante de soi et impuissante à compléter les autres. — La sanction naturelle consiste dans l'heureuse ou funeste influence que la conduite morale exerce sur les facultés de l'âme, le corps ou les biens extérieurs. La tempérance entretient la vigueur du corps que ruine le vice contraire; une vie laborieuse favorise la santé, développe, s'il y a lieu, les facultés intellectuelles, augmente la fortune ou l'influence, tandis que la paresse ruine l'homme et l'amoindrit. Cette sanction très réelle dans une foule de rencontres est sujette à mille exceptions : elle n'atteint point l'universalité des bonnes ou des mauvaises actions, et de plus elle ne saurait être proportionnée exactement au degré du mérite ou du démérite. Donc elle est insuffisante. — La sanction établie par les lois publiques et appliquée par les tribunaux n'est pas moins incomplète que la précédente. Les lois humaines punissent le crime, elles ne récompensent pas la vertu; d'ailleurs que d'actions mauvaises elles laissent impunies, soit parce que l'ordre public n'en est pas atteint, soit parce que le coupable réussit à dissimuler sa faute! La sanction de l'opinion est encore plus défectueuse. Les appréciations de la foule sont si variables et souvent si injustes et si passionnées que le vice séduisant ou heureux reçoit fréquemment les hommages dus à la vertu. Ici encore bien des actes vertueux ou coupables demeurent inconnus du public et échappent à son estime ou à son mépris. — Reste la sanction de la conscience qui s'exerce par le remords ou par la satisfaction morale. Celle-là du moins est toujours juste, mais elle manque fréquemment de proportion, puisqu'on voit les coupables s'endurcir à mesure qu'ils s'enfoncent plus profondément dans le crime.

Donc la justice divine serait en défaut si elle ne s'était ménagé une autre vie où elle rendra à chacun selon ses œuvres, et il devient ainsi absolument certain qu'après la mort du corps l'âme conservera avec l'existence la vie consciente et personnelle qui la rendra capable de récompense ou de châtiment.

## II. — *Perpétuité de la vie future.*

L'existence d'une vie future n'établit pas rigoureusement l'immortalité de l'âme, il faut de plus que cette vie ne doive jamais finir. La question étant toute différente, suivant qu'il s'agit des récompenses ou des peines à venir, il convient de la diviser.

Le bonheur de la vie future ne se comprend qu'à la condition de durer toujours; il perd tout son prix et se change même en tourment, s'il est accompagné de la triste assurance ou même de la simple crainte de le voir finir. Il suffira pour nous en convaincre de considérer ce qui nous arrive pour les biens d'ici-bas. A peine avons-nous commencé de goûter quelque plaisir, que notre pensée se tourne aussitôt vers l'avenir, pour voir si sa possession nous est assurée; et nous tenons pour peu de chose la félicité qui ne doit point durer. De là le sentiment de mélancolie qui accompagne les joies de la terre. Que serait-ce donc si en prenant possession du bonheur parfait, si longtemps et si ardemment désiré, nous en entrevoyions le terme? — Ne répugne-t-il pas aussi que Dieu rende au néant une âme béatifiée qui, dans l'heureux état où elle se trouve, ne peut qu'admirer ses perfections, célébrer ses bienfaits et procurer sa gloire? Il est donc permis de conclure à la perpétuité des récompenses futures.

La perpétuité des peines est moins évidente pour la raison. Nous voyons bien qu'une fois l'épreuve terminée, la volonté, incapable de s'amender, persévère dans son obstination et ne cesse point de mériter le châtiment; que l'infinité de la personne offensée réclame dans la peine une sorte d'infinité possible seulement dans la durée; qu'un autre ordre de Providence ne suffirait pas à triompher dans la mesure voulue des passions humaines. Néanmoins l'éternité des peines est tellement accablante pour l'esprit, que ces considérations toutes valables qu'elles sont nous laissent encore des doutes. La raison livrée à elle-même n'arrive donc pas sur ce point à une parfaite certitude; mais l'enseignement révélé vient à son secours et nous impose comme dogme de foi une vérité dont nous apercevons la convenance, sans toutefois en saisir l'évidence parfaite.

La destinée de l'âme est donc de jouir de l'immortalité bienheureuse, si la mort la trouve fidèle à son devoir, et, dans le cas contraire, de subir des supplices éternels.

# THÉODICÉE.

## MÉTAPHYSIQUE DE L'ABSOLU.

### Définition, division, importance de la théodicée.

**Définition de la théodicée.** — Le mot *théodicée* (de Θεός et δίκη, *justification de Dieu*), créé par Leibnitz et appliqué par lui à la solution des problèmes qui concernent le gouvernement de la Providence divine, a été étendu de nos jours à la théologie naturelle tout entière, afin de la mieux distinguer de la théologie sacrée. On appelle donc maintenant *théodicée* la science de Dieu telle qu'il est donné à la raison humaine de se la former, et l'on réserve le nom de *théologie* à la science qui étudie Dieu et ses rapports avec les créatures, en s'appuyant sur les textes révélés et sur les traditions divines.

**Sa division.** — La science de Dieu doit répondre à ces trois questions : Dieu existe-il? Quelle est sa nature? Agit-il au dehors, et quelle est son action?

A propos de l'existence de Dieu, on se demande si la raison humaine est capable de s'élever jusqu'à l'absolu, jusqu'à Dieu; par quel procédé elle arrive à connaître son existence, si c'est par intuition immédiate ou par raisonnement, et enfin quelles preuves les philosophes ont données de cette grande vérité.

Relativement à la nature de Dieu, on détermine la méthode

qui permet de découvrir quelques-uns des attributs métaphysiques et des attributs moraux de son être infini, en s'appuyant sur la connaissance de ses œuvres et spécialement sur la connaissance de l'homme ; puis l'on passe successivement en revue chacun des principaux attributs, et l'on conclut au caractère personnel de la cause suprême.

Enfin l'action extérieure de Dieu consiste dans la Création, par laquelle il donne naissance aux êtres contingents, et dans la Providence, par laquelle il les gouverne et les conduit à leur fin.

A l'exposition de ces différentes vérités se joint la réfutation des erreurs qui les attaquent : athéisme, polythéisme, panthéisme, dualisme, et la solution des difficultés qu'on soulève contre elles : objections à la Providence tirées de la présence du mal dans le monde.

**Son importance.** — La théodicée tient le premier rang parmi les sciences philosophiques, non seulement à cause de l'excellence de son objet, mais encore par la lumière qu'elle répand sur toutes nos autres connaissances. Dieu est le principe de toute existence, la source de toute intelligibilité, la raison de toute loi ; donc en dehors de lui l'explication des choses, bornée à leurs causes prochaines, à leur raison d'être immédiate et subordonnée, s'arrête à mi-chemin et demeure incomplète. Je prise davantage les facultés de mon âme quand je contemple en elles l'image des perfections divines, et à la vue de ma fin dernière je comprends mieux les tendances qui m'entraînent sans cesse au delà de ce monde. Le caractère absolu de la vérité, la nécessité et l'immutabilité des principes premiers qui dirigent ma raison s'expliquent par l'intelligence suprême dont ils sont le reflet, et la loi du devoir fermement assise sur l'ordre nécessaire voulu par l'infinie Sagesse revêt à mes yeux son caractère obligatoire et sacré. Donc la théodicée est la clef de voûte de l'édifice philosophique, dont elle réunit et consolide toutes les parties.

# CHAPITRE I.

## Existence de Dieu.

### ART. I. — Possibilité et légitimité des preuves de l'existence de Dieu.

Avant d'entrer dans l'exposition des preuves de l'existence de Dieu, il convient d'établir contre certains philosophes leur possibilité et leur légitimité. Chercher à prouver Dieu par la raison, disent les uns, est une entreprise chimérique et dangereuse, parce que c'est la foi et non la philosophie qui doit nous conduire à cette haute vérité; prouver Dieu, disent les autres, est impossible et inutile, car Dieu est l'idée fondamentale de l'intelligence humaine et la croyance à son existence est la première affirmation de la raison. Les premiers estiment la raison trop faible pour pouvoir s'élever jusqu'à son Créateur; les seconds la déclarent en possession de cette connaissance dès son premier instant. Nous allons les réfuter les uns et les autres en prouvant : 1° que la raison humaine est capable par ses seules forces d'atteindre Dieu; 2° que Dieu est l'objet, non d'une intuition, mais d'une démonstration proprement dite.

### I. — *Dieu est accessible à la raison humaine*.

**Première objection aux preuves de l'existence de Dieu.** — Quelques philosophes chrétiens, dont il a déjà été question, confondant dans une même réprobation l'usage légitime de la raison et la prétention rationaliste de ne se guider jamais que par elle, ont été amenés à déclarer illusoire et trompeuse toute démonstration rationnelle de l'existence de Dieu. C'est à la foi toute seule que nous devrions, d'après eux, demander la connaissance certaine de cette vérité, et vouloir l'appuyer sur l'évidence naturelle leur paraît non seulement une présomption insensée qui méconnaît les limites de la raison, mais encore une tentative dangereuse qui peut conduire au rejet d'une vérité mal établie.

**Réponse.** — Cette opinion des traditionalistes, destinée dans leur pensée à fortifier la croyance à l'existence de Dieu, la rend impossible ; aussi est-elle en opposition avec la tradition constante des docteurs chrétiens, et l'Église l'a-t-elle formellement repoussée.

Si la raison est impuissante à démontrer l'existence de Dieu, cette vérité devient par là même douteuse et contestable, rien ne pouvant suppléer ici nos facultés personnelles. Ne faut-il pas en effet, avant qu'il soit question d'ajouter foi à la Révélation, que l'on sache de qui elle procède et quelles garanties de vérité elle nous offre ? En d'autres termes, avant de croire à la parole de Dieu, n'est-il pas nécessaire de connaître son existence et ses divers attributs, sa science qui ne se trompe jamais, sa véracité qui ne peut faillir ? Donc la Révélation suppose l'existence de Dieu connue, bien loin de pouvoir la manifester ; et cette vérité nous devient absolument inaccessible si la raison est incapable de nous y conduire.

C'est ce qu'ont parfaitement compris les docteurs chrétiens de tous les temps. Saint Augustin, saint Anselme, saint Thomas, Bossuet, Fénelon, n'étaient pas moins soucieux que les traditionalistes des prérogatives de la foi ; et cependant ils n'ont pas hésité à reconnaître que la controverse religieuse a pour point de départ nécessaire Dieu connu par la raison ; aussi ont-ils employé leur génie à établir des preuves rigoureuses de son existence. Un seul docteur célèbre, le nominaliste Occam, a fait exception dans tout le moyen âge ; donc la tradition constante des docteurs chrétiens proteste contre le sentiment traditionaliste. Enfin l'autorité de l'Église s'est formellement prononcée contre lui, en déclarant que l'existence de Dieu est une de, vérités que la raison démontre avec certitude.

Concluons que l'intelligence humaine laissée à ses propres forces est capable de s'élever jusqu'à Dieu.

## II. — *L'existence de Dieu est une vérité de démonstration.*

**Deuxième objection aux preuves de l'existence de Dieu.** — L'existence de Dieu est, selon d'autres philosophes, une vérité d'intuition, c'est-à-dire une vérité d'évidence immédiate qui ne se démontre pas plus qu'un axiome. Quel raisonnement en effet pourrait nous y conduire? Ce ne peut être un raisonnement déductif, car l'existence du souverain Être ne peut se déduire comme une vérité de second ordre d'une autre vérité; toute conséquence a moins d'étendue que son principe et participe de la vérité absolue à un moindre degré que lui, ce qui ne saurait convenir à Dieu, la vérité absolue et première.

Ce ne peut pas davantage être un raisonnement inductif, car toute vérité induite est nécessairement contingente comme les faits qui lui servent de base. Donc il reste que l'existence de Dieu soit une affirmation immédiate de la raison. — Elle est même, ajoute-t-on, son affirmation première, et les vérités universelles et nécessaires qui interviennent dans toutes nos connaissances ne sont que les aspects variés sous lesquels l'infini se présente à elle. Toutefois, ou plutôt par cela même qu'elle est la première intuition de la raison, la connaissance de Dieu est d'abord vague et imparfaite, et demande à être développée par la réflexion et les opérations discursives de l'entendement, en sorte que sous sa forme philosophique et scientifique elle est le dernier résultat du travail réfléchi de l'entendement. Mais ce travail qui consiste à analyser les idées fondamentales de la raison et à les ramener à l'unité, en y découvrant les éléments d'une même idée totale et les attributs d'un même être, ne constitue point une démonstration proprement dite, et n'est qu'une simple explication.

**Réponse.** — Toute cette argumentation repose sur une équivoque. A quoi reviennent en effet les raisons alléguées en faveur de l'évidence immédiate de l'existence de Dieu? Aux deux suivantes : c'est une croyance naturelle ; c'est une vérité première. Or en conclure que Dieu n'est pas connu par raisonnement, c'est se méprendre sur le sens des mots « naturelle » et « première. »

On objecte que la croyance à l'existence de Dieu est naturelle à l'homme. Rien n'est plus vrai, si l'on entend par là que son intelligence s'élève si aisément à cette connaissance et la retrouve si facilement après l'avoir perdue qu'elle ne peut en être longtemps privée. Mais la promptitude et la facilité avec laquelle l'esprit acquiert une connaissance, ne nous disent rien sur la nature du procédé qu'il emploie pour y arriver. Nous en avons un exemple frappant dans les jugements d'induction que nous mêlons à tout instant aux opérations des sens : l'habitude les rend si rapides que nous les confondons avec les perceptions qu'ils accompagnent et qu'une analyse exacte peut seule les en distinguer. Donc la spontanéité avec laquelle l'âme dégagée des préjugés et des passions s'élève à son Créateur ne nous donne pas le droit de conclure à une intuition, et c'est à l'analyse psychologique qu'il faut demander la direction qu'elle a suivie dans sa marche rapide.

On ajoute que l'existence de Dieu est une vérité première. Saint Thomas, qui s'était déjà posé cette objection, y répond en distinguant ce qui est premier en soi et ce qui est premier par rapport à nous. En soi et dans l'ordre des réalités, Dieu est la vérité absolue de laquelle découle toute autre vérité; il est la cause première et indépendante de laquelle relève toute autre existence. Mais il peut très bien se faire que l'ordre de nos connaissances ne reproduise pas l'ordre général, que nous connaissions les effets avant les causes et les conséquences avant les principes; et dans ce cas ce qui est premier en soi n'est pas premier par rapport à nous. C'est précisément ce qui a lieu : nous ne partons pas de Dieu pour descendre vers ses œuvres, mais, placés tout d'abord en présence de celles-ci nous remontons peu à peu jusqu'à leur auteur, en nous appuyant sur le principe de causalité. Or procéder ainsi c'est raisonner. Et qu'on ne dise pas que le raisonnement se renferme nécessairement dans l'abstrait et ne peut conduire à aucune réalité existante ; cela est vrai quand les deux prémisses sont elles-mêmes abstraites, mais il n'en est pas ainsi quand on donne pour point de départ au raisonnement quelque fait réel. Dans la question présente on cherche à expliquer une réalité substantielle, corps ou esprit, constatée par l'expérience ; on n'aboutit donc pas à une cause purement idéale, mais à un Dieu aussi réel que ses effets.

Donc c'est par une démonstration véritable que l'intelligence humaine s'élève à la connaissance de Dieu, et il est tout à la fois possible et légitime de chercher à prouver son existence.

### ART. II. — Classification des preuves de l'existence de Dieu.

Il est difficile de donner une énumération complète des preuves de l'existence de Dieu, car toutes choses dépendant de lui et ne s'expliquant que par lui, il n'est pas un seul ordre de faits qui ne puisse servir de base à une démonstration rigoureuse de la cause première. C'est pourquoi on se contente de les ranger en quelques grandes classes et de développer celles qui ont un nom dans l'histoire de la philosophie.

La plus ancienne division des preuves de l'existence de Dieu est celle qui les range en trois classes : les preuves *physiques*, les preuves *morales* et les preuves *métaphysiques*. Les premières sont tirées du spectacle de la nature ou du monde des corps, les secondes des données de l'histoire, c'est-à-dire des croyances et des institutions de la société relatives à l'ordre moral, et les troisièmes des idées nécessaires de la raison. — Cette classification manque de netteté et d'opposition : la classe des preuves morales en particulier est assez vaguement délimitée et comprend des démonstrations de nature bien différente, comme la preuve du consentement général et celle qui est fondée sur les idées métaphysiques de devoir et de loi. Cependant elle a sa raison d'être, car la raison, l'histoire, la nature sont en effet autant de voies qui nous conduisent à Dieu.

Kant réduit à trois toutes les preuves de l'existence de Dieu : la preuve *cosmologique*, la preuve *ontologique* et la preuve *physico-théologique* qu'il appelle aussi *téléologique*. La preuve cosmologique pose empiriquement et d'une manière indéterminée une existence quelconque et en conclut l'existence d'une cause nécessaire ; c'est la preuve connue dans l'école sous le nom d'argument *a contingentia mundi*. La preuve ontologique fait abstraction de toute expérience et s'appuie exclusivement sur les concepts de la raison. Enfin la preuve physico-théologique part de l'expérience déterminée, c'est-à-dire des qualités reconnues par elle dans le monde sensible, autrement de l'ordre admirable qui règne dans toutes ses parties, d'où elle conclut la poursuite d'une fin que s'est proposée une intelligence parfaite. De là son nom de preuve théologique. — Cette division est incomplète ; elle supprime plusieurs preuves importantes, entre autres les preuves morales.

Enfin on divise encore les mêmes preuves en preuves *a posteriori* et preuves *a priori*. Les premières sont celles qui reposent sur un fait d'expérience externe ou interne ; les secondes ne s'appuieraient que sur les principes de la raison. — Cette classification est encore plus défectueuse que les précédentes. Aucune preuve ne peut être exclusivement expérimentale ou rationnelle : si l'on ne dépasse pas les faits de l'expérience en s'appuyant sur un principe de la raison, on ne saurait arriver à Dieu ; et d'autre part une preuve qui ne prendrait pas son point de départ dans la réalité expérimentale n'aboutirait à aucune existence réelle. Donc toutes les preuves de l'existence de Dieu sont à la fois expérimentales et rationnelles.

L'ancienne classification est donc encore la plus satisfaisante.

---

ART. III. — Exposition des preuves de l'existence de Dieu.

## I. — *Preuves physiques.*

**La nature.** — La plus populaire des preuves de l'existence de Dieu, bien qu'elle puisse en même temps devenir l'une des plus scientifiques, est sans contredit celle que l'on tire de l'ordre admirable qui règne dans la nature. Cet ordre qui éclate aux regards des plus illettrés et qui, à mesure qu'il est mieux connu dans ses détails, excite l'admiration des esprits les plus réfléchis et les plus cultivés, cet ordre, disons-nous, se présente manifestement comme l'exécution d'un dessein préconçu, d'un plan merveilleusement tracé d'avance. Or la conception d'un plan suppose une intelligence ordonnatrice. Donc il existe un architecte intelligent de l'univers, et je l'appelle Dieu. Telle est la célèbre preuve des *causes finales*, que Socrate, le premier, a exposée d'une manière régulière.

Le fait. — Le fait sur lequel repose cette preuve c'est l'existence de l'ordre dans la nature physique; l'ordre consiste dans l'appropriation des moyens à la fin; il s'agit donc de constater que dans les êtres de la nature il y a juste proportion des moyens et du but. Le fait serait sans doute plus éclatant s'il embrassait l'universalité des êtres et s'étendait à leurs moindres détails; un jour peut-être les progrès des sciences permettront de lui donner ces vastes proportions; en attendant, il nous suffira de constater que le monde physique nous offre en général et dans l'ensemble de ses parties le spectacle d'un ordre merveilleux.

La matière organisée, qu'il s'agisse des animaux ou des végétaux, présente de toutes parts des faits incontestables d'appropriation. Dans chaque animal, par exemple, et dans chaque plante, les organes s'accommodent si bien les uns aux autres qu'on ne pourrait en modifier un seul sans troubler l'économie générale; tous tendent de concert, en se facilitant réciproquement le travail, à l'entretien d'un mode déterminé de la vie animale ou végétale, et le plus habile naturaliste ne trouve qu'à admirer dans cette machine parfaite où il ne peut surprendre ni lacune, ni superfétation. Il y a donc dans la matière organisée appropriation évidente des moyens à la fin.

La matière inorganique présente des finalités d'un autre genre, mais non moins certaines et non moins admirables. Les lois simples et fécondes qui président aux combinaisons si prodigieusement variées des éléments des corps; l'action combinée des composés ainsi formés et les dispositions qu'ils affectent dans la constitution de notre planète; le mouvement régulier de celle-ci sur elle-même et autour du soleil qui ramène dans un ordre invariable la succession des jours et des nuits et celle des saisons; la marche si régulière des autres astres; tout cela n'est-il pas l'ordre, l'harmonie, l'exacte proportion des moyens et du but?

Donc l'observation la plus vulgaire, la moins scientifique et la moins attentive relève de toutes parts dans la nature les traces visibles d'un plan et d'un dessein.

LE PRINCIPE. — Tout plan demande un ordonnateur; en d'autres termes, l'ordre et l'harmonie dans l'effet supposent l'intelligence dans la cause. C'est là un principe qui, s'il n'est pas premier, découle au moins très directement du principe de causalité. Si tout effet doit avoir une cause, il faut nécessairement que tout ce qu'il y a de perfection dans l'effet ait sa raison d'être dans la cause d'où l'effet procède. Or l'ordre, l'harmonie, l'appropriation n'ont leur raison d'être que dans une intelligence : une seule chose m'explique que des moyens nombreux et variés se trouvent à concourir sans complication aucune à la production d'un même résultat, c'est qu'une intelligence ait d'abord prévu ce résultat, et qu'elle ait ensuite harmonisé les moyens qui devaient y conduire. En dehors de cette intelligence ordonnatrice, je déclare l'ordre incompréhensible, sans raison d'être et par conséquent sans cause.

Appliquant ce principe au fait précédemment constaté, nous concluons que l'ordre du monde physique procède d'une cause intelligente, et, cette cause ne faisant évidemment pas partie du monde, qu'il y a en dehors de l'univers un ordonnateur sage, puissant et bon, c'est-à-dire un Dieu.

Portée de cette preuve. — La preuve des causes finales a une portée assez restreinte; elle démontre rigoureusement, on vient de le voir, l'existence d'un être intelligent, sage, puissant et bon, cause de l'ordre physique; mais elle ne conduit pas à un Dieu infini, nécessaire et créateur, ni même à un Dieu unique. Et d'abord, si parfaite que soit l'organisation du monde, elle n'est ni ne peut être infinie, et par conséquent si elle exige une sagesse et une puissance incomparablement supérieures à celles de l'homme, elle ne demande pas que ces perfections soient sans limites. En second lieu, pour que l'organisation du monde conduisît à une cause nécessaire, il faudrait l'envisager comme contingente, c'est-à-dire faire appel à une idée rationnelle et changer le caractère expérimental de la preuve. De plus une cause organisatrice pouvant agir sur une matière préexistante, Dieu en sa qualité d'architecte du monde n'en est pas pour cela le créateur. Enfin si l'unité de plan que nous remarquons dans le système planétaire et que nous supposons à bon droit dans le système stellaire accessible à nos instruments, nous autorise à attribuer ce monde à une cause unique, rien ne nous dit qu'à des distances incommensurables, telles qu'ils ne puissent exercer aucune influence l'un sur l'autre, n'existe pas un autre univers, œuvre d'un Dieu distinct et indépendant du nôtre. Donc l'argument des causes finales, tout en nous conduisant à un précieux résultat, demande à être complété par d'autres preuves.

## II. — *Preuves morales.*

Les principales preuves morales de l'existence de Dieu sont celles que l'on tire de la foi universelle du genre humain et de l'existence du devoir.

**La foi religieuse du genre humain.** — Le genre humain tout entier a toujours admis l'existence d'un Dieu, et ce consentement, dans les conditions où il se présente, ne peut être erroné : donc Dieu existe.

Le fait. — Précisons d'abord le fait qui sert de base à cette preuve. Ce fait est la croyance universelle et constante à l'existence d'un Dieu. Or premièrement, le Dieu dont il s'agit ici n'est point l'Être nécessaire, parfait, immuable, éternel, etc., que démontre la raison philosophique; c'est le Dieu du genre humain, c'est-à-dire un être supérieur au monde, qui gouverne les choses humaines, et a droit à nos hommages et à notre obéissance. Secondement, en prétendant que la croyance à ce Dieu a été universelle et constante, nous n'entendons pas parler de tous les individus de l'espèce humaine, mais seulement des nations, peuplades ou groupes d'hommes formant des sociétés proprement dites, dont la réunion constitue évidemment la totalité du genre humain, quel que soit le nombre des exceptions individuelles.

Ainsi entendue la foi religieuse de l'humanité est un fait incontestable attesté par des témoignages innombrables et par les monuments les plus divers. Tous les anciens historiens parlent des rites religieux par lesquels les peuples dont ils ont écrit l'histoire consacraient leurs demeures, leurs entreprises publiques ou privées, les actes importants de leur vie, et jusqu'à leurs festins et leurs jeux; les philosophes de l'antiquité opposent tous à l'athéisme cette foi universelle des peuples; et les fouilles pratiquées de nos jours sur l'emplacement des plus vieilles cités nous permettent de la lire retracée sur les débris de leurs monuments. Cette foi antique n'a point disparu avec le temps : l'histoire des peuples plus récents et les récits des nombreux voyageurs qui depuis quelques siècles ont fait le tour du globe et visité les peuplades les plus isolées et les plus sauvages déposent unanimement de son existence universelle et constante. Ainsi tous les peuples connus jusqu'à ce jour ont admis sans exception aucune l'existence d'un Dieu; donc, conclurons-nous hardiment, jamais un seul peuple athée n'a existé, car le grand nombre de ceux que l'on a observés nous garantit, par l'induction la plus légitime, la foi religieuse de ceux, bien peu nombreux d'ailleurs, qui sont demeurés inconnus.

Le principe. — Quand le genre humain se prononce sur une question qui est de sa compétence, avec une conviction qui ne peut être attribuée à aucune cause d'erreur et qui a constamment résisté à des influences morales capables de la détruire si elle ne s'appuyait pas sur l'évidence, on ne peut douter qu'il n'ait rencontré la vérité. Dans ce cas en effet c'est la raison humaine elle-même qui parle, et révoquer en doute son témoignage serait se condamner au scepticisme absolu. Les circonstances que l'on vient de supposer réunies sont donc un sûr garant de la vérité; or c'est précisément dans ces conditions que se présente la croyance de tous les hommes à l'existence d'un Dieu.

On ne niera pas que cette vérité soit de la compétence de tous, car l'homme doit pouvoir connaître ce qui intéresse au plus haut point sa conduite morale de tous les instants.

D'autre part on chercherait en vain parmi les causes de nos erreurs celle qui aurait pu y donner lieu. — Les préjugés d'éducation doivent être écartés, car l'âge, l'expérience, le commerce des autres hommes finissent par en avoir raison, au moins dans les esprits les plus réfléchis, surtout lorsque ces préjugés sont contraires aux passions. — Il n'est pas plus raisonnable d'invoquer la crainte inspirée aux premiers hommes par certains phénomènes naturels encore inexpliqués, comme la foudre, les tremblements de terre, etc. Dans ce cas en effet les esprits faibles et craintifs eussent seuls été religieux; ils n'auraient vu en Dieu qu'un maître sévère et redoutable, et non un père plein de bonté; enfin le progrès des sciences, en leur dévoilant les causes naturelles de ces phénomènes effrayants eût inévitablement mis fin à la superstition. Seraient-ce donc plutôt les législateurs qui auraient inventé Dieu pour donner à leurs prescriptions un caractère plus sacré et maintenir leurs sujets dans l'obéissance par la crainte des châtiments mystérieux d'une vie future? Plusieurs ont osé le prétendre. Mais comment expliquer que les législateurs aient eu partout la même pensée et aient obtenu chez tous les peuples une égale réussite, au point d'en avoir imposé aux plus sages et d'avoir convaincu les plus vicieux? L'histoire constate d'ailleurs que la foi religieuse a devancé dans le monde les législations et les codes, et qu'elle a existé chez les peuplades les plus sauvages et les moins policées. — Donc la croyance du genre humain à l'existence d'un Dieu ne doit son origine à aucune cause d'erreur.

Nous avons ajouté que la foi religieuse a eu constamment à lutter contre de nombreux et sérieux obstacles. La vie presque bestiale des peuples sauvages, la corruption morale de certaines nations civilisées, les mœurs abominables prêtées aux dieux par les fables du polythéisme, le scandale de tant de crimes impunis ici-bas et de la vertu si souvent opprimée, auraient dû, ce semble, propager l'athéisme dans une large mesure. Toutes ces causes cependant n'ont rien pu contre la foi en une divinité; cette foi a jeté de jour en jour ses racines plus profondes dans la raison humaine, et a tellement triomphé de toutes les attaques, qu'elle a rendu ses adversaires odieux à tous les hommes et fait du titre d'athée une injure que repoussent énergiquement les impies les plus éhontés.

Donc la foi religieuse du genre humain ne peut être erronée et Dieu existe.

PORTÉE DE CETTE PREUVE. — La conclusion d'un raisonnement ne peut avoir plus d'étendue que ses prémisses; c'est donc du Dieu que le genre humain tout entier a reconnu que nous venons d'affirmer l'existence. Ce Dieu, avons-nous dit plus haut, n'est point l'être nécessaire, infini et parfait, mais seulement un être de beaucoup supérieur aux hommes, de qui nous dépendons et auquel nous devons hommage et obéissance. On peut même dire à la rigueur que son unité n'est pas encore démontrée, car le polythéisme a été la religion d'un grand nombre de peuples, et s'ils ont généralement reconnu un Dieu suprême, père et maître des autres dieux, cette croyance ne renferme qu'obscurément et implicitement l'unité de la nature divine. L'argument qui précède démontre par conséquent l'existence d'une autorité supérieure aux hommes, placée en dehors et au-dessus des choses de ce monde et à laquelle nous devons rendre compte de notre conduite, quels que soient d'ailleurs la nature et peut-être le nombre des êtres qui se la partagent.

**Le devoir ou la loi morale.** — Il existe une loi morale à laquelle tous les hommes sont obligés de se conformer dans leurs actes libres, et Dieu est l'unique cause possible de cette loi; donc Dieu existe *(Cf.* A. de Margerie, *Théodicée).*

Le fait. — Le devoir ou la loi morale est un fait dont l'existence est attestée par les idées les plus fondamentales de notre raison et les sentiments les plus impérieux de notre cœur. Nous déclarons certaines actions bonnes ou mauvaises, licites ou illicites, sans considérer les suites heureuses ou fâcheuses qu'elles peuvent avoir par elles-mêmes et indépendamment des prescriptions d'aucune loi humaine; nous nous reconnaissons obligés de faire les unes, au moins en quelques rencontres et dans une certaine mesure, et d'éviter les autres; nous accordons notre estime à nos semblables ou nous les poursuivons de notre mépris, suivant qu'ils tiennent ou non compte de cette qualité morale de leurs actes libres, et dans les cas semblables nous nous récompensons ou nous nous punissons nous-mêmes par la joie ou le remords de la conscience. Tout cela prouve que nous croyons invinciblement à l'existence d'une loi qui n'est ni notre œuvre, ni celle d'aucune autorité humaine, et qui s'impose à toutes les volontés comme la règle obligatoire de leurs déterminations. Cette conviction que l'on retrouve chez tous les hommes, à quelque nation et à quelque époque qu'ils aient appartenu, ne peut être erronée, car il s'agit d'une vérité de leur compétence que les préjugés et les passions ne peuvent avoir fait admettre. Donc la loi morale à laquelle nous croyons existe bien réellement.

Le principe. — Toute loi suppose un législateur, c'est-à-dire que l'obligation proprement dite ne se comprend qu'autant qu'une volonté supérieure et maîtresse intime son commandement à une volonté inférieure et dépendante. On a cherché, il est vrai, à motiver autrement les prescriptions de la conscience, et l'on a allégué la beauté intrinsèque de la vertu, sa parfaite conformité avec la nature de l'homme et l'harmonie qui existe entre elle et le bonheur; mais rien de tout cela ne rend compte de l'obligation qu'elles imposent à la volonté.

Si la beauté morale d'une action suffisait à la rendre obligatoire, il deviendrait d'autant plus nécessaire de l'accomplir qu'elle serait plus parfaite, et l'héroïsme, au lieu d'être un but supérieur proposé à l'ardeur généreuse des grandes âmes, serait un devoir commun imposé à tous.

L'honnête, ajoute-t-on est obligatoire, parce qu'il est conforme à la raison, qui est la vraie nature de l'homme. Mais les sens ne sont-ils donc pas aussi notre nature? Et s'il n'y a aucune obligation de se conformer à leurs exigences, pourquoi y en aurait-il davantage d'écouter les ordres de la raison? Celle-ci a beau être la première de nos facultés, tant qu'on ne la considère pas comme l'expression d'une volonté supérieure, elle ne se distingue point de nous-mêmes, et l'on ne conçoit pas qu'un être puisse s'imposer à lui-même une obligation proprement dite.

L'harmonie de la vertu et du bonheur est pour tous les hommes un motif puissant d'accomplir le devoir, mais elle ne saurait en être la source. Il n'y a aucune obligation pour l'homme de tendre au bonheur, et si l'on peut prendre en pitié l'insensé qui compromet follement ses plus chers intérêts, rien n'autorise à voir en lui un coupable digne de châtiment. Mais surtout que devient l'harmonie entre la vertu et le bonheur, si l'on supprime Dieu? La vertu ne conduit à la récompense et par elle au bonheur, que parce qu'il y a un Dieu juste et puissant, qui se doit à lui-même de sanctionner la loi qu'il a imposée en béatifiant ceux qui l'ont fidèlement suivie et en faisant rentrer dans l'ordre par le châtiment les rebelles qui n'y sont pas revenus d'eux-mêmes par le repentir. Si au contraire Dieu n'est pas, la vertu ne conduit à rien, et l'unique bonheur auquel nous puissions prétendre est celui que nous prenons là où nous le trouvons pendant la vie présente.

Donc, il faut le reconnaître, l'unique source possible de l'obligation morale est Dieu, dont la raison infaillible saisit dans son ensemble et sans erreur possible l'ordre général qui découle de la nature des êtres, et dont la volonté juste et sainte impose à tous les hommes cette règle de conduite éminemment raisonnable. Donc Dieu existe.

PORTÉE DE CETTE PREUVE. — Autant l'ordre moral l'emporte sur l'ordre physique, autant la preuve de l'existence de Dieu tirée du devoir est supérieure à celle qui s'appuie sur l'harmonie de la nature. Le législateur des consciences a de plus que l'ordonnateur de l'univers le caractère auguste de la justice et de la sainteté; disons plus, il a celui de la souveraine perfection. La loi morale ne devient la règle de la volonté qu'en se faisant reconnaître de l'intelligence, et elle ne s'impose à cette dernière que par sa rectitude absolue; donc elle procède d'une raison infaillible et d'une volonté parfaite.

## III. — *Preuves métaphysiques.*

Les preuves métaphysiques s'appuient sur les idées nécessaires de la raison, soit pour envisager de ce point de vue supérieur les réalités créées, soit pour considérer ces idées elles-mêmes comme l'œuvre la plus parfaite de Dieu, et trouver en lui leur fondement et leur raison d'être. Les deux principales de ces preuves sont celles que l'on tire de la contingence du monde et de la nécessité des idées rationnelles.

**La cause première et l'Être nécessaire.** — Aristote, le premier, a donné à cette preuve une forme régulière. Tout mouvement, dit-il, suppose un moteur, et tout moteur qui tombe lui-même dans le mouvement suppose un autre moteur. Il faut donc de toute nécessité, ou bien s'arrêter à un premier moteur immobile (κινοῦν ἀκίνητον), ou bien se perdre dans une série infinie de moteurs mobiles. Or cette dernière hypothèse est inadmissible : donc il y a un premier moteur immobile, qui est Dieu.

Cette même preuve, élargie et généralisée, est appelée dans l'école *argumentum a contingentia mundi* et se formule ordinairement comme il suit :

Le monde est contingent et composé de causes secondes; or des substances contingentes et des causes secondes supposent une substance nécessaire et une cause première; donc il existe un être nécessaire et absolument indépendant, qui est Dieu.

Le fait. — Le monde est composé de substances contingentes et de causes secondes, c'est-à-dire de substances qui auraient pu tout aussi bien ne pas être qu'être, et de causes qui, tout en étant telles par rapports à leurs propres effets, sont elles-mêmes des effets relativement à d'autres causes dont elles dépendent. Telle est évidemment notre âme, c'est-à-dire la plus parfaite des causes que nous connaissons. Elle a eu un commencement, donc elle pouvait ne pas exister et est contingente; elle est cause seconde ou dépendante, car elle est loin de se suffire à elle-même. « Si j'étais, dit Descartes, indépendant de tout autre, et que je fusse moi-même l'auteur de mon être, je ne douterais d'aucune chose, je ne concevrais point de désirs; et enfin, il ne me manquerait aucune perfection, car je me serais donné moi-même toutes celles dont j'ai en moi quelque idée; et ainsi je serais Dieu. Et je ne me dois pas imaginer que les choses qui me manquent sont peut-être plus difficiles à acquérir que celles dont je suis déjà en possession ; car au contraire il est très certain qu'il a été beaucoup plus difficile que moi, c'est-à-dire une chose ou une substance qui pense, sois sorti du néant, qu'il ne me serait d'acquérir les lumières et les connaissances de plusieurs choses que j'ignore et qui ne sont que des accidents de cette substance ; et certainement si je m'étais donné ce plus que je viens de dire, c'est-à-dire si j'étais moi-même l'auteur de mon être, je ne me serais pas au moins dénié les choses qui se peuvent avoir avec plus de facilité, comme sont une infinité de connaissances dont ma nature se trouve dénuée. »

Si la plus parfaite des causes de l'univers est contingente et dépendante, les autres le doivent être à plus forte raison. C'est évident du reste pour tous les corps organisés qui ont eu un commencement, et ce n'est pas moins certain pour la matière même dont ils sont composés, car un être nécessaire est souverainement parfait, et la matière, prise en soi et indépendamment des combinaisons auxquelles elle se prête, occupe le plus bas degré de l'échelle des êtres. Donc le monde tout entier est contingent et composé de causes secondes.

Le principe. — Des substances contingentes supposent un être nécessaire, et des causes secondes supposent une cause première. Et d'abord il est impossible qu'il n'y ait que des êtres contingents. Toute chose en effet doit avoir sa raison d'être ; or le contingent est ce qui de soi est indifférent à l'existence ou à la non-existence ; donc, s'il existe, il faut chercher en dehors de lui la raison de son existence, ce qui devient impossible si tout est contingent. Donc en dehors des êtres contingents il y a un être nécessaire. — De même il est impossible que tout ce qui existe ait été produit, c'est-à-dire qu'il n'y ait rien que des causes secondes. Le néant ne pouvant rien produire, toute chose produite a une cause, laquelle, si elle est produite, a également la sienne, et ainsi de suite à l'infini, à moins que l'on ne s'arrête à quelque cause non produite qui existe par elle-même et de laquelle dépend tout le reste. Or il n'est pas moins nécessaire de s'arrêter dans la série des causes que dans celle des vérités démontrées; et de même que toute évidence discursive devient impossible en dehors d'une vérité évidente par elle-même qui ne se démontre pas, de même toute causalité dépendante devient inintelligible en dehors d'une causalité première et indépendante qui ne relève d'aucune autre. Donc les causes secondes supposent une cause première.

Donc le monde suppose un être nécessaire, cause première de tous les êtres qui le composent.

Portée de cette preuve. — Cette preuve a une portée beaucoup plus grande que toutes les précédentes. L'être nécessaire, on le verra plus loin dans la démonstration des attributs de Dieu, est en effet par sa nature même, infini en tout genre de perfections. Cause première de tout ce qui existe et de tout ce qui peut exister, il possède toutes les perfections possibles, puisque la cause ne peut être moins parfaite que ses effets; être nécessaire, il les possède sans aucune restriction ou limitation. L'idée de nécessité introduite dans le concept de Dieu l'achève donc ou du moins permet au raisonnement de lui donner tout le développement dont il est susceptible.

**Les vérités éternelles.** — Principe de l'ordre qui règne dans la nature et de l'ordre moral auquel doivent se conformer les volontés libres, Dieu est encore le principe de l'ordre intellectuel et le foyer auquel s'allume le flambeau de toute intelligence créée. En d'autres termes, il y a dans la raison de l'homme des idées et des vérités nécessaires, universelles, immuables et éternelles, qui doivent avoir leur fondement dans une intelligence douée des mêmes attributs; donc Dieu existe. Bossuet et Fénelon, s'inspirant de Platon et de saint Augustin, ont développé cette preuve avec un incomparable éclat.

Le fait. — En dehors des vérités contingentes, expression des faits et des lois connus par expérience, l'intelligence de l'homme perçoit un petit nombre de vérités supérieures qui marquent les lois et les conditions nécessaires de toute réalité existante ou possible. Ces vérités ou premiers principes qui servent de base à la métaphysique, à la morale et même aux mathématiques, sont l'objet propre de la raison et ont pour caractères distinctifs l'universalité, la nécessité, l'éternité. Quand nous les percevons, nous comprenons qu'elles se manifestent à nous, mais qu'elles ont leur raison d'être en dehors de nous, et même en dehors de tout entendement créé. Elles s'imposent à toutes les intelligences qu'elles éclairent d'une même lumière et réunissent dans une pensée commune; mais elles n'ont pas attendu pour exister qu'il y eût des intelligences finies, et elles continueraient d'être alors même qu'il n'en resterait plus aucune pour les percevoir. « Toutes ces vérités, dit Bossuet, et toutes celles que j'en déduis par un raisonnement certain, subsistent indépendamment de tous les temps : en quelque temps que je mette un entendement humain, il les connaîtra; mais en les connaissant il les trouvera vérités et ne les fera pas telles, car ce ne sont pas nos connaissances qui font leurs objets, elles les supposent. Ainsi ces vérités subsistent devant tous les siècles, et devant qu'il y ait eu un entendement humain; et quand tout ce qui se fait par les règles des proportions, c'est-à-dire tout ce que je vois dans la nature, serait détruit excepté moi, ces règles se conserveraient dans ma pensée, et je verrais clairement qu'elles seraient toujours bonnes et toujours véritables quand moi-même je serais détruit, et quand il n'y aurait personne qui fût capable de les comprendre. »

LE PRINCIPE. — La cause doit être de même ordre que ses effets; c'est donc dans une intelligence que la vérité doit avoir son fondement, et des vérités immuables, nécessaires et éternelles ne peuvent trouver leur point d'appui que dans un entendement éternel et nécessaire comme elles.

Donc il existe une raison suprême, absolue, infinie, source de toute vérité, et c'est par une certaine participation à cette intelligence parfaite que nous devenons capables de connaître toutes ces vérités supérieures dont il vient d'être question, et par elles toutes les autres vérités. « Ainsi, dit Fénelon, ce qui paraît le plus à nous et être le fond de nous-mêmes, je veux dire notre raison, est ce qui nous est le moins propre et qu'on doit croire le plus emprunté. Nous recevons sans cesse et à tout moment une raison supérieure à nous, comme nous respirons sans cesse l'air qui est un corps étranger, ou comme nous voyons sans cesse tous les objets voisins de nous à la lumière du soleil...

» Voilà donc deux raisons que je trouve en moi : l'une est moi-même, l'autre est au-dessus de moi. Celle qui est en moi est très imparfaite, fautive, incertaine, prévenue, précipitée, sujette à s'égarer, changeante, opiniâtre, ignorante et bornée; enfin elle ne possède jamais rien que d'emprunt. L'autre est commune à tous les hommes et supérieure à eux; elle est parfaite, éternelle, immuable, toujours prête à se communiquer en tous lieux et à redresser tous les esprits qui se trompent; enfin incapable d'être jamais ni épuisée, ni partagée, quoiqu'elle se donne à tous ceux qui la veulent. Où est cette raison parfaite, qui est si près de moi et si différente de moi? Où est-elle? Il faut quelque chose de réel, car le néant ne peut être parfait ni perfectionner les natures imparfaites. Où est-elle cette raison suprême? N'est-elle pas le Dieu que je cherche? »

## IV. — *Argument de saint Anselme.*

Dans toutes les preuves qui précèdent, même dans celles que l'on appelle *métaphysiques*, on trouve Dieu en remontant à lui de ses œuvres. L'ordre physique, l'ordre moral, l'ordre intellectuel, les substances elles-mêmes corporelles ou spirituelles, tout réclame Dieu et ne devient intelligible que par lui. Toutes ces preuves prennent donc leur point de départ dans l'expérience et sont *a posteriori*. Ne pourrait-on pas suivre un autre voie, et prouver Dieu par la seule analyse de son idée, sans s'appuyer sur ses œuvres, c'est-à-dire faire un argument *a priori*? Plusieurs philosophes l'ont pensé et ont imaginé ce qu'on a appelé la preuve *ontologique*.

. Cette preuve, inventée par saint Anselme, reprise par Descartes, acceptée par Malebranche, Bossuet et Fénelon, perfectionnée par Leibnitz et approuvée par Hégel, a été vivement combattue par saint Thomas, Gassendi et Kant. Un argument si contesté est de nulle valeur dans une question aussi importante que l'existence de Dieu ; cependant la place considérable qu'il occupe dans l'histoire de la théodicée nous oblige à le faire connaître. Disons donc ses formes successives et les reproches auxquels il a donné lieu.

**Diverses formes de la preuve ontologique.** — La preuve ontologique a reçu trois formes différentes de saint Anselme, de Descartes et de Leibnitz.

Saint Anselme la propose comme il suit dans son *Proslogium* :

« J'ai l'idée d'un être tel qu'on n'en peut concevoir de plus grand, et par suite cet ordre existe dans mon intelligence ; — or un être tel qu'on n'en peut concevoir de plus grand ne peut exister dans l'esprit seulement ; — donc l'être tel qu'on n'en peut concevoir de plus grand existe tout à la fois et dans l'esprit et dans la réalité. »

Descartes, dans ses *Méditations*, lui donne une forme plus métaphysique :

« Tout ce que je reconnais clairement et distinctement appartenir à l'idée d'une chose appartient réellement à cette chose. Or il est certain que j'ai en moi l'idée d'un être souverainement parfait, et que je connais qu'une actuelle et éternelle existence appartient à sa nature, aussi bien que je connais quelque figure et quelque nombre que ce soit, et les propriétés qui lui appartiennent. Donc l'existence de Dieu devrait passer dans mon esprit pour aussi certaine que j'ai estimé jusqu'ici les vérités mathématiques. »

Enfin Leibnitz, trouvant que Descartes a le tort de supposer la possibilité de l'être parfait sans la démontrer, propose la correction suivante :

« L'être de l'essence duquel suit l'existence existe s'il est possible, c'est-à-dire s'il y a une essence. — Or Dieu est un être de l'essence duquel suit l'existence. — Donc si Dieu est possible, il existe. » Il prouve ensuite la possibilité de Dieu par cette double considération que Dieu ne dépendant de rien a une perfection sans limite, et que ce qui est sans limite n'implique en soi nulle négation et nulle contradiction.

**Critique de cette preuve.** — Le défaut toujours reproché à cet argument et que Kant surtout a mis en relief, c'est qu'il confond l'ordre idéal avec l'ordre réel, la nécessité logique et abstraite créée par l'analyse des notions avec la nécessité réelle et actuelle des choses. Cet être dont l'essence implique l'existence est-il autre chose qu'une conception chimérique de l'imagination? L'argument n'en dit rien, car l'existence comprise dans le concept Dieu est idéale comme les autres attributs auxquels elle est jointe. Donc nous sommes en présence d'une simple idée de l'esprit, et nous ne pouvons légitimement conclure de la présence d'un concept dans l'esprit à l'existence de son objet.

## ART. IV. — L'ATHÉISME.

**Deux formes d'athéisme.** — L'athéisme est l'ignorance ou la négation de Dieu. De là deux espèces d'athées : les athées négatifs qui n'auraient même pas l'idée d'un être supérieur au monde, et les athées positifs qui sachant ce que l'on entend par le mot *Dieu* nieraient non de bouche, mais par persuasion réelle, qu'aucun être véritable correspondît à cette idée. Une telle ignorance et surtout une si monstrueuse erreur sont-elles possibles? C'est ce que nous avons à rechercher tout d'abord; nous dirons ensuite quelles en seraient les conséquences.

**Possibilité de l'athéisme.** — ATHÉISME NÉGATIF. — L'athéisme négatif, c'est-à-dire l'ignorance de Dieu, est possible, car il existe; mais il ne peut être invincible ni même de longue durée dans un homme jouissant de ses facultés intellectuelles.

Les preuves par lesquelles l'intelligence humaine se démontre Dieu sont bien lumineuses sans doute ; encore faut-il cependant que l'attention se porte de ce côté et que l'esprit, réfléchissant sur les réalités qui l'environnent, s'élève au-dessus de leurs causes immédiates et en cherche l'explication dernière. Or on conçoit que certains hommes, même après qu'ils sont arrivés au parfait usage de leur intelligence, puissent s'absorber dans les connaissances sensibles au point de demeurer pendant quelque temps étrangers à toute idée d'une cause supérieure éloignée, surtout s'ils sont constamment en présence des œuvres de l'homme et ne jouissent que rarement ou même jamais des grands spectacles de la nature. Des faits assez nombreux prouvent d'ailleurs que cette possibilité n'est nullement imaginaire.

Nous avons ajouté que si l'athéisme négatif est possible dans certains esprits, on ne peut admettre qu'il devienne jamais pour personne moralement invincible. Il n'y a point de peuple athée, et il est impossible qu'un homme passe sa vie entière au milieu d'une nation qui croit en Dieu et l'honore d'un culte quelconque, sans qu'il soit un jour ou l'autre instruit par ses semblables de cette grande vérité. En dehors même de ce secours social, le simple exercice de son intelligence doit infailliblement l'amener tôt ou tard à réfléchir sur le monde qu'il habite et à tout le moins sur lui-même et sur sa destinée. Un phénomène insolite qui le remplit d'admiration ou d'effroi, quelque nécessité qui le presse, un danger qui le menace, la perte d'un parent ou d'un ami, la voie impérieuse de la conscience qui lui intime un devoir pénible, sont autant d'occasions que présente toute vie humaine de se demander d'où l'on vient, où l'on va, quelle est l'origine et la fin de toutes choses. Donc l'athéisme négatif, possible dans certaines circonstances exceptionnelles, ne peut se prolonger longtemps et surtout devenir moralement invincible.

Athéisme positif. — L'athéisme positif, tout inconcevable qu'il paraisse d'abord, est lui-même possible. Quand il s'agit d'une vérité d'évidence médiate ou discursive, l'intelligence peut toujours détourner son attention des preuves qui l'établissent et l'appliquer aux sophismes qui la combattent, et comme d'autre part les préjugés et surtout les passions revêtent aisément le faux des couleurs de la vérité, il peut se faire que malgré leur faiblesse les sophismes l'emportent sur le vrai et triomphent pour un temps d'un esprit prévenu. C'est ce qui arrive chez quelques-uns pour l'existence de Dieu. Mais à moins d'une perversion complète de l'esprit et du cœur, peut-être même malgré elle, l'évidence finit toujours par reprendre ses droits; il ne peut se faire en effet que brillant de toutes parts elle ne frappe pas un jour ou l'autre les regards qui s'obstinent à l'éviter.

L'athéisme positif n'est donc pas plus durable que l'athéisme négatif, et l'on peut dire hardiment que ceux-là trahissent leur pensée intime et mentent audacieusement, qui nient Dieu avec une déplorable persévérance. De plus et par cela même qu'il implique l'inattention volontaire aux preuves de la vérité qu'il repousse, l'athéisme positif revêt pendant sa courte durée le caractère d'une grave et coupable imprudence et exclut la bonne foi. Donc, s'il est possible, il est toujours blâmable, et c'est à juste titre qu'il a toujours été odieux au genre humain.

**Conséquences de l'athéisme.** — Les conséquences rigoureuses de l'athéisme suffiraient à elles seules à en démontrer l'absurdité et la malice.

1° Avec l'athéisme toute science disparaît. Le monde physique et ses harmonies merveilleuses, l'intelligence humaine et ses idées nécessaires et immuables, la conscience et ses lois imprescriptibles, l'humanité et son développement à travers les siècles, tout perd sa raison d'être et devient inintelligible. Du même coup les sciences physiques, la logique, la morale, l'histoire, sont ruinées sans retour et sont réduites à n'être plus que de simples catalogues de faits et de lois que l'expérience constate, mais que la raison n'explique plus.

2° L'athéisme contredit les meilleures tendances de notre nature et nous fait un sort pire que celui de la brute. Nos plus nobles et en même temps nos plus ardentes aspirations sont assurément celles qui ont pour objet le bonheur parfait et sans mélange, l'immortalité qui le donne et la vertu qui y conduit ; et cependant si Dieu n'existe pas, nous ne devons y voir que des tendances sans objet et de vaines illusions que la raison réprouve et nous commande d'abandonner. Alors que nous reste-t-il ? Une existence courte et incertaine, toute remplie d'ennuis, de déceptions et de douleurs, que nous sommes condamnés à traîner misérablement, sans protecteur, sans espérance et sans soutien. N'est-ce pas faire de l'homme le plus contradictoire et le plus malheureux des êtres de ce monde ?

3° Enfin l'athéisme ne s'attaque pas moins à la société qu'à l'homme individuel. Les bases nécessaires de tout ordre social sont : dans le chef de l'État, l'équité et le dévouement ; et dans les sujets le respect du pouvoir et des lois, l'esprit de concorde et de charité mutuelle, l'amour de la patrie. Or c'est bien en vain qu'on chercherait ces vertus dans un peuple d'athées : ne croyant ni aux récompenses ni aux châtiments de l'autre vie, il ne connaîtrait d'autre règle que l'utilité, d'autre but que le plaisir, et la crainte serait le seul frein jeté à ses passions fougueuses. Les forêts et leurs bêtes fauves seraient préférables à une telle société.

De telles conséquences sont la meilleure réfutation du principe qui y conduit.

## CHAPITRE II.

### Nature et attributs de Dieu.

### I. — *Des attributs de Dieu en général.*

Il servirait de peu à la raison humaine de savoir que Dieu existe, si elle ne pouvait connaître d'une manière certaine, quoique imparfaite, ses adorables perfections. L'idée abstraite d'une cause première, incapable de parler au cœur, ne saurait en effet motiver nos hommages, animer notre confiance, enflammer notre amour, et l'indifférence serait en nous le seul sentiment possible pour cet être dont la nature nous échapperait complètement. Nous devons donc étudier maintenant la nature de Dieu et déterminer dans la mesure du possible ses différents attributs. Disons auparavant quelle méthode il faudra suivre dans cette recherche et tout d'abord ce que l'on entend par le mot *attribut* quand on l'applique à Dieu.

**Ce qu'est un attribut de Dieu.** — Les attributs divins sont les diverses perfections dont notre intelligence compose la nature divine.

En soi la perfection infinie n'admet aucune distinction d'éléments ou de pouvoirs, car la multiplicité ou le nombre implique nécessairement la limite dans les unités qui le composent, et l'infini ne peut être un total formé par l'addition du fini au fini. « Dieu, dit Fénelon, est infiniment intelligent, infiniment puissant, infiniment bon. Son intelligence, sa volonté, sa puissance ne sont qu'une même chose. Ce qui pense en lui est la même chose qui veut, ce qui punit est la même chose qui pardonne et qui redresse. En un mot en lui tout est un d'une suprême unité. »

C'est la faiblesse de notre intelligence qui introduit la multiplicité là où elle n'existe pas. Incapable d'embrasser d'un même regard cette infinie simplicité de Dieu, notre esprit est réduit à la considérer successivement sous différents aspects et se voit obligé de remplacer, par la multiplicité des points de vue, l'intuition une et parfaite qui dépasse son pouvoir. Ce sont ces diverses manières de considérer Dieu, ces aspects variés sous lesquels se présente à nous sa perfection infinie, que nous appelons ses attributs.

Bien que très imparfaite, cette façon de concevoir Dieu n'est cependant pas inexacte. « C'est qu'en Dieu, dit encore Fénelon, l'unité est équivalente et infiniment supérieure à la multitude. Ainsi je distingue ses perfections non pour me représenter qu'elles ont quelque ombre de distinction entre elles, mais pour les considérer par rapport à cette multitude de choses créées que l'unité souveraine surpasse infiniment. » Les perfections que nous attribuons à Dieu lui appartiennent donc réellement; mais il les possède d'une manière bien supérieure à celle dont nous les concevons, et par suite notre connaissance est imparfaite sans être fausse.

**Classification des attributs de Dieu.** — On divise généralement en deux classes les attributs de Dieu, les distinguant en attributs métaphysiques et en attributs moraux. Les attributs métaphysiques sont ceux qui conviennent à Dieu, considéré en lui-même et indépendamment de tout rapport avec les créatures possibles ou réalisées. Les principaux sont l'infinité, l'unité, la simplicité, l'immutabilité, l'éternité et l'immensité. Les attributs moraux sont ceux par lesquels Dieu entre en rapport avec le monde; on les appelle ainsi parce que ces mêmes perfections, à un degré infiniment inférieur, constituent l'homme moral. Ce sont l'intelligence, la volonté libre et les perfections qui en découlent : la sagesse, la justice, la bonté, etc.

**Méthode à suivre dans la recherche des attributs de Dieu.** — Tous les attributs métaphysiques sont contenus dans la notion d'être nécessaire à laquelle nous ont conduits, comme à leur terme le plus élevé, les preuves de l'existence de Dieu. On les tire de cette notion par un raisonnement déductif.

Quant aux attributs moraux on y arrive par des analogies empruntées à la nature humaine, la plus parfaite des œuvres de Dieu, celle qui doit par conséquent porter plus visiblement son empreinte et nous permettre le mieux par ses propres attributs d'entrevoir les perfections de son divin auteur. On s'appuie pour cela sur ce double principe : 1° qu'une cause ne peut être inférieure en perfection à son effet ; 2° qu'un être infini doit posséder sans aucune restriction ou limitation les perfections qui sont de son essence. En vertu du premier principe on attribue à Dieu toutes les perfections que possède la nature humaine, et en vertu du second on ne les transporte en Dieu qu'après les avoir dégagées des imperfections ou limites qui en sont inséparables dans l'homme.

La légitimité de cette méthode a été fortement contestée surtout par les panthéistes. Au dire de ses adversaires, elle reposerait sur un faux principe, ferait un choix arbitraire des attributs divins, et rapetissant Dieu aux proportions de l'homme tomberait dans un grossier anthropomorphisme. Et d'abord elle repose, dit-on, sur ce principe que tout ce qui est dans l'effet doit être dans la cause ; principe manifestement faux, car rien n'exige que la cause soit en tout semblable à son effet. De plus elle choisit arbitrairement parmi les attributs de l'homme, prenant la joie et laissant la tristesse, admettant la pensée, la conscience et rejetant le souvenir, la prévision, le raisonnement, etc. Enfin elle réduit Dieu à n'être plus qu'un homme en tout semblable aux autres hommes, seulement un peu plus parfait qu'eux.

Aucun de ces reproches n'est fondé. On dénature, pour le combattre plus avantageusement, le principe de la méthode d'analogie. Ce principe ne consiste pas en ce que tout ce qui se trouve dans l'effet doive être dans la cause, mais chose toute différente, en ce que la cause doive avoir au moins autant de perfections que son effet. — Quant au choix opéré entre les attributs de l'homme, il n'est pas capricieux et arbitraire, mais il a sa raison et sa règle dans l'infinie perfection de Dieu. Tout ce qui est limite et imperfection, c'est-à-dire négation partielle de l'attribut qui en est affecté, ne peut trouver place dans l'infini ; il faut donc, quand on attribue à Dieu les facultés de l'homme, en retrancher ce qui les amoindrit. — De la sorte on ne compose pas l'essence divine de perfections semblables à celles de l'homme, et l'on ne transporte pas en Dieu la nature humaine. Bien loin d'être de même espèce les deux natures ne présentent qu'une lointaine analogie, et la considération de ce que nous sommes nous permet seulement de soupçonner et d'entrevoir ce que sont dans leur source les perfections auxquelles nous participons. — On peut donc suivre cette méthode sans crainte d'aboutir, ainsi qu'on l'objectait, à un Dieu de fantaisie, œuvre de pure imagination.

## II. — *Attributs métaphysiques.*

Le nombre des attributs métaphysiques n'est point strictement limité ; ceux qu'il importe le plus de méditer sont l'infinité, l'unité, la simplicité, l'immutabilité, l'éternité et l'immensité.

**Infinité.** — Dieu est infini, c'est-à-dire que sa perfection n'est limitée ou restreinte en aucune manière. En effet d'où lui viendrait la limite ? Elle ne peut lui être imposée par une volonté étrangère, puisqu'il est indépendant et ne relève d'aucune cause. Elle ne peut être l'effet de sa propre volonté, car il n'a pu se produire lui-même. Enfin elle ne peut venir de son essence même, car par essence il est la raison d'être et le type de toutes les perfections existantes ou possibles, ce qui ne pourrait avoir lieu s'il y avait un seul degré possible de perfection qui n'existât pas en lui. Donc par cela même que Dieu est l'être nécessaire et le premier principe de tout ce qui est ou peut être en dehors de lui, il possède sans restriction toutes les perfections et est actuellement et réellement infini.

Comme la perfection et l'être sont identiques, dire que Dieu possède toutes les perfections, c'est affirmer qu'il est l'être infini, l'être sans borne, la plénitude de l'être, ou simplement l'être sans aucun qualificatif. Les panthéistes ayant singulièrement abusé de ces formules, il est de la dernière importance d'en préciser le véritable sens.

Distinguons pour cela avec saint Anselme plusieurs sortes de perfections et plusieurs manières de les posséder. Il y a des perfections *simples* et des perfections *mixtes*. Les premières sont celles dont l'idée ne renferme aucune imperfection, et qui par suite n'excluent aucune autre réalité qui leur soit égale ou supérieure ; telles sont la vie, l'intelligence, la justice, etc. Les perfections mixtes sont celles dont l'idée implique une imperfection, parce qu'elles excluent par leur nature même une perfection égale ou plus grande ; telles sont l'étendue, la mémoire, etc. D'autre part, on peut posséder une perfection de deux manières : *formellement* ou *éminemment* ; dans le premier cas on la possède telle que la présente son concept propre ; tandis que dans le second elle est contenue dans une perfection plus haute qui produit les mêmes effets qu'elle, mais d'une façon plus excellente. Ainsi posséder formellement la mémoire, c'est être capable de retrouver de temps en temps la connaissance habituellement latente d'un événement passé, et la posséder éminemment, ce serait apercevoir ce même événement en même temps que le présent dans une intuition non interrompue et toujours également vive.

Ces distinctions établies, nous disons que toutes les perfections simples existent formellement en Dieu, mais que les perfections mixtes ne s'y trouvent qu'éminemment. Donc Dieu possède toutes les perfections des créatures en ce sens qu'il n'y a en ces dernières aucune perfection qui ne soit en lui d'une manière plus parfaite, ce qui n'implique nullement qu'il leur soit semblable ou qu'il ne s'en distingue pas substantiellement.

**Unité.** — L'unité est l'attribut en vertu duquel la nature divine ne peut être communiquée à la façon d'un genre ou d'une espèce à plusieurs sujets. Les preuves qui démontrent l'existence de Dieu établissent du même coup son unité; elle est de plus une conséquence rigoureuse de l'infinité de l'Être divin. Admettre plusieurs dieux, c'est nécessairement limiter leur puissance, chacun d'eux n'ayant aucun pouvoir sur ses semblables et sur leurs œuvres; donc il est plus parfait d'être sans égal et de tenir sous sa dépendance tout ce qui existe; donc l'Être infini est nécessairement unique.

**Simplicité.** — La simplicité est l'attribut qui exclut de Dieu toute composition de parties. Cet attribut convient nécessairement à Dieu, car de deux choses l'une : ou bien les parties dont il se composerait seraient elles-mêmes infinies, et alors on aurait autant de dieux qu'on admettrait de parties en Dieu, ce qui est contraire à l'unité divine; ou bien chaque partie de la substance divine serait finie, et alors l'infini s'obtiendrait par l'addition du fini au fini, ce qui est également absurde. Donc Dieu est simple.

**Immutabilité.** — L'immutabilité est l'attribut en vertu duquel Dieu n'est sujet à aucune succession d'états ou d'actes internes. Dieu est l'Être parfait, et la perfection absolue exclut jusqu'à la possibilité d'un changement. Un être ne change que pour acquérir ou perdre quelque chose; or l'être parfait par essence ne peut rien acquérir, puisque rien ne lui manque, ni rien perdre puisqu'il cesserait d'être parfait. Dieu est donc strictement immuable; et cependant il pense, il aime, il vit d'une vie infiniment active et déploie hors de lui une activité d'une fécondité inépuisable. Ces deux vérités sont inconciliables sans doute pour la raison humaine qui voit ici-bas la succession partout où elle aperçoit la vie; cependant elles n'impliquent pas contradiction, parce que l'idée de vie ou d'activité interne n'emporte pas avec soi et nécessairement celle de la succession et du changement. On doit donc les tenir l'une et l'autre pour certaines, puisqu'elles sont également bien démontrées.

**Éternité.** — L'éternité est une existence sans commencement, sans fin et sans succession. Dieu est éternel, car en vertu de la nécessité de son être il n'a point eu de commencement ni ne peut avoir de fin, et son immutabilité s'oppose à ce qu'il y ait en lui aucune succession. Commencer, finir, être successif sont d'ailleurs des imperfections qui ne peuvent exister dans l'être infiniment parfait. Donc Dieu est en dehors du temps qui ne mesure point sa durée. « Nous avons l'habitude de dire de la substance éternelle, elle est, elle fut, elle sera ; elle est, voilà ce qu'il faut dire. La substance éternelle toujours la même et immuable ne peut devenir ni plus vieille ni plus jeune, de même qu'elle n'est, ni ne fut, ni ne sera jamais dans le temps » (Platon, *Timée*).

**Immensité.** — L'immensité de Dieu est l'attribut en vertu duquel il doit être substantiellement présent à tout ce qui existe, sans cependant être contenu ou renfermé dans aucun lieu. Nous ne disons pas que l'immensité consiste en ce que Dieu soit actuellement et réellement présent à toutes choses, car cette présence actuelle, dépendant de l'existence du monde, l'immensité de Dieu partagerait le sort des êtres créés. Elle aurait commencé et pourrait finir avec eux, et son étendue, variable comme les limites du monde, se mesurerait à celle de l'univers ; or ces caractères ne peuvent convenir à un attribut divin. L'immensité tient à la nature même de Dieu : l'infini est tel que son action peut et doit s'étendre à tout ce qui existe en dehors de lui, rien ne pouvant exister que par sa toute-puissante influence. Or cette vertu qui lui donne de pouvoir agir sur tous les êtres, quel qu'en soit le nombre, et par là même de leur être substantiellement présent, existait en lui avant qu'il y eût des créatures et demeure identiquement la même, quelles que soient les proportions données à la Création. L'immensité est donc quelque chose d'absolu et de distinct de l'étendue et de l'espace. — Cet attribut, tel qu'il vient d'être expliqué, convient nécessairement à Dieu, car 1° rien ne peut exister qu'avec dépendance de la cause suprême, 2° et l'action de cette dernière étant infiniment parfaite, ne peut être circonscrite dans aucune limite.

## III. — *Attributs moraux.*

Parmi les attributs moraux, les uns constituent essentiellement l'être moral, les autres découlent de ces attributs essentiels. Les premiers sont l'intelligence, la volonté libre et l'amour; les seconds sont la sagesse, la véracité, la puissance, la justice et la bonté.

**Intelligence.** — Son existence en Dieu. — On ne peut mettre sérieusement en question l'intelligence divine; non seulement l'ordre qui règne dans la nature, mais encore et surtout l'existence de la pensée dans l'homme ne permettent pas de supposer que la cause suprême soit dépourvue du pouvoir de connaître et de réfléchir. Un être qui pense a seul pu concevoir et combiner toutes ces lois qui régissent le monde; et la lumière qui éclaire l'esprit de l'homme procède évidemment d'une source où elle se trouve plus abondante et plus pure. D'ailleurs connaître est une perfection dont l'infini, qui les possède toutes, ne peut être privé. Mais quel est le mode de la pensée divine et quel est son objet?

Son mode. — Pour nous faire quelque idée de la manière dont Dieu connaît, nous devons retrancher de son intelligence toutes les imperfections que présente celle de l'homme, et après cela en élever la puissance à l'infini. Ainsi en Dieu la science ne peut être mêlée d'ignorance ou entachée d'erreur, d'obscurités, d'incertitude; elle ne peut même se composer d'idées multiples, s'acquérir par des actes successifs, user des opérations discursives comme la comparaison, l'analyse, la synthèse, le raisonnement, recourir au souvenir ou à la prévision. La science de Dieu est absolument infaillible, immuable, infinie : par une seule et même intuition, elle embrasse tout son objet, c'est-à-dire tout ce qui est intelligible, et cette intuition est la substance divine elle-même, l'être de Dieu avec lequel elle se confond.

Son objet. — La science de Dieu est sans limite, elle comprend tout ce qui est intelligible. En conséquence :

Dieu se connaît lui-même d'une connaissance adéquate et parfaite, parce qu'en lui ce qui pense est identique à ce qui est pensé. Dès lors il connaît tous les possibles dans son essence, dont ils ne sont qu'une imitation ou participation finie, et dans sa puissance qui peut les réaliser; autrement il ne se connaîtrait pas parfaitement lui-même.

Dieu connaît tous les futurs nécessaires, c'est-à-dire les effets que doivent produire un jour toutes les forces qui composent l'univers. Ces futurs dépendent de la nature de leurs causes, des lois qui régissent ces dernières et des différentes relations qu'elles auront entre elles dans la suite des temps. Or Dieu qui a créé toutes choses connaît leur constitution et leurs lois, et prévoit nécessairement leurs relations futures qui sont une conséquence nécessaire de l'ordre primitivement établi par lui. Donc aucun des phénomènes qui doivent se produire dans la nature n'est ignoré de Dieu.

Dieu connaît tous les futurs libres, c'est-à-dire toutes les actions réfléchies de ses créatures intelligentes. Il les connaît éternellement, sans quoi sa science croîtrait successivement avec le temps; il ne pourrait en tenir compte dans ses desseins providentiels, ou plutôt toute providence deviendrait impossible; et comme en réalité il n'y a point de futur pour lui, il ignorerait en partie ce qui lui est présent. Des prophéties certaines ont d'ailleurs constaté qu'il possède cette science.

Enfin Dieu connaît même les futurs conditionnels, c'est-à-dire les événements qui se seraient produits dans le monde physique ou moral, quelque concours de circonstances que l'on puisse imaginer. Sa Providence a dû nécessairement se régler sur cette science dans le choix de ses décrets; autrement elle l'eût fait sans intelligence et sans être certaine d'arriver à son but.

Rien n'échappe donc au regard de Dieu, et son intelligence infinie met au service de sa sagesse, de sa puissance et de sa bonté une science qui ne peut jamais faillir.

**Volonté libre.** — L'homme est un agent libre, et agir en connaissance de cause et avec plein domaine de ses actes est certainement une perfection ; donc Dieu est lui-même doué de volonté libre. Mais en attribuant à Dieu la liberté, nous devons en faire disparaître toutes les imperfections qui en sont inséparables dans notre nature finie. Notre volonté à nous est faible et inconstante : elle hésite, se repent et revient sur ses déterminations ; surtout elle a le triste pouvoir de se porter au mal. Rien de tout cela ne peut exister en Dieu : sa volonté toujours parfaite ne poursuit que le bien ; éclairée par une science infinie, elle s'y porte sans hésitation ; inspirée par la sagesse même, elle ne connaît ni caprice, ni repentir. Dans l'homme, le choix qui constitue la liberté porte sur la production ou l'omission de quelque acte ; en Dieu, qui est un acte pur, le choix n'a pas pour objet l'action elle-même, mais seulement les différents termes possibles de cette action. — Quelques philosophes ont objecté qu'une liberté qui ne s'étend pas au pouvoir de faire le mal n'est plus une liberté véritable ; c'est prendre pour l'essence d'une chose ce qui n'est que l'amoindrissement et la limite. La liberté consiste essentiellement dans le choix ; or le choix demeure possible dans la limite du bien. Donc la perfection de la volonté divine ne nuit pas à sa liberté.

**Amour béatifique.** — A l'intelligence et à la volonté libre, l'homme ajoute la sensibilité. Chez lui cette faculté est bien imparfaite : dans un grand nombre de ses modes, elle implique le corps et ses organes ; si elle nous fait capables de plaisir, elle nous rend en même temps accessibles à la souffrance, et par des passions nombreuses et violentes elle tend sans cesse à nous faire dévier du chemin de la vertu et de l'honneur. Sans doute, nous n'attribuerons pas à Dieu les appétits et les besoins du corps, ni même ses misérables jouissances. Nous éloignerons également de lui la tristesse qui suppose la présence de quelque mal dans l'être qui l'éprouve, la crainte qui redoute ce mal pour l'avenir, l'envie qui s'attriste du partage d'un bien qu'elle voudrait posséder tout entier, la colère et toutes les autres passions de notre pauvre cœur. Mais rien ne nous empêche de considérer Dieu comme capable d'amour et par suite de bonheur. Loin d'être une imperfection, cette faculté d'aimer et de jouir est au contraire un élément indispensable à l'achèvement de la personnalité divine, qui ne serait pas parfaite, nous semble-t-il, si elle voyait le bien sans amour et si elle le possédait sans jouissance. Dieu, la perfection souveraine, se porte donc à lui-même un amour sans bornes, et trouve dans cet amour le principe d'une béatitude infinie.

L'intelligence, la volonté libre et l'amour béatifique, tels sont les attributs qui constituent la personnalité divine et font de Dieu un être moral.

**Attributs moraux secondaires.** — De l'intelligence et de la liberté possédées par un être parfait découlent certaines perfections morales que l'on a plus particulièrement en vue quand on parle des attributs moraux de Dieu. Disons un mot des principaux de ces attributs.

SAGESSE. — La sagesse consiste dans le choix des meilleures fins et des moyens les plus propres à y conduire. L'existence en Dieu de cet attribut se démontre *a priori* par cette considération que la sagesse n'est que la perfection de la science, et *a posteriori* par l'ordre admirable qui règne dans toutes les œuvres divines.

PUISSANCE. — La puissance de Dieu est le pouvoir qu'il a d'agir au dehors sur les êtres distincts de lui. Ce pouvoir ne connaît point de bornes, car il n'est aucun être qui soit indépendant de lui et qui puisse résister à son action. Il ne s'arrête que devant l'impossible, ou plutôt il n'y trouve pas une limite, car le contradictoire ne pouvant se concevoir est le rien, le néant.

JUSTICE. — La justice est le respect du droit ; elle fait rendre à chacun selon ses œuvres. Dieu est la justice infinie, le gardien incorruptible de la loi morale, le vengeur inexorable du devoir méprisé, le dispensateur généreux des récompenses dues à la vertu. En même temps que son regard, auquel rien ne peut se dérober, pénètre jusqu'au fond des consciences pour y découvrir les motifs secrets et les ressorts cachés qui nous font agir, sa justice réserve à chacun dans l'exacte mesure qui lui est due la récompense ou le châtiment.

**Bonté.** — De tous les attributs de Dieu celui qui nous touche le plus c'est sa bonté. Si nous admirons ses autres perfections, nous aimons davantage cette dernière; par elle Dieu s'abaisse jusqu'à nous pour nous élever ensuite jusqu'à lui par les liens d'une mutuelle charité. La bonté, c'est le bien qui se communique; Dieu, qui est le bien infini, est aussi l'amour sans mesure; il ne donne l'être à ses créatures que pour les faire participer à son propre bonheur. Aussi la bonté a-t-elle toujours été aux yeux de tous les peuples le caractère distinctif de la divinité et le qualificatif habituellement associé à son nom.

## IV. — *Panthéisme.*

Deux erreurs principales s'attaquent aux attributs de Dieu, ce sont le polythéisme et le panthéisme. Nous avons réfuté la première en établissant l'unité de Dieu, et la seconde en prouvant que la cause première est un être personnel; cependant l'importance de cette dernière erreur demande que nous en donnions un exposé plus complet et une réfutation plus directe.

**Définition du panthéisme.** — Le panthéisme est l'erreur qui rejetant toute distinction substantielle entre Dieu et le monde, fait de Dieu l'universalité des êtres existants. Il ne consiste pas, comme on l'a dit quelquefois, à absorber le fini dans l'infini, ni réciproquement à absorber l'infini dans le fini; il se propose plutôt de les concilier l'un et l'autre dans l'unité d'une même substance, et d'en former un seul et même être. Aux yeux des panthéistes, Dieu sans la nature est une substance sans modes, et la nature sans Dieu un assemblage de modes sans substance; on obtient l'être complet et total en réunissant les modes à la substance, c'est-à-dire le monde à Dieu. Telle est l'idée fondamentale du panthéisme.

A vrai dire, cette doctrine monstrueuse n'est qu'un athéisme déguisé; c'est nier Dieu que de lui enlever sa personnalité. Cependant parmi les erreurs de l'esprit humain il en est peu qui aient occupé une aussi large place. Dès les temps les plus reculés, nous le voyons dominer dans l'Inde brahmanique; il fait le fond du polythéisme grec et des cosmogonies des Égyptiens et des Perses; parmi les philosophes, Pythagore, les stoïciens, les philosophes éclectiques de l'école d'Alexandrie, Scot Érigène, Jordano Bruno, Spinoza, Fichte, Schelling, Hégel en ont fait la base de leurs systèmes, et l'on peut dire que de nos jours il inspire de son esprit un grand nombre des productions de la pensée contemporaine.

**Diverses formes du panthéisme.** — Le panthéisme ne pouvait prendre un tel développement ni reparaître avec succès à des époques si diverses qu'en se modifiant profondément lui-même et en revêtant des formes très variées. On en compte trois principales : le panthéisme d'émanation, d'après lequel la substance du monde découle ou sort, comme de sa source, de la substance divine ; le panthéisme de développement immanent qui présente le monde comme une évolution interne de la même substance, et enfin le panthéisme progressif ou idéaliste qui ne voit dans le monde qu'une évolution idéale de l'absolu.

Panthéisme d'émanation. — La première forme sous laquelle s'est produit le panthéisme est celle de l'émanation que l'on retrouve surtout dans les dogmes religieux et les systèmes philosophiques des anciens peuples de l'Orient. Tous les êtres dont l'univers se compose sont un écoulement de la substance divine, dont ils sortent sans cesse sans jamais l'épuiser ni la diminuer. Cette idée de l'émanation est assez généralement associée aux idées du feu et de la lumière, et la substance des choses est considérée comme un fluide qui demeurant plus ou moins pur, suivant qu'il s'éloigne plus ou moins de sa source, suffit à engendrer les corps aussi bien que les esprits. C'est dans l'école d'Alexandrie que cette théorie est arrivée à son plus haut degré de perfection.

Panthéisme de développement immanent. — D'autres panthéistes, au lieu de concevoir le monde comme un écoulement de la substance divine, le regardent comme un développement interne ou immanent de cette substance. L'être unique a deux faces : envisagé sous la première, il est l'être pur et indéterminé, l'absolu, l'un sans mélange de multiple; envisagé sous la seconde, il devient le relatif, le multiple, le fini, l'être déterminé par des épanouissements successifs. Dieu tout entier est la réunion de ce fonds absolu qui constitue son essence et de cette phénoménalité qui en est, sous le nom de monde et de nature, le développement incessant et inépuisable. — Au XVII<sup>e</sup> siècle, Spinoza précisa cette théorie, la matérialisa et en déduisit ouvertement l'athéisme qu'elle renfermait et que n'avaient peut-être pas remarqué les panthéistes précédents. Il substitua aux notions d'unité suprême, d'identité, d'absolu, la notion plus précise de substance, et enseigna qu'il n'y a qu'une seule substance douée de deux attributs, la pensée et l'étendue, dont les esprits et les corps ne sont que les modes variés.

Panthéisme progressif et idéaliste. — Le panthéisme idéaliste, jadis soutenu en Grèce par les éléates, Xénophane, Parménide et Zénon, a reçu sa dernière forme des panthéistes allemands de notre temps, principalement de Fichte, Schelling et Hégel.

Le point de départ de ces philosophes a été le criticisme de Kant. D'après ce dernier, toute connaissance spéculative est par elle-même purement subjective, c'est-à-dire qu'à nous en tenir à elle seule, nous ne pouvons constater qu'elle soit autre chose qu'une forme de notre esprit et qu'elle corresponde à une réalité externe. Il est vrai que Kant accorde à la raison pratique l'objectivité qu'il refuse à la raison pure, et qu'il la restitue finalement à celle-ci par la notion du devoir; mais comme il le fait arbitrairement, il ne donne aux connaissances spéculatives qu'une réalité précaire. On pouvait donc prévoir que quelque disciple, continuant l'œuvre du maître, sacrifierait décidément l'objet et ne conserverait que le sujet. C'est en effet ce qui est arrivé.

Fichte établit que le sujet et l'objet, la connaissance et l'existence sont une même chose. Le *moi* absolu et illimité, τὸ *ego*, est une activité infinie et le seul être réel; cette activité produit des images et des idées qui sont le monde externe; celui-ci est donc le développement intellectuel du moi, et n'a qu'une existence purement idéale.

Schelling identifie comme Fichte le sujet et l'objet, la connaissance et l'existence, et les désigne sous le nom d'*absolu*. Mais l'absolu n'est pas pour Schelling, comme pour Spinoza, l'être parfait; ce n'est qu'un germe obscur sans détermination et sans conscience, nous dirions un pur néant s'il n'y avait en lui une puissance de devenir qui le pousse à se réaliser et à se développer suivant des formes de plus en plus élevées et parfaites. Dans son développement l'absolu se dédouble en deux séries de phénomènes, les uns objectifs qui forment le monde, les autres subjectifs qui composent l'histoire; mais cette dualité toute phénoménale n'existe que dans sa manifestation extérieure, et lui-même conserve sa parfaite unité.

Hégel ne modifie qu'en apparence la philosophie de l'absolu; il la complète plutôt en formulant son principe logique et en donnant la théorie scientifique du progrès de l'absolu. Pour lui, l'être unique est l'*idée*, dans laquelle il ne voit pas un phénomène subjectif, mais la seule substance vivante, la seule vraie réalité. L'idée a pour objet l'être avec lequel elle se confond. Or l'être se concevant avec des caractères opposés, par exemple comme infini ou fini, spirituel ou matériel, un ou multiple, etc., il en résulte que considéré en soi et absolument il n'a aucun de ces caractères et est complètement indéterminé. Pour le concevoir dans cet état d'indétermination, il faut recourir à l'idée du néant. L'absolu est donc tout à la fois l'être et le néant : le néant, car il n'est rien de déterminé; l'être, car il peut recevoir une détermination. Cet *être-néant*, ce *devenir*, τὸ *fieri*, est ce que Hégel appelle l'idée et ce dont il fait l'absolu.

Cette identification de l'être et du non-être est la plus monstrueuse et la plus manifeste des contradictions; Hégel du reste, loin de la désavouer, en fait la base de son système. La contradiction est dans les choses; donc elle doit être dans la pensée pour que celle-ci soit l'expression vraie de la réalité. En conséquence la logique d'Aristote, la logique vulgaire qui prend pour base le principe de contradiction, doit faire place à une logique nouvelle dont le premier principe sera l'*identité des contraires*. — Après avoir posé le fondement de la logique du panthéisme, Hégel précise la loi du développement de l'absolu. Le progrès de l'absolu s'effectue en traversant à chaque degré de son évolution trois moments successifs : la *thèse* ou l'affirmation, l'*antithèse* ou la négation, et la *synthèse* ou la conciliation des deux premiers termes. La première synthèse ainsi obtenue devient à son tour une thèse plus riche qui, en s'unissant à sa contradictoire, produit une nouvelle thèse, et ainsi de suite. Quand de la sorte l'absolu est arrivé à l'homme, il prend conscience de lui-même, puis il continue de se développer dans l'histoire par le progrès de la civilisation.

L'hégélianisme introduit dans la philosophie française par Cousin a pénétré de son esprit la plupart des théories historiques, littéraires et politiques émises chez nous depuis un demi-siècle. De là ces idées partout reproduites de progrès indéfini, de développement fatal des choses, d'humanité présentée comme un être personnel et plus réel que les individus qui la composent, etc.; idées d'autant plus dangereuses qu'elles sont souvent moins saisissables, déteignant sur tout sans jamais revêtir de formule précise.

**Principe du panthéisme.** — Le panthéisme ne cherche pas à s'établir directement et par des principes qui lui soient propres; il s'appuie plutôt sur les impossibilités que renferme, d'après lui, le dogme de la Création. La Création a selon lui le double tort : 1° d'être incompréhensible, ce qui oblige la raison à la rejeter; 2° de limiter l'infini, et par conséquent de le détruire, en admettant en dehors de lui d'autres substances.

L'infini en effet n'est-il pas la totalité? Dieu n'est donc infini qu'à la condition d'être tout.

**Réfutation du panthéisme.** — Nous verrons bientôt que la Création ne contredit en aucune façon la raison, et nous avons montré, en parlant de la souveraine perfection de Dieu, que l'infinité ne doit point être confondue avec la totalité des êtres; les difficultés du panthéisme ne sont donc pas sérieuses. Montrons de plus que cette doctrine abonde en contradictions et qu'elle conduit aux plus funestes conséquences.

CONTRADICTIONS DU PANTHÉISME. — Le panthéisme est en contradiction avec les données de toutes nos facultés.

Les sens nous montrent partout la multiplicité et la distinction : les corps leur apparaissent comme distincts du sujet qui les perçoit et comme distincts les uns des autres. Il est vrai qu'ils nous présentent d'autre part une certaine unité : ici une unité de genre ou d'espèce, là une unité de similitude, partout une unité d'harmonie et de fin, mais toutes ces unités, logiques et non réelles, supposent, bien loin de l'exclure, la multiplicité véritable des êtres auxquels elles conviennent. Donc le panthéisme contredit l'expérience des sens.

Il ne contredit pas moins l'expérience interne. La conscience m'affirme avant tout mon individualité : je suis une force vivante, intelligente et libre, une force distincte de toute autre, complète en soi et n'appartenant point comme partie intégrante à un tout plus parfait; voilà pourquoi je me sens responsable de mes actes. — La conscience me dit encore que dans les sensations que j'éprouve je subis l'action d'un être distinct de moi. — Les sentiments d'amour, d'aversion, de colère, de crainte, de respect, etc., qui se partagent mon âme, supposent nécessairement un terme distinct du sujet qui les éprouve et même plusieurs termes distincts entre eux. Et cependant le panthéisme me réduit à n'être qu'un mode de la substance unique, et il identifie substantiellement les objets de mes affections les plus diverses; donc il contredit le témoignage de la conscience.

Enfin la raison me découvre en Dieu et dans le monde des attributs contradictoires : Dieu est nécessaire, le monde est contingent; Dieu existe par lui-même, le monde n'a qu'un être d'emprunt; Dieu est simple, immuable, éternel, immense, le monde est composé, successif, limité dans le temps et dans l'espace. Et voilà les deux êtres que le panthéisme identifie! Ce n'est pas là d'ailleurs le seul outrage qu'il fasse à la raison; il la déduit de fond en comble en remplaçant le principe de contradiction qui lui sert de base par celui de l'identité des contradictoires.

L'essence du panthéisme est donc la contradiction, et lorsque le dernier et le plus complet des panthéistes, Hégel, a proclamé audacieusement l'identité de l'être et du néant, il a obéi non à un caprice, mais à la loi logique de son système dont il a donné le dernier mot.

Conséquences du panthéisme. — Le panthéisme conduit de plus aux conséquences les plus funestes. Science, morale, religion, société même, rien ne résiste à son action délétère.

L'identification des contraires conduit à une confusion totale du vrai et du faux, c'est-à-dire au scepticisme universel.

La morale n'est possible qu'autant qu'elle repose sur la double base de la distinction essentielle du bien et du mal et de l'existence de la liberté. Sans la distinction du bien et du mal la liberté, privée de toute règle obligatoire, ne peut plus être ni vertueuse ni criminelle; sans liberté la volonté est dégagée de toute responsabilité. Or le panthéisme supprime cette double condition de l'acte moral : d'une part Dieu étant tout et ne pouvant être le mal, tout acte doit être indifférent; et d'autre part l'homme n'étant qu'un mode de la substance unique est nécessairement soumis à la loi fatale du développement de cette dernière. Donc plus de moralité.

Le panthéisme, on l'a déjà dit, n'est qu'un athéisme déguisé. Qu'est-ce donc que ce Dieu qui consiste dans la totalité des choses ou que l'on confond soit avec la nature, soit avec l'humanité? Être impersonnel et inconscient, dépourvu de pensée, de vouloir et d'amour, il se réduit à je ne sais quelle vaine abstraction que mon intelligence ne peut même pas concevoir. Comment pourrait-il obtenir mes hommages, inspirer mon zèle, provoquer mon dévouement? Pour parler à ma conscience, il faut qu'il me connaisse, me gouverne, m'aime et me protège; autrement je lui rends indifférence pour indifférence, oubli pour oubli.

Sans vérité, sans morale, sans religion, comment la société pourrait-elle subsister? Les individus sont souvent inconséquents, la société ne l'est pas; tôt ou tard elle met sa conduite d'accord avec ses principes. L'égoïsme absolu, la divinisation pratique du moi, le culte exclusif de son intérêt personnel au détriment de l'utilité commune et au mépris de toute loi humaine et naturelle, c'est-à-dire à bref délai l'effondrement de tout ordre social : tels sont les effets nécessaires que le panthéisme doit produire dans un peuple dont il a perverti l'esprit.

Donc le panthéisme, malgré l'appareil scientifique sous lequel il se présente de nos jours et le sentimentalisme religieux dont il aime à se parer chez quelques-uns de ses adeptes, est la plus manifeste et la plus pernicieuse de toutes les erreurs.

# CHAPITRE III.

### Action extérieure de Dieu.

Nous avons prouvé qu'il y a un Dieu, et nous savons ce qu'il est en lui-même, autant du moins que l'intelligence humaine peut le savoir; il nous reste à le connaître dans son action extérieure, c'est-à-dire dans ses rapports avec le monde. Ces rapports se réduisent à trois : Dieu a créé le monde, il le conserve et le gouverne.

## I. — *Création.*

**Définition de la Création.** — Créer, dit-on communément, c'est faire une chose de rien, la tirer du néant, *ex nihilo;* ces termes demandent explication. Évidemment le néant n'est pas une matière dont on puisse faire quelque chose, et le rien n'est pas un contenant duquel il soit possible de tirer une réalité; dans ce sens, l'axiome : *Ex nihilo nihil,* est d'une incontestable vérité. Lors donc qu'on affirme que Dieu a fait le monde de rien, on veut dire qu'il n'y avait pas à côté de Dieu une matière préexistante avec laquelle il aurait fait l'univers; qu'il ne l'a pas non plus tiré de sa propre substance, mais que par un acte de sa toute-puissance il l'a produit *totalement* quant à sa forme et quant à sa matière.

**Nécessité de la Création pour expliquer le monde.** — C'est à la Révélation qu'est due la notion de la Création; les philosophes les plus illustres de l'antiquité païenne n'avaient pu s'élever jusque-là, et ne sachant quelle origine donner à la matière, ils l'avaient faite éternelle comme Dieu et souvent rebelle à son action. Mais bien qu'elle n'ait pas deviné cette vérité, la raison l'accepte et la démontre invinciblement.

Qu'est-ce en effet que le monde? Une réalité totalement et absolument contingente. Les esprits qu'il renferme sont contingents : notre âme n'a pas toujours existé, le témoignage de notre conscience s'arrête à une date fort peu reculée, et la raison nous dit que notre âme n'a pu commencer d'être longtemps auparavant; son imperfection suffirait d'ailleurs à prouver qu'elle n'est pas nécessaire. Donc notre âme et pour les mêmes raisons toutes les autres âmes humaines sont contingentes. D'autre part, la forme actuelle des substances matérielles et leur ordonnance générale ne présentent aucun caractère de nécessité; d'autres types et d'autres lois auraient évidemment pu prendre leur place. Reste la matière elle-même ; or il répugne à la raison de reconnaître à ces molécules inertes dont les corps sont formés une prérogative de nécessité dont l'âme elle-même est dépourvue, d'autant que cette prérogative entraîne avec elle toutes les autres perfections. Le monde est donc contingent totalement et absolument.

Cette contingence du monde conduit rigoureusement à sa création. Le contingent, indifférent par lui-même à l'existence, doit nécessairement la recevoir d'une cause étrangère; par suite l'être contingent dans sa substance non moins que dans sa forme doit être totalement produit par une cause étrangère, c'est-à-dire être fait de rien, être créé. Donc la dépendance absolue dans laquelle les êtres finis sont vis-à-vis de Dieu implique leur création par la cause première.

**Mode de la Création.** — Dieu a créé le monde, mais l'a-t-il fait d'une manière consciente et libre? Quel but a-t-il pu ou dû se proposer? La succession qui se produit dans l'apparition des êtres créés entraîne-t-elle une succession analogue d'actes créateurs? Ce sont là autant de questions secondaires, qui déterminent et complètent la solution que nous venons de donner de l'origine du monde.

L'action éclairée et réfléchie étant plus parfaite que l'action aveugle et inconsciente, Dieu a dû créer le monde en pleine connaissance de cause; nous en avons une autre preuve dans l'étendue de l'intelligence divine qui connaît éternellement la nature de tous les êtres possibles.

C'est de plus par une détermination libre, et non par une nécessité de sa nature, que Dieu s'est fait créateur. L'être fini dont les facultés sont d'abord en puissance et qui ne se suffit pas à lui-même a besoin de se développer en exerçant sur des objets distincts de lui les pouvoirs qu'il possède, et c'est ainsi qu'il acquiert ce qui manque à sa perfection et à son bonheur. Mais il en est tout autrement de Dieu, absolument parfait et infiniment heureux par sa propre essence, n'a besoin ni de compléter son être ni d'ajouter à sa béatitude par une action extérieure. C'est donc par un libre choix que Dieu crée quelque chose et qu'il appelle à l'existence certains possibles de préférence à d'autres qu'il ne réalisera jamais.

Puisque la Création est un acte réfléchi et libre, elle a son motif et son but. Or toute autre fin que Dieu lui-même étant indigne de son action, sa gloire extérieure comme on l'appelle, c'est-à-dire la manifestation de ses divines perfections, est le seul but qu'il puisse se proposer. De plus cette manifestation de ses perfections n'étant ni nécessaire ni intéressée, puisqu'il n'en retire ni perfection ni bonheur, elle doit être faite dans une pensée d'amour pour la créature intelligente qui y trouve sa félicité. C'est donc par bonté que Dieu a créé le monde. « Dieu est bon, dit Platon en parlant de l'organisation de l'univers, et dans celui qui est bon il n'y a jamais d'envie d'aucune sorte. Étranger à ce sentiment, il a voulu que tout fût bon autant que cela était possible. »

Reste à savoir si la Création est successive ou simultanée. La succession existe dans les choses créées; il est beaucoup plus probable, par exemple, que les âmes humaines ne commencent d'exister qu'au moment où leur action est nécessaire pour animer le corps auquel elles doivent être unies. Que penser de l'action créatrice qui leur donne l'existence? Faut-il la faire successive comme ses effets ou la déclarer unique et éternelle? Dans le premier cas on introduit la succession et le temps en Dieu, et c'en est fait de son éternité; dans le second comment comprendre qu'un acte immuable ne produise ses effets que successivement? Cependant la première difficulté peut seule nous arrêter, et la seconde solution, quelque inexplicable qu'elle soit pour notre intelligence, doit être tenue pour très certaine. En Dieu tout est immuable, ses actes non moins que son essence dont ils ne se distinguent pas; l'acte créateur est donc éternel comme Dieu même, il n'y a que ses effets qui commencent et qui soient successifs. Ce qui nous fait toujours illusion quand nous rapprochons Dieu du monde, c'est que nous le faisons entrer en rapport de temps avec ce dernier; or le temps est une relation des choses créées entre elles, et l'on ne doit pas l'étendre des créatures à Dieu. Il n'y a donc pas lieu de poser la question de temps relativement à l'acte créateur, et bien qu'il soit éternel on ne peut dire qu'il préexiste à ses effets. Cette remarque ne dissipe pas toutes les ombres, elle laisse subsister le mystère inhérent aux rapports de l'infini avec le fini, mais du moins elle lève la contradiction que semblait renfermer la doctrine d'un acte créateur unique et éternel.

## II. — *Conservation.*

**Conservation.** — L'influence de Dieu sur le monde ne s'arrête pas à sa formation première que l'on appelle spécialement du nom de *Création;* après avoir créé le monde Dieu le conserve, ou plutôt il continue de le créer, car la conservation n'est qu'une création prolongée.

Cette façon d'envisager l'acte conservateur nous est imposée par la nature même de la Création. Pour l'homme, produire, c'est opérer sur une matière préexistante et en disposer les parties; conserver son œuvre, c'est simplement la soustraire à l'action des causes qui pourraient la détruire.

Il n'en est pas ainsi de Dieu : Pour lui, produire, ce n'est pas seulement imposer une forme, c'est produire totalement un être dans sa matière comme dans sa forme, et conserver, c'est maintenir dans l'existence, par une influence réelle et en tout semblable à ce qu'elle a été dès le principe, les êtres qu'il a fait sortir du néant. Les êtres créés ne changent pas de nature en vieillissant et ne cessent aucunement d'être contingents ; à aucun moment de leur durée ils ne possèdent donc en eux-mêmes leur raison d'être et ils ont besoin de la trouver incessamment dans l'action de leur cause.

« Représentez-vous un objet reposant sur une main qui le tient suspendu au-dessus d'un abîme. Que la main qui le soutient vienne à se retirer tout d'un coup, il faudra bien qu'il tombe. Ou encore, regardez un ruisseau alimenté par une source, que la source vienne à se tarir ou à envoyer ses eaux dans une autre direction, le lit reste à sec. Ces deux images me paraissent représenter assez exactement la situation des êtres contingents portés par la main divine au-dessus du non-être, n'ayant d'existence qu'autant qu'ils la reçoivent d'une source supérieure, ne pouvant par conséquent la garder par eux-mêmes comme une propriété qui leur serait essentielle... Tel est donc le rapport de dépendance qui unit le monde contingent à l'être nécessaire. Ce n'est pas seulement la dépendance initiale de tout effet par rapport à sa cause quelconque, ce n'est pas seulement une dépendance négative et pour ainsi dire éventuelle, résultant du pouvoir qu'aurait Dieu d'anéantir son œuvre par un acte spécial de destruction, c'est la dépendance totale, continue et positive d'un être qui cesserait d'exister s'il cessait de recevoir l'existence par la prolongation de l'acte qui la lui a primitivement donnée » (A. de Margerie, *Théodicée*).

**Concours.** — La question de la conservation se complète par celle du concours que Dieu prête à toute cause seconde dans la production de ses actes.

Dieu coopère aux actions de toutes ses créatures ; c'est indubitable, puisqu'elles tiennent de lui seul leurs facultés ou moyens d'action. Il concourt aussi aux actes de ses créatures intelligentes par les lumières et les bonnes inspirations que sa grâce leur ménage en temps opportun. Il y a plus, à titre de cause première, il coopère positivement à tout ce qui se fait dans le monde physique et dans le monde moral, et il produit conjointement avec chaque être les actions de ce dernier. Cette doctrine est la conséquence nécessaire de celle de la conservation positive par une création continuée. Si l'être fini n'est pas une force constituée une fois pour toutes par un acte créateur initial, et s'il reçoit à tout instant la réalité qu'il possède, quand il opère il est créé opérant, et par conséquent il ne fait rien sans la coopération divine.

C'est précisément à cause de cette conséquence que plusieurs philosophes rejettent comme une erreur dangereuse la création continue, admise non seulement par Descartes, mais encore par la philosophie chrétienne presque tout entière. S'il en est ainsi, disent-ils, c'en est fait de la liberté humaine et même de toute causalité créée; nous ne sommes plus des êtres indépendants, mais des opérations de Dieu; Dieu est la seule substance en même temps que la seule cause réelle dont nous ne sommes que des manifestations et des phénomènes.

Ces reproches ne sont pas mérités; le concours positif de Dieu ne substitue pas son action à celle de ces créatures, il la pose seulement à côté ou plutôt au-dessus de cette dernière. C'est conjointement avec les êtres finis que Dieu opère, et non à leur place : en même temps qu'il produit un acte comme cause première, la créature le produit de son côté comme cause seconde, et la causalité finie, au lieu d'être supprimée, est simplement maintenue dans le rôle qui lui convient essentiellement, celui de causalité dépendante et subordonnée. C'est ce qu'a parfaitement vu Leibnitz : « Cette dépendance (de la créature), dit-il, a lieu non seulement à l'égard de la substance, mais encore de l'action, et on ne saurait peut-être l'expliquer mieux qu'en disant avec le commun des philosophes et des théologiens que c'est une création continuée. » Le concours divin dans les actes de l'homme n'est donc pas en contradiction avec la liberté, et s'il est difficile à notre intelligence de concilier ces deux vérités ce n'est pas une raison de rejeter l'une ou l'autre, puisqu'elles sont également démontrées.

## III. — *Providence.*

La Providence ou le gouvernement divin est l'action incessante que Dieu exerce sur ses créatures pour conduire chacune d'elles à sa fin spéciale, de telle sorte que la fin générale du monde soit constamment obtenue.

**Réalité du gouvernement divin.** — L'existence de la Providence, jadis attaquée par les épicuriens, les stoïciens et en général par tous les fatalistes, trouve encore de nos jours dans les déistes de nombreux adversaires. Elle repose cependant sur de nombreuses preuves tirées de l'expérience, des attributs de Dieu et de la foi du genre humain.

L'ordre de la nature. — L'ordre le plus merveilleux règne dans tout l'univers : chaque être a sa fin spéciale bien déterminée, et ses organes, ses instincts, ses facultés sont parfaitement harmonisés à cette fin; de plus, toutes les fins particulières subordonnées les unes des autres sont ramenées à l'unité dans une fin supérieure et dernière. C'est ce que nous avons constaté dans la preuve de l'existence de Dieu dite des causes finales. Nous en concluions alors qu'à ce plan admirable il fallait assigner un ordonnateur intelligent; mais ce plan de l'univers prouve autre chose qu'une intelligence qui l'ait conçu, il décèle de plus un exécuteur qui sans cesse le réalise. Le monde en effet n'est pas une conception abstraite, mais une réalité vivante, et nous ne connaissons la fin des êtres qui le composent qu'en les voyant y parvenir. Or les êtres contingents doivent à Dieu leur conservation et leur action non moins que leur origine. Donc Dieu intervient perpétuellement dans le monde pour conduire toutes choses à leur fin.

Les attributs de Dieu. — Nier le gouvernement de Dieu, c'est méconnaître nécessairement quelqu'un de ses attributs : ou sa science qui, ne connaissant pas suffisamment la nature des choses ou leurs combinaisons possibles, ne saurait prévoir ce qu'il y aurait de meilleur à faire en tout temps et en tout lieu pour arriver à telle fin donnée; ou sa puissance qui, moins étendue que sa science, ne pourrait exécuter ce que celle-ci aurait conçu; ou sa sagesse qui, après avoir créé le monde, s'inquiéterait peu de le voir bien ou mal réglé; ou enfin sa bonté qui n'aurait aucun souci du bien de ses créatures. Donc si Dieu est infiniment parfait, il s'occupe de ses œuvres sans jamais les priver de son secours.

Le consentement général. — Tous les peuples ont compris cette vérité. Ce ne sont point les dieux d'Épicure inactifs dans leur égoïste félicité que le genre humain a adorés; c'est un Dieu ou des dieux qui s'intéressent aux hommes et interviennent dans tous les actes de leur vie pour les aider, les récompenser ou les punir. De là chez tous les peuples, les prières, les actions de grâces, les sacrifices. De là dans le paganisme cette multitude prodigieuse de dieux préposés à tous les détails du gouvernement du monde physique et du monde moral; erreur monstrueuse sans doute, mais qui ne prouve que mieux dans sa déviation combien a toujours été vif chez les hommes le sentiment de la Providence.

**Étendue du gouvernement divin.** — La Providence de Dieu est tout à la fois très générale et très spéciale; elle pourvoit à l'ensemble des choses en veillant attentivement aux plus petits détails. — Dieu n'a rien fait d'inutile, sa sagesse le lui interdisait; les êtres les plus infimes, et dans chaque être les éléments les plus imperceptibles, tout a sa raison et son but, tout concourt dans sa mesure à la fin générale; donc Dieu doit avoir souci de tout ce qu'il a fait. — Nous nous figurons aisément qu'il s'abaisserait et perdrait de sa dignité en descendant ainsi aux menus détails de la vie universelle; c'est une pure illusion. Ce qu'il a pu créer sans nuire à sa majesté infinie, il le peut sans doute conserver et gouverner. Eh! que sont donc aux yeux de Dieu ses plus nobles créatures, pour qu'elles méritent mieux que les autres son attention et son concours? Ne sont-elles pas infiniment au-dessous de lui comme les plus misérables? — Cette action universelle, étendue à une multitude presque infinie d'objets, nous paraît encore incompatible avec le repos et la félicité parfaite que Dieu doit goûter; mais c'est parce que nous transportons dans l'infini les bornes et les faiblesses de notre propre nature. La pensée de Dieu se porte sans fatigue à tout ce qu'elle connaît, parce qu'elle embrasse tout d'une seule et même intuition, et que pour être infiniment étendue elle n'est cependant ni moins claire ni moins distincte. — L'expérience vient du reste confirmer toutes ces preuves : si la Providence éclate dans l'ordre universel, elle se montre tout aussi admirable dans les imperceptibles merveilles que le microscope nous révèle. Donc la Providence divine s'étend à tous et à chacun des êtres créés.

La Providence de Dieu s'étend à tout; elle gouverne donc le monde moral non moins que le monde physique, et même comme elle est infiniment sage, elle doit s'appliquer tout spécialement aux créatures intelligentes qui sont plus dignes de ses soins que les autres êtres et qui en ont plus grand besoin; l'histoire prouve du reste qu'il en est ainsi. — Les créatures intelligentes occupent dans l'univers une place prépondérante; elles sont la fin des créatures inférieures qu'elles ont pour mission de rapporter à Dieu en tendant elles-mêmes à lui. A quoi bon en effet ces merveilles d'organisation et toutes ces beautés de la nature corporelle, si elles ne sont pas faites pour exciter à la louange et à l'amour de Dieu les intelligences capables de le connaître et de l'aimer? Comment Dieu, qui ne peut rien créer que pour lui-même, rapporterait-il à sa gloire les êtres dépourvus de sentiment et de pensée, si l'homme ne lui servait d'intermédiaire? Donc le monde est fait pour l'homme comme l'homme est fait pour Dieu, et la Providence doit un soin particulier aux êtres par qui elle se rattache le reste de ses œuvres. — Et qui donc a plus besoin du secours de Dieu que l'être intelligent? Seul capable de bonheur et d'infortune, il ne trouve la félicité que dans la fin pour laquelle il est fait, et s'il la manque il se voit réduit à la plus affreuse misère. Dieu manquerait de bonté s'il ne s'intéressait à lui. — C'est aussi ce qu'il fait, l'histoire le démontre. Chaque homme n'a qu'à remonter par la mémoire le cours de ses années pour y trouver la trace continue de l'action divine, qui sans cesse stimule toutes ses puissances, réveille ses généreux instincts, punit ses écarts par le remords, le soutient et l'encourage par la joie de la conscience, et le dirige ainsi, tout en respectant son libre arbitre, vers sa fin dernière. La suite des événements dans l'histoire de chaque peuple et dans celle du monde entier constate d'une manière encore plus frappante que, loin de se désintéresser des choses humaines, Dieu les suit d'un œil jaloux et les fait tourner à ses fins avec une sagesse non moins admirable que celle qu'il déploie dans le monde des corps. Donc tout en étant universelle la Providence de Dieu s'étend spécialement au monde moral.

**Mode du gouvernement divin.** — De quelle manière Dieu gouverne-t-il le monde? — Par des lois générales auxquelles il se réserve de déroger exceptionnellement quand sa sagesse le juge à propos.

La raison et l'expérience s'accordent à démontrer que la Providence de Dieu s'exerce par des lois générales. La raison nous le dit, car la loi qui exclut le caprice et le désordre, combine et coordonne les moyens en vue d'une fin déterminée, est le mode d'action nécessaire de l'être infiniment intelligent et sage. L'expérience le prouve à son tour en nous conduisant successivement à la découverte d'un grand nombre des lois de la nature, et en rattachant peu à peu, à une action normale et régulière, les prétendues anomalies et les désordres apparents qui offusquent à première vue des regards prévenus ou distraits. — Ce qui existe dans le monde physique se reproduit également dans le monde moral : la Providence y observe des lois plus flexible peut-être et plus complexes, mais non moins réelles, bien qu'elles échappent davantage à l'observation. Donc c'est au moyen de lois générales que Dieu régit ses créatures. Nous avons ajouté qu'il se réservait d'y déroger au besoin.

Le miracle, sa possibilité. — En affirmant que Dieu peut déroger aux lois habituellement suivies par lui, nous faisons entrer le miracle dans l'économie de sa Providence, car le miracle n'est qu'une dérogation aux lois de la nature. Mais le miracle est-il possible? Plusieurs le nient, disant qu'en lui-même il implique contradiction, ou que du moins il répugne à la sagesse divine. Nous devons donc établir à ce double point de vue la possibilité du miracle.

Les lois de la nature, dit-on avec Montesquieu, sont les *rapports nécessaires* qui découlent de l'essence des choses. Dieu en faisant les corps ce qu'ils sont et en leur donnant à l'origine telle situation respective, a par là même déterminé toute la série de phénomènes qui doivent à jamais se produire dans le monde, sans qu'il y ait place désormais pour aucune exception. Le miracle est donc intrinsèquement impossible. — Cette première objection n'est nullement insoluble. La nécessité dont parle Montesquieu et que l'on peut parfaitement admettre, est une nécessité purement relative qui tient à la nature des corps et aux conditions actuelles de leur action, et qui disparaîtrait si cette nature ou ces conditions venaient à être modifiées. Or les corps sont contingents, et rien ne prouve que leurs propriétés soient dans une telle dépendance réciproque qu'ils n'en puissent perdre accidentellement quelqu'une tout en gardant les autres. Dieu peut donc en modifiant transitoirement un corps, changer ses rapports naturels avec les autres corps et lui faire produire des effets inaccoutumés. D'autre part, Dieu, qui est la puissance infinie, peut produire immédiatement et dans un degré très supérieur tous les efforts que produisent ses créatures, neutraliser leur action par la sienne, et les plaçant ainsi dans des conditions anormales, les faire déroger en apparence à leurs lois habituelles. Donc le miracle n'est point intrinsèquement contradictoire.

Quand bien même il serait possible en soi, le miracle, reprend-on, ne convient pas à Dieu : de pareilles dérogations nuiraient à l'ordre général; de plus elles viendraient nécessairement du caprice ou de l'imprévoyance, et l'on ne peut supposer en Dieu de telles imperfections. — Quand on prétend que le miracle nuit à l'ordre général, on ne considère évidemment que l'ordre physique; le monde cependant ne se compose pas exclusivement d'êtres corporels, les créatures intelligentes y occupent une large place, et l'ordre moral doit se combiner avec l'ordre matériel et au besoin prévaloir sur lui. Or est-il bien vrai qu'au point de vue de l'ordre total de la création le miracle soit une tache et une imperfection? N'est-il pas possible, au contraire d'entrevoir des raisons de convenance qui le rendent quelquefois très digne de la sagesse et de la bonté de Dieu?

L'homme est si sujet à l'erreur, surtout en ce qui concerne les vérités religieuses, qu'un enseignement direct de Dieu est moralement nécessaire pour lui donner une connaissance claire et précise de ses devoirs. Il est même indispensable pour assurer la conservation de cet enseignement dans le monde que Dieu le renouvelle de temps en temps ou qu'il établisse une autorité chargée d'en conserver le dépôt et d'en interpréter les points obscurs. D'autre part la vertu est si ardue, elle contrarie tellement les passions humaines, que si Dieu ne l'encourageait pas en témoignant hautement qu'elle lui est agréable et en donnant des preuves manifestes de son amour de prédilection pour ceux qui la pratiquent, elle deviendrait de plus en plus rare parmi les hommes et finirait même par disparaître complètement. Or quelle garantie autre que le miracle Dieu donnera-t-il au genre humain de la mission de ceux qui l'instruisent en son nom? Et par quel autre moyen que par des prodiges relèvera-t-il le prestige de la vertu dans une société trop portée à la dédaigner? Ne faut-il pas des événements insolites pour frapper l'attention publique et prouver l'intervention extraordinaire de Dieu? Donc ce n'est ni par imprévoyance, ni par caprice que Dieu déroge aux lois ordinaires dans le miracle; c'est par souci de l'ordre moral et pour donner à l'homme des moyens plus abondants d'atteindre avec sa fin le repos et le bonheur.

Le miracle est donc possible à quelque point de vue qu'on l'envisage, et rien ne s'oppose à ce que Dieu l'emploie dans le gouvernement du monde.

## IV. — *Le mal et le gouvernement divin.*

**Objection à la Providence tirée de l'existence du mal.** — Le mal existe dans le monde, il s'y offre à nous de toutes parts. Le mal en effet, c'est dans un être la limite ou l'imperfection, c'est surtout le désaccord entre sa nature et sa fin, ses actes et ses lois. De là trois espèces de maux : le mal métaphysique ou l'imperfection des êtres, le mal physique ou la douleur, le mal moral ou le péché. Or sous chacune de ces trois formes le mal dépare dans une large proportion l'œuvre de Dieu.

L'imperfection des êtres est manifeste. Chacun d'eux est gêné et plus ou moins entravé dans son développement et la réalisation de sa fin : les êtres vivants en général ne se conservent que par une lutte continuelle contre les lois de la matière inorganique ; les plantes très fréquemment placées dans des conditions défavorables de sol ou de climat, s'étiolent et s'arrêtent loin du terme qu'elles devraient atteindre ; l'animal surtout dont la structure est si délicate et si compliquée, réclame pour réaliser la perfection de son type des conditions qui sont rarement remplies. Toutes ces créatures enfin pourraient être plus parfaites, posséder de plus nombreuses propriétés, être mieux protégées contre les influences hostiles. Et si des détails nous passons à l'ensemble, que de lois qui se combattent, que d'orages, de tempêtes, de tremblements de terre et de perturbations de toute sorte! Donc l'imperfection du monde est frappante.

De cette imperfection des êtres naît pour beaucoup d'entre eux la douleur. Pour ne parler que de l'homme, quelles ne sont pas ses souffrances physiques, intellectuelles et morales! Son corps sans cesse aiguillonné par le malaise du besoin, torturé par les maladies, appesanti par les infirmités, est rarement en repos. Son intelligence, faite pour la vérité, vient à tout instant se heurter à quelque mystère qu'elle ne peut éclaircir. Son cœur surtout trompé dans ses affections, déçu dans ses espérances, poursuivant toujours un bonheur qui le fuit, trouve en lui-même, dans les événements, dans les relations intimes de la famille comme dans les rapports plus généraux de la société civile, autant de causes fécondes de tristesses et de dégoûts. La douleur, telle est donc la loi de toute vie humaine ici-bas.

Il est encore un autre mal plus répugnant, c'est le mal moral, résultat de cette lutte intestine que se livrent dans l'âme de l'homme les passions et la raison, l'intérêt et le devoir. Sous l'influence de tendances déréglées, l'homme enfreint la loi suprême qui doit régler tous ses actes et se met en révolte contre son Créateur. Mais ce qui met le comble au désordre que présente le monde, c'est que ce mal moral demeure souvent impuni, et qu'il ne semble être tenu aucun compte du mérite ou du démérite des hommes dans la répartition qui leur est faite ici-bas des biens et des maux.

Comment concilier tous ces maux avec le gouvernement d'un Dieu sage, puissant et bon? *Si Deus est unde malum? Si non est unde bonum?* Tel est le difficile problème que s'est posé de tout temps la raison humaine, sans aboutir souvent à le résoudre.

**Solution du dualisme.** — La première solution apportée au problème de l'origine du mal a été celle du dualisme, qui s'est produit tour à tour comme dogme religieux et comme système philosophique. On entend ordinairement par dualisme la doctrine qui admet l'existence de deux principes également nécessaires, éternels et indépendants, pour expliquer l'antagonisme des forces morales ou physiques dans le monde. Cependant on ne trouve dans l'enseignement d'aucune secte ni d'aucune école cette égalité absolue des deux principes des choses; toujours l'un des deux est inférieur à l'autre, et quelquefois même tous les deux relèvent d'un principe commun.

DUALISME RELIGIEUX. — Dans le dualisme religieux, les deux principes sont l'un et l'autre des êtres personnels. Pour Zoroastre par exemple, le principe du bien est Ormuzd et le principe du mal est Ahrimane. Tous deux se livrent une lutte acharnée, mais à la fin des temps Ahrimane sera vaincu, et se dépouillant de sa nature mauvaise il se réunira à Ormuzd pour rendre de concert avec lui, un culte au temps sans bornes, Zerwane-Akérène, du sein duquel ils sont primitivement sortis l'un et l'autre. Pour les manichéens, les deux principes sont d'une part Satan, roi éternel de la matière, et de l'autre le Père inconnu, ou Dieu bon, Père du Plérôme, ou du monde des esprits. Tous les deux sont nécessaires et éternels, mais le mauvais principe est moins puissant que le bon. A la fin des temps le monde sera détruit et les âmes habiteront avec l'un ou l'autre principe, suivant qu'elles auront été bonnes ou mauvaises.

Ce dualisme métaphysiquement impossible n'atteint même pas son but. D'abord le bien et la réalité ou l'être étant identiques, le principe du mal, qui est supposé entièrement mauvais, serait un être tout négatif, c'est-à-dire un être sans réalité, un pur néant. Cependant, en même temps qu'on lui enlève toute réalité en lui déniant toute bonté, on le fait absolument parfait en le déclarant nécessaire. Voilà donc un être qui est tout à la fois et le néant absolu et la réalité infinie; quelle contradiction ! — De plus ce mauvais principe n'explique pas l'origine du mal. En effet si les deux principes sont inégaux en puissance, l'un des deux doit prévaloir, et il ne peut y avoir que du bien ou du mal; et s'ils sont parfaitement égaux ils doivent se neutraliser l'un l'autre, en sorte qu'il ne peut y avoir ni bien ni mal. Donc le dualisme religieux est aussi inutile que contradictoire.

**Dualisme philosophique.** — Le dualisme philosophique cherche à expliquer l'antagonisme des forces qui composent le monde par le concours de deux principes opposés, qui ne sont plus deux personnes morales, mais deux essences différentes, la matière et l'esprit. La nature de la matière première varie avec les systèmes ; le plus ordinairement on la conçoit comme un principe destitué de toute forme, de toute vertu, de toute qualité positive, tandis que l'esprit, source de l'unité, de l'ordre et de la vie, contient en lui-même dans leur état le plus pur toutes les formes possibles.

Cette forme abstraite du dualisme, que l'on trouve principalement dans le platonisme, n'est pas plus acceptable que la forme religieuse. Le nécessaire étant par là même infini et deux infinis étant contradictoires, il ne peut y avoir qu'un seul être nécessaire. De plus comment concevoir cette matière qui ne retient aucune des qualités sensibles ? N'est-ce pas une pure abstraction dans laquelle il est impossible de voir le principe réel des choses ? Que si on lui rend les qualités des corps : l'étendue, la divisibilité, etc., on n'a plus un être un et nécessaire, mais un simple agrégat qui ne mérite pas le nom de *principe*.

Le dualisme n'est donc admissible sous aucune de ses formes.

**Solution de l'optimisme.** — L'optimisme justifie la Providence divine du mal qui existe dans le monde par cette considération que le mal étant de l'essence même des choses finies, Dieu, qui ne peut changer les essences, a dû le subir dans son œuvre, mais qu'il l'a réduit à ses plus faibles proportions en réalisant le meilleur des mondes possibles.

Les principaux partisans de ce système ont été dans les temps modernes Malebranche et Leibnitz, ce dernier surtout, qui en a fait la base de ses *Essais de Théodicée*.

Dieu, dit Leibnitz, qui connaît tous les possibles, a vu éternellement tous les mondes, c'est-à-dire toutes les combinaisons d'êtres finis que sa puissance pouvait réaliser; mais sa sagesse lui défendant d'abandonner le meilleur pour le moins bon, il a dû choisir entre tous, pour le réaliser, celui qui était le plus parfait. — La perfection du monde doit s'apprécier par l'ensemble et non par les détails. Il est très possible que les choses eussent pu être mieux réglées à l'égard de tel être individuel ou de telle espèce déterminée; mais l'univers étant tout d'une pièce de même que l'Océan, c'est-à-dire toutes ses parties se commandant les unes les autres par leur étroit enchaînement, Dieu ne pouvait perfectionner l'une d'elles sans abandonner son plan pour en adopter un autre, et ce nouveau plan plus parfait dans l'un de ses détails l'eût été moins dans son ensemble. — Pour bien juger de la perfection de l'univers il ne suffit même pas d'envisager l'ensemble des êtres qui le composent à un moment donné, il faut de plus considérer la série indéfinie de toutes leurs évolutions futures; le monde le meilleur n'est pas le monde tel qu'il est maintenant ou à tel autre instant précis de sa durée, mais le monde tel qu'il deviendra sans cesse dans la progression sans fin de ses développements.

Malebranche diffère de Leibnitz en ce qu'il fait entrer dans le plan du meilleur monde l'incarnation d'une Personne divine, et en ce qu'il ne parle point de la perfectibilité indéfinie de l'univers; par ailleurs les deux systèmes sont au fond identiques.

Plusieurs objections embarrassantes ont été faites à l'optimisme. D'abord y a-t-il un meilleur au regard de Dieu? Tous les degrés possibles de perfection finie sont infiniment et par conséquent également distants de Dieu; il n'a donc aucune raison de préférer l'une à l'autre. — A s'en tenir même à l'inégalité des objets finis entre eux, il ne peut y avoir de meilleur, de maximum de perfection, car Dieu peut ajouter indéfiniment à la perfection des êtres, sans qu'il soit possible d'assigner à sa puissance une limite infranchissable. — Enfin l'optimisme est inconciliable avec la liberté divine. La nécessité qu'il lui impose a beau être une nécessité morale, c'est néanmoins une véritable nécessité; Dieu n'est plus libre de réaliser tel ou tel monde; il n'est même plus libre de créer, car le système s'étend à la création non moins qu'au choix des créatures, et s'il est mieux de créer, Dieu ne peut s'en abstenir.

Les optimistes répondent à ces difficultés : que Dieu doit à sa sagesse d'agir pour quelque motif; que ces motifs sont nécessairement tirés de la perfection relative des possibles, et qu'il ne peut avoir de motif de choisir le moins parfait; que par ailleurs il ne trouve point dans le monde le plus parfait une limite infranchissable, puisque ce monde est indéfiniment perfectible. Mais bien que ces réponses aient leur valeur elles ne lèvent pas complètement les difficultés objectées; l'optimisme ne présente donc pas une explication suffisante de la présence du mal dans le monde et il faut recourir à une autre solution.

**Solution commune.** — Remarquons tout d'abord que le mal consistant dans une privation d'être ou de perfection ne réclame pas une cause positive ou *efficiente*, mais simplement comme le disaient les scolastiques, une cause *déficiente*. Il s'agit donc de chercher les raisons pour lesquelles Dieu infiniment sage et bon a pu non produire, mais permettre le mal. Distinguons pour cela les trois espèces de maux mentionnées ci-dessus.

EXPLICATION DU MAL MÉTAPHYSIQUE. — Le mal métaphysique consiste dans l'imperfection des êtres, dans le défaut de proportion des moyens et de la fin. Notons d'abord avec Leibnitz que l'imperfection n'est souvent qu'apparente et qu'elle vient uniquement de notre ignorance des lois de la nature. Chaque progrès des sciences réduit le nombre de ces prétendues anomalies dont les adversaires de la Providence faisaient si grand bruit; pourquoi donc ne pas attendre de l'avenir l'explication de ce qui nous choque ou nous étonne encore? La raison et l'équité nous en font un devoir. Ainsi ramenée à ses justes proportions l'objection du mal métaphysique consiste à se plaindre de la limite imposée à la perfection des créatures, ce qui revient à se plaindre de ce que l'imparfait par essence ne soit pas le parfait, de ce que le fini ne soit pas l'infini, de ce que le monde ne soit pas Dieu. Un pareil grief ne peut être sérieusement formulé.

**Explication du mal physique.** — Longtemps la souffrance est demeurée pour l'homme un mystère inexplicable; les lumières que nous devons au christianisme nous permettent aujourd'hui de nous en rendre compte.

La douleur est la condition de la vertu, et par elle du mérite. Si la pratique du bien nous était naturelle, si nous nous y portions sans effort et par une heureuse subordination de toutes nos tendances à la raison, où seraient notre héroïsme et notre mérite? C'est au sein de l'adversité que se forme la vertu, elle se nourrit de sacrifices et grandit au milieu des épreuves et des contradictions. L'homme lui devra donc un jour son bonheur.

La souffrance contribue également au bien de la société en provoquant un plus large développement de toutes nos facultés. L'homme que ne stimule pas l'aiguillon de la souffrance s'endort facilement dans l'inertie et l'indolence; satisfait de sa condition présente il ne demande au travail aucune amélioration et ne contribue en rien au progrès de la société, tandis que celui qui se trouve aux prises avec les difficultés de la vie sent ses forces se décupler sous l'étreinte de la misère et en tire, souvent au plus grand avantage de tous, un merveilleux parti.

La souffrance est une expiation : elle purifie toutes les fois qu'elle est généreusement acceptée. Elle est aussi une punition qui rétablit l'ordre violé par le péché. Enfin elle est une leçon de détachement qui nous avertit de ne pas clouer nos âmes à la passagère existence de ce monde, mais plutôt d'élever nos regards vers cette autre vie qui est notre dernier terme et à laquelle toutes nos actions doivent être coordonnées.

N'en est-ce pas assez pour conclure que c'est dans une pensée d'amour et par une vue de haute sagesse que Dieu a fait l'homme accessible à la douleur?

**Explication du mal moral.** — Le mal moral ou le péché est le résultat de la liberté que Dieu a donnée à l'homme. C'est ici surtout que Dieu est cause déficiente : non seulement il ne se propose pas le mal directement et en lui-même, mais il ne le veut même pas comme un moyen d'arriver à une fin plus haute; il le permet simplement comme une conséquence accidentelle du bien qu'il se propose, et ce bien est si grand qu'il ne peut être tenu de l'omettre pour éviter les inconvénients auxquels il donne lieu. Dieu accorde la liberté à l'homme pour introduire dans le monde le bien moral ou la vertu, et aussi pour que le bonheur qu'il destine à sa créature raisonnable soit en partie son propre ouvrage et lui devienne, à titre de récompense, plus cher et plus doux. Fallait-il donc qu'il renonçât à donner à son œuvre une perfection si haute et à l'homme de bien ce surcroît de félicité, parce que quelques-unes de ses créatures devaient abuser d'un si grand bienfait? Pour empêcher le mal fallait-il supprimer la vertu? Et pour être meilleur à l'égard des natures perverses, qui par leur propre faute attirent sur elles les peines du châtiment, Dieu devait-il être moins bon vis-à-vis des âmes généreuses toutes disposées à procurer sa gloire par l'héroïsme des plus grandes et des plus saintes actions? Ainsi posée, la question est toute résolue.

Quant au partage inégal des biens et des maux dans la vie présente, il n'y a là rien qui puisse nous arrêter. L'homme ne trouve point ici-bas sa destinée totale et définitive; il n'est donc pas nécessaire qu'il y reçoive la récompense de ses bonnes actions et le châtiment de toutes ses fautes. Les souffrances des bons ne sont qu'une continuation de leur épreuve, allégée d'ailleurs par l'espérance et par l'amour; et les jouissances passagères des méchants, tout en étant quelquefois la récompense du peu de bien qui se rencontre dans leur vie, laissent intacts les droits d'une justice qui, pour être plus tardive, n'en sera ni moins rigoureuse ni moins complète. La vie future, suprême sanction de la loi morale, enlève toute raison au dernier reproche adressé à la Providence, et l'œuvre de Dieu nous apparaît en tout digne de la sagesse et de la bonté de son auteur.

# MORALE.

### Objet, division, méthode de la morale.

**Définition et objet de la morale.** — La morale peut se définir : La science pratique des lois de la volonté. Elle a pour objet les mœurs humaines, c'est-à-dire les actions habituelles des hommes, et se propose non d'arriver simplement à les connaître, comme les naturalistes font de celles des animaux, mais surtout de les régler, c'est-à-dire de déterminer le principe auquel elles doivent se conformer pour être bonnes. D'où il suit que la morale est pour la volonté ce que la logique est pour l'intelligence et qu'elle se présente, comme cette dernière, avec le double caractère d'une science et d'un art. Elle est un art, l'art de bien vivre, car elle contient des règles pratiques pour la direction et le perfectionnement de la volonté; elle est aussi une science, la science des mœurs, parce qu'elle ramène à l'unité, en les rattachant à une vérité absolument irréductible, toutes les prescriptions particulières qu'elle impose à l'agent moral, et que non contente d'énumérer nos devoirs elle les érige en système et les appuie sur la théorie générale du devoir.

**Division de la morale.** — On divise généralement la morale en deux parties : la morale théorique ou générale et la morale pratique ou particulière. La première pose les principes : elle analyse les notions du bien et du devoir et étudie le fondement, la source, les caractères de la loi morale. La seconde tire les conséquences et entre dans les applications de cette loi aux diverses circonstances de la vie humaine. Ces deux parties sont le complément nécessaire l'une de l'autre : une théorie générale du devoir qui n'aboutirait à aucune conséquence pratique serait une spéculation stérile, objet de vaine curiosité, et d'autre part des règles de conduite qui ne se rattacheraient à aucun principe général, à aucune des idées fondamentales de la raison, flotteraient dans le vide et perdraient promptement toute autorité. Les deux parties réunies nous donnent une science pratique non moins solide qu'utile.

**Méthode de la morale.** — Parmi les moralistes, les uns se montrent purement empiristes ; ils renoncent au raisonnement et ne veulent faire appel qu'à l'observation et à l'analyse. Reid est de ce nombre : « Il n'en est pas, dit-il, d'un système de morale comme d'un système de géométrie, où chaque proposition tire son évidence des propositions antérieures, et où les raisonnements se lient les uns aux autres depuis le commencement jusqu'à la fin, de telle sorte que si l'ordre est changé, la chaîne est rompue et l'évidence détruite, un système de morale ressemble plutôt à un système de botanique, collection de vérités qui ne s'enchaînent pas les unes aux autres, et dans lesquelles l'arrangement n'a pas pour but de produire l'évidence, mais simplement de faciliter la conception et de secourir la mémoire » *(Essai V)*. Pour ce philosophe, la morale consisterait donc uniquement à décrire les faits moraux et à faire le relevé exact des prescriptions de la conscience.

D'après d'autres moralistes, parmi lesquels nous citerons surtout Kant, la morale est une science purement déductive de laquelle on doit soigneusement bannir tout élément étranger à la raison. Les lois morales ont pour principal caractère l'universalité ; elles sont applicables non seulement à l'homme, mais à tout être raisonnable ; c'est donc de ce concept général qu'il faut les déduire, abstraction faite de toute donnée empruntée à l'anthropologie.

Ces deux opinions sont également exagérées : la première enlève à la morale tout caractère scientifique, la seconde en fait un système de conceptions et de rapports abstraits sans application possible. La vérité, tout en étant plus près de la dernière, est cependant entre les deux. La morale est avant tout une science de déduction qui enchaîne et coordonne des idées, et établit entre elles des rapports nécessaires et immuables; elle raisonne tous les devoirs qu'elle propose et les tire comme conséquences de certains principes généraux. Mais pour être la science pratique d'un être réel, pour être la morale de l'homme et non d'un être idéal et imaginaire, elle est obligée de puiser ses premières données dans la conscience humaine et de tenir compte de faits que l'observation seule peut lui révéler. La méthode de la morale est par conséquent une méthode mixte dans laquelle la déduction a la plus large part.

**Utilité de la morale.** — Pourquoi, a-t-on dit, faire de la morale une science? Elle ne peut rien ajouter aux prescriptions de la conscience et ne saurait se faire écouter si cette dernière venait à être méprisée; elle est donc sans utilité.

Rien n'est plus inexact : la science supplée souvent la conscience et ajoute à son autorité.

Quelque éclairée et sûre que puisse être la conscience, elle hésite fréquemment ou même se tait complètement dans certaines occurrences délicates où le devoir est difficile à saisir. La droiture et le bon sens ne suffisent pas à faire découvrir les plus lointaines conséquences des principes, surtout quand plusieurs de ces derniers ont leur application dans un même acte et qu'il semble y avoir lutte entre des devoirs opposés. La méditation prolongée, la perspicacité que donne l'habitude du raisonnement appliqué à ce genre de questions, une série de déductions rigoureusement enchaînées sont souvent nécessaires pour poser nettement les limites réciproques du droit et du devoir.

Non seulement la science parle là où la conscience se tait, mais elle ajoute encore à l'autorité de ses injonctions. La conscience en effet ne motive pas tous ses arrêts; souvent elle affirme le devoir sans en indiquer la raison dernière, ce qui enlève nécessairement au précepte quelque chose de sa force. Viennent cependant des circonstances difficiles dans lesquelles le devoir soit plus particulièrement pénible, et l'intelligence obscurcie par les passions se prendra à douter d'une obligation qu'elle ne rattache à aucun grand principe. La science, au contraire, qui relie entre eux et avec les principes premiers tous nos devoirs particuliers, ajoute à chacun d'eux la force de tous les autres, et nous les présente comme quelque chose de plus sacré et de plus inviolable.

Enfin les vérités morales sont sans cesse attaquées par l'intérêt, l'ignorance, les préjugés qui accumulent contre elles les difficultés et les sophismes. Qui résoudra les objections, démasquera les sophismes, renversera les faux systèmes et rendra au devoir son véritable caractère, sinon la science morale? Donc elle est à tout point de vue éminemment utile.

# CHAPITRE I.

### Morale générale. — Théorie du devoir.

———

### ART. I. — Fondement de la loi morale.

### I. — *Distinction essentielle du bien et du mal.*

Parmi les actions humaines librement accomplies, il y en a de bonnes et de mauvaises; c'est là une vérité première qu'il n'est pas nécessaire de démontrer. Il suffirait au besoin de mettre ses contradicteurs en opposition avec les idées les plus fondamentales de leur raison et avec le consentement unanime de tous les peuples.

Au nombre des idées premières de notre intelligence se trouvent les idées de bien et de mal, idées claires pour tout esprit, même le moins cultivé, idées opposées qui sont la négation l'une de l'autre. Prétendre qu'elles sont sans objet, ou que leurs objets ne présentent pas la même opposition qu'elles ont entre elles, ce serait ruiner par sa base toute certitude et tomber dans le plus complet scepticisme.

Ce serait de plus se mettre en opposition avec le genre humain tout entier. L'histoire ne nous montre aucun peuple qui n'ait eu des mots différents pour exprimer le bien et le mal, la vertu et le vice, et qui n'ait prouvé par ses institutions, ses lois et ses coutumes qu'il savait distinguer ces deux choses. Il est vrai que les hommes ne se sont pas toujours et partout accordés sur ce qu'il convenait d'appeler bien ou mal, les uns ont plus d'une fois loué ce que d'autres ont flétri; mais si les passions et les préjugés ont pu fausser la conscience et la faire tomber dans certaines erreurs, jamais du moins, et cela nous suffit ici, ils n'ont pu lui faire méconnaître la distinction essentielle qui sépare en général les actions bonnes des actions mauvaises. Chez les païens eux-mêmes, qui donnaient leurs propres vices à leurs divinités, l'exemple des dieux n'a pu étouffer la voix de la nature, et enlever au vol, à l'homicide, à la débauche, la malice que la conscience leur a toujours attribuée.

C'est sur cette distinction essentielle du bien et du mal que s'appuie tout l'ordre moral. S'il n'y avait pas en soi et réellement quelque chose de bon, aucune règle d'action ne serait possible, puisque le choix se ferait sans motif; or sans règle il n'y a plus de devoir, ni sans devoir de vertu. Donc il faut admettre la distinction du bien et du mal, ou supprimer l'ordre moral.

## II. — *Origine du bien et du mal.*

Il y a une distinction essentielle entre le bien et le mal, mais quelle en est l'origine? D'où vient que certaines choses sont bonnes et que d'autres sont mauvaises? Les réponses à cette question sont fort diverses; on allègue une institution positive, humaine ou divine, le plaisir, l'intérêt, le sentiment, le bien absolu ou l'ordre essentiel qui découle de la nature des choses. Examinons brièvement chacune de ces opinions.

**Système de l'institution humaine.** — Hobbes et Locke font remonter à une convention passée entre les hommes des premiers temps la distinction du bien et du mal. On convint un jour, dans l'intérêt commun, de s'abstenir de certains actes qu'on avait faits librement jusque-là; à partir de ce moment les actes prohibés furent réputés mauvais et les actes non interdits furent regardés comme bons. Ces conventions variant avec les pays expliqueraient, d'après ces mêmes auteurs, la diversité d'appréciations morales que l'on remarque chez les différents peuples.

Ce système est absolument inadmissible. On ne dira pas sans doute que les idées de bien et de mal ont été inventées par les hommes au moment même où ils en ont fait l'application à certaines actions; l'esprit humain n'a pas le pouvoir de se créer ainsi des idées de fantaisie. Ces notions appartiennent donc au développement naturel de l'intelligence, et elles préexistent par suite à toute convention possible. — D'autre part leur application à un objet déterminé n'est pas plus arbitraire que leur existence : une idée n'est pas une forme intellectuelle indifférente de soi aux applications que l'on en peut faire et flottant dans l'esprit sans se fixer à rien jusqu'au jour où il plaît à ce dernier de lui assigner un objet; les idées sont des points de vue ou des aspects sous lesquels il est donné à l'intelligence de saisir la véritable réalité des choses, et par conséquent l'intelligence, du moment qu'elle les possède, les applique à l'objet qui leur convient. Les hommes n'ont donc pu avoir les idées de bien et de mal qu'à la condition d'apprécier naturellement les choses comme bonnes ou mauvaises, ce qui leur enlevait tout droit d'établir ensuite arbitrairement une règle d'évaluation morale.

Supposons même un pacte de cette nature : ou bien il sera bon en soi de s'y conformer et mal d'y contrevenir, ou ce sera chose indifférente; dans le premier cas, il y aura un bien et un mal qui ne relèveront pas de lui, et dans le second il n'établira ni le bien ni le mal.

Ce pacte enfin n'a de valeur qu'en lui donnant force de loi, mais la loi ne peut être la première raison du bien et du mal, car il y a des lois injustes; des lois arbitraires que nous déclarons mauvaises; donc il y a au-dessus de la loi une règle supérieure de laquelle relèvent les lois elles-mêmes et de laquelle dépend leur propre bonté.

D'où il résulte que le bien n'est pas tel en vertu d'une institution humaine.

**Système de l'institution divine.** — Crusius et quelques autres moralistes substituent à la convention ou loi humaine la loi imposée par Dieu. Créateur et maître absolu des hommes, Dieu peut leur commander ou leur défendre tout ce qu'il veut; ce qu'il leur commande devient par là même bon et ce qu'il leur défend devient par là même mauvais. Dieu ne commande pas une chose parce qu'elle est bonne, elle est bonne parce qu'il la commande, de même il n'en défend pas une autre parce qu'elle est mauvaise, elle est mauvaise parce qu'il la défend. La volonté est donc finalement la raison de la distinction du bien et du mal.

Ce sentiment ne vaut pas mieux que le précédent et se réfute à peu près par les mêmes raisons. S'il n'y a aucun bien naturel antérieur à la loi qui puisse lui servir de motif et de fondement, la loi est aveugle et arbitraire; c'est une loi sans raison qui répugne à la sagesse souveraine de Dieu. Lors donc que Dieu commande ou défend quelque action à ses créatures, il en voit la raison dans la nature même de l'objet de son commandement ou de sa défense, c'est-à-dire dans la bonté ou la malice intrinsèque de cet objet, et par conséquent il y a un bien et un mal antérieurs à la loi.

De deux choses l'une : ou bien il est bon en soi d'obéir à la loi divine et mal de lui désobéir, ou bien c'est une chose indifférente; dans le premier cas il y a quelque bien et quelque mal qui ne dépendent pas de la loi, et dans le second cette même loi n'établit ni le bien ni le mal.

Ou la volonté par laquelle Dieu détermine le bien et le mal est une volonté libre, ou elle est nécessaire; si elle est libre Dieu aurait pu nous commander comme des vertus ce qu'il nous a défendu comme des vices infâmes, et qui acceptera une telle conséquence? Si au contraire sa volonté est nécessaire, elle suit une règle objective, et par conséquent le bien et le mal ne dépendent pas d'elle.

Dieu peut, sans aucun doute, établir librement telle loi qu'il voudra et rendre accidentellement mauvaises des actions de soi indifférentes; mais ces lois libres de Dieu auront nécessairement leur fondement dans la loi naturelle qui elle-même trouve le sien dans la nature des choses. Donc en dernière analyse la volonté de Dieu n'est pas ce qui distingue le bien du mal.

**Système du plaisir.** — Le bien, disent Aristippe et Épicure, c'est le plaisir; le mal, c'est la douleur. Une chose est bonne dans la mesure où elle nous fait jouir, ou mauvaise dans la mesure où elle nous fait souffrir. — Remarquons que le plaisir, quand on le distingue de l'intérêt, s'entend de la satisfaction de l'attrait du moment, de la jouissance actuelle, recherchée et goûtée sous quelque forme qu'elle se présente, sans choix ni calcul d'aucune sorte. Dans ce système l'évaluation du bien se base donc expérimentalement sur la jouissance procurée par un acte au moment même où on le produit, et l'échelle des biens se confond avec celle des degrés du plaisir.

L'expérience et la raison démentent cette théorie que réfuteraient à elles seules ses honteuses conséquences.

Bien souvent le plaisir accompagné d'agitation et de trouble se transforme en douleur; c'est ce que reconnaît Épicure lui-même, qui, pour cette raison, recommande la fuite de la douleur de préférence à la recherche du plaisir. L'identification du bien et du plaisir, du mal et de la souffrance détruit donc la distinction essentielle qui sépare le bien du mal.

Un grand nombre d'actions agréables sont universellement réputées mauvaises et même déshonorantes.

Nous nous prononçons sur la bonté de certaines actions, de sincérité par exemple, de la justice, de la piété filiale, etc., et sur la malice de beaucoup d'autres, telle que le vol, le sacrilège, l'homicide, etc., sans nous arrêter aux conséquences heureuses ou funestes qu'elles peuvent avoir pour leurs auteurs.

Le bien et le mal sont quelque chose d'absolu et d'universel, le plaisir et la douleur sont essentiellement variables et relatifs.

Le bien et le mal sont le fondement de l'obligation ou du devoir, et il répugne que le plaisir ou la douleur puissent devenir la raison d'une loi.

Enfin les conséquences les plus honteuses résultent de cette doctrine : elle détrône la raison pour donner la direction de la vie humaine à la sensibilité, légitime toutes les turpitudes dans les âmes assez dégradées pour y trouver de la jouissance, et désarme l'opinion publique elle-même qui ne peut condamner le bien sous quelque forme qu'elle le contemple.

Donc le plaisir ou la douleur que nous causent nos actes ne sont pas la raison de leur bonté ou de leur malice.

**Système de l'intérêt.** — Le système utilitaire, dont Bentham est le principal représentant, ne s'en rapporte pas à la seule sensibilité pour juger du bien et du mal; il lui adjoint l'intelligence, en introduisant le calcul dans l'appréciation des plaisirs. Les plaisirs sont loin d'être égaux : ils présentent, au contraire, de notables différences aux points de vue de la certitude, de la pureté, de la durée, de l'intensité, etc.; il ne convient donc pas de les rechercher indistinctement, mais il faut en faire l'objet d'un calcul prudent et habile dont le but sera de nous assurer le bonheur, c'est-à-dire la plus grande somme de jouissances possible avec le moins de douleurs possible. Le bonheur ou l'intérêt bien entendu, telle est la raison dernière du bien et du mal.

Ce système étant au fond le même que le précédent n'est pas plus rationnel que lui.

La différence entre le système de l'intérêt et celui du plaisir n'est qu'apparente. En réalité la jouissance demeure, dans le premier comme dans le second, le seul but réel, puisque c'est à la procurer dans la plus grande mesure possible que tout conspire. Bentham, élève, il est vrai, l'acquisition du plaisir à la perfection d'un art qui a ses règles et son habileté; mais ces règles-là, au lieu d'être une *loi*, ne sont que des *moyens*, et l'intelligence, au lieu de commander comme il lui convient, s'abaisse à n'être que l'auxiliaire et l'instrument du plaisir. Rien n'est donc changé et la jouissance demeure la règle suprême. C'est pourquoi tous les reproches adressés au système du plaisir sont applicables à celui de l'intérêt.

Quelques auteurs cependant ont cru pouvoir perfectionner cette théorie et la rendre acceptable à la raison.

Stuart Mill reproche à Bentham d'avoir fondé son art du bonheur sur l'*intensité* ou la *quantité* des plaisirs, et propose de prendre pour base du choix leur *qualité*. Il y a des plaisirs nobles, délicats, élevés, que l'homme peut rechercher sans se dégrader; c'est sur cette qualité supérieure des plaisirs que doit se régler notre calcul. De la sorte on préférera les jouissances de l'esprit aux plaisirs des sens, les joies pures de la vertu aux satisfactions abjectes de la passion; ce qui élèvera l'homme au lieu de l'avilir. — Ce que Stuart Mill appelle la qualité du plaisir est pris en dehors du plaisir lui-même et appartient à sa cause : si par exemple le plaisir intellectuel est supérieur au plaisir des sens, c'est parce que l'intelligence est en soi meilleure ou plus noble que les sens. Les choses diffèrent donc en excellence avant de différer par les plaisirs qu'elles nous procurent; par suite le bien précède le plaisir, et c'est lui qui devient sa véritable règle.

D'autres ont imaginé de remplacer l'utilité privée par l'utilité publique. Le bien est ce qui est utile à la société et le mal ce qui lui est nuisible. Mais alors de deux choses l'une : ou l'intérêt public est désirable parce qu'il assure le mien propre, et nous retombons dans l'égoïsme de l'utilité privée; ou l'intérêt public est indépendant du mien, et alors pour le lui sacrifier il faut que je m'appuie sur un principe supérieur d'ordre ou de convenance qui me fait sortir du système de l'intérêt.

L'intérêt n'est donc pas la raison de la distinction du bien et du mal.

**Système du sentiment.** — Les philosophes écossais font du bien et du mal des qualités objectives inhérentes aux objets bons ou mauvais, de la même manière que les qualités sensibles, odeurs, saveurs, couleurs sont inhérentes aux corps. De même que les sens extérieurs nous avertissent des qualités des corps, de même un sens spécial, le *sens moral,* agréablement ou péniblement affecté par les actions libres dont nous sommes les témoins, nous révèle leur bonté ou leur malice. La distinction du bien et du mal consiste donc, au moins relativement à nous, dans la différence des impressions qu'ils produisent sur notre sensibilité morale.

Pour Adam Smith, le sens moral est la *sympathie*; son système, expression la plus originale de la morale du sentiment, mérite que nous entrions dans quelques détails.

La sympathie est la tendance que nous avons à partager certaines émotions éprouvées par nos semblables, par exemple à la vue d'une personne qui s'empresse à soigner un malade, je ressens comme elle de la commisération pour ses souffrances. L'antipathie, au contraire, est la tendance que nous avons à éprouver un sentiment opposé à celui dont nous sommes les témoins, à ressentir par exemple de l'affection pour celui que nous voyons être l'objet d'une injuste haine. C'est à ce double sentiment que Smith a recours pour expliquer toutes les notions de la morale.

Le bien dans les actions humaines est ce qui provoque la sympathie, et le mal ce qui provoque l'antipathie : je juge bonne l'action inspirée par un sentiment auquel je m'associe volontiers, et je juge mauvaise celle qu'inspire un sentiment qui provoque ma répulsion. S'agit-il de mes propres actions, je les suppose faites par autrui, et m'érigeant en spectateur impartial, je les apprécie comme si elles m'étaient étrangères. — Voyant alors l'impression qu'elles produiraient sur mes semblables, je sais s'ils seraient avec moi en rapport de sympathie ou d'antipathie; dans le premier cas j'en éprouve une satisfaction qui est la joie de la conscience, et dans le second j'en ressens une tristesse qui est le remords. — Témoin d'une bonne action, je sympathise avec le sentiment de reconnaissance de celui qui en est l'objet et je désire du bien à son auteur, c'est-à-dire que je l'en juge digne; ainsi s'explique l'idée de mérite. L'idée de démérite s'explique d'une manière analogue. — Le but de la vie humaine, c'est pour chacun de se mettre en rapport sympathique avec le plus grand nombre possible de ses semblables et de travailler ainsi autant qu'il est en lui à la réalisation de la sympathie universelle.

Le système de la sympathie, plus noble et plus désintéressé que les précédents, a comme eux le défaut capital de fonder l'appréciation du bien et du mal sur un phénomène de sensibilité. La sensibilité, sous tous ses modes est essentiellement variable, et la sympathie, peut-être plus encore que les autres sentiments, est sujette aux mille fluctuations que lui imposent l'âge, le sexe, le caractère et nos dispositions si changeantes à l'égard des personnes. On ne peut donc faire reposer sur un phénomène si peu constant l'appréciation d'une qualité absolue et immuable. Imaginer, comme le fait Smith, un spectateur impartial, c'est recourir à la raison qui seule peut juger avec impartialité surtout nos propres actes, et c'est par suite abandonner la morale du sentiment.

Le sens moral dont parlent les autres Écossais ne peut non plus, pour les mêmes raisons, fournir une base d'appréciation suffisante : sentiment agréable ou pénible, il est nécessairement variable et ne peut servir de fondement à une obligation.

**Système rationnel.** — Le système rationnel cherche la raison dernière du bien et du mal dans l'ordre essentiel qui découle de la nature même des choses.

Chaque espèce d'êtres a son essence propre qui la distingue de toutes les autres espèces, et chaque essence a une perfection intrinsèque qui résulte des éléments dont elle se compose. Cette perfection des êtres n'est pas la même en tous; elle varie à l'infini avec les essences, et de là naissent entre les choses des rapports de perfection ou d'excellence qui permettent de les classer suivant un ordre régulier. — Ces différences se continuent dans l'espèce humaine : les rapports nécessaires créés entre les hommes par la société domestique ou civile déterminent entre eux de nouvelles inégalités qui leur assignent des places différentes dans l'ordre général. — Enfin dans chaque homme les divers éléments qui le composent ont également entre eux des rapports de perfection qui leur marquent un rang différent dans l'échelle générale des choses : l'âme par exemple est supérieure au corps, le cœur aux sens, l'intelligence à la sensibilité, etc. — De toutes ces inégalités dans la perfection naît un ordre universel qui embrasse tout et dans lequel le rang précis que chaque être doit occuper et les rapports qu'il doit avoir avec tous les autres êtres sont exactement déterminés. Cet ordre est tout différent de l'échelle des plaisirs, car les êtres les plus excellents ne sont pas toujours ceux qui nous agréent davantage, et au lieu de varier comme les impressions de la sensibilité, il est fixe et immuable comme la perfection intrinsèque des essences sur laquelle il s'appuie.

C'est de cet ordre essentiel que doit être tirée la distinction suprême du bien et du mal : le bien, c'est tout ce qui lui est conforme, et le mal, tout ce qui est en désaccord avec lui.

En effet le bien c'est la fin des êtres et tout ce qui les y conduit. Chaque être a sa fin déterminée qui est évidemment son bien ou ce qui lui convient, et toutes les fins particulières se subordonnent les unes aux autres pour concourir à une fin commune qui est le bien général, le souverain bien. Or ce qui conduit chaque être à sa fin propre, c'est le développement harmonieux de ses facultés, c'est-à-dire l'action régulière et bien ordonnée de chacune d'elles. De même si chaque être reste dans son rôle et garde fidèlement avec les autres êtres les rapports que lui assignent sa nature et la leur, toutes les actions se combinent, tous les mouvements se coordonnent et toutes les forces concourent, sans rien perdre de leur puissance, à réaliser la fin totale et dernière des choses. C'est donc l'observation de l'ordre essentiel qui conduit les êtres à leur fin, c'est-à-dire au bien, tandis que toute violation de cet ordre les en éloignerait, et par conséquent le bien, c'est la conformité à l'ordre général.

Le bien, c'est encore évidemment ce que la raison approuve et recommande; quel meilleur juge en effet pourrait-on invoquer? Or la raison se complaît par-dessus tout dans la contemplation des relations nécessaires qu'ont entre elles les essences des choses; elle approuve comme convenable et irréprochable tout ce qui en est l'expression exacte, et condamne comme désordonné et répréhensible ce qui est en désaccord avec elles.

Enfin le caractère absolu et immuable du bien demande une règle d'appréciation universelle, fixe et indépendante de toute circonstance de lieu ou de personne, en sorte que partout et toujours on puisse et on doive porter le même jugement sur ce qui est bien et sur ce qui est mal. Or il n'y a que l'ordre essentiel tel que nous l'avons décrit qui remplisse ces conditions; donc il est la règle cherchée.

L'ordre essentiel fondé sur la perfection intrinsèque des choses, telle est donc, croyons-nous, la véritable règle d'évaluation du bien et du mal.

### ART. II. — Existence, caractères et principe de la loi morale.

## I. — *Existence et caractères de la loi morale.*

Le bien existe et le mal aussi; le bien, c'est l'ordre essentiel et tout ce qui lui est conforme; le mal, c'est ce qui de soi tend à détruire l'ordre, soit dans un être particulier, soit dans l'ensemble des êtres. Mais la distinction du bien et du mal n'est pas seulement une vérité destinée à être connue de l'intelligence, elle est en même temps une règle obligatoire qui s'impose à la volonté pour la diriger dans ses déterminations. Nous sommes tenus d'éviter le mal et en général de faire le bien; c'est ce que nous avons à démontrer maintenant. Nous examinerons l'existence de cette obligation, ses caractères et son principe.

**Notion de la loi morale; en quoi elle diffère des autres lois.** — Une *loi*, en général, est une règle constante d'après laquelle les actions ou les phénomènes se produisent ou doivent se produire; dans le premier cas ce sont les lois physiques, et dans le second c'est la loi morale. Il y a entre ces deux espèces de lois des différences fondamentales.

Dans l'ordre physique, la loi ou la règle consiste en un certain ensemble de circonstances, en dehors desquelles un phénomène ne peut avoir lieu, mais qui, par leur réunion, déterminent nécessairement sa production. Une nécessité aveugle et fatale est son caractère distinctif : elle s'applique aux objets sans que ceux-ci la connaissent ou en dehors de la connaissance qu'ils en peuvent avoir. Par exemple les lois de la pesanteur s'appliquent physiquement aux corps bruts sans être connues de ces derniers, et le corps humain lui-même leur est soumis tout aussi fatalement, bien que l'intelligence de l'homme les raisonne et les discute. Ainsi en est-il de tous les phénomènes physiologiques; ils se produisent fatalement en vertu des lois mécaniques, physiques ou chimiques, tout aussi bien dans le savant qui les a découverts que dans l'ignorant qui ne les soupçonne même pas.

Tout autre est la loi morale : c'est une voie, une direction proposée à la créature intelligente et libre pour qu'elle la suive dans ses déterminations. Elle s'impose non par une nécessité physique, mais par une nécessité purement morale: non par la force brutale ou la contrainte, mais par l'*autorité*. Elle se présente comme juste, raisonnable, digne par elle-même d'être obéie, et se faisant ainsi accepter de l'intelligence elle devient la lumière et le guide de la volonté. Celle-ci peut, il est vrai, physiquement s'affranchir de la tutelle de la raison, mais elle n'en a pas le droit, parce qu'en le faisant elle renverse l'ordre nécessaire des facultés humaines que Dieu lui ordonne de respecter, et c'est pourquoi elle devient responsable de son insoumission. La loi morale ou le devoir est donc une ligne de conduite imposée de telle sorte à la volonté libre que cette dernière ne peut y contrevenir sans se rendre coupable et passible d'un châtiment.

**Existence de la loi morale.** — Le bien et le mal ne sont pas seulement un objet de connaissance spéculative qui n'exige rien de plus qu'une adhésion de l'esprit; ils sont encore le fondement d'une loi morale qui s'impose à la volonté. C'est ce que la conscience nous atteste par une foule de phénomènes absolument inintelligibles en dehors de toute obligation. — En face de toute action mauvaise, nous nous sentons obligés à l'éviter ; de même qu'en présence de certaines actions bonnes, nous nous reconnaissons obligés à les faire. La voix de la conscience est même dans ces différents cas tellement impérative que ni les passions ni les sophismes ne réussissent à lui imposer silence. Et pour nous prononcer sur cette obligation, nous ne faisons aucune attention aux conséquences heureuses ou fâcheuses que l'action peut avoir pour nous. — La même conviction continue après l'action. Si nous avons fait le mal, nous sommes tourmentés par le remords, sentiment complexe, mélange de crainte, de honte et de regret, dans lequel la honte et le regret dominent : honte d'avoir fait une chose indigne, mauvaise en soi, c'est-à-dire de n'avoir pas respecté ce qui est éminemment respectable, regret d'avoir fait ce que nous pouvions et devions ne pas faire. Au contraire, si nous avons fait le bien, nous éprouvons une joie spéciale, nous nous félicitons d'avoir travaillé non à notre bonheur, mais à notre perfection, en nous maintenant dans l'ordre voulu par Dieu. Ces mêmes sentiments s'appliquent avec les modifications voulues et pour les mêmes raisons aux actes de nos semblables. — Enfin nous croyons au mérite de toute bonne action et au démérite de toute action mauvaise, abstraction faite des récompenses et des peines instituées par les lois positives, et uniquement pour cette raison qu'une obligation a été enfreinte ou respectée. Nous sommes donc intimement convaincus de la loi du devoir, et cette conviction, qui résiste à toute perversion de l'esprit et du cœur, ne pouvant être que la voix de la raison elle-même, est nécessairement conforme à la vérité.

**Caractères de la loi morale.** — L'autorité ou force obligatoire n'est pas à proprement parler un caractère de la loi morale ; elle est plutôt ce qui constitue la loi elle-même. Quant aux caractères proprement dits de cette obligation, on peut les ramener à trois principaux : elle est absolue, immuable et universelle.

La loi morale est *absolue*, c'est-à-dire qu'elle n'est relative ni à l'individu qu'elle oblige, ni à ses dispositions subjectives. Le plaisir et l'intérêt sont tout relatifs ; telle chose qui flatte mes sens affecte péniblement ceux de mon voisin ; un autre trouve pleine de grâce et de charme une œuvre littéraire qui ne me cause que de l'ennui ; je supporte à peine aujourd'hui une récréation qui m'intéressait vivement hier ; mes intérêts sont souvent en lutte avec ceux des autres et varient eux-mêmes suivant les différentes circonstances de fortune, de position, etc., où je puis me trouver. Il n'en est point ainsi de la loi morale, qui trouve en elle-même et dans son objet la raison de son obligation. Qu'elle soit agréable ou pénible, facile ou onéreuse, elle reste toujours identiquement la même et tout aussi obligatoire.

La loi morale étant absolue doit être *immuable* : toujours la même, elle n'admet ni augmentation ni restriction ; toujours bonne et sage, elle ne peut voir ses prescriptions vieillir comme les lois humaines et perdre leur raison d'être et leur utilité ; fondée sur les relations essentielles des choses et nécessaire comme elles, elle ne peut être abrogée, ni même souffrir quelque dérogation ou quelque dispense. Dieu peut, il est vrai, quand il s'agit des droits d'un tiers, les transporter à un autre en vertu de son domaine souverain, dépouiller, par exemple, les peuples de Chanaan de leurs biens temporels pour en enrichir son peuple récemment sorti de l'Égypte ; mais dans ce cas il n'y a pas de dispense proprement dite, Dieu ne relâche pas le lien de la loi qui défend de prendre le bien d'autrui, il soustrait seulement à cette dernière une matière à laquelle elle s'étendait, en changeant la nature de cette matière. Il arrive encore, lorsque la société se perfectionne ou se dégrade, que les devoirs de ses membres se modifient notablement avec leurs relations, sans que cependant la loi subisse elle-même aucun changement. En se perfectionnant, la société crée entre ses membres des relations nouvelles qui donnent lieu à des devoirs nouveaux : les devoirs de l'homme en général, surtout ses devoirs sociaux, sont évidemment plus nombreux dans une nation civilisée que dans une tribu sauvage. Mais ces devoirs ne sont pas des lois nouvelles, ce sont des applications nouvelles d'une loi éternelle qui règle d'avance ce que les hommes seront tenus de faire dans tout état de société possible, et qui n'attend que la réalisation de cet état pour s'appliquer aux relations qu'il comporte. La loi morale est donc absolument immuable.

Elle est encore *universelle*. Fondée sur des relations qui tiennent à l'essence des choses, elle s'étend à tous les êtres qui, avec la même essence, ont les mêmes relations avec les autres êtres; elle ne fait point acception de personnes et n'admet ni exceptions ni privilèges, mais elle s'applique indistinctement à tous les hommes, du moment qu'ils sont placés dans les mêmes conditions extérieures. Les circonstances en effet modifient le devoir ou plutôt le déterminent : l'enfant, par exemple, n'a pas les mêmes devoirs à remplir envers ses parents, s'ils sont riches ou s'ils sont pauvres, malades ou bien portants, heureux ou malheureux, etc.; et comme il n'est peut-être pas possible de trouver deux actions exactement semblables, c'est-à-dire environnées de circonstances absolument identiques, il s'ensuit que le devoir n'est jamais rigoureusement le même dans deux actions diverses, ce qui semble au premier abord lui donner un caractère tout individuel. Cependant cette variation du devoir n'est qu'apparente et ne lui enlève point son universalité : il est subordonné non à tel individu, mais à telle situation, et quiconque se trouvera dans cette situation sera tenu d'y conformer sa conduite; il s'applique donc à tous dans la même mesure et est vraiment universel.

Aux caractères qui précèdent on en ajoute quelquefois un dernier, la *possibilité*. C'est en effet un axiome que nul n'est tenu de faire l'impossible; l'obligation n'existe donc qu'à la condition d'être praticable. Mais il importe de remarquer que la possibilité n'est pas la facilité. Dans les lois humaines, une trop grande difficulté du devoir exempte de l'obligation de

l'accomplir, du moins en ce qui concerne le for intérieur :
*Lex humana non obligat cum tanto incommodo;* dans la loi
naturelle, manifestée par la conscience, il n'en est pas ainsi, le
devoir subsiste quelque pénible qu'il puisse être, il ne cesse
qu'en devenant absolument impossible.

Par tous ces caractères la loi morale se distingue des règles
de la prudence et des calculs de l'intérêt, avec lesquels le
système utilitaire a voulu la confondre. Les conseils de la
prudence et les suggestions de l'intérêt tiennent compte des
dispositions subjectives de ceux auxquels ils s'adressent; ils varient par suite avec les individus et n'ont rien d'absolu, d'immuable ni d'universel. Ils sont de plus et surtout dépourvus de
toute force obligatoire; je puis regarder comme mal avisée la
volonté qui sacrifie follement ses plus chers intérêts et s'écarte
de la voie que lui a tracée l'expérience des siècles, mais rien
ne m'autorise à la déclarer coupable; je lui dois la pitié et non
le mépris.

## II. — *Principes de la morale.*

Le bien en général s'impose à l'homme comme un devoir;
mais d'où naît pour lui cette obligation de faire ce qui est bien
et d'éviter ce qui est mal? Plusieurs origines ont été assignées
à l'obligation morale; au fond elles se ramènent à deux :
1° le bien est obligatoire, précisément parce qu'il est le bien;
2° le bien est obligatoire, parce que Dieu nous l'impose comme
moyen nécessaire pour arriver à notre fin dernière.

**Première opinion.** — L'obligation morale existe, disent
un grand nombre de moralistes, par cela même que le bien
existe et qu'il se distingue essentiellement du mal. Le bien,
a-t-on déjà dit, c'est l'ordre. C'est dans un être particulier la
subordination parfaite des facultés dont il est doué, subordination qui les faisant se développer sans lutte, c'est-à-dire sans
amoindrissement, leur permet d'arriver à leur plus haut degré

de perfection; l'ordre est donc pour chaque être la condition de son plus parfait développement possible. De même dans l'ensemble des êtres, l'ordre ou l'observation exacte des relations naturelles et essentielles est la condition indispensable de la réalisation de la fin dernière de toutes choses. Or l'homme n'entre pas seulement pour sa part dans l'ordre général; il connaît cet ordre en ce qui le concerne lui-même, et en même temps que son intelligence le conçoit, elle l'approuve et le juge essentiellement bon : elle comprend que l'homme se doit à lui-même d'atteindre au plus haut degré d'excellence et de perfection dont sa nature est susceptible; qu'il doit nécessairement vouloir être homme, complètement homme, c'est-à-dire être réellement ce qu'il est virtuellement; que sans cela il manque aux exigences de sa nature et qu'il est dans son tort. Ainsi le bien s'impose par cela même qu'il est le bien, ou plutôt la raison, dès qu'elle l'aperçoit, l'impose à la volonté. La nature humaine est donc autonome; elle se fait à elle-même sa loi, sans qu'il soit nécessaire de recourir à un législateur étranger.

Dieu n'est point pour cela exclu de l'ordre moral : infiniment sage et saint par nature, il approuve nécessairement l'ordre et le bien, et ne peut créer un être intelligent et libre sans le lui imposer comme règle de conduite et comme moyen d'arriver à sa fin. Mais cette obligation que Dieu impose n'est pas logiquement la première; elle vient après l'obligation naturelle, et quand je lui obéis, c'est encore en vertu de la loi de ma raison qui m'ordonne de me soumettre à Dieu.

Cette théorie s'appuie, dit-on, sur la nature même de l'obligation morale. Deux choses en effet suffisent à constituer cette obligation : 1° que les actes de l'agent moral puissent être dits bons ou mauvais, 2° et que cet agent soit responsable de leur bonté ou de leur malice. Or d'une part, l'action libre participe nécessairement de la bonté ou de la malice intrinsèque de son objet, du moment que cette bonté ou cette malice est connue; donc il suffit, pour qu'une action soit bonne ou mauvaise, qu'elle soit en elle-même conforme ou opposée à l'ordre et qu'on le sache; d'autre part, l'agent est responsable de toute action librement accomplie; donc la source de l'obligation est tout entière dans la distinction qui sépare essentiellement le bien du mal.

**Deuxième opinion.** — Une seconde opinion fait venir l'obligation morale parfaite de la volonté divine. Ce n'est pas la volonté de Dieu, il est vrai, qui fait les choses bonnes ou mauvaises, mais c'est elle qui rend le bien obligatoire en l'associant d'une manière indissoluble avec la fin dernière de l'homme. De ce qu'une action est en soi et par nature contraire ou conforme à l'ordre, il en résulte qu'il est de convenance de l'omettre ou de la faire, et l'on peut même voir dans cette convenance une obligation large et improprement dite pour la nature raisonnable; mais il n'en résulte pas une obligation parfaite et rigoureuse. Pour qu'il y ait obligation proprement dite, il faut que Dieu intervienne par sa volonté souveraine et intime à l'homme un commandement formel. Dieu ne pourrait pas s'abstenir de porter cette loi, sa sagesse et sa sainteté ne lui permettant pas de se désintéresser de l'ordre et du bien; néanmoins c'est de son précepte et non du motif de ce précepte que découle l'obligation pour la créature.

Si l'on n'admet pas cette opinion, la nature humaine devient autonome; elle ne relève que de soi et se donne à elle-même les règles qui l'obligent. Or comment comprendre qu'un être puisse se lier lui-même par une obligation proprement dite et être tout à la fois le supérieur qui commande et le sujet qui obéit? Ne faut-il pas au contraire, pour expliquer une loi, deux volontés distinctes, dont l'une inférieure et subordonnée doive à l'autre respect et soumission?

Le principe de l'obligation morale doit être tel qu'il impose en toute rencontre une nécessité morale indéclinable, et l'on ne voit pas clairement que les exigences de la perfection morale de l'homme aient constamment cette efficacité. La raison, par exemple, fondée sur ce principe des convenances de notre nature, ne nous dit pas qu'il soit nécessaire de s'abstenir d'une action intrinsèquement mais légèrement mauvaise, dans le cas où cette mission entraînerait les sacrifices les plus pénibles et même celui de la vie, et cependant ce devoir est incontestable. Donc l'obligation que l'on fait dériver de l'ordre n'est pas absolument et universellement efficace.

Ces raisons nous semblent démonstratives, et nous croyons qu'il faut rattacher l'obligation complète et proprement dite à un commandement de Dieu non arbitraire, mais fondé lui-même sur la distinction essentielle du bien et du mal.

---

ART. III. — Moralité des actions humaines. — Responsabilité morale; ses conséquences.

## I. — *Le bien moral et la responsabilité en général.*

Nous avons à considérer maintenant comment la loi morale s'applique aux actions humaines qu'elle est chargée de diriger, quelle qualité nouvelle elle leur fait revêtir et quelles conséquences elle entraîne pour l'agent libre qui en est l'auteur; en d'autres termes, nous avons à étudier la *moralité* des actions libres et la *responsabilité* de l'agent moral.

**Le bien moral.** — Lorsque l'agent moral auquel s'adresse la loi du devoir y conforme volontairement ses actes et réalise dans sa conduite le bien ordonné par la loi, ses déterminations librement appliquées à ce bien participent à sa perfection et deviennent elles-mêmes bonnes et louables; c'est cette observation libre du devoir, ce sont ces actions devenues bonnes parce qu'elles ont pris le bien pour objet que l'on appelle *bien moral*. Réciproquement le *mal moral* consiste dans la violation libre d'un précepte connu. Comme on le voit, le bien moral se distingue du bien en soi : celui-ci est le fondement ou la raison de la loi, celui-là en est la conséquence. C'est parce qu'il y a des choses bonnes ou mauvaises en soi et par essence, que la loi trouve quelque chose à commander ou à défendre ; et c'est parce qu'il existe une règle obligatoire pour les volontés humaines, que leurs déterminations sont susceptibles de devenir bonnes ou mauvaises.

**La responsabilité morale.** — Non seulement les actions libres deviennent bonnes quand elles sont faites en conformité avec la loi et mauvaises quand elles lui sont opposées, mais l'auteur de ces actions demeure responsable de leur bonté ou de leur malice.

La responsabilité peut se définir : la nécessité où se trouve l'agent libre de rendre compte à une autorité supérieure de tout acte qui lui est imputable et d'en subir les conséquences. L'acte imputable est celui qui d'une part est fait librement, et qui d'autre part tombe sous le coup d'une loi. La responsabilité a donc un double principe, la liberté et la loi.

Et d'abord, la responsabilité a pour première origine la liberté. L'être qui agit fatalement sous l'empire d'une force à laquelle il ne peut se soustraire n'encourt évidemment aucune responsabilité. J'attribue à la tempête le naufrage qu'elle occasionne, à l'ouragan la dévastation qu'il produit, à l'arbre les fruits qu'il rapporte ; mais comme ces causes sont soumises à des lois inflexibles, je ne vois en elles que des instruments au service d'un agent supérieur, et tout en constatant leurs effets, je ne songe nullement à en faire retomber sur elles l'odieux ou le mérite. L'être libre, au contraire, se possède, dispose de soi et a plein domaine sur ses déterminations ; aucune force extérieure ne peut le contraindre ; quand il agit c'est de son plein gré et son action reste tellement en son pouvoir qu'il peut la continuer, l'interrompre, la reprendre comme bon lui semble ; ses actes sont donc exclusivement son œuvre, il en est véritablement l'auteur, et on doit les lui attribuer totalement avec toutes les qualités qui leur conviennent. La responsabilité vient donc en première ligne et tout principalement de la liberté.

Elle a pour second principe l'obligation créée par la loi. C'est l'obligation qui fait les actions bonnes ou mauvaises moralement; c'est donc à cause de l'obligation qu'elles sont imputables à bien ou à mal. D'autre part, pour être dans la nécessité de rendre compte de nos actes à une autorité supérieure, il faut que cette autorité ait le droit de les régler, et que de fait elle nous ait tracé une voie avec ordre de nous y maintenir. Donc le devoir est la seconde source de la responsabilité.

Les conditions de l'imputation morale se tirent de son double principe. La loi, ou règle directrice de nos actes, s'y applique par la connaissance que nous en avons, c'est-à-dire par les arrêts de la *conscience;* et la volonté libre prend pour objet l'acte réglé par la loi au moyen de l'*intention*. Un acte est donc imputable à la condition d'être fait en connaissance de cause et avec intention.

Quant aux conséquences de la responsabilité, ce sont : le perfectionnement ou la dégradation morale de l'agent libre par la vertu ou le vice, le mérite ou le démérite, la récompense ou le châtiment.

Nous allons passer brièvement en revue chacune de ces conditions et de ces conséquences de la responsabilité.

## II. — *Conscience morale.*

La loi morale ne s'applique à la volonté qu'autant qu'elle se fait connaître de l'intelligence, et cette connaissance de la loi s'appelle en général la *conscience*. On doit cependant distinguer deux espèces de connaissances du devoir : l'une qui le conçoit dans ses principes généraux, comme quand je dis : Le vol est défendu, la justice est obligatoire; l'autre qui se prononce sur la moralité d'un acte déterminé, après lui avoir appliqué la prescription ou les différentes prescriptions de la loi qui le concernent, comme quand je dis : J'agirais mal si je révélais actuellement à telle personne telle action mauvaise commise par telle autre personne. Cette dernière connaissance est, à proprement parler, la conscience; la première ne mérite qu'imparfaitement ce nom et s'appellerait mieux connaissance spéculative de la loi morale.

**Connaissance spéculative de la loi morale.** — Pour que la loi morale oblige, il faut tout d'abord qu'elle soit connue dans ses préceptes généraux; et l'on peut se demander si cette loi, universelle en elle-même, l'est également dans sa manifestation aux consciences humaines. En principe, tous les hommes sont tenus aux mêmes devoirs, pourvu qu'ils se trouvent dans les mêmes circonstances; en fait est-ce la même loi qui dirige toutes les consciences?

On connaît les objections de Montaigne et de Pascal : « Il n'est chose, dit Montaigne, en quoi le monde soit si divers qu'en coutumes et en lois. Telle chose est ici abominable, qui apporte recommandation ailleurs, comme en Lacédémone la subtilité de dérober; les mariages entre les proches sont capitalement défendus entre nous, ils sont ailleurs en honneur. Le meurtre, le meurtre des pères, trafic de volerie, licence à toutes sortes de voluptés, il n'est rien en somme si extrême qui ne se trouve reçu par l'usage de quelque nation » (Montaigne, *Essais*, liv. II, ch. XII). Pascal reprend à son tour : « Trois degrés d'élévation sur le pôle renversent toute la jurisprudence. Un méridien décide de la vérité. Le droit a ses époques. L'entrée de Saturne au Lion nous montre l'origine d'un tel crime. Plaisante justice qu'une rivière borne! Vérité en deçà des Pyrénées, erreur au delà! » (Pascal, *Pensées*). Cette objection est grave, car il est difficile d'admettre que la loi soit en elle-même et objectivement absolue et universelle, si subjectivement elle est dépourvue de toute uniformité; aussi l'école matérialiste contemporaine s'est-elle complu à raconter les variations que présente la loi morale dans la conscience des différents peuples, afin de ramener le devoir à l'intérêt.

Les préceptes moraux n'ont pas tous, il est vrai, la même universalité, mais il est incontestable que plusieurs d'entre eux possèdent ce caractère. Pour plus de précision, divisons en trois classes les préceptes de la loi morale. 1° Les uns sont tellement évidents qu'il suffit d'en entendre les termes pour en apprécier la parfaite convenance, ceux-ci par exemple : L'ordre naturel est obligatoire, il faut faire le bien, il faut éviter le mal; 2° il en est d'autres qui sont connus par raisonnement, mais qui se déduisent très aisément et pour ainsi dire d'eux-mêmes des premiers, comme par exemple qu'il faut adorer Dieu, respecter ses parents, etc., 3° enfin une troisième classe comprend les conclusions éloignées et plus ou moins difficiles à déduire des premiers principes.

C'est sur les préceptes de la troisième classe que se produisent les divergences objectées, et restreintes à cette catégorie elles sont incontestables. Non seulement les peuples ne s'accordent pas unanimement à les reconnaître, quelquefois même les meilleurs moralistes soutiennent à leur sujet des opinions contradictoires. Ces controverses n'ont du reste rien d'étonnant, puisqu'il s'agit d'une science de raisonnement, et elles ne portent nullement atteinte à l'autorité des préceptes que l'on est arrivé à démontrer avec certitude.

Quant aux préceptes des deux premières classes, on peut affirmer *a priori* qu'ils sont universellement connus de tous les hommes. La sagesse et la bonté de Dieu sont intéressées en effet à ce que l'homme possède une connaissance sans laquelle il lui est impossible d'arriver à sa fin, et telle est évidemment la connaissance des premiers principes moraux. La nature même de ces principes prouve qu'ils ne peuvent être ignorés de quiconque a l'usage de sa raison, puisqu'ils découlent des notions les plus élémentaires et les plus fondamentales de l'esprit humain. L'expérience le démontre également *a posteriori*. L'histoire de la philosophie le constate en ce qui concerne les nations civilisées, depuis les anciens peuples de l'Inde et de la Chine jusqu'aux peuples modernes, et des relations de voyageurs, plus nombreuses et plus autorisées que celles qu'on leur oppose, prouvent qu'aucune peuplade sauvage connue, même parmi les nègres de l'Afrique ou les anthropophages de l'Australie, n'est restée étrangère aux principales notions de la morale. Si de graves erreurs se sont produites chez quelques peuples sur des préceptes premiers, on remarque qu'elles ne portaient pas sur les préceptes eux-mêmes, mais sur certains cas compliqués où la matière du précepte semblait changée par le concours des circonstances. C'est ainsi que le vol commis avec adresse a pu sembler louable comme preuve d'intelligence ou comme apprentissage des ruses de guerre, et que chez certaines tribus sauvages et guerrières on a regardé comme un bien de tuer les vieillards pour les soustraire à la cruauté raffinée d'ennemis sans pitié.

Donc, bien qu'elle soit soumise au progrès comme toute autre connaissance, la science morale est universellement connue dans ses notions et ses principes fondamentaux.

**Conscience morale.** — DÉFINITION ET NATURE DE LA CONSCIENCE. — L'intelligence qui possède la connaissance générale des préceptes en fait naturellement l'application aux actes particuliers sur lesquels elle est appelée à délibérer; elle se prononce en conséquence sur leur bonté ou leur malice et les déclare, suivant le cas, obligatoires, permis ou défendus. Cette application de la loi à un acte déterminé, cet arrêt de la raison qui, après avoir jugé de la bonté ou de la malice d'une action, la commande, la permet ou la défend, est ce qu'on appelle la conscience morale.

La conscience morale diffère de la conscience psychologique comme le juge du témoin. La conscience psychologique nous révèle nos modifications internes : nos pensées, nos désirs, nos émotions, nos déterminations libres, mais elle se borne en témoin fidèle à constater exactement ce qui se passe dans notre âme; la conscience morale, au contraire, consiste tout entière dans l'appréciation des faits produits ou à produire; elle les juge, les qualifie, les autorise ou les prohibe. La conscience psychologique m'avertit par exemple que ma pensée se porte actuellement sur tel objet, que mon cœur ressent tel attrait, ambitionne telle jouissance, que ma volonté prend telle détermination, et la conscience morale prononce que la pensée qui m'occupe est louable ou répréhensible, que la jouissance qui me sollicite est légitime ou défendue, que le choix opéré par ma volonté est conforme ou contraire au devoir.

La conscience morale, tout en se distinguant de la conscience psychologique, se rattache comme elle à la faculté générale de connaître ou intelligence; elle ne forme même pas dans cette faculté un mode à part, un pouvoir spécial. Que voyons-nous en effet dans la conscience? Les idées de bien et de mal, de devoir et de droit, de mérite et de démérite, de vertu et de vice appliquées au moyen de la déduction à un acte particulier. Or ces idées sont celles de l'entendement pur ou de la raison, et le procédé discursif qui les applique appartient à l'entendement inférieur ou raisonnement. La conscience est donc un acte de l'intelligence, une vue de la raison, non de la raison pure ou spéculative, mais de la *raison pratique*.

La conscience est cependant fréquemment désignée sous le nom de *sens moral* : on dit de celui qui commet aisément le mal sans paraître remarquer l'inconvenance de ses actes, qu'il a le sens moral émoussé, et l'on attribue un sens moral exquis à celui qui montre dans sa conduite une grande délicatesse de conscience; mais ce terme de *sens* ne peut-être pris à la lettre. L'analyse que nous venons de faire de la conscience morale ne nous permet pas en effet de voir en elle un sens proprement dit ou un sentiment; nous ne sentons pas la bonté ou la malice de nos actes, nous la percevons intellectuellement, et la conscience ne relève pas de la sensibilité, mais de l'intelligence. Toutefois, bien qu'elle soit une vue intellectuelle, elle se produit souvent d'une manière toute directe, tout instinctive, et sans qu'il soit possible au plus grand nombre de l'analyser et d'en détailler les motifs. Elle opère, alors pour ainsi dire, à la manière d'un sens, et c'est pour marquer ce rapport qu'on lui a donné le nom, de même que l'on a appelé du nom de *bon sens* et de *sens commun* un certain ensemble de connaissances ou de principes.

Les jugements de la conscience se distinguent des émotions du sentiment, mais d'autre part ils leurs donnent naissance et provoquent dans l'âme des attraits et des répulsions, des jouissances et des peines qui sous le nom de *sentiments moraux*, jouent un rôle considérable dans la vie humaine par l'impulsion qu'ils communiquent à la volonté. De même que certains appétits nous portent à satisfaire les besoins du corps, de même aussi certaines tendances d'un ordre supérieur nous inclinent vers le bien moral et nous éloignent de la violation de la loi. Cet amour inné du bien devient pour nous la source d'émotions variées : satisfaction morale ou remords et honte quand il s'agit de nos propres actes; sympathie, bienveillance, estime, respect, ou antipathie, mépris, indignation quand il s'agit des actions d'autrui. Tous ces phénomènes de sensibilité morale suivent la loi générale de la sensibilité : ils sont essentiellement variables et changent avec les individus et les circonstances, tandis que les jugements de la conscience sont absolus et universels.

Diverses espèces de conscience. — La conscience peut être droite ou fausse : elle est droite quand elle juge sainement du bien et du mal, fausse quand elle se trompe et prend le bien pour le mal ou réciproquement.

A un autre point de vue, la conscience est certaine, probable ou douteuse. La conscience certaine est celle qui se prononce sans hésiter sur la valeur d'une action. La conscience douteuse est celle qui hésite et évite de se prononcer. La conscience probable est celle qui embrasse un sentiment, tout en redoutant que le sentiment opposé ne soit le meilleur.

Enfin la conscience est délicate, large ou scrupuleuse. La conscience délicate saisit dans une action les moindres nuances qui modifient sa valeur morale. La conscience scrupuleuse s'exagère la grandeur du mal ou le place même là où il n'est pas. La conscience large atténue le mal outre mesure ou regarde comme bien ce qui est mal.

Principales règles de conscience. — Voici les règles fondamentales de la conscience :

1° Jamais il n'est permis d'agir contre sa conscience, c'est-à-dire de faire une action qu'elle désapprouve ou d'en omettre une qu'elle commande. On ne peut même pas agir contre sa conscience quand elle est erronée, car on se rendrait coupable du mal que l'on croirait faire.

2° Lorsque l'erreur de la conscience est involontaire, l'acte mauvais qu'elle fait commettre n'est pas imputable.

3° Mais si l'erreur est coupable, c'est-à-dire si elle procède d'une négligence condamnable, elle n'excuse point du mal qu'elle fait produire.

4° Dans le doute si une action est bonne ou mauvaise, on doit s'en abstenir, et s'il y a nécessité d'agir on doit prendre le parti le plus sûr.

## III. — *Intention morale.*

La deuxième condition de la responsabilité morale, c'est que la volonté libre fasse sien par l'intention le bien ou le mal que renferme une action. L'intention peut s'entendre de deux manières : du consentement libre que la volonté donne à un acte et du motif qui lui fait donner ce consentement. Le consentement étant spécifié par le motif, c'est en réalité ce dernier qui constitue l'intention.

**Des motifs d'action.** — Trois espèces de motifs peuvent influer sur nos déterminations libres : le plaisir, l'intérêt et le devoir. Nous les avons déjà suffisamment décrits en traitant de la distinction du bien et du mal. Le plaisir, avons-nous dit alors, c'est la jouissance actuelle, la satisfaction du moment poursuivie sans choix ou calcul d'aucune sorte ; l'intérêt, c'est la jouissance calculée et repoussée quelquefois au moment présent pour la retrouver plus tard plus intense ou plus durable, en un mot, c'est le bonheur ; le devoir, c'est le bien ou l'ordre prescrit par la loi.

La morale utilitaire a tenté de réduire ces trois motifs à un seul, l'intérêt. Les partisans de ce système confondent d'abord avec l'intérêt tout développement instinctif et spontané de notre activité; puis ce qui est beaucoup plus grave, ils nient l'existence du motif du devoir et prétendent que tout acte de vertu, même le plus héroïque, n'est qu'un acte intéressé inspiré par l'amour de soi. Ainsi la pitié serait l'imagination ou la fiction d'un malheur futur pour nous-même, produite par le sentiment du malheur d'un autre; le repentir serait une passion produite par l'opinion ou la connaissance qu'une action qu'on a faite n'est point propre à conduire au but qu'on se propose (Hobbes); l'amour filial serait de la part des enfants la pratique des actions utiles à eux et à leurs parents (Volney), et de même de toutes les autres vertus qui, selon le mot de La Rochefoucauld, se perdent dans l'amour-propre comme les fleuves dans la mer.

L'analyse psychologique, l'histoire de la philosophie, l'observation la plus commune et la plus vulgaire de la société s'élèvent contre cette théorie et s'accordent à maintenir, au double point de vue de la théorie et de la pratique, la distinction des trois classes de motifs.

Cette distinction est reconnue par l'analyse psychologique. Le plaisir sans calcul et le plaisir calculé n'ont point les mêmes caractères : la spontanéité, l'inconstance, la fougue conviennent au premier de ces motifs; la réflexion, l'unité de direction, le calme appartiennent au second. Le motif du plaisir assure le triomphe de la passion présente sur les passions futures, et parmi les passions présentes de celle qui l'emporte en intensité sur les autres; le motif de l'intérêt discipline nos tendances, les soumet au gouvernement de la volonté, et fait sacrifier s'il le faut le plaisir présent ou supporter la douleur présente pour ménager le plaisir futur. Ces deux motifs ne sont donc pas identiques. D'autre part le devoir se distingue encore plus profondément de l'intérêt : le devoir est, ainsi que nous l'avons vu, absolu, immuable, universel, obligatoire, tandis que l'intérêt est relatif, variable, individuel et tout facultatif. L'histoire de la philosophie confirme ici l'analyse psychologique et ramène les innombrables systèmes de morale qu'ont produits les différentes écoles philosophiques à trois principaux : la morale du plaisir, celle de l'intérêt et celle du devoir. Il est donc impossible de confondre théoriquement ces trois motifs.

Ils ne se distinguent pas moins au point de vue pratique, bien qu'ils s'unissent fréquemment pour nous faire produire un même acte. La conscience nous dit clairement que nous ne nous bornons pas à poursuivre notre intérêt dans toutes nos actions. Dans maintes circonstances nous nous abstenons d'une action, parce qu'il nous semble honteux de la vouloir, et nous en faisons une autre, parce que nous concevons qu'il est beau de nous y appliquer; et si nous ne cédons pas uniquement à cette considération, nous sentons du moins qu'elle est d'un grand poids dans notre résolution. Ce motif cependant n'a rien d'intéressé; il s'inspire des idées d'ordre et de convenance, autrement dit du devoir; donc la conscience nous atteste que l'intérêt n'est pas notre seul mobile. — Le langage confirme cette observation de la conscience : il a chez tous les peuples des termes différents pour qualifier les actions humaines, suivant qu'on les croit faites avec ou sans calcul. Il appelle généreuses, grandes, magnanimes, et quelquefois sublimes les actions désintéressées, et seulement habiles et heureuses celles qui sont le fruit d'un calcul. Ces formes universelles du langage prouvent que tous les hommes croient au désintéressement; c'est même sur l'inspiration de ce motif supérieur qu'ils règlent leur estime, et l'enthousiasme qu'excite en eux un grand acte de vertu disparaît aussitôt qu'ils peuvent entrevoir sous le masque du dévouement la poursuite de l'intérêt personnel. — L'observation la moins profonde de la société, en constatant dans les différents hommes l'action prédominante de l'un de ces trois motifs, nous les fait distribuer en trois classes bien tranchées : les caractères passionnés qui s'abandonnent sans frein ni règle à l'impétuosité de leurs désirs, les caractères égoïstes qui s'inspirent constamment des vues étroites et mesquines de l'intérêt privé, enfin les caractères vertueux qui, oublieux d'eux-mêmes et de tout ce qui les concerne, se dévouent généreusement à l'ordre et au bien.

Donc l'homme obéit en réalité dans ses actions libres à trois espèces de motifs. Il nous reste à rechercher auquel il doit céder pour que son action soit moralement bonne.

**De l'intention requise dans les actions morales.** — Est-ce l'intention qui fait la moralité des actions humaines? Suffit-il de *diriger* son intention pour faire une bonne action? En d'autres termes, la fin justifie-t-elle les moyens? En tous cas, quel motif doit se proposer une bonne intention? Répondons en quelques mots à ces importantes questions.

Il est certain que ce qu'il y a de principal dans l'action morale, c'est l'intention, c'est-à-dire le consentement spécifié et déterminé par le but qu'on se propose ou le motif qui fait agir. Je regarde comme injuste de m'imputer une action ou la qualité morale d'une action sur laquelle mon intention n'a point porté, parce que ma volonté libre n'y a point réellement concouru, et que dès lors je ne puis pas en être regardé comme le véritable auteur. Je revendique d'autre part le mérite d'une intention que les événements ont mal servie, parce qu'il dépend seulement de moi de vouloir et non de faire arriver les choses conformément à mes volontés.

Pour que l'intention soit bonne, il faut qu'elle se propose le bien ou le devoir. L'action que je fais a beau être excellente en soi, si je m'y décide uniquement parce qu'elle m'est agréable ou pénible, ou si je la fais machinalement, sa bonté ne m'est pas imputable, car je ne puis dire en réalité qu'elle soit voulue et que j'en aie fait l'objet de mon libre choix. Il faut donc pour qu'une action bonne en soi le devienne moralement que je la fasse dans l'intention de bien faire, que je la choisisse parce qu'elle est conforme à l'ordre et à la loi, en d'autres termes, que je l'accomplisse *par* devoir. Agir par devoir, voilà la bonne intention. — Du reste, et il importe de le remarquer, ce motif du devoir indispensable à tout acte bon n'exclut pas, comme l'ont pensé Kant et Jouffroy, tout motif intéressé. On peut lui adjoindre comme motif secondaire la recherche du plaisir ou de l'intérêt. Je fais l'aumône par devoir et en même temps parce que ma nature compatissante y trouve une vive satisfaction ; mon action reste bonne, parce que le bon motif y a principalement concouru. On peut même aller plus loin et se contenter du motif du devoir que renferme *implicitement* la recherche des récompenses futures ou la fuite des châtiments de l'autre vie. Une action ne pouvant conduire aux récompenses éternelles qu'autant qu'elle est moralement bonne, la faire en vue de ces récompenses c'est la vouloir par là même en tant que bonne et conforme à la loi. De même, éviter un acte parce qu'il doit être puni dans l'autre vie, c'est y renoncer implicitement par obéissance pour la loi qui le défend. Nous ne parlons évidemment pas de cette crainte servile qui éloigne d'une action mauvaise exclusivement par la peur du châtiment et qui ne saurait en rendre l'omission méritoire.

Pour que l'intention soit mauvaise, il n'est point nécessaire qu'elle se propose directement et formellement le mal ; il suffit qu'elle se porte sur une chose connue comme mauvaise. La loi ne nous défend pas seulement de désirer le mal, elle nous commande de l'éviter, et celui-là ne l'évite pas assez qui commet un acte connu de lui comme mauvais. Cette différence entre l'intention bonne et l'intention mauvaise est d'une grande importance et doit être soigneusement remarquée.

L'intention a une très large part dans la moralité des actions humaines, mais elle ne la fait pas à elle seule ; elle est la *forme* de l'action, et à côté de la forme il y a la *matière* ou la valeur intrinsèque de l'acte pris en lui-même. Il est donc très faux de dire que l'intention est tout ; qu'un motif louable suffit pour rendre honnêtes tous les actes qu'il inspire, en un mot, que *la fin justifie les moyens*. Si toute action était de soi indifférente et n'avait de valeur que comme moyen, sa bonté ou sa malice dépendrait uniquement du but auquel elle serait coordonnée, de l'intention dans laquelle elle serait faite, mais il n'en est point ainsi. Il y a des actions qui en soi et intrinsèquement sont mauvaises, illicites, contraires à l'ordre et au bien, et jamais ni l'excellence du but ni la nécessité des circonstances ne peut les rendre bonnes ou leur servir d'excuse. Prétendre le contraire, c'est enlever au bien et au devoir leur caractère absolu, immuable et universel, c'est détruire toute morale. Il y a des cas, dit-on, dans lesquels il est permis de violer un précepte inférieur pour observer un précepte supérieur, de compromettre, par exemple, sa santé ou sa vie pour le salut du pays. Qu'on y regarde de près, et l'on verra que le devoir sacrifié n'est réellement un devoir que sous certaines conditions, et que ces conditions font défaut dans les cas objectés, en sorte que jamais on ne manque à un devoir pour en accomplir un autre. Toute action qui a une valeur morale intrinsèque doit être voulue pour elle-même indépendamment du but auquel on peut la rapporter, et l'intention qui la prend directement pour objet doit être bonne pour les mêmes raisons et aux mêmes conditions que celle qui concerne le but.

### IV. — *Conséquence de la responsabilité morale.*

En vertu de sa responsabilité l'agent moral se perfectionne par la vertu ou se dégrade par le vice, de plus il mérite les récompenses ou les châtiments qui forment la sanction de la loi, en sorte que son bonheur ou son plus grand intérêt se trouve finalement uni à son devoir.

**Vertu et vice.** — La vertu peut se définir l'habitude du devoir, c'est-à-dire une disposition acquise par la répétition des actes à faire le bien par devoir. L'homme vertueux n'est ni celui qui fait en passant un acte bon, ni celui que des tendances naturelles inclinent vivement au bien; c'est celui qui, par une direction persévérante de sa volonté libre, s'est accoutumé à pratiquer le bien. La vertu implique les trois éléments de la moralité : la connaissance du devoir, la volonté de le pratiquer et le sentiment qui en goûte la douceur. La vertu farouche du stoïcisme qui veut éteindre dans l'homme toute sensibilité n'est point la vertu véritable; celle-ci, non contente de vouloir le bien, s'y affectionne et lui accorde son amour, et quoique en se perfectionnant elle se rende de plus en plus étrangère au motif du plaisir, elle ne croit point déchoir en savourant le bonheur intime que lui procure l'accomplissement du devoir.

Le vice est la désobéissance habituelle à la loi; il se distingue comme habitude d'un acte mauvais fait isolément et des inclinations naturelles qui peuvent porter au mal. Le vice est une dégradation morale comme la vertu est un perfectionnement.

**Mérite et démérite.** — Quand l'homme fait le bien librement, sa conscience prononce qu'il mérite une récompense; si au contraire il fait le mal, elle prononce qu'il mérite un châtiment. Le mérite et le démérite sont donc la relation nécessaire qui unit la vertu et le bonheur, le vice et la souffrance; d'où il résulte que la loi morale doit avoir une sanction. Le mérite et le démérite ne restent pas identiquement les mêmes dans toutes les actions bonnes ou mauvaises, ainsi que le croyaient les stoïciens; le mérite grandit avec l'importance du devoir et avec la grandeur de l'effort nécessaire pour l'accomplir, et le démérite croît avec l'importance du devoir et la facilité de l'accomplir.

**Récompenses et châtiments; sanction de la loi morale.** — L'ensemble des récompenses et des peines réservées à l'accomplissement ou à la violation du devoir constitue la sanction de la loi morale.

L'existence de cette sanction est hors de doute : la joie de la conscience qui implique l'espérance d'une récompense, le remords qui renferme la crainte d'un châtiment prouvent que nous en sommes convaincus; le genre humain tout entier l'a toujours proclamée en admettant sous un nom quelconque un ciel où la vertu est récompensée et un enfer où le crime est puni. Ce n'est même pas assez de dire qu'elle existe, on doit affirmer qu'elle est nécessaire. D'une part elle est indispensable pour procurer l'accomplissement suffisant de la loi : le motif du devoir est ordinairement trop faible pour lutter contre les difficultés que la sensibilité oppose à l'accomplissement du devoir; il faut lui adjoindre un motif de même ordre que l'obstacle, un motif d'intérêt ou de bonheur. D'autre part la justice réclame une compensation pour l'effort généreux qui implique la vertu et la réparation de l'ordre violé par le péché. A ce double titre, un Dieu juste et sage devait joindre une sanction à l'obligation du devoir.

Pour être équitable, la sanction morale doit être universelle et proportionnée, c'est-à-dire s'étendre sans exception à tous les actes bons ou mauvais et se mesurer exactement au degré du mérite ou du démérite. Les sanctions humaines n'ont pas cette perfection, mais cela tient à un défaut de science ou de puissance qui ne peut exister en Dieu. Nous avons dit ailleurs que la sanction morale n'étant pas complète ici-bas, il en résulte qu'une vie future est absolument nécessaire.

**Accord de l'utile et de l'honnête; destinée de l'homme.** — Le mérite et le démérite, en établissant un lien indissoluble entre le bien et le bonheur, le mal et la souffrance, réunissent finalement l'honnête et l'utile, le devoir et l'intérêt. L'honnête seul est vraiment utile, puisque seul il nous conduit au bonheur; et si le devoir et l'intérêt diffèrent essentiellement comme motifs, il faut reconnaître qu'ils sont inséparablement liés comme cause et comme effet. Mais cette union ne se fait qu'à deux conditions : la première que l'honnête soit la règle et la mesure de l'utile, et non l'utile la règle et la mesure de l'honnête; la seconde que cet accord du bien et du bonheur ne soit pas exigé aussitôt que le bien est accompli, mais qu'il soit ajourné au terme de cette vie d'épreuve et de mérite.

La destinée actuelle de l'homme est donc de mériter le bonheur futur en pratiquant la vertu, et de se préparer ainsi par ses œuvres sa destinée dernière, c'est-à-dire un bonheur parfait et sans fin.

# CHAPITRE II.

Morale particulière. — Division des devoirs.

## I. — *Des différentes classes de devoirs.*

**Division des devoirs.** — La morale générale fait la théorie du devoir et en prouve l'existence; la morale particulière en indique les applications aux diverses situations de la vie humaine.

Au fond, dit Jouffroy, il n'y a qu'un devoir pour l'homme, celui d'accomplir sa destinée, celui d'aller à sa fin. La fin de l'homme étant donnée, la règle suprême de sa conduite l'est également; il ne s'agit plus que de déduire de cet unique devoir les obligations de détail qui en découlent. Cette déduction, pour chaque cas possible, des règles de la conduite humaine est l'objet du droit naturel. Il y procède d'abord pour chacune des grandes situations dans lesquelles l'homme peut être placé, puis pour les cas divers que chacune de ces grandes situations peut elle-même contenir. C'est ainsi que se divise et se subdivise le droit naturel.

Ces grandes situations dont parle Jouffroy sont au nombre de trois : l'homme soutient en effet trois espèces de rapports bien distincts vis-à-vis de lui-même, vis-à-vis de ses semblables et vis-à-vis de Dieu. De là une première division des devoirs en trois grandes classes : les devoirs personnels, les devoirs sociaux et les devoirs religieux. Quant aux devoirs de l'homme envers les choses (*res*), animaux ou êtres inanimés, on peut les faire rentrer dans l'une ou l'autre des trois classes précédentes : soit dans celle des devoirs personnels, l'homme se devant à lui-même d'user raisonnablement des êtres qui lui sont inférieurs; soit dans celle des devoirs sociaux, l'homme devant à ses semblables de ne pas détruire ce qui peut être utile à la société tout entière; soit dans celle des devoirs religieux, l'homme ne devant pas sans nécessité détruire l'œuvre du Créateur. Il n'y a donc que trois classes irréductibles de devoirs.

Quand nous disons que l'homme a des devoirs *envers* lui-même et *envers* ses semblables, nous indiquons l'objet et non le principe de ces devoirs; la loi seule nous oblige, nous n'avons, à proprement parler, de devoirs qu'envers elle et envers Dieu qui en est l'auteur; seulement elle nous oblige différemment *à propos* de nous-mêmes, de nos semblables ou de Dieu.

Cette division des devoirs, adoptée généralement par tous les philosophes modernes, est bien préférable à la division ancienne des quatre vertus cardinales : Prudence, Justice, Force et Tempérance. D'abord elle est plus complète que cette dernière, puis elle marque mieux la différence des devoirs : ce qui les spécifie en effet, c'est bien plus leur objet que la faculté mise en jeu dans leur accomplissement.

## II. — *Morale individuelle.*

**Possibilité et principe des devoirs personnels.** — Au premier abord, il peut sembler étrange que l'homme ait des devoirs à remplir envers lui-même. Que nous ayons des droits qui s'imposent au respect de nos semblables, cela se conçoit aisément; mais ce que l'on comprend moins; c'est qu'il y ait en nous quelque chose d'inviolable pour nous-mêmes. Je ne commets aucune injustice quand du consentement de mon voisin je nuis en quelque manière à sa propriété; les tribunaux, en ce cas, n'admettraient pas sa plainte et lui répondraient : *Volenti non fit injuria.* Mais ne suis-je donc pas mon propre bien, ma propriété la plus incontestable? Et si par certaines actions je ne nuis qu'à moi seul, pourquoi me serait-il interdit de me causer ce préjudice, si c'est mon bon plaisir? *Volenti non fit injuria.*

Nous tirerons la réponse à cette objection de la parité même sur laquelle elle se fonde. Mon voisin peut, il est vrai, me permettre de nuire à ses biens extérieurs, quand lui seul est intéressé à leur conservation, parce qu'il en est le maître et qu'il a le droit d'en disposer à son gré; mais il ne peut me donner ce droit sur sa propre personne. Jamais par exemple je ne me croirai autorisé à mutiler ou à tuer un de mes semblables, parce qu'il le désire ou me prie de le faire; je sens que ce serait coopérer à une action coupable. Ce droit qu'il ne peut me transmettre, il ne le possède donc pas lui-même, et si, quoi qu'il veuille, sa personne demeure inviolable pour moi, c'est parce qu'elle s'impose à son propre respect. Il y a donc en nous quelque chose qui, tout en étant nous-mêmes, est inviolable pour nous comme pour autrui; c'est notre personnalité et tout ce qui la constitue : notre nature spirituelle avec ses nobles facultés, et notre corps dont les sens sont les instruments obligés de l'âme. Dieu, en créant la personne humaine, lui a fixé un but, et il est dans l'ordre que cet être si excellent ne s'amoindrisse ni ne se dégrade, mais que plutôt il se développe, se perfectionne et atteigne la fin qui lui a été marquée. Le respect de sa propre excellence et en elle le respect de l'ordre nécessairement établi par Dieu, tel est le principe des devoirs que l'homme a envers lui-même.

Plusieurs philosophes ont cherché à résumer tous les devoirs personnels dans une formule générale, de laquelle il fût aisé de les déduire. Kant propose celle-ci : « Agis de telle sorte que dans ta personne tu traites toujours l'humanité (la nature raisonnable) comme une fin et que tu ne t'en serves jamais comme d'un moyen; » c'est-à-dire en termes équivalents : « Respecte ta dignité personnelle. » De cette maxime, il déduit les préceptes d'honneur, d'indépendance, d'énergique défense de ses droits, etc. « Ne soyez pas esclaves des hommes. — Ne souffrez pas que vos droits soient impunément foulés aux pieds. — Ne recevez point de bienfaits dont vous puissiez vous passer. — Ne soyez ni parasites, ni flatteurs, ni mendiants, » etc. Ce principe de Kant est assurément très fécond : cependant il semble se borner aux devoirs négatifs; le respect de soi défend tout ce qui pourrait avilir, il ne commande pas aussi évidemment ce qui développe et perfectionne. L'homme cependant n'est pas seulement tenu de ne point s'amoindrir, il doit de plus développer les dons excellents d'intelligence, de liberté et d'amour dont Dieu a composé sa nature raisonnable et s'élever ainsi progressivement à sa fin. Ce devoir général de « développer en soi la personnalité humaine et de la porter au degré d'excellence qui lui a été marqué comme but, » nous semble résumer plus complètement toute la morale individuelle. Déduisons-en brièvement les principales conséquences.

**Devoirs de l'homme envers son corps.** — Le corps étant, dans notre état actuel, l'instrument nécessaire des facultés de l'âme, nous ne pouvons cultiver ces dernières et en perfectionner l'excellence, si nous ne conservons notre corps et si nous ne l'entretenons dans un état convenable de santé et de vigueur. De là différents devoirs négatifs et positifs.

Le premier de nos devoirs envers le corps est de ne pas le détruire par le *suicide*. Le suicide peut se définir un acte par lequel on s'enlève sciemment et librement la vie de son autorité privée. Les stoïciens l'exaltèrent autrefois comme un acte de courage et comme l'unique moyen que l'homme ait de se soustraire aux misères de la vie; quelques philosophes modernes l'ont regardé comme un acte indifférent que chacun est libre de faire quand il le juge utile; une saine morale doit le condamner comme un crime odieux.

Le suicide en effet est un acte violent par lequel on viole à la fois tous ses devoirs en s'en délivrant. Celui qui se donne ainsi la mort viole ses devoirs envers Dieu, en s'arrogeant un droit qui ne lui appartient pas. Dieu, en nous donnant la vie, en a fait un temps d'épreuves et le moyen d'arriver à notre fin dernière; ne répugne-t-il pas qu'il appartienne à l'homme, en règle générale, d'arrêter quand bon lui semblera le cours de l'épreuve à laquelle Dieu le soumet, et de prononcer de lui-même qu'il a suffisamment rempli sa mission sur la terre? Il ne le peut pas davantage dans certains cas exceptionnels, car jamais, quelles que soient ses infortunes ou ses fautes, il n'est mis dans l'impossibilité d'acquérir des mérites et d'atteindre sa fin. Donc le suicide est contraire aux droits de Dieu sur l'homme. — Il est également opposé aux droits de la société qui, en retour des avantages qu'elle procure à ses membres, peut exiger d'eux qu'ils concourent au bien commun dans la mesure de leur pouvoir. La vie du malheureux qui se donne volontairement la mort fût-elle vraiment inutile à ses semblables, ce qui n'est pas, puisqu'il peut donner l'exemple du repentir ou de la vertu dans le malheur, le bien de la société exigerait encore qu'il n'attentât pas à ses jours. Si le suicide est permis, l'homicide devient non légitime, mais moins odieux. Il importe donc au bien commun que la vie humaine soit une chose tellement sacrée que l'homme le plus malheureux ne puisse mettre lui-même un terme à la sienne. — Enfin le suicide est la violation de nos devoirs personnels, violation du respect que nous devons à notre personne, violation du devoir général que nous avons de porter nos facultés au degré d'excellence auquel Dieu les appelle et de mériter ainsi la récompense qu'il nous destine. En arrêtant avant le temps son développement moral et en compromettant sa fin dernière, l'homme se porte à lui-même un très grave préjudice et ne manque pas moins à ses devoirs personnels qu'à ses devoirs sociaux et religieux.

De ce premier devoir en découle un second, négatif comme lui, celui de ne pas mutiler notre corps par le retranchement de quelqu'une de ses parties. Nous devons respecter en même temps que notre vie les organes que Dieu lui a jugé nécessaires ou utiles.

Aux devoirs négatifs s'en joignent de positifs : la propreté, la décence, l'entretien de la santé et de la vigueur qui font du corps un instrument utile, sans mollesse toutefois et sans délicatesse excessive. C'est en vue de l'âme que l'homme doit s'occuper de son corps, et non à cause du corps lui-même ; en suivant cette règle, il ne compromettra jamais par des soins exagérés la dignité de sa nature raisonnable.

**Devoirs de l'homme envers son âme.** — C'est surtout à son perfectionnement moral que l'homme doit travailler, c'est-à-dire à la culture et à la subordination des facultés qui constituent sa personnalité : l'intelligence, la volonté et la sensibilité.

L'intelligence a pour objet la vérité ; son mal, c'est l'ignorance ou l'erreur ; il y a donc pour l'homme une obligation de s'instruire. Il ne peut sans crime ignorer ce qui concerne son origine, sa destinée et les moyens nécessaires pour y arriver ; il doit aussi posséder la connaissance des obligations que lui impose sa situation spéciale dans la société, autrement dit ses devoirs d'état ; enfin il serait difficile de l'excuser complètement s'il négligeait par pure insouciance de cultiver les dons intellectuels qu'il a reçus de Dieu et refusait de s'élever par l'étude des sciences à une connaissance plus parfaite de son divin auteur.

La volonté, elle aussi, a besoin d'une forte éducation pour être mise à même de jouer le rôle principal qui lui est réservé dans notre vie morale. Modératrice de toutes les autres facultés, elle doit savoir exciter les unes, réprimer les autres et maintenir entre toutes l'ordre et l'harmonie. L'énergie qui se possède et reste maîtresse d'elle-même sans que l'adversité puisse l'abattre ni la prospérité l'exalter, telle est la perfection qui lui convient et que l'on doit travailler à lui faire acquérir.

La sensibilité surtout demande à être dirigée et impose à l'homme d'impérieux devoirs. Excessive par nature, ignorante de toute mesure et de tout frein, elle tend perpétuellement à déranger l'équilibre de nos facultés. Nous ne devons point chercher à l'éteindre, suivant la fausse doctrine des stoïciens, mais à la discipliner, obéissant à ses généreux élans, méprisant ses vains caprices, réprimant ses écarts.

C'est à l'exposition de ces devoirs personnels que s'est à peu près bornée la morale ancienne : trois des quatre vertus cardinales, qui pour eux résumaient tous nos devoirs, la prudence, la force et la tempérance, concernent la direction de nos facultés; la formule stoïcienne : *Abstine et sustine,* se contente même de recommander la tempérance et la force. Nous avons cependant d'autres devoirs à remplir que ceux qui nous concernent nous-mêmes; des obligations non moins strictes s'imposent à nous vis-à-vis de nos semblables, vis-à-vis de Dieu.

## III. — *Morale sociale.*

On comprend sous le nom de *morale sociale* les devoirs de l'homme envers ses semblables, c'est-à-dire envers les hommes en général, envers la famille et envers l'État.

**Devoirs envers les hommes en général.** — Les devoirs de l'homme envers ses semblables découlent de la même source que ses devoirs personnels, l'excellence de la nature humaine et l'obligation pour chaque homme de la développer en soi dans le degré voulu pour atteindre sa fin. Chaque homme étant astreint à ce devoir a par là même le droit de ne pas être entravé par ses semblables dans son accomplissement; il y a plus, la solidarité qui unit les hommes entre eux les oblige à s'aider mutuellement dans ce travail de perfectionnement qui doit les conduire à leur but. De là le double devoir de *justice* et de *charité* qui se trouve formulé dans ce principe général : « Respecter dans nos semblables le développement régulier de la personnalité humaine et y contribuer selon notre pouvoir. »

Justice. — La justice est un devoir négatif qui nous défend de violer les *droits* d'autrui.

*Du droit en général.* — Le droit est d'après Leibnitz un *pouvoir moral,* comme le devoir est une nécessité morale. Cette définition est très acceptable. En général, un pouvoir est une force capable de produire ou d'arrêter une action, nous ne disons pas seulement de produire, mais encore d'arrêter, car ce qui arrête une force doit être une force aussi. Tel est le droit : il s'élève à l'encontre du meurtrier qui veut attenter à la vie de son semblable ou du voleur qui veut s'emparer de son bien, et il s'oppose à leur action. Ce pouvoir qui s'oppose à une force physique n'est pas du même ordre qu'elle, c'est un pouvoir moral. Souvent ce pouvoir est inefficace ; il n'arrête rien, précisément parce qu'il n'est que moral, de même que la nécessité du devoir n'obtient pas toujours la production de l'acte obligatoire, parce qu'elle est morale et non physique. Mais bien qu'il ne passe pas toujours dans les faits, ce pouvoir moral n'en est ni moins réel, ni moins sacré. Méprisé, il subsiste quand même et apparaît à tous les regards comme plus noble que ce qui le brave et plus souverain que ce qui le foule aux pieds (*Cf.* Janet, *Morale*).

Ce pouvoir moral qui constitue le droit s'applique à un double objet : tantôt il est la faculté de faire un acte, tantôt il est celle d'exiger une chose. A cette faculté de celui qui possède le droit correspond dans les autres hommes l'obligation de ne pas s'opposer à l'acte ou de fournir la chose qui est l'objet du droit. Tout homme, par exemple, a le droit d'user de sa propriété, et les autres hommes ont le devoir de ne pas y mettre obstacle ; un créancier a le droit d'exiger le payement de sa créance, et le débiteur a l'obligation de faire ce payement. Cette double obligation qui correspond au droit se résume dans les deux principes suivants : *Neminem læde,* principe des obligations négatives ; *Suum cuique tribue,* principe des obligations positives.

Le droit vient-il du devoir ou le devoir du droit ? Les deux opinions ont été soutenues ; ni l'une ni l'autre cependant ne peut être absolument admise relativement à toute espèce de droits et de devoirs. Si l'on restreint la question aux droits de Dieu et aux devoirs de l'homme, il n'y a pas de doute ; le droit de Dieu est la cause de tout devoir, c'est de son droit de législateur souverain que dérive toute obligation. S'agit-il, au contraire, des droits de l'homme et des devoirs qui leur correspondent? Ni les droits ne viennent des devoirs, ni les devoirs des droits; les uns et les autres ont une même origine, l'ordre imposé par la loi naturelle. Du moment en effet qu'il est dans l'ordre qu'un homme puisse faire un acte ou exiger une chose, il est également dans l'ordre que les autres hommes cèdent à ce pouvoir; et comme la loi naturelle ordonne l'observation de l'ordre, elle consacre et rend inviolable le pouvoir d'agir qui lui est conforme, et impose l'obligation de le respecter. Le droit et le devoir procèdent donc simultanément de la même cause; cependant le premier a une certaine priorité logique sur le second, parce qu'il faut nécessairement concevoir comme raisonnable une faculté d'agir avant de pouvoir regarder comme déraisonnable la résistance qui lui est opposée.

Le droit et le devoir sont corrélatifs, mais jusqu'où s'étend cette corrélation? Tout devoir correspond-il à un droit? — Distinguons d'abord les devoirs négatifs qui consistent à s'abstenir d'une action et les devoirs positifs qui obligent à agir. Les premiers ne donnent lieu à aucun droit; les seconds impliquent le droit de n'être pas entravé dans l'acte obligatoire et quelquefois aussi le droit d'exiger de certaines personnes certaines prestations nécessaires à l'accomplissement du devoir. Dans ce sens, tout devoir positif est accompagné d'un droit. A un autre point de vue, on peut se demander si tout devoir d'une personne envers une autre personne suppose à cette dernière le droit d'en exiger l'accomplissement. Ici la réponse doit être négative, car les devoirs de charité, quoique très positifs, ne peuvent être exigés par celui qui en est l'objet. Le devoir a donc plus d'étendue que le droit; et en effet il y a d'autres vertus que la justice.

*Des droits naturels de l'homme.* — Les principaux droits que la loi naturelle commande de reconnaître à l'homme sont : le droit à la vie, à l'honneur, à la liberté, à la propriété et à la réparation des injustices dont il serait l'objet.

Le premier et le plus sacré des droits de l'homme est celui

de vivre; l'homicide, sauf le cas de légitime défense, est donc la plus grande des injustices. Nous disons hors le cas de légitime défense, car l'agresseur perd son droit en attaquant le mien, et si pour protéger ma vie il me faut attaquer la sienne je ne commets aucune injustice. Le droit de légitime défense existe non seulement pour chaque individu, mais encore pour la société vis-à-vis des malfaiteurs et pour chaque peuple vis-à-vis des nations ennemies; c'est lui qui, dans certains cas, et sous certaines réserves, légitime la peine de mort et la guerre.

Avec le droit de vivre, l'homme a celui de posséder. La propriété, qui assure l'entretien de la vie et facilite le développement des plus hautes facultés de l'homme, est une des conditions les plus nécessaires du perfectionnement de l'individu et de la société; c'est donc un crime d'y porter atteinte, et la propriété est un droit naturel indépendant des législations positives qui viennent le consacrer et le réglementer. La propriété a pour origine l'occupation primitive, complétée par le travail. Par elles-mêmes les choses n'appartiennent pas à un homme plutôt qu'à un autre, et primitivement tous y ont eu un droit égal. Le premier qui s'en est emparé a donc usé de son droit, et comme l'usage d'un droit implique dans autrui le devoir de le respecter, les autres hommes ont perdu le pouvoir d'occuper ce qui l'était déjà par un de leurs semblables. Toutefois cette occupation primitive a quelque chose d'abstrait et d'indéterminé qui ne donne guère qu'un titre provisoire et incomplet; il faut, pour l'achever, que le travail s'y ajoute. Par le travail en effet l'homme imprime aux choses son propre caractère; il les marque pour ainsi dire du sceau de sa personnalité et les rend inviolables comme sa personne même. A partir de ce moment, il y a une injustice formelle et vol proprement dit à s'emparer de ce qui est véritablement devenu son bien.

Lorsque ses droits ont été lésés, l'homme a un nouveau droit, celui d'exiger la réparation du tort qui lui a été fait; mais le *duel* est un moyen illégitime auquel il ne peut recourir. A tout point de vue le duel est condamnable : il est immoral, déraisonnable, antisocial. — Le duel est entaché de la double malice du suicide et de l'homicide : du suicide, puisque chacun des combattants s'expose volontairement à la mort; de l'homicide, puisque chacun d'eux s'expose à tuer son semblable ou même se le propose. — Le duel est déraisonnable, car il expose la vie de l'innocent tout aussi bien que celle du coupable; il prouve l'habileté et non le droit du vainqueur; il est l'exercice d'un droit qui n'appartient qu'à Dieu ou à ses représentants, le droit de punir; enfin il ne proportionne pas le châtiment à l'offense. — Le duel est antisocial, car il substitue l'autorité privée à l'autorité publique légitimement établie, ce qui ramène l'homme à l'état de barbarie. Donc c'est par l'intermédiaire des pouvoirs établis et conformément aux lois que l'on doit exiger la réparation des torts ou des injures que l'on a eu à souffrir.

CHARITÉ. — La charité est le devoir que nous avons d'aider nos semblables dans la réalisation de leur fin. Elle comprend l'humanité, la bienfaisance et la reconnaissance. L'humanité nous oblige à tout bon office qui est utile à celui qui le reçoit, sans grever celui qui le rend, par exemple à indiquer la route au voyageur qui s'égare, à donner un bon conseil à celui qui le demande. La bienfaisance nous oblige à aider nos semblables, même à nos propres dépens; l'aumône en est le mode principal. La reconnaissance nous oblige à vouloir du bien à celui qui nous en a fait et à lui témoigner notre affection.

La charité est tout aussi obligatoire que la justice; on ne pèche pas moins en violant l'une que l'autre. Par ailleurs, ces devoirs présentent quelques différences. La justice, devoir négatif, oblige partout et toujours, car elle défend le mal, et il n'est jamais permis de le commettre; la charité, devoir positif, n'oblige pas à tout instant, car elle commande le bien que l'on ne peut accomplir sans cesse et à l'égard de toute personne. La justice suppose dans celui envers qui elle oblige un droit strict dont il peut exiger l'accomplissement; la charité, tout en obligeant rigoureusement, ne suppose pas dans celui que l'on secourt un droit exigible. La justice entretient l'ordre dans la société; la charité le consolide et le perfectionne en unissant les hommes par les liens d'un mutuel amour.

**Devoirs de famille.** — La famille est la société du père, de la mère et de l'enfant, auxquels il convient d'ajouter le serviteur. Les devoirs auxquels elle donne lieu sont les devoirs généraux de justice et de charité modifiés par les rapports qu'elle établit entre les époux, des parents aux enfants et des enfants les uns aux autres.

La société des époux repose sur le mariage, union d'un seul homme et d'une seule femme, consacrée par la religion et confirmée par la loi civile, union que la dignité de la femme et le bien des enfants doivent rendre indissoluble. Les époux se doivent mutuellement affection, assistance et fidélité; au mari appartient l'autorité qu'il doit tempérer par de la déférence et des égards; à la femme convient la soumission, mais la soumission d'une égale et non d'une esclave.

Les parents doivent aux enfants l'amour, l'entretien et l'éducation dans la mesure que comporte leur situation sociale. Les enfants doivent à leurs parents un amour respectueux et mêlé de quelque crainte, non l'amitié seulement; ils leur doivent aussi l'assistance en cas de besoin et l'obéissance jusqu'à l'âge où, devenus naturellement et légalement maîtres de leur personne et de leurs actes, ils ne sont plus responsables que devant Dieu et la société.

Les enfants se doivent entre eux affection et assistance.

Enfin les serviteurs doivent à leurs maîtres l'obéissance, le respect et la fidélité; les maîtres leur doivent en retour la bonté, l'exact payement de leurs gages et le bon exemple.

**Devoirs envers la société civile ou l'État.** — La société civile est une réunion d'hommes soumis aux mêmes lois et au même gouvernement. Cette société, quoi qu'en ait dit Rousseau, est l'état naturel et nécessaire de l'homme qui ne peut se développer physiquement et moralement qu'avec le concours de ses semblables, que ses tendances les plus énergiques rapprochent des autres hommes et que la parole met à même d'entretenir avec eux les plus utiles et les plus agréables rapports. Loin donc que la société soit pour l'homme une cause de dégradation et de misères, elle est pour lui la condition nécessaire de son perfectionnement moral ; aussi n'est-elle pas le résultat d'un contrat primitif librement conclu, mais un fait naturel.

Mais du moment que l'homme vit au milieu d'autres hommes, il a besoin d'être protégé dans l'exercice de ses droits naturels et d'être mis à l'abri de toute injuste agression. De là la nécessité d'une organisation sociale sous un pouvoir public et d'une législation protectrice des droits individuels. Assurer le développement complet et régulier des facultés humaines par une réglementation suffisamment sanctionnée des droits naturels, tel est donc le véritable but de la société civile. A cette fin, et quelle que soit sa forme particulière, monarchique, aristocratique ou démocratique, elle possède essentiellement trois pouvoirs différents qu'une bonne organisation doit rendre autant que possible indépendants les uns des autres : le pouvoir législatif, le pouvoir exécutif et le pouvoir judiciaire. Les lois établies par le premier de ces pouvoirs et appliquées par les deux autres forment ce qu'on appelle le *droit positif,* lequel s'inspire du droit naturel qu'il détermine, réglemente et confirme. On désigne généralement sous le nom de *gouvernement* ou encore sous celui d'*État* les dépositaires du pouvoir exécutif.

L'État ou gouvernement et les citoyens ont des devoirs réciproques les uns envers les autres.

Les devoirs du gouvernement ressortent du but même de la société civile : il est tenu de protéger les citoyens dans l'exercice de leurs droits et de favoriser par les moyens dont il dispose non seulement le progrès physique et matériel, mais encore et surtout le progrès intellectuel et moral de la société qu'il a l'honneur de diriger.

De leur côté, les citoyens doivent à l'État de respecter l'exécution des lois et d'y concourir selon leur pouvoir. Les devoirs de justice et de charité trouvent ici encore leur application : la justice ordonne à chacun de prendre sa part des charges de l'État par l'exact payement des impôts et par l'exercice loyal de ses droits civils et politiques; la charité ou le dévouement fait de son côté un devoir de se consacrer autant qu'on le peut au bien et à la grandeur de l'État, et de savoir sacrifier sa vie quand la patrie est en péril.

## IV. — *Morale religieuse.*

La morale religieuse comprend l'ensemble des devoirs que nous avons à remplir envers Dieu : devoirs d'hommage ou de culte intérieur, de culte extérieur et de culte public.

**Culte intérieur ; prière.** — Le culte intérieur est l'hommage que l'homme fait à Dieu de ses facultés. Être intelligent et capable de connaître le vrai, être libre et capable de réaliser le bien, être sensible et capable d'aimer, l'homme doit à Dieu l'adoration, l'obéissance, l'amour et la reconnaissance pour tous les bienfaits qu'il en a reçus; et s'il lui arrive de manquer à quelqu'un de ces devoirs, il en contracte un nouveau, celui du repentir et de la réparation.

Le moyen pratique de remplir toutes ces obligations du culte interne, c'est la prière, que l'on définit ordinairement une élévation de l'âme vers Dieu. Suivant le but qu'elle se propose, elle se divise en prière d'adoration, prière d'actions de grâces et prière de demande. Aucun philosophe spiritualiste n'a jamais attaqué la prière sous ses deux premières formes, l'adoration et l'action de grâces; la première est en effet l'attitude obligée de la créature vis-à-vis de son créateur, de l'être imparfait vis-à-vis de l'infini, et la seconde est le cri spontané d'un cœur reconnaissant. Il n'en est pas ainsi de la prière de demande; on a contesté sa nécessité, son utilité et jusqu'à sa convenance. C'est ce qu'a fait Rousseau dans les lignes suivantes : « Je médite sur l'ordre de l'univers... pour adorer le sage auteur qui s'y fait sentir. Je converse avec lui... Je le bénis de ses dons : mais je ne le prie pas. Que lui demanderais-je? Qu'il changeât pour moi le cours des choses, qu'il fît des miracles en ma faveur?... Non, ce vœu téméraire mériterait d'être puni plutôt qu'exaucé. Je ne lui demande pas non plus le pouvoir de bien faire : pourquoi lui demander ce qu'il m'a donné? Ne m'a-t-il pas donné la conscience pour aimer le bien, la raison pour le connaître, la liberté pour le choisir? Si je fais le mal, je n'ai point d'excuse; je le fais parce que je le veux. Lui demander de changer ma volonté, c'est lui demander ce qu'il me demande; c'est vouloir qu'il fasse mon œuvre et que j'en recueille le salaire... » (*Émile*, liv. IV).

L'instinct de la nature, la raison, la voix du genre humain protestent contre ces attaques et justifient la prière de demande ou prière proprement dite. Un instinct naturel nous pousse à la prière; nous nous sentons si faibles contre l'erreur et surtout en face du devoir notre âme est si souvent accablée de tristesse et de dégoût, que nous éprouvons un immense besoin de lumière, de force et de consolation; or à qui le demander, sinon à Dieu? La raison, en réfléchissant sur cet instinct, le déclare parfaitement légitime. Dieu, nous dit-elle, est la source de toute vérité et de tout bien; infiniment puissant il peut ce qu'il veut; infiniment bon il veut nous secourir. En lui exposant mes besoins je ne prétends point l'éclairer, je reconnais seulement que j'ai besoin de lui; en le priant de me venir en aide, je ne lui demande pas d'agir à ma place, mais de diminuer les obstacles en augmentant ma force. Quoi de plus convenable et de plus conforme à la grandeur de Dieu et à ma misère? Ainsi en a jugé le genre humain tout entier, car tous les peuples ont constamment rendu cet important devoir à la Divinité.

**Culte extérieur.** — Le culte extérieur consiste dans les actes, attitudes, gestes, paroles, par lesquels le corps exprime les sentiments intérieurs dont l'âme est animée envers Dieu. Sa nécessité provient : 1° de la double nature de l'homme, qui doit faire concourir à la louange de Dieu tout ce qu'il tient de lui, son corps aussi bien que son âme ; 2° de l'influence qu'exerce sur le culte interne sa manifestation extérieure : nous sommes ainsi faits que nous avivons nos sentiments en les exprimant au dehors, tandis qu'ils se refroidissent et finissent par disparaître lorsque nous les refoulons au dedans de nous-mêmes ; car le culte intérieur que nous devons à Dieu est tellement obligatoire que nous devons l'entretenir par tous les moyens possibles.

**Culte public.** — Le culte public est celui que la société elle-même rend à Dieu par l'intermédiaire de ceux qui la représentent. Cet hommage n'est pas moins dû à Dieu que les précédents, car les nations sont son œuvre et l'objet de sa providence aussi bien que les individus ; elles lui doivent donc adoration, obéissance, reconnaissance et amour, et les cérémonies du culte public sont le seul moyen qu'elles ont d'acquitter leur dette. Ces cérémonies, comme le dit très bien Fénelon, ne sont pas moins nécessaires pour entretenir dans l'esprit et le cœur des peuples le respect et l'amour dus à la Majesté infinie que ne l'est cet appareil imposant dont s'entourent les rois de la terre pour frapper l'imagination de leurs sujets et les maintenir plus aisément dans l'obéissance. Admettre la nécessité du spectacle d'une cour pour un roi et se refuser à reconnaître la nécessité des pompes du culte public, c'est ne pas connaître le besoin des hommes et s'arrêter à l'accessoire après avoir admis le principal.

# NOTIONS D'ÉCONOMIE POLITIQUE[1]

### Préliminaires.

**Définition.** — L'économie politique peut se définir : *la science des richesses sociales*.

**Objet de l'économie politique.** — La richesse est son objet, mais qu'est-ce que la richesse? On ne s'en est pas toujours fait une idée exacte. Les premiers économistes la confondirent avec le numéraire ou la *monnaie*. Plus tard on la plaça dans la *quantité* des produits matériels, et l'agriculture fut regardée par l'école physiocratique comme l'unique source de richesse, parce que seule la terre augmente la quantité de ce qu'on lui confie. Une analyse plus exacte a placé la richesse dans l'*utilité* des choses matérielles. Le travail industriel qui, en transformant la matière, lui donne une utilité nouvelle et une *valeur en échange* supérieure à celle qu'elle avait, accroît d'autant la richesse. En est-il ainsi de tout travail et de toute utilité? C'est l'objet d'une assez vive controverse.

Il n'y a point de travaux improductifs; une utilité quelconque résulte de tout travail. Mais il y a plusieurs sortes d'utilités : les unes sont matérielles, les autres sont immatérielles. Faut-il étendre à toutes indistinctement la dénomination de richesse?

Plusieurs sont pour l'affirmative. La santé, disent-ils, la force, la science, le goût, l'imagination, la vertu, les bonnes habitudes privées ou sociales sont de véritables richesses. Ce sont des

---

[1] Ces notions sont en grande partie empruntées aux excellents ouvrages de MM. Charles Périn et Baudrillart, qu'on pourra utilement consulter pour les développements.

modifications durables qui affectent l'homme comme les modifications produites par l'industrie s'attachent à la matière brute ; elles sont susceptibles d'augmentation indéfinie, et en se multipliant elles ajoutent à l'excellence et à la puissance de la nature qui les possède ; enfin elles contribuent dans une large mesure à la production de la richesse matérielle en facilitant le travail et l'épargne.

L'opinion contraire est plus généralement adoptée par les économistes. Ils réservent le nom de richesse aux *utilités matérielles*, lesquelles seules ont une *valeur appréciable* et sont susceptibles d'*échange*. La science du professeur, le talent de l'artiste, la probité, la moralité de l'honnête homme ne peuvent être appréciés à prix d'argent ; la perfection de l'œuvre et non la valeur vénale, voilà le but de la science, de l'art et de la vertu. La leçon du professeur, la consultation du médecin, le chef-d'œuvre de l'artiste se payent à titre de services, mais leur récompense n'est pas toute contenue, bien s'en faut, dans le prix matériel qui leur est attribué. Ce n'est donc pas en eux-mêmes que les biens immatériels sont une richesse, et c'est indirectement et à cause de l'influence qu'ils exercent sur la production matérielle qu'ils intéressent l'économiste.

La richesse peut donc se définir : une chose matérielle présentant à l'homme quelque utilité pour la satisfaction de ses besoins.

Les richesses ainsi entendues sont de deux sortes. Les unes, dites *naturelles* parce qu'elles ne coûtent à l'homme aucun effort, sont du domaine commun, ainsi l'air, la lumière, l'eau des mers, etc. Chacun en jouit, sans que personne puisse se les approprier et en faire un objet d'échange. Les autres, que l'on appelle *richesses produites* ou simplement *produits*, sont le fruit du travail de l'homme, comme les instruments de toutes sortes, les tissus, les ameublements, etc. ; elles sont appropriées, c'est-à-dire qu'elles appartiennent à quelqu'un par exclusion à tout le monde et deviennent objet d'échange. C'est cette seconde classe de *richesses appropriées et échangeables* qui fait l'objet propre de l'économie politique.

**Caractère scientifique de l'économie politique.** — Les richesses, aux différents points de vue de leur production, de leur circulation, etc., sont l'objet d'une catégorie spéciale de faits que l'on appelle *faits économiques*. Ainsi le *travail* les produit, l'*échange* les distribue, principalement au moyen de la *monnaie* et même aujourd'hui en échange d'un simple papier auquel le *crédit* donne une valeur qu'il n'a point par lui-même. Dans la production de la richesse le travail de l'ouvrier reçoit un *salaire*, tandis que le *capital* donne lieu à un *bénéfice* ou à un *intérêt*, à un *fermage* ou à un *loyer*. Enfin certains services publics sont rémunérés au moyen de l'*impôt*. Tous ces faits et bien d'autres ont un caractère commun, la valeur, et se rapportent à un même objet, la richesse. L'économie politique les étudie, les détermine et les précise; elle marque surtout ce qu'ils ont de fixe, de général et de régulier, en d'autres termes elle s'applique à formuler les lois qui les régissent. Rien de plus variable que la valeur et l'utilité, c'est vrai, mais il n'est pas moins certain que la prospérité matérielle des peuples est soumise à des lois. L'étude réfléchie des faits économiques les a fait découvrir, et quand ils les ont formulées, Quesnay, Turgot, Adam Smith ont fondé une science nouvelle, qui mérite ce nom aussi bien que toute autre science expérimentale.

**Rapports de l'économie politique avec les autres sciences.** — La richesse est un des produits des facultés de l'homme, et les conditions matérielles dans lesquelles elle le place influent à leur tour sur son développement intellectuel et moral. De là les rapports assez étroits de l'économie politique avec un grand nombre de sciences. Elle s'inspire de principes posés par le droit naturel et la morale. C'est le droit naturel, par exemple, qui établit la légitimité et les justes conditions de la propriété; c'est la morale qui traite de l'équité et de la justice, base nécessaire des transactions ou de l'échange, de la sobriété et de la sage prévoyance, conditions de l'épargne. D'autre part, la psychologie nous montre dans l'homme une force libre et responsable, sociale et perfectible, ayant le droit et le devoir de se développer par le travail et d'améliorer par le même moyen les conditions de sa vie matérielle, intellectuelle et morale. La politique qui étudie la raison d'être et l'étendue du pouvoir social permet à l'économiste de tracer les limites de sa légitime intervention en matière de richesse. Enfin, pour ne plus nommer que l'histoire et la géographie, ces sciences ont des rapports évidents avec l'économie politique.

**Importance de la science économique.** — Les économistes n'ont pas inventé de toutes pièces les théories qu'ils proposent. Ceux d'entre eux qui méritent d'être écoutés ont observé les faits, interrogé l'histoire, recherché les causes de prospérité, d'appauvrissement ou de ruine ; le fruit de leurs patientes études et de leurs prudentes inductions peut-il être sans utilité? L'expérience des siècles ne peut-elle donc nous guider dans l'organisation du travail des banques, des systèmes de crédit? Le bon sens ne saurait remplacer la connaissance raisonnée des faits, surtout dans une chose aussi grave que la fortune sociale.

**Division du traité.** — Nous traiterons successivement les quatre questions que comprend l'économie politique : *production, circulation, répartition* et *consommation* des richesses.

## I. — DE LA PRODUCTION DE LA RICHESSE.

**Notions de la production.** — Produire de la richesse c'est, d'après ce qui a été dit plus haut, créer de l'utilité, ou en d'autres termes, modifier les choses pour les rendre aptes à satisfaire nos besoins. Le laboureur qui amende le sol et le rend fécond, l'éleveur qui multiplie le bétail, le mineur qui retire les métaux de la terre, l'industriel qui forge des instruments ou file le coton et la laine créent de l'utilité, produisent de la richesse.

**Agents de la production.** — Trois agents concourent dans des mesures diverses à la production de la richesse : ces agents sont la *matière*, le *travail* et le *capital*.

## 1° *La matière.*

Le premier facteur nécessaire de la richesse c'est la *matière*, c'est-à-dire l'ensemble des choses créées par Dieu et mises à notre disposition. Le travail de l'homme, quelque parfait et fécond qu'on le suppose, ne va pas en effet jusqu'à produire une substance ; il ne peut que transformer la matière préexistante à laquelle il s'applique.

Cette matière, autrement dit, ces agents naturels, dont l'homme s'empare pour les faire servir à ses besoins, sont divisés en trois classes par quelques économistes : 1° les choses ou forces *communes,* qui appartiennent indistinctement à tous les hommes, par exemple l'air, la lumière du soleil, la vaste étendue des mers ; 2° les choses ou forces *publiques*, que le pouvoir public d'une nation entretient au profit des nationaux, comme les ports, les routes, les fleuves ; 3° enfin les choses ou forces *privées*, qui sont la propriété exclusive d'un individu, comme la terre cultivable, une mine, etc. Cette division n'a pas du reste une grande importance.

Agent le plus indispensable de la production, la matière est, si on l'isole du travail et du capital, de beaucoup le moins fécond. Elle est susceptible de procurer toutes les utilités, mais à la condition d'être imprégnée, si l'on peut dire, de l'intelligence et des efforts de son propriétaire. Voyez la terre, elle produits les gras pâturages, les riches moissons, les arbres fruitiers, mais c'est après de longues années de culture. Non défrichée, c'est presque toujours la ronce et le reptile, c'est le marécage pestilentiel, c'est la lutte, c'est la souffrance sous les formes les plus pénibles. Il faudrait une lieue carrée de terre inculte pour nourrir un homme, encore vivrait-il misérablement. C'est le travail qui *fait* la terre, c'est lui qui s'empare des métaux enfouis dans les profondeurs du sol, qui va chercher les richesses perdues au sein des mers. Le travail, voilà donc, sinon l'unique, du moins le principal facteur de la richesse.

## 2° *Le travail.*

**Nature du travail.** — Le travail est la mise en œuvre des forces qui constituent la personnalité humaine. Les forces du corps n'agissant que sous la direction de l'intelligence et par l'impulsion de la volonté, le travail se rattache essentiellement à l'ordre moral. Tout ce qui éclaire l'esprit, discipline et fortifie la volonté, agrandit du même coup, élargit et développe cette puissance productrice de l'homme. De là l'influence des théories morales, sociales et religieuses sur le progrès économique.

Par cela même qu'il consiste dans l'exercice des facultés humaines, le travail les accroît et les perfectionne; c'est la loi de toute puissance active d'augmenter par l'exercice. D'autre part, en appliquant à la nature créée par Dieu les forces personnelles dont il dispose, l'homme perfectionne aussi en la modifiant la création matérielle. Le travail élève donc toute chose, et sa noblesse le recommande à l'estime de l'homme en même temps que son utilité doit le lui faire rechercher. Nous le fuyons cependant; il nous est une peine; le plus grand nombre ne l'accepte que par un violent effort de volonté. Ne nous plaignons pas trop de cette lutte : ce sacrifice que le travail nous impose, librement accepté, lui donne une vertu nouvelle et en fait une des causes les plus fécondes de notre grandeur morale.

**Puissance productive du travail.** — Le travail est la principale, on pourrait presque dire l'unique source de la richesse. Mais sa puissance n'est pas partout et toujours la même; elle dépend de nombreuses conditions personnelles, physiques, sociales, qui l'entravent ou la favorisent. C'est à l'économiste qu'il appartient de rechercher ces conditions, d'établir les lois auxquelles est soumise la fécondité du travail et de frayer ainsi la route aux travailleurs de toute sorte, qui gagneront à connaître mieux la force qu'ils emploient, et aux législateurs dont la mission est de les protéger.

**Valeur personnelle du travailleur.** — Les conditions physiques de climat, de sol, de situation géographique influent considérablement sur le travail, c'est chose incontestable. Le travailleur le plus actif ne fera pas produire aux régions glacées du pôle ce que l'Algérien ou l'Asiatique obtiendront presque sans effort de leur sol privilégié. Il faut nécessairement compter avec la matière. Mais d'autre part, il arrive, et c'est le triomphe de l'énergie morale de l'homme, que la prospérité matérielle la plus grande se rencontre dans des pays qui ne semblaient point naturellement appelés à cette prospérité. L'Europe, par exemple, ne produisait dans l'origine que les objets les plus indispensables en fait d'alimentation et d'habillement. C'est le travail qui y a importé successivement et naturalisé les productions qui font aujourd'hui sa richesse. L'Attique était la moins bien partagée des parties de la Grèce, on l'appelait la stérile Attique; et pourtant que de richesses sortirent de ce sol! Les Romains à leur tour vainquirent la nature et durent à la prospérité de leur agriculture une partie de leur puissance. La terre vaut ce que vaut l'homme, a-t-on dit; c'est vrai de toute production, elle vaut en raison du producteur. Perfectionnez le travailleur, développez par une éducation forte et virile les forces de son corps, cultivez son intelligence, élevez les sentiments de son cœur, rendez sa volonté capable d'énergie et de sacrifice, modérez ses désirs et ses appétits de jouissance, donnez-lui l'estime de lui-même en lui accordant la vôtre, faites qu'il occupe dans la société un rang honoré, et vous aurez en lui un puissant instrument de travail et de production. En laissant le travail à l'esclave, c'est-à-dire à l'homme avili, dégradé, qui au regard des hommes libres n'était presque qu'une chose, les anciens agissaient d'une façon anti-économique; l'affranchissement et la réhabilitation du travailleur, œuvre du christianisme, a donné à la production un essor inconnu autrefois. Les progrès de la science ont fait le reste. C'est par son intelligence et non par sa force motrice que l'homme s'empare de la nature : « Savoir c'est pouvoir, » disait Bacon. Les savants préparent les inventions, et ce n'est pas seulement quand elle s'élève jusqu'aux découvertes que la science est utile à la production; réduite à l'humble savoir du manouvrier instruit elle garde une importance incontestable. A la place d'une machine vivante n'ayant qu'une simple habileté d'habitude, mettez un travailleur intelligent, qui grâce à une instruction solide se rend compte du travail qu'il exécute, apprécie les procédés qu'il emploie, vous le verrez apporter avant peu à son œuvre des perfectionnements que la science spéculative n'eût jamais trouvés. La valeur personnelle du travailleur, telle est la première condition d'un travail fécond.

**Division du travail.** — Chaque jour l'homme qui jouit d'une honnête aisance, use pour la satisfaction de ses besoins d'une multitude d'objets et de choses que sa vie entière ne suffirait pas à produire, confectionner et accumuler. Le plus pauvre consomme journellement ce que son travail le plus assidu ne pourrait lui procurer. Cette merveille trouve son explication dans la division du travail, c'est-à-dire dans la diversité des occupations au sein d'une même société et la subdivision des tâches pour une même industrie. La diversité des climats jointe aux différences de composition et de fécondité du sol non moins que la variété des goûts et des aptitudes chez les travailleurs imposent cette division aux sociétés les moins civilisées. L'homme qui restreint l'objet de son travail, le choisit en rapport avec ses goûts et ses aptitudes, ce qui lui permet d'y apporter une plus grande habileté naturelle; il acquiert de plus, par l'habitude, une dextérité, une sûreté, une précision qui lui font produire mieux et plus; enfin, il économise un temps considérable, qu'il emploierait à changer de milieu, d'installation, de matières premières et d'outillage, s'il lui fallait varier ses travaux. De la sorte tout s'utilise : la terre est exploitée sur tous les points de sa surface et jusque dans ses profondeurs, et pendant que les uns appliquent leur intelligence aux connaissances spéculatives qui posent les principes ou aux arts mécaniques qui en tirent des applications, les autres, adonnés aux mille formes du travail manuel, utilisent leurs aptitudes physiques. Cette heureuse association des efforts élève au centuple les forces productives que possède l'humanité; au point de vue moral elle établit entre les hommes une solidarité bienfaisante, chacun ayant pour ainsi dire besoin de tous.

Les progrès de l'industrie ont poussé à l'extrême la division du travail : la confection d'une carte à jouer nécessite soixante-dix opérations distinctes, que l'on peut confier à autant de mains; celle d'une épingle n'en demande pas moins de dix-huit. Que dire après cela des machines compliquées? Arrivé à ce point, la division du travail a bien ses inconvénients : réduit à une besogne tellement simple et uniforme, que l'habitude de main et de coup d'œil le dispense de toute application d'intelligence, l'ouvrier devient une sorte de machine qui agit automatiquement. Disons cependant que les bienfaits dépassent ici les inconvénients.

**Liberté du travail.** — Les nécessités de la vie, l'obligation morale d'exercer ses facultés imposent à l'homme la loi du travail. C'est son devoir de travailler, mais c'est aussi et par là même son droit, et ce droit n'a d'autre limite qu'un droit égal chez ses semblables. L'État dont la mission est de faire respecter par tous les droits de chacun doit au travailleur la sécurité, mais il ne peut sans ingérence injuste et odieuse intervenir dans la distribution du travail et la répartition des tâches. C'est à chacun qu'il appartient de choisir le genre de travail qui lui convient. Serait-il même matériellement possible dans une société nombreuse où les intérêts sont si multiples et les rouages si compliqués d'assigner à chacun le rôle qui convient le mieux à l'intérêt commun? Quelques utopistes ont pu faire un pareil rêve; le bon sens le plus vulgaire ne permet pas de s'y arrêter.

La liberté du travail c'est la liberté de la concurrence. La similitude des goûts jointe à des circonstances extérieures également favorables peut porter plusieurs hommes vers le même travail; d'autre part, le marché étant limité, l'abondance des produits peut amener leur dépréciation et causer entre les producteurs une rivalité de mauvais aloi qui tournera au détriment de la société. Ne serait-il pas opportun de restreindre la liberté du travail et de la concurrence, en établissant des droits ou privilèges au profit de certaines personnalités individuelles ou collectives? Telles furent autrefois les corporations qui, en retour des monopoles concédés par le pouvoir, furent astreintes à une production strictement limitée et à une réglementation minutieuse des conditions d'apprentissage, de maîtrise, etc. Remarquons d'abord que ces associations, œuvre de l'initiative individuelle, et formées dans le but de défendre des droits communs, ne reçurent que plus tard les faveurs du pouvoir et les entraves qui en étaient le contrepoids. Vu l'état de la civilisation et de l'industrie naissante, cette réglementation fut un bien, elle favorisa le progrès, l'ordre et la moralité. Mais ces lisières qui convenaient à un état d'enfance devaient se rompre avec le temps.

Une fois fortifiée et suffisamment développée, l'industrie ne pouvait prendre son essor que sous le régime de pleine liberté. Le monopole, limité à une courte durée, peut être une prime utile d'encouragement offerte à l'esprit d'invention et l'indemnité légitime d'essais dispendieux et prolongés, mais en se perpétuant il cause au travail un grave préjudice. Mentionnons seulement les innombrables procès suscités par la délimitation nécessairement arbitraire et pratiquement impossible du travail entre les corporations. Qui les payait en fin de compte sinon les consommateurs? Et le progrès, que devenait-il pour les objets dépendant de plusieurs industries, l'une ne pouvant innover sans empiéter sur les droits de l'autre? La responsabilité créée par le privilège pouvait arrêter les fraudes, empêcher les falsifications, mais, par contre, la sécurité qu'y trouvait le producteur, l'empêchait de chercher activement des améliorations nouvelles et de s'ingénier à réaliser le bon marché. Seule la libre concurrence provoque le perfectionnement incessant et l'abaissement des prix, qui met les choses nécessaires ou simplement utiles à la portée de tous. Quant aux fraudes, elles trouvent tôt ou tard leur châtiment dans l'abandon de l'acheteur.

**Le travail et les machines.** — Les machines avec leur multiplication et leurs perfectionnements récents ont-elles réalisé un progrès économique dans la production de la richesse? Remarquons tout d'abord que la révolution apportée dans le travail par l'introduction des machines était inévitable, et qu'il n'était au pouvoir de personne de l'empêcher de se produire. Les machines datent du jour où le travail a commencé, l'outil le plus informe étant déjà une première machine. Les progrès de la civilisation devaient infailliblement amener le perfectionnement des instruments de travail. Où et pourquoi s'arrêter dans cette voie? La découverte des applications de la vapeur est venue opérer brusquement la transformation de l'outillage et mettre à la charge de la matière brute l'effort moteur qui pesait si péniblement sur un grand nombre d'hommes. C'était un bienfait qui, une fois entrevu, ne pouvait être repoussé. Nous disons un bienfait : à quelque point de vue qu'on se place, les machines ont rendu les plus grands services. La somme des produits a considérablement augmenté; cette abondance jointe à la diminution du prix de revient a mis à la disposition du grand nombre ce qui n'avait été jusque-là que le partage de quelques-uns. Des capitaux rendus disponibles par une production moins coûteuse ont pu être reportés vers la création d'utilités nouvelles. Les efforts les plus durs ont été, ainsi que nous l'avons dit, épargnés aux travailleurs. Les bras laissés libres ne sont pas pour cela restés oisifs, et s'il y a eu crise, il faut reconnaître qu'elle a été passagère. L'activité humaine a devant elle un champ trop vaste pour rester sans emploi; un défaut d'équilibre peut résulter d'une révolution économique radicale et soudaine, mais l'homme de bonne volonté trouve d'ordinaire tout près de lui le travail dont il a si grand besoin. L'encombrement du marché peut aussi résulter de la grande activité des machines, mais la liberté de concurrence suffit à le produire, et les raisons qui la justifient quand même militent également en faveur de l'outillage le plus perfectionné.

**La propriété et le travail.** — La propriété peut se définir le droit qu'un homme a de faire une chose sienne, en d'autres termes de se l'approprier, de la soustraire à l'action des autres hommes et d'en jouir à leur exclusion.

Le droit de propriété a son fondement dans la double nature de l'homme et des choses impersonnelles; il a, de fait, son origine dans l'occupation primitive et le travail.

L'homme est un être personnel; intelligent et libre, il s'appartient et a seul le droit de disposer de ses facultés, sous la réserve de sa responsabilité. Ce domaine qu'il a sur lui-même est inaliénable, il ne peut devenir la chose d'un autre; en cela consiste l'excellence de sa nature. Les animaux et les plantes dépourvus de libre arbitre, à plus forte raison les êtres inanimés, ne pouvant disposer d'eux-mêmes, ne s'appartiennent pas. L'être qui se possède peut se les approprier; il le peut d'autant plus qu'ils sont absolument nécessaires à sa vie. Voilà le fondement du droit de propriété.

Ce droit devient un fait par l'occupation primitive et le travail. L'homme qui s'empare d'une chose ne lui fait aucune injure, puisqu'elle n'est pas *sui juris*, il ne blesse les droits d'aucun de ses semblables, si personne jusque-là n'a rendu cette chose sienne. C'est ce qu'on appelle l'occupation primitive, possible seulement lorsque l'homme civilisé prend possession d'un pays pour la première fois. Le nomade qui parcourt une région immense sans se fixer nulle part n'occupe rien; il ne peut retenir pour la satisfaction de son caprice une étendue de terre qui, vraiment possédée et cultivée, suffirait aux besoins d'un grand nombre. L'occupant complète son droit en modifiant par le travail la chose qu'il s'est appropriée. En y appliquant son activité, il la marque, si l'on peut dire, du sceau de sa personnalité, il la fait sienne, personne ne peut plus s'en emparer sans lui faire injure, puisqu'il lui ravirait le fruit de son travail. En dernière analyse, le travail est l'unique source du droit de propriété, l'occupation elle-même implique un certain travail, elle résulte d'un premier effort, et c'est par là qu'elle vaut. Plusieurs jurisconsultes y ajoutent l'autorité de la loi, c'est une erreur. La loi ici ne crée rien, elle garantit le droit qu'elle trouve devant elle, ce qui n'est pas lui donner naissance. Ce qu'une loi établit, une autre loi peut le défaire. Le droit de propriété est au-dessus de ces fluctuations possibles, il découle de l'essence même des choses et des conditions nécessaires de la vie humaine, quelque hypothèse qu'on imagine.

En dehors du communisme, son ennemi radical, la propriété rencontre des adversaires qui s'attaquent à certaines de ses formes ou refusent de reconnaître toutes ses conséquences. Les uns voudraient imposer aux fortunes privées un maximum qu'elles ne pussent dépasser; les autres regardent comme une usurpation illégitime la propriété territoriale. L'accumulation des richesses ne saurait en modifier le caractère; le droit que le travail confère à leur premier possesseur ne saurait s'amoindrir ou se perdre. Si une chose est mienne, je puis la garder tant qu'il me plaira, en vint-il beaucoup d'autres après elle. Pourquoi limiter l'activité de celui qui ne se lasse pas de produire ou lui imposer l'obligation de ne travailler que pour autrui? D'ailleurs c'est à l'accumulation que la propriété doit sa plus grande utilité sociale. Les sciences demandent une longue culture avant de livrer des résultats applicables; sans capitaux considérables, les découvertes resteraient inutiles, l'industrie végéterait misérablement sans la grande propriété. Le droit de possession est seul exclusif, la possession elle-même profite à la communauté entière. Soit, dit-on, mais les héritiers qui accumulent les fruits d'un travail qui ne fut pas le leur! Eh bien, là encore, la société bénéficie de cette activité féconde qu'engendre l'amour paternel; sans ce puissant stimulant, l'homme cesserait son travail dès qu'il aurait assuré son avenir personnel. Quant à la propriété territoriale, elle ne doit pas faire exception : la terre défrichée, amendée, arrosée, c'est plus que partout ailleurs le travail accumulé appelant pour conserver sa valeur un travail nouveau et incessant.

La prospérité d'un peuple se mesure au degré de sécurité qu'il donne à la propriété; cela doit être puisque le travail y trouve son plus puissant mobile, et que d'autre part la propriété vient comme capital s'ajouter à lui pour produire la richesse.

**Formes du travail.** — Le travail revêt différentes formes, suivant les matières auxquelles il s'applique : il est extractif, agricole, industriel, locomoteur, commercial. Ces dénominations sont assez claires pour qu'il soit inutile d'en développer le sens. Les lois particulières qui régissent le travail sous ses formes variées ne rentrent pas dans notre cadre.

### 3° *Capital.*

**Épargne.** — L'épargne est la conservation calculée d'un objet utile. Garder pour laisser perdre, ce n'est pas épargner. L'épargne est un acte de prévoyance et de prudence qui avise à la satisfaction des besoins futurs.

**Capital.** — Le capital peut se définir : un produit épargné destiné à la reproduction. Il diffère du fonds de consommation ou simple épargne en ce que celle-ci est immédiatement applicable à la satisfaction d'un besoin, tandis que le capital est réservé pour servir à la production d'une richesse nouvelle.

C'est la quantité de capital bien plus que celle des richesses proprement dites qui permet d'apprécier l'état de civilisation d'un pays et son importance au point de vue industriel. Les richesses accumulées prouvent l'activité des nations qui ne sont plus, le capital atteste l'activité présente. Le peuple chez lequel il se développe est en voie de progrès : convertir l'épargne en capital, ne pas la consacrer à la jouissance ou aux vanités du luxe, c'est faire preuve de force morale, d'empire sur soi-même et sur ses appétits, c'est se montrer désintéressé et soucieux du bien des générations à venir.

**Deux sortes de capitaux.** — On distingue deux sortes de capitaux, le capital fixe et le capital circulant. On entend par le premier tout instrument de travail établi à poste fixe, produisant sans changer de maître, ainsi : les machines et instruments de métiers, les usines qui les renferment, les bâtiments de toutes sortes qu'on cède en location, l'amendement des terres, etc. Le capital circulant c'est, au contraire, tout objet destiné à changer de forme ou de mains, et qui ne devient productif qu'autant qu'il circule. Tels sont les fonds de matières premières, les produits manufacturés non vendus, l'argent.

Ces deux sortes de capitaux n'ont ni la même importance, ni le même rôle dans la production. Tous les deux sont indispensables, mais l'un ne doit être augmenté qu'avec prudence, tandis que l'autre peut croître indéfiniment. Le capital fixe est un sacrifice fait à la production, il convient de le restreindre strictement aux limites de l'utile ; à quoi bon multiplier au delà des besoins les bâtiments et les engins de production, viser au luxe dans les installations du travail, n'est-ce pas s'épuiser en pure perte? Le capital circulant étant au contraire la matière même d'une richesse plus grande, le fonds qui croît et se développe, c'est à l'augmenter sans cesse que tend le capitaliste avisé. En résumé, produire le plus possible tout en réduisant le matériel de travail, tel est le vrai progrès.

**Accord du capital et du travail.** — Le capital n'est pas moins nécessaire que le travail à la production de la richesse. Que pourrait l'homme avec ses seuls organes? Le sauvage lui-même a besoin d'engins pour la chasse ou la pêche, et la culture la plus élémentaire du sol le plus favorisé ne peut se faire sans quelque instrument. Ces engins, ces instruments, c'est un capital. Réduit à ces humbles proportions, il ne pouvait offusquer personne; devenu grande fortune, il excite la jalousie du travailleur et lui semble être son ennemi. Cependant, quelque grand qu'il puisse être, le capital reste l'instrument du travail, et sa solidarité avec ce dernier est une des belles lois que constate l'économie politique.

Sitôt qu'un excédent de capital se produit quelque part, on lui cherche un emploi dans quelqu'une des voies de la production, c'est une nouvelle porte ouverte au travail. Que d'œuvres gigantesques seraient restées impossibles sans le concours des grands capitaux! Voies ferrées, longs tunnels, canaux interocéaniques, rien de tout cela n'eût pu être tenté au plus grand détriment de la production, du commerce, des rapports amicaux et pacifiques des nations entre elles. A mesure qu'il grandit, le capital amène l'élévation des salaires et la baisse de l'intérêt, double bienfait pour les classes laborieuses, qui par ailleurs voient leur bien-être s'augmenter par le bon marché des produits les plus variés. Par contre, si les capitaux deviennent rares, le travail diminue, les salaires sont abaissés, et l'ouvrier se voit réduit à un chômage désastreux ou à un travail peu rémunéré : dans les deux cas, c'est la gêne d'abord et bientôt la misère. L'alliance du capital et du travail se prêtant un loyal et mutuel concours, voilà l'état vrai d'une société qui comprend ses intérêts. Que le travailleur réprime donc une jalousie mal entendue; au lieu d'envisager la situation d'autrui, qu'il envisage la sienne et sache apprécier les côtés avantageux d'un état de choses qui, somme toute, lui est favorable. De leur côté les capitalistes ont d'importants devoirs moraux à remplir : en prodiguant les marques individuelles d'intérêt; en prenant l'initiative d'institutions de secours et d'épargne, en sachant au besoin faire des sacrifices pour soutenir l'ouvrier dans les moments de crise, ils faciliteront un accord nécessaire à tous.

## II. — Circulation des richesses.

On appelle circulation des richesses le mouvement général par lequel elles passent de main en main dans la société. Ce mouvement s'effectue par l'échange dont nous avons à étudier ici les lois et les moyens.

## 1° *De l'échange et de ses lois.*

**L'échange.** — L'échange est le troc qu'on fait d'un objet contre un autre. Sa nécessité découle de la division du travail, en vertu de laquelle chaque homme ne produit qu'un seul ou même qu'une partie d'un seul des objets dont la vie la plus simple nécessite la consommation. L'extrême division du travail, la variété des produits dont le bien-être toujours croissant a généralisé l'usage, les grandes distances qui séparent souvent le consommateur du producteur ont fait de l'échange, si simple en soi, un phénomène d'une grande complication.

**La valeur.** — Pour se faire une juste idée de la valeur, il faut d'abord distinguer une double utilité des choses. Les unes servant elles-mêmes à la satisfaction de nos besoins nous sont directement utiles, ainsi le pain que nous mangeons, les vêtements dont nous nous couvrons. Les autres ne nous servent qu'autant que nous les échangeons contre un autre produit, celles-là n'ont pour nous qu'une utilité indirecte. La valeur consistant dans le rapport des choses avec nos besoins, autrement dit dans leur utilité, on doit distinguer avec Adam Smith une double valeur : la *valeur en usage* ou valeur directe et la *valeur en échange* ou valeur indirecte.

La valeur en usage découle uniquement de l'utilité de la chose; la valeur en échange s'apprécie d'après une double règle, l'utilité de la chose et la difficulté de se la procurer. Cette difficulté peut elle-même provenir ou de la rareté de l'objet, comme pour les métaux précieux, ou de l'effort plus ou moins grand que nécessite sa production, comme pour ces meubles de luxe qui doivent leur plus grande valeur à l'habileté de leur confection. Afin d'exprimer plus clairement cette part de l'effort ou du travail dans la valeur des choses, Bastiat a imaginé une ingénieuse distinction entre l'utilité gratuite et l'utilité onéreuse. L'utilité gratuite vient de l'emploi des forces naturelles communes à tout le monde, dont le concours diminue l'effort ou le travail, comme dans la production du blé. L'utilité onéreuse est le résultat des efforts ou sacrifices qu'a exigés la production, comme dans une œuvre artistique. Ces deux utilités sont en raison inverse : « Pour amener une chose à son état complet d'utilité, l'action du travail est en raison inverse de l'action de la nature, » dit le même auteur. La valeur en échange diminuera donc à mesure que les perfectionnements de l'industrie mettront à la charge des forces naturelles une plus grande part du travail producteur. C'est par la diminution de cette valeur qu'on apprécie les progrès d'un peuple dans l'ordre matériel.

Fondé sur cette distinction de l'utilité gratuite et de l'utilité onéreuse, Bastiat a donné de la valeur une définition très juste et qui répand un grand jour sur la question de la circulation des richesses : « La valeur, dit-il, est le rapport de deux services échangés. » Nous échangeons, vous et moi, deux objets : je vous épargne l'effort que j'ai dû faire pour me procurer celui que je vous transmets, et vous m'épargnez de votre côté l'effort que vous avez dû produire pour me procurer celui que je reçois de vous. Ce faisant, nous nous rendons mutuellement service, et l'importance du service se mesure à la peine qui nous est épargnée.

La valeur, comme tout autre objet d'appréciation, donne lieu à l'erreur. Nous nous faisons souvent de l'utilité des choses de très fausses idées, ce qui fait que nous nous trompons sur leur véritable valeur. « L'appréciation des services, dit encore Bastiat, tend à se rapprocher d'autant plus de la vérité et de la justice absolues, que les hommes s'éclairent, se moralisent et se perfectionnent davantage.

**L'offre et la demande.** — La valeur est chose très variable comme les causes qui la produisent, la rareté et l'utilité; deux faits permettent de la déterminer et même de formuler la loi de ses variations, nous voulons parler de l'*offre* et de la *demande*. La valeur en échange des choses se détermine en raison directe de la demande et en raison inverse de l'offre. Plus la demande est vive relativement à l'offre, plus la valeur augmente; elle diminue si l'offre abonde relativement à la demande. La raison en est naturelle et se comprend d'elle-même.

**Liberté de l'échange.** — Faut-il étendre la liberté des transactions aux échanges internationaux? Grave question longuement et vivement débattue, et qui partage encore les esprits. Ceux qui sont pour l'affirmative y voient une condition de prospérité générale et une cause d'entente et de rapports pacifiques entre les différentes nations. Pourquoi laisser debout les barrières qui séparent les peuples quand on a reconnu les inconvénients de celles qui isolaient les provinces? Une industrie s'éteint ici parce qu'elle s'y trouve placée dans de mauvaises conditions, mais une autre d'un genre différent va s'élever sur ses ruines et employer les bras que la première laisse inoccupés. Vous devenez tributaire de la nation qui vous succède dans tel genre de produits, mais elle aussi reste ou devient votre tributaire pour le genre de travail dans lequel vous excellez. Le bon marché en toutes choses sans détriment réel pour personne, voilà le résultat du libre échange.

Cette thèse, qui est assez généralement celle des économistes, trouve cependant d'ardents contradicteurs. Les richesses naturelles sont-elles donc également réparties sur le globe? En faisant de son mieux et tirant parti des conditions du sol, de productions, de climat que la nature lui a faites, chaque nation peut-elle lutter avantageusement contre ses voisines? Tout peuple ne peut, à l'exclusion des autres, exceller dans quelque genre de travail ou de produit naturel; s'il est inférieur sous tous rapports, comment vivra-t-il en admettant le libre échange? Les rapports amicaux que les nécessités commerciales engendrent et entretiennent ne sont pas éternels; bien difficile est en cas de guerre l'état du peuple qui aurait pu se suffire et qui a laissé périr chez lui des industries nécessaires. En thèse générale, et si l'on veut en principe, la liberté du travail et de la concurrence est une loi économique, mais une sage protection restreinte aux limites que l'indépendance et les intérêts nationaux imposent nous semble devoir la tempérer. En d'autres termes il faut adopter un moyen terme entre la *prohibition* et la *protection* absolue; c'est l'objet des *traités de commerce*.

**Bienfaits de l'échange.** — Les bienfaits que procure l'échange sont de l'ordre matériel et de l'ordre moral. Dans l'ordre matériel c'est à l'échange qu'on doit les facilités et le bien-être de la vie : dans une société où l'échange se produit sur de larges proportions, l'homme de la condition la plus humble consomme en un jour plus de richesses qu'il n'en pourrait à lui seul produire en plusieurs siècles, et c'est merveille de voir réunis dans sa demeure les produits des zones les plus diverses, que le commerce lui a apportés à travers les mers pour un prix d'une étonnante modicité.

Au point de vue moral les bienfaits de l'échange sont plus grands encore. Le genre humain tend à l'unité, qu'il doive ou non y parvenir un jour; ces aspirations sont le fruit des sentiments de fraternité et de solidarité que le Christianisme a fait prévaloir. Rien de plus propre à préparer le rapprochement moral des peuples que les rapports d'intérêts et la similitude des conditions de la vie matérielle. « Il n'y a point de hasard dans le monde, a dit Joseph de Maistre, et je soupçonne depuis longtemps que la communication d'aliments et de besoins parmi les hommes tient, de près ou de loin, à quelque œuvre secrète qui s'opère dans le monde à notre insu. » Dans les siècles de foi, c'était le prosélytisme religieux qui frayait les voies au commerce, et cette force d'expansion que possède plus que tout autre la religion catholique rend encore à la société moderne des services économiques qu'elle méconnaît souvent, mais en pénétrant dans les contrées que la religion lui avait ouvertes, le commerce consolidait et généralisait les rapports établis, et l'influence du peuple le plus civilisé ne tardait pas à devenir prépondérante pour le plus grand avantage du progrès moral.

## 2° *Les moyens d'échange.*

**La question des intermédiaires.** — Les échanges se compliquent en raison de la division du travail, la même matière devant passer par bien des mains avant de revêtir toutes ses utilités; mais ici les avantages surpassent les inconvénients, et cette circulation tourne au profit du travail. Il n'en est pas ainsi des intermédiaires qui s'interposent entre le dernier producteur et le consommateur. Le manufacturier, l'industriel qui opère en grand ne peut détailler ses produits; il y perdrait un temps précieux, succomberait sous la multiplicité des soins, et compromettrait son crédit par l'impossibilité où il se trouverait d'apprécier de loin la solvabilité des acheteurs. Entre lui et l'acheteur il faut un intermédiaire, tous les deux y trouvent profit. Mais si l'on multiplie les intermédiaires, chacun d'eux prélevant son bénéfice, on arrivera à un surcroît de frais qui pèsera lourdement sur le consommateur. On est frappé quelquefois par la disproportion énorme qui existe entre le prix des marchandises en gros et le prix en détail. Donc tout ce qui tendra à mettre le consommateur en rapport aussi direct que possible avec le producteur, constituera un progrès dans l'ordre matériel. C'est ce que font en Angleterre les *sociétés de consommation,* dont les membres se cotisent pour acheter en gros les objets nécessaires à la vie; de la sorte sont évitées les fraudes de tout genre par lesquelles on cherche à augmenter les bénéfices et l'augmentation de prix du détail.

**La monnaie.** — Primitivement, les échanges ont été faits en nature, mais quelle incommodité en résultait! « Je possède tant de kilogrammes de laine, tant de mètres de coton, et je voudrais avoir du blé. Je porte, Dieu sait au prix de quels efforts et de quels frais, ma richesse encombrante chez un cultivateur. Il a du blé, mais c'est du vin qu'il demande; je cherche à m'en procurer pour le lui donner ensuite; le vigneron n'a pas besoin de mon coton ou de ma laine; le fabricant qui la recevrait volontiers ne possède ni vin ni blé qu'il puisse me céder. Combien de déplacements pénibles! Que de perte de temps! Que de difficultés! Dans l'intervalle des échanges, que de denrées auront le temps de se corrompre! En outre comment saurai-je exactement le rapport d'une denrée à une autre? Ajoutez que beaucoup de ces marchandises ne sont pas divisibles de manière à bien correspondre avec les autres, ou ne le sont pas du tout... Tous ces inconvénients et d'autres encore que nous soupçonnons à peine rendraient l'industrie languissante, le commerce extrêmement restreint et le consommateur aussi mal que difficilement pourvu (1). » Pour obvier à tous ces inconvénients, l'instinct universel des peuples les a conduits à l'institution de la *monnaie*. On appelle monnaie une matière précieuse servant d'équivalent à tous les produits.

Les propriétés de la monnaie ne sont pas purement conventionnelles : 1° il faut qu'elle ait une valeur réelle; 2° que cette valeur soit assez stable; 3° que cette matière soit aisément divisible pour être proportionnée aux valeurs les plus diverses; 4° qu'elle soit d'un transport aisé; 5° enfin, qu'elle ait une valeur facile à constater.

Les monnaies ont d'abord été fort diverses et fort imparfaites : on s'est servi de fer, de cuivre, de blé, de sel, de coquillages, voire même de cuir et de tabac. Finalement on s'est tourné vers les métaux précieux, et l'on s'est arrêté à l'or et à l'argent. Là encore, il y a eu des formes successives : aux barres et aux lingots ont succédé les pièces de forme régulière, de poids déterminé et marquées d'une effigie qui sous le contrôle de l'État garantit leur *titre* ou valeur réelle. Une fois la monnaie instituée, l'échange s'opère sous forme de vente et le *prix* prend dans la pratique la place de la valeur en échange; on appelle prix la quantité de monnaie qu'il faut donner pour acquérir un objet.

(1) Baudrillart, *Manuel d'économie politique*, p. 225.

La monnaie n'aura tous ses avantages que lorsqu'elle aura été ramenée partout à la même unité, ce qu'il ne faut pas désespérer de voir réaliser.

**Le crédit.** — Le crédit peut se définir : « Un acte de confiance par lequel les détenteurs de capitaux en font l'avance, sous promesse et garantie de remboursement futur. » La monnaie est déjà un précieux instrument pour les échanges, cependant son transport n'offre pas toujours la facilité et la sécurité voulues; de plus, il est souvent difficile et même impossible de réaliser sous forme de monnaie tout l'avoir qu'on possède. Le crédit pour obvier à ces inconvénients substitue à la monnaie sa représentation par un papier ou *titre* entouré de garantie suffisante, et ce papier — lettre de change, billet à ordre, billet de banque, traite sur les particuliers, traite sur les banquiers ou chèque — circule au lieu et place de la monnaie, donnant aux transactions une merveilleuse facilité. Le papier de crédit est émis et reçu par des établissements publics appelés *banques*, où l'on peut, moyennant escompte, réaliser quand on le veut avant l'échéance le papier circulant dans des conditions de solvabilité déterminées.

Le crédit, avons-nous dit, est un acte de confiance, il repose tout entier sur la persuasion où est le prêteur, que toutes les conditions du prêt seront fidèlement exécutées. Avec lui la valeur présumée de la personne entre comme élément d'appréciation dans les transactions à terme, aussi ne peut-il s'établir que dans une population dont le moral présente de la solidité, et où la masse des emprunteurs est honnête et intelligente.

Le crédit rend d'immenses services économiques. Non seulement il donne les dernières facilités à la circulation des valeurs, il augmente encore la somme des capitaux. La richesse ne devient capital qu'autant qu'elle sert à une nouvelle production : combien de richesses qui sans le crédit resteraient à l'état de fonds de consommation! Tantôt la modicité de la somme disponible, tantôt la faiblesse, l'état maladif, l'inhabileté, la paresse du possesseur immobiliseraient une grande partie de la richesse publique. Le crédit rassemble les capitaux les plus modiques, les place dans des mains habiles et actives et rend possibles les entreprises les plus gigantesques. De plus, sans compromettre en rien la sécurité du crédit, les banques peuvent pousser l'émission des titres au delà de la valeur de l'*encaisse métallique* qui sert de garantie, tous les détenteurs de papier ne pouvant venir à la même heure en réclamer l'échange contre du numéraire. C'est ainsi que sans créer aucune valeur, le crédit augmente en un sens vrai le capital.

S'il a des avantages, le crédit a aussi ses dangers : l'abus qu'on en fait parfois a conduit à des catastrophes. Le crédit met le capital entre des mains qui ne l'ont pas produit. Or, ceux qui ne possèdent pas de capitaux, mais qui sont possédés d'un insatiable désir de s'en faire un à tout prix se lancent souvent dans un honteux agiotage au lieu de se livrer à un travail patient et fécond. De plus honnêtes, mais doués d'une ardeur aventureuse, poursuivent la réalisation de chimères jusqu'au jour où avec leurs espérances ils voient sombrer la fortune publique qui leur était confiée. Le papier n'est pas une valeur, c'est une représentation, une promesse, si, cédant à l'entraînement, on pousse l'émission au delà des limites de la prudence, ou si la garantie immobilière sur laquelle elle s'appuie est difficilement réalisable, il arrive bientôt que la confiance se retire, que le papier avili ne trouve plus preneur et que les demandes de réalisation survenant en foule obligent à une liquidation ruineuse. La banque de Law, les assignats sont de tristes pages de l'histoire du crédit.

Que la modération dans la recherche de la fortune, conséquence du mépris chrétien de la richesse, redevienne une habitude dominante dans la société, que l'obligation de respecter le bien d'autrui fondée sur le commandement divin inspire une fidélité scrupuleuse dans les transactions, et le crédit moralisé n'offrira plus que des avantages.

## III. — Distribution de la richesse.

**État de la question.** — On entend par distribution de la richesse la répartition des résultats obtenus par la production entre tous ceux qui y ont coopéré. Le principe général n'est pas douteux : chacun a droit à la richesse produite dans la mesure où il a contribué à sa production. Mais quelle est cette mesure pour chacun des trois facteurs étudiés plus haut : la terre, le travail et le capital? C'est ce qu'il est difficile de déterminer.

### 1° *Le propriétaire de la terre.*

**Rente foncière; fermage.** — On donne le nom de fermage à la location des terres et des bâtiments d'exploitation qui y ont été ajoutés. Le travail du laboureur est pour beaucoup dans les produits agricoles, mais la terre y contribue aussi pour sa part, le propriétaire qui la représente a donc droit à une partie de la richesse obtenue. Ce droit ne rencontre guère de contradicteurs en ce qui concerne les bâtiments, les clôtures, canalisations, etc., et de fait nous sommes ici en présence d'un capital fixe analogue aux maisons d'habitation, usines, magasins, etc. Ce qu'on attaque, c'est la redevance payée pour le fonds proprement dit. Ce fonds n'appartient à personne, la fécondité qui lui appartient n'est pas l'œuvre du propriétaire, elle est due aux forces primitives et impérissables de la matière; se l'approprier, c'est usurper ce qui appartient à tous. Voilà l'objection. Il est facile d'y répondre et d'établir la légitimité du fermage.

En général, le sol labourable n'est pas tel de lui-même. Que de travaux il a fallu faire pour le défricher, l'amender, y amener l'eau ou le dessécher! Sa fécondité actuelle représente le travail des générations qui ont précédé, transmis au même titre que tout autre héritage à son propriétaire, ou acheté par lui à l'héritier légitime de tous ces travaux antérieurs. En livrant au laboureur un sol mis en état de produire, sous la réserve d'un travail et d'un entretien ordinaire, le propriétaire lui rend un service dont le prix de location est la compensation. Ne lui aurait-il pas fallu dépenser bien davantage pour mettre en valeur le terrain dont il va disposer?

Quelquefois la fécondité du sol est naturelle et en partie indépendante du travail, mais c'est là un de ces accidents heureux dont on bénéficie sans être obligé d'en tenir compte aux autres. Bien d'autres chances de ce genre se rencontrent dans les événements humains, notamment dans la production des richesses, et personne ne s'en préoccupe. D'ailleurs cette fécondité naturelle a une part de moins en moins grande relativement à la part de travail qui s'y ajoute incessamment. Donc la propriété n'a pas volé le sol au détriment des générations à venir et le droit de fermage est incontestable.

### 2° *Le possesseur du capital.*

**Intérêt et loyer des capitaux.** — On appelle *loyer* le produit que rapporte le prêt d'un capital fixe, et *intérêt* le produit d'un capital circulant. Le loyer n'a jamais fait difficulté, mais le prêt à intérêt a été l'objet de longues et ardentes controverses. D'abord interdit par les moralistes comme une injustice et pour cette raison que l'argent est de soi improductif, il a été ensuite toléré à la condition de se dissimuler sous des déguisements plus ou moins subtils; enfin l'extension du commerce et l'élan donné aux grands travaux par les découvertes de la science, l'ont pratiquement imposé, et maintenant il est d'usage général sans que personne y trouve à redire. Toutefois, pour l'empêcher de dégénérer en usure, l'État fixe un taux maximum qu'il est défendu de dépasser.

De puissantes raisons l'autorisent : 1° souvent le propriétaire du capital l'expose en le prêtant, on n'en a que trop d'exemples; le danger étant le cas ordinaire, il est légitime de fixer d'avance l'indemnité qui le compensera; 2° prêter un capital c'est se priver des fruits qu'on pourrait lui faire produire soi-même; 3º la loi générale de l'échange des services s'applique au prêt à intérêt : le capitaliste épargne à l'emprunteur la somme de travail dont il met le produit entre ses mains, ce dernier gagne temps et peine à rémunérer par un salaire convenable un travail tout fait; 4º peut-on dire aujourd'hui qu'un capital de monnaie est improductif, et qu'exiger un intérêt c'est usurper le fruit d'un travail étranger? Les capitaux ne sont-ils pas le puissant levier qui a remué le monde? L'argent coopère à la production, il a droit à sa part de profits. La société y gagne comme les individus, elle profite de l'immense activité due à la circulation du capital.

La loi de l'offre et de la demande détermine la hausse ou la baisse du taux de l'intérêt.

### 3º *Le travailleur*.

**Le salaire.** — Le salaire est la rémunération que reçoit le travailleur en retour de son travail. Il présente le double caractère d'une *avance* et d'une *assurance*. Celui qui n'a ni propriété ni capital ne peut attendre longtemps les ressources nécessaires à sa vie et à celle de sa famille; si l'œuvre à laquelle il travaille est de longue durée, de nombreuses avances lui sont indispensables. De plus, n'ayant que son travail pour vivre, il ne peut courir les chances d'insuccès; il doit être assuré, quoi qu'il advienne, de recevoir la rémunération de ses efforts.

**Le paupérisme, ses causes** (1). — Le salaire est une avance et une assurance, mais l'une et l'autre sont subordonnées au travail. Si la maladie ou le chômage le font cesser, le salaire disparaît avec lui, et alors la gêne, l'indigence, la misère, avec leur triste cortège d'humiliations et de souffrances, font invasion chez l'ouvrier. D'autres fois, ce qui est plus regrettable encore, le travail assidu du chef de famille ne peut, à cause

---

(1) Cf. Barthélemy Pocquet, *Essai sur l'assistance publique*.

de la modicité du salaire qui lui est alloué, subvenir aux nécessités des siens; cette misère forcée, chronique, d'hommes qui consument leur vie dans un travail pénible, est devenue si commune à notre époque qu'il a fallu lui donner un nom nouveau, le *paupérisme*. C'est le principal danger de notre société et la grande question qui préoccupe aujourd'hui les hommes politiques et les économistes.

A ces causes de misères s'en ajoutent plusieurs autres également indépendantes de ceux qui en sont les victimes. La transformation radicale et subite de l'industrie par les applications de la vapeur a amené cette fièvre de production rapide et à bon marché qu'on appelle industrialisme. L'abaissement des salaires a suivi l'encombrement du marché. Les grandes manufactures, attirant par milliers les ouvriers, ont causé la dépopulation des campagnes et produit ces agglomérations de travailleurs si dangereuses au moral comme au physique. Les nécessités du travail ont accumulé les ouvriers sans distinction de sexe, elles les ont entassés dans des ateliers mal aérés ou portés à une température très élevée. L'ardeur de production déjà signalée a fait prolonger à l'excès, quelquefois à seize et dix-sept heures par jour, la durée du travail. Les hommes ne suffisant plus, les machines ont attiré à elles les femmes et les enfants, à qui la division du travail pouvait faire réserver une tâche : plus de moralité, plus de santé, plus de vie de famille.

Ajoutons à tout cela les causes de misères personnelles de certains ouvriers, la paresse et les vices de toutes sortes, et l'on s'expliquera les affreux ravages de la lèpre envahissante du paupérisme.

**Le paupérisme, ses remèdes.** — A ces maux quels remèdes apporter?

On en a proposé un grand nombre : l'augmentation et l'égalité des salaires, le communisme, la suppression des patrons, la charité légale. La vraie solution du problème n'est point là, elle se trouve, autant du moins qu'elle est possible, dans l'association, le patronage et la charité privée.

On veut remédier au paupérisme par l'*augmentation des salaires;* c'est pure utopie. Le fabricant, l'entrepreneur ne doivent pas spéculer sur l'ouvrier et s'enrichir aux dépens de ce qui est dû à son travail, mais on ne peut les blâmer de prélever un bénéfice proportionné aux capitaux engagés et aux risques à courir. On leur demande de porter le poids des crises commerciales; il faut que l'état normal du travail les mette à même de faire ces sacrifices. Dans ces conditions, l'élévation des salaires entraînera celle des produits, la vente baissera, la production devra se ralentir et l'ouvrier sera réduit à un chômage mille fois plus onéreux que la modicité de son ancien salaire. Cette élévation qu'on réclame est sans doute désirable dans la mesure du possible, mais elle doit être sage, progressive, en tout cas elle ne peut être indéfinie. Le salaire n'est qu'un des rouages de cette machine compliquée qu'on appelle la fortune publique, lui donner une proportion qui ne conviendrait pas aux autres, ce serait empêcher le fonctionnement de la machine entière.

Quant à l'*égalité des salaires,* ce serait une criante injustice; la force, l'habileté, l'assiduité des travailleurs ne sont pas égales, les apprentissages sont longs et coûteux ou non, ces différences dans le travail en demandent de corrélatives dans les résultats.

Les remèdes socialistes : *l'organisation du travail* par l'État, rêvée par Louis Blanc, la destruction de la propriété réclamée par Babœuf et Proudhon, les utopies de Saint-Simon et d'Enfantin conduisent tout droit à la misère générale en même temps qu'au renversement de l'ordre social. On peut souhaiter une autre égalité que celle-là.

L'*entrepreneur,* intermédiaire entre le capital et l'ouvrier, est suivant d'autres une inutilité coûteuse; le supprimant, on fait bénéficier l'ouvrier des profits qu'il se réserve. Si la chose était possible, elle serait bonne; l'est-elle en règle générale? Pour en juger, traçons le rôle de celui qu'on veut supprimer. C'est lui qui crée le travail. Il suscite et choisit les affaires, réunit les capitaux, le matériel, les ouvriers; il dirige la fabrication et cherche des débouchés; les risques sont à sa charge, à lui la perte en cas de non-succès. Une grande expérience des hommes et des affaires, une connaissance approfondie du marché, beaucoup d'ordre, de suite, de persévérance dans les opérations et d'ascendant sur les personnes, telles sont les qualités sans lesquelles il ne peut réussir. Pour se passer de patron, les sociétés coopératives d'ouvriers devraient posséder toutes les qualités et les ressources qui lui sont nécessaires; est-ce réalisable? On en a vu des exemples, notamment en Angleterre, mais il s'agissait de sociétés restreintes, composées d'un petit nombre d'hommes d'élite, adonnés à un genre de travail qui comportait ce mode d'action, en un mot présentant tous les caractères d'une exception.

L'État, qui agit au nom de la communauté entière, ne pourrait-il pas être chargé, au nom des membres riches, de venir au secours de ceux qui sont indigents? Un impôt spécial, la *taxe des pauvres*, prélevé sur les classes aisées, le mettrait à même d'exercer cette *charité légale*. Cette théorie a prévalu et est devenue un fait chez la plupart des nations protestantes. Cependant, de quel droit l'État impose-t-il au riche l'obligation civile de l'aumône? Privé de base juridique, ce système entraîne les plus fâcheuses conséquences. Il tue la charité privée qui, agissant avec amour, guérit le cœur en même temps qu'elle apporte secours au corps, et lui substitue une bienfaisance sèche et froide comme tout ce qui est officiel. Il absorbe pour les traitements d'une foule d'employés qui lui sont nécessaires, une partie notable de ce qui est prélevé au nom de la misère et de la souffrance. Il tarit la reconnaissance dans l'âme du pauvre qui réclame comme un droit ce que l'État exige pour lui comme un devoir strict et civil. Il provoque à l'imprévoyance et à l'incurie des gens assurés d'un supplément de salaire. L'Angleterre a dépensé plus de 191 millions en 1875 pour secourir 800,014 indigents, et le paupérisme grandit chaque jour dans ce pays, le menaçant de bouleversements terribles.

La misère, quoi qu'on fasse, existera toujours; elle a des causes permanentes dans les tendances dépravées du cœur humain. On peut toutefois la combattre, et l'Église a toujours convié à cette lutte ceux qui voulaient écouter sa voix. En dernière analyse les moyens qu'elle inspire et encourage, les *associations*, les *patronages*, la *charité* : voilà les seuls remèdes quelque peu efficaces qu'on peut opposer à l'envahissement de la misère. Les sociétés coopératives de consommation et les sociétés de secours mutuels sont des moyens préventifs qu'on ne saurait trop encourager. Le patronage librement offert et librement accepté est tout à la fois un remède à la misère et à l'antagonisme des classes de la société. Enfin, chez le riche cette charité chrétienne vraiment inépuisable, et chez le pauvre la résignation, ce sentiment sublime que la religion seule est capable d'inspirer, feront plus et mieux pour le bonheur du pauvre et la paix sociale que les théories humanitaires les plus séduisantes.

## IV. — Consommation de la richesse.

**Notion générale de la consommation.** — Les richesses n'ont d'autre raison d'être que de satisfaire nos besoins, et l'usage que nous en faisons dans ce but les détériore peu à peu ou même les détruit complètement, c'est ce qu'on appelle consommer la richesse.

### 1° *Consommations privées.*

**Consommations productives ou improductives.** — Les économistes s'accordent à admettre cette distinction, mais ils ne l'appliquent pas tous aux mêmes choses. D'après les uns, les consommations sont productives lorsqu'elles concourent comme matière ou comme moyen à la production d'un objet de perfection supérieure. Dans ce sens, la consommation du minerai dans un haut fourneau et de la houille qui sert à opérer la fusion est productive. Au contraire, tout produit achevé, qui ne peut revêtir une utilité nouvelle, et que l'on applique à satisfaire un besoin, est une consommation improductive. Cette distinction est tranchée, mais elle a le tort, selon nous, de donner comme consommation ce qui n'en est pas une : un objet qui reçoit successivement huit ou dix perfectionnements n'est pas consommé autant de fois. D'autres auteurs appellent productive toute consommation qui conduit à un résultat meilleur que la chose consommée, par exemple celle de la quantité de nourriture nécessaire à l'entretien des forces corporelles. Pour eux la consommation est improductive si elle ne donne aucun résultat positif et si elle satisfait seulement un besoin. L'entretien et l'usure d'une machine qui ne fait pas ses frais, l'emploi d'un meuble de pure décoration sont de cette dernière espèce. Moins précise que la première, cette distinction nous paraît plus fondée.

Les consommations improductives ne sont ni bonnes ni blâmables en elles-mêmes, tout dépend de la légitimité du besoin qu'elles sont appelées à satisfaire. Pour apprécier cette légitimité, il faut tenir compte de l'état général de civilisation, du rang occupé dans la société, de l'éducation, du caractère, etc.

**Le luxe.** — Le luxe est l'usage irrationnel et abusif des choses coûteuses. Nous devons ajouter que ces choses coûteuses sont très relatives, elles s'apprécient par leur rapport avec la fortune de celui qui les achète.

Cette question du luxe et délicate et complexe; nous nous bornerons à poser quelques principes et à formuler certaines distinctions.

Quand, pour se procurer des choses de grand prix, il faut prendre sur la satisfaction des besoins nécessaires ou ajouter à ses revenus en entamant son capital, il y a luxe condamnable : le caprice l'emportant ici sur la raison.

Lorsque les nécessités de la vie sont sauves et que le revenu suffit, on ne peut encore faire des dépenses relativement considérables pour la satisfaction d'une vanité méprisable ou d'une honteuse sensualité. L'économiste blâme cette prodigalité de mauvais exemple pendant que le moraliste condamne le motif inavouable qui l'inspire.

Dans d'autres circonstances les grandes dépenses deviennent très légitimes. La culture des arts fait partie intégrante d'une civilisation bien comprise; en favoriser le développement par l'achat de leurs meilleurs produits, même à des prix élevés, est de la part d'un homme riche un acte d'intelligente et louable protection. Le rang social qu'on occupe, la dignité dont on est revêtu permettent et quelquefois exigent certain apparat qui serait blâmable dans une position plus modeste. L'homme est ainsi fait qu'il refuse souvent son respect à l'autorité, s'il ne la voit pas entourée de cet appareil extérieur.

## 2° *Consommation publique.*

**Dépenses de l'État.** — Les dépenses de l'État ou consommations publiques sont celles qui ont un caractère d'intérêt général. Telles sont les rétributions accordées aux services publics, c'est-à-dire aux fonctions exercées par plusieurs pour le bien de tous, celles qui sont faites pour les édifices nationaux, la création et l'entretien des voies de communications, les travaux d'armement, de défense, etc. Ces dépenses sont, comme celles des particuliers, productives ou improductives, et sujettes comme elles aux excès du luxe. Administrateur de la fortune publique, l'État doit l'employer avec une juste parcimonie, et ne pas dissiper en folles largesses des ressources qui représentent une si grande somme de travail.

Les gouvernements ont deux moyens de subvenir à leurs besoins : l'impôt et l'emprunt.

**L'impôt.** — L'impôt est « la part contributive de chaque citoyen dans les dépenses publiques. » Voici les principes généraux et les règles particulières qui doivent en régir l'établissement et la perception.

*Principes généraux.* — L'impôt doit être aussi modéré que possible ; l'utilité publique est sa mesure, il ne doit jamais la dépasser. Exagérer l'impôt, c'est mettre en souffrance l'activité productive de la nation et ouvrir la porte aux fraudes de tout genre qui détruisent l'équilibre des charges sociales.

L'impôt doit être prélevé sur tous les citoyens qui sont en état de le payer, puisque tous profitent de la protection de l'État et participent aux bienfaits de ses services généraux.

Toutes les branches de revenus sont imposables. Les physiocrates, partant de ce faux principe que toute valeur dérive de la terre, n'admettaient que l'impôt territorial. S'il en était ainsi, l'agriculture, cette source féconde de prospérité pour les États, ne tarderait pas à dépérir. Tout travail est productif, aucun ne doit être exempt d'impôt.

*Règles particulières.* — Les règles particulières de l'impôt ont été formulées par Smith de la manière suivante :

1° L'impôt doit être réparti de façon à n'exiger de chaque contribuable qu'une quote-part proportionnée au chiffre total de son revenu particulier.

2° La quote-part d'impôt demandée à chacun, ainsi que l'époque et la forme du payement doit être suffisamment connue par tous pour exclure toute contestation et toute décision arbitraires.

3° L'impôt doit être perçu aux époques et sous les formes les moins incommodes pour les redevables.

4° L'impôt doit être perçu de manière qu'il fasse sortir des mains du peuple le moins d'argent possible au delà de ce qui entre dans le Trésor de l'État, c'est-à-dire qu'il faut viser à réduire les frais de perception.

5° Enfin, l'impôt ne doit pas offrir à ceux qu'il atteint la possibilité d'échapper à l'accomplissement des obligations qu'il prescrit.

Chaque année, dans les États civilisés, un *budget de recettes* et un *budget de dépenses* régulièrement votés établissent le montant des impôts et l'emploi qui en sera fait pendant l'année suivante. Le budget peut se définir « un état de prévoyance » des recettes et des dépenses de l'État pendant une période » déterminée. »

**Emprunt.** — Quand les ressources du présent sont insuffisantes, on est réduit à escompter l'avenir au moyen des emprunts. C'est équitable. L'intégrité du territoire, l'influence exercée par la nation dans le règlement des intérêts internationaux, le bon état des routes et des canaux, les améliorations apportées aux bâtiments et aux services publics profiteront aux générations à venir; rien ne demande qu'on leur livre tous ces avantages sans leur faire payer une partie des frais qu'ils ont occasionnés. On le fait par les emprunts.

Des emprunts résulte la *dette*, qui est *consolidée* ou *flottante*. La dette consolidée est celle qui est inscrite au *grand-livre*, la dette flottante est remboursable à courte échéance. La dette s'*amortit* par le remboursement des capitaux prêtés.

L'État, non moins que les particuliers, peut se libérer de sa dette même consolidée. Quand il le juge opportun, il offre à ses créanciers ou porteurs de titres de rembourser son emprunt au taux d'émission, ou, s'ils refusent, de subir une réduction d'intérêts; cela s'appelle la *conversion des rentes*.

C'est surtout en matière d'emprunt que l'État doit consulter l'intérêt public, ne les faisant qu'autant qu'ils sont nécessaires ou vraiment utiles, et visant ensuite à se libérer le plus tôt possible par l'amortissement.

# HISTOIRE

# DE LA PHILOSOPHIE.

### Notions préliminaires.

**Objet de l'histoire de la philosophie.** — L'histoire de la philosophie a un double but : faire connaître les hommes qui dans le cours des siècles se sont distingués par une ardente recherche de la vérité, et surtout indiquer les solutions données par eux aux questions si importantes que tout esprit réfléchi se pose nécessairement sur lui-même, le monde et Dieu. L'histoire de la philosophie ne pourrait, il est vrai, sans se perdre dans un dédale inextricable, reproduire toutes les idées qui ont été émises sur ces grands objets; mais elle peut et doit présenter toutes les théories ou tous les systèmes qui, en se rapportant à quelque question générale, intéressent plus ou moins la philosophie tout entière, et marquer ainsi le chemin suivi et les progrès réalisés par la pensée humaine.

**Importance de l'histoire de la philosophie.** — Aucune science n'est plus intéressée que la philosophie à connaître son passé. Le philosophe qui dédaignerait le commerce de ses devanciers se priverait tout à la fois d'une source féconde de vues et de connaissances qu'il lui est impossible d'obtenir par lui-même et d'un précieux moyen de contrôler ses propres idées.

Le plus beau génie est évidemment incapable, quelque longue et bien employée que soit sa vie, de découvrir à lui seul une aussi grande somme de vérités que toutes les autres intelligences supérieures réunies. L'esprit de l'homme est trop borné pour pouvoir embrasser dans son ensemble le vaste horizon qui s'ouvre à ses regards; chaque intelligence, même celle qui voit de plus haut, regarde les choses d'un point de vue spécial, et c'est ce qui cause le plus souvent ses erreurs. Aussi faut-il pour avoir une science un peu complète, réunir toutes ces vues partielles en les dégageant de ce que leur peu d'étendue y a introduit de faux et d'erroné; en d'autres termes, la science philosophique ne peut atteindre sa perfection par le moyen d'un sage éclectisme, lequel suppose la connaissance des différentes écoles. Plus cette érudition sera vaste et plus elle sera utile. D'un côté, il est impossible que tout soit faux dans un système, car l'intelligence dont l'objet est le vrai ne pourrait l'admettre sous le couvert d'une vraisemblance qui n'existerait pas; il y a donc une part de vérité à recueillir dans chaque théorie philosophique. D'un autre côté, la connaissance des différentes erreurs est elle-même utile, car elle permet de rectifier les méthodes, et elle jette un grand jour sur les tendances et les lois de l'esprit humain.

L'esprit individuel est capable de certitude, mais il est aussi très accessible à l'erreur, surtout quand il s'agit de théories et de concessions abstraites; la prudence exige donc un contrôle sévère de toute idée et de toute vue individuelle, et l'histoire le rend très facile. — L'esprit humain par exemple, point de départ et base de toutes les études philosophiques étant nécessairement le même chez tous les hommes ne peut se révéler différemment dans l'histoire et par la conscience; ses lois principales connues par son développement historique seront donc un *confirmatur* excellent des observations individuelles — Bien qu'un seul homme puisse avoir raison contre le genre humain tout entier, la singularité des opinions, leur opposition aux doctrines universellement reçues par les plus illustres représentants de la science, sont une forte probabilité contre leur vérité et un puissant motif de les soumettre à un nouvel et sérieux examen. — Souvent le sens trop vague d'une formule générale voile la fausseté d'un principe ou d'une théorie et la dissimule au regard des plus clairvoyants; la logique impitoyable des siècles qui déduit peu à peu dans la pratique les conséquences les plus éloignées des principes dont s'inspire la majorité des esprits rend tôt ou tard cette fausseté évidente. L'histoire de la philosophie est donc pour chaque philosophe un excellent moyen de contrôler ses propres idées.

**Méthode qui convient à l'histoire de la philosophie.** — L'historien de la philosophie doit-il suivre l'ordre chronologique ou l'ordre logique, exposer les conceptions des principaux philosophes au fur et à mesure qu'elles apparaissent dans l'histoire, ou s'attacher au développement intégral d'un même système avant de passer à un système différent? Ni l'une ni l'autre de ces deux méthodes ne doit être exclusivement suivie. L'ordre chronologique, trop fidèlement observé, ne permettrait de se faire aucune idée des systèmes, de leur développement régulier, de l'influence qu'ils ont exercée les uns sur les autres et rendrait impossible toute induction légitime sur les lois fondamentales de l'esprit humain. D'autre part l'ordre logique étendu à l'histoire tout entière rendrait difficile le rapprochement des systèmes contemporains et leur étude comparée cependant si utile. L'histoire de la philosophie ayant pour but de faire connaître les *systèmes* ainsi que les causes qui les ont fait naître et les résultats auxquels ils ont conduit, il convient d'adopter une méthode mixte et de suivre l'ordre logique dans les limites d'une même période. De la sorte la filiation des idées dans une même théorie se laisse aisément apercevoir et la comparaison des théories différentes est également facile.

**Principaux systèmes.** — Les systèmes philosophiques, innombrables en apparence, peuvent se ramener soit comme parties intégrantes, soit comme conséquences logiques, à quatre systèmes principaux. Parmi les philosophes, le plus grand nombre reconnaissent à l'esprit humain le pouvoir d'arriver par ses propres opérations à la connaissance de la vérité, mais beaucoup d'entre eux accordent trop aux sens, c'est le *sensualisme*, tandis que d'autres font tout venir de la raison, ce qui constitue l'*idéalisme* ou le *rationalisme*. Quelques esprits trop défiants d'eux-mêmes désespèrent de pouvoir rien connaître d'une manière certaine et tombent dans le *scepticisme*. Enfin quelques autres, pour trouver la certitude, croient nécessaire de recourir aux communications directes avec la Divinité et aux lumières surnaturelles de l'extase; ils donnent dans le *mysticisme*.

**Division de l'histoire de la philosophie.** — On divise l'histoire de la philosophie en trois *époques*, qui correspondent en effet à trois développements bien différents de l'esprit humain : l'époque ancienne, l'époque du moyen âge et l'époque moderne. Chaque époque se divise elle-même en *périodes* qui, tout en retenant les caractères généraux de l'époque, se distinguent les unes des autres par quelques caractères particuliers. Enfin chaque période comprend plusieurs *écoles* ou groupes de philosophes que réunit une certaine communauté d'idées sur quelque grande question de la philosophie.

# PREMIÈRE ÉPOQUE.

**TEMPS ANCIENS.**

**Division de cette époque en trois périodes.** — La première époque de l'histoire de la philosophie, celle des temps anciens, renferme trois développements de la pensée humaine bien distincts. Le premier et le plus ancien est celui qui se produit en Orient à une époque qu'il est difficile de préciser; le second a pour théâtre la Grèce et l'Asie-Mineure, et commence vers l'an 600 avant J.-C.; le troisième prend naissance à Alexandrie, vers la fin du II⁰ siècle de notre ère et peut être considéré comme une fusion des deux premiers. De là trois périodes dans cette première époque : la philosophie orientale, la philosophie grecque et la philosophie gréco-orientale d'Alexandrie.

## PREMIÈRE PÉRIODE.

### PHILOSOPHIE ORIENTALE.

**Origine de la philosophie.** — L'homme n'a pas commencé par vivre à la manière des brutes, dépourvu d'idées et de langage et réduit à une simple puissance de connaître qui ne se serait développée qu'avec le temps. Dès le principe il reçut directement de Dieu par voie de révélation les connaissances qu'il lui importait de posséder, et ces connaissances puisées à la source même de toute vérité et dans des entretiens intimes avec la Divinité durent être très variées et très étendues. Cette révélation primitive plus ou moins altérée par les fables qui s'y mêlèrent peu à peu constitua chez les différents peuples l'enseignement traditionnel de la religion et fut consignée dans les livres sacrés. Mais la raison humaine ne pouvait se contenter de recevoir et de transmettre l'enseignement religieux sans y rien ajouter; essentiellement active elle devait, sitôt qu'un état social assez parfait aurait mis les hommes à même de pourvoir facilement aux nécessités et aux commodités de la vie, s'appliquer à ce fonds intellectuel qu'elle recevait du dehors, pour se l'approprier et le féconder en y appliquant son activité et en en faisant sortir une explication rationnelle des choses. Telle fut l'origine de la science ou de la philosophie.

**Philosophie orientale.** — La première apparition de la philosophie s'est faite en Orient; les peuples de ce pays, plus voisins du berceau du genre humain et plus promptement constitués en sociétés que les autres peuples, devaient naturellement trouver aussi les premiers les loisirs et le calme nécessaires à la culture intellectuelle par la réflexion. Les peuples de l'Orient, auxquels on attribue d'ordinaire une philosophie, sont les Égyptiens, les Phéniciens, les Chaldéens, les Perses, les Chinois et les Hindous; mais il nous reste trop peu de monuments et ces monuments sont encore trop peu connus pour que nous puissions rien dire de certain sur la plupart de ces peuples; nous nous bornerons donc aux Hindous, les seuls dont les écrits philosophiques aient été traduits (1).

**Aperçu général de la philosophie hindoue.** — Il est intéressant de constater dans les premiers essais philosophiques auxquels s'est livrée la pensée humaine les tendances qu'elle conservera et les formes principales sous lesquelles elle se manifestera dans toute la suite de son histoire. C'est à ce titre que nous allons donner un très court aperçu de l'antique philo-

---

(1) Ce travail, dû à l'Anglais Colebrooke, a été publié par lui de 1824 à 1827.

sophie de l'Inde. Cette philosophie qui prend pour point de départ, comme partout ailleurs, l'enseignement religieux, se divise en deux branches qui se rattachent, l'une au brahmaïsme, l'autre au bouddhisme; mais le bouddhisme, violemment persécuté et finalement expulsé de l'Inde par les brahmanes, appartient plutôt à la Chine où il se réfugia, qu'à l'Inde qui fut son berceau; c'est pourquoi la philosophie hindoue proprement dite est celle qui se rattache au brahmaïsme.

Les livres sacrés de l'Inde sont principalement les Védas *(science, loi)* révélés par Brahma et rédigés par Vyasa. Le mouvement philosophique dont ils ont été le point de départ comprend six écoles : deux systèmes Mimansa, le Mimansa Pourva de Djaïmini et la philosophie Védanta de Vyasa; deux système Nyaya, le Nyaya de Gotoma et le Nyaya de Kanada ou Vaisechika; enfin deux systèmes Sankhya, le Sankhya de Kapila et le Sankhya de Patandjali ou Yoga-Sastra. L'absence de toute chronologie ne permet pas de fixer l'ordre de succession de ces différentes écoles.

Les systèmes philosophiques de l'Inde ont plusieurs points de ressemblance qui marquent leur communauté d'origine. Les Védas admettent un être suprême, Brahm, éternel et d'abord inactif et indistinct. Au sortir de son sommeil ou de son inaction, Brahm produit Brahma, le créateur, Vichnou, le conservateur des formes, et Siva, le destructeur des formes qui constituent la *Trimourti* hindoue. — Conformément à cette doctrine les systèmes philosophiques reconnaissent une substance infinie et éternelle, Brahm pour les uns, la matière pour les autres, qui se manifeste par des formes individuelles variées et successives qu'on appelle l'Univers. Ces formes, qui existaient à l'état latent ou en germe dans la substance unique, s'en dégagent par une suite d'émanations successives; elles n'ont du reste qu'une existence apparente. Lorsque au moyen de ces émanations l'unité primitive a atteint son complet développement, une seconde évolution s'opère en sens inverse, détruit successivement toutes les formes qu'elle fait rentrer les unes dans les autres et les ramène à l'unité première. Alors suivant les systèmes, Brahm recommence son sommeil ou bien la matière redevient indistincte. La vie de l'homme a le même terme que l'Univers, le repos dans l'inaction ou plutôt dans l'annihilation. Se séparer de la nature, tendre à l'indifférence et à l'apathie pour s'absorber enfin dans l'Être suprême et y perdre son individualité, tel est le but proposé à l'activité de l'homme et auquel doit le conduire une série de transmigrations que la philosophie a pour but de réduire ou même de faire éviter. Ainsi l'unité absorbant toutes les distinctions individuelles ou le panthéisme, tel est en résumé le caractère commun des systèmes hindous (1).

Si elles se ressemblent dans quelques points fondamentaux, les écoles philosophiques de l'Inde présentent d'autre part de notables différences.

Le second Mimansa ou philosophie Védanta, car le premier est plutôt théologique que philosophique, est un système idéaliste et panthéiste; il consiste, dit Colebrooke, dans « une psychologie et une métaphysique raffinée qui va jusqu'à nier l'existence de la matière. » Brahma seul existe; en dehors de lui tout est illusion. Quand l'homme croit à la distinction et à la multiplicité des êtres il sommeille, sa science n'est qu'un vain rêve; quand au contraire il reconnaît que tout est identifié et confondu avec Brahma il est dans l'état de veille et sa science est véritable.

Le système Nyaya proprement dit est une école de dialectique, dans laquelle on trouve quelque chose d'analogue aux catégories et au syllogisme d'Aristote. Elle se montre franchement spiritualiste dans l'application qu'elle fait des lois de la pensée et du raisonnement à la question de l'âme, qui pour elle est distincte du corps.

Le système Vaisechika concerne principalement les éléments des corps. Tous les corps sont composés d'atomes; les atomes sont simples et éternels.

(1) Cf. *Précis de Juilly.*

Le Sankhya de Kapila est un système sensualiste et athée. Kapila rejette à peu près l'autorité des Védas, n'admet d'autres objets de connaissance que l'âme et la nature, et d'autres moyens de connaissance que les sens et une induction fondée sur leurs données.

Enfin le Sankhya de Patandjali ou Yoga-Sastra est un système complet de mysticisme. Le but de la philosophie est de conduire au bonheur, c'est-à-dire à l'absorption de l'âme dans l'âme divine. Cette union avec Dieu s'opère par la vraie sagesse, *yoga*, laquelle s'acquiert par la contemplation passive et repousse toute action, les bonnes aussi bien que les mauvaises. Ainsi sanctifiée, l'âme obtient un pouvoir supérieur qui n'est autre que le pouvoir magique.

Le développement de l'histoire de la philosophie fera voir qu'elle a produit dès son début dans l'Inde tous les systèmes qu'elle devait présenter plus tard, et qu'elle les a même poussés du premier coup jusqu'à leurs conséquences extrêmes.

# DEUXIÈME PÉRIODE.

## PHILOSOPHIE GRECQUE.

### I. — ÉCOLES ANTÉSOCRATIQUES.

La philosophie grecque commence environ 600 ans avant J.-C., et prend fin dans les dernières années du II° siècle de l'ère chrétienne. Elle se divise en deux périodes de caractères très différents, l'une qui précède Socrate et l'autre qui le suit.

La période antésocratique est à tous égards une période d'essai : les questions étudiées sont mal choisies, les méthodes sont défectueuses et les solutions proposées sont sans valeur. Au lieu de commencer par des questions simples et abordables à une pensée qui débute et essaye ses forces, les premiers philosophes grecs soulèvent dès le principe les plus difficiles problèmes de *cosmologie* et posent la question des premiers principes de l'Univers. Pour arriver à ce but commun ils s'engagent dans des voies très diverses : les uns sont physiciens et sensualistes, les autres métaphysiciens et idéalistes; mais quelle que soit la tendance à laquelle ils obéissent, ils suivent une même méthode très défectueuse, l'hypothèse. Aussi leurs spéculations privées d'une base solide aboutissent-elles finalement à un même résultat, le scepticisme de la sophistique. A la fin de cette période, les esprits doutent d'eux-mêmes, se croient voués à une irrémédiable illusion, et la réflexion philosophique abandonnée fait place à une vaine habileté de parole qui met toute sa gloire à amuser les esprits en se jouant odieusement de toute vérité et de toute morale.

Quatre écoles se partagent la première période de la philosophie grecque; ce sont les écoles ionienne, italique, éléatique et atomistique; après elles viennent les Sophistes qui, n'admettant aucun principe, ne peuvent être considérés comme formant une école proprement dite.

**École ionienne.** — Le fondateur de l'école d'Ionie fut Thalès, l'un des sept Sages, né à Milet, vers l'an 640 avant J.-C., et mort vers l'an 544. Les principaux philosophes de cette école furent après lui : Anaximandre, né à Milet, vers l'an 618, Anaximène, né à Milet, l'an 552, Anaxagore, né à Clazomène, vers l'an 500. Ce dernier, le plus illustre des philosophes ioniens, vint enseigner à Athènes, où il eut pour disciples Périclès, Euripide et Archélaüs, le futur maître de Socrate. On peut encore rattacher à l'école d'Ionie Héraclite, né à Éphèse, l'an 500 avant J.-C., et Empédocle d'Agrigente, qui florissait vers l'an 444 avant J.-C., bien qu'ils soient considérés par quelques-uns comme des éclectiques qui cherchèrent à combiner les doctrines des écoles physicienne et métaphysicienne.

L'école d'Ionie fut une école physicienne qui donna une théorie toute mécanique de la production de l'Univers, expliquant la formation des corps par la combinaison d'éléments éternels et homogènes. Cet élément premier dont les diverses combinaisons ont tout produit est l'eau pour Thalès, l'air pour Anaximène, le feu pour Héraclite, le feu, l'air, la terre et l'eau pour Empédocle que l'on peut regarder comme l'auteur de la doctrine des quatre éléments si longtemps suivie dans les écoles. La plupart des Ioniens s'en tinrent à ce principe matériel des choses et ne reconnurent point la nécessité d'une cause intelligente pour présider aux combinaisons qui ont constitué l'Univers. Il est douteux en effet que Thalès ait admis autre chose qu'une force inhérente à la matière, et le principe moteur d'Empédocle, qui agit sous la double forme de l'amour et de la haine, ne semble guère différer des forces de cohésion et de répulsion des modernes; seul parmi les Ioniens, Anaxagore a proclamé explicitement la nécessité d'un principe distinct des éléments matériels et doué d'une intelligence capable de se proposer un but.

**École atomistique.** — Nous rapprochons de l'école ionienne l'école atomistique, qui n'en fut que le développement. L'école atomistique fut fondée à Élée, dans la Grande-Grèce, par Leucippe, né à Élée ou à Abdère, l'an 500 avant J.-C., et eut pour principal représentant Démocrite, né à Abdère, l'an 460 avant J.-C.

L'école de Leucippe et Démocrite fut une réaction contre la doctrine idéaliste de l'école éléatique dont il sera bientôt question; c'est pourquoi elle suivit la même route que les Ioniens, tout en perfectionnant notablement leurs théories. Démocrite, à la notion mal déterminée de substance homogène exprimée par l'eau, l'air, le feu, substitue la notion plus précise des atomes. Les atomes sont les dernières particules auxquelles s'arrête la division des corps; ils sont infinis en nombre, éternels, de formes diverses et essentiellement en mouvement dans le vide. La diversité des corps résulte de leurs différents modes d'agrégation. L'âme, aussi bien que tous les autres corps, est un composé d'atomes. De toutes les parties des corps s'échappent continuellement des atomes qui en sont les images, εἴδωλα, et qui par leur contact avec les organes des sens engendrent la sensation; de la sensation vient la pensée. De cette psychologie sensualiste Démocrite déduisait une morale égoïste dont la règle était la prudence, et le but le bien-être par l'égalité d'humeur. L'école atomistique, développement et perfectionnement de l'école ionienne, offre, on le voit, un système complet de sensualisme.

**École italique.** — L'école italique fut fondée à Crotone, dans la Grande-Grèce, par Pythagore, né à Samos, l'an 584 avant J.-C., le plus illustre des philosophes qui ont précédé Socrate. Les pythagoriciens menaient la vie commune et se dépouillaient en faveur de l'association des biens qu'ils possédaient; ils se livraient à certaines austérités et imposaient à leurs disciples un silence rigoureux et prolongé. Il ne nous est resté de Pythagore que 72 vers, connus sous le nom de Sentences dorées, χρύσεα ἔπη, d'une authenticité douteuse. Les principaux pythagoriciens furent Ocellus de Lucanie, Timée de Locres, Archytas de Tarente et Philolaüs, ces deux derniers contemporains de Platon.

L'école italique, occupée comme l'école ionienne de l'explication du monde, prit une voie tout opposée à cette dernière. Comprenant que ce qui rend raison des choses ce ne sont pas tant les éléments dont elles sont composées que les lois d'après lesquelles s'unissent leurs composants, les pythagoriciens se livrèrent à l'étude de ces rapports et de ces lois et les placèrent dans les nombres. Les nombres étant composés d'unités, l'unité devint le point de départ de tout leur système. Cette école, à laquelle appartinrent les plus illustres mathématiciens et astronomes de cette période, eut pour caractère l'abstraction et pour tendance l'idéalisme, contrairement à l'école ionienne qui était physicienne et sensualiste. De même, tandis que cette dernière, à l'exception d'Anaxagore, était athée, l'école pythagoricienne prenait Dieu pour premier et dernier terme de tout le développement des êtres : tout sortait de Dieu par émanation et y rentrait par absorption après une série plus ou moins longue de transmigrations.

**École éléatique.** — L'école éléatique, ainsi appelée du nom de la ville où elle fut fondée, eut pour chef Xénophane, né à Colophon, en Asie-Mineure, vers l'an 617 avant J.-C., et pour principaux représentants Parménide, Mélissus et Zénon.

L'école d'Élée reproduisit en les exagérant encore les doctrines pythagoriciennes, sacrifia complètement l'expérience aux abstractions de la pensée et aboutit à un panthéisme idéaliste où tout se confond dans une unité abstraite et vide qui ne présente rien à l'esprit que la notion même de l'unité.

**Les sophistes.** — Deux écoles rivales également exagérées dans leur enseignement doivent se réfuter aisément l'une l'autre; les disputes entre éléates et atomistes eurent aussi ce résultat. Les deux dogmatismes qui ne reposaient que sur des hypothèses ne purent résister aux attaques qu'ils se livraient mutuellement et tombèrent dans un égal décri. Alors parurent les sophistes. Les principaux furent Gorgias de Leontium et Protagoras d'Abdère; on cite encore Thrasymaque de Chalcédoine, Prodicus de Céos et Hippias d'Élis. Ils appartiennent tous au V° siècle avant l'ère chrétienne.

Le fond de la sophistique fut le scepticisme. Gorgias soutenait que la vérité n'existait pas, ou qu'elle ne pouvait être connue, ou qu'elle ne pouvait être exprimée; il fit un livre intitulé : *De ce qui n'est pas, ou de la nature*. Protagoras avançait de son côté que l'homme est la mesure de toutes choses; en d'autres termes, que la vérité est relative, ce qui revient à la nier. — Les sophistes, plutôt rhéteurs que philosophes, orgueilleux et cupides, ne visèrent qu'à capter l'admiration publique et à s'enrichir; leur scepticisme frivole menaçait de ruiner toutes les croyances, quand Socrate vint les combattre et les confondre.

## II. — Socrate.

**Notice biographique.** — Socrate naquit à Athènes, l'an 470 avant J.-C., d'un sculpteur nommé Sophronisque, et d'une sage-femme nommée Phénarète. Il exerça d'abord la profession de son père, mais ses goûts l'appelant ailleurs, il profita des secours que lui offrait généreusement Criton pour se donner tout entier à la philosophie. Sa vie fut celle d'un sage : à Potidée, où il sauva Alcibiade, et à Delium, où il sauva Xénophon, il montra une grande bravoure; élu membre du Sénat sous les Trente, il résista courageusement au peuple mutiné dans un jugement célèbre; dans la vie privée il donna l'exemple d'une patience, d'une simplicité, d'une tempérance sans égales, mais par-dessus tout il aima la vérité avec passion et travailla sans relâche à l'inculquer à ses nombreux auditeurs. On sait comment ses ennemis obtinrent contre lui une condamnation capitale, et avec quel calme héroïque il subit cette peine inique l'an 400 avant J.-C.

**Réforme de Socrate.** — Socrate exerça une immense influence sur la philosophie grecque. Il remit en honneur les recherches philosophiques que les sophistes avaient décréditées, et surtout il en prépara les résultats par l'indication de l'objet qui leur convenait et de la méthode sur laquelle elles devaient se régler. D'abord il réforma les esprits en leur inspirant tout à la fois l'amour de la vérité et une sage défiance d'eux-mêmes. Pour cela il avoue souvent son ignorance, dont il se fait même un titre de gloire; n'est-ce rien en effet que de savoir douter et d'avoir le courage de se reconnaître ignorant lorsqu'on n'est pas suffisamment éclairé? Mais s'il ignore, il a confiance que la vérité lui est accessible et il la cherche avec une passion que son âme ardente sait communiquer aux autres; il n'est donc pas sceptique puisqu'il croit à la vérité et la cherche avec amour; il n'est que modeste et prudent. Réformant ensuite la philosophie elle-même, il la fait descendre des hauteurs où elle s'était témérairement élevée, et lui faisant abandonner ces questions cosmologiques pour lesquelles elle n'est pas encore mûre, il lui indique dans l'homme intellectuel et moral son véritable objet, et dans l'observation par la conscience sa véritable méthode : Γνῶθι σέαυτον. Ce changement d'objet et de méthode est le caractère principal de la réforme socratique et la raison de sa grande efficacité.

**Procédés socratiques.** — Dans son enseignement, auquel il donna toujours la forme d'une conversation familière, Socrate employait deux procédés restés célèbres sous le nom d'*ironie* et d'*induction* socratiques. Feignant de ne rien savoir, il adressait à son interlocuteur une suite de questions captieuses par lesquelles il le faisait tomber dans la contradiction et le convainquait d'ignorance sur le sujet de l'entretien; c'est cette interrogation captieuse à laquelle il mêlait, suivant le cas, plus ou moins de fine raillerie, que l'on désigne sous le nom d'ironie socratique. Tempérée par une grande bienveillance quand il en usait vis-à-vis des jeunes gens qu'il voulait instruire, elle devenait une arme redoutable lorsqu'il l'employait contre les sophistes. Il s'en servit pour les démasquer et les confondre, et réussit tellement à les déconsidérer en les couvrant de ridicule qu'il les força à disparaître.

L'ironie, procédé négatif, était un moyen de réfutation, une leçon de réserve et de prudence, ce n'était pas un procédé d'enseignement; c'est pourquoi Socrate y joignait l'induction.

Persuadé que chaque esprit possède intimement les premiers principes de toute connaissance, il forçait ses disciples par de nouvelles questions graduées avec art à rentrer en eux-mêmes et à produire, pour ainsi dire par leurs propres efforts, la vérité qu'il voulait leur faire contempler. Aussi donnait-il lui-même à cette partie de sa méthode le nom de *mayeutique*, c'est-à-dire art d'accoucher les esprits. Au fond l'induction de Socrate est un procédé de généralisation qui s'élève peu à peu du particulier, du changeant, du relatif, à l'universel, à l'immuable, à l'absolu, rendant ainsi à la science l'objet sans lequel elle ne peut résister.

Pour confirmer son enseignement, Socrate se disait inspiré par un génie familier que l'on a appelé le *démon socratique* et qui a été l'objet de bien des controverses. Les uns y ont vu une supercherie destinée, dans la pensée du philosophe, à donner plus de relief à sa doctrine; les autres ayant plus haute idée de sa droiture ont cru à une hallucination.

**Doctrine de Socrate.** — Socrate n'ayant laissé aucun écrit, il est assez difficile de se faire une juste idée de sa doctrine, d'autant que le génie de Platon a dû singulièrement l'élargir et la transformer en nous la transmettant. De la comparaison des écrits de ce dernier avec ceux de Xénophon, il résulte que la philosophie de Socrate fut avant tout une philosophie morale pleine de conseils pratiques et d'aperçus de détails auxquels un sens très droit et un grand amour de la justice donnent une remarquable justesse. On peut également en dégager une théorie de la vertu, inséparable de la vraie science et source du vrai bonheur dans une vie future, grâce à la Providence d'un Dieu dont l'existence, l'unité et l'action modératrice sont démontrées par l'ordre de l'Univers. A part ces quelques notions, d'ailleurs peu approfondies et très insuffisantes, Socrate n'a pas de métaphysique; il s'ensuit qu'il laisse sans explication suffisante ce que la philosophie a pour but d'expliquer, l'homme et le monde; on peut dire aussi qu'il ne donne pas à la morale son véritable caractère, le bien est pour lui le bien de l'homme non le bien absolu, ce qui prive ses conclusions pratiques de base solide. C'est donc par l'impulsion énergique et la bonne direction qu'il a su donner aux recherches philosophiques bien plus que par son enseignement qu'il a exercé une influence prépondérante sur la philosophie grecque.

### III. — Écoles socratiques.

#### 1° *Petites écoles.*

Les écoles de philosophie grecque qui suivirent Socrate et qui toutes s'inspirèrent plus ou moins de ses idées sont généralement divisées en grandes et petites écoles. Ces dernières, qui ne furent guère que des essais d'organisation de la philosophie, sont au nombre de trois : l'école cyrénaïque, l'école cynique et l'école mégarique.

**École cyrénaïque.** — L'école de Cyrène, fondée par Aristippe, vers l'an 380 avant J.-C., et représentée par son petit-fils Aristippe, Hégésias et Théodore surnommé *l'athée,* fut une école de morale et suivit en cela la direction socratique, mais elle s'en écarta par l'identification du devoir et du plaisir préparant ainsi la voie à l'épicuréisme.

**École cynique.** — L'école cynique, fondée par Antisthène et représentée surtout par Diogène, se distingua par la rigidité de sa morale. Fondés sur ce principe que le philosophe doit chercher à imiter Dieu et que Dieu est souverainement indépendant, les cyniques firent consister la vertu dans un orgueilleux mépris de toutes choses, même des bienséances sociales et des usages les plus respectables. C'est probablement ce qui leur valut leur nom.

**École mégarique.** — L'école de Mégare fut fondée, vers l'an 400, par Euclide. On y combina le système des éléates avec la doctrine morale de Socrate, faisant de l'unité primitive le bien absolu. Cette école se distingua par sa dialectique subtile qui lui valut le nom d'*éristique* ou disputeuse.

## 2° École platonicienne.

**Platon.** — Notice biographique. — Platon naquit dans l'île d'Égine, l'an 430 avant J.-C. Son père, Ariston, descendait de Cadmus, et sa mère, Périctyone, descendait d'un frère de Solon. Son véritable nom était Aristoclès. Après avoir d'abord cultivé la poésie, il s'adonna à la philosophie et suivit pendant huit années les leçons de Socrate. A la mort de ce philosophe, il se retira d'abord à Mégare, chez Euclide, passa de là en Italie, où il fréquenta les pythagoriciens Archytas et Philolaüs, puis à Cyrène, où il apprit la géométrie sous Théodore, et enfin en Égypte, où il se fit initier aux mystères. Plus tard il visita en Sicile les deux Denys dont il eut à subir d'odieuses persécutions. Il donna des lois à plusieurs États et fonda dans une propriété qui avait appartenu à un certain Académus une école célèbre qui porta le nom d'Académie. Il mourut en 347.

Exposé doctrinal (1). — Toute la philosophie de Platon repose sur sa théorie de la connaissance.

La connaissance, d'après Platon, commence par les sens, mais elle a pour objet les idées, et le vrai procédé intellectuel est la dialectique. — Les objets que perçoivent les sens sont ceux que nous connaissons les premiers : ces objets individuels et soumis à des changements incessants nous donnent au moyen des *sensations* une connaissance individuelle et variable comme eux, et les *notions* générales que nous en extrayons par abstraction et comparaison, si elles ne sont plus particulières, n'en représentent pas moins ce qui passe, change et paraît, bien plus

---

(1) Les écrits de Platon qui nous sont tous parvenus sont composés sous formes de dialogues ; les plus remarquables sont : le *Premier Alcibiade*, où il traite de la spiritualité de l'âme ; le *Phédon*, où il raconte la mort de Socrate et son dernier entretien sur l'immortalité de l'âme ; le *Gorgias*, qui a pour objet le but de la rhétorique et la nature de la justice ; le *Théétète*, qui traite de la science ; la *République*, où il propose le modèle d'une république idéale ; le *Timée* ou philosophie de la nature.

que ce qui est. Or la science a pour objet l'immuable, l'absolu, l'être ; il faut donc chercher cet objet ailleurs que dans les sensations et les notions, c'est-à-dire dans les *idées*.

Les *idées* pour Platon ne sont pas la connaissance elle-même ; elles sont l'objet de la connaissance. Supérieures aux objets extérieurs qui n'en sont que les images, les *idées* sont les types des choses et forment un monde idéal peut-être substantiellement distinct de Dieu lui-même, ou plus probablement sont les formes de la pensée divine concevant tous les types possibles. Quoi qu'il en soit du vrai sentiment de Platon à cet égard, les *idées* sont immuables, toujours identiques à elles-mêmes et fournissent à la science l'objet invariable et nécessaire dont elle a besoin pour résister aux attaques du scepticisme. — Les *idées* ou types des choses ne se trouvant pas dans ces dernières, l'esprit ne peut les apercevoir à travers les données des sens au moyen d'une abstraction quelconque. Les sensations ne sont pour lui qu'une *occasion* de s'élever par un pouvoir essentiellement supérieur aux sens à la connaissance de son véritable objet. Ce passage de l'intelligence du relatif à l'absolu, du particulier à l'universel, de ce qui paraît à ce qui est, s'appelle le procédé dialectique. Pour l'expliquer, Platon imagine une vie antérieure dans laquelle l'âme dégagée de tout corps a contemplé directement les *idées*; unie ensuite au corps en punition de quelques fautes, elle a sous le poids de la matière oublié toutes ses anciennes connaissances, mais sitôt qu'elle est mise par les sens en présence des objets extérieurs, copies des *idées*, elle se rappelle ces dernières. L'acte de la raison dans la vie présente est donc une réminiscence.

Tout le reste de la philosophie platonicienne s'appuie sur cette théorie des *idées*.

Dieu est la substance des *idées*. Dieu en effet, c'est le bien ou l'*idée* du bien à laquelle Platon donne tous les attributs de la Divinité : éternité, immutabilité, nécessité, etc. Or cette *idée* du bien, placée au sommet du monde intelligible et supérieure à toutes les autres *idées*, est le principe d'où elles découlent, la substance qui les contient. De même que le soleil seul rend visibles les objets corporels en répandant sur eux sa lumière, de même c'est l'*idée* du bien qui rend intelligibles toutes les autres *idées* et leur donne en même temps que l'intelligibilité l'être et la réalité. Cette *idée* du bien n'est pas une abstraction, c'est un être vivant et personnel, doué d'intelligence et de volonté, qui a façonné le monde et le gouverne.

Le monde est en effet l'œuvre de Dieu qui par bonté a voulu communiquer à d'autres êtres la perfection qu'il possède, car « celui qui est bon est exempt d'envie. » Toutefois Dieu n'a pas créé le monde, il l'a seulement organisé en façonnant à l'image des *idées* la matière qui est éternelle. Cette matière est quelque chose d'indéterminé, sans forme, sans accidents, mais susceptible d'en recevoir; elle est le principe du mal, et c'est de la résistance qu'elle oppose à l'action de Dieu que viennent toutes les imperfections des êtres. Le monde produit par Dieu se compose de deux parties : d'un principe spirituel qui en est l'âme et dont les âmes individuelles, dieux, démons, hommes sont les émanations, et d'un principe matériel qui en est le corps; l'Univers est en conséquence un être vivant, un animal immense.

L'homme est composé comme le monde de deux parties, l'âme et le corps. L'âme possède deux facultés principales; celle de connaître et celle d'aimer. Sa faculté de connaître embrasse trois genres de connaissances : les sensations et les notions, objet de l'opinion, et les *idées*, objet de la science. Sa faculté d'aimer comprend également trois amours : l'amour du bien absolu ou les *idées,* l'amour des choses terrestres et animales connues par les sensations, et un amour intermédiaire, θυμός, auquel appartient l'ambition, la colère, etc. Le corps se divise, lui aussi, en trois régions : la tête où réside l'âme supérieure, le cœur où réside l'âme moyenne, et la région gastrique, siège de l'âme inférieure.

La morale platonicienne s'appuie sur ce principe que l'homme doit imiter Dieu ou la perfection souveraine. Or Dieu n'ayant agi au dehors que pour réaliser les *idées,* c'est aussi sur les *idées,* c'est-à-dire sur le bien absolu, que l'homme doit régler ses actions. La sanction de cette morale est la vie future, heureuse ou malheureuse suivant le mérite de chacun.

La société devant se conduire d'après les mêmes principes que les individus, les meilleures institutions seront celles qui façonneront le mieux un peuple à l'image des idées, c'est-à-dire celles qui lui donneront le plus d'ordre ou d'unité. Platon en conclut qu'un état social parfait doit exclure la propriété et le mariage, causes d'individualisation et de fractionnement. Pour subvenir à toutes les nécessités publiques, les citoyens seront répartis en trois castes : les savants appliqués à la législation et au gouvernement, les guerriers voués à la défense du pays, enfin les artisans et les laboureurs chargés de pourvoir aux besoins physiques.

REMARQUES. — Platon est de tous les philosophes anciens celui qui séduit davantage par la grandeur de ses vues, la noblesse de ses aspirations, la merveilleuse unité de son système et la poésie de son langage. Le caractère dominant de sa philosophie est le spiritualisme. En tout et partout il s'élève au-dessus des sens, et des choses sensibles : dans la théorie de la connaissance il est rationaliste, attribuant primitivement à une contemplation directe de la réalité idéale et dans la vie présente à un souvenir de cette contemplation toutes les connaissances universelles et nécessaires; sa notion de Dieu, bien supérieure au grossier anthropomorphisme des Grecs, approche en pureté et en perfection de l'idée chrétienne; il distingue nettement l'âme du corps, et sa morale si riche en maximes élevées tend tout entière à affranchir l'esprit des liens et des affections terrestres. Platon est donc bien réellement, ainsi qu'on l'a dit souvent, le génie de l'idéal et de la haute spéculation. Ce sont là les grands côtés du platonisme, ceux qui lui ont valu l'honneur de s'unir aux idées chrétiennes dans les écrits de plus d'un docteur de l'Église.

Malheureusement ce bel ensemble est déparé par plusieurs graves erreurs. La tendance spiritualiste de Platon est tellement accentuée qu'elle va jusqu'à l'idéalisme; il déprécie trop ces corps, qui ne sont d'après lui que des images et des ombres; sa fable de la réminiscence est une pauvre explication de la raison; Dieu et la matière coexistant éternellement sont deux êtres d'autant plus contradictoires qu'étant également nécessaires ils occupent les deux extrémités de l'échelle des êtres. Que dire de cette âme du monde qui fait de l'univers entier un corps vivant? Enfin sa théorie politique, sous prétexte d'obtenir l'unité, porte la plus grave atteinte à la morale et sape les bases nécessaires de tout ordre social.

**Continuation de l'école de Platon.** — On désigne l'école de Platon sous le nom d'*ancienne Académie*, tant qu'elle demeura fidèle à l'esprit de son enseignement; ses principaux représentants sont pour cette époque Speusippe, son neveu et successeur immédiat, et Xénocrate. Mais bientôt les idées du maître furent gravement altérées dans le sens d'un scepticisme mitigé, auquel on a donné le nom de probabilisme; ce fut alors la *nouvelle Académie*. Dans cette seconde période on distingue même la *seconde* ou *moyenne Académie*, dont le chef fut Arcésilas, né en Éolie, l'an 315 avant J.-C., la *troisième Académie*, qui eut pour auteur Carnéade, né à Cyrène, l'an 215 avant J.-C., et même une *quatrième Académie* qui aurait eu pour fondateur Philon de Larisse et qui se serait rapprochée du dogmatisme de Platon, auquel revint tout à fait Antiochus d'Ascalonie, disciple de Philon.

## 3° *École aristotélicienne.*

**Aristote.** — Notice biographique. — Aristote naquit à Stagire, dans la Thrace, l'an 384 avant J.-C. Son père, Nicomaque, était médecin d'Amyntas, roi de Macédoine, père de Philippe. Après avoir suivi à Athènes, pendant vingt années, les leçons de Platon, Aristote fut chargé par Philippe de l'éducation de son fils Alexandre, qui demeura toujours très attaché à son maître et lui facilita ses travaux sur l'histoire naturelle, en lui envoyant plus tard, au milieu de ses conquêtes, de nombreux spécimens des animaux et des plantes de l'Asie. Lorsque son élève fut monté sur le trône, Aristote revint à Athènes et y fonda, près du temple d'Apollon Lycien, une école de philosophie qui s'appela Lycée, ou encore école péripatéticienne (περιπατεῖν, *se promener*), parce qu'il donnait ses leçons en se promenant. Accusé d'athéisme par les Athéniens, il dut prendre la fuite et se réfugia à Chalcis, où il mourut un an après, en 322.

Exposé doctrinal (1). — Bien qu'il eût suivi pendant vingt ans les leçons du chef de l'*Académie*, Aristote ne s'inspira nullement du même esprit que lui. Il se montra l'adversaire ardent de sa théorie fondamentale des *idées*, et se fraya sur tous les autres points de la philosophie une route différente de la sienne. Aux brillantes et poétiques conceptions de son maître il substitua les abstractions d'une froide analyse, et aux vives allures de sa méthode intuitive ou de sa *dialectique* la marche lente et circonspecte de la déduction. Moins utopiste que lui en politique, il fut aussi plus vulgaire en morale. En un mot, génie positif et ami des sciences d'observation, il sut éviter les témérités de Platon, mais en revanche sa doctrine manqua sur plus d'un point d'élévation et de désintéressement. Nous suivrons dans ce court exposé de sa doctrine le même ordre que pour Platon : origine de nos connaissances, métaphysique, morale et politique.

Tout en étant porté à donner une très large part à l'expérience dans l'acquisition de nos connaissances, Aristote ne

---

(1) Les principaux ouvrages d'Aristote sont : les divers traités, catégories, interprétations, premiers et seconds analytiques, topiques et sophismes, compris sous le nom général d'*Organon* ; la *Métaphysique* ou science des premiers principes de l'être ; le *Traité de l'âme* ; plusieurs traités de morale, la *Grande Éthique*, l'*Éthique à Nicomaque*, l'*Éthique à Eudème* ; la *Rhétorique*, la *Physique*, et l'*Histoire des animaux*.

fut pas cependant un sensualiste, comme l'avait été Démocrite, et comme devaient l'être plus tard Épicure et Zénon. Il reconnaît dans l'intelligence un élément universel et nécessaire, et au-dessus des sens une faculté supérieure qui n'est autre que la raison. Mais il diffère essentiellement de Platon dans la manière dont il conçoit la connaissance de l'universel. Platon sépare le type des choses de ces choses elles-mêmes, il en fait l'objet d'une intuition directe, et la connaissance sensible n'est qu'une occasion pour l'esprit de se souvenir de cette ancienne intuition. Aristote, lui, rejette ce monde des idées : l'universel qu'il s'agit de connaître est réalisé dans chaque individu ; c'est là qu'il faut l'aller chercher, non par une intuition dans laquelle l'esprit réfléchirait passivement l'être intelligible placé devant lui, mais par un travail actif et une véritable élaboration intellectuelle. L'objet rationnel ainsi connu est nécessaire, mais sa nécessité intrinsèque ne nous apparaît pas, celle que nous lui connaissons est seulement une nécessité logique qui se résout dans le principe de contradiction et que nous impose l'impossibilité d'admettre simultanément deux choses contradictoires.

Cette façon d'envisager l'acquisition de nos connaissances rationnelles donnait une grande importance à l'étude des opérations de l'entendement ou de la faculté supérieure aux sens ; c'est pourquoi Aristote y apporta un soin particulier. Il composa sur ce sujet cinq traités qui, sous le nom d'*Organon*, formèrent cette *Logique* déductive ou syllogistique que tous les âges suivants devaient adopter, sans avoir besoin de la retoucher. La logique est en effet le grand œuvre d'Aristote et son principal titre de gloire.

En métaphysique Aristote s'élève à Dieu par la nécessité d'un premier moteur. Le temps est une durée successive, et la succession ou le mouvement étant la substitution d'une qualité à une autre qualité dans un même être, un premier et un dernier instant sont également impossibles. Donc le mouvement et le temps sont éternels. — A ce mouvement éternel il faut un principe éternel comme lui, et ce premier moteur doit être immobile, car s'il était mû par un autre il ne serait plus premier moteur, et s'il se mouvait lui-même il serait tout à la fois actif et passif, ce qui est contradictoire. Le premier moteur est donc immobile. Il meut cependant, mais comme meuvent les objets de la pensée et du désir, lesquels agissent sur l'âme comme fin de l'intelligence et de l'appétit, et non comme force motrice. Le premier moteur meut ainsi le monde en tant que cause finale. — Objet de toute pensée et de tout désir, il doit être l'intelligible en soi et le bien en soi, c'est-à-dire la perfection absolue. Il est en conséquence une substance une, simple, éternelle et infinie; un acte pur, sans mélange de puissance, une intelligence parfaite dont l'objet infini n'est autre que sa propre perfection. Cet être absolu concentre en lui-même toute son action; il ne tient au monde que par sa beauté et l'amour que le monde en conçoit. Tel est le Dieu d'Aristote.

Dans les êtres qui composent le monde quatre choses sont à considérer : la matière, la forme, le mouvement et la cause finale. La matière et la forme jouent un rôle considérable dans la métaphysique aristotélicienne : la *forme* est tout ce qui donne à un objet un caractère déterminé; si on lui retire tout ce qui le caractérise et le détermine, il ne reste plus que la *matière première*. Ni la matière ni la forme ne peuvent exister l'une sans l'autre; de leur union résulte la *substance* qui sert elle-même de fondement aux *qualités* ou attributs. — L'être composé de matière et de forme possède la puissance ou d'être modifié ou d'en modifier un autre; cette puissance se manifeste par le mouvement. — Tout mouvement doit être coordonné à un but qui est sa cause finale. — Tous les êtres qui font partie de l'univers ayant une même fin, le moteur suprême, il en résulte qu'il y a unité et harmonie dans le monde. Cette harmonie est éternelle comme le mouvement par lequel elle se manifeste. Dieu n'est pas ici le *démiurge*, son action n'entre pour rien dans l'ordre de l'univers,

Pour Platon, le corps n'est qu'une prison que l'âme habite par force; pour Aristote, l'âme et le corps sont les deux parties intégrantes d'un même tout : l'âme est la forme et le corps la matière; c'est l'âme qui donne au corps le mouvement, l'organisation et la vie. L'âme possède cinq facultés principales : la faculté nutritive, celle de sentir, celle des appétits, celle du mouvement spontané, et enfin celle de l'entendement. Les quatre premières de ces facultés sont unies au corps et agissent par son intermédiaire; seule, la dernière est entièrement spirituelle et agit sans le secours d'aucun organe.

La morale d'Aristote a pour principe la modération des désirs suivant le jugement de la raison; la vertu consiste dans un certain *milieu* entre deux extrêmes. Le but de la morale est la satisfaction qui résulte de ces modérations des désirs; de là le mot d'*eudémonisme* donné à ce système.

La politique a pour but l'utilité commune qui s'obtient, elle aussi, par un certain milieu entre les systèmes exclusifs. La meilleure constitution est celle qui unit dans une sage mesure la monarchie, l'aristocratie et la démocratie.

Remarques. — Aristote s'est distingué entre tous les philosophes anciens par son vaste savoir; son érudition fut immense pour l'époque à laquelle il vécut. Créateur de la logique, il a eu le rare mérite de porter lui-même son œuvre à son plus haut point de perfection. La notion qu'il donne de Dieu, très défectueuse à certains égards, renferme aussi des aperçus d'une incontestable supériorité : ce concept de l'acte pur sans mélange de puissance est de la plus haute métaphysique. Il est mieux inspiré que Platon dans son appréciation des rapports du corps et de l'âme, et comprend également mieux que lui la constitution politique que demande une société d'hommes.

D'autre part sa philosophie renferme une tendance au sensualisme qui s'accentue de plus en plus chez ses successeurs et finira par les conduire jusqu'au matérialisme et à l'athéisme. Qu'est-ce d'ailleurs pour l'humanité que ce Dieu parfait sans doute en soi, mais totalement étranger à l'organisation et au gouvernement du monde? L'homme qui existe sans lui et qui n'a rien à en attendre peut l'admirer, mais non lui donner son amour et lui rendre un culte. Enfin sa morale est des plus défectueuses : dépourvue de base absolue et de sanction supérieure, elle ne se soutient pas théoriquement, et concentrée dans le bonheur individuel elle manque de désintéressement et de grandeur. Quoi qu'il en soit de ces défauts, la philosophie d'Aristote est certainement un des plus beaux monuments qu'ait élevés l'intelligence humaine.

**Continuation de l'école aristotélicienne.** — Parmi les continuateurs les plus illustres d'Aristote, nous citerons : Théophraste, principalement connu par son livre des *Caractères*. Dicéarque de Messine, Straton de Lampsaque et Andronicus de Rhodes qui enseigna à Rome vers l'an 80. La plupart de ces philosophes devinrent sensualistes et matérialistes.

## 4° *École épicurienne.*

**Épicure.** — Notice biographique. — Épicure naquit à Gargettes, près d'Athènes, l'an 337 avant J.-C.; son père était maître d'école et sa mère devineresse. Il passa sa jeunesse à Samos, où sa famille s'était transportée, et revint à l'âge de 36 ans fonder à Athènes une école de philosophie. Son enseignement n'était pas public; il ne s'adressait qu'à des disciples choisis qui vivaient en société, chacun contribuant pour sa part aux dépenses communes.

Exposé doctrinal. — Épicure est avant tout et même à peu près exclusivement un philosophe moraliste; le peu de métaphysique que contient sa philosophie n'est qu'une préparation à la partie morale. Pour être à même de se tracer une ligne de conduite sage et assurée, l'homme doit savoir user de ses moyens de connaître et se faire une juste idée de lui-même et des choses qui l'environnent. De là trois parties dans la philosophie épicurienne : la canonique, la physique et l'éthique.

La canonique, c'est-à-dire la logique, contient la théorie de la connaissance des lois que l'esprit doit suivre pour arriver à la vérité. Reproduisant Démocrite, Épicure enseigne que les corps émettent perpétuellement en tous sens des atomes très déliés dont le contact avec les organes de nos sens engendre en nous la sensation et par elle la perception ou la *notion* des corps. C'est de ces notions fournies par les sens que nous tirons les idées générales ou *anticipations*, ainsi appelées parce qu'elles précèdent et rendent possible le raisonnement. L'intelligence de l'homme ne renferme rien autre chose que les notions et les anticipations; elle ne contient donc rien d'absolu, d'universel et de nécessaire. — Les notions, résultat nécessaire de l'action des corps sur les organes des sens, ne peuvent jamais être fausses; les anticipations seules sont susceptibles d'erreur et doivent pour cette raison être sans cesse confrontées avec les notions.

La physique d'Épicure, que l'on appellerait mieux sa métaphysique, contient la théorie des choses dont elle apprend à l'homme à se faire une juste idée. Copiant encore Démocrite, il explique mécaniquement la formation du monde au moyen des atomes. Les atomes sont éternels, infinis en nombre et doués d'une force propre en vertu de laquelle ils se meuvent nécessairement. Pour expliquer leur rencontre, il ajoute au mouvement vertical de Démocrite, un mouvement oblique ou *clinamen*. Les atomes en se rencontrant au hasard forment des composés nombreux, dont quelques-uns se trouvent être viables et entrent dans la composition de l'univers. Tout ordonnateur intelligent est ainsi écarté de la formation et du gouvernement du monde. — Les dieux existent cependant; ce sont des êtres corporels de forme humaine, car c'est la forme la plus parfaite, mais plus grands que les hommes. Ils vivent loin du monde dans une béatitude oisive et sans se soucier des choses humaines. — L'âme de l'homme est corporelle comme tous les autres êtres. Composée d'atomes de feu, d'air et de lumière, elle est étroitement unie au corps avec lequel elle doit un jour se dissoudre; la mort est donc un anéantissement complet.

Instruit de la vraie nature des choses, l'homme se trouve délivré de toute crainte superstitieuse ; il ne redoute ni les dieux qui ne s'occupent point de lui, ni les peines d'une autre vie qui sont une vraie chimère. Sa ligne de conduite est désormais toute tracée : être corporel et doué de sensibilité, il se trouve au milieu d'autres êtres qui peuvent le faire jouir ou souffrir ; sa loi morale se réduit donc à fuir la douleur et à rechercher le plaisir, *fugiendus dolor, expetenda voluptas.* C'est en cette maxime en effet que consiste toute la morale d'Épicure ; il n'a même le droit d'y rien ajouter, car le plaisir étant très relatif, c'est à chacun à rechercher par sa propre expérience les jouissances qu'il préfère entre toutes. Peu conséquent cependant avec son principe et désireux sans doute de donner à son système quelque apparence d'honnêteté, Épicure entreprend de guider ses disciples dans le choix des plaisirs : il recommande les plaisirs de l'âme, et parmi eux plutôt les plaisirs calmes du repos que les plaisirs agités de l'action ; il exhorte à la vertu, parle de force d'âme, de résignation, de courage, et propose de sages maximes que des stoïciens comme Sénèque ne dédaigneront pas de lui emprunter. Lui-même, au dire de quelques-uns, aurait mené une vie honnête et une conduite estimable. Tout cela n'est qu'un leurre ; la vertu dépouillée par lui de son véritable caractère qui est le désintéressement cesse d'être elle-même et n'a d'autre valeur que celle du plaisir qu'elle procure ; il en est de même de la force d'âme et de toutes ces belles maximes de détachement qui n'ont pour but que de rendre l'âme moins accessible à l'adversité. Épicure d'ailleurs par une nouvelle contradiction exalte fréquemment les plaisirs des sens et absout les voluptueux qui mettent une certaine délicatesse dans leurs plaisirs et qui savent mépriser les dieux. Aussi ses disciples, plus logiques que lui, donnèrent-ils généralement dans tous les excès d'une vie licencieuse. — Les devoirs de l'homme envers ses semblables, fondés comme les devoirs personnels sur l'utilité individuelle, n'ont d'autre base qu'une convention primitive. Quant aux devoirs religieux, ils se réduisent à un culte d'admiration et de respect pour des natures supérieures à celles de l'homme.

Remarques. — En renonçant à la métaphysique, la philosophie d'Épicure cesse d'être une véritable science et déchoit du haut rang où l'avaient élevée Platon et Aristote. Comme système moral, c'est une doctrine honteuse, qui, ainsi que le disait fort bien Cicéron, appelle bien moins la réfutation du philosophe que la censure de l'autorité, gardienne des mœurs publiques.

**Continuation de l'école d'Épicure.** — Une telle philosophie ne pouvait développer aucun talent; aussi les philosophes épicuriens n'ont-ils rien produit qui les signalât à l'attention de la postérité. Vers le siècle d'Auguste, l'épicuréisme se fit de nombreux partisans à Rome, et trouva dans le poète Lucrèce un apologiste distingué.

## 5° *École stoïcienne.*

**Zénon.** — Notice biographique. — Zénon naquit à Citium, dans l'île de Chypre, l'an 340 avant J.-C. Il s'adonna d'abord au commerce, mais ayant fait naufrage en venant d'Athènes, il se livra à l'étude de la philosophie et enseigna bientôt lui-même sous un célèbre portique (στοά) d'Athènes; de là le surnom de *stoïcienne* donné à son école. L'austérité de sa vie et la pureté de sa doctrine morale lui valurent l'estime des Athéniens pendant sa vie et de grands honneurs après sa mort.

Exposé doctrinal. — La philosophie de Zénon comprend trois parties : la physiologie, la logique et l'éthique ou morale, mais elle n'est en réalité comme l'épicuréisme qu'une philosophie morale; elle offre même cette anomalie que sa partie pratique et sa partie spéculative sont complètement opposées l'une à l'autre. En logique et en métaphysique Zénon est sensualiste et matérialiste, et en morale il soutient un spiritualisme exagéré.

La logique des stoïciens diffère très peu de celle des épicuriens. Les premiers admettent comme les seconds que la raison n'est pas une faculté supérieure à la sensation; elle consiste dans une activité intellectuelle chargée de généraliser les données sensibles. C'est aux stoïciens qu'appartiennent l'allégorie de la *table rase* et le célèbre principe : *Nihil est in intellectu quod non prius fuerit in sensu.*

La physiologie stoïcienne est un matérialisme bizarre qui reconnaît d'abord les esprits et les absorbe ensuite dans la matière. Toute substance comprend deux éléments : l'un passif, imparfait, principe du mal, qui est la matière; l'autre actif, raisonnable, principe du mouvement et de la vie, qui est l'esprit. Ce second élément, tout en étant spirituel, est aussi un corps, car ce qui n'est pas corporel n'est rien. — Le monde dans son ensemble est composé de ce double élément, passif et actif; l'élément actif, âme du monde, raison universelle, est Dieu; mais il ne se sépare pas de l'autre élément, en sorte que Dieu c'est l'énergie de l'univers, ce sont les forces régulières qui le meuvent et l'animent. — L'homme est, lui aussi, composé d'un corps et d'une âme; cette âme, principe actif et corporel tout à la fois, est une parcelle de la grande âme et se dissout comme le corps ou plutôt retourne à la mort de ce dernier dans l'âme universelle d'où elle est sortie. Monde et homme, tout est régi par des lois fatales qui sont celles de la raison.

La partie de beaucoup la plus importante du stoïcisme, c'est sa morale qui, nous l'avons dit, est en contradiction formelle avec sa métaphysique et avec l'épicuréisme. Épicure ne voyait dans l'homme qu'un être sensible, Zénon n'y aperçoit qu'un être raisonnable; le premier sacrifie les droits de la raison, le second ceux de la sensibilité; tous les deux mutilent l'homme, l'un en l'avilissant, l'autre en lui donnant une fausse grandeur. — L'homme, dit Zénon, est un être raisonnable; c'est par là qu'il se distingue de l'animal; donc sa vraie nature, c'est la raison, et comme chaque être doit vivre conformément à sa nature : *Sequere naturam*, l'homme doit vivre conformément à sa raison. Ce que la raison approuve, c'est l'ordre par lequel chaque vie particulière étant bien réglée rentre dans l'ordre général et concourt à l'unité rationnelle de l'univers : *Toti mundo te insere.* Suivre sa raison, c'est donc aussi et par là même suivre la raison universelle, se conformer aux lois du tout. Il n'y a de bien que ce que la raison approuve, de mal que ce qu'elle condamne ; le reste est indifférent, telles sont les peines et les plaisirs. Non seulement les peines et les plaisirs sont indifférents, mais ils tendent à troubler l'âme et à empêcher la raison de se faire entendre ; il faut donc extirper les penchants qui nous y rendent accessibles et interdire sévèrement l'entrée de notre âme à tous les sentiments, même aux plus généreux. S'abstenir des jouissances, mépriser les douleurs : *Sustine et abstine*, et se posséder pleinement dans l'impassibilité d'un calme qu'il n'est au pouvoir de personne de troubler, tel est l'idéal de la perfection stoïcienne. Arrivé à cette perfection, le sage trouve dans l'indépendance que lui donne sa vertu et dans le sentiment de sa supériorité la seule récompense et le seul bonheur auquel il puisse aspirer.

Remarques. — La logique et la métaphysique des stoïciens n'offrent qu'un tissu de contradictions et de grossières erreurs. Quant à leur morale, elle joint à des mérites réels de nombreux et graves défauts. Elle est digne d'éloges en ce qu'elle dénote chez ses partisans une force d'âme peu commune et aussi en ce qu'elle signale, à bien peu de chose près, le vrai fondement de la morale. Ses maximes étaient parfois si voisines de la vérité que le langage chrétien put en adopter la formule et d'autre part elle fit contrepoids à l'épicuréisme et aida à se développer plus d'un grand caractère. Mais par ailleurs, dépourvue d'autorité et de sanction, elle est fausse, impraticable et dangereuse. Elle impose le devoir au nom de la raison ; or la raison c'est l'homme, et nul ne peut s'imposer à lui-même une obligation. Elle est privée de toute sanction, puisque le dieu stoïcien n'est ni législateur, ni personnel. Elle est fausse dans l'idée qu'elle se fait de la vraie dignité de l'homme, impraticable quand elle commande la destruction de la sensibilité, et dangereuse par l'idée exagérée qu'elle donne à l'homme de ses forces et de sa grandeur morale.

**Continuation de l'école de Zénon.** — Les successeurs de Zénon abandonnèrent promptement la partie théorique de son système pour n'en conserver que la partie morale. Parmi les stoïciens célèbres nous citerons surtout Chrysippe de Tarse, surnommé la Colonne du Portique, qui combattit avec ardeur les doctrines d'Arcésilas et de Carnéade. Plus tard le stoïcisme s'introduisit à Rome et y eut même ses plus illustres représentants.

### 6° *Pyrrhonisme et nouveau scepticisme.*

La sophistique, vaincue par Socrate, essaya de reparaître environ un demi-siècle après lui, dans la personne de Pyrrhon d'Élis, qui florissait vers l'an 340 avant J.-C. D'abord peintre, il accompagna Alexandre dans ses campagnes et s'adonna ensuite à la philosophie. La philosophie doit, selon lui, dépouiller tout caractère spéculatif, car la certitude scientifique est impossible ; la pratique est son seul domaine et la vertu l'unique objet de son enseignement. Il soutenait cette thèse par des arguments empruntés aux sophistes. Timon de Phliunte, son disciple, essaya vainement de propager sa doctrine, les grandes écoles socratiques jetaient alors un trop vif éclat pour que le scepticisme eût des chances de succès.

Trois siècles après et quelques années seulement avant J.-C., toutes les écoles grecques étant sur leur déclin, le pyrrhonisme reprit faveur et se présenta sous la forme raisonnée d'un système proprement dit. Les principaux représentants de ce nouveau scepticisme furent Ænésidème, né à Gnosse, en Crète, vers le milieu du dernier siècle avant J.-C., et Sextus Empiricus, né à Mitylène, vers le milieu du II° siècle après J.-C. — Les nouveaux sceptiques distinguent entre les apparences et la réalité, la pratique et la spéculation. Le doute ne porte pas sur les apparences, ni sur la conduite pratique qui doit se régler d'après ce qui paraît ; il ne s'attaque qu'à la réalité et à la certitude raisonnée. Il nous est impossible de savoir si la réalité répond aux apparences, et par conséquent de porter un jugement spéculatif de quelque valeur. Ænésidème le prouve par ses dix époques (ἐπιχεῖν, *retenir*, *suspendre*) ou motifs de doute; mais c'est surtout dans les écrits de Sextus, les *Hypotyposes pyrrhoniennes* et les onze livres *contre les mathématiciens*, c'est-à-dire contre les philosophes dogmatistes, que le nouveau scepticisme se produit avec ses plus forts arguments : l'opposition réciproque de nos moyens de connaître, l'impossibilité de trouver un *critérium* pour distinguer le réel de ce qui ne l'est pas, etc. Dans Sextus, le scepticisme est aussi fort qu'il le sera jamais dans la suite; les sceptiques des autres âges rajeuniront ces arguments en leur donnant une forme nouvelle, mais au fond ils n'y ajouteront pas.

### 7° *La philosophie grecque à Rome.*

Rome n'a pas eu de philosophie propre; son génie éminemment pratique se prêtait peu aux spéculations de la métaphysique et devait redouter ces discussions hardies qui mettaient en question les principes les plus fondamentaux de la raison et les règles les plus sacrées de la conduite morale. C'est aussi ce qui eut lieu : Rome repoussa d'abord les philosophes, et lorsque, dans les derniers temps de la République elle eut enfin donné droit de cité à la philosophie, elle ne produisit rien d'original et se contenta de suivre les Grecs.

Toutes les écoles grecques s'introduisirent à Rome; mais la nouvelle Académie et le stoïcisme y eurent les plus illustres représentants, la première dans la personne de Cicéron, le second dans Sénèque, Épictète et Marc-Aurèle. — Cicéron, plutôt orateur que philosophe, a cependant bien mérité de la philosophie par les nombreux et beaux ouvrages qu'il lui a consacrés (1). Le caractère de sa philosophie est une sorte d'éclec-

---

(1) Les principaux ouvrages philosophiques de Cicéron sont : 1° les *Questions académiques*, où il expose les différentes opinions sur le dogmatisme, le scepticisme et le probabilisme; 2° le traité *de Finibus bono-*

tisme et son objet préféré est la partie morale. En métaphysique, Cicéron suit la nouvelle Académie dont il pratique trop fidèlement le probabilisme; aussi ses ouvrages sont-ils de nature à entretenir le doute, bien plus qu'à porter la lumière dans l'esprit du lecteur. En morale il est généralement stoïcien, tempérant toutefois la doctrine du Portique par quelques emprunts faits aux écoles platonicienne et aristotélicienne. — Sénèque est un moraliste éminent, mais il excelle dans l'analyse et la peinture du cœur humain, bien plus que dans l'exposition des principes généraux de la morale. La métaphysique lui fait défaut, et c'est pourquoi sa morale théorique est faible et contradictoire. Dans la morale pratique, il développe surtout les devoirs personnels et fait consister la perfection du sage dans son indépendance vis-à-vis de toutes les choses extérieures, disposition assurément nécessaire à la perfection dans une certaine mesure, mais qui est loin de la constituer tout entière et qui, portée à cet excès, isole beaucoup trop l'individu de la société de ses semblables. Aussi les devoirs sociaux sont-ils trop négligés par Sénèque; il a cependant le mérite d'exhorter les hommes à cette confraternité générale, qui devait être un des bienfaits du christianisme. Quant aux devoirs religieux, il les passe à peu près sous silence (1). — Épictète, le plus parfait des stoïciens, eut pour disciple l'empereur Adrien, qui consigna lui-même sa doctrine dans plusieurs écrits entre autres dans le *Manuel d'Épictète*, le seul à peu près qui soit parvenu jusqu'à nous. — Marc-Aurèle, prince accompli, a laissé de belles maximes de morale dans des *Réflexions* sur sa propre vie; mais c'est toujours la morale stoïcienne sans base ni sanction.

*rum et malorum*, sur le souverain bien et le souverain mal; 3º les *Questions tusculanes*, où il enseigne à mépriser les maux de cette vie et la mort même; 4º le traité *des Devoirs*, recueil des prescriptions du droit naturel; 5º le traité *de la République*, où il fait l'éloge des institutions romaines; 6º le traité *de la Nature des dieux*.

(1) Les principaux ouvrages de Sénèque sont : ses *Lettres à Lucilius*, et ses traités *de Vita beata, de Otio, de Constantia sapientis*, etc.

## TROISIÈME PÉRIODE.

### PHILOSOPHIE GRÉCO-ORIENTALE.

#### 1° École néoplatonicienne d'Alexandrie.

**Notice historique.** — Vers la fin du II° siècle de l'ère chrétienne, la ville d'Alexandrie, devenue le principal centre intellectuel de l'univers, vit naître et se développer dans son sein un nouveau mouvement philosophique qui devait pendant trois siècles jeter un vif éclat et donner une vie nouvelle aux doctrines philosophiques alors un peu vieillies de l'Orient et de l'Occident. Les philosophes qui participèrent à ce mouvement forment ce que l'on a appelé l'école néoplatonicienne d'Alexandrie, bien que tous n'aient pas enseigné dans cette ville. Ammonius Saccas et Potamon en furent les premiers fondateurs, mais Plotin, Porphyre, Jamblique et Proclus en furent les maîtres les plus illustres.

Tous ces philosophes ne participèrent pas de la même façon au développement du néoplatonisme. Plotin (205-270), le plus célèbre de tous, est un métaphysicien; il a laissé dans ses *Ennéades* l'ouvrage le plus important de cette école. Porphyre (233-304), disciple de Plotin, est un logicien; il composa entre autres un traité *des Prédicables* qui a été joint dans la suite à titre d'introduction (*isagoge*) à l'*Organon* d'Aristote. Jamblique qui florissait vers 310, s'adonna spécialement à la théurgie et fut l'auteur de ce que l'on pourrait appeler la partie rituelle du mysticisme alexandrin; il eut pour disciple Édésius qui fut le maître de Julien l'Apostat. Enfin Proclus, né à Byzance en 412, s'occupa de fondre en un même tout organique les doctrines si variées de ses prédécesseurs.

En même temps qu'ils ressuscitaient les doctrines philosophiques de l'ancien monde païen, les Alexandrins se portèrent comme les protecteurs de son culte et agirent en ennemis acharnés du christianisme. Ayant ainsi uni leur destinée à celle du paganisme, ils tombèrent avec lui : ennemis politiques des Césars convertis, ils jouirent un instant de la faveur impériale sous Julien l'Apostat, mais virent fermer leurs écoles en 529 par Justinien qui les exila en Perse.

**Caractères généraux du néoplatonisme.** — Le néoplatonisme se proposa pour but d'opérer la fusion des doctrines orientales et des systèmes de la Grèce. Sa méthode fut en conséquence l'éclectisme : il puisa dans tous les systèmes et aussi dans toutes les religions, même dans le christianisme; cependant il s'inspire plus habituellement des idées de Platon, et c'est ce qui lui a valu son nom de néoplatonisme. Sa tendance est le mysticisme : on y dédaigne les moyens rationnels de connaître et la science réputée inférieure à laquelle ils conduisent, et l'on a recours aux communications directes avec Dieu, aux extases, aux évocations et bientôt à toutes les pratiques de la théurgie. Avec une telle tendance, son objet doit nécessairement être théologique, et en effet le néoplatonisme s'occupe surtout de Dieu et de ses rapports avec le monde, et se résume en une sorte de panthéisme idéaliste.

**Exposé doctrinal** (1). — Le premier principe de toutes choses est l'*unité* pure et absolue, excluant toute qualité déterminée et toute distinction, même celle qu'implique la connaissance; de cette unité première émane l'*intelligence,* dont les opérations sont immanentes, et de l'intelligence émane à son tour l'*âme* qui est force motrice et principe du mouvement. L'intelligence contient en soi toutes les idées des choses possibles; ces idées reçoivent de Plotin le nom de dieux intelligibles. L'âme ou principe producteur les réalise au dehors dans les diverses catégories d'âmes, et produit en même temps,

(1) Cf. *Précis de Juilly.*

en les tirant pour ainsi dire de sa propre substance, les corps qui doivent leur servir de demeures. Le monde sensible, image du monde intelligible, est donc rempli d'âmes dans toutes ses parties. Parmi ces âmes on distingue les dieux intellectuels qui animent et dirigent les astres, les héros et les démons qui servent d'intermédiaires entre les dieux et les hommes, les âmes humaines, et enfin les âmes des animaux, des plantes et des autres parties de la nature. Le monde est éternel, car la grande âme n'a jamais pu être inactive.

Les âmes humaines, spirituelles et impérissables comme l'âme de qui elles procèdent, doivent s'affranchir des liens de la matière et retourner à leur principe. Cette purification, qui peut nécessiter plusieurs vies et exiger le séjour de l'âme dans des corps plus ou moins parfaits, s'obtient par le développement de la vie divine. La vie divine se développe dans chaque homme par l'action des dieux et par son travail personnel, qui comprend la science et la vertu. La science qui purifie s'acquiert, non par les procédés logiques, mais par voie d'illumination ; de même les vertus supérieures sont les vertus théurgiques et divines, qui donnent à l'homme le pouvoir d'évoquer les dieux, de converser avec eux, de commander aux démons, etc. Quant au secours des dieux, on l'obtient par la prière et par des rites symboliques ou pratiques théurgiques qui, par leur ressemblance avec les choses intellectuelles et divines, ont une merveilleuse efficacité.

**Remarques.** — Il est aisé de voir que le néoplatonisme alexandrin se résume en un panthéisme idéaliste et mystique. Une série interminable d'émanations y explique la formation de tous les êtres, même de la matière qui dérive directement du monde intelligible, et les âmes qui sont sorties de Dieu par cette première évolution y retournent par une évolution nouvelle dont le secret se trouve dans les pratiques de l'illuminisme le plus extravagant. C'est à ce tissu d'erreurs qu'aboutirent les travaux de philosophes d'ailleurs éminents, parce qu'ils manquaient de la première condition requise pour faire un véritable éclectisme. Leur entreprise était sage et fondée en raison, car la philosophie grecque avait parcouru en entier le cercle des systèmes philosophiques, et il y avait bien des vérités à recueillir dans les écrits de tant d'esprits supérieurs; mais pour faire un choix de doctrines, il faut une règle sûre, une pierre de touche infaillible, et les Alexandrins n'en possédaient aucune. A la même époque, les docteurs chrétiens qui possédaient cette règle dans la *Révélation,* entreprenaient la même œuvre avec un tout autre succès.

## 2° *Philosophie des Pères de l'Église.*

**Notice biographique.** — L'enseignement chrétien s'adressait à la raison sans doute, en ce sens qu'il était de nature à la satisfaire plus qu'aucun système philosophique, mais il ne s'appuyait pas sur elle et tirait toute sa certitude de la parole révélée de Dieu. Afin de bien marquer le caractère surnaturel de la nouvelle doctrine, les premiers prédicateurs de l'Évangile prirent garde de n'y mêler aucune conception rationnelle; mais quand les philosophes païens se furent servis de leurs systèmes pour battre en brèche les dogmes chrétiens, ils durent changer de système et accepter le combat sur le terrain où on le leur offrait. Ainsi naquit la philosophie chrétienne, dont les représentants sont généralement divisés en Pères grecs et en Pères latins, suivant la langue dont ils se servirent.

Les principaux Pères grecs sont : saint Denys l'Aréopagite, Athénien converti par saint Paul, saint Justin (89-167), né en Palestine de parents païens et philosophe platonicien avant sa conversion; saint Irénée, né en Orient vers l'an 120 et qui devint évêque de Lyon; saint Panthène, fondateur de l'école chrétienne d'Alexandrie; Clément d'Alexandrie, disciple et successeur du précédent, dont le plus célèbre ouvrage porte le titre de *Stromates* ou *Tapisseries,* et enfin Origène (185-255), qui succéda à Clément.

Parmi les Pères latins, on remarque Tertullien (160-245), Lactance, et surtout saint Augustin (354-430) qui de manichéen est devenu un des plus grands docteurs de l'Église.

**Caractères généraux de la philosophie des Pères.** — La philosophie chrétienne se distingue essentiellement de la philosophie païenne par sa soumission à l'enseignement révélé. C'est à la lumière des dogmes du christianisme et les yeux constamment fixés sur cette parole de Dieu qui ne peut nous tromper, qu'ils étudient les questions accessibles à la raison. Ils sont philosophes, car ils établissent rationnellement tout un ensemble de vérités naturelles; mais ils sont chrétiens, parce qu'ils prennent pour pierre de touche de leurs spéculations les vérités révélées par Dieu à l'autorité de qui ils subordonnent leurs propres lumières.

Munis de cette règle, qui leur permet de discerner le vrai du faux, les Pères se livrent à un éclectisme éclairé. « Je ne donne point, dit Clément d'Alexandrie, le nom de philosophie à la doctrine particulière du Portique, d'Épicure, de Platon ou d'Aristote; mais à tout ce que ces divers instituts ont enseigné de conforme à la science religieuse et à la justice. Je donne le nom de philosophie à ce choix fait entre leurs doctrines. »

Attirés sur le terrain philosophique par les besoins de la lutte, les Pères sont philosophes polémistes bien plus que philosophes didactiques. Il en résulte : 1° que leurs doctrines philosophiques sont ordinairement mêlées à l'exposition des dogmes révélés; 2° que l'on chercherait en vain chez eux un système complet et méthodique de spéculations rationnelles; 3° qu'ils ont dû insister principalement sur les vérités les plus défigurées par le paganisme, comme l'unité de Dieu, la création des êtres finis, la distinction de l'esprit et de la matière, la liberté, l'origine du mal. Ce sont là en effet les points qu'ils ont spécialement développés.

Les Pères allaient au plus pressé, combattant plutôt que construisant; plus tard les docteurs du moyen âge reprendront leur œuvre forcément interrompue par les invasions barbares et les troubles politiques qui en furent la suite, et édifieront cette philosophie chrétienne dont les Pères avaient jeté çà et là les premiers fondements.

**Transition des temps anciens au moyen âge.** — La philosophie a bien peu de chose à revendiquer dans la période tourmentée qui s'étend du VI<sup>e</sup> au IX<sup>e</sup> siècle. Citons cependant en Occident : Boëce, sénateur romain, que Théodoric, roi des Ostrogoths, fit périr injustement, et qui resta longtemps célèbre dans les écoles par des traductions ou des commentaires et par son traité *de la Consolation de la philosophie*, écrit dans son cachot; Cassiodore, ministre de Théodoric; Bède et Egbert, maître d'Alcuin. En Orient, on cite Jean Philopon, vers la fin du VI<sup>e</sup> siècle, et saint Jean Damascène, dans le VIII<sup>e</sup>.

# DEUXIÈME ÉPOQUE.

## MOYEN AGE.

**Division de cette époque en trois périodes.** — L'époque du moyen âge, en ce qui concerne la philosophie, commence vers la fin du VIII⁰ siècle avec les écoles fondées par Charlemagne, et se termine vers le milieu du XV⁰ siècle. Elle se divise assez naturellement en trois périodes, qui répondent aux commencements, à l'apogée et au déclin de la philosophie scolastique. La première de ces périodes s'étend de la fin du VIII⁰ siècle à la fin du XII⁰; la seconde comprend le XIII⁰, et la dernière le XIV⁰ et la première moitié du XV⁰.

**Caractères généraux de la philosophie scolastique.** — L'ancien monde romain a disparu avec sa civilisation raffinée et corrompue; des peuples pleins d'une énergie sauvage se sont implantés sur ses ruines, et désormais possesseurs du sol qu'ils ont en grande partie dépeuplé et ravagé, ils sentent leur soif de combat s'apaiser, leur instinct de destruction s'affaiblir; ils aspirent enfin à un état stable et régulier, et consentent à subir l'influence civilisatrice de l'Église. C'est alors que s'ouvrent de toutes parts dans les cloîtres, dans les maisons épiscopales, dans les dépendances des églises, des écoles où l'on reprend peu à peu la culture des lettres et des sciences, et où renaît à son heure la philosophie chrétienne des Pères de l'Église, qui s'appellera philosophie scolastique, du nom des lieux où elle sera enseignée.

Œuvre de l'Église, la civilisation du moyen âge est tout entière imprégnée de l'esprit chrétien; tel est aussi le caractère principal de l'enseignement philosophique à cette époque. La scolastique, comme la philosophie des Pères, est avant tout soumise à la foi représentée par la théologie, et destinée à lui venir en aide et la fortifier, *ancilla theologiæ*. Conduire à la foi, expliquer les dogmes de la foi, autant qu'il est au pouvoir de la raison de le faire, venger la foi des attaques dont elle est l'objet, tel est le triple rôle qui lui est assigné. En conséquence de ce rôle et aussi parce que ses interprètes étaient des prêtres ou des moines, c'est-à-dire des théologiens, la philosophie scolastique est durant tout le moyen âge étroitement unie à la théologie. C'est dans les *sommes théologiques* des docteurs et au milieu des thèses dogmatiques qu'il faut aller la chercher. On s'en ferait cependant une fausse idée, si l'on croyait qu'elle s'est constamment bornée à présenter le côté rationnel des vérités religieuses; si elle l'a fait d'abord, parce que l'état des esprits ne permettait guère autre chose, elle s'est élevée plus tard, avec les docteurs du XIIIe siècle, aux plus hautes questions de la métaphysique, et s'est étendue à un système complet de conceptions rationnelles, dont plusieurs n'avaient point de rapport direct avec la théologie. De même, tout en étant convaincue que dans les questions mixtes elle ne pouvait contredire l'enseignement révélé sans tomber dans l'erreur, elle retrouvait son indépendance et savait en user sur tous les points abandonnés par Dieu aux libres recherches de la raison humaine. Le premier caractère de la scolastique fut donc une légitime subordination de la raison à la foi, et non un humiliant et dégradant esclavage.

Le second caractère général de la philosophie du moyen âge est d'avoir été principalement péripatéticienne.

Elle emprunta d'abord au péripatétisme sa logique : l'*Organon* d'Aristote, traduit par Boëce, devint le manuel philosophique des écoles; la forme syllogistique fut imposée à toutes les questions, et des disputes où l'on usait de toutes les subtilités de la dialectique furent trop souvent considérées comme le moyen principal de cultiver l'esprit et comme la preuve la plus concluante d'une haute valeur intellectuelle. De là le caractère formaliste et ergoteur que l'on a justement, mais trop sévèrement reproché à la scolastique; n'est-ce pas en effet à cette logique rigoureuse que l'esprit humain a dû la fermeté et la pénétration dont il a fait preuve au XVII° siècle? Les autres ouvrages d'Aristote, connus au XIII° siècle par l'intermédiaire des Arabes, bénéficièrent de la faveur dont jouissait depuis longtemps sa logique; et bien qu'on dût faire subir plusieurs modifications à sa métaphysique, pour la mettre en rapport avec les dogmes chrétiens, l'influence de ce philosophe fut prépondérante pendant tout le moyen âge.

De ce second caractère en découle un troisième : aristotélicienne, la scolastique a dû être surtout une philosophie déductive; du reste sa première formation qui l'appliquait à l'explication des dogmes révélés l'avait conduite à la même méthode. De fait, les philosophes scolastiques ont été peu enclins à l'observation soit externe, soit psychologique; ils ont principalement usé des principes *a priori* et aussi de textes d'auteurs que leur vif sentiment de respect pour l'autorité leur faisait parfois adopter sans critique suffisante.

Tels sont les caractères généraux de la scolastique; il est aisé d'en conclure ses mérites et ses défauts. Ses défauts sont incontestables, mais ses mérites sont bien trop souvent méconnus; pour les apprécier, il suffit cependant de mesurer le chemin qu'elle a fait parcourir à l'intelligence humaine : elle l'avait trouvée dans la barbarie, et elle l'a rendue capable des travaux philosophiques du XVII° siècle.

# PREMIÈRE PÉRIODE
## DE LA SCOLASTIQUE.

**Écoles carlovingiennes.** — La reprise des études, favorisée par Charlemagne, eut lieu, ainsi que nous l'avons dit, vers la fin du VIII° siècle, dans les écoles monastiques ou épiscopales; malheureusement la pénurie des documents, l'état de barbarie des esprits, le peu de sécurité dont on jouissait encore, empêchèrent de leur donner un bien grand développement. Tout se bornait alors aux sept arts libéraux, que l'on divisait en *trivium* et *quatrivium*. Le trivium comprenait la grammaire, la dialectique et la rhétorique, et le quatrivium la musique, l'arithmétique, la géométrie et l'astronomie, réduites, bien entendu, à leurs plus simples éléments. Un nom célèbre s'attache à la création de ces écoles, c'est celui d'Alcuin (726-804), diacre de l'église d'York, que Charlemagne rencontra dans une de ses expéditions contre les Lombards et qu'il associa à son œuvre de restauration des lettres.

**Essais de panthéisme.** — Les écoles carlovingiennes n'étaient point, à proprement parler des écoles philosophiques; le premier écrit qui eut ce caractère parut vers le milieu du IX° siècle et eut pour auteur Scot Érigène, originaire d'Irlande et familier de Charles le Chauve.

Scot, qui avait quelque connaissance de la philosophie orientale, exposa dans un écrit intitulé *de Divisione naturæ*, un système complet de panthéisme. Par le mot *nature* il désigne l'unité primitive, qu'il regarde comme la seule réalité véritable; et il explique comment cette unité se divise, c'est-à-dire se multiplie ou s'individualise dans les phénomènes qui n'existent qu'en apparence. Scot ne fit pas école, bien qu'il eût essayé de faire concorder son système avec la doctrine chrétienne,

Au XIIe siècle, le panthéisme reparut un instant avec Amaury de Chartres et David de Dinant, son disciple, mais sans plus de succès que la première fois.

**Querelle du nominalisme et du réalisme.** — La question philosophique qui à cette époque passionna davantage les esprits fut celle de la valeur des universaux, c'est-à-dire des idées générales. Elle donna lieu à trois systèmes : le nominalisme, le réalisme et le conceptualisme.

Nominalisme. — Roscelin. — Roscelin, chanoine de Compiègne, enseignait vers l'an 1089. Condamné au concile de Soissons, en 1092, pour sa doctrine sur le mystère de la Trinité, il fut banni de France, puis d'Angleterre et revint mourir en France. Il est regardé comme le fondateur du nominalisme.

Les nominalistes enseignaient que les idées générales de genres et d'espèces ne représentent aucune réalité objective et ne sont que de simples abstractions de l'esprit ; allant même plus loin, ils prétendaient que ce ne sont pas des concepts de l'intelligence, mais de simples mots, *flatus vocis*, qui servent à désigner collectivement un certain nombre d'individus. Les êtres individuels sont les seules réalités véritables. Appliquant cette théorie au mystère de la Sainte-Trinité, Roscelin enleva à Dieu son unité et fit des trois Personnes divines autant de dieux distincts. C'est pour cette hérésie du *trithéisme* qu'il fut condamné par le concile de Soissons.

Réalisme. — Guillaume de Champeaux. — Guillaume naquit à Champeaux, près de Melun, vers le milieu du XIe siècle. Nommé archidiacre à Notre-Dame, à Paris, il enseigna dans l'école de cette église, fonda ensuite l'abbaye et l'école de Saint-Victor de Paris, et fut enfin nommé évêque de Châlons. Il mourut en 1121.

Guillaume est regardé comme le chef du réalisme à cette époque, parce que c'est lui qui exagéra le plus cette doctrine. Il enseignait qu'aux idées générales d'espèces et de genres correspond une réalité objective, distincte des individus. Cette réalité est même, selon lui, une nature subsistante qui constitue l'essence de chaque individu et à laquelle vient s'ajouter, à titre d'accident, ce qui distingue les uns des autres les êtres particuliers. A l'idée d'homme, par exemple, correspond une réalité objective, l'humanité, la même chez tous les individus humains, et dont Socrate, Platon, etc., ne sont que les accidents. Il s'ensuit que l'humanité pourrait exister substantiellement, sans qu'il y eût un seul homme, et qu'elle seule possède avec les autres universaux la réalité véritable.

SAINT ANSELME. — Saint Anselme naquit en 1033, à Aoste, dans les Alpes, étudia en Normandie, dans l'abbaye du Bec, sous Lanfranc, auquel il succéda comme abbé du Bec, puis comme archevêque de Cantorbéry. Il mourut en 1109.

Les écrits philosophiques de saint Anselme sont : le traité *de Fide Trinitatis*, dans lequel il réfute Roscelin, lui opposant, sans la préciser, la réalité des genres et des espèces; le *Monologium*, où il suppose un homme, non convaincu de l'existence de Dieu, qui cherche à se la démontrer par les idées de bonté, de grandeur et d'être, et le *Proslogium*, dans lequel un homme convaincu de l'existence de Dieu cherche à la démontrer aux autres par un argument sans réplique. Ce dernier écrit contient la célèbre preuve *a priori* à laquelle est demeuré attaché le nom de saint Anselme (1).

CONCEPTUALISME. — ABÉLARD. — La personnalité la plus brillante de cette époque fut sans contredit Abélard, que quelques-uns ont même considéré comme le fondateur de la scolastique. Il naquit au Pallet, près de Nantes, en 1099, suivit d'abord les leçons de Roscelin, puis celles de Guillaume de Champeaux, et enseigna lui-même successivement à Melun, à Corbeil, à Paris et à Saint-Denis, avec un tel éclat que le nombre de ses auditeurs s'éleva souvent à plusieurs milliers. Ce fut surtout par l'habileté de sa dialectique qu'il se rendit célèbre. Sa funeste passion pour Héloïse et plusieurs erreurs théologiques lui suscitèrent mille déboires : condamné par les conciles

---

(1) Cf. *supra*, p. 423.

de Soissons (1120) et de Sens (1140), où il eut pour adversaire saint Bernard, il se retira au monastère de Cluny et mourut en 1142.

Abélard tient le milieu entre le nominalisme et le réalisme. D'après lui, les universaux n'ont aucune réalité *a parte rei*; ils ne sont pas non plus de purs noms; on doit y voir des conceptions de l'esprit, c'est-à-dire des notions abstraites et comparatives, au moyen desquelles l'esprit se représente ce qu'il y a de commun dans plusieurs objets. Ce système, que l'on a appelé du nom de conceptualisme, ne reparut pas dans la suite; on ne voit pas clairement en effet en quoi il diffère du nominalisme.

Remarques. — Cette controverse du nominalisme et du réalisme, qui remua si profondément les esprits au moyen âge, n'est au fond que celle du sensualisme et du rationalisme. Si les individus, envisagés comme tels, sont l'unique réalité, comme le prétendaient les nominalistes, il s'ensuit que l'expérience externe ou interne suffit pour connaître tout ce qui est réel, et que si quelque activité intellectuelle s'y ajoute, ce n'est que pour transformer les perceptions concrètes et particulières en notions abstraites et générales. Si, au contraire, les individus ne sont pas l'unique réalité, et que l'objet des universaux ne soit pas une pure abstraction, ainsi que le soutenaient les réalistes, il faut de toute nécessité ajouter aux sens, dont l'objet est exclusivement individuel, une faculté supérieure qui atteigne la réalité universelle.

Le nominalisme, forme restreinte de sensualisme, devrait déjà, à ce seul titre, être repoussé; il est de plus insuffisant pour rendre compte de la fixité des espèces, de l'universalité et de la constance des lois, et par là même des classifications aussi immuables que les sciences auxquelles elles s'imposent.

— Le conceptualisme ne différant du nominalisme que dans l'expression, est sujet aux mêmes difficultés que lui.

De la fausseté du nominalisme, nous ne concluons pas à la vérité de toute théorie réaliste, par exemple de celle de

Guillaume de Champeaux. En faisant de l'objet des universaux une réalité substantielle, la même numériquement pour tous les individus d'une espèce, il favorise le panthéisme, multiplie les êtres sans nécessité, et donne nécessairement une certaine individualité à cette réalité qu'il déclare être universelle, ce qui est contradictoire. Mais si l'on peut exagérer le réalisme, il est également possible d'en donner une légitime interprétation. L'expérience constate que les êtres se multiplient d'après certains types qui se modifient dans leurs caractères extérieurs, sans jamais s'altérer dans leurs lignes essentielles; en d'autres termes, l'expérience constate la fixité des espèces au milieu de variétés changeantes et passagères. Ce type inaltérable dans les individus où il se trouve réalisé, cette nature stable et toujours identique est à titre de possible éternellement conçu par Dieu, et même dans les êtres particuliers dont elle constitue l'essence, une réalité universelle, objet bien suffisant d'une idée de même nature. C'est ainsi, croyons-nous, que les grands docteurs du XIII° siècle entendirent le réalisme; conçu de la sorte il obvie aux inconvénients du nominalisme sans tomber dans les exagérations de Guillaume de Champeaux, et semble en parfait accord avec la réalité des choses.

**Mysticisme.** — Au XII° siècle, la tendance mystique inspire l'école contemplative des deux célèbres abbés de Saint-Victor, Hugues et Richard. Sous le nom d'*échelles du ciel*, ces auteurs proposent dans un ordre systématique nos moyens de connaître, qui sont : les sens, l'imagination, la raison, la mémoire, l'entendement et l'intelligence; les cinq premières facultés sont les instruments logiques de la pensée; la dernière est un pouvoir supérieur qui permet une vue directe de la Divinité et des principes des choses. Ces auteurs n'excluent donc pas les procédés ordinaires de la connaissance, mais ils les complètent et les couronnent par une vue immédiate de la réalité intelligible.

A cette première période appartiennent encore deux docteurs célèbres dont les doctrines ne se rattachent à aucun des systèmes précédents; ce sont Pierre Lombard, auteur du *Livre des Sentences,* ou sentiments des saints Pères sur les principaux points de philosophie et de théologie, et Jean de Salisbury, un des plus illustres disciples d'Abélard.

# DEUXIÈME PÉRIODE

## DE LA SCOLASTIQUE.

Le XIII<sup>e</sup> siècle fut la période brillante de la scolastique ; plusieurs causes y concoururent : l'établissement régulier des Universités, la fondation récente des ordres monastiques de Franciscains et de Dominicains, dont les membres les plus intelligents se vouèrent à l'étude avec une noble émulation, et surtout l'introduction dans les écoles des œuvres complètes d'Aristote, que l'Occident reçut des Arabes d'Espagne. Fécond en hommes supérieurs, le XIII<sup>e</sup> siècle revendique à lui seul Albert le Grand, saint Thomas d'Aquin, saint Bonaventure, Duns Scot et Roger Bacon.

**Albert le Grand.** — Albert, de la famille des Bollstœdt, naquit en Souabe, en 1205. Il entra dans l'ordre de Saint-Dominique, enseigna successivement à Paris, puis à Cologne, où il eut saint Thomas d'Aquin pour disciple ; fut nommé évêque de Ratisbonne, et se démit, après quelques années, de son évêché, pour finir sa vie dans l'observance religieuse. Il mourut en 1280. — Albert le Grand se distingua principalement par son immense érudition : philosophe et théologien, il s'adonna encore à l'étude des langues et des sciences naturelles, particulièrement de la physique et de l'alchimie. Il a laissé de nombreux commentaires sur les principaux ouvrages d'Aristote. Ses écrits imprimés forment 21 volumes in-folio.

**Saint Thomas d'Aquin.** — Thomas, de la famille des comtes d'Aquin, naquit dans le royaume de Naples en 1227. Il entra dans l'ordre de Saint-Dominique dont il est la gloire, étudia à Cologne sous Albert le Grand, et vint enseigner la philosophie et la théologie à Paris, où il vécut dans l'intimité du roi saint Louis. L'éclat de son enseignement et de ses vertus l'ont fait surnommer l'Ange de l'école ou le *docteur angélique*. Il mourut en 1274, en se rendant au deuxième concile œcuménique de Lyon. — Les œuvres imprimées de saint Thomas forment 23 volumes in-folio. Son ouvrage le plus remarquable est sa *Somme théologique*, véritable encyclopédie de la science humaine au XIII° siècle. Dans cette *Somme*, non moins remarquable par l'unité du cadre et la clarté de la méthode que par la vigueur de la pensée, l'illustre docteur aborde toutes les questions de la métaphysique, de la psychologie et de la morale, et les discute avec une profondeur qui n'a pas été dépassée. Saint Thomas est sans contredit le philosophe le plus éminent qu'ait produit le moyen âge.

**Saint Bonaventure.** — Jean de Fidanza, connu sous le nom de saint Bonaventure, naquit en Toscane, en 1221. Il entra chez les Franciscains, dont il devint le général, et fut élevé au cardinalat par le pape Grégoire X. L'onction et la piété dont sont remplis tous ses ouvrages lui ont fait donner le nom de *docteur séraphique*. Il mourut en 1274, pendant la tenue du concile de Lyon. C'est surtout par ses œuvres ascétiques que saint Bonaventure s'est rendu célèbre, en philosophie, il est le représentant au XIII° siècle, de l'école contemplative. Son mysticisme est exposé dans deux opuscules assez courts : *Reductio artium ad theologiam*, et *Itinerarium mentis ad Deum*.

**Duns Scot.** — Jean Duns Scot naquit en Angleterre vers l'an 1274. Il étudia à Paris, entra dans l'ordre des Franciscains, et après avoir enseigné à Paris, fut envoyé à Cologne, où il mourut en 1308. — Dans les questions controversées entre docteurs catholiques, Scot est assez généralement, surtout en ce qui concerne les rapports de Dieu avec la volonté libre de l'homme, d'une opinion opposée à celle de saint Thomas. Scot est surtout préoccupé de sauvegarder la liberté de l'homme, tandis que saint Thomas vise plutôt à maintenir intacts le domaine et la perfection de Dieu. De là deux écoles adverses, les thomistes et les scotistes, dont les disputes ont eu un grand retentissement.

**Roger Bacon.** — Roger Bacon naquit en Angleterre en 1214; il entra chez les Franciscains, enseigna à Oxford et mourut en 1292. Roger provoqua ses contemporains à l'étude des sciences physiques et son esprit supérieur pressentit plusieurs des découvertes qui devaient, quelques siècles plus tard, illustrer la science moderne.

# TROISIÈME PÉRIODE

## DE LA SCOLASTIQUE.

Avec le XIV° siècle commence, pour la scolastique, une période de déclin. Épuisée, semble-t-il, par les hommes de génie qu'elle a produits dans le siècle précédent, elle ne présente désormais presque aucun nom remarquable; d'autre part, c'est l'époque des questions oiseuses et des stériles débats. Nous n'avons guère à signaler que la reprise, plus ardente que jamais, de la querelle des universaux et la continuation de l'école contemplative.

**Nouveaux débats sur les universaux.** — Le nominalisme condamné, ainsi que nous l'avons vu, dans la personne de Roscelin ne se releva pas de cet échec pendant la période brillante de la scolastique. Tous les docteurs du XIII° siècle furent réalistes, même les adversaires comme saint Thomas et Scot; mais ce dernier étant revenu aux exagérations de Guillaume de Champeaux, une réaction nominaliste se produisit au XIV° siècle. Guillaume d'Occam en fut l'âme.

**Guillaume d'Occam.** — Né à Occam, dans le comté de Surrey, vers la fin du XIII° siècle, Guillaume entra dans l'ordre des Franciscains et enseigna la théologie à Paris. Il appuya de ses écrits Philippe le Bel et Louis de Bavière dans la lutte qu'ils soutinrent contre le Saint-Siège, fut obligé, pour cette cause, de se réfugier à Münich, et y mourut en 1347. Adversaire ardent du réalisme de Scot, il poussa son nominalisme jusqu'à nier la certitude rationnelle de la spiritualité de l'âme. De ce que nous ne connaissons que les individualités, il concluait que nous ignorons complètement la nature des substances, et que spécialement nous ne pouvons savoir si notre âme est matérielle ou immatérielle, corruptible ou incorruptible.

La doctrine d'Occam se fit de nombreux partisans, et la lutte recommença avec passion entre les nominalistes et les réalistes. Ceux-ci, voyant leurs adversaires gagner du terrain, invoquèrent le secours du pouvoir civil, et obtinrent de Louis XI, en 1474, une ordonnance qui condamnait la doctrine d'Occam, prescrivait de clouer aux murs des bibliothèques les livres nominalistes, et enjoignait aux professeurs de renoncer par serment au système condamné. Mais peu d'années après, en 1481, cette ordonnance fut rapportée et les disputes recommencèrent assez vives parfois pour dégénérer en luttes sanglantes.

**Continuation de l'école contemplative.** — La doctrine de l'intuition mystique fut reprise à cette époque par Jean Tauler (1294-1361), dominicain allemand, et surtout par Jean Gerson. Ce dernier, dont le vrai nom est Jean Charlier, naquit à Gerson dans le diocèse de Reims, en 1363, devint chancelier de l'Université de Paris, et fut député par elle au concile de Constance auquel il prit une grande part. Après une vie assez agitée, il se retira à Lyon où il s'occupait à catéchiser les petits enfants. Il y mourut en 1429. On lui attribue assez ordinairement l'*Imitation de Jésus-Christ*. Pas plus que les autres contemplatifs du moyen âge, il ne rejette l'autorité de la raison humaine; il déclare seulement l'illumination mystique supérieure aux procédés rationnels.

### Transition du moyen age aux temps modernes.

Du milieu du XV° siècle au commencement du XVII° se produit un mouvement philosophique d'un caractère tout particulier. D'une part, grâce aux savants grecs que la conquête de Constantinople par les Turcs oblige à se réfugier en Occident, on voit renaître les principales écoles de la philosophie grecque. D'autre part l'esprit d'indépendance soufflé par la Réforme s'introduit dans la philosophie, lui fait rejeter comme indigne d'elle la tutelle de la foi, et donne naissance à quelques systèmes aventureux, dont les auteurs périssent pour la plupart misérablement. En somme rien n'est fondé, mais un état de choses nouveau se prépare ; c'est vraiment une période de transition.

**Renaissance des écoles grecques.** — Platonisme. — La philosophie platonicienne fut importée en Occident par Bessarion (1389-1472), Grec de nation que le pape Eugène IV fit cardinal ; mais le véritable chef du platonisme à cette époque fut Marsile Ficin de Florence (1433-1499). Marsile Ficin traduisit les ouvrages de Platon, de Plotin, et la plupart de ceux des autres Alexandrins. Après lui les deux Pic de la Mirandole, ses disciples, Pierre Ramus ou La Ramée, professeur à Paris, et ardent adversaire du péripatétisme, Patrizzi, professeur à Ferrare puis à Rome, et Giordano Bruno, furent les principaux représentants du platonisme.

Aristotélisme. — L'école péripatéticienne continua d'exister malgré les violentes attaques dont elle était l'objet ; mais elle se divise en deux groupes : les Alexandristes, qui suivaient dans l'interprétation d'Aristote les commentaires d'Alexandre d'Aphrodisée, célèbre péripatéticien du III° siècle, et les Averroïstes, qui s'inspiraient d'Averroès, commentateur arabe du XIII° siècle ; Pierre Pompanat (1462-1525) fut le chef des premiers et eut pour principal disciple Jules Vanini qui fut brûlé à Toulouse en 1619 ; Achillini de Bologne et Cesalpini d'Arrezzo se distinguèrent parmi les seconds.

**Essais de philosophie indépendante.** — TELESIO ET CAMPANELLA. — Telesio naquit à Naples au commencement du XVI° siècle, et après avoir étudié à Padoue, Université alors très célèbre, il revint dans sa patrie enseigner ce qu'il appelait la philosophie de la nature. Telesio rejetant tout à la fois Aristote et Platon, ne voulut relever que de lui-même et proposa un nouveau système de philosophie naturelle. D'après lui, toutes choses sont formées de trois principes. Les deux premiers, la chaleur et le froid, sont immatériels et actifs, et le troisième, la matière, est matériel et passif. Le chaud et le froid se livrent sur les confins du ciel et de la terre une lutte éternelle, de laquelle naissent les différents corps que la terre entretient et nourrit. — A cette physique singulière, Telesio ajouta une psychologie sensualiste et une morale utilitaire.

Campanella, l'un des plus grands philosophes du XVI° siècle, naquit en Calabre; il entra dans l'ordre de Saint-Dominique, où il eut à subir pour ses opinions philosophiques et politiques toutes sortes de persécutions; sur la fin de sa vie il se réfugia en France et y mourut en 1639. Campanella admit avec quelques modifications les idées de Telesio.

SCEPTIQUES. — Le scepticisme était peu fait pour les siècles de foi du moyen âge; sans être encore commun au XVI° siècle il y compte cependant trois noms assez marquants : Michel Montaigne (1533-1592), le spirituel auteur des *Essais*; Pierre Charron (1541-1603), qui écrivit le traité *de la Sagesse*; et le Portugais Sanchez (1562-1632), qui publia un ouvrage intitulé : *De multum nobili, prima et universali scientia, quod nihil scitur*.

MYSTIQUES. — Cette époque fut surtout féconde en mystiques; les principaux sont : Jean Reuchlin, Paracelse (Bombast de Hoheinheim), Robert Fludd, van Helmont et Jacob Bœhme, tous partisans déclarés de l'illuminisme et des sciences occultes.

# TROISIÈME ÉPOQUE.

## TEMPS MODERNES.

**Division de cette époque en trois périodes.** — L'époque moderne de l'histoire de la philosophie comprend trois siècles, et chacun d'eux, animé d'un esprit propre, suit une direction qui le distingue des deux autres; on peut donc diviser cette époque en trois périodes qui répondront assez bien, la première au XVII$^e$ siècle, la deuxième au XVIII$^e$ siècle, la troisième au XIX$^e$ siècle.

**Caractères généraux de la philosophie moderne.** — Le premier et principal caractère de la réforme philosophique opérée au XVII$^e$ siècle et du développement intellectuel dont elle fut le point de départ, c'est la prétention à l'indépendance vis-à-vis de toute autorité, surtout vis-à-vis de l'enseignement révélé. La pensée moderne ne veut relever que d'elle-même; elle rejette tout contrôle de la foi, préférant l'erreur à la dépendance, et pleine d'un sentiment exagéré de sa supériorité, elle méprise le passé et dédaigne les leçons pourtant si instructives de l'histoire.

Le second caractère de la philosophie moderne est la perfection de sa méthode. Elle associe l'observation et l'induction aux conceptions abstraites et à la déduction, se garantissant ainsi des hypothèses aventureuses et des *entités* chimériques des siècles précédents; et communiquant ce même esprit positif et pratique à tous les travaux de l'esprit, elle provoque un merveilleux développement des sciences physiques qui met l'univers entier à la disposition de l'homme.

# PREMIÈRE PÉRIODE.

## XVII<sup>e</sup> SIÈCLE.

### I. — ÉCOLE DE BACON.

**Bacon.** — NOTICE BIOGRAPHIQUE. — François Bacon, fils de Nicolas Bacon, garde des sceaux sous Élisabeth, naquit à Londres en 1561. De bonne heure il conçut le projet de réformer la philosophie, mais les charges publiques qu'il occupa l'empêchèrent pendant longtemps de mettre son projet à exécution. Membre du Conseil sous Élisabeth, il devint grand chancelier sous Jacques I<sup>er</sup> et reçut de ce prince les titres de baron de Vérulam et de vicomte de Saint-Alban. La probité de Bacon n'égalait malheureusement pas son génie; il abusa de ses hautes fonctions pour vendre, au profit des siens et de sa propre fortune, toutes sortes de concessions, de monopoles et de privilèges, et fut pour cette cause condamné par le Parlement à la perte de sa charge et à la prison. Gracié par le roi, en ce qui concernait la prison, il dut rentrer dans la vie privée et chercha à se consoler de sa disgrâce en réalisant son projet de réforme philosophique qu'il avait continué de mûrir pendant qu'il s'occupait des affaires. Il employa à ce soin les cinq dernières années de sa vie et mourut en 1626.

EXPOSÉ DOCTRINAL. — Bacon a exposé toutes ses vues sur la philosophie et les sciences dans un grand ouvrage dont le titre, *Instauratio magna scientiarum*, indique à lui seul la pensée dominante de l'auteur; il ne prétend à rien moins qu'à une réforme générale des sciences. La science a une importance et une dignité qui sont méconnues : en faire voir la cause dans les défauts de la méthode suivie jusqu'alors, y remédier en traçant les lois d'une méthode nouvelle et démontrer l'efficacité de cette méthode par diverses applications, tel était le plan que se proposait de suivre Bacon. La mort l'empêcha de l'exécuter en entier, et l'*Instauratio* qui devait avoir six parties se réduit à deux.

La première partie a pour titre : *De dignitate et augmentis scientiarum*. Bacon y réfute les accusations dont la science est parfois l'objet, il en établit la dignité et l'importance par de nombreux témoignages tirés de l'Écriture et de différents auteurs, puis il propose une classification des sciences destinée à signaler celles qui ont été négligées, ou comme il le dit, les pays qui restent à découvrir. Cette classification prend pour base les facultés intellectuelles de l'âme humaine et répartit les sciences en trois grandes branches : les sciences de *mémoire* qui comprennent l'histoire naturelle et l'histoire civile, les sciences d'*imagination* qui ont pour objet la poésie et en général la littérature et les arts, et enfin les sciences de *raison* qui sont la théologie et la philosophie. Ces trois grandes classes sont ensuite subdivisées à l'infini.

La seconde partie, de beaucoup la plus importante, a pour titre *Novum Organum*, ce qui indique qu'il veut remplacer la méthode d'Aristote contenue dans l'Ὄργανον par une méthode nouvelle. Cette partie se compose de deux livres. Dans le premier, Bacon fait une amère critique de la méthode syllogistique, méthode stérile qui permet uniquement de parcourir les conséquences d'un principe donné et interdit la découverte de connaissances vraiment nouvelles; il s'élève avec force contre l'esprit de routine qui condamne toute innovation, et aussi contre le principe d'autorité qui enchaîne la pensée, l'immobilise et la contraint d'abdiquer; enfin il déplore que la philosophie naturelle et les sciences aient été si négligées et si peu encouragées. La philosophie doit être une science opérative et faire progresser l'esprit en le conduisant de découvertes en découvertes. — La mauvaise méthode n'est pas le seul obstacle à l'avancement des sciences, il faut y joindre les nombreuses causes d'erreurs qui tiennent à la nature de notre esprit ou de nos moyens d'instruction. Bacon donne à ces erreurs le nom d'idoles et les divise en quatre classes : les erreurs auxquelles conduisent les tendances générales de la nature humaine, *idola tribus;* celles qui procèdent de dispositions individuelles, *idola specus;* celles qui résultent du langage, *idola fori,* et enfin celles qui proviennent des divers systèmes philosophiques, *idola theatri.*

Dans le second livre du *Novum Organum,* Bacon expose la méthode qu'il convient d'adopter pour progresser dans les sciences. Cet art d'interpréter la nature, comme il l'appelle, est la méthode d'observation et d'induction qui commence par l'étude du fait pour arriver progressivement à la connaissance de sa loi. L'étude des phénomènes se fait par l'observation et l'expérimentation. L'observation doit s'attacher de préférence aux faits les plus instructifs et se plier à des règles qui varient avec les diverses classes d'objets. Après avoir pris la nature sur le fait au moyen de l'observation, il faut la tourmenter, l'éprouver, lui tendre des pièges pour la forcer à livrer ses secrets, c'est le rôle de l'expérimentation. Bacon détaille avec un soin minutieux et une grande finesse d'aperçus les règles de ces deux opérations préliminaires. Les faits ayant été recueillis, il reste à les comparer et à les classer; cela se fait au moyen de trois *tables de comparution des faits par-devant l'intelligence :* une *table de présence* contenant les circonstances dans lesquelles s'est produit le phénomène dont on cherche la cause, une *table d'absence* qui contient les circonstances analogues aux premières dans lesquelles le phénomène n'a pas été produit, et une *table de degré* où sont notées les circonstances dans lesquelles le phénomène se produit avec quelques variantes. — Une troisième opération, qui est à proprement parler *l'interprétation de la nature,* consiste à s'élever des phénomènes à la loi au moyen de l'induction. Bacon voulait entrer sur ce dernier point dans des détails analogues à ceux qui concernent les deux premières parties de sa méthode, mais la mort l'en empêcha, et le *Novum Organum* lui-même est resté incomplet.

Remarques. — Bacon n'est pas sans mérite comme moraliste, jurisconsulte et historien; mais c'est surtout à titre de réformateur qu'il occupe un rang distingué dans l'histoire de la philosophie. Sous ce rapport, on doit le reconnaître, son influence a été grande. Il a contribué plus qu'aucun autre à lancer les sciences physiques dans la voie des découvertes et du progrès, en mettant en lumière la méthode qui leur convenait, et d'autre part, quoiqu'il n'ait point agité la question de l'origine des idées, on peut considérer la recommandation pressante et constante qu'il fait de l'expérience externe comme la cause déterminante du mouvement sensualiste qui naît et se développe après lui Il n'est donc pas étonnant que les partisans quand même des sciences positives, les sensualistes et les matérialistes du XVIII° siècle aient célébré à l'envi ses louanges; mais pour être juste, il faut reconnaître que les encyclopédistes ont fortement exagéré le mérite du célèbre chancelier. En effet, comme philosophe, Bacon n'a attaché son nom à aucune grande conception, ni même à aucune idée originale; il n'a en métaphysique que des vues incomplètes et disparates, et en attirant trop exclusivement l'attention sur le monde matériel, il a engagé dans une mauvaise voie ses admirateurs. D'autre part, comme réformateur de la méthode, il a méconnu l'utilité de la déduction, restreint son induction aux sciences physiques et présenté en modèle des applications ridicules de son interprétation de la nature. Enfin, comme écrivain, il a de la chaleur et de l'éclat, mais il abuse des mots à effet, des métaphores bizarres, et à force de viser à l'originalité, il devient d'une prétention choquante.

Les philosophes qui ont marché dans la voie ouverte par Bacon, et qui à ce titre peuvent être considérés comme appartenant à son école, sont, au XVII° siècle, Thomas Hobbes, Gassendi et Locke.

**Hobbes.** — Thomas Hobbes naquit à Malmesbury en 1588. D'abord attaché au parti royaliste, il dut s'exiler en France; il obtint ensuite, grâce à une apologie peu honorable de la politique de Cromwell, de pouvoir rentrer dans son pays. Il mourut en 1679. Hobbes fut le disciple et l'ami de Bacon, il entretint aussi des relations avec Descartes et Gassendi; son principal ouvrage est un traité de politique, sous le titre de *Léviathan*.

Hobbes est le plus osé, mais aussi le plus logique des sensualistes : il tire de son principe logique, que les sens sont l'unique source de nos connaissances, toutes les conséquences qui y sont renfermées. — En métaphysique, il n'admet que des corps, corps naturels et corps politiques ou sociétés. Les corps naturels se subdivisent en deux classes : ceux qui sont objet de la physique, et ceux qui, sous le nom d'âmes, sont objet de la métaphysique. — En morale, il considère le bien-être comme l'unique fin de l'homme, fait consister la bonté ou la malice des actes dans la propriété qu'ils ont d'être agréables ou pénibles, et déclare légitime tout moyen d'arriver au bien-être. — En politique, il préconise la force. Les intérêts opposés des hommes les rendent naturellement ennemis les uns des autres, *homo homini lupus*. Cet état de guerre nuisible au perfectionnement de la société, ne peut cesser que par l'action d'un pouvoir suprême fortement constitué. Quelle que soit l'origine d'un tel pouvoir, pacte national ou usurpation, il est légitime; et comme il doit, pour le bien commun prévaloir sur toutes les forces individuelles, il possède des droits illimités.

Une telle doctrine, glorification du matérialisme, de l'égoïsme et de la force brutale, se réfute d'elle-même.

**Gassendi.** — Pierre Gassendi naquit en Provence en 1592. Il embrassa l'état ecclésiastique et se distingua par la variété et l'étendue de ses connaissances. Il est surtout resté célèbre par la polémique qu'il soutint contre Descartes dont il fut le principal adversaire. Il mourut en 1655. — Admirateur de Bacon et de Hobbes, Gassendi conçut l'étrange projet de substituer à la philosophie aristotélicienne du moyen âge les doctrines épicuriennes. Il entreprit en conséquence la réhabilitation de l'épicuréisme et chercha à le concilier avec l'enseignement de l'Évangile. Il est inutile de dire qu'il n'y réussit pas.

**Locke.** — Jean Locke naquit à Vrington, dans le comté de Bristol, en 1632. Il cultiva d'abord la médecine, et s'acquit même dans cette science une assez grande réputation comme théoricien. Partisan déclaré de la liberté civile et religieuse, il fut proscrit par les Stuarts, et jouit plus tard de la faveur de Guillaume d'Orange. Il mourut en 1704. Celui de ses ouvrages qui nous intéresse le plus est l'*Essai sur l'entendement humain*.

La grande question philosophique pour Locke est celle de l'origine de nos idées : nous ne philosophons qu'avec notre esprit, les discussions et les erreurs viennent de ce que les notions dont on se sert sont mal délimitées ; il importe donc avant tout d'être bien fixé sur le mode de formation et le contenu de nos principaux concepts. C'est le but que Locke se propose d'atteindre par son *Essai*. Cet ouvrage comprend quatre livres. — Le premier est consacré à la réfutation des idées innées : l'auteur invoque des observations faites sur les sauvages, les enfants, les idiots, pour prouver que toutes nos idées viennent de l'éducation ou de l'activité de notre esprit. — Dans le deuxième livre, Locke propose sa propre théorie : l'âme est à son origine une *table rase*, l'expérience seule y imprime quelque chose. Nos idées sont de deux sortes : simples et composées ; elles viennent de deux sources : la sensation qui fournit les idées simples, et la réflexion qui, en combinant ces dernières, forme les idées complexes. — Le troisième livre traite des mots qui sont l'expression des idées. — Enfin dans le quatrième, il est question de la connaissance, c'est-à-dire des rapports des idées avec leur objet. Locke y explique de quelle façon les corps produisent en nous les images qui les représentent, et de ce qu'aucune image ne peut représenter notre âme, il conclut que nous ne la connaissons que par la révélation.

Remarques. — Locke est à proprement parler le chef de l'école sensualiste dans les temps modernes. Son *Essai* eut un immense retentissement, fut traduit dans les principales langues de l'Europe et compta partout de nombreuses éditions. Vivement attaqué par Leibnitz, il finit par triompher de ce redoutable adversaire, et son influence fut dominante en France et en

Angleterre pendant tout le XVIII⁰ siècle, car c'est à lui que se rattachent directement Condillac et les encyclopédistes. Nous ne reviendrons pas sur la réfutation déjà faite du système de Locke (1).

## II. — École de Descartes.

### 1° — *Descartes.*

**Notice biographique.** — René Descartes, fils d'un conseiller au Parlement de Rennes, naquit à la Haye, en Touraine, en 1596. Après avoir fait ses études au collège de la Flèche tenu par les jésuites, il suivit pendant quelques années la carrière des armes, d'abord sous Maurice d'Orange, puis pour le compte de divers princes allemands; il parcourut ensuite en simple observateur plusieurs parties de l'Europe, après quoi il revint à Paris, désireux de travailler à un projet de réforme philosophique qu'il mûrissait depuis sa sortie du collège. Mais n'y trouvant pas assez de tranquillité, ni peut-être aussi la sûreté voulue, il se retira bientôt en Hollande, auprès d'Egmont, où il resta pendant vingt-cinq ans. Au bout de ce temps, les violentes attaques du docteur Voët, recteur de l'Université d'Utrecht, l'obligèrent à quitter la Hollande; il revint à Paris, d'où après un court séjour il se rendit en Suède, auprès de la reine Christine. Le changement de climat altéra promptement sa santé, et il mourut à Stockholm en 1650. Seize ans plus tard, son corps fut rapporté en France et inhumé dans l'église de Sainte-Geneviève, à Paris.

**Exposé doctrinal** (2). — Pour donner une idée plus complète du cartésianisme, nous y distinguerons deux choses :

---

(1) Cf. *supra*, p. 92.

(2) Les principaux ouvrages de Descartes sont : le *Discours de la méthode*, les *Méditations*, les *Réponses aux objections*, le *Traité des passions de l'âme*, les *Principes*, un grand nombre de *Lettres*, divers traités de géométrie, etc. Le Discours de la méthode et le traité des passions ont été écrits en français, les Méditations et les Principes en latin.

la méthode proposée par Descartes et son système général de philosophie.

I. — Par sa méthode, Descartes rompt complètement avec la tradition philosophique du moyen âge et achève, en la posant nettement en principe, l'émancipation absolue de la pensée. D'un côté il rejette toute autorité et en appelle exclusivement à l'évidence personnelle, et d'autre part il donne l'observation psychologique comme base et point d'appui à tout système philosophique; tels sont les deux caractères principaux de sa méthode.

La méthode cartésienne est avant tout une méthode de libre examen. Descartes met successivement en suspicion les enseignements de l'histoire, l'autorité de ceux qui l'ont instruit et des docteurs qui les ont prédédés, les opinions communes des hommes de son temps, et jusqu'au témoignage de ses sens. Il va même plus loin et révoque en doute la légitimité de sa propre pensée, intuitive ou discursive, sous le prétexte qu'un Dieu malin prend peut-être plaisir à le tromper; mais c'est là un entraînement de méthode dont nous ne pouvons pas tenir compte, d'autant qu'il ne persiste pas lui-même dans ce doute irrémédiable. Voilà donc Descartes isolé de tout le monde extérieur, y compris son propre corps, et renfermé au dedans de lui-même seul à seul avec les idées de sa raison. Suspendant, provisoirement sans doute, mais réellement, son jugement sur toutes les connaissances qu'il a acquises jusque-là, il va les reprendre une à une, examiner et comparer les idées dont elles se composent, et les accepter ou les rejeter définitivement, suivant qu'elles brilleront ou non à nos propres yeux de l'évidence rationnelle. De la sorte il ne tiendra que de lui seul toutes les vérités qu'il aura acceptées, et sa science, appuyée sur l'autorité de sa propre raison, sera pleinement indépendante. Le doute méthodiquement appliqué à toute connaissance qui vient d'une autorité quelconque et l'évidence personnelle donnée comme motif exclusif de certitude, tel est le premier caractère de la méthode cartésienne.

La méthode de Descartes est en second lieu une méthode psychologique. Sa pensée est la réalité devant laquelle s'est arrêté son doute, la réalité que l'âme peut observer sans intermédiaire ; c'est aussi la base qu'il donne à tout son système et le fondement sur lequel devront reposer toutes les parties de l'édifice ; l'observation de l'âme devra fournir au philosophe son point de départ dans l'étude de toute question philosophique.

II. — Le système philosophique de Descartes est étroitement lié à sa méthode ; aussi est-il contenu en abrégé dans l'opuscule consacré à l'exposition de cette dernière. Ses points les plus saillants sont, — en métaphysique : la passivité des substances créées, dont l'essence consiste dans l'existence indépendante de tout sujet d'inhérence, *ens per se*, la distinction essentielle de l'esprit qui pense et de la matière qui est étendue, la démonstration *a priori* de l'existence de Dieu par l'idée de l'infini ou de l'être parfait, la nécessité de prouver par la véracité divine la réalité du monde extérieur et la conservation de ce même monde par une création continuée ; — en psychologie et en logique : la théorie rationaliste de l'innéisme, la confusion de la volonté et du jugement, le critérium de certitude placé dans l'évidence et la certitude elle-même basée sur un fait de conscience, une prétendue disproportion de l'entendement et de la liberté donnée comme source de toutes nos erreurs ; — enfin en physique et en physiologie, la théorie du mécanisme comprenant : l'hypothèse des tourbillons qui, avec de la matière et du mouvement, explique la formation de l'univers, l'automatisme des bêtes, et l'hypothèse des esprits animaux pour rendre compte de la vie végétative dans l'homme et de l'intervention du corps dans les opérations mixtes de la sensation, de la mémoire, de l'imagination et des passions.

Remarques. — Descartes ne s'est pas borné, comme Bacon, à ouvrir par sa méthode une nouvelle voie à la pensée philosophique et à faire pénétrer dans les intelligences un esprit nouveau ; il a émis sur les principaux points de la philosophie des vues originales, dont on peut contester la justesse, mais qui marquent la puissance de son esprit et lui assignent un rang distingué parmi les métaphysiciens. Son système, éminemment spiritualiste, a le mérite de faire reposer sur les notions les plus fondamentales de la raison les grandes vérités morales de l'existence de Dieu, de la spiritualité de l'âme et de son immortalité; il donne à la certitude sa base naturelle, l'évidence; enfin il ramène les esprits à cette idée si simple et cependant si oubliée, que la science de l'âme ne peut se faire que par l'observation de la conscience et qu'elle est le point de départ de toute vraie philosophie.

D'autre part, la philosophie de Descartes est entachée de graves erreurs. Son doute méthodique, s'il est réel, est une injuste révolte contre toute autorité et ouvre la voie au rationalisme le plus dangereux. Or, bien qu'il ait protesté dans une de ses lettres que son doute était fictif et purement méthodique, les considérations qu'il fait valoir en faveur de sa méthode, l'esprit général de son système, son dédain pour les sciences historiques, tendent à prouver le contraire; aussi les rationalistes modernes se plaisent-ils à le reconnaître pour leur chef et à célébrer en lui l'émancipateur de la pensée humaine.

Descartes ne donne d'autre fondement à la certitude que le fait de sa pensée, dans lequel il aperçoit celui de son existence : *Cogito ergo sum;* ce fondement très réel et très nécessaire est insuffisant. De ce fait particulier et contingent il est impossible de faire sortir tout un système philosophique; il faut de plus, pour le féconder, lui ajouter un principe nécessaire, celui de contradiction, et reconnaître comme incontestable la légitimité de la raison.

C'est par ses preuves *a priori* de l'existence de Dieu que Descartes retrouve la réalité objective d'abord sacrifiée par lui; ce passage du subjectif à l'objectif n'est pas jugé légitime par un grand nombre de philosophes, qui reprochent aux preuves *a priori* de conclure de l'ordre idéal à l'ordre réel.

Descartes favorise l'idéalisme en refusant la certitude aux sens pour ne l'accorder qu'à la conscience et au raisonnement.

Après avoir indiqué la véritable méthode psychologique, l'observation, il l'abandonne pour le raisonnement et la méthode *a priori*. Il exclut la vie de tous les corps organisés et se trompe gravement sur la vraie nature des substances qu'il fait inertes et passives. Enfin il méconnaît l'utilité de l'histoire et rompt avec toute tradition scientifique.

## 2° *Développement du cartésianisme.*

**Propagation rapide du cartésianisme** (1). — Jamais philosophie n'eut une fortune plus grande et plus rapide que la philosophie de Descartes. De son vivant, ses théories eurent déjà un immense retentissement : les philosophes et les théologiens les plus célèbres de l'époque lui adressèrent des objections ; l'opinion publique était tellement préoccupée de ses travaux, que des hommes apostés faisaient passer de Hollande en France les feuilles de ses ouvrages, à mesure qu'elles étaient imprimées ; les Universités de Hollande se partagèrent en deux camps, les uns se déclarant pour lui et les autres pour Aristote, et en France, les parlements, les congrégations de l'Oratoire et des Jésuites lui fournirent des disciples. Après sa mort, l'extension que prit sa philosophie fut encore plus rapide, et bientôt la plupart des congrégations enseignantes se déclarèrent pour elle. Cependant les adversaires ne faisaient pas non plus défaut à la philosophie nouvelle, et les théories audacieuses de Spinoza leur permirent de l'emporter pendant quelque temps ; ils obtinrent du Conseil du roi une ordonnance qui proscrivait en France l'enseignement de la philosophie de Descartes. Les écoles durent obéir, mais l'esprit public continua de se prononcer en faveur du cartésianisme, et bientôt le triomphe de ce dernier fut complet. Les théories cartésiennes furent les seules en faveur, et l'esprit cartésien envahit les sciences, la théologie, la littérature et toute la société du XVII° siècle.

(1) Cf. Bouillier, *Histoire de la révolution cartésienne.*

**Disciples avoués de Descartes.** — Parmi les philosophes qui, au XVII⁰ siècle, se donnèrent comme cartésiens, nous devons citer : Clerselier, qui fut le correspondant de Descartes après le P. Mersenne et fit imprimer plusieurs de ses traités; Jacques Rohault, qui développa dans divers ouvrages les principes de la philosophie cartésienne; Louis de la Forge, qui posa la question des rapports de l'âme et du corps et fit pressentir le système des causes occasionnelles de Malebranche; Sylvain Régis, qui se fit l'ardent propagateur de la philosophie de Descartes et la compléta en logique et en morale, enfin en Hollande, Geulincs et Clauberg, qui poussèrent très loin les conséquences des principes cartésiens et furent les précurseurs de Malebranche et de Spinoza.

**Disciples plus indépendants.** — D'autres philosophes se rattachent au cartésianisme, bien qu'ils l'aient modifié par leurs propres théories et qu'ils aient eux-mêmes une haute importance personnelle ; ce sont : Arnauld, Pascal, Bossuet, Fénelon, Bayle, et surtout Spinoza et Malebranche.

ARNAULD, NICOLE. — Antoine Arnauld, 1612-1694, et Pierre Nicole, 1625-1695, firent partie de l'école de Port-Royal, si célèbre par son attachement au jansénisme; en philosophie, ils se montrèrent cartésiens. Dans un écrit intitulé : *Des vraies et des fausses Idées*, Arnauld combattit la théorie de la vision en Dieu de Malebranche; mais son principal ouvrage est la *Logique* dite *de Port-Royal*, qu'il composa avec la collaboration de Nicole. Cette *Logique* est précédée de deux discours remarquables où l'esprit moderne se montre dans toute son opposition à l'esprit du moyen âge : on y revendique l'indépendance vis-à-vis de l'autorité d'Aristote et en général des philosophes; on y proteste contre l'importance exagérée accordée au raisonnement dans les anciennes logiques; on y analyse avec finesse les causes des faux jugements et des préjugés qui arrêtent les progrès de la philosophie. Dans le corps de l'ouvrage, on remarque une tendance toute cartésienne aux applications pratiques : les lois du raisonnement sont simplifiées et clairement exposées; les règles de la méthode, empruntées à Descartes, sont appliquées aux choses de la vie, aux raisonnements ordinaires, aux principes des sciences contemporaines, aux erreurs en vogue. A la logique proprement dite Arnauld et Nicole mêlent la question psychologique de l'origine des idées et là encore ils se montrent partisans de Descartes, réfutant avec lui le sensualisme de Gassendi et de Hobbes.

Pascal. — Pascal, 1623-1662, bien qu'il ait attaqué et la philosophie et Descartes, est cependant philosophe et cartésien. Ses *Pensées* sont toutes empreintes de cartésianisme : on y trouve le même mépris de l'antiquité que dans Descartes; dans ce qui n'est pas du domaine de la foi, il en appelle constamment à la raison et à l'évidence; il sépare l'âme du corps par la distinction profonde de leurs phénomènes et fait consister tout l'homme dans la pensée.

Bossuet. — Bossuet, 1627-1704, entrevit les conséquences fâcheuses qu'on devait faire sortir des principes cartésiens pour peu qu'on les entendît mal; mais il estima qu'on pouvait leur donner un sens convenable et les adopta sur plus d'un point. Dans son *Traité de la connaissance de Dieu et de soi-même*, il suit Aristote pour les opérations sensitives; mais il se rapproche de Descartes dans sa théorie de l'entendement et de la volonté; il prouve l'existence de Dieu par l'idée que nous en avons en nous; sans se prononcer sur la question de l'automatisme des bêtes, il explique par des raisons presque mécaniques les opérations de l'instinct dans les animaux; enfin il explique, comme Descartes, tous les mouvements organiques et les fonctions vitales du corps par l'action des esprits animaux.

Fénelon. — Fénelon, 1650-1715, se montre encore plus cartésien que Bossuet. Dans la première partie de son *Traité de l'existence de Dieu*, il s'éloigne de Descartes en développant la preuve des causes finales, et cependant là même il s'inspire de la théorie mécanique du maître : il voit dans l'univers une immense machine dont les êtres particuliers sont les rouages, et il considère les corps vivants comme des machines qui se réparent d'elles-mêmes. Dans sa seconde partie, il suit Descartes pas à pas; développe comme lui le doute méthodique; déduit du fait irrécusable de la pensée le critérium de l'évidence; développe sous forme oratoire les preuves de l'existence de Dieu données par Descartes et appuie les attributs de Dieu sur son infinité.

Bayle. — Pierre Bayle, 1647-1706, élevé dans le protestantisme, se convertit à l'âge de vingt ans au catholicisme et revint peu après à sa première religion. Ses opinions philosophiques ne furent pas plus stables que ses croyances religieuses, et après avoir été partisan enthousiaste d'Aristote, il devint un zélé partisan de Descartes. Ces variations de sa jeunesse le prédisposaient au scepticisme, et tel est en effet le caractère de tous ses ouvrages, surtout de son célèbre *Dictionnaire critique*. Bayle ne dit pas formellement qu'aucune vérité ne puisse être certaine pour la raison, mais il se plaît à élever contre toutes des difficultés qu'il regarde comme insolubles. En philosophie, il combat les systèmes les uns par les autres; en religion, il combat l'enseignement chrétien sur la Providence, sur l'origine du mal et sur la liberté, en s'efforçant de prouver qu'il contredit la raison humaine; puis il prêche une tolérance qui s'appuie sur l'indifférence que causent des vérités contradictoires également douteuses. Un tel esprit ne pouvait s'attacher résolument à aucun système philosophique; Bayle n'est donc pas cartésien convaincu, mais il use de préférence de certains principes cartésiens, comme la création continue, la théorie des causes occasionnelles, l'hypothèse de l'animal-machine, pour élever des objections contre les opinions religieuses et philosophiques sur la liberté de l'homme et la Providence.

Spinoza. — Spinoza, né à Amsterdam en 1632, mort en 1677, est le plus audacieux des disciples de Descartes, et d'après quelques-uns le plus conséquent; nous admettons plus volontiers qu'il a abusé des principes cartésiens sur lesquels il s'est appuyé. Son ouvrage principal est son *Éthique*, où il enchaîne et démontre toutes les propositions à la façon des géomètres.

L'*Éthique* débute par l'ontologie; Spinoza y traite tout d'abord de la substance, dont il établit l'unité, le caractère essentiel et les attributs; il déduit ensuite de cette ontologie panthéiste tout un système de logique, de morale et de politique.

Spinoza, comme Descartes, définit la substance un être qui existe par soi sans avoir besoin du concours d'aucun autre être, mais il refuse d'entendre différemment cette définition suivant qu'on l'applique à Dieu ou aux créatures, et il déclare que l'indépendance, non seulement de tout sujet, mais encore de toute cause, est essentielle à toute véritable substance. D'autre part, les substances ne diffèrent que par leurs attributs; donc si toutes les substances ont la même essence, on ne peut les distinguer, et il n'y a en réalité qu'une seule substance. Cette substance unique n'étant limitée par aucune autre est infinie. Elle est tout à la fois la cause et la matière du monde, une nature qui engendre, *natura naturans*, et une nature engendrée, *natura naturata*. — La substance unique avec ses attributs et ses modes constitue l'univers tout entier, car pour concevoir quelque chose en dehors d'elle, il faudrait imaginer quelque chose qui ne fût ni substance ni mode, ou des modes qui ne se rapportassent à aucune substance, ce qui est absurde. Tous les êtres du monde ne sont donc que des attributs ou des modes de la substance unique. — Or le monde ne comprend que deux grandes classes d'êtres, les uns qui pensent, les autres qui sont étendus; tous sont donc des modes de la pensée ou de l'étendue, et la substance unique doit posséder simultanément ces deux attributs de la pensée et de l'étendue, d'où découlent l'univers physique et l'univers moral. Ces deux attributs semblent, il est vrai, incompatibles, mais comme ils ne s'engendrent pas l'un l'autre, ils peuvent coexister dans un même être sans avoir aucune analogie. Il semble aussi qu'en faisant Dieu étendu on le fait divisible, mais cela tient à une illusion qui nous fait attribuer à la substance ce qui n'appartient qu'aux modes. — Dieu, cause unique, n'étant gêné en rien dans son action, est souverainement libre, car la liberté consiste à se développer, même fatalement, d'après les lois de sa nature, sans être contrarié par aucune cause extérieure. Dieu n'est point cet être personnel qu'adorent la plupart des religions et qui agit à la manière d'un homme, c'est un être dont le développement est aussi nécessaire que l'existence, et cela même constitue sa perfection, puisqu'il n'y a en lui ni délibération, ni indécision, ni volonté mobile et capricieuse. Si l'on se fait souvent une autre idée de Dieu, cela vient de ce préjugé populaire que Dieu agit en vue d'une fin. Spinoza attaque vivement la théorie des causes finales qui, d'après lui, bouleverse l'ordre de la nature.

De la connaissance de Dieu Spinoza descend à la connaissance de l'homme. Le corps et l'âme de l'homme ne sont point des substances, puisque la substance est une et indivisible, le premier est une succession de modes de l'attribut divin de l'étendue, et la seconde une succession de modes de l'attribut divin de la pensée. — La connaissance présente deux degrés ; elle est inadéquate et confuse ou claire et adéquate. Plus elle est générale, plus elle est claire et parfaite ; la plus générale et par conséquent la plus parfaite de toutes est l'idée de la substance unique et infinie qui se retrouve dans tous les êtres. — Toutes les passions de l'âme ont un principe unique, le désir de persévérer dans l'existence, et comme l'âme humaine n'est qu'une collection d'idées, son désir fondamental est de persévérer dans la connaissance et de l'augmenter. De cette première passion en découlent deux autres : la joie que cause le passage d'une perfection moins grande à une perfection plus grande, et la tristesse qui est causée par une diminution de perfection. Toutes les autres passions découlent de la joie et de la tristesse. — Le principe de la morale est, suivant Spinoza, l'obligation de se conserver, autrement d'augmenter la somme de ses idées ; plus un homme travaille à développer en lui la vie intellectuelle et plus il est vertueux. Cet homme travaille du même coup à son immortalité : l'âme n'est que la collection de ses idées ; si celles-ci ont des objets périssables, elles périront et l'âme périra avec elles, tandis que si elles ont des objets éternels, elles ne périront pas et l'âme sera immortelle; celui-là donc échappera à la mort qui donnera pour objet à ses pensées la substance infinie de Dieu. — En politique, Spinoza confère à l'État les droits les plus étendus, mais pour garantir aux individus l'usage le plus complet de leur liberté.

Le système de Spinoza se réfute par tous les arguments qui condamnent le panthéisme et le fatalisme.

MALEBRANCHE. — Nicolas Malebranche naquit à Paris en 1638 et entra de bonne heure dans la congrégation de l'Oratoire. La lecture du *Traité de l'homme* de Descartes lui ayant révélé sa vocation philosophique, il se livra tout entier à cette étude. Il mourut en 1715. Ses principaux ouvrages sont la *Recherche de la vérité*, les *Entretiens sur la métaphysique* et le *Traité de morale*.

Trois théories de Malebranche résumeront pour nous toute sa doctrine : les causes occasionnelles, la vision en Dieu et l'optimisme.

Les substances créées sont essentiellement passives; elles n'agissent pas, elles sont agies, dit Malebranche; elles n'ont en conséquence aucune influence les unes sur les autres et ne sont en réalité que des occasions à propos desquelles Dieu, la seule et véritable cause, intervient pour produire tel ou tel phénomène. Ainsi l'âme n'agit point sur le corps ni le corps sur l'âme; c'est Dieu qui, à l'occasion des désirs de l'âme, produit certains mouvements dans le corps ou détermine certaines idées dans l'âme à l'occasion des modifications subies par le corps. Il en est des rapports de toutes les substances comme de ceux du corps et de l'âme, leur action réciproque n'est qu'apparente; c'est Dieu qui en réalité produit tous les changements qui se réalisent. Telle est la théorie des causes occasionnelles.

Poursuivant son idée de la passivité des substances créées, Malebranche met l'intelligence humaine en communication directe avec l'intelligence de Dieu pour être éclairée par elle. Les actes de notre faculté de connaître sont de deux sortes, le *sentiment* et l'*idée*. Par le sentiment, l'âme est simplement avertie des modifications dont elle est affectée ; l'idée, au contraire, est une vue de l'esprit, et comme il est impossible de voir ce qui n'est pas, toute idée implique un objet réel. Les objets de nos idées sont de deux sortes : l'être infini et les êtres corporels qui composent le monde ; nous n'avons en effet aucune idée des âmes, nous avons le *sentiment* de la nôtre et nous conjecturons par analogie celle des autres hommes. C'est par la vue immédiate de l'être infini que nous obtenons l'idée de la perfection souveraine et toutes les vérités nécessaires et éternelles qui en sont les différents aspects. Quant aux objets corporels, l'*idée* que nous en avons se réduit à des rapports de figure, qui eux-mêmes se résolvent dans l'idée générale d'étendue. Cette étendue, en elle-même immuable, nécessaire, infinie, se particularise dans notre esprit au moyen du *sentiment* de la couleur, par laquelle les corps nous apparaissent comme distincts. L'étendue intelligible n'est donc pas l'étendue réelle des corps, elle est l'essence divine elle-même dans laquelle se trouve l'archétype de toutes les choses créées, même corporelles. Toute idée étant une vue, nos idées des corps sont une vue en Dieu de cette étendue intelligible qui réside en lui. C'est donc en Dieu que notre esprit contemple toutes ses idées, ou plutôt à l'occasion de nos désirs et de nos efforts, Dieu nous les montre en lui-même.

Dieu suit dans toutes œuvres les voies les plus simples et en même temps les plus fécondes, c'est-à-dire qu'il suit des lois générales. Il n'appartient qu'aux intelligences bornées et aux volontés impuissantes de prendre pour but les détails ; l'être parfait vise à la perfection de l'ensemble, bien supérieure à celle de telle ou telle partie. C'est ce qui explique les imperfections de ce monde ; elles sont le résultat nécessaire du concours des lois générales qui donnent à l'univers la plus grande perfection dont il est susceptible. Dieu ne les a pas voulues directement, il les a seulement permises en vue d'un plus grand bien, et l'on ne peut lui en faire raisonnablement un sujet de reproche.

Mêlant des vues théologiques à son optimisme, Malebranche déclare l'incarnation d'une Personne divine nécessaire pour donner au monde sa plus grande perfection.

La philosophie de Malebranche n'est au fond qu'un développement de celle de Descartes. Malebranche en lisant assidûment les écrits de ce dernier, s'est pénétré de son esprit et des principes les plus importants de son système. Il professe le même mépris que lui pour le passé et pour l'histoire; il insiste sur la nécessité de ne céder qu'à l'évidence dans les vérités philosophiques, mais plus que lui il les distingue des vérités religieuses, dont la règle est l'autorité et la tradition; la passivité des substances créées devient le fondement de sa théorie des causes occasionnelles et même de celle de la vision en Dieu; l'étendue est également pour lui l'essence de la matière; les esprits animaux jouent un rôle considérable dans son explication des passions; enfin il soutient l'automatisme des bêtes. Malheureusement Malebranche s'est inspiré des principes les moins fondés du cartésianisme; aussi ses théories originales sont-elles inadmissibles, bien qu'elles soient remplies des aperçus les plus profonds.

### 3° *Réaction contre le cartésianisme.*

Vers la fin du XVII° siècle, le cartésianisme trouva un ardent et puissant adversaire dans la personne de Leibnitz.

**Leibnitz.** — NOTICE BIOGRAPHIQUE. — Godefroy-Guillaume Leibnitz naquit à Leipzig en 1646. Son génie embrassa toutes les sciences : langues, littérature, jurisprudence, histoire, mathématiques, philosophie, et dans toutes il a laissé des traces de la puissance de son esprit. Tous les souverains de son temps l'honorèrent, et les savants s'estimèrent heureux d'entretenir des rapports avec lui. Il mourut en 1716. Ses principaux ouvrages sont les *Essais de théodicée*, et les *Nouveaux Essais sur l'entendement humain*, écrits l'un et l'autre en français.

**Exposé doctrinal.** — Pour se faire une juste idée de la philosophie de Leibnitz, il faut y voir une réaction contre le sensualisme de Locke d'une part, et de l'autre contre certains principes cartésiens. A Descartes il oppose une notion plus exacte de la substance, et au sensualisme de Locke une théorie rationaliste de la connaissance.

*Théorie de la substance* (1). — Leibnitz reconnaît le principe du panthéisme de Spinoza et des causes occasionnelles de Malebranche dans le principe cartésien de la passivité des substances. Si une seule substance est cause efficiente ou force active, il n'y a en réalité qu'un seul être, car être et agir sont une même chose. Il entreprend en conséquence de réformer la notion de substance.

Selon Leibnitz, toutes les substances sont essentiellement actives; l'activité n'est pas une de leurs propriétés, elle est leur essence même; toute substance est une force. Elles dépendent de Dieu dans leur création, mais elles persévèrent ensuite dans l'existence par une vertu qui leur est propre. Ce n'est point là amoindrir le pouvoir de Dieu ni donner l'indépendance aux créatures; un Dieu qui crée des êtres durables n'en est que plus puissant, et l'être qui tient d'un autre être la force qui le fait exister n'est point indépendant. — La force substantielle n'est pas une simple puissance, elle constitue un milieu entre la faculté d'agir et l'action, et consiste dans un effort ou tendance à l'acte qui est elle-même une espèce d'acte. Du reste, cette force entre en acte d'elle-même et sans provocation extérieure; elle contient dans son essence propre la raison et le germe de tous ses développements futurs qui se succèdent d'après la loi de continuité, chacun d'eux étant la raison d'être du suivant.

Avec cette notion de la substance, Leibnitz explique tout ce qui existe : Dieu, les esprits et les corps.

Toutes les substances sont des forces simples; c'est évident pour les substances spirituelles, et c'est également certain pour

---

(1) Cf. Bouillier, *Histoire de la révolution cartésienne.*

les substances corporelles. L'atome étendu étant divisible ne peut être le dernier élément des corps; il faut donc nécessairement admettre que les derniers composants sont inétendus. Leibnitz donne le nom de *monades* aux forces simples qui composent toutes choses. Les monades diffèrent les unes des autres par la perfection de la force qui les constitue, c'est-à-dire par le plus ou moins de conscience qu'elles ont de leur activité; les plus imparfaites ont, selon lui, une perception sourde de leurs modifications. Les monades inférieures sont susceptibles de s'agréger, ce sont elles qui forment les corps. Toutes les monades s'échelonnent d'après la loi de continuité qui préside au développement de chacune d'elles, sans présenter aucune lacune : *Non datur saltus in natura.*

La manière dont Leibnitz conçoit les monades rend très difficile la question de leurs rapports. Puis chaque monade a en soi le principe et la source de toutes ses actions, et que celles-ci s'enchaînent fatalement les unes aux autres d'après la loi de continuité, les monades sont sans action les unes sur les autres et demeurent dans un isolement complet; elles n'ont point de fenêtres sur le dehors, dit Leibnitz. D'où vient donc que leurs mouvements s'harmonisent? Cela tient à la manière dont Dieu les a primitivement conçues et réalisées. Semblable à un habile ouvrier qui en faisant deux horloges sur des modèles divers a pourvu d'avance à la constante uniformité de leurs mouvements, Dieu a conçu et constitué de telle sorte tous les êtres que l'ensemble de leurs modifications dût présenter toujours une parfaite harmonie. Telle est en peu de mots l'hypothèse célèbre de l'*harmonie préétablie.*

Ce monde si habilement organisé n'est pas parfait, parce que la perfection n'est pas possible dans la créature; mais il est le plus parfait de tous les mondes possibles. « La suprême sagesse jointe à une bonté qui n'est pas moins infinie qu'elle, n'a pu manquer de choisir le meilleur. »

*Théorie de la connaissance.* — La théorie de la connaissance que Leibnitz oppose à celle de Locke est une application de la théorie de la substance à la vie intellectuelle de l'âme. Toute substance est une force dont l'activité consiste à produire successivement une série de modifications déterminées d'avance par sa propre essence. Ce sont ces modifications qui dans notre âme prennent le nom d'idées. Les idées sont donc innées en nous; notre intelligence n'est pas seulement une force capable de les produire, elle est plutôt le germe qui doit s'épanouir successivement dans nos diverses connaissances, et dès le principe elle fait effort pour devenir effectivement ce qu'elle est virtuellement. L'âme n'est donc pas une table rase, comme le prétend Locke; on la comparerait mieux à un bloc de marbre dont les veines dessinent d'avance telle figure déterminée, celle d'Hercule, par exemple. On pourrait, dans ce cas, dire en quelque façon que la figure d'Hercule est innée dans la pierre, puisqu'elle a une prédisposition à devenir l'image d'Hercule plutôt que tout autre personnage. Ainsi en est-il des connaissances de chaque âme; elle y est prédisposée par son essence même, au lieu d'être apte indifféremment à tout développement intellectuel.

Remarques. — La doctrine de Leibnitz est sans contredit l'une des conceptions philosophiques les plus remarquables des temps modernes : l'on ne saurait, en particulier, trop louer sa notion de la substance, bien plus vraie et bien plus féconde que celle de Descartes; sa réfutation de Locke est également pleine de force et très concluante. Malheureusement son hypothèse de l'harmonie préétablie est plus brillante que solide, et surtout sa loi de continuité, appliquée au développement de chaque monade, rend la liberté impossible.

La philosophie de Leibnitz, propagée par Wolf, resta jusqu'à Kant la philosophie dominante en Allemagne.

## DEUXIÈME PÉRIODE.

### XVIII° SIÈCLE.

**Décadence du cartésianisme.** — Pendant tout le XVII° siècle, la philosophie dominante avait été celle de Descartes; la scolastique était tombée dans l'oubli, et le sensualisme de Gassendi avait à peine réuni quelques rares et obscurs partisans. Il en est tout autrement dans le XVIII° siècle, le cartésianisme y décline rapidement et finit par être aussi décrié et aussi méprisé que la scolastique. Les principales causes de ce changement si complet de l'opinion publique furent : l'aveugle enthousiasme des disciples de Descartes, les découvertes de Newton, qui ruinaient la physique cartésienne, enfin la corruption des mœurs et la haine d'un état de choses avec lequel le cartésianisme paraissait identifié. A l'autorité d'Aristote on avait substitué l'autorité de Descartes, et le respect exagéré que l'on professait pour ses doctrines rendait impossible tout progrès nouveau; l'esprit public finit par se révolter contre cette tyrannie. Newton, par sa découverte de la gravitation universelle, porta un coup mortel à la physique cartésienne; celle-ci entraîna dans sa chute la métaphysique, à laquelle elle était étroitement liée. Une réaction violente se produisait contre les tendances et les idées dominantes du règne de Louis XIV; elle devait s'attaquer à une philosophie qui, bien que persécutée d'abord, avait fini par s'identifier avec la société du grand siècle. Le cartésianisme tomba donc pour céder la place au sensualisme de Locke que Condillac popularisa en France après l'avoir modifié. Le spiritualisme eut, il est vrai, d'illustres représentants : Thomas Reid en Écosse, Kant en Allemagne, mais leur influence ne devait guère se faire sentir que dans le siècle suivant.

## I. — École sensualiste au XVIIIᵉ siècle.

### 1° *Condillac.*

**Notice biographique.** — Étienne Bonnot de Condillac fut le principal représentant du sensualisme au XVIIIᵉ siècle. Il naquit à Grenoble en 1715, et fut destiné par ses parents à l'état ecclésiastique, ainsi que son frère, le célèbre abbé Mably. Ses ouvrages philosophiques l'ayant fait connaître avantageusement, il fut nommé précepteur du duc de Parme, petit-fils de Louis XV, et plus tard entra à l'Académie française. Il mourut en 1780. Ses principaux ouvrages philosophiques sont : l'*Essai sur l'origine des connaissances humaines,* le *Traité des sensations* et le *Traité des systèmes.*

**Exposé doctrinal.** — Les questions philosophiques spécialement étudiées par Condillac sont la question du langage et celle de l'origine de nos connaissances.

Condillac exagère singulièrement l'importance du langage : sans lui, dit-il, nous serions réduits à la perception des sens et à l'imagination ; ce sont les signes qui engendrent la réflexion, l'abstraction, la généralisation, le raisonnement, c'est-à-dire l'entendement par lequel l'homme est supérieur à l'animal. Le langage est la cause principale et même unique de toutes nos erreurs, mais il est aussi celle de tous les progrès de l'esprit humain. « Une science n'est qu'une langue bien faite. » Le langage est d'invention humaine ; les hommes ont d'abord parlé le langage d'action, qui a longtemps suffi à l'expression de leurs besoins et de leurs sentiments ; ils se sont ensuite élevés, mais avec le temps et non sans de grandes difficultés, au langage parlé, auquel l'organe de la parole ne se prêtait d'abord qu'avec peine.

Quant à l'origine de nos connaissances, Condillac suivit d'abord assez fidèlement Locke, et admit comme lui une double source de nos connaissances, la sensation et l'activité intellectuelle de l'âme; plus tard il supprima cette dernière et crut pouvoir ramener toutes nos facultés et la réflexion elle-même au principe unique de la sensation. C'est dans le *Traité des sensations* qu'il développe son système.

Condillac suppose une statue organisée intérieurement comme l'homme et animée d'un esprit qui ne possède encore aucune idée; puis, mettant successivement tous ses sens en exercice, à commencer par l'odorat, il prétend expliquer par la seule sensation la production de tous les phénomènes intellectuels et moraux et même la génération de toutes les facultés de l'âme. Nous possédons, dit-il, deux sortes de facultés : les facultés intellectuelles, qui se rapportent à une faculté générale, l'entendement, et les facultés affectives, qui se rapportent également à une faculté générale, la volonté. Les premiers découlent de la sensation envisagée comme représentative, et les secondes de la sensation considérée comme affective.

Lorsque plusieurs sensations d'égale intensité nous affectent simultanément, nous ne remarquons aucune d'elles, mais si quelqu'une vient à l'emporter en intensité sur les autres, elle nous occupe toute seule, c'est-à-dire que nous y sommes attentifs. L'*attention* n'est donc rien autre chose qu'une sensation prédominante. — En cessant d'exister, cette sensation prédominante laisse une certaine trace dans l'âme; c'est la *mémoire*, qui se trouve ainsi être une sensation passée. — L'âme conservant le souvenir d'une sensation passée et en éprouvant une nouvelle dans les conditions voulues pour l'attention, est attentive aux deux à la fois; cette double attention est la *comparaison*. — Du moment que l'on compare deux objets, on saisit les rapports qui les unissent; cette aperception des rapports est le *jugement*, qui naît ainsi de la comparaison. — En rapprochant plusieurs jugements, on en fait sortir de nouveaux par le *raisonnement*. — Enfin la *réflexion* n'est que l'attention qui se porte successivement sur les différentes parties d'un objet. Donc toutes les facultés intellectuelles qui composent l'entendement ne sont que des sensations transformées.

Il en est de même des facultés affectives. La sensation agréable s'appelle *plaisir* et la sensation désagréable est ce qu'on appelle *douleur*. — Lorsqu'une sensation agréable est passée, l'âme souhaite ou redoute son retour, suivant qu'elle a été agréable ou pénible; de là le *désir* et l'*aversion*. — Du désir naissent à leur tour toutes les *passions,* car la passion n'est autre chose qu'un désir ardent. — Enfin, lorsque nous avons grand intérêt à satisfaire un désir et que l'expérience nous a appris que nous pouvions le satisfaire, notre désir se transforme en *volonté*. La volonté est un désir absolu, tel que nous pensons pouvoir le satisfaire. Donc les facultés affectives sont, comme les facultés intellectuelles, des sensations transformées. Bien plus, le *moi* lui-même se réduit à la sensation : « le *moi* de chaque homme, dit Condillac, n'est que la collection des sensations qu'il éprouve et de celles que la mémoire lui rappelle; c'est tout à la fois la conscience de ce qu'il est et le souvenir de ce qu'il a été. »

REMARQUES. — L'étude que Condillac fait de l'origine du langage et de ses rapports avec la pensée renferme avec des vues ingénieuses de nombreuses erreurs. Il exagère singulièrement l'influence du langage sur les idées et sur le progrès des idées, substitue la grammaire à la logique et place finalement la supériorité de l'homme dans l'emploi des signes. Ce n'est cependant pas parce qu'il parle que l'homme est supérieur aux animaux; mais c'est parce qu'il est intelligent, qu'il s'élève au-dessus de la brute et qu'il parle. Condillac prend donc ici l'effet pour la cause. Il se trompe également quand il prétend que l'organe de la voix ne s'est prêté que lentement et difficilement aux articulations de la parole, et que l'homme a dû se servir pendant longtemps du langage d'action. La structure de cet organe prouve qu'il a été construit pour l'articulation et qu'il a dû s'y plier tout d'abord sans effort et sans peine.

Dans la question de l'origine des connaissances et de la génération des facultés, Condillac se laisse séduire par une fausse unité et une simplicité trompeuse. Les deux facultés de Locke, la sensation et la réflexion, étaient déjà insuffisantes pour expliquer toutes nos idées, et il supprime encore la réflexion; il parle de transformation des sensations, et en même temps il retire à l'âme toute activité intellectuelle capable de modifier les sensations. — Le système de la sensation transformée repose tout entier sur l'identification de l'attention et de la sensation. Or entre une sensation même très vive et l'attention il y a toute la différence qui sépare la passivité de l'activité : il ne dépend pas de nous d'être impressionnés vivement et il dépend de nous d'être attentifs. — De ce que l'âme passe naturellement d'un phénomène à un autre, par exemple de la comparaison à la perception d'un rapport, Condillac conclut que le second de ces phénomènes est engendré par le premier; c'est confondre la succession avec la causalité. — Enfin il détruit la personnalité humaine et se met en contradiction formelle avec la conscience, quand il ne voit dans le *moi* qu'une collection de phénomènes.

En résumé, le système de Condillac est dépourvu de toute valeur philosophique, et ne présente sous les apparences d'une analyse rigoureuse et profonde qu'une description superficielle des phénomènes de l'âme et de leurs rapports. Il fut cependant en France la philosophie à la mode pendant le XVIII° siècle. Ce succès s'explique par la forme claire et séduisante sous laquelle Condillac présenta ses doctrines; mais surtout par le besoin d'innover en toutes choses qui s'était emparé des esprits, et par la licence des mœurs que favorisait cette philosophie sensualiste.

## 2° *Berkeley, Hume.*

Deux philosophes anglais du XVIII° siècle, Berkeley et Hume, se rattachent à des titres divers à l'école sensualiste.

**Berkeley**. — Berkeley, 1684-1753, évêque anglican de Cloyne, en Irlande, est disciple de Locke et s'appuie sur ses principes sensualistes, principalement sur sa théorie des idées intermédiaires; cependant sa tendance est spiritualiste et ses conclusions sont idéalistes. Locke avait distingué l'idée de la connaissance et fait de la première une image des objets extérieurs, qui seule est directement connue; de là la nécessité de démontrer que les idées sont l'exacte représentation des corps, ou même qu'il y a des corps à correspondre aux idées, Berkeley passe en revue les preuves apportées par les philosophes, spécialement par Descartes et Malebranche, en faveur de l'existence des corps, et ne les trouvant pas démonstratives il conclut que les substances corporelles sont une invention des philosophes, et qu'il n'existe que des esprits dans lesquels se trouvent des collections de sensations que nous appelons des corps. Berkeley, parti des principes sensualistes, aboutit ainsi au scepticisme idéaliste.

**Hume.** — Hume, né à Édimbourg en 1711, mort en 1776, a été le sceptique le plus hardi des temps modernes. S'inspirant de Locke et de Berkeley, il pousse leurs doctrines à leurs dernières conséquences. Toute *idée* vient des sens; elle n'est que l'image affaiblie d'une *impression* ou sensation; donc toute idée que l'on ne peut réduire à une impression sensible est chimérique et sans valeur. Telle est en particulier l'idée de *cause*, idée irréductible à l'expérience, qui ne nous montre que des successions. Donc l'idée de cause doit être rejetée, et avec elle l'idée de substance qui en diffère à peine. Il en résulte qu'il faut rejeter non seulement l'existence des corps, ainsi que l'a fait Berkeley, mais encore celle des esprits. Ce qu'on appelle *esprit* n'est qu'une collection d'impressions et d'idées qui se succèdent en vertu des lois d'association. L'association des idées est le grand principe qui rend compte de tous les phénomènes de l'âme, de toutes ses facultés et de l'âme elle-même.

### 3° *Les encyclopédistes.*

Vers 1750, se forma en France ce que l'on a appelé depuis le *parti philosophique;* il se composait d'un grand nombre d'écrivains, littérateurs, philosophes, moralistes, économistes, qu'animait un même esprit d'hostilité contre les croyances, les institutions et les usages du passé. L'*Encyclopédie* groupa en un seul faisceau toutes ces forces éparses et leur donna toute la puissance qui résulte de l'unité de direction. Les principaux auteurs de l'*Encyclopédie* furent d'Alembert, qui en conçut l'idée et en commença l'exécution, et Diderot, qui en prit la direction après lui. Les écrivains les plus distingués de l'époque y concoururent au moins pour quelque article; parmi eux nous citerons : Dumarsais, J.-J. Rousseau, Buffon, le chevalier de Jaucourt, d'Olbach, La Condamine, Marmontel, Boulanger, Voltaire, Montesquieu, l'abbé Morellet, Necker, Turgot, etc. Les deux directeurs revoyaient tous les articles et s'efforçaient de donner un même esprit général à l'ensemble de l'ouvrage. La publication des premiers volumes fut un événement et passionna vivement l'opinion publique, mais le Parlement ayant enfin lancé un arrêt contre cet ouvrage, qui s'attaquait sous toutes les formes à l'autorité civile et aux vérités religieuses, les derniers volumes parurent sans bruit, altérés d'ailleurs par l'imprimeur qu'un court séjour à la Bastille avait rendu plus prudent. La pensée philosophique qui présida constamment à la rédaction de l'*Encyclopédie*, fut sur tous les points, psychologie, morale, esthétique, théories sociales, le sensualisme qui dominait à cette époque.

## II. — ÉCOLE SPIRITUALISTE AU XVIII° SIÈCLE.

Bien que le sensualisme ait été la doctrine dominante au XVIII° siècle, le spiritualisme y fut néanmoins représenté par deux écoles importantes : l'école écossaise de Reid et l'école allemande de Kant.

### École écossaise.

**Reid.** — NOTICE BIOGRAPHIQUE. — Thomas Reid, fondateur de l'école écossaise, naquit en Écosse en 1710 et mourut en 1796. Il fut longtemps professeur dans les Universités d'Aberdeen et de Glascow, se rendit cher à tous ceux qui eurent des rapports avec lui par sa douceur et sa modération. Ses principaux ouvrages sont les *Recherches sur l'entendement humain*, l'*Essai sur les facultés intellectuelles de l'homme*, l'*Essai sur les facultés actives*.

Le plus célèbre des disciples de Reid fut Dugald Stewart, 1753-1858, qui écrivit la vie de son maître et adopta complètement sa méthode.

Exposé doctrinal. — Le principal objet de la philosophie, d'après Thomas Reid, c'est l'âme qu'il faut étudier par une observation exacte et attentive de ses phénomènes. Ceux-ci se rapportent à deux ordres de facultés, les facultés intellectuelles et les facultés actives.

Relativement aux facultés intellectuelles, les théories particulières à Reid concernent l'origine, la nature et le fondement de nos connaissances. Contrairement à Locke et à l'école sensualiste qui fait de la simple appréhension la première opération de l'âme, il soutient que l'esprit débute par des *jugements naturels et primitifs*. Ces jugements ont pour objet le *moi* et les corps que nous percevons autour de nous; par exemple quand nous percevons une sensation d'odeur, nous la rapportons aussitôt à un être sentant qu'il en est le sujet et nous l'attribuons à une cause extérieure qui la produit. Ce double jugement, qui n'est point renfermé dans la sensation, met en défaut la théorie sensualiste. — Quant à la nature de nos connaissances, Reid combat longuement et fortement les idées intermédiaires, montrant qu'elles conduisent fatalement au scepticisme de Berkeley et de Hume. — Les jugements primitifs, qui sont le point de départ de notre développement intellectuel ont pour garantie un instinct naturel, qu'il appelle *sens commun*, ou bon sens, en vertu duquel tous les hommes se prononcent irrésistiblement de la même manière sur certaines questions. Cet instinct naturel est pour lui la base de toute certitude.

En ce qui concerne les facultés actives, Reid donne une classification et une description remarquables de nos tendances primitives et une théorie particulière sur les jugements moraux.

La moralité des actions humaines ne repose ni sur l'intérêt, ni sur le sentiment, ni sur l'idée rationnelle d'ordre; elle consiste en une qualité positive inhérente aux différentes actions que j'esprit saisit par un jugement primitif, de la même façon qu'il connaît les corps et leurs propriétés.

Remarques. — La philosophie de Thomas Reid est une philosophie psychologique qui se recommande par la finesse des observations, l'exactitude des analyses, la richesse et la clarté des descriptions. Sous ce rapport, l'école écossaise a rendu d'éminents services et donné des modèles qui n'ont pas été dépassés. Mais trop timide et trop réservée, elle néglige complètement la métaphysique et l'étude des causes; par crainte excessive des hypothèses aventureuses, elle se renferme dans les étroites limites de l'observation; au lieu d'édifier la science, elle se borne à en réunir les matériaux.

## 2° *École allemande.*

**Kant.** — Notice biographique. — Emmanuel Kant naquit à Kœnigsberg, en 1724. Il ne s'éloigna jamais de sa ville natale, et se distingua par un constant et rigide accomplissement du devoir et par une distribution remarquablement régulière de ses actions de chaque jour. Il enseigna longtemps comme instituteur particulier ou simple répétiteur, fut nommé professeur de métaphysique à l'Université de Kœnigsberg, en 1770, et mourut en 1804. Ses principaux ouvrages sont : la *Critique de la raison pure*, la *Critique de la raison pratique* et la *Critique du jugement*.

Exposé doctrinal. — Kant se propose de réfuter le scepticisme de Hume et d'établir la métaphysique sur des bases solides. La raison, selon lui, pour laquelle cette science n'offre qu'une suite de systèmes contradictoires, c'est qu'au lieu de s'appliquer, comme les autres sciences, à des vérités abstraites, elle a voulu se mettre tout d'abord en possession des vérités objectives, et s'est perdue en de vaines hypothèses sur Dieu, sur l'homme et la nature. Elle doit donc changer de méthode et constater avant tout la valeur des principes *a priori*, en vertu desquels elle a la prétention de dépasser les bornes de l'expérience. C'est ce que Kant entreprend de faire dans une triple critique. Dans la première, qu'il intitule *Critique de la raison pure*, il examine la valeur objective des principes purement spéculatifs de la raison; dans la seconde, ou *Critique de la raison pratique*, il apprécie au point de vue de leur objectivité les principes pratiques que nous fournit l'entendement; enfin dans la troisième, qu'il appelle *Critique du jugement*, il applique aux principes, spéculatifs ce qu'il a constaté dans les principes pratiques.

*Critique de la raison pure.* — Kant distingue trois facultés dans l'intelligence humaine : la sensibilité, l'entendement et la raison. La sensibilité, faculté passive, reçoit les impressions des objets et donne des *intuitions* qui sont les matériaux de la connaissance. L'entendement ou faculté de juger est une faculté active qui coordonne les intuitions et en fait des jugements, c'est-à-dire des connaissances proprement dites. La raison est une faculté supérieure qui, au moyen du raisonnement, relie les unes aux autres toutes nos connaissances, remontant de principe en principe jusqu'à ce qu'elle atteigne la généralité la plus absolue dans laquelle tous nos concepts trouvent l'unité.

Ces trois facultés sont soumises dans leur exercice non seulement aux conditions que leur imposent les objets auxquels elles s'appliquent, mais encore à des lois subjectives qui tiennent à la constitution même de l'esprit humain. La critique de la raison pure a pour objet de rechercher quelles sont ces formes subjectives, ces éléments *a priori* de la connaissance, et de déterminer leur valeur objective. Le résultat de cette recherche, c'est que la sensibilité encadre toutes ces intuitions dans deux *formes* subjectives, le temps et l'espace; que l'entendement coordonne les intuitions au moyen de douze *catégories* également subjectives, comprises trois à trois dans la quantité, la qualité, la relation et la modalité; enfin que la raison ramène tout à l'unité par l'intermédiaire des trois *idées*, Dieu, le monde et le moi.

Les formes subjectives de nos facultés de connaître donnent naissance aux principes absolus, aux vérités nécessaires sur lesquelles nous basons toutes nos appréciations. Or, au lieu de ne voir dans ces principes que ses propres lois, la raison les applique aux objets que Kant appelle les *noumènes*; elle a la prétention de connaître, par sa propre constitution, la vraie nature de toutes choses, et c'est précisément ce qui la jette dans des contradictions, que Kant appelle les *antinomies* de la raison pure.

La conclusion de cette critique, c'est que nous ne devons donner aux formes *a priori* de la connaissance qu'une valeur purement subjective, rien n'autorisant à croire qu'elles sont conformes aux réalités objectives.

*Critique de la raison pratique*. — La critique de la raison pure jetait Kant dans le scepticisme; il s'efforça d'en sortir par la critique de la raison pratique. Dans ce nouveau travail il commence par construire *a priori*, en le déduisant des concepts de cause libre et d'obligation, tout un système de morale, où l'obligation du devoir accompli pour lui-même et indépendamment de toute utilité est rigoureusement démontrée. Des idées de cause libre et d'obligation il déduit la notion d'une loi obligatoire et universelle dont le commandement impérieux ou l'*impératif catégorique* peut ainsi se formuler : « Agis toujours d'après une maxime qui puisse être érigée en la loi universelle de tous les hommes, dans tous les temps et dans tous les lieux; » ou en d'autres termes : « Fais ce que la raison te déclare obligatoire. » L'idée de cause libre agissant conformément ou non à sa loi conduit aux idées de mérite et de démérite, de récompense et de châtiment, d'un être sage et bon qui dispense l'un et l'autre, et enfin d'une vie future où se rend cette justice. Tel est l'ensemble des concepts pratiques.

Tous ces concepts étant logiquement enchaînés, il suffit, dit Kant, de prouver l'objectivité de l'un d'eux pour démontrer du même coup celle de tous les autres. Or au concept d'être libre correspond un être libre réel, le *moi*, que la conscience me fait connaître. Donc à cet être libre réel correspondent une loi obligatoire réelle, un mérite réel, une récompense réelle, un Dieu réel, une vie future réelle. Donc les concepts pratiques ne sont pas seulement des lois de notre esprit; ils ont une valeur objective et correspondent à des réalités indépendantes de notre pensée.

*Critique du jugement.* — Dans cette dernière partie de son criticisme, Kant essaye, en s'appuyant sur les concepts de la raison pratique, de démontrer que les concepts de la raison pure ont, eux aussi, une valeur objective. Pour cela il applique au monde, objet de la raison pure, les lois des êtres libres, objet de la raison pratique. La loi des agents libres, c'est d'ordonner leurs actes en vue d'une fin; il considère donc le monde au point de vue de la finalité ou de l'ordre, et voit que toutes les fins particulières des êtres se subordonnent les unes aux autres et concourent à une fin suprême qui est Dieu. Mais Dieu est un être réel, la raison pratique l'a prouvé; donc tous les êtres dont l'harmonie conduit à l'idée de Dieu sont aussi des êtres réels et les concepts de la raison pure ont une valeur objective.

REMARQUES. — Le criticisme de Kant est une œuvre d'une grande originalité, remarquable par son unité et par la profondeur de ses analyses; malheureusement il conduit au scepticisme qu'il avait pour but de réfuter. Les raisonnements de la raison pratique n'ont de valeur qu'à la condition que la raison pure ne soit pas purement subjective; la seconde partie du système se trouve donc en contradiction avec la première et Kant, en s'enfermant tout d'abord dans le *moi*, se condamne logiquement à n'en plus sortir. Pour éviter ce passage illégitime du sujet à l'objet, ses successeurs les identifieront l'un et l'autre, et le kantisme aboutira ainsi au panthéisme idéaliste.

# TROISIÈME PÉRIODE.
## XIX° SIÈCLE.

La philosophie du XIX° siècle présente en général le caractère d'une réaction contre les doctrines désolantes du siècle précédent. D'illustres penseurs chrétiens cherchent d'abord dans la doctrine mystique du traditionalisme un remède aux excès du rationalisme ; mieux inspirées qu'eux, les écoles ecclésiastiques reviennent aux théories des grands docteurs du moyen âge qu'elles mettent en harmonie avec les récentes découvertes des sciences. En dehors de ces écoles, on revient aussi au spiritualisme à la suite de Kant et surtout de Thomas Reid dont la méthode psychologique obtient une faveur marquée. Malheureusement tout en rendant à la foi un hommage extérieur, on continue de méconnaître ses véritables rapports avec la raison à laquelle on accorde plus que jamais une absolue indépendance. De là de nouveaux écarts de la pensée philosophique et les progrès inquiétants d'une doctrine qui, sous le nom de philosophie positive, ne tend à rien moins qu'à la destruction de la philosophie elle-même.

Ne pouvant parler des philosophes qui vivent encore, nous nous bornerons aux doctrines que la mort de leurs auteurs ont définitivement acquises à l'histoire.

### I. — ÉCOLE ANGLAISE.

La philosophie anglaise de ce siècle est surtout psychologique ; elle compte deux représentants principaux : Hamilton et Stuart Mill.

**Hamilton.** — Hamilton, né à Glascow en 1788, fit ses études à Oxford, et revint se fixer à Édimbourg, où il occupa successivement la chaire de droit civil et d'histoire, et celle de logique et de métaphysique. Il mourut en 1856. Il n'a laissé aucun ouvrage de longue haleine; sa doctrine philosophique est contenue dans des articles épars et dans des notes remarquables dont il a enrichi deux éditions des ouvrages de Thomas Reid et de Dugald Stewart. Elle comprend surtout une théorie de la connaissance et d'importants travaux de logique.

La conscience, d'après Hamilton, n'est pas une faculté spéciale qui aurait seulement pour objet les actes de l'esprit; elle est l'intelligence tout entière et atteint, en même temps que l'acte de l'esprit, la chose qui en est le terme. Quand je connais un corps, j'ai conscience de ma connaissance et du corps qui en est l'objet; je saisis de la sorte par une seule et même intuition le *moi* et le *non-moi*. L'esprit et la matière, objet de l'intuition primitive de la conscience, sont les deux seules réalités que nous puissions connaître. L'absolu n'existe ni dans les choses, ni dans la pensée. Kant en a « tué le corps, » mais il en a laissé subsister le fantôme dans les catégories de l'entendement et les idées de la raison; il faut aller plus loin que lui et dire que l'absolu « n'est même pas susceptible d'une affirmation subjective. » Il n'y a rien de plus dans la philosophie que « l'observation des phénomènes et la généralisation qui en infère les lois; » nous n'avons aucun moyen de regarder par delà les faits « les choses en soi. »

L'étude de prédilection d'Hamilton a été la logique. Il la conçoit comme une *science* éminemment abstraite qui laisse de côté toutes les règles pratiques, tout rapport de la pensée avec un objet quelconque, et s'attache exclusivement à la détermination des lois formelles de la pensée discursive. Il a proposé sur le mécanisme de la déduction des innovations notables, dans le détail desquelles notre cadre restreint ne nous permet pas d'entrer (1).

La doctrine d'Hamilton qui supprime de la science l'absolu, le nécessaire, l'infini, se réfute comme le sensualisme.

**Stuart Mill.** — John Stuart Mill, né à Londres en 1806, mort en 1873, est un des chefs de l'école dite des *associationistes*.

(1) Cf. *Dict. des Sc. philos.*, art. *Hamilton*.

Dans un voyage qu'il fit en France, il se mit en rapport avec Auguste Comte, le fondateur du positivisme, dont il a suivi en partie les idées. Ses principaux ouvrages sont des études sur Hamilton, Comte et Bain, un *Système de logique* et une *Autobiographie* publiée après sa mort.

La pensée dominante de Stuart Mill est d'exclure de la science tout élément *a priori* et de la restreindre à l'observation des phénomènes et à la détermination de leurs rapports. D'après lui, les substances et les causes sont des chimères; il n'y a que des phénomènes; les observer et déterminer leurs rapports est l'unique objet de la science; les seules facultés de l'âme sont l'observation et l'association des idées.

Le monde considéré en soi est, au dire de tous les philosophes qui ne sont pas idéalistes, un ensemble de forces substantielles capable de déterminer en nous différentes sensations. Stuart Mill, qui ne veut reconnaître ni substances ni causes, ne retient de cette notion que la possibilité pour nous d'éprouver des impressions, et il dit que ce qu'on appelle le monde en soi n'est qu'un ensemble de sensations possibles. Ces sensations possibles ne sont pas isolées; l'expérience établit entre elles des rapports de simultanéité et de succession qui permettent de les associer et d'en former des groupes variés. Ce sont ces groupes de sensations, résultat d'une association invétérée, qui constituent les différents corps.

Le *moi* est comme le monde, une série de sensations, celle des sensations, actuellement éprouvées. Ce que nous appelons notre esprit ou notre âme n'est que la suite de nos faits internes « qui se dévident comme un fil, » et auxquels nous attribuons, dans leur ensemble, une permanence que nul terme de la série ne possède. C'est là tout le *moi* auquel nous nous plaisons à donner l'unité et l'identité.

Nos semblables sont comme nous des séries de sensations actuelles, indépendantes de la série qui nous constitue; nous inférons par analogie leur existence de la nôtre.

Dieu a une place dans ce système, rien n'empêche de le

concevoir comme « la série des pensées et des sentiments divins se déroulant dans l'éternité. »

Quant à l'immortalité, « il est tout aussi aisé, dit-il, de concevoir qu'une succession de sentiments, une chaîne de faits, puisse se prolonger éternellement, que de concevoir qu'une substance continue toujours à exister. »

L'association, qui rend compte des êtres, explique aussi tous les phénomènes intellectuels et moraux. Les principes *a priori* ne sont que des associations invétérées; les penchants de l'âme ne sont que des habitudes acquises, et les déterminations de la volonté sont des états de conscience qui en suivent d'autres, les motifs par exemple, sans qu'il y ait intervention d'aucune causalité libre.

Mill admet, à la suite de Comte, la loi des trois époques : la civilisation a passé par les époques théocratique et métaphysique, et déjà elle est entrée dans l'ère de la science positive. Il rêve pour la société d'importantes transformations : l'unité des croyances, l'indépendance de la femme, l'abolition de la propriété qui, d'après lui, est un obstacle à la production.

Les arguments abondent contre une telle doctrine : Que sont des phénomènes sans substance? Quel lien est capable de les réunir en groupes? Comment le moi peut-il, s'il n'est qu'un fait présent, se souvenir des faits passés? La causalité de l'âme dans les faits libres n'est-elle pas attestée par la conscience? Que dire enfin de ces rêveries humanitaires qui sapent les bases de la société?

## II. — ÉCOLE ALLEMANDE.

L'école allemande contemporaine reconnaît Kant pour son chef; cependant elle modifie profondément la doctrine du philosophe de Kœnisberg. Kant avait maintenu la distinction du subjectif et de l'objectif; tous ses efforts avaient même tendu à opérer le passage de l'un à l'autre; ses disciples l'ont abandonné sur ce point si important, et identifiant le sujet et l'objet de la connaissance, ils n'ont plus admis qu'une seule substance qui se développe indéfiniment d'après les lois d'un progrès continu. Ayant exposé et réfuté leurs idées, en traitant du panthéisme idéaliste (1), nous nous bornerons ici à quelques détails biographiques.

**Fichte.** — Jean-Théophile Fichte naquit, en 1762, au village de Rammenau, dans la Haute-Lusace. D'une grande originalité d'esprit et de caractère, il se montra dès son enfance ami des rêveries solitaires; cette disposition à la réflexion et à l'étude lui acquit un protecteur dans le baron de Miltitz qui lui fit faire ses études. Ses commencements ne furent pas heureux : au collège, il eut beaucoup à souffrir de ses condisciples avant de leur en imposer par ses succès, et plus tard, il lui fallut passer par plusieurs préceptorats particuliers avant d'arriver à une chaire de l'Université d'Iéna. Il ne put même conserver longtemps cette place; suspecté d'athéisme, il fut forcé de donner sa démission et de quitter la Saxe. Il se rendit alors à Berlin, puis, pendant les désastres de la Prusse, à Kœnigsberg et à Copenhague. A son retour après la paix de Tilsitt, il s'employa à relever le courage de ses compatriotes et à développer en eux le sentiment national. Nommé professeur à l'Université de Berlin, il la gouverna ensuite comme recteur et mourut en 1814.

**Hégel.** — Georges Hégel naquit à Stuttgart en 1770. Il fit ses études dans sa ville natale, puis à l'Université de Tubingue, où il se lia d'amitié avec Schelling dont il devait être plus tard le disciple. Il enseigna successivement à Iéna, à Nuremberg, à Heidelberg, à Berlin, et mourut du choléra en 1831. Bien que l'enseignement de Hégel fût dépourvu de facilité et de chaleur, il eut un immense succès, et l'on peut regarder ce philosophe comme le fondateur de la dernière grande école philosophique en Allemagne.

**Schelling.** — Frédéric Schelling naquit à Léonberg, dans le royaume actuel de Wurtemberg, en 1775. Il étudia à Tubingue

(1) Cf. *supra*, p. 441.

en compagnie de Hégel, se rendit ensuite à Iéna, où il entendit les leçons de Fichte, et enseigna lui-même successivement dans cette ville, à Wurtzbourg et à Münich. Il fut enfin appelé à Berlin pour y enseigner dans la chaire qu'avaient occupée Fichte et Hégel, et mourut en 1854.

### III. — École italienne.

L'Italie compte au XIX° siècle plusieurs philosophes distingués parmi lesquels on remarque surtout : Galuppi, Rosmini, Gioberti, Sanseverino.

**Galuppi.** — Pasquale Galuppi naquit dans la Calabre, en 1770. Il montra de bonne heure une prédilection marquée pour les sciences spéculatives, et cependant ne commença à écrire sur la philosophie qu'à l'âge de trente-sept ans. Vingt-trois ans plus tard, il fut nommé à la chaire de logique et de métaphysique de l'Université de Naples, et l'occupa jusqu'à sa mort, 1846. Galuppi a été le principal promoteur du mouvement philosophique en Italie, au XIX° siècle, et a publié lui-même des travaux nombreux et étendus.

Galuppi, élevé d'abord dans les principes de la philosophie expérimentale, nourri ensuite de la lecture de Kant, cherche à tenir le milieu entre le sensualisme et l'idéalisme. Son point de départ est assez semblable à celui d'Hamilton. La conscience comprend en elle toutes les autres facultés dont on ne la sépare que par abstraction ; elle est tout à la fois subjective et objective. Sentir, c'est évidemment sentir quelque chose ; le *moi* pose donc le *non-moi*, en même temps qu'il se pose lui-même, et un même acte saisit à la fois la réalité spirituelle et la réalité corporelle. Mais arrivé là Galuppi se sépare d'Hamilton : celui-ci rejette l'absolu, celui-là en fait un objet d'expérience. Il y a des objets qui nous apparaissent comme subordonnés à des conditions ; les affirmer, c'est affirmer en même temps les conditions dont ils dépendent. Ainsi une chose qui commence d'être a un rapport nécessaire avec une existence antérieure, laquelle dépend elle-même d'une autre si elle a commencé d'être; c'est ainsi que l'on arrive à Dieu. Pour faire sortir de l'expérience tout ce qu'elle renferme, un seul principe est nécessaire, celui d'identité admis par les philosophes empiristes.

Galuppi joint, sans y prendre garde, la raison à l'expérience quand il saisit dans certains faits leur dépendance de certaines conditions, par exemple la dépendance de ce qui commence d'une cause antérieure. Il trouve de la sorte dans l'expérience plus qu'elle ne donne en réalité et c'est sous l'empire de cette illusion qu'il a cru pouvoir se passer des principes *a priori*.

**Rosmini.** — Antonio Rosmini naquit dans le Tyrol en 1797. Il embrassa l'état ecclésiastique et devint le fondateur d'un nouvel institut religieux, celui de la Charité. Il refusa le chapeau de cardinal que lui offrait Pie IX, mais il accepta d'être son ministre de l'instruction publique. Il se retira l'année suivante à Stressa, où il mourut en 1855.

Le principal ouvrage de Rosmini est son *Nouvel Essai sur l'origine des idées*. Il se compose de deux parties. Dans la première, Rosmini discute les principales opinions qui ont été émises sur l'origine des idées et spécialement celle de Kant. Dans la seconde, il expose son propre système et se prononce pour l'innéisme, mais il n'admet qu'une seule idée innée, celle de l'être en général. Cette idée, combinée avec les données des sens et fécondée par l'analyse, suffit à expliquer toutes les autres; Mais qu'est-elle bien elle-même? Rosmini ne le dit pas assez clairement; il semble toutefois qu'il ne lui donne pas pour objet un être réel et qu'il la réduit plutôt à une simple abstraction. Si telle est bien sa pensée, son idée d'être est une forme subjective de l'esprit et son système n'est qu'une simplification de celui de Kant.

**Gioberti.** — Vincente Gioberti naquit à Turin en 1801. Homme politique, quoique prêtre, il suivait avec passion les progrès du mouvement libéral qui entraînait alors l'Italie, et l'ardeur de sa parole le fit emprisonner, puis bannir. Il se retira d'abord à Paris, ensuite à Bruxelles, d'où il publia une foule d'écrits qui excitèrent en Italie une vive émotion. La révolution de 1848 lui rouvrit le Piémont, et bientôt même il devint ministre de Charles-Albert et président du Conseil. Il rêvait une confédération des États italiens, dont le Souverain-Pontife aurait été le chef. Après le désastre de Novarre, il se retira à Paris et y mourut en 1852. Son principal ouvrage philosophique est son *Introduction à l'histoire de la philosophie.*

Gioberti a renouvelé, sous le nom d'*ontologisme*, le système de la vision en Dieu de Malebranche. De même que Rosmini, il tire tout le développement de l'intelligence de la conception de l'être; mais à la place de la forme vide et abstraite de Rosmini, il prend pour base de son système l'Être absolu, auquel il ajoute l'être fini et le rapport de création libre qui les unit. Il obtient ainsi ce qu'il appelle la *formule idéale : L'Être crée les existences,* qui contient en résumé tout ce que nos connaissances peuvent nous apprendre des choses et qui par suite est le point de départ de tout notre développement intellectuel. Cette formule idéale est le résultat d'une intuition primitive que l'âme a de l'être infini.

Il est très vrai que la formule proposée par Gioberti résume exactement toutes nos connaissances, mais rien ne prouve qu'elle en soit la source et le point de départ, et surtout qu'elle soit le résultat d'une intuition directe de l'Être absolu.

**Sanseverino.** — La forme que Gioberti a donnée à son *ontologisme* lui est particulière; mais le principe fondamental de sa doctrine, à savoir que l'idée d'être qui se retrouve dans tous nos concepts a pour objet l'Être absolu lui-même, et que la raison humaine est constituée par l'intuition de cet être divin, a été pendant une grande partie de ce siècle la doctrine préférée du spiritualisme chrétien. C'était une reprise des doctrines de l'école cartésienne et surtout de Malebranche. Depuis quelques années surtout, une réaction s'est produite contre cette théorie, et le péripatétisme de saint Thomas d'Aquin lui a été opposé. A la tête de ce mouvement ont figuré Sanseverino, célèbre chanoine napolitain, et les PP. Tongiorgi et Liberatore de la Compagnie de Jésus.

## IV. — Écoles françaises.

### 1° *Traditionalisme.*

Nous comprenons ici sous le nom commun de *traditionalistes* plusieurs philosophes qui, se défiant outre mesure des forces de la raison humaine, ont été portés à la dépouiller en tout ou en partie de ses droits et à la remplacer dans la même mesure par la révélation divine. Ces philosophes sont : de Maistre, de Bonald, de Lamennais et Bautain.

**De Maistre.** — Joseph de Maistre naquit à Chambéry, en 1754. Il embrassa la magistrature, suivit son souverain dans l'île de Sardaigne après la conquête de la Savoie par les Français, et fut envoyé, en 1802, à Saint-Pétersbourg comme plénipotentiaire. Il y resta jusqu'en 1817 et mourut à Turin en 1821. Il a laissé plusieurs ouvrages dont le plus remarquable, au point de vue philosophique, est intitulé *Soirées de Saint-Pétersbourg;* il y traite du gouvernement temporel de la Providence. Dans tous ses écrits, il s'attaque avec force aux doctrines sensualistes et prend vivement à partie Bacon, Locke et Condillac. Son argumentation pressante abonde en considérations élevées, en aperçus pleins de justesse, mais elle n'est pas toujours exempte d'exagération, son style est toujours piquant, original et plein d'attrait.

**De Bonald.** — Louis de Bonald naquit dans le Rouergue, en 1753. Émigré pendant la Révolution, il rentra en France sous l'Empire et accepta une place de conseiller dans l'Université. Député de 1815 à 1822, pair de France en 1823, il quitta les affaires en 1830 et mourut en 1840. Ses principaux ouvrages sont la *Législation primitive* et les *Recherches philosophiques sur les premiers objets des connaissances humaines.* Le point le plus saillant de sa doctrine philosophique est son système sur l'origine de la parole. D'après lui la parole est la condition indispensable de toute opération intellectuelle et la source même de nos idées. Il en résulte que l'homme individuel doit à la société qui les lui transmet par le langage les idées qu'il possède, et que la société en est elle-même redevable à Dieu qui les a révélées avec le langage au premier homme.

**De Lamennais.** — Félicité de Lamennais naquit à Saint-Malo, en 1782. Esprit puissant et indépendant, il se forma pour ainsi dire lui-même par des lectures acharnées et des méditations solitaires. A douze ans, il avait lu Jean-Jacques Rousseau, Nicole, Tite-Live et Plutarque. Ces lectures, peu réglées dans un âge aussi tendre, l'inclinèrent d'abord à l'incrédulité. Enfin la foi l'emporta sur ses hésitations et ses convictions religieuses devinrent d'autant plus ardentes qu'elles s'étaient formées avec plus de réflexion. A l'âge de trente-quatre ans il embrassa l'état ecclésiastique, et peu après, en 1827, il publia le premier volume de son *Essai sur l'indifférence en matière de religion*. Ce fut la brillante période de sa vie. Une pléiade de jeunes hommes de grand talent, parmi lesquels se trouvaient Lacordaire et Montalembert, se firent ses disciples, et la nouvelle école, associant dans un même culte la religion et la liberté, combattit « pour le pape et pour le peuple » dans le journal l'*Avenir*, qu'elle fonda après la révolution de Juillet. Les doctrines de Lamennais et des siens remuèrent profondément l'opinion et divisèrent en deux camps le clergé de France; elles furent condamnées par une encyclique de Grégoire XVI, en 1832. Lamennais ne sut pas se soumettre; il abandonna l'Église qui le condamnait et se tourna vers la démocratie, dont il annonça l'avènement dans ses *Paroles d'un croyant*. Un peu plus tard, il exposa ses idées nouvelles dans l'*Esquisse d'une philosophie*. La révolution de 1848 ne répondit point à ses espérances, et il s'éteignit dans la tristesse et le dégoût, sans avoir fait de soumission à l'Église, en 1854.

Dans l'*Essai sur l'indifférence*, Lamennais expose son système de traditionalisme et donne à la raison collective du genre humain le pouvoir d'atteindre la vérité qu'il refuse à la raison individuelle. Dans son *Esquisse d'une philosophie*, il trace à grands traits tout un système de métaphysique où le panthéisme est nettement formulé.

**Bautain.** — Louis Bautain naquit à Paris, en 1796. Entré à l'École normale en 1813, il y eut pour maître Cousin, dont il adopta d'abord les idées. Au sortir de cette École, il fut nommé professeur de philosophie au collège, puis à la Faculté des lettres de Strasbourg. Sans quitter ses fonctions universitaires, il embrassa l'état ecclésiastique en 1828 et fut nommé chanoine de la cathédrale et directeur du petit séminaire. A toutes ces dignités il ajouta, en 1838, celle de doyen de la Faculté des lettres. Nommé vicaire général de Paris, il quitta Strasbourg en 1849, obtint de grands succès dans la chaire de Notre-Dame, et fut chargé du cours de théologie morale à la Faculté de théologie de Paris. Il est mort en 1867.

Bautain ayant abandonné le rationalisme de Cousin, cherche hors de la raison le critérium de certitude et le place dans la révélation divine que contiennent les Livres saints. Il faut bien, dit-il, admettre dans tout système une vérité première qui ne se démontre pas, et l'autorité des Livres saints, la plus imposante qu'on puisse citer sur la terre, peut bien servir de première vérité. Condamné par l'évêque de Strasbourg, Bautain se soumit pleinement et renonça à son système.

Nous avons réfuté dans différentes parties du Cours, en psychologie et en logique, les erreurs des traditionalistes (1).

## 2° *Éclectisme.*

Nous rattachons indistinctement à l'école éclectrique, dont Cousin a été le véritable chef, les philosophes spiritualistes de l'Université qui, tout en répudiant les doctrines métaphysiques du XVIII° siècle, en acceptent les vues politiques et les tendances libérales. Les principaux sont : Laromiguière, Maine de Biran, Royer-Collard, Cousin, Jouffroy.

(1) Cf. *supra*, pp. 96 et 316.

**Laromiguière.** — Laromiguière naquit dans le Rouergue en 1756. Il entra dans la congrégation de la Doctrine-Chrétienne et y resta jusqu'à la Révolution. A cette époque, il vint à Paris et se lia d'amitié avec Siéyès. Il fit pendant quelque temps partie du Tribunat, et lors de la fondation de l'Université fut nommé professeur de philosophie à la Faculté des lettres de Paris. Il y enseigna pendant deux années, de 1811 à 1813, et s'y fit ensuite suppléer. Il mourut en 1837.

**Maine de Biran.** — François Maine de Biran naquit à Bergerac, en 1766. Après de brillantes études, il entra dans les gardes du corps de Louis XVI et assista aux journées des 5 et 6 octobre. Il se retira peu après dans son domaine de Grateloup près de Bergerac, et réussit à y passer tranquillement tout le temps que dura la Révolution. Appelé aux fonctions publiques sitôt que la France eut retrouvé un peu de calme, il fut élu député au Conseil des Cinq-Cents et nommé sous-préfet de Bergerac après le 18 fructidor. Sous la Restauration il siégea au Conseil d'État et à la Chambre des députés. Il mourut en 1824. Arraché par les événements à la vie extérieure, Maine de Biran « passa d'un saut, dit-il lui-même, de la frivolité à la philosophie; » il se fit au dedans de lui-même une retraite d'où il ne sortit guère, tant qu'il en eut le loisir, et dans laquelle le souci des affaires publiques ne put l'empêcher plus tard de rentrer fréquemment. Aussi se montra-t-il psychologue éminent.

Maine de Biran fut d'abord partisan de Condillac, lui qui devait plus tard mettre dans un si beau jour l'activité de l'âme. Cependant, même alors, il se préoccupait du *moteur* qui lui semblait nécessaire pour expliquer la vie psychologique. En mûrissant cette idée, il s'aperçut qu'il fallait rompre avec le sensualisme, et il le fit en restituant nettement à l'âme son activité.

Il distingue dans l'homme trois espèces de vies. La première est la *vie animale* que caractérisent la sensation et l'instinct; le sensualisme suffit à l'expliquer.

La seconde vie est la *vie de l'homme*. L'homme n'existe pas seulement comme la brute ; il sait qu'il existe, il dit *moi*. Le *moi* est la condition de l'humanité, mais qu'est-il ? Le *moi* est une réalité vivante, un fait que la conscience saisit directement, et qui se manifeste par la volonté ou l'*effort*. La volonté est donc la condition du *moi*, et l'effort est *le fait primitif du sens intime*. L'effort nous révèle dans le moi une *force*, mais une force unie à un corps, car le sentiment que nous avons est inséparable de celui d'une résistance organique. C'est par la vue immédiate que le moi a de lui-même dans la conscience qu'il acquiert les notions de force, de causalité, d'unité et de liberté. — La vie morale, qui commence avec le moi, consiste dans la lutte de ces deux vies : la vie animale qui a sa base dans le désir et la vie du *moi* qui a sa source dans la volonté. De la combinaison de ces deux vies, Maine de Biran tire une foule d'aperçus ingénieux sur le sommeil, le somnambulisme, la folie, et en général sur les rapports réciproques du physique et du moral.

La troisième vie est la *vie de l'esprit*. L'animalité étant subjuguée, le *moi*, se tourne vers la source de la lumière et de la force, et sous l'influence de l'amour s'identifie, autant qu'il est en lui, avec Dieu, la vérité absolue et le bien absolu. Maine de Biran passa les derniers mois de sa vie tout absorbé dans cette pensée du sacrifice que le *moi*, vainqueur de la vie animale, doit faire de lui-même à Dieu. Parti du sensualisme de Condillac, il s'était élevé par le vigoureux effort de sa pensée aux vérités les plus élevées du Christianisme.

**Royer-Collard.** — Royer-Collard naquit en 1763, à Sompuis, près de Vitry-le-Français. Élu membre du Conseil des Cinq-Cents, il y prit la défense des émigrés et des prêtres. Rentré dans la vie privée, il se livra tout entier à l'étude de la philosophie, et fut appelé par le gouvernement de l'Empire à la chaire d'histoire de la philosophie à la Faculté des lettres de Paris. Il l'occupa pendant deux années, y professa les doctrines de l'école écossaise et contribua puissamment à imprimer aux études philosophiques une direction spiritualiste. Sous la Restauration il prit une part active aux affaires publiques, comme membre ou comme président de la Chambre des députés. La révolution de Juillet mit fin à sa carrière politique. Il est mort en 1845. Ses ouvrages philosophiques consistent en des fragments détachés et des discours académiques.

**Cousin.** — Victor Cousin, le véritable fondateur de l'éclectisme et le philosophe français de ce siècle qui a joui de la plus haute réputation, naquit à Paris, en 1792. Après de brillantes études, il entra à l'École normale comme élève répétiteur et s'y acquit aussitôt une grande autorité sur ses condisciples. Chargé en 1815 de suppléer Royer-Collard, il réunit autour de sa chaire un nombreux et brillant auditoire qu'il charmait par l'éclat de sa parole et la nouveauté de son enseignement. De 1820 à 1828, l'enseignement public lui fut interdit; mais de 1828 à 1848, il le reprit avec le même succès qu'autrefois. Nommé coup sur coup conseiller d'État, membre du Conseil royal de l'instruction publique, professeur titulaire à la Faculté des lettres, membre de l'Académie française et de l'Académie des sciences morales et politiques, directeur de l'École normale, pair de France, il fut pendant vingt ans le chef de l'enseignement philosophique en France. L'Empire lui retira ses fonctions universitaires en 1852. Il est mort en 1867. Ses écrits philosophiques comprennent surtout ses leçons publiques sur l'histoire de la philosophie.

L'enseignement philosophique de Cousin a été surtout historique; c'est en faisant l'histoire et la critique des différents systèmes qu'il expose ses propres vues sur la méthode qu'il convient de suivre en philosophie, sur les lois qui ont présidé au développement de l'esprit humain et sur la nature de cette raison humaine qui est commune, selon lui, à Dieu et à l'homme, ou qui plutôt est Dieu lui-même se manifestant à l'homme. Sa philosophie s'attaque tout à la fois au sensualisme et à l'enseignement révélé pour lequel il affecte cependant un grand respect extérieur. Contre le sensualisme, il prouve l'existence d'une faculté supérieure aux sens, la raison; mais il exalte cette raison au point de la diviniser, et donne par elle des vérités révélées une explication qui leur enlève tout caractère divin. Souvent même, quand il parle des rapports du fini avec l'infini, il est difficile de ne pas entrevoir sous ses formules vagues et équivoques quelque chose du panthéisme germanique dont il s'était assez ouvertement inspiré à son retour d'Allemagne, en 1828.

**Jouffroy.** — Théodore Jouffroy naquit en Franche-Comté, en 1796. Il fut élevé par un de ses oncles, ecclésiastique et professeur au collège de Pontarlier, et entra à l'École normale après sa rhétorique. Il a raconté lui-même en termes saisissants les tristes agitations que produisit dans son âme la perte de la foi. Ces tortures du doute qui ne le quittèrent plus imprimèrent au reste de sa vie un caractère marqué de mélancolie et de sombre inquiétude. Il enseigna successivement à l'École normale, à la Faculté des lettres et au Collège de France, entra au Conseil royal de l'instruction publique et fut élu membre de l'Académie des sciences morales et politiques. Son éloquence l'appelait à la Chambre des députés, mais il n'y eut point le rôle qui convenait à son talent. Il mourut en 1842.

Jouffroy se consacra à la suite des Écossais aux études psychologiques, et a laissé sur la psychologie, sur l'esthétique et la morale des travaux remarquables. Son *Cours de droit naturel* surtout mérite une mention spéciale.

### 3° *École humanitaire et positiviste.*

Les idées de réforme générale qui avaient agité les esprits pendant tout le XVIII° siècle et qui prirent corps dans des faits à l'époque de la Révolution française continuèrent plus tard de susciter des réformateurs et d'inspirer des plans de réorganisation sociale. Les plus célèbres sont ceux de Saint-Simon, de Fourier et d'Auguste Comte. Tous ces novateurs s'adressent aux appétits sensuels et promettent à l'humanité le parfait bonheur dans les jouissances des sens et la satisfaction bestiale des plus honteuses passions. Ils proposent l'abolition du mariage et de la propriété et leur substituent une organisation nouvelle où la matière trouvera, selon leurs propres termes, la réhabilitation qui lui est due. A ces vues socialistes ils mêlent sur Dieu et sur l'homme des théories que nous n'oserions appeler philosophiques, car elles s'inspirent du plus grossier sensualisme et même d'un matérialisme avoué. Nous laisserons donc de côté ces productions maladives d'intelligences dévoyées, ne faisant exception que pour le système d'Auguste Comte, qui a réussi malheureusement à se faire un certain nombre d'adeptes.

**Auguste Comte; Positivisme.** — Notice biographique. — Auguste Comte naquit à Montpellier, en 1798. Il fit ses études dans sa ville natale, entra plus tard à l'École polytechnique, d'où il fut expulsé pour cause d'indiscipline, et vécut pendant quelque temps du produit de leçons particulières. Après avoir suivi Saint-Simon pendant quelques années et adopté ses idées, il s'en sépara et se fit réformateur à son tour. Nommé répétiteur, puis examinateur d'admission à l'École polytechnique, il ne garda pas longtemps cette place et se trouva dès lors réduit à recourir aux largesses de ses admirateurs. Il est mort en 1857.

Exposé doctrinal. — Comte poursuivit la rénovation de la société par la réforme de la science. Son système, qu'il a appelé lui-même *philosophie positive*, comprend trois choses distinctes, mais qui se prêtent un mutuel appui : 1° une nouvelle conception de la science, de sa méthode et de son but; 2° une théorie historique de la loi du développement de l'humanité; 3° une classification des sciences.

1. — L'idée fondamentale du positivisme, en fait de science, est d'en exclure tout élément absolu et *a priori*. Le réel seul est objet de la science, parce que seul il est *positif*, et l'unique réalité consiste dans des faits perceptibles par les sens. En effet les seuls phénomènes observables sont les phénomènes extérieurs, les faits internes ne le sont qu'autant qu'ils réfléchissent

dans l'homme le monde des corps. Ces phénomènes sont relatifs à notre faculté de connaître et relatifs entre eux, puisqu'ils se déterminent les uns les autres. Tout est donc relatif dans la science, et toute étude des choses en soi doit en être sévèrement proscrite. A ce titre, la science positive s'interdit la recherche des causes efficientes ou finales et toute question de substance ou d'essence. — La méthode de la science ainsi conçue consiste dans l'observation externe qui constate les faits, leurs successions et leurs similitudes, et dans l'induction qui des faits s'élève aux lois. — Le but de la science est de démêler ce qu'il y a de constant dans les successions et les similitudes que présentent les faits, afin d'en prévoir le retour et de les faire concourir à notre bien-être.

L'histoire prouve que notre conception de la science, de sa méthode et de son but est l'exacte expression de la vérité. Les seules sciences qui ont progressé sont celles qui s'attachent à l'observation des faits externes; la métaphysique, au contraire, n'a fait que s'agiter dans un cercle de systèmes contradictoires. On objecte qu'il n'y a pas de science de ce qui passe, et voilà pourquoi les anciens philosophes ont inventé un monde invisible, raison et cause des phénomènes passagers. C'était peine inutile : les faits ne sont pas totalement fugitifs et mobiles, ils ont des relations qui ne changent pas, et la science qui les prend pour objet est stable quoique positive. — On crie au matérialisme, mais le matérialisme est un système métaphysique, puisqu'il parle d'une substance que l'expérience n'atteint pas. La science n'est donc pas matérialiste; elle supprime les questions auxquelles le matérialisme donne une solution. — Pour la même raison, la science n'est pas athée. Un athée est encore, à sa manière, un théologien, car il pose la question de Dieu, et il a un système sur l'origine des choses. La science ne sait rien de tout cela.

II. — A la théorie de la science Comte ajoute une théorie historique du développement de l'humanité, et il expose sa fameuse *loi des trois époques*.

Le mode de penser qui vient d'être décrit est le mode positif ; il a succédé à deux autres modes dont chacun a dominé à son tour dans l'humanité.

Le mode le plus imparfait de tous, le mode théologique, attribuait à des agents invisibles, à la fois semblables et supérieurs à l'homme, tous les phénomènes du monde. Cette erreur provenait d'une illusion dans laquelle nous tombons aisément sur notre propre nature. Nous nous figurons que nous sommes une cause libre, que nous modifions à notre gré la succession fatale des événements, et nous transportons à des êtres imaginaires une puissance semblable sur l'univers. Ces êtres, d'abord supposés en grand nombre furent peu à peu ramenés à l'unité, et l'humanité passa ainsi du fétichisme au polythéisme et du polythéisme au monothéisme.

La constance des faits naturels était de nature à faire rejeter tôt ou tard l'action de causes libres et arbitraires ; un progrès dans la pensée fit donc substituer aux divinités de l'époque théologique des abstractions réalisées, sous le nom d'âme végétative, de force plastique, de principe vital, etc. Ce nouveau mode de penser est le mode métaphysique.

Enfin une observation plus sérieuse devait chasser de la science toutes ces *entités* métaphysiques que l'on supposait dans les faits, et faire prendre ces derniers comme unique objet d'étude. C'est ainsi que de progrès en progrès le mode positif de penser a succédé aux deux autres.

III. — Toutes les sciences doivent arriver un jour à l'état positif, mais elles s'y acheminent avec plus ou moins de facilité et de promptitude. Les sciences concrètes qui traitent des êtres et des objets sont les plus arriérées ; on peut donc les omettre dans une classification des sciences et n'y comprendre que les sciences abstraites qui sont relatives aux faits ou événements.

Les sciences abstraites sont au nombre de six : 1° les *mathématiques* ; 2° l'*astronomie* ; 3° la *physique* ; 4° la *chimie* ; 5° la *biologie* ; 6° la *sociologie*. Les mathématiques étudient le nombre, l'étendue et le mouvement; l'astronomie, les phénomènes célestes; la physique, les propriétés des corps; la chimie, leurs combinaisons; la biologie, la vie et les lois des corps vivants; la sociologie, l'homme moral et les sociétés humaines.

Cette nomenclature des sciences exprime en même temps le système du monde. Les éléments de toutes choses sont mathématiques; tout se réduit à différentes combinaisons du nombre, de l'étendue et du mouvement; la vie morale s'explique par la vie physiologique, celle-ci par la chimie, etc.

Chacune de ces sciences passe par les trois phases historiques précédemment indiquées et les parcourt plus ou moins rapidement, suivant la place qu'elle occupe dans la classification. Les sciences mathématiques sont arrivées à la phase positive; les sciences sociales, au contraire, sont encore pleines d'erreurs théologiques et métaphysiques. Nous ne suivrons pas Comte dans les améliorations qu'il propose d'apporter à ces sciences, cela nous entraînerait trop loin. Nous ne dirons pas non plus comment lui, l'adversaire déclaré du mode de penser théologique, propose d'organiser un nouveau culte, le culte de l'Humanité, et convoite d'en devenir le grand-prêtre.

Remarques. — La science, telle que la propose Comte, est impossible à pratiquer; de plus elle est fataliste, matérialiste et athée. Les positivistes suppriment les questions d'essence, d'origine et de fin; mais ces questions s'imposent à quiconque veut étudier sérieusement les choses; bien plus, le langage par ses formes universelles les ramène constamment sous la plume des écrivains qui prétendent les écarter. Nous l'avons fait voir, en traitant de Locke, de Hume, d'Hamilton, qui veulent remplacer la substance par une collection de phénomènes.

Les positivistes admettent ouvertement le fatalisme, puisque les phénomènes de l'âme s'enchaînent sans que la volonté puisse en aucune façon en modifier la suite.

Leur système, quoi qu'ils en disent, est également matérialiste et athée. Quel autre nom que celui de matérialisme peut-on appliquer à une doctrine qui déclare que les phénomènes sensibles sont l'unique réalité, et qui réduit les facultés de l'âme à des fonctions cérébrales et l'âme elle-même à l'ensenble de l'organisation? Quant à Dieu, Comte ne parle-t-il pas avec dédain de ses services provisoires et ne propose-t-il pas ironiquement de le reconduire aux frontières? Un athée ne peut parler autrement.

Par ailleurs, toutes les raisons qui valent contre le sensualisme conservent toute leur force contre le positivisme; il serait donc inutile d'entrer dans une réfutation plus détaillée de cette doctrine pernicieuse, qui semble avoir pris à tâche de faire la synthèse de toutes les erreurs qui l'ont précédée.

# CONCLUSION.

Une étude superficielle de l'histoire de la philosophie pourrait porter à croire que le scepticisme est le seul port assuré qui s'ouvre à l'intelligence humaine. Que d'erreurs elle a successivement adoptées? Que de systèmes disparates elle a enfantés, les abandonnant bientôt pour y revenir ensuite sous une forme quelque peu nouvelle! Où trouver la vérité dans ce chaos d'idées qui se combattent? Si telle est l'impression première que produit la vue de tant d'écoles diverses, elle ne résiste pas à un examen plus sérieux. La philosophie éternelle dont parle Leibnitz se compose sans doute d'un petit nombre de vérités, mais ces vérités brillent d'un vif éclat à tout regard attentif. La psychologie, la logique, la morale, la théodicée en revendiquent plusieurs d'une haute importance et d'une grande fécondité.

Quant à la partie mobile des systèmes, il est aisé de reconnaître qu'elle est soumise à la loi d'un progrès lent, mais incontestable. Les méthodes ont été rectifiées; de nombreuses erreurs ont été reconnues, ce qui permet de s'en préserver à l'avenir; et sur plus d'une question insoluble, le nœud de la difficulté a été mis à nu. N'y a-t-il donc pas progrès sur tous ces points?

Si l'esprit humain veut progresser encore davantage, qu'il écoute la précieuse leçon que lui donnent ses nombreuses défaillances passées. L'indépendance que l'on fait briller à ses regards, comme étant sa première prérogative, n'est en réalité qu'un funeste mirage par lequel il est retenu loin de la vérité. Qu'il consente donc, sans abdiquer aucun de ses droits véritables, à se laisser guider par la vérité révélée de Dieu; averti par elle de ses écarts, il ne restera jamais longtemps dans l'erreur, et marchant constamment dans une direction sûre, il ne perdra le fruit d'aucun de ses efforts.

# TABLES DES MATIÈRES.

## INTRODUCTION.

Définition de la philosophie. — Ses rapports avec les autres sciences. — Son utilité. — Sa méthode. — Ses différentes parties......... 1

## PSYCHOLOGIE.

### Partie préliminaire.

#### CHAP. I. — OBJET ET MÉTHODE DE LA PSYCHOLOGIE.

Objet de la psychologie. — Sa méthode.......................... 19

#### CHAP. II. — THÉORIE DES FACULTÉS DE L'AME.

Des facultés en général. — Multiplicité des facultés. — Méthode pour déterminer le nombre des facultés. — Nombre des facultés. — Harmonie des facultés. — Ordre à suivre dans l'étude des facultés. — Division de la psychologie expérimentale........... 32

### PREMIÈRE PARTIE. — Intelligence.

Généralités sur l'intelligence..................................... 43

#### CHAP. III. — PERCEPTION EXTERNE.

I. — *Connaissance sensible des corps.*
Définitions. — Antécédents de la sensation. — Sensation. — Rapports de la sensation avec le monde extérieur; perception. — Groupement des données sensibles. — Éducation des sens. — Classification des sens.................................. 45
II. — *Connaissance intellectuelle des corps*....................... 64

#### CHAP. IV. — PERCEPTION INTERNE.

I. — *Conscience ou perception interne.*
Nature de la conscience. — Objet de la conscience. — Idées qui ont leur fondement dans la conscience................. 67
II. — *Connaissance générale et scientifique de l'âme*............. 76

CHAP. V. — PERCEPTION RATIONNELLE. — ENTENDEMENT PUR.

I. — *Objet de la raison.*
Notions premières. — Vérités premières .................... 78
II. — *Théorie de la raison.* — *Origine des idées.*
Sensualisme, empirisme. — Traditionalisme. — Ontologisme. — Innéisme. — Théorie scolastique. — Conclusion............ 88

CHAP. VI. — FACULTÉ DISCURSIVE. — RAISONNEMENT.

Théorie des opérations intellectuelles. — Attention. — Abstraction. — Comparaison. — Généralisation. — Jugement. — Raisonnement.... 110

CHAP. VII. — MÉMOIRE. — ASSOCIATION DES IDÉES.

I. — *Mémoire.*
Nature de la mémoire. — Éléments du souvenir. — Lois du souvenir. — Théories de la mémoire. — Culture de la mémoire... 122
II. — *Association des idées.*
Nature et causes de l'association des idées. — Ses principales formes. — Son importance................................ 129

CHAP. VIII. — IMAGINATION.

Imagination reproductrice. — Imagination créatrice. — Utilité et dangers de l'imagination ..................................... 133

## DEUXIÈME PARTIE. — Sensibilité.

CHAP. IX. — DE LA SENSIBILITÉ ET DE SES ESPÈCES.

I. — *De la sensibilité en général.*
Notion et mécanisme de la sensibilité. — La sensibilité est une faculté. — Diverses espèces de sensibilité ................. 138
II. — *Sensibilité physique.*
Appétits. — Sensations......................................... 145
III. — *Sensibilité intellectuelle.*
Désirs. — Sentiments. — Passions............................. 149

## TROISIÈME PARTIE. — Volonté.

CHAP. X. — ACTIVITÉ, VOLONTÉ, LIBERTÉ.

I. — *De l'activité et de ses modes.*
Définitions. — Instinct. — Habitude ........................ 158
II. — *Volonté et liberté.*
Définitions. — Analyse de l'acte libre. — Démonstration de la liberté ......................................................... 165
III. — *Fatalisme.*
Fatalisme psychologique. — Fatalisme physiologique. — Fatalisme théologique............................................... 174

## QUATRIÈME PARTIE. — **Faculté motrice.**
### CHAP. IX. — Faculté motrice.

C'est l'âme qui meut le corps. — La faculté motrice est distincte de la volonté............................................................. 182

## PARTIE COMPLÉMENTAIRE.
### CHAP. XII. — Du langage.

Le langage ; ses espèces. — Le langage et la pensée. — Origine du langage ............................................................. 187

### CHAP. XIII. — Le beau et l'art.

Le beau en général. — Les beaux-arts............................. 199

### CHAP. XIV. — Rapports du physique et du moral.

I. — *Faits généraux*............................................. 206
II. — *Faits spéciaux.*
  Sommeil. — Somnambulisme. — Hallucination. — Folie. — Idiotisme................................................. 209

### CHAP. XV. — Notions de psychologie comparée.

Méthode à suivre dans la comparaison de l'homme et de l'animal. — Similitudes et différences au point de vue de l'intelligence, au point de vue de la sensibilité, au point de vue de l'activité. — L'âme des bêtes.................................................. 215

## LOGIQUE.
### CHAP. I. — Définition et division de la logique.

Objet de la logique. — Sa définition. — Son utilité. — Sa division.. 223

## PREMIÈRE PARTIE. — **Logique formelle.**
### CHAP. II. — Le concept. — Le jugement.

I. — *Le concept.*
  Idée ou concept. — Compréhension et extension des idées. — Idées distinctes ou confuses. — Idées contradictoires. — Le terme..................................................... 227
II. — *Le jugement.*
  Le jugement. — Jugements contradictoires. — La proposition ; ses éléments. — Différentes espèces de propositions.......... 230

### CHAP. III. — Le raisonnement.

I. — *Déduction immédiate.*
  Opposition des propositions. — Conversion des propositions..... 234

II. — *Déduction médiate.*
Définition, éléments, figures et modes du syllogisme. — Théorie du syllogisme. — Règles du syllogisme. — Syllogismes irréguliers. — Sophismes. — Utilité et abus du syllogisme....... 236

## DEUXIÈME PARTIE. — Logique appliquée.

### CHAP. IV. — DE LA MÉTHODE EN GÉNÉRAL.

Notion de la méthode; son utilité. — Procédés généraux de la méthode : Analyse, synthèse.................................... 252

### CHAP. V. — MÉTHODE DÉDUCTIVE.

I. — *Les sciences exactes; nature de leur méthode.*............ 258
II. — *Principes des mathématiques.*
Les définitions. — Les axiomes............................ 259
III. — *Démonstration mathématique*........................ 264
IV. — *Aperçu général de la méthode déductive*................ 266

### CHAP. VI. — MÉTHODE INDUCTIVE.

Sciences physiques et naturelles; leur méthode. — De l'induction et de ses espèces. — Induction proprement dite. — Analogie. — Hypothèse. — Division et classification. — Définitions empiriques. — Aperçu général de la méthode inductive...................... 269

### CHAP. VII. — MÉTHODE D'AUTORITÉ.

Du témoignage en général. — Autorité du témoignage doctrinal. — Autorité du témoignage historique............................ 286

### CHAP. VIII. — DE L'ERREUR ET DE SES CAUSES.

Nature de l'erreur. — Classification des erreurs; leurs causes; leurs remèdes................................................... 294

## TROISIÈME PARTIE. — Logique critique.

### CHAP. IX. — LÉGITIMITÉ DE LA RAISON.

I. — *Définition et notions préliminaires.*
La vérité et l'erreur. — États de l'âme par rapport à la vérité. — Les forces de la raison; état de la question................ 297
II. — *Scepticisme.*
Du scepticisme en général. — Des différentes formes du scepticisme.................................................. 302
III. — *Dogmatisme.*
Du critérium de vérité. — Faux critériums. — Critérium véritable. — Infaillibilité de la raison........................ 314

### CHAP. X. — LIMITES DE LA RAISON.

Rationalisme. — Vérités qui surpassent la raison. — Ce qui surpasse la raison ne lui est pas contraire. — La raison n'est pas indépendante de la foi .................................................... 321

## MÉTAPHYSIQUE GÉNÉRALE.

I. — *Généralités sur la métaphysique*........................... 327
II. — *De l'être et de ses propriétés.*
    De l'être en général. — De l'essence. — De la possibilité. — Propriétés transcendantales de l'être. ..................... 331
III. — *Des espèces de l'être* ..................................... 338
IV. — *Des causes de l'être.*
    De la cause efficiente. — De la cause finale................ 341
V. — *De la perfection des êtres.*
    Du fini et de l'infini. — Du temps et de l'espace............. 346

## COSMOLOGIE.

I. — *Objet de la cosmologie*....................................... 351
II. — *Diverses conceptions sur la matière.*
    Atomisme ou mécanisme. — Monadisme ou dynamisme. — Atomisme dynamique............................................ 352
III. — *Diverses conceptions sur la vie. — Principe de la vie*...... 358
IV. — *Fixité des espèces* ......................................... 363

## PSYCHOLOGIE RATIONNELLE.

### CHAP. I. — NATURE DE L'AME.

I. — *Simplicité de l'âme.*
    Définitions. — Thèse spiritualiste. — Objections matérialistes.. 368
II. — *Unité du principe de vie dans l'homme.*
    Différents systèmes sur le principe vital. — Le principe vital est distinct des propriétés physiques et chimiques. — Il est distinct des organes. — Il est identique à l'âme raisonnable.. 378

### CHAP. II. — RAPPORT DE L'AME AVEC LE CORPS. — SON ORIGINE. — SA DESTINÉE.

I. — *Rapports de l'âme avec le corps.*
    Les systèmes. — Personnalité humaine. — Définition de l'homme............................................. 388
II. — *Origine de l'âme*........................................... 393
III. — *Destinée de l'âme. — Immortalité.*
    Existence d'une vie future. — Perpétuité de la vie future...... 395

# THÉODICÉE.

Généralités sur la théodicée.................................... 401

### CHAP. I. — EXISTENCE DE DIEU.

I. — *Possibilité et nécessité de prouver Dieu.*
  Dieu est accessible à la raison humaine. — L'existence de Dieu est une vérité de démonstration............................ 403
II. — *Classification des preuves de l'existence de Dieu*........ 407
III. — *Exposition des preuves de l'existence de Dieu.*
  Preuves physiques. — Preuves morales. — Preuves métaphysiques. — Argument de saint Anselme............................ 409
IV. — *De l'athéisme*........................................... 424

### CHAP. II. — NATURE ET ATTRIBUTS DE DIEU.

Des attributs de Dieu en général. — Attributs métaphysiques. — Attributs moraux. — Panthéisme................................. 428

### CHAP. III. — ACTION EXTÉRIEURE DE DIEU.

Création. — Conservation. — Providence. — Le mal et le gouvernement divin.................................................. 447

# MORALE.

Généralités sur la morale....................................... 467

### CHAP. I. — MORALE GÉNÉRALE. — THÉORIE DU DEVOIR.

I. — *Fondement de la loi morale.*
  Distinction du bien et du mal. — Origine du bien et du mal.. 471
II. — *Existence, caractères et principe de la loi morale*...... 481
III. — *La moralité dans les actions humaines.*
  Le bien moral et la responsabilité. — Conscience morale. — Intention morale. — Conséquences de la responsabilité morale. 489

### CHAP. II. — MORALE PARTICULIÈRE. — DIVISION DES DEVOIRS.

Classification des devoirs. — Morale individuelle. — Morale sociale. — Morale religieuse......................................... 505

### NOTIONS SOMMAIRES D'ÉCONOMIE POLITIQUE.

I. — *Production de la richesse.*
  La terre. — Le travail. — Le capital......................... 524
II. — *Circulation de la richesse.*
  L'échange. — Ses lois. — Ses moyens.......................... 536

III. — *Distribution de la richesse.*
Le propriétaire du sol. — Le capitaliste. — Le travailleur..... 545

IV. — *Consommation de la richesse.*
Consommations privées. — Consommations publiques......... 551

# HISTOIRE DE LA PHILOSOPHIE.

Généralités sur l'histoire de la philosophie...................... 557

## PREMIÈRE ÉPOQUE. — Temps anciens.

### PREMIÈRE PÉRIODE. — PHILOSOPHIE ORIENTALE.

Philosophie des Hindous........................................ 561

### DEUXIÈME PÉRIODE. — PHILOSOPHIE GRECQUE.

I. — *Écoles antésocratiques.*
École ionienne. — École atomistique. — École italique. — École éléatique. — Sophistes.................................... 566

II. — *Socrate*................................................. 570

III. — *Écoles socratiques.*
1° Petites écoles : école cyrénaïque, école cynique, école mégarique........................................................ 573
2° École platonicienne........................................ 574
3° École aristotélicienne..................................... 578
4° École épicurienne......................................... 583
5° École stoïcienne........................................... 586
6° Pyrrhonisme, nouveau scepticisme........................... 589
7° La philosophie grecque à Rome.............................. 590

### TROISIÈME PÉRIODE. — PHILOSOPHIE GRÉCO-ORIENTALE.

I. — *École néaplatonicienne d'Alexandrie*..................... 592
II. — *Philosophie des Pères de l'Église*...................... 595

## DEUXIÈME ÉPOQUE. — Moyen âge.

Généralités sur le moyen âge.................................... 598
*Première période de la scolastique*............................ 601
*Deuxième période de la scolastique*............................ 606
*Troisième période de la scolastique*........................... 608
*Transition du moyen âge aux temps modernes*.................... 610

## TROISIÈME ÉPOQUE. — Temps modernes.

Généralités sur la philosophie des temps modernes............... 612

## PREMIÈRE PÉRIODE. — XVIIᵉ SIÈCLE.

I. — *École de Bacon.*
   Bacon — Hobbes — Gassendi — Locke.... ...... ............ 613
II. — *École de Descartes.*
   Descartes .................................................. 619
   Développement du cartésianisme : Arnauld — Nicole — Pascal
     — Bossuet — Fénelon — Bayle — Spinoza — Malebranche.. 623
   Réaction contre le cartésianisme : Leibnitz .................... 631

## DEUXIÈME PÉRIODE. — XVIIIᵉ SIÈCLE.

Décadence du cartésianisme .................................... 635
I. — *École sensualiste.*
   Condillac — Berkeley — Hume — les encyclopédistes......... 636
II. — *École spiritualiste.*
   Thomas Reid — Kant...................................... 641

## TROISIÈME PÉRIODE. — XIXᵉ SIÈCLE.

I. — *École anglaise.*
   Hamilton — Stuart Mill.................................... 647
II. — *École allemande.*
   Fichte — Hégel — Schelling ............................... 650
III. — *École italienne.*
   Galuppi — Rosmini — Gioberti — Sanseverino............. 652
IV. — *Écoles françaises.*
   Traditionalisme : de Maistre — de Bonald — de Lamennais —
     Bautain ............................................... 655
   Éclectisme : Laromiguière — Maine de Biran — Royer-Collard
     — Cousin — Jouffroy .................................. 657
   École humanitaire et positiviste : Saint-Simon — Fourier —
     Auguste Comte......................................... 661
Conclusion.................................................... 667

---

Typ. Oberthür, à Rennes.

www.ingramcontent.com/pod-product-compliance
Lightning Source LLC
Chambersburg PA
CBHW050057230426
43664CB00010B/1346